모더니즘

Modernism
The lure of heresy
Peter Gay

새롭게 하라

모더니즘

놀라게 하라

피터 게이
정주연 옮김

그리고 자유롭게

민음사

MODERNISM: The Lure of Heresy from Baudelaire to Beckett and Beyond
by Peter Gay

Copyright © Peter Gay 2008
All rights reserved.

"Burnt Norton", "Little Gidding", "The Love Song of J. Alfred Prufrock",
"Conversation Galante", "Burbank with a Baedeker: Bleisten with a Cigar",
"The Rock" and "The Waste Land" by T.S. Eliot,
reprinted by permission of Faber and Faber Ltd.

Korean Translation Copyright © Minumsa 2015

Korean translation edition is published by arrangement with
W. W. Norton & Company, Inc. through EYA.

이 책의 한국어 판 저작권은 EYA를 통해
W. W. Norton & Company, Inc.와 독점 계약한 (주)민음사에 있습니다.

저작권법에 의해 한국 내에서 보호를 받는 저작물이므로
무단 전재와 무단 복제를 금합니다.

> 이단의 유혹에 빠진 천재들

문인은 세상의 적이다. 샤를 보들레르

우리의 유일한 의무는 이전 시대가
이루어 놓은 것들에 대한 칭찬을 그만두지
않으면서도, 우리 시대로부터 마땅히
받아 내야 할 것을 얻는 것이다.

에두아르 마네

자기를 그리는 것은,
어쨌든 사진과 '다르게'
그리려면, 쉬운 일이 아니야.

반 고흐

'개성'을 고집할 때만
최고가 될 수 있다.

존 에버렛 밀레이

시인이 되려면 먼저
자기 자신을 완전히
알아야 해.

아르튀르 랭보

나는 나만의 감정과 내 생각의 자유가
너무도 소중합니다. 클로드 드뷔시

현대적인 것들의 숙명적 불행을
묘사하기 위해 화가는 가장 현대적인
수단에 의존한다, 놀라게 하기.

기욤 아폴리네르

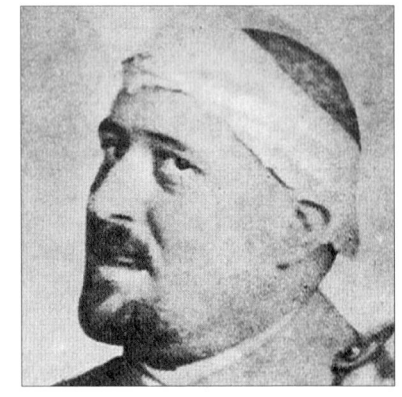

꿈같은 내적 삶을 묘사하는
것 외에는 모두 부차적인
것이 되고 말았다.

프란츠 카프카

절대주의를 통해 내가
말하려는 것은 회화에서
순수한 감정 혹은 감각이
절대 우위라는 것이다.

카지미르 말레비치

(마흔 살에) 나만의
목소리로 무엇인가를
말하기 시작하는 법을
확실히 발견했다.

버지니아 울프

내 그림은 사실 자기표현이며
세상에 대한 나의 입장을
확실히 밝히기 위한 것입니다.

에드바르 뭉크

미학적 객관주의에서
미학적 주관주의로 가는
단호한 발걸음을 내딛었다.

바실리 칸딘스키

현대적 정신과 조화를
이루어야 한다.

피트 몬드리안

나는 미켈란젤로, 벨라스케스, 렘브란트를
믿습니다. 디자인의 힘, 색채의 신비, 영원한 미가
만물을 구원한다고 믿습니다. 아멘. 아멘. 버나드 쇼

내 작품은 철저하게
개인적인 것이다.
이 개인적인 시각이
나를 더 숭고한 영역으로
올려 주었다.

버나드 쇼

모든 객관적 정신은 자기 표현을 향해
매진한다. 나는 내 삶과 작품에서
자아를 탐색한다.

막스 베크만

나의 상상은 바로 나 자신이다.
나 자신이 이 상상력의 유일한
소산이기 때문이다.

아르놀트 쇤베르크

미숙한 시인들은 모방한다. 완숙한 시인들은 훔친다. 나쁜 시인들은 훔쳐온 것을 흉하게 만들고 좋은 시인들은 더 낫게 만든다. 더 낫지 않다 하더라도 적어도 훔쳐 온 것과 다르게는 만든다.
T. S. 엘리엇

내 관심은 온통 감정적 충격을 불러일으키는 데 집중되어 있다. 르네 마그리트

창조의 불꽃은 늘 개인에게서 비롯된다. 발터 그로피우스

새롭게 하라.
에즈라 파운드

어떤 예술가도 자기 시대를 앞서 나갈 수 없습니다.
그 예술가가 바로 자신의 시대입니다.

마사 그레이엄

나는 독창성이라는 원칙에 충실하다.
분명 해야 할 일은, 되어 있는 일이 아니라
되어 있지 않은 일이다. 존 케이지

갈등, 인간과 모든 역사의 본질

　　　　이 책은 모더니즘의 발생과 성공, 그리고 쇠퇴를 다룬다. 독자도 금방 알아차리겠지만 이 책은 역사학자의 글이다. 그러므로 꼭 필요한 경우를 제외하고는 기본적으로 과거에서 현재로 서술을 진행할 것이다. 그리고 역시 역사학자의 글이니만큼 모더니즘 소설과 조각, 건축의 형식 분석에만 머무르지 않고 간략하게나마 작품들을 시대라는 콘텍스트 안에서 해석할 것이다.

　　　　그러나 이 책이 모더니즘 역사서는 아니다. 자료가 아무리 많아도 모더니즘의 역사를 책 한 권으로 정리하는 것은 불가능한 일이며, 설령 가능하다고 해도 아주 간략한 스케치 정도에 그치게 될 것이다. 소설가 윌리엄 포크너와 솔 벨로는 왜 다루지 않았을까? 시인 윌리엄 버틀러 예이츠와 월리스 스티븐스는 왜 없는가? 화가 프랜시스 베이컨과 빌렘 데 쿠닝은 왜 안 보이며, 마티스는 왜 그렇게 조금 언급하고 그것도 조각가로서만 다루었을까? 아론 코플런드, 프랑시스 풀랑크 같은 작곡가나 리하르트 노이트라, 엘리엘 사리넨 같은 건축가들을 건너뛴 것은 합당한

가? 겨우 네 명의 영화감독만 다루고도 혁신적인 감독을 모두 검토했다고 자부할 수 있을까? 오페라와 사진 같은 주제는 왜 없는가? 역사서라면 모름지기 그들 모두에게 자리를 마련해 주어야 했을 것이다. 그러나 1장에서 설명하겠지만, 내가 연구한 것은 모더니스트들의 공통점과 그들에게 도움이 되거나 방해가 된 사회적 상황이다.

그래서 나는 모더니즘 시대의 필수 구성 요소로서 화가와 극작가, 건축가, 소설가, 작곡가, 조각가들 중 표본을 선택하였다. 그렇게 가려 뽑은 것은 그들을 통해 모더니즘의 적절한 정의, 그 범위와 한계, 가장 특징적인 표현 기법을 설명하기 위한 것이었다. 미리 밝히는데, 그들을 선택하는 데 있어 적어도 의식적으로는 내 정치적 견해를 배제하였다. 그래서 파시스트인 크누트 함순, 고집불통 영국국교도 T. S. 엘리엇, 신경질적인 반페미니스트 아우구스트 스트린드베리 같은 중요한 모더니스트들도 자세히 다루었다. 그들의 이데올로기에 대해서는 몹시 유감스럽지만, 그들이 없어서는 안 될 증인들이기 때문이다. 앞서 말했듯이 이 연구의 목적은 모더니즘의 요소와 주요 인물이 모두 실린 포괄적인 카탈로그를 만드는 것이 아니라 그것들의 문화적 중요성을 탐구하고, 가능하다면 그것들이 하나의 문화적 통일체로 규정될 수 있는지 살펴보는 것이다. 내 슬로건은 미국 시조들의 슬로건과 같다. "여럿으로 이루어진 하나. E pluribus unum."

그러면 프로이트는 어떤가? 프로이트는 그리 인상적인 모더니스트라고는 할 수 없지 않은가? 취향으로 보자면 결코 모더니스트가 아

니다. 미술, 음악, 문학에 대해 철저한 보수 부르주아였다. 그는 입센은 찬양하면서 스트린드베리는 묵살했다. 살아 있는 소설가들 중에서는 글도 잘 쓰고 사회 문제에도 민감하지만 아방가르드라고 할 수는 없는 존 골즈워디를 좋아했다. 그러나 버지니아 울프의 소설들은 알지도 못했던 것 같다. 울프가 남편과 함께 프로이트의 책을 영어로 출판했는데도 말이다. 프로이트가 걸어 둔 그림과 가구를 보면 클림트나 에곤 실레 같은 오스트리아 모더니스트들에게 무관심했으며, 빈 모더니스트들의 실험적 디자인에도 전혀 관심을 두지 않았던 것 같다. 그가 자기 계급 사람들이 용인하는 사회 및 문화적 사고방식에 대해 완강히 저항했던 영역은 따로 있었다.

실제로 프로이트의 사상, 특히 성 관념에 대해 20세기 내내 호의적이지 않은, 대체로 몹시 적대적인 평가가 내려진 것을 보면, 그는 확실히 반골이었다. 오늘날에는 인간이라는 동물의 과거와 현재에 대한 프로이트의 견해가 거의 상식에 가까운데 그것은 지난 한 세기 동안 양식 있는 사람들이 점차 프로이트의 견해에 찬성하게 된 덕분이다. 이들은 정신분석 사전에서 형제 경쟁, 방어기제, 수동적 공격성 같은 용어들을 받아들였다. 그러니까 마음이 맞아서 1902년부터 빈에 있는 프로이트 집에서 매주 모임을 갖기 시작한 사람들을 심리치료 분야의 아방가르드라고 불러도 무리가 없다. 게다가 이 수요 모임이 이후 빈 정신분석협회로 발전하였으니까 말이다. 단 한 사람의 혁신가가 기성 의학 및 정신의학과 줄곧 충돌을 빚으면서도 빈 정신분석협회를 든든하게 이끌었다. 뒤에서 살펴보겠지만 1차 세계대전 즈음에 등장한 미래파 유명 인사인 필리포 마리네티와 1920년대 초현실주의자 앙드레 브르통 역시 프로이트와 비슷한 처지였다. 모두 자기 분야에서 프로이트였다.

프로이트의 정신분석 이론이 현대 서양 문화에 미친 영향은 아직 제대로 규명되지 않았다. 간접적인 영향이 크긴 했지만, 특히 모더니즘의 기원 및 발전과 긴밀한 관계가 있는 부르주아 교양층의 취향에 끼친 영향은 막대했다. 부모들은 자식들에게 아기가 어떻게 생기는지와 같은 미묘한 화제에 대해 솔직하게 이야기해 줄 수 있게 되었고, 가족의 의미가 확대되면서 이제 미혼 남녀의 동거가 부도덕한 일이 아니게 되었고, 동성애처럼 변태로 치부되던 행동이 점차 용인되었고, 인간의 공격성이 야기할 수 있는 비참한 사태에 대한 인식이 급속하게 진전되었다. 비록 근래 역사를 보면 안타깝게도 실제 정책에는 별 영향을 미치지 못했지만, 여하튼 그 밖의 문화적 관습에서 이에 상응하는 변화가 일어났다. 그러나 지금도 백년 전과 다름없이 프로이트적 사고방식을 받아들이지 않는 사람들이 있다는 사실도 부인할 수 없다.

하지만 나는 절대 그렇지 않다. 정신분석 사상에 임상적으로나 이론적으로 논쟁의 여지가 있고, 지금도 실제로 논쟁이 벌어지고 있다는 것을 잘 알고 있다. 꿈의 원인이나 여성 성욕의 발달, 약물 처방을 배제한 상담 치료의 효과 같은 것들 말이다. 그러나 이러한 쟁점들이 어떤 식으로 해결되든 간에 정신, 그리고 정신의 작용과 오작용에 대한 프로이트(그리고 그 추종자들)의 견해가 무의미해지지는 않을 것이다. 간단하게 요약하자면 인간 본성에 대한 프로이트의 견해는 정신을 자연계에 위치시켰다는 점이 특징이다. 즉, 정신이 생리적 혹은 심리적 인과법칙의 지배를 받으며, 정확하게 포착하기 어려운 역동적인 무의식인 리비도와 공격성 간의 불가피한 충돌에 의해 지속적으로 영향을 받는다는 것이다. 환자에게 부모에 대해 자유연상을 하게 하는 정신분석 치료 기법은, 이젤을 야외로 옮긴 인상주의 화가나 전통적인 조표調標를 무시한 모더니스트 작곡가의 기법과 같은 것이었다. 정신의 과학자를 자처한 프로이트는 세계상의 중심에 모순적인 감정, 즉 양가감정을 두었다. 이러한 비극적인 시각은 갈등상태를 모더니즘 역사를 비롯한 모든 역사의 본질적인 요소로 여긴다.

아주 간단히 말해 '갈등'이 인간에 대한 이 책의 관점이다. 유용할 때는 직접적으로 프로이트의 관점을 이용했다. 하지만 명시적으로 내세우지 않더라도 모더니즘을 통해 19세기와 20세기 사회 및 문화생활의 참모습을 규명하려는 내 역사적 해석의 핵심에는 프로이트의 시각이 있다.

나는 섣불리 모더니즘을 정신분석하려 들지는 않았다. 이 점에서는 프로이트를 충실히 따랐다. 프로이트 자신도 정신분석학으로 예술적 천재성의 근원을 포괄적으로 설명할 수 없다는 불편한 주장을 인정했던 것이다. 1928년에 그는 도스토예프스키에 관한, 발표될 당시에는 그다지 진지하게 받아들여지지 않았던 글에서 소설가와 시인들, 즉 "문인들에 관한 문제 앞에서 정신분석학은 무기를 내려놓아야 한다."라며 한 발 물러났다. 그가 못한 것을 내가 할 수 있다고 생각지 않는다. 하지만 독자들이 프로이트의 사상에 대해 어떻게 생각하든 잊지 말아야 할 것은, 모더니스트들이 아무리 뛰어났더라도, 아무리 단호하게 당대의 미적 주류에 반항했더라도, 정신분석학적으로 보면 그들 역시 온갖 재능과 갈등을 지닌 인간일 뿐이라는 사실이다.

차례

1 모더니즘이란 무엇인가

1부 창시자
2 아웃사이더
3 비타협주의자와 흥행주

2부 클래식
4 회화와 조각: 광기와 의외성
5 산문과 시: 마음의 단절
6 음악과 무용: 소리의 해방
7 건축과 디자인: 기계, 인간 생활의 새로운 조건
8 연극과 영화: 인간적 요소

3부 결말
9 괴짜와 야만인
10 모더니즘의 부활

세부 차례

갈등, 인간과 모든 역사의 본질 — 13

1 모더니즘이란 무엇인가

"나를 놀라게 하라!" — 25
"새롭게 하라!" — 29
모더니즘에 대한 신화와 오해 — 39
모더니즘 혁명의 조건들 — 47

1부 창시자

2 아웃사이더

현대의 영웅성 — 67
예술가를 위한 예술 — 99

3 비타협주의자와 흥행주

1900년 — 125
새로운 시각 — 129
교육자로 부상한 문화 중개인 — 145

2부 고전

4 회화와 조각: 광기와 의외성

따분할 새가 없던 시절 — 189
자기 몰입: 내면의 표현 — 195
자기 몰입: 독일인들 — 217
신비적 모더니즘 — 231
무정부주의자와 권위주의자 — 247
피카소: 원맨 밴드 — 259
L.H.O.O.Q. — 271
안티 미메시스 — 283

5 산문과 시: 마음의 단속

새로운 소설 — 319
에드워드 시대에 도전하기 — 327
네 명의 현대 거장 — 337
카프카 — 363
시인 중의 시인 — 373

6 음악과 무용: 소리의 해방

전주곡 — 399

선두주자: 드뷔시와 말러 — 405
　　아르놀트 쇤베르크 — 419
　　이고르 스트라빈스키 — 435
　　작은 거인들 — 447
　　발란신 시대 — 455

**7 건축과 디자인: 기계, 인간 생활의
　 새로운 조건**

　　"건축보다 더 중요한 것은 없다." — 473
　　"집은 거주를 위한 기계다." — 489
　　"훌륭한 비례와 실용적 단순성" — 519
　　"히틀러는 최고의 친구" — 531
　　"아름다움이 우리를 기다린다" — 537

8 연극과 영화: 인간적 요소

　　"우리는 이 시대의 정신에 몰두한다"
　　　　　　　　　　　　　　　　　— 553
　　"똥 덩어리!" — 557
　　자전적 작가들 — 565
　　새로운 인간 — 579
　　전적으로 현대적인 유일한 예술 — 589

3부　결말

9　괴짜와 야만인

　　안티모던 모더니스트와 야만인 — 637
　　이신을 찾아서: T. S. 엘리엇 — 641
　　지방의 천재: 찰스 아이브스 — 647
　　북유럽의 심리학자 크누트 함순 — 657
　　히틀러의 독일 — 667
　　스탈린의 소비에트연방 — 679
　　무솔리니의 이탈리아 — 693

10　모더니즘의 부활

　　모더니즘은 죽었는가? — 703
　　과거 청산 — 705
　　독창성의 시대 — 731
　　아방가르드의 성공 — 755
　　생존 신호들 — 765
　　코다: 빌바오의 프랭크 게리 — 781

　　감사의 말 — 791
　　주註 — 795
　　그림 저작권 — 812

모더니즘이란 무엇인가

"나를 놀라게 하라!"

 이상하게도 모더니즘은 정의를 내리기보다는 예를 들기가 훨씬 쉽다. 그것만 봐도 모더니즘이 대단히 다채롭고 광범위하다는 것을 알 수 있다. 모더니즘의 표본들이 회화와 조각, 소설과 시, 음악과 무용, 건축과 디자인, 연극과 영화를 아우르는 너무도 광대하고 다양한 영역에 걸쳐 있어서 도무지 공통의 기원이나 일관성을 찾을 수 없을 것처럼 보인다. 몇 년 전 미국대법원 판사 포터 스튜어트는 포르노를 정의할 수는 없지만 보면 안다고 판결했다. 뛰어난 모더니즘 작품들도 어느 장르에 속하든, 얼마나 유명하든, 정확히 그런 느낌이다.
 그러니 모더니즘에 대한 포괄적인 이해가 평론가들, 열성 팬들, 탐욕스러운 문화 산업 장사꾼들 때문에 오히려 어려워지는 것은 당연하다. 개별 문학 작품과 예술 작품에 성급하게 붙여진 꼬리표도 그 어려움을 배가시킨다. 실제로 19세기 중반부터 시작해 20세기 내내 어느 분야든 혁신적인 물건, 어느 정도 독창적인 작품에는 어김없이 '모더니즘'이라는 꼬리표가 붙었다. 그런 상황이니 과거를 체계적으로 정리해야 할 문화사학자들이 그 혼돈스럽고 끊임없는 변화상에 겁을 집어먹고 안이하게 모더니즘의 다양한 정의를 묵인해 왔던 것도 이해할 만하다.

현대 예술 시장에서의 혼돈을 이렇게 묵인하는 것은 거의 200년 동안 취향과 취향의 표현 및 도덕성, 그것의 경제·정치적 측면과 심리·사회적 원천 및 함의에 대한 열띤 논쟁을 자극했던 개성 있는 상상력을 존중하기 때문이다. 그러나 모든 것을 포괄하는 이런 애매한 정의를 거부해도 결국은 만족스럽지 못할 것이다. 한 치의 망설임도 없이 '모더니즘적'이라고 분류하는 회화, 음악, 건축이나 희곡에는 무언가 공통점이 있기 때문이다. 랭보의 시, 카프카의 소설, 에릭 사티의 피아노 곡, 베케트의 희곡, 피카소의 일부 작품이 우리가 규명하려는 것에 대한 믿을 만한 증거이다. 그리고 이 모든 걸작들을 내려다보며 곰곰이 생각에 잠기는 얼굴이 있으니, 깔끔하게 턱수염을 기른 프로이트의 음울한 얼굴이다. 이 작품들에는 각기 자격 증명서가 붙어 있다. 그러니까 말하자면 "이것이 모더니즘이다."라고 쓰여 있다.

그러나 문화사학자라면 무언가를 알아본 것만으로는 만족할 수 없으니, 이 책에서 나는 보다 더 광범위하면서도 좀 더 구체적으로 서술하려고 노력했다. 내가 아는 한, 모든 모더니즘 표현물을 단일한 역사적 시기의 구성물이라고 설명한 학자는 한 명도 없다. 그런 대담한 시도가 실패할 수밖에 없는 이유는 이미 암시했다. G. K. 체스터턴이 기독교에 대해 한 말을 바꿔 설명해 보면, 모더니즘을 정의하려고 했는데 어려워서 못 한 것이 아니라 어려울 것이라고 생각해서 시도도 해보지 않았던 것이다. 모더니즘 문화의 어떤 분야를 연구하든 모더니즘의 개별적인 징후들이 일반적인 것을 압도하기 십상이기 때문이다.

사실 모더니스트들은 대체로 정치나 사상 면에서 중도보다는 극단을 선호했다. 제임스 조이스나 앙리 마티스 같은 핵심 인물들이 자유주의적인 성향을 보인 것은 사실이지만, 많은 모더니스트들은 중도가 부르주아적이고 지루하다고 생각했다. 실제로 이들은 '부르주아적'이라는 말과 '지루하다'는 말을 동의어로 여겼다. 당연히 그랬을 것이다. 모더니스트들은 위험을 무릅쓰는 모험가답게 미학적 안전지대를 벗어난 곳에서 오히려 편안함을 느꼈으니까 말이다. 모든 모더니스트가 군말 없이 동의했던 유일한 신념은 이랬다. 경험해 보지 않은 것이 익숙한 것보다 낫고, 드문 것이 평범한 것보다, 실험적인 것이 상투적인 것보다 낫다. 따라서 이 책에서는 더 폭넓은 공통성을 찾기 위해 가족이라는 상징을 이용할 것이다. 크고 흥미로우며 광범위한 가족, 개별 성원들의 표정은 각기 다르지만 당연히 서로 근원적으로 연결되어 있는 가족이다.

그러니 이 책의 목적은 고급문화의 모든 영역에서 수집한 상당한 양의 믿을 만한 증거들을 통해 다양성 속의 통일성, 단일한 심미적 사고방식, 눈에 띄는 양식, 즉 모더니즘적 양식을 발견하는 것이다. 모더니즘은 화음과 마찬가지로 저항적 아방가르드 운동을 아무렇게나 모아 놓은 것이 아니며 그 부분들의 총합보다 더 크다. 모더니즘은 사회와 예술가의 사회적 역할에 대한 새로운 시각, 문화 생산물과 그 생산자에 대한 새로운 평가 방식을 낳았다. 그러니 간단히 말해서 내가 모더니즘 양식이라고 부르는 것은 사상과 감정, 평가의 풍토이다.

풍토는, 정서적인 것이라고 해도 변한다. 그러니까 모더니즘도 변화의 역사가 있으며, 역사란 것이 당연히 그렇듯 내적 측면과 외적 측면으로 나누어 볼 수 있다. 나는 모더니즘의 내적인 역사, 즉 예술가들의 상호

교류나 예술가 개인의 심적 변화, 예술가들과 그들의 운명에 직접적인 영향을 끼친 제도 따위를 아주 명확하고 구체적으로 설명할 것이다. 또 모더니즘 운동이 문화를 표현하였을 뿐만 아니라 문화를 변화시키기도 했으니, 모더니즘의 외적인 역사도 적절히 다루어 환경과의 관계를 통해 설명하였다. 이런 이유로 이 장의 뒷부분에서 아방가르드 예술 운동에 도움이 되거나 방해가 된 경제적, 사회적, 지적 배경은 물론 종교적 배경도 개관할 것이다. 모더니즘의 성공과 실패는 그 무대 배경과 의상이 없이는 이해할 수 없으며, 배경과 의상마저도 외부의 영향을 반영하는 단순한 장식물이 아니었다. 외부 세계는 모더니즘이라는 절박한 과제의 동인인 동시에 목표였다. 타의 추종을 불허했던 모던 발레의 거목 세르게이 댜길레프는 자기 안무가들에게 이렇게 말했다고 한다. "나를 놀라게 하라!" 이 말은 유명한 모더니즘의 슬로건이다.

"새롭게 하라!"

1

모더니스트들이 서로 눈에 띄게 다르기는 하지만 뚜렷한 공통점도 두 가지 있다. 하나는 이단의 유혹, 즉 관습적인 감수성에 저항하려는 충동이며, 또 하나는 철저한 자기 탐구이다. 다른 분류 기준도 있을 수 있지만, 모두 단점이 있다. 정치 이데올로기는 꽤 그럴듯한 기준처럼 보이지만 모더니즘을 정의할 수는 없다. 사실 모더니즘은 파시즘인 보수주의를 비롯한 모든 정치적 신념과, 무신론에서 가톨릭에 이르는 거의 모든 종교적 교의와 양립할 수 있기 때문이다. 이런 각자의 신념 때문에 모더니스트들이 서로 격렬하게 싸운 역사가 있다.

첫 번째 특징인 이단의 유혹은 그다지 신기할 것도 없다. 전통적인 운율에 외설적인 내용을 쏟아 부은 모더니스트 시인, 장식적인 요소를 모두 배제한 모더니스트 건축가, 전통적인 조성과 대위법 규칙을 고의적으로 위반한 모더니스트 작곡가, 단순한 스케치를 완성작으로 전시한 모더니스트 화가들은 새롭고 혁명적인 자기만의 길을 개척했다는 사실뿐 아니라 단지 지배적인 권위에 굴복하지 않았다는 사실만으로도 만족스러워했다. 물론 감정을 양으로 헤아릴 수는 없겠지만, 급진적인 그림이나 건물, 아니면 음악을 만드는 기쁨 중 절반은 적을 앞지른 데서 오는 만족감에서 비롯되었다고 보아도 좋을 것이다. 에즈라 파운드가 1차 세계대전 전에 동료 반역자들에게 제시한 "새롭게 하라!"라는 멋진 슬로건은 수많은 모더니스트들의 열망을 간결하게 요약해 준다.

   증거는 많다. 프랭크 로이드 라이트는 1950년대에 뉴욕에서 구겐하임 미술관을 설계하면서 이제 역사상 최초로 제대로 된 미술관이 생기게 되리라 공언했다. 이보다 덜 극단적인 예를 하나 더 들면 1940년 마티스는 자신의 창조력에 대해 심각하게 회의했다. 동료 화가인 피에르 보나르_{앵티미슴의 대표 화가}에게 보낸 편지에 이렇게 썼다. "인습적인 요소에 마비되어서 나 자신을 원하는 대로 그림에 표현할 수가 없다."[1] 마티스는 곧 이 불안감을 이겨 냈지만, 여기서 주목해야 할 것은, (오직 내면이 원하는 대로 향하려는) 완전한 예술적 자율성에 대한 애착과 열망이다. 수십 년 뒤에 모더니즘 예술이 퍼져 나가면서 문화 생산자뿐만 아니라 문화 소비자들도 이런 개인의 주권을 요구하게 되었다. "마음속에서 우러나는 대로" 자유롭고 대담하게 말하고 그림 그리고 노래하려는 예술가들의 의지에 부응하여 대중이 그러한 자기 표출 작품을 감상하고 소유하려 했던 것이다.

   모더니즘을 규정하는 두 번째 기준인 철저한 자아 탐구는 자기 응시를 수반하는 것으로 인습 타파보다 훨씬 더 뿌리가 깊다. 플라톤에서 아우구스티누스, 몽테뉴에서 셰익스피어, 파스칼에서 루소에 이르는 자기 반성적 사상가들이 수세기에 걸쳐 인간 본성의 비밀을 탐구해 왔다. 디드로와 칸트는 계몽주의 성숙기에 인간의 자율성을 활발하게 옹호했다는 점에서 원시 모더니스트라고 해도 될 것이다.

샤를 보들레르 1821-1867 "풍경은 그 자체로 아름다운 것이 아니라, 오직 나를 통해서, 나의 개인적인 시선, 내가 그 풍경에 부과하는 관념과 감정을 통해서 아름다운 것이다."

이처럼 모더니스트들에게는 훌륭한 선조들이 있었다. 그들에게 자기 탐구, 혹은 자아에 대한 응시는 이단적 계획에서 본질적인 것이 되었다. 1840년대부터 시간이 흐르면서 더욱 대담해진 모더니스트 시인들(나는 다른 이단아들 중 보들레르를 모더니즘 최초의 영웅으로 꼽겠다.)은 언어의 표현 가능성을 실험하여 전통적인 운문이나 점잖은 주제를 경멸하는 것으로 난해한 일탈을 감행했다. 소설가들은 이전과 달리 인물의 생각과 감정을 연구하기 시작했고 극작가들은 몹시도 미묘한 심리적 갈등을 무대에 올렸고 화가들은 오랜 세월 특권을 가져 왔던 매체, 즉 자연에 등을 돌리고 자신들 내부에서 자연을 찾기 시작했다. 모더니즘 음악은 평범한 청중들이 듣기에 과거 어느 때보다 더 내적이고 덜 직접적인 만족을 주는 방향으로 많이 변모했다.

이렇게 자기 주도적인 경향이 생겨난 뒤에 프랑스혁명기와 이후 낭만주의 시대를 거치면서 모더니즘의 본질적인 요소들이 거의 다 마련되었다. 유명한, 아니 악명 높은 낭만주의자들이 반항적 비순응주의의 기반을 닦았다. 바이런과 셸리, 샤토브리앙과 스탕달은 자신들의 사생활을 통해 반항적 방탕을 몸소 보여 주었고, 프리드리히 슐레겔은 부르주아의 결혼을 허위라고 조롱했으며, 수십 년 뒤에 마르크스와 엥겔스는 결혼이 야비한 거래, 즉 한층 고상한 형태의 매춘에 불과하다고 비난했다.

자기 검열에 충실한 중산층 계급에 대한 이런 노골적인 마르크스주의적 비판은, 1848년에 출간된 『공산당 선언』의 말을 빌리면, 당시 유럽 전역에 만연했던 혁명적 분위기의 일부였지만 크게 주목받지는 못했다. 모더니스트들은 적어도 초창기에는 선동적인 비방을 자제했는데, 위대한 모더니스트 소설가 귀스타브 플로베르는 처녀작 『마담 보바리』로 부르주아에 대한 적의를 노골적으로 드러냈다.

마리오 시로니, 「반부르주아」 1920 부르주아에 대한 이탈리아 아방가르드의 혐오감을 보여 주는 흥미로운 작품. 화가는 이 그림에서 희생자를 기다리는 자객을 비난하고 있지 않다.

부르주아 계급에 대한 플로베르의 악의적인 희화화는 모더니스트들의 모범이 되었기 때문에 각별히 주목할 필요가 있다. 부르주아에 대한 그의 분노는 수많은 재기 넘치는 편지들과 공식적인 글에 악몽처럼 되풀이해등장한다. 플로베르가 묘사하는 부르주아는 어리석고 탐욕스러우며 독선적이고 속물적일 뿐만 아니라 전능하다. 어느 유명한 편지에서 플로베르는 자신을 '부르주아 혐오자 bourgeoisophobus'[2]라고 했는데, 분명히 우연의 일치겠지만 그것이 정신의학 용어이기에 시사하는 바가 더 크다. 중산층에 대한 혐오가 이렇게 공포증의 모습을 띠고 있었기에, 즉 비이성적 형태였기에 그는 자신이 속한 사회를 있는 그대로 볼 수 없었다.

간단히 말해서 부르주아에 대한 플로베르의 악의적인 묘사는 사회학적 전문성이 전혀 없고 믿을 만한 내용도 없는 무차별적 비방이다. 플로베르는 작가와 예술가들, 즉 자기 친구들을 뺀 모든 부류, 그러니까 노동자와 농부, 은행가, 상인, 정치인, 그리고 결코 빼놓을 수 없는 그 유명한 잡화상을 한 무더기로 뭉뚱그려서 희화화했다. 그리고 이런 증언을 무비판적으로 신뢰한 탓에 모더니즘의 사회사는 어찌할 수 없는 정도까지 왜곡되고 말았다.

이런 치명적인 결함에도 불구하고 여러 세대의 독자들이 플로베르를 숭배하고 따랐다. 부르주아에 대해 플로베르 못잖게 편협한 적개심을 품고 있던 에밀 졸라 같은 반부르주아적 작가들은 소수에 불과했지만, 19세기 모더니스트들은 언제라도 작품 속 인물의 낙오를 플로베르의 어조를 이용하여 사회 계급 전체의 탓으로 돌릴 태세가 되어 있었다. 20세기 모더니스트들 역시 19세기식 비방에서 더 나아가지 못했다. 1920년, 조만간 파시스트의 믿음직한 예술적 대변인으로 자처하게 될 이탈리아의 모더니스트 화가 마리오 시로니Mario Sironi는 적막한 도시 풍경을 그렸다.

그 그림에는 수상쩍은 세 인물(한 명은 권총을, 또 한 명은 칼을 들었다.)이 길모퉁이에 숨어서 무슨 일이 일어날지 전혀 모른 채 무심하게 걸어오는 점잖은 생김새의 남자, 즉 부르주아를 기다리고 있다. 계급을 상기시키는 이 극적인 작품의 제목은 아주 간명하다.「반부르주아 Antiborghese」.³ 시로니는 이 작품에서 희생자를 기다리는 자객들을 전혀 비난하지 않는다.

이런 적개심은 이후에도 죽 이어졌다. 수십 년 동안 부르주아에 대한 모더니스트들의 증오심은 놀랄 만큼 변치 않았다. 한 가지 예만으로도 충분하다. 기발하면서도 충격적인 작품, 특히 장갑차 바퀴 벨트 위에 세워 놓은 거대한 립스틱(현재는 예일대학교의 기숙사 안뜰에 설치되어 있다.)으로 유명한 팝아티스트 조각가 클래스 올덴버그는 1960년에 이렇게 단언했다. 부르주아는 상상력을 발휘한 새로운 일들을 장난으로 여기고 그저 가지고 놀기만 한다고. "부르주아의 계획은 이렇다. 이들은 어쩌다 한 번씩 자신들에게 놀라운 일이 일어나기를 바라고 또 타인을 놀래키는 걸 즐긴다. 이런 사소한 장난질이 끝나면, 또 다음 일을 준비한다." 그러므로 올덴버그는 "부르주아적 가치관보다 감수성을 더 높이 고양"해서 "우주에 내재해 있는 마술적인 힘을 복원"⁴해야 한다고 했다. 왜 이런 비난을 했을까? 올덴버그가 견지하고 있던 것은 세속적이든 종교적이든 간에 150년도 더 된 낭만주의자의 입장이었으며, 중산층 계급이 세상에서 마술적인 힘을 빼앗았으니 그것을 복원하는 것이 창조적 정신을 소유한 자들의 궁극적인 의무라고 주장한 것이다. 그러니까 자칭 모더니스트 부족의 대변인들은 이렇게 주장한 것이다. 부르주아들은 새롭게 하기를 원하기는 했지만, 너무 새로운 것은 사양했다고.

모더니스트들이 적에게 퍼부은 공격적인 언사들이 곧바로 인습을 타파하는 걸작으로 탄생한 것은 아니었다. 그러나 이 문화 이단자들은 몇 차례 물의를 일으켜 중산층을 무척 불안하게 만들었다. 마네의 유명한 나체화「올랭피아」(1863년에 그려졌지만 2년 뒤에야 살롱에 전시되었다.), 조숙한 영국 남학생들이 좋아했던 마조히즘과 성에 대한 인유로 가득한 앨저넌 찰스 스윈번의『시와 발라드』, 보들레르, 플로베르, 공쿠르 형제, 졸라 등 프랑스 문인들이 이른바 속물 장사꾼의 세계에 살고 있는 미개한 부르주아에게 퍼붓는 유명한 독설 같은 것들 말이다. 1880년대가 되어서야 모더니스트들이 역사적인 작품을 세상에 내놓기 시작했고 이들의 강렬한 힘은 이후 40여 년 동안 발휘되었다. 그런 뒤 1920년대 후반과 1930년대 초반에 이르면서 이 놀라운 힘은 전체주의의 승리와 전 세계적 경기 침체에 직면해서 (영원히는 아니지만) 쇠퇴하였다.

2

그러므로 19세기 후반과 20세기 초반은 모더니즘의 역사에서 중추적인 시기였다. 그래서 이 책에서도 그 기간에 많은 분량을 할애할 것이다. 당시 예술계는 전혀 평화롭지 못했다. 현대의 재앙인 1차 세계대전으로 인해 세상을 떠들썩하게 했던 양식적 실험들이 중단되었다. 세계대전의 발발과 야만성, 그리고 교전 기간에 대해서는 그 폭력의 주범인 오스트리아인과 독일인들조차 깜짝 놀랄 정도였다. 그 전쟁은 1914년 8월부터 1918년 11월까지 지루하게 이어졌는데, 특히 서부 전선에서는 끔찍한 상태가 오래 지속되었다. 이런 군사적 충돌로 인한 참사에 비하면 예술계 전체를 교란했던 문화 전쟁들은 거의 아무것도 아니었다. 그럼에도 불구하고 그 문화 전쟁터에도 꽤 놀라운 사건들이 많았다. 표현주의 시와 추상회화, 이해할 수 없는 악곡, 플롯 없는 소설들이 일제히 미적 관념에서 혁명을 일으키고 있었으니까 말이다. 그리고 세계대전이 끝나자 모더니스트들은 그 작업을 계속하였다.

그러나 아무 일도 없었던 것처럼 될 수는 없었다. 많은 모더니스트들이 군대에 갔고 일부는 신경쇠약에 시달렸고 일부는 전선에서 목숨을 잃었다. 그러나 대다수는 평화가 찾아오자 손을 놓았던 지점에서 다시 시작했다. 전쟁 중에는 자기 스타일을 바꾸지 않았던 마르셀 프루스트도 『잃어버린 시간을 찾아서』의 마지막 권에서는 새로운 양식을 도입했다. 막스 베크만의 그림들은 공포와 죽음에 대한 새로운 자각을 보여 주었다. 발터 그로피우스는 전쟁을 겪으면서 정치의식에 눈을 떴다. 이렇게 전후 예술가들은 전쟁에 이용당한 만큼 전쟁을 이용하기도 했다.

사학자들은 여러 나라가 휘말린 이 무시무시한 파괴 행위, 이 세계적 충돌의 영향이 한결같지 않다는 이상한 사실에 주목한다. 1차 세계대전은 정치와 경제 관계, 문화적 태도, 그리고 제국들의 종말에 돌이킬 수 없는 영향을 미쳤다. 그러나 미술이나 문학에 있어서는 현대판 야만주의를 표출한 전쟁이 상대적으로 그리 중요한 사건이 아니었다. 1920년대의 아방가르드 운동은 대단히 혁신적으로 보이지만, 전생 전 미학적 혁신이 만연했던 시대에 뿌려 놓은 씨앗을 거두어들인 것이 대부분이었다. 모든 모더니즘 작품은, 1880년 작이든 1920년 작이든, 동시대인들에 대항하거나 그들을 매혹시키거나 역겹게 만들었다. 이런 사실은, 동시대인들이 그들의 작품을 도시적인 것으로 받아들였든 원시적인 것으로 받아들였든, 혹은 진정성을 갖춘 것이든 그 반대로 사기성이 농후한 것이든, 숭고한 것 아니면 그저 불가해한 것으로 여겼든 간에, 변함이 없다. 모더니스트의 단편소설이나 현악사중주는 일종의 공격, 다시 말해 입센이 '오합지졸'이라고 경멸적으로 부른 대중에 대한 모욕이었다.

전쟁이 고급문화에 동요를 일으켰지만 이상하게도 그 동요가 결국 더 명확한 어떤 것으로 발전하지는 않았다. 모더니즘 연구자들이 혼란스러워하는 것은 비단 이뿐만이 아니다. 아방가르드 걸작들은 세대를 거치면서 그 위상이 변했다. 어떤 작품들은 심지어 정전正典으로 흡수되기까지 했다. 그 작품의 창작자들이 그토록 경멸했고 비하하려 애썼던 바로 그 정전 말이다. 시간이 흐르면서 극장과 미술관, 공연장에서 대중을 모욕했던(적어도 대중을 깜짝 놀라게 했던) 혁신적인 작품들은 점차 그 힘을 잃었다. 1911년의 관객은 니진스키와 스트라빈스키의 발레 「봄의 제전」 초연을 보고 격분했지만, 그 다음 세대 관객은 급진적인 악보와 급진적인 안무가 결합된 「봄의 제전」을 불쾌하게 여기기는커녕 진심으로 음미하고 즐기게 되었다. 이단의 분위기를 풍기던 모더니즘 작품이 결국 고전으로 불리게 되었다는 것은, 명백한 자기모순이지만 엄연한 역사적 사실이다.

오늘날의 고급문화 소비자들에게도 훌륭한 모더니즘 작품, 이를테면 아돌프 로스의 슈타이너 저택이나 스트린드베리의 『꿈의 연극』, 피카소의 「아비뇽의 처녀들」을 보거나 읽거나 듣는 것은 여전히 신선한 경험이다. 1차 세계대전 이전에 나온 작품들이지만 아직도 멋지고 여전히 '모던'하다. 1997년에 지어진 프랭크 게리의 빌바오 구겐하임 미술관처럼 말이다. 그러니까 이 작품들은 연표상으로는 아주 오래된 것이지만, 여전히 살아 있는 문화사의 일부로 남아 있으며 문화사에 생명을 불어넣는 주역인 것이다. 동시에 문화사를 복잡하게 만드는 주역이기도 하다.

모더니즘에 대한 신화와 오해

1

　모더니즘에 대한 오해가 발생한 이유들 중 특히 중요한 것은 호전적인 논객들이 적을 크게 오해하여 처음부터 논쟁 자체가 제대로 이루어지지 못했다는 사실이다. 모더니스트들의 삶을 둘러싼 신화도 그들의 사회적 정황을 더 왜곡하였다. 19세기 중반 앙리 므르제의 소설(반세기 후에 예술을 위해 굶주리는 예술가들의 환희와 고통을 그린 푸치니의 오페라 「라 보엠」으로 각색된 덕분에 과분한 권위를 얻은 작품)에서 묘사된 자유분방하고 낭만적인 보헤미안의 생활은 허구에 가깝다. 19세기 중반에 5층 다락방에서 곤궁하지만 아름다운 독신의 삶을 꾸려 가는 화가나 작곡가는 거의 없었다. 실제로 이전에도 그런 이들이 많았던 적도 전혀 없었고, 대부분의 아방가르드 예술가들은 점차 안락한 삶을 누리게 되었으며 일부는 부자가 되기도 했다. 급진주의자들이 불로소득 생활자가 된 셈이다. 대체로 19세기 아방가르드 작가나 작곡가들은 그 출발은 어땠는지 몰라도 결국 건실한 시민이 되었다. 모더니스트들이 그토록 전복하려고 노력했던 기성 문화

체제가 대단한 포용력을 보여 준 셈이다.

따라서 몇몇 바람직한 예외가 있기는 해도, 예술 분야에서 대중의 호감을 얻으려 경쟁하는 사람들 사이의 논쟁은 '귀머거리들의 대화'에 불과했다. 이들도 그런 논쟁의 투사들이 으레 빠져드는 덫에 걸렸다. 즉 심하게 단순화했고 자신과 '적'의 차이를 지나치게 강조했다. 스펙트럼의 양 극단에 있는 열성분자들은 타자의 약점을 즐겨 폭로했고, 자기들이 조작한 신화의 묵인 아래 공격성을 분출하고 정당화했다. 열혈 모더니스트 대변자들은 아웃사이더 전문가를 자처했지만, 체제는 그들을 상연할 가치도 없는 연극과 전시할 가치도 없는 그림과 출판할 가치도 없는 소설 따위나 내놓는 시끄럽고 괴팍스러운 아마추어로 취급했다. 그런데 모더니스트들은 희생당하는 고통의 쾌감을 즐기면서 버림받은 자신들의 처지를 기꺼이 수긍했다.

역사가가 이런 흥분된 주장을 액면 그대로 받아들인다면 오래된 거짓 미화를 까발릴 수 없다. 전통적인 예술가, 비평가와 관객들은 모더니스트들이 유서 깊은 고급문화의 확고한 진리와 기독교 신앙에 반대하는 범법자들이거나 이단아들이라고 생각했다. 군주에서 영향력 있는 귀족에 이르기까지 그 고급문화의 권위 있는 대변자들은 이런 반골들을 미치광이나 폭탄 테러리스트처럼 미성숙하거나 그릇되고 부도덕한 인물로 매도했다.

이렇게 격앙한 분위기에서 반모더니스트들이 쏟아낸 비판은 지나치게 격했고 이들은 상대가 어떻게 반박하는지 제대로 들으려고도 하지 않았다. 혁신가들 가운데 문화계에 충격이 필요하다는 생각으로 일을 낸 사람들은 일부에 불과했다. 일부러 무례하게 굴어서 일반 대중이 그들의 의도대로 모욕감을 느꼈던 것은 사실이다. 그러나 기존 체제는 받은 충격에 비해 터무니없이 심한 반응을 보이는 경우가 더 많았다. 1891년에 런던에서 입센의「유령」이 초연되었을 때, 비평가들은 자극적인 말들을 마음껏 쏟아냈다. 물론 입센의 연극은 배짱 좋게도 난잡한 성관계를 들먹이고 주인공을 매독과 정신착란으로 파멸시킨다. 하지만 "역겨운 표현"이니 "덮개 없는 하수구", "붕대를 풀어 드러난 역겹게 문드러진 상처", "대중 앞에서 행해진 추잡한 짓"이라는 말을 들을 정도는 아니었다. 또 그것이 "상스럽고, 사악에 가까울 정도로 무례한" 작품의 예가 될 만하지도 않았고, 그 저자가 "시종일관 추잡할 뿐만 아니라 한심스러울 정도로 아둔한"[5] "미치광이 같은 괴짜"도 아니었다. 여기서 가장 인상 깊은 것은 선량한 시민이었던 이들이 억압된 삶의 진실에 맞닥뜨리자 별안간 걷잡을 수 없이 히스테리를 부리고 과장을 주체하지 못했다는 사실이다.

간단히 말하면 모더니스트들은 자신들이 '고상한' 예술가들이 말하지 않으려는, 아니 말할 수 없는 중요한 내용을 폭로한다고 믿었다. 크누트 함순은『굶주림』1890과 후속 작품들을 통해 다른 소설가들의 심리적 피상성을 비판했다. 바실리 칸딘스키는 모든 화가가 존재의 신비한 본질을 포착하는 데 실패했다고 믿었기 때문에 캔버스에서 본질에 대한 암시를 점차 지워 나갔고, 1910-1911년이 되자 완전히 지워 버렸다. 스트린드베리는 당시 무대를 지배하고 있던 잘 만들어지고 성적으로 신중한 연극에 대한 비판으로서 초기 자연주의 희곡「아버지」1887와「율리에 아가씨」1888를 무대에 올렸고, 10년 뒤에는「꿈의 연극」같은 표현주의 레제드라마 무대 상연 목적이 아니라 독서용으로 쓰인 희곡로 자신의 모더니즘적 저항의 방향을 바꾸었다. 엘리엇은 그 자신의 말에 따르면 "1909년과 1910년에 젊은 시인으로서는 상상할 수 없을 정도로 시가 정체되어"[6] 있을 때 도발적인 시를 발표했다.『프루프록 및 그 밖의 관찰』은 1917년에, 논란의 여지가 없는 모더니즘의 고전『황무지』는 1922년에 출간되었다. 이러한 모더니스트들은 방어가 삼엄한 문화의 요새를 공격해야 할 입장이었고, 그렇기 때문에 더욱더 철저한 일탈을 감행할 필요가 있었다. 그들은 하찮게 보이기는 했지만 공격해야 할 대상이 누군지 잘 알고 있었다. 그리고 과장했지만 진지했다.

늘 민감한 문제이며 모더니즘 시대에조차 끝내 금기로 남았던 성에 대한 솔직함만 비판의 대상은 아니었다. 1905년 파리 살롱도톤 전에 앙리 마티스, 앙드레 드랭, 모리스 드 블라맹크를 비롯해 뜻을 같이했던 화가들이 근작을 전시했을 때 평론가들은 그들의 강렬하고 화려한 화폭을 "색의 광기"에서 기인한 "회화적 정신이상"이라고 매도했다. 한 평론가는 그 그림들을 보고 "방금 크리스마스 선물로 받은 물감으로 아무 생각 없는 아이가 장난친 것"[7]이 생각났다고 했다. 그 뒤 곧 이 화가들에게 붙여진 호의적이지 않은 '야수파 Les Fauves'라는 별명은 고급문화에 대한 논의에서 하나의 비유어가 되었다. 내면적 삶을 탐구한 다른 모더니스트들의 작품과 마찬가지로 파울 클레의 유희적 작품들도 무시당했다. 일곱 살 난 아이도 그런 황칠은 할 수 있다는 평가였다. 새로운 것을 추구하려는 시도를 가장 단호하게 반대하는 사람들은 모더니스트들이 기교를 부릴 자격도 없고 재능도 없는 반달족 5세기에 로마를 침략한 게르만 족으로 고급문화를 파괴한 야만인을 상징 패거리에 불과하다고 생각했다.

2

지나치게 귀에 거슬릴 정도로 과장된 아방가르드의 어법이 비난을 자초한 것이기도 했다. 많은 모더니스트들의 수사법을 보면 극단적이라는 점에서 보수주의자들의 언어와 비슷하다. 모더니스트들은 보수의 안식처인 미술관들을 반드시 파괴해야 한다는 말을 즐겨 했다. 1850년대 초에 이미 프랑스 사실주의 비평가이자 소설가인 에드몽 뒤랑티는 루브르 미술관, 그 '카타콤'초기 기독교 지하 묘지을 불태워 없애자고 부르짖었다. 20여 년 뒤에 인상주의 화가 카미유 피사로는 그의 말에 기꺼이 맞장구를 쳤다. 피사로는 그 "거대한 예술의 공동묘지"[8]의 파괴가 회화의 발전을 크게 앞당길 것이라고 생각했다. 실제로 모더니스트들은 고갱이 "에콜데 보자르국립고등미술학교의 역겨운 키스"[9]라고 경멸했던 것과는 엮이고 싶어 하지 않았다.

정전을 없애 버리려는 절박한 희망은 진보적 예술계에 널리 퍼져 오랫동안 지지를 받았다. 1차 세계대전 이전 호전적인 이탈리아 미래파들은 예상대로 당시 문화에 대항하는 극단적인 계획에 그런 희망을 포함시켰다. 미래파의 창시자 필리포 마리네티는 1909년 「미래파 선언」에서 이렇게 외쳤다. "우리는 미술관과 도서관을 파괴하고 도덕주의, 페미니즘, 모든 기회주의적이고 편의주의적인 활동을 없애고자 한다."[10] 하지만 적개심은 직접적인 행동 없이는 거의 효과가 없었다.

이러한 맹렬함은 1차 세계대전 이후에도 사그라들지 않았다. 미국의 실험적 사진작가 만 레이는 1921년에 파리로 이주해서 단골로 들르던 한 예술가 카페에서 격한 대화를 엿듣고는 깜짝 놀랐다. "불행하게도 나는 이곳에 와서 아방가르드 운동에 휘말렸다. 그 운동은 미술관을 경멸했고 파괴하고 싶어 했다." 그러나 이상하게도 이런 도발적인 태도에도 불구하고 모더니즘 화가들은 자신들이 불태우고 싶어 했던 바로 그 미술관 벽에 자기 작품을 거는 꿈을 꾸었다.

당시 모더니스트들은 자신들의 적들 못잖게 열정적이었고 그들 못잖게 부조리했다. 그들의 주적은 물론 부르주아였으며 가장 유명한 공격자는 플로베르였다. 로버트 루이스 스티븐슨이 "땀내 나는 속물"[11]이라고 불렀던 부르주아는 모더니스트에게 우스꽝스러운 조롱거리이자 기분 나쁜 골칫거리였고, 독창적인 작품들을 평가할 능력이 전혀 없는 사람들이었다. 그렇지 않다는 것을 나타내는 증거들이 얼마든지 있었는데도 빅토리아 시대와 이후의 모더니스트들은 소설, 시, 만화, 회화를 비롯한 모든 영역에서 그 견실한 중산계급을 풍자했고 관객들에게 경멸과 비웃음을 청했다.

새것과 낡은 것 사이에 전쟁이 한창일 당시에는, 대부분의 역사서가 그리고 있듯이, 휴전으로 전투가 중단되기 일쑤이고 전선의 변화로 어지럽게 얽히고설킨 소규모 접전의 양상밖에 보이지 않았다. 모더니스트들이 즐겨 썼던 구호 "저들이 적이다."는 실제보다 더 확고했던 것처럼 보인다. 그 구호에 따르면 모더니스트들과 전통주의자들은 불구대천의 원수지간으로 보인다. 하지만 문화사에서 포괄적 진술들이 으레 그래야 하듯 여기서도 예외의 여지는 많이 남겨 두어야 한다. 하다못해 보충 설명이라도 꼭 필요하다. 많은 모더니스트들이, 정신분석학자들이 작은 차이의 나르시시즘이라고 불렀던 것 때문에, 가장 어리석은 속물들을 헐뜯을 때만큼이나 격렬하게 자기 편을 헐뜯었던 것이다.

그러나 뜻밖에도 모더니스트들이 적들을 매도하느라고 자기 진영이 자신들의 적인 주류파들만큼이나 통일성이 없다는 사실을 알아채지 못했다. 하지만 모더니스트 진영은 결코 통일된 집단, 자발적인 동맹군이 아니었다는 확실한 증거가 있다. 고갱은 인상파들을 시각적 개연성의 노예라고 비판했다. 스트린드베리는 입센의 사상극을 몹시 싫어했고, 몬드리안은 피카소가 입체파에서 추상주의로 "나아가는 데 실패"[12]했다고 실망했다. 버지니아 울프는 조이스의 외설스러움에 대해 강한 우려를 품고 있었다. 쿠르트 바일은 동료 모더니스트 에리히 코른골트의 곡에 대해 가차 없는 혹평을 했고, 「정사각형에 바치는 경의」 연작으로 유명해진 색면 추상화가 조지프 앨버스는 노스캐롤라이나 블랙마운틴대학교에서 자신이 가르쳤던 로버트 라우센버그의 팝아트 작품들을 너무도 불쾌하게 여긴 나머지 자신은 라우센버그의 이름조차 들어 본 적이 없노라고 계속 우겼다.

아마도 가장 일관되고 가장 요란하게 아방가르드의 화합을 깨뜨린 사람은 스페인 화가 살바도르 달리였을 것이다. 달리는 기괴하고 때로는 불쾌한 초현실주의 작품뿐만 아니라 말로도 대중을 놀라게 해 주고 싶어서 모더니스트 경쟁자들 모두를 비난했다. 달리는 자신이 "회화를 현대 예술의 공허함에서 구해 낼"[13] 운명이라고 떠들었다. 모더니스트들은 부르주아들을 깔본 것과 마찬가지로 동료 모더니스트들도 무시했다. 꼭 깔본 건 아니더라도 적어도 동료들이 미적 대담성이나 판단력이 부족하다는 생각은 했다.

훨씬 더 놀라운 것은 딴 사람도 아닌 보들레르를 선두로 한 일부 모더니스트들이 미적 관념의 보호자들과 화해하려고 애썼다는 것이다. 이런 내력은 첨예한 대립만큼 알려져 있지는 않지만 상당히 흥미롭다. 보들레르는 1846년 파리 살롱을 비평하면서 부르주아에 대한 견해를 집중적으로 밝혔다. 그는 부르주아가 프랑스 문화에서 사실상 최고 권위자로서 화가, 시인, 작곡가에 대한 가장 믿을 만한 의지처이며 위대한 예술 소장품, 미술관, 심포니오케스트라의 창시자라고 썼다. 그러므로 당대 부르주아는 "타고난 예술의 친구"[14]였다. 보들레르보다 반세기 뒤에는, 서정

시인이자 당시 아방가르드에 관한 모든 것을 지지했던 기욤 아폴리네르가 그의 정신을 이어받아 중산층 독자들의 관용과 아량에 애처롭게 호소했다. 아방가르드 작가들이 부르주아 관객들에게 깊이를 알 수 없는 아름답고 심오한 풍경을 보여 주려는 좋은 의도를 가지고 있다는 것을 알아달라고 간청했다. "우리는 여러분의 적이 아닙니다. / 여러분에게 거대하고 낯선 곳을 보여 주고자 합니다. / 그 신비로움의 꽃이 활짝 피어 자신을 꺾어 줄 사람을 기다리는 곳입니다."[15] 아폴리네르가 부르주아의 동정을 구했다니 놀라운 일이다.

이후 반성적인 아방가르드 예술가들은 개인주의가 과거라는 짐, 당대의 비속함, 권력의 압박에서 자신들을 해방시켜 준다고 믿고 자랑 삼았지만, 친분과 인정받고자 하는 욕구 때문에 번번이 지켜지지 못했다는 것을 인정했다. 1960년대에 모더니즘 혁명에 몸을 바친 유명한 미국 비평가 해럴드 로젠버그는 당시 문화적 이단들을 "개별자들의 무리"라고 비웃었다. 《뉴요커》에 게재된 한 만화는 교양 있는 대중에 대해 이렇게 비꼬았다. 뒤죽박죽인 추상화로 가득한 한 화가의 작업실에서 한 여성이 팔리지 않을 그 혐오스러운 그림들의 작가임이 분명한 남자를 꾸짖고 있다. "왜 당신도 다른 사람들처럼 비순응주의자가 되려고 하나요?"

모더니즘 혁명의 조건들

1

　모더니스트 가족 간의 충돌로 아방가르드 시인과 화가들이 꽤 골치를 썩었지만 사회와의 갈등도 그 못지않은 골칫거리였다. 모더니스트들이 모두 그 사회에 속해 살 수밖에 없고 모더니즘이 사회에서 태어났으니 그곳을 벗어날 수 없었다. 되풀이해 말하지만, 모더니즘이 번성하기 위해서는 사회적, 문화적 전제조건이 필요했다. 하나만 예를 들어 보자. 증명할 필요도 없는 명백한 사실이 있다. 모더니스트들에게는 적어도 비교적 자유로운 국가와 사회가 필요했다는 것이다. 불경하고 외설스럽거나 전복적인 것으로 간주된 언어나 회화의 표현에 대한 엄격한 검열은 모더니즘 혁명에 유난히 적대적인 억압의 풍토를 조성했다. 게다가 그들의 작품을 보면 서유럽 문명이라는 진보된 문화를 배경으로 했기 때문에, 그리고 사회적 관습과 태도가, 아주 흔쾌히는 아니더라도 어쩌다 우연히도 모더니즘에 호의적으로 작용했기 때문에, 모더니즘 시대가 시작될 수 있었다는 것을 알 수 있다. 우호적인 분위기만 있다고 해서 모더니즘이 출현하고 발전할 수 있는 것은 아니었다. 실제로 필수적인 선행조건이 갖추어지지 않아 대단히 열정적인 노력이 좌절된 적도 있다. 다시 말하면 모더니즘은 충분히 유복하고 자유로우며, 기꺼이 모더니즘을 지지하는 든든하고 영향력 있는 후원자와 고객들이 없었다면 생각조차 할 수 없는 것이었다.

경제적 결정론을 지지하는 것은 아니지만 경제적 배경부터 개괄하겠다. 모더니즘은 산업화와 도시화한 국가들의 부에서 자라났다. 공장제는 대량생산 및 예술품을 비롯한 소비재의 대량 소비를 위한 전제 조건이다. 공장제는 18세기 말 영국에서 처음 나타나 영국에서 번성한 뒤 빅토리아 시대에 벨기에, 독일, 프랑스, 미국에서도 성행하였다. 사람들은 승객과 화물을 운송하는 너무도 멋진 수단이 된 철도라는 현대의 기적을 처음 보고 몹시 놀랐다. 1820년대 말과 1860년대 사이에 산업화 국가들을 잇는 긴밀한 철도망이 구축되어 인구 분포가 바뀌고 무역이 가능한 환경 조건이 마련되었다. 새로운 금융 수단들과 거대 은행 제국들이 자본을 제공하자 전례 없는 규모의 부를 지탱할 시장이 생겼다. 그리고 앞으로 보겠지만 모더니즘은 이 팽창과 함께 성장했다.

많은 예술사학자들이 모더니즘이 주로 도시에서 일어난 현상이라고 주장한다. 무서운 속도로 성장하고 있던 빅토리아 시대 도시들은 극장과 공연장을 세워 관객들로 채웠고 음악학교와 오케스트라를 만들어 공연할 인력을 모았다. 진취적인 시민들이 19세기 내내 고급문화 시설을 세운 곳도 바로 이러한 도시였다. 프랑크푸르트 미술관은 모든 뮤즈들의 안식처로 1808년에 설립되었고, 뉴욕필하모닉오케스트라는 1842년에 창단했다. 하트퍼드애서니엄은 1844년에 설립되었고, 암스테르담예술역사박물관은 1885년에 세워졌다. 이들은 마르크스가 몰랐던 중산층, 즉 전성기에 오른 부르주아 엘리트들이었다. 이와 반대로 아주 소수의 모더니스트들은 신경 거슬리는 조급함과 소음이 내리누르는 도시 생활을 피해 외딴 마을에 정착했다. 독일 시인들과 화가들은 은둔처로 보르프스베데를 택했고, 프랑스 화가들은 브르타뉴에 자리 잡았다. 독일의 예나처럼 문학적 전통이 견고한 작은 마을들은 예술 활동의 선구적 공간이 되었다. 그래도 런던과 암스테르담, 뉴욕, 시카고, 뮌헨과 베를린을 떠나서는 모더니즘을 생각할 수 없었을 것이다. 그리고 실제로 당시 사람들 모두 파리가 문화의 수도로 프랑스를 넘어 훨씬 더 방대한 지역에 영향을 미치고 있다고 생각했다. 그 뛰어난 유럽인 니체는 자서전 『이 사람을 보라』에서 이렇게 썼다. "예술가라면 파리 말고는 유럽에서 고향이라고 할 데가 없다."[16] 그가 주목했던 것은 1850년대와 그 이후 철저하게 현대화된 도시 파리였다.

모더니스트들이 중산 교양층의 후원에 의존했다는 사실은 결코 단순한 일반화가 아니며 모더니즘 혁명이 비교적 최근에야 일어날 수 있었다는 주장에 힘을 실어 준다. 이전 시대에 예술가의 후원은 취향을 선도하는 선택받은 사람들, 즉 군주, 귀족, 추기경과 네덜란드의 도시 같은 몇몇 상업 중심지에서 활동하는 소수의 부유한 상업 실세들이 독점하고 있었다. 현재까지 남아 있는 중세와 근대 초기의 예술 작품은, 장중한 대저택이든 미술관의 값진 작품이든 간에 많은 고위 고객들이 자신들의 안식처와 궁을 아름답게 꾸미는 데 제 몫을 했다는 것을 잘 보여 준다. 신앙심 때문이었든 자기 과시욕 때문이었든, 아름다움에 대한 사랑, 혹은 복합적인 이유 때문이었든 간에, 어쨌든 그들은 아낌없이 돈을 들였다.

그러나 변화는 예정되어 있었다. 19세기가 되자 마에케나스 문화예술을 후원한 고대 로마의 정치가의 후손들이 오래전부터 확립되어 있던 문화 자선가의 자리를 빼앗기 시작했으며, 부르주아가 대부분인 작곡가들과 극작가들이 지배적인 미적 관념을 적절히 변화시키거나 심지어는 아주 뒤엎을 여지가 생겼다. 예민한 빅토리아인들이 이 혁명을 눈치 채지 못했을 리 없다. 기나긴 빅토리아 여왕의 통치기 중반, 영국 문화 시장의 노련한 비평가이자 찰스 이스트레이크 경의 부인이며 런던국립미술관 관장이었던 엘리자베스 이스트레이크 여사가 이것을 누구보다 더 잘 알고 있었다. "후원은 귀족과 상류계급의 독점적 특권이었지만 이제는 주로 상업과 무역으로 돈을 번 부유하고 지적인 계급도 참여하고 있다. (이후 거의 독점했다.)"[17] 그리고 아방가르드 미술, 문학, 음악이 배타적 문화 귀족들을 넘어 대규모 관객들을 끌어들이자 모더니스트들의 공격은 더 분화되었다. '부르주아'라는 용어의 의미가 더 넓어졌다. 특히 더 낮은 계층에 적용될 때 그러했다.

주로 19세기에 설립되거나 크게 확장된 공적 시설들은 미래의 취향을 위한 신병 모집소 역할을 했다. 빅토리아 시대는 19세기 중반부터 줄곧 무료로 이용할 수 있는 공립도서관과 미술관, 놀라운 작품을 쉽게 소개하는 합리적인 가격의 대중 잡지, 극장과 음악당의 값싼 좌석이 생겨나고, 문화의 상업화가 급격히 진행되고, 석판인쇄술과 사진술처럼 값에 비해 품질이 우수한 재생 기법이 대중화된 시기였다. 무엇보다 모더니즘적 미적 감각의 확산이 모더니즘의 역사에서 핵심이다. 하지만 날로 팽창하고 있는 관객에게 다량의 새로운 문화 생산물이 소개되면서 관객층이 다변화했다는 사실도 중요하다.

부의 원천이 다양해지자 아방가르드 취향도 다양해졌다. 성숙한 자본주의는 자원을 교묘하게 잘 이용했다. 자본주의 시스템은 엄청난 수의 직원을 고용하여 점점 늘어나는 상업, 제조, 관리, 서비스 산업의 복잡한 업무에 투입하였고, 자본 공급자를 모으기 위해 법인과 같은 새로운 법적 존재를 고안해 냈다. 또 노동의 분화를 촉진하고 업무를 규격화하고 더 효율적인 기계를 개발함으로써 상품의 대량생산을 가능하게 했으며, 우편, 철도, 운하의 혁명적인 개선으로 운송과 통신의 속도를 향상시켰다. 그리고 모더니즘 시대가 비약하는 동안 기계화가 그것을 지휘했다고 할 수 있다. 따라서 당대 사람들이 기관차를 신세계의 창시자로 칭송했던 것은 당연했다.

이런 현기증 나는 변화가 일어나는 동안 경제 제도를 통제했던 중상주의적 국가의 개입은 (완전히 사라지지는 않았지만) 점차 줄어들었다. 그 간섭이 줄어들면서 너무 고상하게 '사회적 문제'라는 용어로 알려진 끔찍한 상황, 즉 곪아터진 불결한 슬럼과 잔인한 노동 착취가 발생했으며 기업가의 힘이 전례 없이 강해지기도 했다. 불안하고 분노한 사회 비평가들은 자본가들이 이기적이고 부도덕하게 이 힘을 이용했다고 비난했는데, 사실 대체로 그 말은 옳았다. 하지만 타자기, 대서양 횡단 케이블, 전화 같은 발명품들은 자본주의라는 돈 낳는 기계를 가동시켜 유럽과 미국의 중산층을 엄청나게 확대시켰다. 이루 다 셀 수 없을 만큼 많은 부르주아들이 남아도는 달러, 파운드, 프랑을 들고 예술 전시회에 몰려들었다.

고급문화의 매력에 사로잡힌 이들에게 논은 곧 시간이었다. 그들은 19세기 중반 프란츠 리스트 같은 명연주자들과 예니 린드 같은 인기 가수들의 연주장을 가득 메웠고, 이탈리아에서 베데커1832년부터 각국 여행 안내서를 발행하는 독일 출판사 여행 안내서를 들고 휴가를 즐기면서 자신들의 회화와 건축 감상 수준을 끌어올리는 데 몰두했다. 또 재능은 고만고만 하지만 대체로 열정은 높이 살 만했던 아마추어 소프라노나 피아니스트들을 집에 불러 연주를 즐기던 시기이기도 했다. 부르주아에 깊은 적개심을 품은 사람들은 이런 음악 애호의 진정성을 의심했다. 그들의 의심이 옳았다는 것을 비꼬며 증명하는 일화가 있다. 젊은 여성들이 적당한 짝을 찾으려면 집에 손님들을 초대해 음악을 연주하는 편이 계략을 꾸미는 것보다 더 효과가 좋았다는 이야기이다.

2

부르주아들이 남아도는 돈을 어디에 쓰는가는 시간, 장소, 기회, 정치적 활동 범위, 가족의 기질과 수많은 개인적 동기들에 따라 달랐다. 돈이 남아돈다고 해서 훌륭한 취향이 보장되지 않는 것처럼, 자유가 있다고 해서 훌륭한 취향이 저절로 생기는 것도 아니다. 하지만 자유의 결핍은 내적 자유의 치명적인 적이었다. 전체주의 사회가 잘 보여 주듯 내적 자유가 없으면 예술가들은 무엇을 할지 빤한 정부가 조종하는 기계의 톱니에 불과했을 것이다. 하지만 빅토리아인과 그 후손들이 부르주아 문화에 대해 터무니없는 악평만 일삼은 것은 아니기에 모더니즘이 태동할 수 있었다.

모더니즘 시대 내내 중산층, 아니 점점 늘어나는 고등교육을 받은 교양인들이 단순한 오락거리나 바라는 조잡한 취향을 넘어설 것인지, 그리고 그럴 가능성이 얼마나 되는지에 대해 활발한 논의가 있었다. 문화적 비관주의자들, 대체로 고급 월간지에 기고하는 저널리스트들이나 유려한 글솜씨로 조명받고 싶어 하는 거만한 학자들은 속물들의 시대가 도래하리라는 것을 의심하지 않았다. 그들은 곧 등장할 대중사회가 예술에 재앙이 되리라는 데 대체로 뜻을 같이했다. 대중사회가 도래하면 사람들은 예술에 대해서는 쥐뿔도 몰라도 자기가 좋아하는 것을 마음껏 떠들어대리라. 그러니 교육받은 사람들에게 걸작들을 가르치려는 노력은 통속적인 취향을 고양시키는 것이 아니라 고양된 취향을 통속화할 뿐이었다. 점점 더 많은 남성들이 정치 활동에 참여할 수 있게 되고, 읽고 쓸 수 있는 능력의 확산으로 인해 자칭 '우수한 사람들'이 어설픈 교양층이라고 비웃는 사람들이 늘어나고, 노동조합이 침묵하고 있던 사람들을 대변하는 시기였으니 이런 우려가 나오는 것은 당연했다. 하지만 그런 우려도 역시 자만에서 비롯된 것이며 부당하고 오만한 것이기도 했다. 어쨌든 속물근성은 모더니스트들이 자기들을 이해하지 못할 대중을 높이 평가하는 바람에 야기된 심각한 부작용이었으니, 이 사실을 외면할 수는 없다. 그러니 수많은 모더니스트들이 민주주의자였지만, 모더니즘은 민주주의 운동이 아니었던 것은 확실하다.

3

민주적인 문화의 가능성은 모더니스트들의 특별한 관심사였으며 토크빌에서 막스 베버에 이르는 문화비평가들은 사회학이라는 고전적인 도구로 사회를 분석했다. 이런 약식 사회과학 분석서의 전형은 잘 알려지지 않은 독일 문화 담당 공무원인 알프레트 리히트바르크가 쓴, 역시 잘 알려지지 않은 글이다. 짧은 글 「대중 Pubilkum」은 그가 유명한 미술관 함부르크 쿤스트할레의 관장으로 임명되기 전인 1881년에 발표되었다. 「대중」에서 리히트바르크는 미술과 관련해 대중을 세 부류로 나누었는데, 대중, 교육받은 계층, 선택받은 소수였다. 대중은 독일을 비롯한 모든 국가에서 가장 많은 수를 차지하는 부류로, 예술에 대해 거의 완전히 무지해서 아는 것이라고는 기껏해야 라파엘로의 「마돈나」를 본뜬 에칭 몇 점뿐이라고 폄하했다. 교육받은 계층은 예술사를 아주 조금 알고 있는 개인들로, 특정 시대를 이상화하는 경향이 있으며 가르쳐도 잘 못 알아듣는 하층민과 마찬가지로 현대 미술에 대해 전혀 관심이 없다. 세 번째 부류는 "아주 상류사회"의 소수이다. "이들은 가장 보기 드물지만 가장 믿을 만한 사람들이다. 이들을 만나기란 신탁을 받는 것만큼이나 힘들다. 그들의 타고난 재능, 훌륭한 취향과 뛰어난 판단력은 결코 교육만으로 얻을 수 있는 것이 아니기 때문이다."[18] 그리고 리히트바르크는 불행하게도 그들이 독일 예술계에서 별 볼일 없는 역할밖에 못 맡고 있다고 우울하게 덧붙였다.

이 심상치 않은 진술을 그냥 지나칠 수 없다. 그의 문화적 비관주의는 선택받은 소수만이 풍부한 소양과 심리적 유연함을 갖추고 있어서 진부하고 하찮은 수준을 벗어난 예술품을 찾아다니고 감상할 수 있다는 당시의 지배적인 견해와 부합한다. 대부분의 사람들은 계속해서 회화, 연극, 소설을 단순한 오락거리나 교훈으로 여길 것이다. 하지만 리히트바르크는 "대단히 다양한 사회적 계층의 사람들", "대단히 다양한 교육을 받은"[19] 사람들이 그가 말하는 가장 뛰어난 그룹이 될 것이라고 지적하여 그 견해를 부분적으로나마 뒤엎었다. 그러나 대부분의 문화 비평가와 마찬가지로 리히트바르크도 교육받은 부르주아 대부분이 물질적 이해관계에서 자유롭지 못하다고 생각했다. 그리고 이런 확신 때문에 그는 반부르주아 이데올로기를 가진 아방가르드에 약간 동조하게 되었다. 그러나 그는 자신을 포함한 뛰어난 개인에 대해 어마어마한 믿음을 품고 있었기 때문에 예술에 대한 진정한 사랑이란 계급이나 부에 의해 결정되는 것이 아니라고 생각했다. 가르쳐서 되는 이들이 있는 반면 가르쳐도 소용없는 이들이 있었다. 그는 취향에 있어서 돈보다 중요한 것이 있다는 흥미로운 생각을 고수했다.

이런 반속물 선언들의 토양에서 사회적으로 점차 인정을 받는 예술가들이 등장하기 시작했다. 자신들이 관객들보다 결코 열등하지 않다고 믿는 자신만만한 장인들이 열정적으로 앞장서지 않았다면 모더니즘은 제 궤도에 오를 수 없었을 것이다. 겸손은 문화 반역자에게 어울리는 태도가 아니었다. 19세기에는 예술가들 대부분이 자신의 직업에 대해 자부심을 품었지만 그것이 전적으로 외부 현실과 부합하지는 않았다. 처음에는 이상과 현실 간에 괴리가 컸다. 자주 인용되는 셸리의 선언, "시인이란 세상으로부터 인정받지 못하는 입법자"라는 명제는 실제 시인의 모습을 나타낸 것이라기보다는 비현실적인 바람을 상세히 표현한 것에 불과했다. 그 허풍스러운 선언은 '인정받지 못한'이라는 수식어가 붙어서 그나마 좀 말이 돼 보였다. 그리고 예술가들이 인정은 받지 못했어도 체면치레는 했다.

전설에 가까운 유명한 대가들이 진작부터 길을 마련해 놓았다. 미켈란젤로는 거의 '신적인' 천재로서 교황에게 도전할 수 있었고, 앨릭잰더 포프는 호메로스 번역을 예약제로 판매함으로써 서문에 귀족들의 갈채와 재정적 후원을 구걸하기 위한 헌사를 집어넣어야 하는 굴욕에서 벗어날 수 있었다. 새뮤얼 존슨은 1755년 체스터필드 경에게 후원이 필요 없다는 편지를 보냈으니, 부르주아들이 문장紋章이 새겨진 옷을 입었더라면 그 편지가 바로 그 문장이었으리라. 모차르트는 1781년 잘츠부르크의 대주교 궁전에서 굴욕적인 지위를 박차고 나와 이후 죽기 전 10년 동안 빈에서 자유계약 작곡가이자 솔로 연주자로 살았다. 빅토리아 시대에는 많은 초기 후원자들 덕분에 상상력 풍부한 소설가, 건축가, 조각가들이 부자들에게 인정받아 후원을 받고 친교를 맺었다. 작가들이 자기 작품의 주인이라고 생각할 수 있던 시대에는 부르주아들을 무시할 수 있었고 실제로 자주 그랬다. 조상 대대로 자신들을 모욕했던 그 부르주아들을 말이다. 그렇게 많은 모더니스트들이 자아도취적 성향에 빠지게 된 것은 바로 그들의 향상된 사회적 지위 때문이었다. 모더니즘은 돈과 자유의 문제가 아니라 사기士氣의 문제였다.

　　이 의미심장하고 복잡한 환경 덕분에 모더니즘의 출현이 용이해졌지만, 모더니즘이 지루한 예술지상주의에 그치지 않고 좀 더 가치 있는 예술 운동으로 성숙할 수 있었던 것은 또 다른 획기적인 변화가 있었기 때문이다. 서유럽 문명은 1900년 훨씬 이전에 이미 후기 기독교 시대에 접어들었으며, 바로 이런 변화에 모더니스트들이 깊은 영향을 받고 있었다. 앞서 보았듯이 문화적 변화란 도처에서 격렬하게 일어나 거스를 수 없는 것이었으니 종교에 대한 태도도 마찬가지였다. 홀브룩 잭슨이 1913년에 쓴 『1890년대』에서 언급했듯이, 수십 년 전부터 신극, 신여성, 신사실주의 등의 명칭에 널리 확산된 '신new'이라는 접두사에 대해 보수주의자들은 경솔한 모험주의의 위장막이라고 한탄했던 반면, 더 진보적인 사람들은 신시대[20]의 특징을 보여 주는 것이라고 환영했다.

　　이 대목에서 사학자들은 신중해야 한다. 종교 문제의 경우 사회 내부와 각 사회들 간의 불균등 발전의 법칙 때문에 사실상 일반화가 불가능하니까 말이다. 우선 이미 확립되어 있던 종파적 신념들을 충실하게 따르는 신자들은 중산층에 많았으며 정교분리주의자들이 된 것도 이 계급이었다. 18세기의 유산인 볼테르의 행동 강령 "파렴치한 것을 쳐부숴라."

는 더할 나위 없이 적절한 반교권주의 및 반기독교 슬로건으로 남았다. 국교회 교파들이 지탱해 온, 적어도 교인들 사이에서는 순응주의적인 신념을 가리키는 '그 파렴치한 일'은 여전히 끈질긴 생명력을 누리는 것처럼 보였다.

신교, 구교, 유대교를 불문하고 신성한 진리와 신비한 제의의 수호자들은 19세기 사회에 정교분리주의가 확대된다고 한탄했겠지만, 예배당의 분위기는 여전히 굳건하고 신도들은 여전히 붐비고 헌금도 여전히 많이 걷혔다. 종교 단체들의 교육계 장악력은 쇠퇴하고 있었지만 문화 및 정치계에서는 여전히 권력을 행사했다. 그리고 대부분의 국가들이 여전히 특정 교파를 국가 권력과 연관시켜 놓고 있었다. 미국이 후기 계몽주의 헌법으로 국교를 금지하였으나 예외에 불과했다. 혁명과 정교분리주의자들의 온상인 프랑스는 백년이 넘게 논쟁을 벌인 뒤인 1905년에야 비로소 교회와 정부의 분리를 선포했다.

'후기 기독교'는 분명 무신론과는 다르다. 오히려 19세기는 새로운 교리가 잉태되는 황금기, 아니 낡은 교리의 황금기였다. 낡은 교리들은 흔히 이성적으로 설명할 수 없다고 생각했던 수수께끼들을 해결하기 위해 당대 물리학, 화학, 생물학 분야에서 권위를 빌려 왔다. 러시아의 심령술사 마담 블라바츠키가 자신의 신지학을 신학, 철학, 과학의 종합물이라고 선전한 것도, 그 새 종파의 입심 좋은 선전원 메리 베이커 에디가 남녀를 불문하고 빅토리아 사람들의 지지를 얻는 데 가장 유용한 두 개의 핵심 단어를 가져와 새 종교 '크리스천사이언스'를 만든 것도 마찬가지 이유였다.

실제로 과학의 진보는 다양한 결과를 낳았다. 때로는 절망적인 결과를 불러일으키기도 했다. 갖가지 가면을 쓴 신비주의가 수세기 동안 유

알프레트 리히트바르크의 초상(레오폴트 폰 칼크로이트) 1912 함부르크 미술관 관장이었던 리히트바르크는 아직 유명해지기 전의 프랑스 인상파 화가들의 작품을 남몰래 조금씩 사들인 일로 논란의 중심에 섰다. "훌륭한 취향과 뛰어난 판단력은 결코 교육만으로 얻을 수 있는 것은 아니다."

례없이 번성했다. 그래서 서유럽 문명에는, 원시 신앙에서부터 복잡한 논리적 난도질에 이르기까지, 타로 카드와 탁자 움직이기에 몰두하는 강신술에서부터 설명되지 않은 심리적 현상에 대한 사이비 과학에 이르는 잡다한 심령술들이 넘쳐났다. 신성한 구세주에 관한 기독교 전설과 인간 세상에 그가 잠깐 출현했었다는 이야기, 생각해 보면 실제로 일어날 법하지 않은 그 이야기들을 받아들이고 싶어 하지 않았고, 그렇다고 자연과학이라는 냉담하고 무감각한 물질주의를 인정하고 싶지도 않았던 수천 명이, 교육을 받았든 안 받았든 간에, 그 잡다한 심령술 중에서 마음에 드는 것을 골라잡기로 한 것이다.

    모더니스트들이 이 격렬한 논란에 끼어들었다. 실제로 아방가르드 예술가들은 수많은 신앙의 경쟁자 대열에 예술이라는 자신들의 후보 종교를 내세우고 소위 "예술을 위한 예술"에 몰두했다. 일부 모더니스트들의 말대로 성직자의 시대가 이미 지난 일이 되었다면, 그 뒤를 이어 예술가의 시대가 올 법했다. 하지만 당연하게도 이 특별한 종교에 대한 대체적 반응은 뜨뜻미지근했다. 너무 추상적인 데다 대부분의 종교가 초점을 맞추는 평범한 문제에는 무심하기까지 해서 숭배자들이 많지는 않았다. 그래서 대부분의 모더니스트들은 이 논쟁의 반대측에 서서 활약하며 새로운 종교를 만들기보다는 종교를 파괴하기 위해 애썼다. 아르튀르 랭보, 열병 같은 창조력으로 단 5년 동안 이단적인 시들을 집중적으로 썼던 이 괴팍하고 뛰어난 청소년은 1873년 『지옥에서 보낸 한 철』에서 "완벽하게 현대적이어야 한다."라고 썼다. 고갱은 죽기 얼마 전인 1903년 가톨릭교회에 대해 통렬하게 비판하면서 완벽하게 현대적이라는 것의 의미를 이렇게 간결하게 썼다. "절대 부활하지 못하도록 죽여야 할 것, 그것은 곧 신."

    19세기 말에도 이런 선언들은 여전히 전복적이었지만 원조는 아니었다. 전복에 대해 가장 달변인 연사 니체가 이미 십여 년 전 신의 죽음, 즉 일반적인 윤리의 붕괴를 선언했다. 당시 니체주의 극작가 조지 버나드 쇼는 익숙한 것을 불편하게 만드는 것이 자신의 임무라고 규정했는데, 니체가 하려고 했던 일이 바로 그것이었다. 1889년 초 니체는 고칠 수 없는 정신병이 발병하여 침묵에 잠겼다. 하지만 11년 뒤 그가 죽었을 때 귀족적이면서도 무정부주의적인 그의 열정적인 메시지는 이미 상당한 수의 열광적인 팬들에게 전달되기 시작했으며 어떤 때는 대중을 도취시키기도 했다.

반쪽짜리 진리와 문화적 위선을 경계하는 니체의 눈에 잘못을 바로잡는 행위에 가장 완고하게 저항하는 것은 자기기만이었다. 신은 죽었는지 모르지만, 그 당시 인간 존재와 관련하여 이 중대한 사실을 받아들이는 사람은 극히 일부였다. 니체는 대부분 사람들이 그 영리한 유대 기독교의 오랜 음모, 주인을 노예로 만드는 그 음모에 속고 있다고 생각했다. 이 엄청난 사기극을 그럴싸하게 만들기 위해 교활한 정복자들은 자신보다 더 나은 사람들을 훌륭한 윤리와 종교적 신앙 아래 밀어 넣었다. 만약 이것을 폭로하기 위해 불충분하게나마 준비된 시대에 최고의 이교도가 있었다면, 그것은 바로 프리드리히 니체였다. 그는 모더니즘의 풍토를 마련하는 데 누구보다도 공이 큰 사람이었다.

이 풍토, 즉 모더니즘 혁명을 위한 필수 선행조건은 마지못해서라도 기존의 예술 관습으로부터의 과감한 일탈을 받아들이고, 아름다움에 대해 유행과 상관없는 견해들이 존재하고, 양식들 간의 충돌을 묵인할 수 있는 사회의 분위기였다. 거의 150년 동안 실험적인 극작가들과 시

에드바르 뭉크, 「니체의 초상화」 1906 니체주의 극작가 조지 버나드 쇼는 익숙한 것을 불편하게 만드는 것이 자신의 임무라고 규정했는데, 니체가 하려고 했던 일이 바로 그것이었다. 자기기만을 가장 경계했던 니체는 모더니즘 풍토를 마련하는 데 가장 공이 큰 인물이다.

인들, 건축가들과 화가들은 거부와 찬양을 동시에 받으며, 반란에 저항하는 동시에 자극받아 들떠 있는 문화를 과감하게 변화시켰다. 그 반란은 1차 세계대전으로 지연되고, 1920년대와 1930년대 전체주의 국가에서는 사실상 몰살돼 버렸지만, 1945년에 다시 생명력을 회복하였다. 그런 뒤 1960년대에는 다른 역사적 시대들이 으레 그랬듯 종말을 맞게 되었다. 그런데 정말 죽었을까? 이것이 앞으로 이 책을 통해 내가 던질 질문이다.

그렇다고 모든 예술적 혁신이 성공해야 한다거나 살아남아야 한다는 말은 아니다. 또 모더니즘의 곡창에서 생산된 작품들이라고 해서 모두 칭찬할 만한 수준은 아니다. 그러나 나는 모더니즘이 고급문화의 향유자들과 생산자들 모두에게 정신적 해방감을 주었다는 사실을 강조하고 싶다. 그것은 예술가들에게 자신들의 자유로운 공상을 진지하게 여겨도 좋다는 면허, 그렇게 오랫동안 주제와 기법을 지시해 왔던 정전을 노려보아도 좋다는 면허, 군림하는 기준을 수정하라고 요구할 수 있는 면허, 아니 더 과격하게 말하면 타도를 외칠지 스스로 결정해도 좋다는 면허, 그 혁명을 완수할 사람이 될 면허를 주었다.

그 예술가들에게 이런 풍토가 크게 도움이 되었기에 대중이 그들의 독창성을 식별할 능력이 없었던 것은 그다지 중요한 문제가 아니었다. 엘리엇은 대부분의 인간이 지나치게 솔직한 현실은 감당할 수 없다는 유명한 경고를 남겼다. 이 말은 모더니스트들에게도 해당된다. 그들이 간직했던 가장 큰 환상은 자신들이 모든 환상을 극복할 수 있다는 믿음이었다. 하지만 미래가 어떻게 그들을 평가하게 될지는 몰라도, 그들이 전성기에 남긴 작품들은 자신들보다 더 오래 살아남았고, 우리보다도 더 오래 살아남을 것이다.

1부　창시자

1
보더니즘이란 무엇인가

2

아웃사이더

현대의 영웅성

1

　어떤 시인도 화가도 작곡가도 자신이 모더니즘의 '유일한 창시자'라고 나설 수 없다. 하지만 가장 자격 있는 사람이 있다면 그는 샤를 보들레르다. 그는 마르셀 뒤샹이나 버지니아 울프, 이고르 스트라빈스키나 오손 웰스 같은 몇몇 선택받은 이들과 함께 모더니즘의 역사에서 꼭 필요한 존재다. 독창적이고 굉장히 자극적인 미술비평, 스스로에 대한 공정한 평가, 에드거 앨런 포가 쓴 음울한 이야기들의 권위 있는 프랑스어 번역, 아주 내밀한 시적 언어를 통해 문학적 한계에 반항한 점, 그리고 무엇보다 그 시들 자체가 보들레르에게 창시자의 자격을 부여하기에 충분하다.
　이후 등장한 모더니스트들과 마찬가지로 보들레르도 좀 유별난 사실주의자였다. 보들레르는 기성 시와 회화의 지루한 재현을 아주 혐오하면서 동시에 기교가 뛰어난 대부분의 낭만주의자들이 지녔던 억제되지 않은 주관성에 대해서도 견디지 못했다. 그는 "현대적 의미에서 순수한 예술이란 무엇인가?"라고 반문한 뒤 이렇게 대답했다. "객체와 주체를 동시에 포함하는, 예술가의 외적 세계와 예술가 자신을 동시에 포함하는 암시적 마법을 창조하는 것이다."[21] 그에게는 늘 주체의 반응이 극히 중요했다. 1859년에는 직설적으로 파리 살롱을 비평했다. "만약 나무, 산, 강, 집의 집합, 그러니까 우리가 풍경이라고 부르는 것이 아름답다고 한다면, 그 자체로 아름다운 것이 아니라 오직 나를 통해서, 나 개인적인 시선, 내가 그 풍경에 부과하는 관념과 감정을 통해서 아름다운 것이다."[22] 하나의 예술 작품은 그 향유자들이, 이를테면 그 작품에 협조했을 때만 완전해진다.

　　　보들레르는 1821년 부유하고 연줄 좋은 집안에서 태어났다. 그때의 프랑스는 젊은 보들레르가 댄디, 보헤미안이자 지나치게 대담한 시인으로 악명을 얻게 된 때의 프랑스와 아주 달랐다. 그는 서른 살이 되기 훨씬 전 동포들과 함께 두 왕조의 교체를 경험했다. 1815년 나폴레옹이 결국 패배 한 뒤 부활한 부르봉 왕조는 프랑스혁명을 깡그리 잊은 듯 구교권주의 체제를 부활시키려고 했다. 하지만 그것은 완전히 실패로 돌아갔다. 그리고 1830년, 사람들이 불만을 품고 새로운 혁명을 일으킨 뒤 루이 필리프, 즉 '부르주아의 왕'이라는 오해 사기 쉬운 별명을 얻은 오를레앙가의 왕자가 왕위에 올랐다. 그 별명에 걸맞게 그는 실제로 중산계급에 대해서는 거의 무관심했다. 그리고 표면적으로는 중도 정책에 전념했다. 스스로를 '프랑스 왕'이 아니라 '프랑스인의 왕'이라고 특이하게 칭하면서 검열을 폐지했고 언론의 자유를 보장했다. 하지만 그 정책은 채 5년도 가지 않았고 루이 필리프의 치세는 겨우 18년 동안 유지되었다. 1848년 2월 혁명 뒤 체제가 또 한 번 바뀌어 프랑스는 잠깐 동안 2공화정을 경험했다.

그해 12월 루이 보나파르트, 즉 저 위대한 삼촌의 약삭빠르고 믿을 수 없는 조카가 대통령이 되었다. 보나파르트가 유지시키겠다고 맹세했던 체제를 배신하는 것은 시간 문제였다.

  보들레르는 이런 소란스러운 사건들과는 별개로 집안에서도 혁명을 경험했다. 그에게 어머니는 사랑을 아낌없이 주는 사람이었고 아버지가 일찍 죽고 난 뒤에는 사실상 유일한 애착의 대상이었다. 그러나 얼마 지나지 않아 용감한 육군 대령 자크 오피크와 어머니의 사랑을 놓고 다투어야 했다. 이 점잖고 세련된 남자는 보들레르가 여덟 살 때 어머니의 두 번째 남편이 되었다. 보들레르는 처음에는 새아버지와 잘 지냈지만, 끝내 어머니의 사랑을 독점하던 천국으로부터의 추방을 견디지 못했다. 학교에서 문제아가 되었지만 다행스럽게도 이내 자신이 시에 재능이 있다는 사실을 알게 되었다. 하지만 몇 년 동안 '적절한 단어 mot juste'를 찾아 헤매면서도 정치를 멀리할 수는 없었다. 1848년 혁명 동안 그는 공화주의자로 논생의 장에 자주 모습을 드러냈다. 하지만 1851년 12월 루이 나폴레옹 대통령이 쿠데타로 공화주의의 간주곡을 돌연 끝내 버리더니 1년 뒤에는 나폴레옹 3세에 즉위했다. 이러한 일련의 사건들로 보들레르는 정치적 행동주의에 영원히 등을 돌리게 됐다.

  그러나 정치와 상관없는 보들레르의 시적 재능도 사회적 논란에서 그를 자유롭게 하지 못했다. 보들레르의 이력만으로도 정치와 모더니즘의 상호 작용, 시의 문제와 정치의 문제를 분리하기 어렵다는 것이 극단적으로 증명된 셈이다. 보들레르는 1857년 불후의 명성을 남기게 되는 시집 『악의 꽃 Les Fleurs du mal』으로 피고인석에 섰다. 제국 정부는 풍속을 손상시켰다고 크게 분개하며 불경죄와 외설죄를 씌웠다. 당시 6주년을 맞은 2제정 고위층의 수치스러운 퇴폐 행각을 고려하면 이 판결은 그것에 쏟아질 비난에 대비한 선제공격이었던 것 같다. 보들레르도 출판업자도 일부러 당국에 도전하려 한 것은 아니었지만 사실상 그의 시들은 허용 한계를 시험하고 있었고, 그 한계를 정하는 것은 당연히 정부였다. 그 판결은, 사회적 지위가 어지간한 프랑스 남성, 그리고 여성들 대부분이 『악의 꽃』이 해체하려고 했던 도덕적 통제의 울타리가 지켜지기를 바라고 있었다는 점을 보여 준다.

　　이 사건을 맡은 검사 에르네스트 피나르(플로베르의 『마담 보바리』를 '공중도덕 및 종교 모독'으로 기소하여 유명해진 검사)는 법정에서 문학 작품을 검열하는 것이 얼마나 위험한 일인지 계속해서 상기시키면서도 해당 시들이 외설성 때문에 금지되어 마땅하다고 주장했다. 현대 프랑스 문화에 만연한 부패를 막아야 한다고! 법원은 피나르 검사의 진지한 어법에 휘둘렸다. 불경죄를 기각했지만 여섯 편을 음란시로 판결하고 보들레르에게 300프랑의 벌금을 물렸다. 더불어 그 위법 시들을 새로 나올 모든 판본에서 빼도록 명령했다. 그 판결과 재판 과정을 보면 당시 사회가 지배적 이상에 대한 급진적인 반대에 여지를 허락할 만큼 진보했지만 동시에 그것을 불안해하고 있었다는 점을 알 수 있다. 피나르 검사는 일부러 문학의 사명에 대해 경의를 표하였고 법원도 보들레르가 선을 넘은 곳을 일일이 다 열거했다. 이후 수십 년 동안 프랑스를 비롯한 여러 국가에서 모더니즘의 역사는 아방가르드 문학에 대한 대중의 접근을 허용하려는, 혹은 거부하려는 책략으로 채워지게 된다.

　　법원이 불법이라고 판결한 그 여섯 편의 시는 예상대로 보들레르의 시 중 가장 선정적인 것들이었다. 많은 시에 벌거벗은 애인의 화려하고 매혹적인 육체가 묘사되어 있다. 또 위법인 시들 중 가장 유명한 「너무 명랑한 그녀에게」에서처럼 명백한 성적 상상을 불러일으키기에 주저함이 없는 작품도 있었다. "나는 당신을 사랑하는 만큼 증오한다."며 사랑의 양가감정을 충격적으로 선언하면서 시인은 애인의 "기쁨에 넘치는 육체"를 놀랍고 섬뜩한 이미지로 확실하게 응징하였다. 시인은 그녀의 옆구리에 상처를 입혀 "어지러운 고통"을 주고 자신의 '독' 즉 매독에 걸린 피를 이 "새것만 좋아하는 입술"[23]에 부을 것이다. 보들레르가 왜 점잖은 프랑스 사회에서 아웃사이더였는지, 그것도 오랫동안 아웃사이더였는지 알 만하다.

환희에 들뜬 그대의 육체에 채찍질 하기 위해
고통을 못 느끼는 그대의 가슴을 멍들이기 위해
그대의 깜짝 놀란 옆구리에
척 벌어진 상처를 내기 위해

황홀한 달콤함이여!
더 밝고 더 아름다운
그 새것만 좋아하는 입술 사이에
나의 독을 붓기 위해, 나의 누이여.

Pour châtier ta chair joyeuse,
Pour meurtrir ton sein pardonné
Et faire à ton flanc étonné
Une blessure large et creuse,

Et, vertigineuse douceur!
A travers ces lèvres nouvelles,

콩스탕탱 기, 「대화」 보들레르는 프랑스 삽화가 콩스탕탱 기의 "대단한 독창성"을 칭찬하면서, "보편적인 아름다움"에 머무는 것을 비판하고 특수한 "상황의 아름다움"을 옹호했다.

Plus éclatantes et plus belles,
T'infuser mon venin, ma soeur!

보들레르는 자신이 너무 대담하다는 것을 잘 알고 있었기에 시적 천재성은 인정받지 못하더라도 소수의 독자들로부터 공감을 얻기를 바랐다. 여섯 편의 위법 시가 누락된 1861년 판 『악의 꽃』의 유명한 서문에서 보들레르는 "위선의 독자"를 절친한 형제라고 불렀다. "위선의 독자여, 내 동포여, 내 형제여."[24] 당시 그의 동포이자 형제인 독자들은 거의 없었으나 이후 유명한 아들은 많이 생기게 된다. 그러니 돌이켜 보자면 보들레르는 외설과 불경이 범죄라는 인식을 점차 약화시켜 결국 일부나마 부분적으로 없애 버렸고, 공적 삶과 사적 삶의 구분을 무너뜨리려고 애썼다. 그러니 유명한 문화 반역자들 중 선구자였던 셈이다.

1863년 말 보들레르는 뛰어난 프랑스 삽화가 콩스탕탱 기에게 헌사한 일련의 글에서 그의 "대단한 독창성"을 칭찬하였고 자신이 쓴 인상적인 구절 "현대의 영웅성"[25]에 대해 설명했다. 보들레르는 콩스탕탱 기가 당대의 아름다움을 추구했기 때문에 특별하다고 생각했다. 그는 전통을 중시하는 예술가들이 먼 과거에 머물러 있어서 "보편적인 아름다움"만을 좋아하며 "특수한 아름다움", "상황의 아름다움"을 무시했다고 썼다. 보들레르가 옹호했던 아름다움은 화려한 정치와 전쟁에서가 아니라 "사교계 생활의 볼거리", 고상한 마차, 말쑥한 마부, 민첩한 하인, 사랑스러운 여인, 잘 차려입은 예쁜 아이들에게서 발견되는 것이었다. 앞에서 지

오노레 도미에, 「돈 키호테와 산초 판사」 도미에는 호메로스 풍의 영웅들을 조롱하면서 예술의 유서 깊은 위계를 전복하고자 했다.

적했듯 모더니즘이 대도시에서 주로 번성했던 이유가 바로 그것이다.

보들레르의 모더니즘은 주로 "덧없는 것, 변하기 쉬운 것, 우연적인 것"을 담고 있는데 대도시의 붐비는 거리를 거닐고 있을 때야말로 이런 것들을 가장 쉽게 볼 수 있었다. 눈을 크게 뜨고 살피는 한량, "혼잡한 거리 한복판에 죽치고 있는 열의에 찬 관찰자"만이 제대로 관찰할 수 있다. 파리가 런던처럼 "거대한 화랑"이었으니, 현대의 예술가, 즉 현대에 속한 예술가들은 그곳에서 "현대적 삶의 거대한 사전"을 제대로 읽을 수 있었을 것이다.

이렇게 완벽한 반역사주의적 관점을 가진 보들레르는 고전 시대와 기독교 시대에 등을 돌리려고 하는, 그때는 아직 소수였지만 점점 그 수가 늘어나고 있는 예술가들을 대변하고 있었다. 비할 데 없이 탁월한 오노레 도미에Honoré Daumier는 호메로스 풍 영웅들을 조롱했고, 뛰어난 작곡가 자크 오펜바흐는 트로이의 헬레나나 율리시스 같은 전설적인 그리스 신들을 풍자하였다. 예술의 유서 깊은 위계에 의문을 제기하고 그것을 전복하려는 독립 정신들의 출현을 보여 주는 징후였다. 이들은 미학 혁명가 보들레르와 함께 전통 숭배로부터 자유로워지고자 익살스럽고도 공격적인 자세를 취했다. 도미에의 훌륭한 석판화들은 오를레앙 왕조와 공화국, 2제정, 즉 당시 프랑스 체제를 탁월한 재치와 솜씨로 풍자했다. 「천국과 지옥」, 「아름다운 헬레나」를 비롯한 오펜바흐의 짓궂은 오페레타는 신이든 인간이든, 고대 그리스 문학의 위대한 등장인물들을 인간화하여 굴종 없는 모더니즘의 형성에 기여했다.

이런 변화에는 시간이 필요했다. 1867년에 46세로 그 유명한 『악의 꽃』의 시인이 죽고 난 뒤 수십 년에 걸쳐 뛰어난 제자들이 생겨났다. 한때 높은 평가를 받았고 그의 시를 번역한 적이 있는 미국의 여성 시인 에드너 세인트 빈센트 밀레이는 1935년 보들레르가 단연 "오늘날 프랑스에서 가장 널리 읽히는 시인"[26]이라고 했다. 보들레르의 시가 대단히 재미있을 뿐만 아니라 전문가들에게 크게 인정받고 있다는 말도 덧붙였으면 더 좋았으련만. 그리고 전 세계에 보들레르 애호가들이 있다는 말도.

요컨대 보들레르의 작품이 정전이 된 것은 사후의 일이었다. 보들레르는 자기 작품에 대한 프랑스 대중의 무관심 혹은 가혹한 적대감 때문에 몹시 상심한 데다가 빚에 짓눌려 외로움을 절감하며 1865년 12월 벨기에로 자진 망명하였다. "혼자가 되는 것이 제일 좋다." 달리 어쩔 도리가 없었으니까. 그러나 시인들, 음악가들, 화가들과 폭넓게 사귀었고 노련한 전문가, 촉망받는 신인들과 더불어 문학을 논했고 살롱과 야회에 드나들었던 것은 사실이다. 보들레르는 결코 은둔자는 아니었다. 지인들이 모두 말했듯 그는 성실하고 관대했고 세상을 받아들이려 했다. 하지만 그의 생전에 세상은 결코 칭찬으로 답해 주지 않았다.

보들레르는 특별함 때문에 전복적이 되었고 동시에 외톨이가 되었다. 1857년 7월 플로베르는 『마담 보바리』로 외설과 불경 혐의로 재판에서 무죄 선고를 받은 직후 보들레르로부터 『악의 꽃』을 선물 받았다. 칭찬하기보다는 비난하기를 즐겼던 플로베르로서는 이례적으로 감사 인사를 전했다. "당신이 낭만주의를 회춘시킬 방법을 찾았군요. 당신은 아무와도 닮지 않았어요. 이것이 모든 자질 중 최고입니다."[27] 보들레르는 플로베르가 자신과 같은 부류라고 생각했고, 그런 대문호에게서 이런 칭찬을 듣는 것은 이례적인 일이었다. "당신은 아무와도 닮지 않았어요." 모더니스트에게 이보다 더 진심에서 우러난 칭찬은 없었으리라. 시든 산문이든 그의 글이 어느 정도 유명하기는 했다. 하지만 대체로 평판은 나빴다. 그는 매춘부나 화류계 여자들과 어울리면서 자신이 "인공 낙원"이라고 부르는 곳에 자주 드나들었고 그런 곳을 생생하게 묘사하는 보헤미안이었다. 낙원은 황홀하고 파멸적인 해시시와 아편의 이상향이었다. 그가 자신을 세상에서 인정받지 못한 저주받은 시인이라고 했던 것이 빈말은 아니었다.

당시 플로베르의 칭찬은 지나치기도 했고 유일하기도 했다. 일찍이 1855년 유명한 격주간지 《르뷔 데 되 몽드》에 훗날 『악의 꽃』에 실릴 시들과 극단적인 표현을 사용한 심술궂은 악평이 실렸다. 출간 직후 귀스타브 보댕이 《르 피가로》에 쓴 『악의 꽃』 서평은 대중 독자와 아방가르드 예술가 사이에 그러잖아도 큰 틈을 더 넓혀 놓았다. 보댕은 보들레르의 시를 읽고 나서 과연 그 시인이 제정신인지 의심이 들었노라며 그 시들은 재능의 낭비라고 공격했다. 특히 노골적인 성적 묘사에 분개했다. "몇 장 되지도 않은 시에서 이렇게 여러 번 물린 가슴, 심지어 씹힌 가슴이 등장하는 것을 본 적이 없으며, 악마, 태아, 마귀, 고양이, 해충이 이렇게 계속 등장하는 것도 본 적이 없다."[28] 이런 엄격한 비난은 모더니즘 역사의 초기 몇 십 년간 인습과 아방가르드의 갈등을 가장 적나라하게 보여 주는 것이다.

『악의 꽃』이 모더니즘의 독립선언문이 된 것은 그 노골성 때문이라기보다는 형식적 명쾌함과 파격적인 주제의 어울림, 즉 단연 가장 엄격한 형식을 갖춘 소네트와 천박한 은유를 잘 융합하였기 때문이다. 그러니 플로베르가 보들레르의 "정확한 언어와 함께 신랄함"[29]을 높이 평가했다는 사실은 의미심장하다. 실제로 보들레르가 낭만주의자였는지 고전주의자였는지에 대한 논쟁이 끊이지 않고 있다는 사실은 그가 그만큼 문학적 규범과 관능적 상상력을 잘 조화시켰다는 것을 증명한다. 물론 규범 면에서는 전통적인 시인이 그보다 더 낫고 자유의 측면에서는 난봉꾼들이 더 나을 것이다. 그러나 보들레르가 모더니즘 시인의 너무도 특별한 모범이 될 수 있었던 것은 기교의 통제와 감정의 영역을 결합시키는 재능 덕분이었다. 보들레르의 열렬한 추종자들은 특히 그가 상상력을 숭배했던 사실에 주목했다. 보들레르는 상상력을 능란하게 언어화했으니, 이것은 곧 자신의 주장을 시에서 직접 실천한 것이니까 말이다.

수십 년에 걸쳐 보들레르의 숭배자들은 그의 목소리야말로 진정

에두아르 마네, 「누워 있는 보들레르의 연인」 1862 혼혈인 배우 잔 뒤발의 연기 실력은 형편없었으나 보들레르에게는 신비롭고 매혹적인 연인이었다.

한 시의 목소리라고 거듭 이야기했다. 보들레르의 목소리에는 정치, 윤리, 혹은 종교적 내용이 전혀 없었고, 화려한 수사로 독자들에게 감명을 주려고 하지도 않았다. 관념이 아니라 감정에서 나온 목소리였다. 보들레르에게 형식은 내용을 담아 적절한 형상을 띠게 하는 그릇이었다. 그를 가장 착실하게 숭배했던 엘리엇의 말을 빌리면 보들레르는 자신이 표현하고자 했던 것, 더 적절하게 말하자면 표현해야 했던 것을 위한 "객관적 상관물"을 찾아냈다. 이러한 의견에 따르자면 시의 도덕과 부도덕은 주제가 아니라 주제를 다루는 방식에 달려 있는 것이며, 특히 이 점은 상당 부분 보들레르에게 해당하는 것이었다. (엘리엇은 이 점을 강조했다.)*

그러므로 보들레르는 독자들이 자신의 기분과 경험을 상상할 수 있도록, 아마도 어느 정도 공유할 수 있도록 한 것이다. 그의 시적 이미지 중에는 평범한 것들도 있었다. 항구에 도착하는 배 한 척, 황금 옷을 입은 천사 같은 것이다. 하지만 이 친숙한 이미지조차도 자신의 새로운 목적에 이용하여 존재론적 절망을 토로하고 혼혈인*애인 잔 뒤발과의 정사를 소름 끼치게 찬미하였다. 보들레르는 연기 실력이 형편없는 배우였던 뒤발과 만난 지 얼마 지나지 않아 그녀의 아파트에서 함께 살았다. 자주 다투고 헤어지곤 했지만 그들의 오랜 연애는 시에 자주 등장한다. 보들레르는 시를 통해 때로는 열정적으로 때로는 차갑게 거리를 둔 채 그녀의 아름다움을 찬미했다. 보들레르가 뒤발 때문에 얼마나 괴로워했는지 몰라도 그녀는 분명『악의 꽃』의 여주인공이었다. 시인에게 그녀는 신비롭고 매혹적이었다.

> 그대의 눈, 전혀 드러나지 않아,
> 달콤한지 쓴지,
> 두 알의 차가운 보석에
> 금과 쇠가 섞여 있네.

* 보들레르는 플로베르의『마담 보바리』가 "어떤 주제든 그것을 다루는 방식에 따라 좋거나 나쁠 수 있다."[30]는 것을 보여 주었다고 칭찬했다. C. K. 스테드(뉴질랜드 작가)가 지적하듯이, 엘리엇의 "보들레르에 관한 글이나 존 포드(17세기 영국 극작가)의『가엽도다, 그녀는 창녀』에 대한 언급을 보면, 엘리엇은 어떤 시가 '부도덕한' 일을 말하거나 묘사한다고 해서 그 시를 비도덕적이라고 생각하지 않음을 알 수 있다. 시는 오직 '완전'하고 건전할 때, '사물을 있는 그대로' 나타낼 때, '사물의 본질'과 조화를 이루는[31] 개별적인 감수성의 산물일 때만 '도덕적'이다.

> Tes yeux, où rien ne se révèle
> De doux ni d'amer,
> Sont deux bijoux froids où se mêle
> L'or avec le fer.

　이런 시행들에서 전통적인 비유는 찾아보기 힘들다.
　다른 은유들도 특이하다. 가장 많이 인용되는 시 「음울, 무겁게 내리 덮인 하늘」에서 그는 오랜 권태에 사로잡혀 신음하는 영혼이 뚜껑처럼 낮고 무겁게 내려앉은 하늘에 짓눌리는 모습을 묘사하였다. '희망'이 박쥐처럼 겁에 질려 벽에 날개를 두들기고 있다고 표현하여 희망의 좌절을 난폭하고 끔찍한 '절망'으로 그렸다. 「너무 명랑한 그녀에게」에서는 자신의 잦은 번민을 생생하게 보여 준다. 분명 보들레르는 성적 쾌락조차 순전한 기쁨이라고 생각지 않았다. 그는 자신의 고통뿐만 아니라 인간의 고통에 고집스레 집착했다. 시집 제목이 암시하듯 그는 죄악과 그 대가, 악과 악의 꽃을 다루려고 했다. 어느 날 지인들과 사랑이 줄 수 있는 가장 큰 기쁨이 무엇인지 토론할 때였다. 애정을 받는 것, 자존심을 충족시키는 것, 국가의 새 시민을 낳는 것 등 다양한 의견들이 나왔는데, 보들레르는 자기 차례가 되자 사랑의 진정한 기쁨은 "악을 행한다는 확신"이며 "남녀를 불문하고 악행을 통해서만 만족을 느낀다는 것을 태어날 때부터 알고 있다."라고 주장했다. 사회에서 추방당한 댄디였던 보들레르는 자신에 대해 정직하게 기록하고 세상에 그 기록을 알리는 시인의 임무에 충실했다. 보들레르가 아주 철저하게 경험했던 혼란스러운 감정은 『벌거벗은 내 마음』에 기록되어 있다. 보들레르는 자기 마음을 전부 폭로하고 싶다고 했다. 어느 누구도, 심지어 장 자크 루소조차 이 혁명적 시인만큼 적나라하게 자신을 고백하지는 않았다. 모더니즘은 이렇게 애원이 아니라 전율과 함께 시작되었다.

20세기에 보들레르의 평판이 문학 시장에서 계속 상승하여 마침내 아주 비싼 자산이 되자 엘리엇에게 그를 소개 받은 특정 이데올로기의 신봉자들까지 그를 비밀 동맹자로 삼아 지지를 얻으려고 했다. 엘리엇은 이렇게 썼다. "보들레르는 폭이 넓은 것이 문제다. 그래서 지금도", 그러니까 1930년대까지도 "당파적 비평가가 보들레르를 자기 신념의 후원자로 삼으려고 한다." 이상하지만 엘리엇도 그들과 그리 다르지 않았다. 그는 보들레르가 이단이기는 하지만 그래도 신자라고 생각했다. 엘리엇은 보들레르의 작업이 "기독교 정신을 실천하는 것이 아니라, 당시 그보다 훨씬 더 중요한 일, 즉 기독교 정신의 '필요성'을 주장하는 것"[32]이라고 썼다.

전통적 신앙을 위해 보들레르를 구원하려고 했던 것은 엘리엇만이 아니었다. 수십 년 동안 에티엔 질송과 프랑수아 모리아크1952년 노벨 문학상을 수상한 소설가 같은 프랑스의 가톨릭 논객들과 역사가들은 보들레르가 스스로를 저주받은 시인이라고 하는 등 죄의식에 짓눌려 지주에 대해 깊이 생각했다는 사실이 바로 그가 남몰래 기독교도가 되려고 했다는 증거라고 주장했다. 하지만 예수를 위해 보들레르를 낚아채려는 이런 비공식 작전은 애초에 말로가 정해져 있었다. 『악의 꽃』을 비롯한 보들레르의 글들은 그렇게 종교적으로 해석하기에 적절하지 않기 때문이다. 그러나 이런 성전聖戰이 계속되었다는 사실은 모더니즘의 근본 원리에 보들레르가 얼마나 영향을 끼쳤는지를 간접적으로 증명한다. 보들레르는 사람들이 자기편으로 만들고 싶어 하는 작가가 된 것이다.

2

보들레르는 활발하게 사교 생활을 했는데도 위대한 외톨이 모더니스트였다. 외로운 아방가르드 예술가라고 하면 낭만적인 분위기가 느껴진다. 뮤즈를 벗 삼아 정처 없이 걷는 시인, 하찮은 음악가에게는 들리지 않는 선율과 화음에 자신을 내맡긴 채 시골에 은둔하는 작곡가, 담배 연기 자욱한 시끌벅적한 카페에서 다른 손님들에게는 눈길 한 번 안 주고 원고를 교정하는 데 몰두하는 소설가 같은 것 말이다. 주변에 사람들이 많으면 많을수록, 더 소란을 피우면 피울수록 그 외로운 예술가는 창조를 위해 자신을 더 고립시킬 것이다.

영감을 받아 숭고한 문화적 산물을 창조하는 예술가에 대한 이런 묘사를 보면 진정한 독창성은 결코 집단적인 것이 아니다. 계몽운동이 시작되기 전까지는 창조적인 개인이라는 것이(르네상스 시대에 아주 잠깐 관심을 받기는 했지만) 거의 무시당했기 때문에 진정한 독창성은 철저하게 현대적인 개념에 속한다. 그 전에는 고대인과 교회, 성서가 이미 모든 것을 생각하고 말해 주었기 때문에 예술가는 기껏해야 재치 있게 다듬는 것 말고는 할 일이 없다고 생각했다. 비교적 최근인 18세기에도 작가와 사상가들은 앨릭잰더 포프처럼 "흔히 생각은 하면서도 표현은 하지 못했던 것을 아주 잘 표현한 것" 포프의 『비평론』에서 '위트'를 정의한 문장을 찬양했다. 볼테르를 비롯한 계몽사상가들에게 키케로는 여전히 윤리학과 정치학 영역에서 뛰어넘을 수 없는 권위자였다. 경쟁적인 모더니즘에서는 아주 대조적으로 자기 분야에서 최초이자 유일무이한 존재가 되는 것이 중요한 문제였다. 따라서 예술가란 창의적인 정신의 소유자로 자신의 뮤즈를 제외하고는 선조든 동료든 아무도 원치도 필요치도 않았다. 이렇게 보면 아방가르드 예술가는 회원이 한 명밖에 없는 클럽을 만들어야 할 판이다.

독창성을 낭만적 개념으로 보면 바이런과 베토벤은 물론이고 스탕달과 뱅자맹 콩스탕 같은 개인주의자가 떠오른다. 하지만 독창성의 가장 깊은 뿌리는 계몽주의다. 자신의 작품에 선조 같은 것은 없다고 한 몽테스키외의 호언장담이나 이성과 경험 이외의 모든 권위를 거부한 백과전서파, 계몽주의를 두고 의존적인 미성숙함을 모두 떨치고 진정한 어른이 되는 상태라고 정의한 칸트가 생각난다. 이 대담한 지식인들은 자율성이라는 이상을 가지고, 인류의 관심을 과거에서 미래로 돌려 놓으려 했다. 예술적인 것이든 과학적인 것이든 그들의 상상력은 오이디푸스의 승리를 가장 확실하게 보여 준다. 아버지의 도움를 받으려 하지 않거나 더 극단적으로는 아버지를 죽임으로써 말이다. 즉 부친 살해를 통한 창작 에너지의 해방이다. 하지만 모더니스트라고 해서 전부 이렇게 불효자는 아니었다. 앞으로 자기가 부모를 뛰어넘었다고 확신하면서도 과거의 업적을 존중하는 모더니스트들을 많이 보게 될 것이다.

그러나(문화사학자들에게는 늘 '그러나'가 있다.) 모든 일반화와 마찬가지로 이 융통성 없고 돈 키호테 같은 인물상, 즉 과거나 현재의 영향을 받지 않은 새로운 것의 창조자는 지나칠 정도로 단순하게 이상화된 경우가 많다. 곧 알게 되겠지만 위대한 반예술가 마르셀 뒤샹과 같은 모더니스트들은 동료들이 가차없는 우상파괴주의를 받아들이지 못하자 환멸을 느꼈고 집단적 행동이나 집단적 이데올로기를 경멸했다. 하지만 추상화의 선구자 바실리 칸딘스키로 대표되는 대부분의 모더니스트들은 뜻을 같이하는 아웃사이더들과 단체를 결성하거나 거기에 참여하여 함께 반항하고 창작하고 고민했다. 물론 일부 예술가들은 아무 곳에도 소속되지 않은 채 평범한 사람들처럼, 심지어 혁신적인 동료 예술가들로부터 확실하게 선을 긋고 자기만의 작품에 몰두했다. 예를 들면 폴 고갱은 죽을 때까지 낯

고갱의 자화상 1888 친구 화가 에밀 베르나르의 초상을 배경으로 자신을 레 미제라블의 장 발장으로 묘사했다.

선 남태평양 원주민들과 살며 그들에게서 영감을 얻었다. 에밀 놀데는 독일 북부 어촌에 처박혀서 가장 내밀한 자기 목소리에 귀를 기울이며 살았다. 하지만 이런 특이한 망명자, 고집스러운 아웃사이더들은 법칙이라기보다는 예외였다. 거의 19세기 내내, 그리고 20세기 초 예술 반역자들은 아방가르드라는 공모자들에게서 정서적 안정감을 찾으려 했다.

모더니즘의 창시자라 할 수 있는 아웃사이더들은 자신이 아웃사이더라는 사실을 통해 심리적 배당금을 얻었지만 유명세를 치르느라 그것을 거의 다 써 버렸다. 그들은 자신들의 악명을 자랑스럽게 여겼을 수도 있다. 19세기 말 뮌헨과 파리의 보헤미안들, 1차 세계대전에 저항했던 다다이스트들, 살바도르 달리처럼 자기 선전에 능한 초현실주의자들이 실제로 그랬다. 오스카 와일드도 그랬는데 뒤에서 자세히 설명하겠다. 이들은 자신들에게 어떤 별칭이 붙는 것이 자기 작품에 차별성이 있다는 증거라고 자랑 삼았다. 부도덕한 사람, 추악한 것의 애호자, 심지어 미친 사람이라고 불려도 말이다. 하지만 이들은 예술가들과 대중의 여론을 거부하고 자기 독창성만을 고집했기 때문에 외딴 길을 걷는 위험을 감수해야 했다. 1888년 말 빈센트 반 고흐가 아를에서 폴 고갱과 공동 작업을 시도한 것은 비록 실패로 끝났지만, 고립을 극복하고자 필사적으로 노력했다는 증거이다. 고흐도 다른 모더니스트들처럼 사람들 속에 있으면서도 혼자이고 싶어 했다. 19세기 문화계에 북적대고 있던 아방가르드 예술가들은 대체로 이런 집단적 개인주의를 가능케 하는 기반을 닦았다.

　　인정해 주고 자극을 주는 동료가 누구인지는 서로간의 호감뿐만 아니라 공통의 적을 통해서도 확인할 수 있었다. 실제로 아카데미, 검열관, 비평가, 부르주아 같은 공통의 적 때문에 결성된 모더니스트 그룹들이 가장 견고했다. 모더니즘의 역사에서 이러한 편의와 기호로 맺어진 동맹들은 자신들의 대의명분을 발전시키는 강력한 동력원이었다. 19세기 말 오랫동안 유력 잡지에서 격렬하게 벌어졌던 논쟁, 즉 전통을 중시하는 예술가들이 혁신적인 예술가들에 비해 우수한가 하는 논쟁에서 아방가르드 예술가들은 그 새로운 예술의 대변인을 자처했다.

'아방가르드 avant-garde'라는 이름은 매우 적절한 것 같다. 이 이름은 19세기가 중반을 넘기도 전에 사고뭉치 예술가, 작가, 철학가들이 자신들에게 붙인 이름이거나 누군가가 그들에게 붙여 준 이름이었다. 이 극적인 변화기에 아방가르드 예술가들은 자신들이 문화에 올바른 방향을 제시하고 있다고 자부했다. 이 명칭이 군사 용어이기 때문에 작전을 수행 중인 듯한 파괴적인 화가와 시인 군단에 더 그럴싸해 보인다. 아방가르드라는 말을 들으면 나팔을 불고 깃발을 휘두르며 전장으로 진격하는 용감무쌍한 전위부대가 생각난다. 문화적 아방가르드는 아주 호전적이고 용감하게 자기들 주장의 우수성과 자신들이 처한 위험, 자신들에게 적대적이면서 선전에 훨씬 더 뛰어난 독선적 체제의 치명적 결점을 확실히 알렸다. 부유한 중산계급이 계속 늘어나고 예술 후원이 본질적으로 부르주아의 일임이 한층 확실해지면서 예술가들은 문화와 정치적 측면에서 날개를 더 활짝 펼 수 있었다. 한마디로 말하면 이 시기가 바로 모더니즘의 발생기이다.

그러니 셸리가 이미 1821년에 시인을 가리켜 "인정받지 못한, 세상의 입법자"라고 불렀다는 사실은 대단히 주목할 만하다. 어쩌면 그로부터 18년 뒤에 한때 역사소설로 높은 평가를 받았던 다작의 2류 영국 작가 에드워드 불워 리턴이 (오늘날 독자들은 너무 많이 들어서 진부해져 버린) "펜은 칼보다 강하다."라는 경구를 만들어 냈다는 사실이 훨씬 더 의미심장할 수도 있겠다. 그때 이미 그런 생각이 세상에 퍼져 있었다는 말이니까.

자신들을 뭐라고 불렀든 간에 아방가르드 예술가들이 '공인된' 지배적인 사고방식과 관습을 상대로 전쟁을 한 것은 확실하다. 지극히 반전통적인 독일 극작가 겸 단편소설가인 하인리히 폰 클라이스트가 19세기 초 자신의 격렬한 희곡에 '극단적 연극'이라는 이름을 붙인 것도 바로 그런 확신 때문이었다. 이즈음 참을성 없고 호전적인 소수파들도 공인된 사고방식에 압력을 행사하고 있었다. 거기에는 오노레 드 발자크가 1846년에 언급한 대로 '공산주의자, 인도주의자, 박애주의자'가 포함되어 있었으며, 이들은 행동주의자의 입장을 취하고 있었다. 1890년 프랑스 작가 피에르 로티는 "선조들에게 복종하기는커녕" 아방가르드 신념을 극구 찬양했다. 비굴한 묵인, 그러니까 권위에 대한 무저항, 순종, 복종은 아방가르드의 사전에서 사라질 운명이었다.

그런데 이 '아방가르드'라는 단어가 그 새로운 용법에 꽤 잘 맞는 것 같지만 한 가지 측면에서는 그렇지 않았다. 실제 군대의 선두부대라면 적군의 포화 속에서 고통스러워하면서 적군을 향해 진격했을 텐데 실험적인 화가들을 비롯한 이 예술가들은 총구를 후방으로 돌려 아군을 겨냥하고 있었다. 그들의 적은 대체로 아군 속에 있었다. 윌리엄 모리스가 다른 선동적인 진보주의자들처럼 "현대 사회의 속물근성"이라고 비난했던 것에는 모더니스트들이 속해 있는 문화에 대한 강도 높은 비판도 포함되어 있어야 했다. 수십 년 동안의 철저한 준비로 여러 나라에서 더 많은 남성들이 투표권을 얻게 된 뒤인 1900년경, 만반의 태세를 갖춘 모더니스트들은 훨씬 더 굳건한 의지를 품고 이 내전을 수행하게 된다. 모든 반란군들의 강령에 에즈라 파운드의 유명한 슬로건 "새롭게 하라!"가 함축되어 있었다. 그러니까 그들이 지엽적으로 무엇을 주장하고 있든 과거라는 짐으로부터의 해방이 그들의 계획이었다. 그 시대에는 유감스러운 것도 많았고(특히 점잖은 취향 중에서) 근절해야 할 것도 많았다. 하지만 모더니스트들은 그런 것들은 곧 해결될 것이라고 믿었다. 자신들의 혁명적인 관점에 따르면.

3

보들레르는 필연적인 당대성이라는 아방가르드 원칙에 있어서도 선구자였다. 이전에 이미 그런 입장을 밝힌 바 있었다. "시대에 속해 있어야 한다.il faut êter de son temps."라는 말로. 창조적 예술가란 행동뿐만 아니라 글에서도 낡은 고전 시대, 중세적 기사도 정신, 목가적 전원생활에 고착되어 있어서는 안 된다는 신념이었다. 오히려 그는 '현대의 영웅성'이라 부르며 약간 뜻밖의 것을 높이 평가했다. 붐비는 대도시, 유행을 좇는 생활, 심지어 현대 부르주아의 수수한 예복, 검정색 프록코트 같은 것 말이다.

보들레르와 사이가 좋았으며 진보적 화가들에게서 크게, 사실 좀 지나치다 싶을 만큼 존경을 받았던 위대한 프랑스 모더니스트 에두아르 마네도 역시 똑같은 이야기를 했다. "우리의 유일한 의무는 이전 시대가 이루어 놓은 것들에 대한 칭찬을 그만두지 않으면서도, 우리 시대로부터 마땅히 받아 내야 할 것을 얻는 것이다." 마네는 볼로뉴 숲에서 여가를 즐기거나 오페라 극장에서 멋진 옷을 차려입은 부르주아들을 그렸다. 그러면서도 에밀 졸라와 스테판 말라르메처럼 모더니즘에 호의적이거나 참여하고 있는 당대 소설가들과 시인들의 초상화를 그림으로써 시의성도 강조했다. 그의 작품은 그림으로 표현된 보들레르의 계획이라고 보아도 무방하다.

너무도 높은 평가를 받았고 너무도 큰 물의를 일으킨 마네의 「올랭피아」가 가장 적절한 예다. 그 나체화는 1863년에 제작되어 2년 뒤에 살롱에 전시되었다. 꼼꼼하고 정확하게 따지는 것을 좋아하는 역사가들은 이 작품을 최초의 모더니즘 회화로 본다. 생산적인 일은 아니지만 그런 식으로 따지자면 마네의 「풀밭 위의 점심」도 최초의 모더니즘 작품이라고 할 수 있으며 그 말도 대체로 수긍할 만하다. 여하튼 「올랭피아」는 당대의 미학과 도덕적 기준을 가장 심하게 비웃었다. 마네는 모델을 이상화

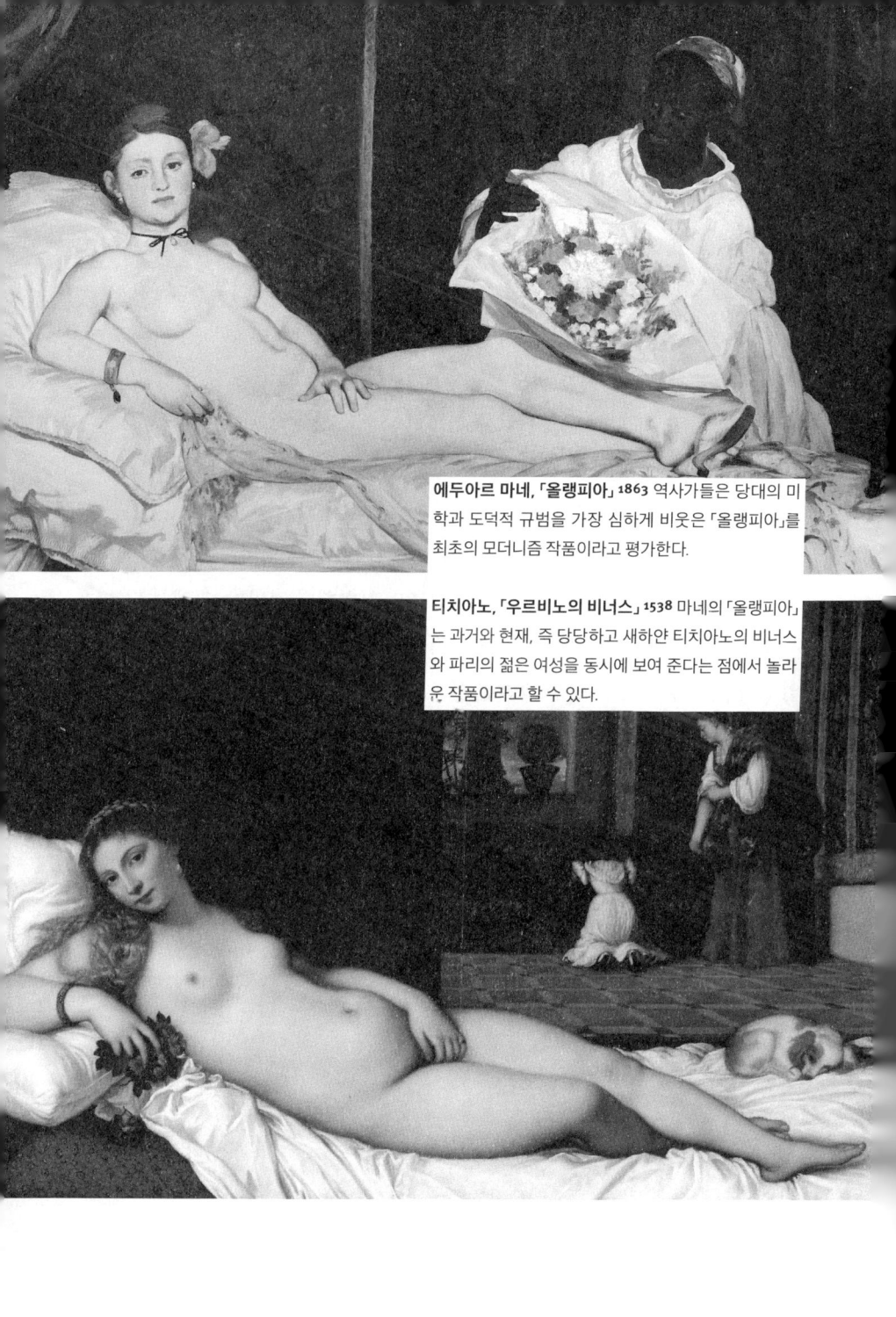

에두아르 마네, 「올랭피아」 1863 역사가들은 당대의 미학과 도덕적 규범을 가장 심하게 비웃은 「올랭피아」를 최초의 모더니즘 작품이라고 평가한다.

티치아노, 「우르비노의 비너스」 1538 마네의 「올랭피아」는 과거와 현재, 즉 당당하고 새하얀 티치아노의 비너스와 파리의 젊은 여성을 동시에 보여 준다는 점에서 놀라운 작품이라고 할 수 있다.

하지 않았고, (최소한 여자 모델이 포즈를 취하는 동안만이라도) 화가와 모델 사이에 유지되던 적당한 거리도 무시했다. 모델에게 로마 역사, 그리스 신화, 자연 현상에서 따온 이름을 붙이지도 않았다. 그렇게 했더라면 모델의 적나라한 나체를 고전이라는 이름의 무화과 잎으로 적당히 가릴 수 있었을 텐데 말이다. 게다가 관객들이 더욱 놀랐던 것은, 마네의 그림이 과거와 현재를 동시에 떠올리게 한다는 사실이었다. 관객을 즐겁게 해 주기 위해 눈처럼 하얀 베개 위에 부끄러움을 모르고 자신만만하게 편안히 뻗고 누워 있는 매혹적인 젊은 육체는 티치아노의 「우르비노의 비너스」에 대한 자유로운 해석인 동시에 젊은 파리 여성의 초상이었기 때문이다.

「올랭피아」는 엇갈린 평가를 받았다. 지나치게 도덕성에 경도되어 있던 평단은 모델의 강렬한 나체에 너무도 당황했던 것이다. 그래서 당시 아직 젊고 급진적인 비평가였던 졸라는 이 그림의 추문스러운 살롱전 입성에 대해 옹호하는 평을 내놓긴 했으나 자신과는 무관한 사건인양 다루었으니 그의 태도는 지극히 의례적인 것이었다. 「올랭피아」의 소재 따위는 사실 전혀 중요하지 않으며 「올랭피아」는 색채의 조화가 훌륭한 작품인 데다 정말로 노련한 예술가는 외설이나 불경에 빠지지 않고 시대와 조화를 이룰 수 있다고 슬쩍 본질을 피한 것이다. 설득력 있는 주장은 아니었지만 마네는 고마움과 우정의 표시로 졸라의 초상화에 작게 「올랭피아」를 그려 넣었다. 이것은 진보적 예술가와 작가들이 자기 시대에 속해 있어야 한다는 신념을 품고 있었다는 또 하나의 증거다.

에두아르 마네, 「에밀 졸라」 1868 젊고 급진적인 비평가였던 졸라는 정말로 노련한 예술가는 외설이나 불경에 빠지지 않고 시대와 조화를 이룰 수 있다며 이례적으로 슬쩍 본질을 피했다. 설득력 있는 주장은 아니었지만 마네는 고마움과 우정의 표시로 졸라의 초상화에 「올랭피아」를 작게 그려 넣었다.

월트 휘트먼 1819-1892 시인은 "선각자이며…… 한 개인이며…… 본질적으로 완벽하다." 그리고 시인은 너무도 시대에 몰두하는 사람으로서 "거대한 대양의 조수에 뛰어들 듯 당대에" 뛰어든다.

4

초창기에, 그러니까 (보들레르의 점령기로 돌아가 보면) 19세기 중엽부터 줄곧 아방가르드 시인들은 현대성이 꼭 필요하다는 원칙을 대단히 열심히 실천했다. 그들은 시, 그리고 점차 더 많이 쓰게 된 중간 장르인 산문시에 감정의 강렬함, 주제의 대담성, 표현의 독창성을 드러냈으며 심리적 통찰을 위해 이 모든 것을 통합하였다. 자기 시대에 몰두하게 되자 외부 세계뿐만 아니라 내부 세계를, 아니 내부 세계를 더더욱 솔직하게, 심지어 고통스러울 만큼 정직하게 인식하게 된 것이다. 1871년 5월, 열일곱 살이 다 된 조숙하고 방탕한 아르튀르 랭보는 친구인 폴 드므니에게 보낸 유명한 편지에서 이렇게 솔직하게 밝혔다. "시인이 되려면 먼저 자기 자신을 완전히 알아야 해."[33] 선각자는 태어나는 것이 아니라 만들어지는 것이므로 "오랫동안 모든 감각의 심각한 장애를 통해 온갖 사랑, 고통, 광기를 통해 자기 일을 준비해야 하는 것이야. 자신을 찾아야 해." 이것은 "말로 다 할 수 없을 만큼의 고통이므로 온갖 신념, 온갖 초인적 능력이 필요하지. 위대한 환자, 위대한 범죄자, 저주받은 자, 그리고 최고의 학자가 되어야 해!" 실아남을 시를 쓰기 위해서는 열심히, 실로 지칠 만큼 써야 한다. 예술에 문외한인 속물이 아니고서는 아무도 부인하지 못할 말이다.

당대 시의 지루함과 거짓 영웅성에 거북해하던 시인들이 이 반란에 가담했는데 그것은 비단 프랑스에서만 일어난 일이 아니었다. 처음부터 모더니즘은 범세계적 현상이었지 단 하나의 확실한 진원지에서 삽시간에 확산된 사건이 아니었다. 대체로 예술가 개인에 따라, 문화적 편견과 검열 당국의 금지 강도에 따라 다른 양상을 보였다. 입센은 영국에서 성공하기 전에 독일에서는 무난한 극작가였다. 젊은 엘리엇은 프랑스 상징주의자들이 영어권의 어떤 시인보다 훨씬 더 전율을 느끼게 한다며 그들을 모범으로 삼았다. 스트라빈스키는 러시아 동포들이 자신의 화려한 발레곡을 듣게 되기 수십 년 전에 이미 프랑스에서 찬사를 받았다. 그 반동이 전염되어 퍼져 나가기 시작한 장소는 파리였던 경우가 많다. 하지만 프랑스인들, 특히 파리 사람들이 생각하는 것만큼 많지는 않았다.

모더니즘의 역사를 통틀어 유명한 모더니스트들이 외국의 모더니스트들과 접촉한 일이 몇 차례 있었다. 앞으로 설명하겠지만 말 그대로 만났다. 1881년에 오스카 와일드는 미국 순회 강연 동안 월트 휘트먼의 집에 갔다. 아웃사이더와 아웃사이더의 만남이었다. 그들은 시에 대해 이야기를 나누었다. 휘트먼은 와일드에게 동지들과 함께 테니슨을 비롯한 전 세대의 유명 시인들과의 관계를 부인할 작정이냐고 물었다. 와일드는 그럴 수도 있겠다고 생각했다. 와일드는 테니슨이 사실은 "아주 소중한" 시인이지만 유감스럽게도 그 국민적 영웅은 이미 시대에 뒤처졌다고 대답했다. "테니슨은 비현실이라는 꿈에 삽니다. 반면 우리들은 현재의 심장부에서 활약하고 있지요."[34] 모더니스트다운 말이었다.

휘트먼으로서는 그 영국 손님의 말에 반대할 이유가 없었다. 휘트먼은 『풀잎 Leaves of Grass』의 서문에 이렇게 썼다. 시인은 "선각자이며…… 한 개인이며…… 본질적으로 완벽하다." 그리고 시인은 너무도 시대에 몰두하는 사람으로서 "거대한 대양의 조수에 뛰어들 듯 당대에" 뛰어든다. 그렇게 해서 나온 결과물은 절묘하게 표현된, 이전에 한 번도 본 적 없는 놀라운 고백이었다. 휘트먼은 신중하고 과묵하여 당대 모더니스트 중 예외적인 인물로서 법과 관습에 따른 판단 기준에 사실상 복종하고 있었다. 그래서 폴 베를렌처럼 시에서 자신의 성적 취향을 드러내 보이지 않고 확고한 이성애를 가장한 채 독자들에게 행간의 의미를 읽을 수 있으면 읽어 보라는 식이었다. 휘트먼의 『풀잎』에 남성들 간의 동지애가 많이 표현

스테판 말라르메 1842-1898 "영혼을 해방시키고자 한다면, 또 사물의 영혼을 드러낼 모든 상징을 중심으로 기다리면, 수많은 짐에 눌려 기를 펴지 못하던 문학이 마침내 자유를 얻어 진정한 언어를 얻게 된다."

되어 있기는 하지만 베를렌과 랭보, 즉 1871년에서 1873년 사이 소네트를 함께 창작하는 일 말고도 더 많은 일을 함께했던 두 시인의 합작품인 「항문의 소네트」 같은 것은 전혀 없다. 그리고 영국에서 프랑스 모더니즘 시인의 대변자였던 앨저넌 찰스 스윈번은 자신이 사립학교에서 사랑 때문에 겪었던 고통이 가장 큰 기쁨이었다는 것을 다소 간접적이기는 했지만 세상에 알렸다.

이 전복적인 문학에서 특히 중요한 점은 모더니즘 시대 대부분 동안 그런 작가들이 시적 열정을 전통적인 형식에 쏟아 부었다는 점, 즉 독한 새 술을 곰팡내 나는 헌 부대에 부었다는 사실이다. 장난을 즐긴 혁신적인 랭보조차도 훌륭한 소네트들을 썼다. 그러나 "시인에게 새로운 내용과 형식을 요구합시다."라며 형식 혁신을 주장했던 사람도 바로 랭보였다. 이 새로운 형식에는 인쇄상의 실험, 외설스러운 이미지, 전혀 새로운 운율, 복잡한 은유, 기괴하고 어려운 표현 같은 것이 있었다.

19세기 모더니스트 시인 중 스테판 말라르메보다 더 특이하고 완고한 사람은 없었다. 말라르메는 그의 말마따나 "모더니스트 일족의 언어에 한층 더 순수한 의미를 부여하는 것"을 목표로 삼았다. 와일드는 그 거장을 알게 된 뒤 난해한 시를 쓰는 그의 재능을 칭찬했다. 하지만 프랑스어로 읽었을 때만 그렇고 영어 번역판을 읽었을 때는 난해하지 않다고 그답게 덧붙였다. 말라르메에게 19세기 후반은 문학의 위기이면서도 "엄청나게 새로운 자유"의 시대였다. "존재하는 모든 것과 의식할 수 있는 모든 것의 궁극적 실체, 즉 영혼을 해방시키고자 한다면, 또 사물의 영혼을 드러낼 모든 상징을 중심으로 기다리면" "우리나라의 문학사에서" 처음으로 "수많은 짐에 눌려 기를 펴지 못하던 문학이 마침내 자유를 얻어 진정한 언어를 얻게 되리라." 이 상징주의 강령은 상당히 온건하게 표현되었으나 크나큰 희망의 표현이었다. 1871년 프랑스―프로이센 전쟁이 프랑스의 큰 패배로 끝난 뒤에 서유럽은 평화로워졌고 그 평화가 지속될 것이라는 전망이 우세했다. 수십 년 동안 국제무역이 증가했고 더 많은 기업, 은행, 산업의 영향력 있는 개인들, 심지어 일부 군인들도 경제적인 이유뿐만 아니라 문화적 이유에서 평화를 더 좋아했다.

진부한 기성 체제에 대한 공격성을 표현한 모더니즘의 핵심어들이 명시적이든 암시적이든 말라르메의 글에 전부 나타났다. '영혼', '상징', 특히 '의식'과 '자유'이다. 그리고 이 단어들이 시인을 비롯한 모든 모더니스트들에게 문화적 임무를 부여했다. 모더니스트들은 피상적인 찬사와 슬픔의 가면을 뚫고 자신의 영혼 속에 있는 삶의 핵심에 도달해야 하며, 이제 막 자유를 얻은 예술가라면 지금도 마찬가지다.

예술가를 위한 예술

1

보들레르는 1867년에 사망하였다. 이때는 빅토리아 여왕이 왕위에 오른 지 이미 30년이나 지난 시점으로 '빅토리아'라는 단어가 조롱의 대상이 되어 가는 상태였다. 극작가, 건축가, 작곡가, 시인, 소설가를 비롯해 사회적 지위를 갈망했던 고급문화의 창조자들은 선조들이 얻으려고 오랫동안 애썼던 것을 대체로 다 가지고 있었다. 중부 유럽과 서부 유럽 일부에서는 하인의 지위에서 완전히 벗어나지 못한 예술가들이 남아 있기는 했다. 하지만 서부 유럽과 미국에서는 중상류 계급이나 상류 계급과 친분을 쌓고 결혼도 할 수 있었으며 자기 직업의 자율성과 존엄성을 당당하게 내세울 수 있었다.

그런 자부심은 바이런 경이나 샤토브리앙 자작 같은 귀족들 덕분에 한층 더 높아졌다. 그 귀족들은 시나 소설을 쓰는 일을 무시하지 않는 데 그치지 않고 직접 작품을 썼다. 독일 몇몇 국가들도 이런 지위 혁명에 조심스럽게 합세했다. 괴테와 실러가 귀족이 된 것이다. 폰 괴테가 바이

마르 공국의 근면한 공무원이었고 폰 실러는 예나대학교에서 역사철학을 가르치는 교수였다. 그런 사실은 그들의 사회적 변신에 전혀 방해가 되지 않았다. 그럼에도 그들의 신분 상승은 이런 건전한 직업에서 비롯된 것이 아니라 주로 문학적 명성 덕분이었다.

이 야심만만한 아방가르드 예술가들에게도 전통적인 예술가들이 그러했던 것처럼 단순한 명성 이상의 것이 필요했다. 이데올로기, 즉 자신들이 누리고 있는 높은 지위의 정당성에 대한 믿을 만한 확인을 열망했다. 1835년 프랑스 7월 왕정의 초반기가 순조롭게 끝나 갈 무렵에 테오필 고티에의 외설스러운 『모팽 양』이 인상적인 선언을 내놓았다. 문학의 독립 선언문인 셈이었다. 스물세 살이 거의 다 된 고티에는 그 소설을 길고 외설스러운 선언으로 시작하고 있다. 그 선언은 이후 "예술을 위한 예술"이라고 불리게 될 것을 옹호하고 있다. 그 역사적 취지와 모더니즘의 역사에서 차지하는 위치를 고려하면 사실 "예술가를 위한 예술"이라고 불러야 마땅했다. 그 선언은 아름다운 대상을 찬미하는 만큼 그것을 창조한 예술가를 강력히 옹호했다. 그 둘 사이의 고전적 구분, 즉 (높게 평가받는) 예술과 (사회적으로 무시당하는) 예술가 사이의 구분을 거부했던 것이다.

그 현대적 선언은 이렇게 주장한다. 예술은 그 자체만을 위한 것이다. 재물, 신, 국가, 부르주아의 자기 미화를 위한 것도 아니고 도덕의 향상을 위한 것도 분명 아니다. 예술은 고유한 기법과 기준을, 고유한 이상과 만족을 자랑으로 삼는다. 고티에는 이렇게 썼다. "누가 말했는지 어디서 봤는지 모르겠지만 문학과 예술이 도덕성에 영향을 준다는 말이 있다. 누군지 몰라도 그 사람은 틀림없이 바보다." 예술이 생산하는 것은 아름다움이지만 "아름다운 것이 인생에 꼭 필요한 것은 아니다." 여성의 아름다운 용모, 음악과 그림의 아름다움은 쓸모가 없기 때문에 소중한 것이다. "진정으로 아름다운 것은 전혀 쓸모가 없는 것이다. 유용한 것은 모두 흉측하다. 유용하다는 것은 필요가 있다는 것이며, 인간에게 필요한 것은 인간 자체의 보잘것없고 나약한 본성처럼 비천하고 역겨운 것이기 때문이다. 집에서 가장 유용한 장소는 변소다."[35] 이보다 더 명료할 수 있는가!

예술을 위한 예술은 너무 노골적이어서 많은 진보적 작가나 화가들이 전적으로 맞장구를 칠 수 없었다. 그래서 반부르주아, 반아카데미 예술가들은 그 주장에 전적으로 동참하지는 않으면서 그 함의를 이용했다. 그 주장이 뚜렷하게 대중성을 확보하지 못했는데도 광범위한 영향을 끼친 이유가 바로 그것이다. 플라톤까지 거슬러 올라가는 문화적 비관주의자들은 나쁜 시나 나쁜 음악이 도덕에 유해한 영향을 준다고 믿어 왔다. 반대편 극단에서 인간의 선한 본성을 믿는 사람들은 좋은 시와 좋은 음악이 행실을 순화한다는 희망을 버리기 어려웠다. 많은 모더니스트 이단자들도 어느 편에 속해 있든지 간에 회화, 드라마, 소설에 어느 정도 도덕적 임무가 있다는 오래된 신념을 고수하고 있었다. 그래서 자신을 위해 창조하는 제임스 조이스나 쇤베르크 같은 사람이 있었던 반면, 강한 사회적, 종교적 신념으로 작품을 창조하는 스트린드베리나 엘리엇 같은 사람도 있었다. 사실 예술을 위한 예술은 19세기 예술 작품에 대한 급진적인 주장이었을 뿐만 아니라 예술가의 독립성에 대한 주장이기도 했다. 예술가는 자기 자신에게만 설명해야 할 의무가 있다는 말이었다. 아마도 다른 예술가들에게는 예외로 하고.

불안해진 보수주의자들은 스스로에 대해 그렇게 높은 평가를 내리는 것이 현대적 오만의 전형적인 증상이라고 매도했다.* 하지만 그것

---

* 1895년 보수적 성향이 강한 독일의 주간 평론지 《그렌츠보텐(국경의 사자)》에서 어느 익명의 기고가는 "창조적인 예술가를 이론적인 예술 비평의 영역보다 우위"에 두는 "현대파의 주장"을 개탄하고 있다. 현대파에 따르면, "예술가는 창조적으로 앞서 나가고 새로운 것을 우리 앞에 내민다. 대중은 그를

은 오스카 와일드가 수차례 인용한 선조, 영국의 가장 유명한 유미주의자, 19세기 말 옥스퍼드대 학장이었던 월터 페이터가 "모든 예술은 늘 음악의 상태를 열망한다."[37]라고 했을 때 말하고자 한 뜻이었다. 더 대담하게 말하면 예술의 목적은 예술이라는 것이다. 반항적인 프랑스 시에 열정적으로 몰두했던 젊은 시절의 스윈번도 첫 시집이 외설스럽다고 매도당했을 때 페이터의 논지로 자신의 시들을 옹호하려고 했다. 그는 자신의 『시와 발라드 Poems and Ballads』를 그 자체로 순수성을 띤 '성인 예술'로서 썼다고 주장했다. "모든 것은 그 나름의 견해로는 선하다." 그의 시가 "어머니가 어린 딸에게 읽어 줄"[38] 만한 것인지 아닌지는 전혀 중요치 않았다. 간단히 말해 예술에 대한 숭배가 예술가에 대한 숭배로 발전하는 데 오래 걸리지 않았다. 예술가 숭배, 즉 그 미학 운동이 전성기를 구가하고 있는 동안 가장 날카롭고 가장 뛰어난 대변자였던 제임스 맥닐 휘슬러가 주장한 것이 바로 예술가의 자기 숭배였다.

모더니스트 선언에서 이미 이런 징조가 보였다. 가장 확실한 예는 자칭 벨기에 화가들의 선언이다. 이들은 5년간의 공동 작업 끝에 1871년 말 '신앙 고백'을 담은 《자유 예술 L'Art Libre》을 창간했다. 그 선언은 자신들이 벨기에의 문화적 아방가르드이며 "모든 경향과 추세로부터 완전히 자유로운, 현대성을 특징으로 하는 신예술"을 대변한다고 선언했다. 벨기에가 문화적으로 비교적 자유롭다고 확신하고 있던 그들은 자신들을 막거나 외면하고 약화시키려는 '반동적 연합 세력'들과의 전투를 통해 '현대 예술'의 승리를 확보할 준비가 되어 있었다. "우리는 자유로운 예술을 원한다. 그래서 우리는 예술을 노예로 삼으려는 자들과 목숨을 걸고 싸울 것

이해하지 못하고 예술가의 창조물은 비평가의 진부한 미학적 범주에 잘 들어맞지 않겠지만, 그럼에도 예술가는 자신을 따라야 한다."[36]

테오필 고티에 1811-1872 '예술을 위한 예술'의 옹호자 고티에는 "진정으로 아름다운 것은 전혀 쓸모가 없는 것이다."라고 선언했다.

이다." 《자유 예술》은 2호에서 엄숙한 강령을 내세우며 또 한 번 의기양양하게 전쟁 선언을 했다. "거의 늘 그랬듯 오늘날 예술가들은 두 편으로 나뉘어 있다. 어떤 희생을 치르더라도 전통을 고수하는 보수적인 사람들과 예술이 스스로 변할 때만 살아남을 수 있다고 생각하는 사람들이다. 보수주의자들은 전통에 대한 숭배만을 내세우며 변화를 원하는 사람들을 비난한다." 현대 예술가를 예술이라는 신성한 목적과 최대한 동일시한 예다.

이 무렵, 가난과 무시에 대항하여 고군분투하고 있는 예술가의 애처로운 모습은 현실에서는 사라지고 있었지만 허구 속에서는 익숙한 이야기로 남아 있었다. 19세기 중반 문학 작품에서 예술가는 운명적인 아웃사이더이자 속물적 현실의 희생자, 상업의 지배를 덜 받는 미래의 예언자였다. 발자크의 『미지의 걸작 Le Chef d'oeuvre inconnu』은 결국 걸작을 끝내지 못하는 예술가가 등장하는 장르의 전형으로 1831년에 발표되었다. 『미지의 걸작』의 가장 유명한 후손인 1867년 『마네트 살로몽 Manette Salomon』은 에드몽 공쿠르와 쥘 공쿠르 사후 1903년에 시행된 공쿠르 상은 프랑스의 권위 있는 문학상이 된다 형제의 작품이었다. 1870년 쥘이 죽을 때까지 절친하게 서로 도왔던 형제는 파리 상류 사회를 (한쪽으로 치우쳐 있긴 해도) 세밀하게 기록한 사실주의 소설가였다. 『마네트 살로몽』은 두 예술가의 운명을 추적해 보여 준다. 둘은 예술을 위한 예술만 추구하지만 어쩔 수 없이 실패하고 만다. 그들이 이상을 실현하기에는 사회가 너무 강하고 야비하다. 한 사람은 거의 종교에 가까운, 즉 예술이라는 진정한 종교의 숭고함을 고수하지 못하고 타협한다. 또 한 사람은 뇌쇄적인 매력으로 모든 남자를 녹이는 모델에게 빠져 파멸한다. 그 여자는 탐욕스럽고 집착이 강한 자신의 가족만 위했고, 예술가는 물론이고 예술은 한낱 돈줄에 불과했다.

공쿠르 형제가 그 모델을 유대인으로 설정한 탓에 진정한 모더니

제임스 맥닐 휘슬러의 자화상 1872 예술가를 숭배하는 미학 운동에서 휘슬러는 가장 뛰어난 대변자였다.

즘에는 새로운 위험이 배태되었다. 아마 19세기 반유대주의자들에게 있어 놓칠 수 없는 기회였을 것이다. 물론 모더니즘 운동에서 유대인의 역할은 더 깊이 연구할 가치가 있다. 하지만 모더니즘의 중요한 시기에 이것만은 명백한 사실이다. 유대인들이 정식 시민권을 획득하고 경제적으로 풍요로워지고 사회적 기회를 얻게 되면서 종종 원활하지 않은 경우가 있기는 했지만 다른 부르주아들과 마찬가지로 모더니즘의 중요한 수혜자이자 후원자가 되었다는 점이다. 그들은, 어마어마한 정도는 아니었지만 예술 중개 분야에서 능력을 발휘했다. 미술상, 출판업자, 비평가, 저널리스트, 학자, 연극과 전시 제작자를 비롯해 아방가르드 문화에서 없어서는 안 될 후원자였다. 그러나 흔히들 유대인들이 특히 모더니즘에 대해 애정이 깊었다고 하지만 유대인 특유의 모더니스트 취향 같은 것은 존재하지 않았다. 유대인들은 피카소의 그림뿐만 아니라 살롱 그림도 구입했고 쇤베르크의 작품을 즐기기는커녕 거부했고 바우하우스의 충실한 제자보다는 차라리 전통을 중시하는 건축가들에게 일을 주었다.

    유대인에 대한 공쿠르 형제의 비방만큼이나 주적 부르주아에 대한 일반화도 신뢰성이 없기는 마찬가지다. (앞서 보았듯이) 중산계급들이 도처에서 정교하게 분화되고 백년 전에는 생각조차 할 수 없던 사회적, 법적 지위를 얻은 경우가 많았다. 공쿠르 형제는 문화사를 너무 쉽게 생각했다. 그들의 생각은 이랬다. 부르주아는 모두 비슷하다. 그러므로 진정한 모더니즘 예술가들이라면 "전통, 즉 과거의 것들이 우리의 배 위에 무겁게 얹혀 있는 돌"이라는 것을 알아챈다. 이것을 깨달은 현대 예술가는, 현란하기만 한 상품과 진정한 예술 작품을 구별하지 못하는 계급에 대한 적개심을 통해 이 짐들을 떨어버려야 한다. 그래서 『마네트 살로몽』을 통해 당시 부르주아 사회가 늘 저속함으로 진정성을 파괴한다는 것을 증명하려고 했다. 그러나 그 작품은 믿을 만한 분석이라기보다는 평범하고 편향적인 소설에 불과했다. 당시 비판 자체에 가치를 두는 사회 비평가들이 있었던 것이다.

───

'예술을 위한 예술'이라는 신조의 온상에는 모더니즘이 출현하기 전부터 이미 씨가 뿌려져 있었다. 문학, 회화, 음악계에서 일부 기념비적 작품을 이상화했던 것이다. 바사리가 쓴 르네상스 화가들의 전기를 떠올려 보면 예술가의 삶에 대한 미화는 전혀 새로운 일이 아니었으며, 낭만주의 시대에는 괴테와 베토벤 같은 거물급 유명인사들이 노골적으로 숭배의 대상이 되었다. 다른 예술가들은 한갓 인간이었지만 괴테와 베토벤은 현세의 성자로 추앙받았으니, 숭배자들은 그들의 물건들을 성물로 여겼다. 이런 종교적 단어는 그냥 나온 것이 아니다.

  베토벤은 자신의 이미지를 후손들에게 맡겼으나, 괴테는 아니었다. 그는 거의 성인의 지위를 누렸는데 자신의 신화 대부분을 본인이 직접 만들었다. 괴테는 유명세를 누리며 여든두 살까지 살다가 1832년 사망했다. 긴 인생 동안 괴테는 수많은 편지를 통해 자신에 대해 밝혔고 자서전으로 상세하게 설명했으며 독자들이 자신의 방대한 시와 산문을 통해 전기적 사실을 추론하도록 허용, 실은 허용했다기보다는 유도했다. 또한 현자인 체하며 자신이 하는 말을 충실하게 기록하러 찾아오는 사람들을 기쁘게 맞이했다. 그들 중 가장 충실했던 괴테의 보즈웰 새뮤얼 존슨의 전기로 유명하여 충실한 전기 작가의 대명사이라 할 만한 카를 에커만은 1836년과 1847년에 각각 그 거장과의 대화를 출간했으며, 두 권 다 베스트셀러로 남았다.

이런 신성화에 가까운 태도는 논란을 피할 수 없었지만 19세기와 그 이후까지 남아서 판에 박힌 예술가상을 만들어 내기도 했다. 때로는 격이 떨어져 지나친 아첨과 주제넘은 호기심 때문에 니콜로 파가니니 같은 눈부신 우상들이 한낱 잡담거리로 전락하기도 했다. 하지만 문학과 음악 천재들에 대한 종교적인 어투는 더 엄숙하고 진중했다. 로베르트 슈만과 같은 지적이고 전문적인 음악가는 베토벤을 '예술의 중앙 제단'에서 예배를 집전하는 '대사제'라고 주저없이 찬양했다. 슈만보다 한 술 더 뜬 사람은 리하르트 바그너밖에 없었다. 바그너는 「베토벤에게 참배하러 가는 길」이라는 에세이에서 베토벤의 음악이 "나의 구세주가 살아 계시다."라는 증거라고 했으며 베토벤이 자신의 살아 계신 구세주라고 확신했다. 이런 찬양은 예술가 신성화의 시작이었다. 이것은 거의 유치할 만큼 단순했고 왜곡도 심했지만, 모더니스트들에게 자신감을 제공하여 이후 좀 더 쉽게 성공할 수 있는 발판을 마련해 주었다. 찬양의 언어만 바뀌었을 뿐 종교적인 어투는 사라지지 않고 더 미묘해졌다. 사실 그런 신성화는 너무 매력적이어서 뿌리치기 힘든 유혹이었다.

에두아르트 한슬리크는 스스로가 감상성에서 자유로우며 독립적이라는 자부심을 품고 있던 사람으로, 빈 음악 비평계의 '차르'가 되기 전인 1855년 괴테와 실러의 집을 보기 위해 바이마르공국에 갔다. 실러의 집은 "전체적으로 개방되어 있었고" 그곳에서 "교회에서처럼 수천 명의 사람들이 감동받고 교화되었다." 괴테의 저택은 괴테의 소장품, 석고상들, 탄산수가 있는 방만 일반에게 개방되었다. 한슬리크는 이 '모욕적인 차이'에 마음이 상했지만 그 거장의 '소중한 유물'[39]이 세심하게 보존되고 있다는 데 만족했다.

2

'대사제'나 심지어 '구세주' 같은 종교적 표현은 19세기 예술가들과 그 숭배자들에게 진부해질 정도로 남용되었다. 그 덕분에 예술 숭배는 예술가 숭배로 쉽게 바뀌었다. 후기 기독교 시대를 향해 가던 때였지만 더 높은 존재들에 대한 절대적인 숭배의 광채는 아직 빛을 잃지 않고 있었다. 18세기 말 윌리엄 블레이크는 "기독교는 예술이지, 돈이 아니다."라고 선언하여 예술을 돈과 대비시켰다. 반세기 뒤에 아르튀르 쇼펜하우어는 이러한 말에 지적 품위를 더했다. 한 가지만 더 예로 들면 1890년대에 유명한 독일 시인이자 극작가인 리하르트 데멜은 "예술은 내 종교다."라고 고백하며 새로운 신자들을 대변했다. 이 무렵 프랑스 비평가 카미유 모클레르는 『음악이라는 종교』라는 책을 썼다. 1906년 버나드 쇼의 『의사의 딜레마The Doctor's Dilemma』 1906년 공연에서 도덕관념 없는 예술가 루이스 듀브대트는 임종 때 불경스러운 신조를 밝힌다. "나는 미켈란젤로, 벨라스케스, 렘브란트를 믿습니다. 디자인의 힘, 색채의 신비, 영원한 미가 만물을 구원한다고 믿습니다. 그리고 이 재능을 준 예술의 계시를 믿습니다. 아멘. 아멘."[40] 버나드 쇼는 플로베르가 반세기 전에 했듯이 '미Beauty'와 '예술Art'을 일부러 대문자로 썼다. 적어도 얼마 동안은 예술이 새로운 종교이자 쇠퇴해 가는 기독교 신앙의 대체물이 되었다.

하지만 예술이라는 종교는 그다지 성공했다고 볼 수 없다. 그 수사가 너무도 명백히 공허하고 부자연스러웠기 때문이다. 하지만 1차 세계대전 이후까지 열성 신자들이 있었다. 얼마 동안 무솔리니의 정부였고 상당한 존경을 받은 이탈리아 예술비평가이자 문화평론가인 마르게리타 사르파티는 1920년에 낡은 낭만적 환상으로 되돌아갔다. 파시스트 신문 《일 포폴로 디탈리아》에 이렇게 썼다. "삶이 예술을 모방한다. 예술가는 자기도 모르게 미래 대중의 태도를 결정하는 정신적 지도자다."[41] 예술가의 전능함에 대한 환상은 정말 끈질겼다.

3

'예술을 위한 예술'을 지지하던 진보계는 소규모였지만 열성적이고 능변이었다. '예술을 위한 예술'은 19세기 후반에 유미주의자들의 대표적 구호였다. 이들은 소신만큼이나 옷차림도 눈에 띄었는데 유명인사 고티에, 스윈번, 위스망스, 휘슬러 그리고 이번에도 보들레르와 와일드가 대표적이었다. 이들은 유미주의를 말 그대로 옷으로 표현하는 경우가 많았다. 와일드가 가장 요란했는데 그렇다고 그가 당시 유행을 따라 자기 과시만 일삼았다고 평가하면 문화적 아이콘으로서 그의 중요성을 과소평가하는 것이 된다. 곧 보게 되겠지만 그렇게 가볍고 유쾌했던 와일드가 결국 예술이라는 종교의 순교자, 모더니즘이 정점을 향해 가고 있던 때 모더니즘의 중심 인물이 되었다.

와일드는 어떤 학파도 세우지 않았고 세울 수도 없었다. 제2의 오스카 와일드는 결코 존재할 수 없었다. 그가 말한 대로 "세울 만한 가치가 있는 유일한 학파가 있다면 신봉자가 한 명도 없는 학파이다." 그의 독창성은 두 방향을 향해 있었으니, 그는 선배들보다 뛰어난 만큼이나 후배들보다도 우수했다. 희곡을 예로 들면 전통의 범위 내에서 작업했지만 그는 거기서 벗어나 그가 아니면 쓸 수 없는 걸작 『진지해지는 것의 중요성 The Importance of Being Earnest』('어니스트'는 주인공 이름이기도 하다.)을 탄생시켰다. 와일드는 예술을 위한 예술을 선언하고 실천했지만 그 과정에서 그 신조를 크게 변형시켰다. 그 신조의 창시자들의 눈에도 너무 지나치다 싶을 정도였다. 와일드는 창조적 인물들의 위계에서 예술가보다 비평가를 더 높은 위치에 두었다. 윌리엄 버틀러 예이츠는 1880년대 말에 와일드를 알게 되었고, 이후 와일드를 "당장의 효과를 위해 스승에게서 배운 모든 기교를 지나치게 과장하는 행동가"[42]라고 묘사했다. 그런 표현이 좀 너무했다 싶기는 하지만 와일드가 최신 유행을 좇기 위해 고티에나 보들레르의 이상을 넘어 자신의 아방가르드 신념을 늘 호전적으로 밀고 나갔던 것은 사실이다.

오스카 와일드는 1854년 더블린에서 좋은 집안의 중산계급 신교도인 부모님에게서 태어났다. 아버지는 저명한 안과 전문의였고 어머니는 언변 좋은 시인으로 남편만큼 열렬한 아일랜드 애국자였다. 와일드는 옥스퍼드대학교 모들린칼리지에 다니며 휴게실에서 재치 넘치는 말솜씨를 발휘하고 방에 고상한 도자기를 가져다 두는 튀는 학생이었으며, 그 힘 늘다는 두 과목 수석을 했다. 그때 이미 유미주의자였고 이후로도 결코 변하지 않았다. 심지어 와일드의 정치 이데올로기, 그 특유의 무정부주의적 사회주의조차도 유미주의에서 나온 것으로, 사유재산과 가족제를 폐지하면 "아름답고 건전한 진정한 개인주의"가 생겨날 것이라고 주장했다. 와일드는 영국과 미국에서 장식미술과 실용적인 집안 관리 비법에 대한 잘 짜인 강연으로 청중들의 귀를 사로잡았다. (가끔은 불쾌감을 주기도 했지만.) 그는 인생의 목표가 세상이 아름다움을 사랑하게 만드는 것이라고 공언했다. 그러니 오스카 와일드만큼 유쾌하게 모더니즘을 선전한 사람은 없었다.

개인으로서의 인생도 성공적이었다. 1882년에는 예쁘고 똑똑하고 박식하고 헌신적인 아내를 얻었다. 와일드는 재치 있는 말장난과 어록에 남길 만한 명언들로 각종 모임을 즐겁게 했다. 이후 몇 년 동안 예리하고 설득력 있는 서평과 호전적인 문학 비평을 통해 논객으로 명성을 얻었다. 일부 독자들이 『도리언 그레이의 초상 The Picture of Dorian Gray』 1891에서 불온한 기미를 느끼기는 했지만 크게 논란을 일으킨 이 음산한 이야기를 진지하게 받아들였다. 그리고 앞으로 설명하겠지만, 원고이자 피고로 1895년 법정에 출두하는 불행을 겪고 결국 수인번호 C.3.3을 단 죄수가 된 뒤에도, 와일드에게는 극소수였지만 의지할 몇몇 친구들이 있었다. 1900년 파리에서 생을 마감했는데, 죽는 순간까지 유미주의자였고 신랄한 유머를 남겼다. 와일드는 죽기 직전에 자신을 찾아온 사람들에게 이렇게 말했다. "벽지와 내가 죽기 살기로 결투하고 있소. 둘 중 하나는 사라져야 해."[43] 예상대로 와일드가 질 수밖에 없었다. 하지만 그는 자신의 미학적 이상을 예술을 위한 인생으로 통쾌하게 승화시킨 승자이기도 했다.

───────

와일드의 삶은 순응주의자들과 겪는 끊임없는 충돌이었다. 그의 재치 넘치는 말솜씨는 찬사를 받았던 만큼이나 선동적이기도 했다. 그는 제임스 조이스가 '유창한 역설'이라고 감탄한 말들로 청중의 관심을 끌고 유지시키기보다 당시 심오하고 진실하게 여기는 것이 사실은 대부분 피상적이며 허위라는 것을 보여 주기를 더 즐겼다. 와일드의 위트는 따라하기는 어렵지만 분석하기는 쉽다. 그는 진부한 표현이나 상식을 골라 그것을 뒤집곤 했다. 가장 많이 인용된 명언 한 가지만 들면 충분할 것이다. 이 이야기는 몇 달에 걸친 재판 동안 계속 그를 따라다녔던 에이더 레버슨이 전해 준 것이다. 와일드는 찰스 디킨스가 『골동품 가게』에서 리틀 넬의 죽음을 어떻게 묘사했는지 이야기하면서 레버슨에게 이렇게 말했다. "리틀 넬의 죽음을 읽으면서 웃음을 참으려면 돌심장이 있어야 해."[44] 사실상 모든 디킨스의 독자들이 걸핏하면 울음을 터뜨리며 감동했을 대목을 비웃는 동시에 새로운 미학을 제시한 것이다.*

와일드의 경구들이 너무 가볍거나 너무 격해서 비평의 역할을 효과적으로 해내지 못했던 것은 사실이다. 하지만 리틀 넬의 죽음에 대한 그의 언급은 그저 재미있지만은 않다. 그는 단 한 문장으로, 취향의 사회학과 역사에 대해, 그리고 그 두 가지와 작가의 관계에 대해 흥미로운 문제들을 제기하고 있다. 그런 면에서 버나드 쇼가 와일드를 '니체주의자'라고 불렀던 것은 당연하다. 니체도 화려한 문장을 구사했고 진실이 영속적이라는 주장에 대해 와일드처럼 회의적이었다. 철학자 니체와 극작가 와일드는 각자 모더니즘에 내재된 위험 요소를 안고 있었다. 그러니 열정적인 비도덕주의자로서 위태로운 환경에서 살아야 했다.

와일드는 다른 모더니스트들보다 주변 환경이 적대적이라는 것을 더 예민하게 느끼고 있었기에 자신이 위태롭다는 것을 잘 알고 있었다.

---

* 와일드가 상상력을 찬미한 구절은 인상적이다. 그는 계속해서 엉뚱한 역설을 내세운다. "많은 젊은 이들이 과장하는 능력을 타고난다. 이런 재능을 키워 주는 환경에서 자라거나 훌륭한 본보기를 보고 배울 수만 있다면, 정말 굉장하고 환상적인 재능을 가질 수 있다. 하지만 대개는 별 볼일 없는 어른이 되고 만다." 그리고 이렇게 계속한다. 왜냐하면 "별 생각 없이 정확하게 말하는 습관이 들거나 나이 많고 아는 게 많은 사람들의 모임에 자주 참석하게 되기 때문이다. 둘 다 상상력에는 똑같이 치명적이다. 조만간에 그는 진실만을 말하는 병적이고 불건전한 능력을 키우게 되고 눈 앞에서 모든 말들을 증명하려 들고 자기보다 훨씬 어린 친구들을 지체 없이 면박 주기 일쑤일 것이며 결국에는 너무 인생과 똑같아서 아무도 도저히 개연성을 믿을 수 없는 소설을 쓰고 말 것이다."[45]

1886년 법정에서 그는 예술가의 삶을 "오래 걸리는 감미로운 자살"[46]에 비유하며 그렇게 살아야 하는 것이 전혀 안타깝지 않다고 말했다. 가벼움과 진중함이 희비극처럼 뒤섞인 그의 말은 오늘날 와서 보면 상당한 선견지명으로 보인다. 하지만 적어도 1895년 봄까지 와일드의 인생은 아주 평탄하다고는 할 수 없어도 운이 좋은 편이었던 것 같다. 수준 높은 저널리스트이자 대담한 극작가로서 별다른 좌절을 겪지 않고 승승장구했다. 1881년 초 길버트와 설리번은 코믹 오페라 「페이션스Patience」에서 풍자 대상으로 와일드를 써먹었다. 이 작품에는 와일드를 닮은 남자 주인공이 두 명 등장한다. 이런 점잖은 관심은 오히려 그를 보호해 주었다, 얼마 동안은.

이 무렵 영국뿐만 아니라 미국의 만화가들은 수천 명의 독자를 거느린 신문과 잡지에 와일드를 그려 넣고 있었다. 괴상한 양복을 입고 이상한 넥타이를 매고 늘쩍지근한 자세로 백합을 잡거나 해바라기에 기대 서 있는 특이한 모습이었다. 와일드는 자신의 용모와 화술에 귀중한 시간과 남다른 정성을 쏟았고 이발사에게 세세하게 지시했으며, 다양한 공적, 사적 행사에 모습을 드러낼 때면 옷차림에 꼼꼼하게 신경을 썼다. 이렇게 쓴 적도 있다. "예술 작품이 되는 것이 삶의 목표다."[47] 그리고 스스로 그 목표를 성실하게 수행하고 있다고 믿었던 것이 확실하다. 와일드 가족들이 첼시의 작은 집에 살 당시, 어느 크리스마스 만찬에 예이츠를 초대했는데, 예이츠는 이후 이렇게 전했다. "아름다운 아내와 두 아이와 함께 사는 와일드의 인생이 얼마나 조화롭게 보였던지, 마치 정교한 미술 작품 같다고 생각했던 기억이 난다."[48] 당연히 와일드는 별 재미 없는 동료 아방가르드 작가들보다 훨씬 좋은 기삿거리였다. 그리고 마지막 경우를 제외하면 이런 유명세를 싫어하지 않았다. 늘 언론에 등장했다. 언론이야말로 댄디, 예술가를 위한 예술 활동에 어울리는 곳이었으니까.

하지만 오스카 와일드가 즐겼던 대중의 관심은 몇 개월에 걸친 재판 기간 동안 재앙이 되고 말았다. 와일드의 재판에 대해서는 이미 철저하게 조사되어 있지만 모더니즘의 역사에서 그것이 차지하는 위치는 더 연구해 볼 만하다. 예이츠가 그의 완벽한 가족에 대해 이야기했던 것을 떠올려 보면 그는 어느 모로 보나 행복한 가정을 꾸린 남자였다. 하지만 1886년 제자 로버트 로스의 유혹에 넘어갔고 그때부터 와일드의 사회생활, 여행기, 심지어 그의 작품에도 아주 희미하기는 하지만 동성애 문제가 스며들었다. 예술을 위한 예술이라는 위험한 교리를 받아들인 데다가 또 하나의 짐을 짊어진 셈이었다. 아직 이름도 없는 사랑 말이다. 1891년 당시 생각이 제대로 박힌 사람이라면 범죄로 여겼던 것에 이미 완전히 빠져 있었던 셈이다. 그때 와일드는 앨프리드 더글러스 경을 만났다. 1년 뒤 동성애에 대한 그 유명한 정의를 내린 바로 그 사람이었다.

와일드의 세 애인 더글러스 경, 일명 '보시Bosie'는 와일드보다 열여섯 살 연하인 금발에 창백하고 가냘픈 몸매의 별 볼일 없는 시인으로 몹시 변덕스럽고 까다로웠다. 자기가 필요할 때만 매력적인 애인이 되었다. 와일드에게는 안된 일이지만 보시가 매력적일 때는 드물었다. 시비 걸기를 좋아하고 심술궂고 완전히 자기밖에 모르고 변덕스러웠으며 유명 인사인 애인으로부터 파렴치하게 돈이나 뜯어내려 했다. 와일드는 보시의 지독한 변덕에 맞서 보기도 했지만 이미 주체할 수 없는 사랑에 빠져 있었다. 그는 보시를 여행에 데려가고 돈과 마음을 끊임없이 주고 또 주었다.

당시 그들의 사랑에는 아직 이름조차 없어서 '그리스식 사랑' 같은 완곡한 용어로 표현되곤 했다. 1869년이 되어서야 '동성애'라는 엄밀한 용어가 등장하였으며, 이후 큰 문제로 다루어졌다. 동성애의 기원과 본질에 대한 과학적 연구, 혹은 과학적 연구라는 가면을 쓴 변호가 널리 행해졌다. 앙드레 지드처럼 광적으로 정직을 추구하는 사람들이 등장할 때까지 동성애는 은밀한 행위였다. 종교인들은 아방가르드를 공격하기 위한 곤봉으로 남자들끼리의 사랑과 관련된 소문을 이용했다. 마치 새로운 음악과 시, 연극에는 동성애와 관련된 무언가가 있기라도 한 것처럼 말이다. 다른 나라들은 낡은 법을 개정했고, 각각 1870년과 1871년에 새로운 제국을 건설한 이탈리아와 독일은 새 법안을 제출했다. 어떤 나라는 상호 동의한 성인들 간의 동성애를 합법화했으며 프랑스는 혁명 기간에 형사법에서 동성애를 삭제한 진보적인 법안도 벌써 마련해 두었다. 하지만 오스카 와일드와 직접적인 관련이 있는 동성애 금지법의 해금에는 중요한 예외가 하나 있었으니, 바로 대영제국이었다. 1885년 개정된 형사법에 추가된 라부셰어 수정 조항은 남자들 사이의 "몹시 추잡한 행위"를 법률로 금지했고 유죄가 입증될 시 당사자는 2년간의 강도 높은 노역형을 선고받을 수 있었다. 헨리 라부셰어는 자신이 남성 매춘에 대한 끔찍한 보고서를 읽은 뒤 그 수정안을 작성했으며 훗날 지방마다 이런 행위를 취급하는 방식이 서로 달라서 불합리했다고 지적했다. 이렇게 해서 와일드는, 비인도적이기는 해도 논리적으로 완벽한 법적 조치를 당할 형편이었다. 하마터면 죽을 뻔했다.

더글러스는 자신의 유명한 애인을 모진 싸움으로 끌어들였지만, 와일드는 이 '금발의 천사'를 버리지 못했다. 오히려 기꺼이 더글러스가

가르쳐 준 방탕한 생활에 빠져들었다. 그들은 각각 다른 상대와도 자유롭게 즐겼고 돈을 받고 몸을 파는 젊은이들과 점점 자주 어울렸다. 새 상대가 생길 때마다 갈취당할 위험은 더 높았지만 와일드는 런던에서든 알제리에서든 손쉽게 만날 수 있는 미소년들의 유혹을 견딜 수 없었다. 그러던 중 1895년 2월에 보시와 사이가 나빠졌고 와일드와의 애정 행각을 심하게 반대하던 보시의 아버지 퀸즈베리 후작은 와일드의 단골 클럽에 찾아와 메모 한 장을 휘갈겨 남겼다. "동성애자인 척하는 오스카 와일드에게." 와일드는 맞춤법이 틀린 문장('sodomite'를 'somdomite'로 잘못 썼다.)에 심기가 상했고, 그 '척하는'이라는 단어가 자신에게 탈출구가 될 수 있다는 사실을 조금도 알아채지 못한 채 퀸즈베리를 명예훼손으로 고소하는 경솔한 짓을 저질렀다.

　　와일드는 소송에서 질 수밖에 없었다. 아들의 불법 행위를 덮어 주려고 애쓰는 근심 많은 아버지의 모습과 와일드가 불미스러운 만남을 가졌다는 증거가 퀸즈베리에게 승리를 안겨 주었다. 그리고 재판 과정에서 거명된 정치인들은 너무나 유명했기 때문에 당국은 그들 대신 와일드를 기소해야겠다고 생각했다. 1심은 의견이 엇갈려 판결이 나지 않은 채 끝났지만 5월 말 2심에서 배심원들은 유죄라고 판단했고 판사는 최고형인 2년 노역형을 선고했다.* 와일드는 넉 달 만에 런던의 저명한 극작가에서 졸지에 손가락질 받는 범죄자로 전락했다. 그의 흥행작 두 편이 즉시 무대에서 내려졌고 와일드는 감옥에 내던져졌다. 앞에서 암시했듯 예술이라는 종교의 순교자가 나타난 것이다. 점잖은 척하는 위선을 경멸했던 모더니스트들은 당연히 놀라지 않았다.

---

* 음악 비평가와 전기 작가로 대단한 명성을 얻기 몇 년 전 젊은 어니스트 뉴먼은 타락한 피고에 대한 웰스 판사의 판결이 '속물들이 성난 소처럼 들이받은 것'[49]이라고 썼다.

1890년대 초 '보시'와 함께 있는 오스카 와일드 와일드가 가장 열렬하게 사랑했던 보시는 그의 연인들 중 가장 고약하게 자기중심적인 인물이었다.

1심 이후 기회가 분명히 있었는데 왜 와일드는 해외로 도피하지 않았을까? 문학사가들과 전기 작가들은 이 질문 때문에 한 세기 동안 머리를 싸맸다. 버나드 쇼와 레버슨 부부를 비롯해 그를 동정했던 사람들 대부분이 해외로 도피하라고 권했다. 슬프게도 그는 약간 화를 내며 거절했다. 이런 행동을 하는, 아니 행동하지 않는 이유는 복잡했다. 보시가 말을 듣지 않았다. 보시는 아버지에게 공개적으로 상처를 주고 싶었고 와일드를 자신의 오이디푸스적 분노에 희생시키려고 했던 것이다. 보시의 어머니도 잘못된 모성적 자부심 때문에 아들의 뜻을 따랐다. 그리고 와일드가 종종 처벌을 원하는 무의식적 욕망에 이끌려서 지난하면서도 절대 감미롭지 않은 자살을 추구했다는 설명도 그럴싸하다. 하지만 또 다른 동기도 있을 법하다. 그것은 와일드의 자아상이다. 평범한 사람들은 이해할 수도 없고 박해할 수도 없는 일종의 문화적 엘리트를 위해 영웅적 증언자로 나서고자 했다. 아무리 자주 해도 지나치지 않은 말이 있다. 모더니즘은 민주주의 운동과는 거리가 멀었다.

　　그러므로 와일드의 재판은 모더니즘 역사에서 더 큰 의미가 있다. 와일드는 이 동성애 재판에서 플로베르와 보들레르가 검찰로부터 받은 것보다 더 큰 손해를 입었다. 또 그 재판은 1937년 나치가 정책의 일환으로 독일 전역에 전시했던 '퇴폐 미술'과도 전혀 다른 것이었다. 확실히 오스카 와일드 재판 사건은 정신적 외상을 남겼다. 와일드의 유죄 판결을 부추기고 반긴 것이, 정숙한 척하고 활기 없고 성마른 중산층 대중이라는 것은 이미 오래전부터 모든 평론가들이 동의한 의견이었다. 런던 대중은

평범한 시민의 도덕과 취향을 비웃던 자칭 문화 영웅에 대해 분노를 토해 내고 싶었던 것이다. 리처드 엘먼이 쓴 와일드의 권위 있는 전기는 재판이 시작되려고 할 당시의 여론을 이렇게 전한다. "빅토리아니즘이 금방이라도 덤벼들 태세였다."[50]

왜 그랬을까? 와일드가 선동적이었던 것은 사실이다. 그래서 그에겐 적이 있었다. 그중 특히 와일드가 휘두르는 비평의 채찍에 상처를 입은 문인들이 많았다. 자신만만한 발언과 걸핏하면 역설을 사용하는 말버릇, 타인들의 행위에 대한 은근한 무시로 사람들의 화를 돋웠다. 공개 석상에 나타난 와일드를 볼 때 사람들은 말로 표현하지는 않았으나 깊은 불안감을 느꼈다. 그 쾌락의 사도가 자신들의 인격에 의문을 제기했기 때문이다. 그러나 이제 와일드가 중죄인이 된 이상 자신들은 선량하다는 안도의 한숨을 쉴 수 있었다.

하지만 그것만으로는 이 모든 걸 설명할 수 없다. 와일드의 예술 숭배에 대한 반감이 핵심이었다. 영국 언론의 태도는 의미심장하다. 《맨체스터 가디언》과 같은 대부분의 유력 신문들은 신중하게 보도했다. 《펠멜 가제트》와 《타임스》 같은 고품격 언론은 변호사의 변론, 피고의 증언, 판사의 논고를 인용하면서 보도 가치가 있는 흥미로운 사건으로 묘사했지만 설교조의 논평을 삼갔고 독자들의 독선에 영합하지 않았다.

그런데 중요한 것은, 결코 대다수는 아니지만 일부 신문들이 설교할 기회를 놓치지 않고 와일드의 완패를 도덕 및 문화란에 실었다는 점이다. 《세인트 제임스 가제트》는 '변태 범죄자'에게 내려진 준엄한 판결에 찬성하면서 그것이 와일드의 도덕적 상대주의, 즉 "우리의 예술, 문학, 사회, 관점"[51]에 해악을 끼치고 있는 '새로운 관용'에 꼭 필요한 비판이라고 했다. 그 신문은 소설과 회화 양식의 급격한 다양화와 주제에 대한 실험적 태도, 한마디로 하면 와일드의 방탕함이 모더니즘을 낳았다고 본 것이다. 그는 부정한 연애 사건보다, 성적 취향과 예술을 위한 예술이라는 '종교적' 주장을 뒤섞었다는 사실 때문에 더 위험한 인물이었다. 이 논리를 따라가 보면, 훨씬 더 끔찍한 결론에 도달한다. 그런 취향과 주장이 상호 작용하여 와일드가 예술가로서의 오만함을 품게 되었고, 자신이 평범한 인간들보다 더 우월하다고 느꼈다는 말이 된다.

당시 와일드를 파멸시킨 주원인은 배심원들이 (와일드 본인은 부인했지만) 그가 예술을 위한 예술에 지나칠 정도로 확고하게 전념했다고 생각한 점이었다. 그러한 전념의 예로 제시된 것은 놀랍게도 『도리언 그레이의 초상』 서문이었다. "도덕적인 책이니 부도덕한 책이니 하는 것은 없다. 잘 쓴 책과 잘 못 쓴 책이 있을 뿐이다."[52] 보시의 아버지에 대한 명예 훼손 소송에서 와일드는 이런 생각을 공공연하게 밝히기도 했다. 와일드의 순교는 《웨스트민스터 가제트》에 따르면 그가 행하고 찬양하는 예술과 문학에 깃든 '유해한 풍조'라고 표현했던 것과 밀접한 관련이 있다. 아방가르드 예술가들은, 자신들의 사생활을 막연히 자유방임에 맡기고 싶다는 생각 말고는 어떤 성적 행위가 용인 가능한지에 대해 공통의 기준을 가지고 있지 않았다. 아방가르드 예술가 중에 동성애자가 많지도 않았다. 랭보나 베를렌, 프루스트, 지드 등 동성애자들의 이름을 나열하기는 쉽지만 그렇다고 이들의 성적 행위가 그 시대의 문화적 특징은 아니었다. 와일드의 재판에서 가장 중요했던 것은 인생과 문학이 별개라는 그의 주장, 즉 창조적인 사람들이 수세기에 걸쳐 믿어 왔던 것에 직접적으로 반하는 가치관이었다. 와일드가 소설, 희곡, 시를 통해 대중의 도덕을 개선하려는 것이 예술을 이해하지 못하는 행동이고 시간 낭비에 불과하다는 생각을 고집했기 때문에 사람들은 불안해했다. 그리고 불안해지면 악의를 품는 것은 당연하다.

　'예술을 위한 예술'이 프랑스에서 시작된 것이기에, 운 나쁘게도 프랑스인으로 태어나지 못한 사람들은 그 신조를 받아들이려고 하지 않았다. 하지만 저 유력한 모더니스트 시인 예이츠가 와일드가 끝까지 맞서기를 바랐다는 사실은 의미심장하다. 예이츠는 와일드의 희생이 그의 명성에 크게 도움이 되었다고 생각했다. "와일드의 명성의 절반은 그 판결 덕분이다."[53] 그다지 설득력 있는 말은 아니다. 와일드가 불후의 명성을 얻었던 것은 작품 덕분이었지 피하려면 피할 수 있었던 고통을 기꺼이 받아들였기 때문이라고 보기는 어렵다. 하지만 예이츠의 말에 일리가 없는 것은 아니다. 와일드의 이력에서 아방가르드 사상에 관여했던 일이 중요했으니까 말이다. 그렇다고 해도 그의 순교는 대부분의 순교가 그렇듯 대체로 허사였다. 그 순교 뒤에도 예술의 자율성과 예술가의 주권은 그다지 나아지지 않았다. 그러나 와일드의 일관된 예술지상주의와 괴짜라는 조롱을 건딘 배짱은 모더니즘의 반항적인 개인주의를 20세기까지 끌고 간 몇몇 뛰어난 사람들에게 일종의 일그러진 모범이 되었다.

2

아웃사이더

3

비타협주의자와 동행주

1900년

오스카 와일드는 1900년 한 초라한 호텔방에서 죽었다. 수십 년 동안 모더니스트들의 활동 중심지였던 파리에서였다. 20세기로 바뀔 무렵, 지난 20여 년 동안 살롱 미술에 저항하는 작품을 전시해 왔던 인상파 화가들은 이제 더 전복적인 화가들에게 추월당하고 있었다. 조르주 멜리에스의 실험 영화 「달세계 여행」이 상영되고 있었다. 야심 찬 오귀스트 로댕은 논란의 소지가 많은 흉상과 조각품들을 빠른 속도로 제작하더니 이 무렵에 명성을 누리기 시작했다. 바로 그 얼마 전인 1896년 알프레드 자리가 놀랄 만큼 저속한 희곡 「위비 왕 Ubu Roi」으로 부조리극을 창시했다. 그리고 이보다 겨우 8년 전인 1888년에는 에두아르 뒤자르댕이 『베어진 월계수 Les Lauriers sont coupés』로 전례 없던 내적 독백을 작품에 도입하여 소설의 새 시대를 열었다. 현대 공학의 경이를 보여 주는 에펠 탑이 1889년 개최될 파리박람회에 맞추어 엄청난 높이로 세워졌으며, 건설 중인 그 탑을 조르주 쇠라가 그림으로 남겼다. 로베르 들로네는 수차례 에펠 탑을 춤추듯 흔들리는 모습으로 왜곡하여 표현했다.

파리에서 집중적으로 일어난 수치스러운, 아니 수치스럽기보다는 당황스러운 문화계의 이런저런 사건들이 점잖은 예술의 요새를 맹공격하는 것처럼 보였다. 흠 잡을 데 없는 모더니스트인 클로드 드뷔시^{인상주의 미술과 상징주의 문학을 음악으로 표현한 작곡가}에게 이 시기는 속물 부르주아 떼거리에 대한 진부해진 공격을 재개할 기회이며, "예술이 일반 대중에게는 전혀 소용이 없다."[54]라고 주장할 적당한 때 같았다. 그리고 와일드는 그 문화적 혼란기에 돌연 무대를 떠났다. 정신없이 휘저어 놓은 뒤에 말이다.

당시 프랑스는 드레퓌스 사건으로 뜨거운 논란에 휘말려 있었다. 1894년 유대 혈통의 출중한 군인이던 알프레드 드레퓌스 대위가 프랑스의 숙적 독일인들에게 민감한 정보를 판 혐의로 유죄 선고를 받은 사건이었다. 그 사건은 단순한 간첩 사건이 아니라 국가를 양분하는 추문으로 전개됐다. 1870년대 초 수립 때부터 줄곧 3공화국을 못마땅해하던 왕정복고주의자들, 유대인 혐오를 정치 게임으로 만들려는 현대 반유대주의자들, 드레퓌스의 유죄 선고를 요구한 프랑스 군대의 명예를 굳게 믿고 있던 사람들이 한편에 뭉쳤다.

드레퓌스 옹호 진영은 주로 공화제 신봉자들로서 예술가, 작가, 지식인들로부터 크게 지지받고 있었다. 프랑스 사실주의 소설가들의 수장이자 드레퓌스 옹호에 누구보다 앞장섰던 에밀 졸라는 유죄 판결의 파기를 주장한 그 유명한 호소문을 게재했다. 그는 드레퓌스가 누명을 썼으며 유죄 입증 문건들이 위조되었다고 주장했는데, 결국 그의 말이 옳았다. 드레퓌스 사건 때문에 많은 가족들의 사이가 나빠졌고 우정이 깨졌다. 살롱 미술에 대한 근본적인 혐오에는 동감했던 모더니스트들도 정반대로 입장이 갈렸다. 에드가 드가는 드레퓌스 반대파로, 클로드 모네는 옹호파로 첨예하게 대립했다. 그러나 거의 붕괴할 위기까지 갔던 3공화국이 살아남는 쪽으로 해결되었다. 1906년에 드레퓌스는 혐의가 풀렸고 복직한 뒤 진급했다.

그렇지만 갈등만 있었던 것은 아니다. 국제박람회를 수차례 개최한 경험이 있던 파리는 1900년, 그 어느 때보다 더 웅장한 문화 및 산업 박람회를 개최했다. 이 국제박람회에서 특히 흥미로운 점은 '지난 10년 작품 전시회 Exposition Décennale'였다. 참여 지역의 심사위원들이 1890년대 회화와 조각 작품을 뽑아 전시했다. 그것은 관용적 절충주의 모델의 시험장이었다. 세잔이 자랑스러워했던 제자이자 인상파의 원로 격인 카미유 피사로는 자신의 아들이자 화가인 뤼시앙에게 그 박람회가 가증스러운 "시장판이나 싸구려 뮤직홀 같은 흉물"[55]이 될 것이라고 분개하며 예언했다. 그러나 너무 많은 작품들이 쏟아져 나와서 미적 취지에 일관성이 없기는 했지만 최신 조각과 회화 작품을 대단히 포괄적으로 보여 주었기 때문에 국제적 전복주의자들도 포진할 수 있었다. 로댕, 마티스, 아리스티드 마욜이 1선에 서고, 르누아르, 드가, 로비스 코린트, 뭉크, 자코모 발라, 블라맹크, 앙소르, 에두아르 뷔야르, 에밀 놀데 등이 그 뒤에 있었다. 전시품 대부분이 예술, 정치적 측면에서 비판을 샀지만 모더니스트 진영에 속한 예술가들에게는 제한적이기는 해도 주목을 받을 기회였다. 고갱, 세잔, 젊은 피카소 같은 훨씬 더 극단적인 아웃사이더들의 작품도 일부 공개되었다.

하지만 이 전시회는 모더니스트들과 기성 작가 사이의 진정한 평화라기보다는 휴전, 아니 선정자들의 서로 다른 취향 때문에 생겨난 의도하지 않은 결과물이었다. 1890년대 중반에 파리에서 일어난 일명 '카유보트 사건'은 적대감을 품은 지하의 반주류들을 대중에게 보여 주었다. 귀스타브 카유보트 Gustave Caillebotte는 섬유 사업에서 나온 거금과 부동산을 유산으로 상속받은, 인상파 수법을 쓰는 사실주의 화가로 유명했다. 그는 1894년에 죽으면서 주로 인상파 화가 친구들에게서 사들인 훌륭한 회화 소장품을 국가에 남겼다. 그는 적에게 무엇을 요구할지 확실히 알고 있었기 때문에 세세하고 명시적인 유언으로 자기 유품이 지방 미술관을 떠돌거나 창고에 처박히지 않게 했다. 그 작품들을 생존한 미술가들의 작품만 전시하는 파리의 뤽상부르 미술관에서 처음 공개한 뒤 루브르로 옮기라는 구체적인 단서를 단 것이다. 예순일곱 점의 유화와 파스텔화는, 세잔 다섯 점, 마네 네 점, 르누아르 여덟 점, 드가 일곱 점, 시슬레 아홉 점, 모네 열여섯 점 피사로 열여덟 점이었다.

에콜데보자르의 유력 인사들이 격렬한 반응을 보였다. 이후 2년 동안 뤽상부르 미술관과 협상이 진행되는 내내 보자르 관계자들은 아카데미 미술 옹호에 앞장섰다. 살롱 전에서 대상을 휩쓸며 전문가들의 인정을 받았던 나무랄 데 없는 70대 초반의 원로 아카데미 회원인 장 레옹 제롬은 카유보트가 수집한 작품들이 '국가의 종말'을 뜻한다고 비난하며 '크나큰 도덕적 부패'[56]의 조짐인 그런 '똥'을 그린 사람들은 무정부주의자들이자 미친 놈들이라며 핏대를 올렸다. 1897년 뤽상부르 미술관이 마침내 절충안을 받아들여 카유보트 소장품 중 마흔 점을 뽑아 전시했을 때 헤르브 드 새지 상원의원은 상원에서 그 결정을 비난했다. 뤽상부르의 훌륭한 소장품들이 불건전하고 타락한 미술로 오염되었다는 것이다.[57] 지금에 와서 되돌아보면 이 정도 발언으로 인상주의의 거침없는 행진이 좌절될 리는 없었을 것 같다. 하지만 역사를 그런 식으로만 보면 승자들의 성공만 기록하게 된다. 당시에는 모더니즘이 승리할 것이라는 확신이 없었고, 모더니즘은 미술을 애호하고 구매하는 대중에게는 전혀 내적 자유를 제공하지 못했다.

새로운 시각

1

　인상주의의 힘이 커지는 과정을 이해하려면 초창기부터 시작하는 것이 가장 좋겠다. 1874년 4월, 수집가들에게는 생소한 클로드 모네가 뜻을 같이하는 반아카데미 화가 스물아홉 명과 함께 파리에서 공동 전시회를 열었다. 반응은 각양각색이었지만 후대 사람들이 보기에는 우스꽝스러울 만큼 온건한 평가였기 때문에 냉담한 평가들이 더 오래 기억에 남았다. 출품자들은 전혀 재능이 없고 회화의 기본 규칙을 위반하였으며, 어린아이가 했다면 귀여웠을 테지만 어른이 한 짓으로 보자면 경험 없는 이들이 캔버스를 역겨운 낙서로 채운 것에 불과하다는 것이다. 하지만 그중 1872년작 모네의 「인상, 해돋이」는 다소 억지스러운 불후의 명성을 얻었다. 이후 미술사학자들과 비평가들이 이 작품에 주목한 것은 19세기 아방가르드 화가들 중에서 가장 중요한 유파의 이름이 그 작품에서 유래했다고 생각했기 때문이다. 그 인상파의 그림들은 모더니즘이라는 궁전에서, 오늘날에는 지독히도 비싸고 아름다운 작품들과 함께 첫 번째 방을 차지

귀스타브 카유보트의 자화상 1892 뛰어난 재능을 지닌 반(半)인상파 화가의 보기 드문 자화상이다.

귀스타브 카유보트, 「비 오는 날, 파리」 1877 카유보트는 1894년에 인상파 화가 친구들에게서 사들인 회화 소장품들을 국가에 남겼다. 그러자 아카데미 옹호자들은 카유보트의 수집품들을 '도덕적 부패'니 '똥'이니 하는 말로 비난을 퍼부었다.

하고 있다.

사실 '인상주의'라는 이름은 원래 모네뿐만 아니라 그의 친구들의 작품에 대한 통칭이다. 그 흥미로운 친구들은 피사로, 시슬레, 르누아르, 드가, 베르트 모리조, 젊은 세잔, 그리고 전시회 참여는 거절했지만 출품자들이 한목소리로 찬탄하는 약간 나이가 더 많은 마네였다. 이렇게 영예를 제자리에 돌려놓고 보니 이 전시회 개막 때부터 회화의 신기원을 눈 앞에 두고 있다는 것을 인식했던 당대 비평가들의 감식안이 돋보인다. 1876년 에드몽 뒤랑티(기억하고 있겠지만 루브르를 불태우자고 했던 평론가)는 그것에 '새로운 회화'라는 이름을 붙였다. 그것은 하나의 양식인 동시에 양식 이상의 것, 즉 새로운 시각이었다.

물론 새로운 회화라고 해서 전적으로 새롭기만 한 것은 아니었다. 프랑스 미술가들에게서 진가를 인정받은 영국의 두 대가 존 컨스터블과 J. M. W. 터너가 19세기 초에 이미 야외에서 그림을 그린 바 있었고, 비, 구름, 햇빛이 비치는 광경이 자신들의 감각에 미친 영향을 포착하려고 했다. 또 한 번 등장하는 젊은 모네조차 더 최근의 풍경화가들로 구성된 바르비종파를 자연의 진정한 연구자라고 열렬히 찬양했다. 콩스탕 트루아용, 테오도르 루소, 샤를 프랑수아 도비니 같은 이들 말이다. 모네는 거기서 그치지 않고 장 밥티스트 카미유 코로까지도 칭찬했다.

다른 화가들도 인상파 화가들에게 많은 영향을 끼쳤다. 예를 들어 강인한 사실주의 화가 귀스타브 쿠르베와 네덜란드 화가 요한 바르톨트 용킨트 같은 이들이다. 용킨트는 특히 반사광을 이용한 항구 풍경을 잘 그렸지만 술 때문에 초기 인상파로서의 이력을 망치고 정신병원에서 생을 마감했다. 인상파 화가들은 이런 선배들을 결코 부인하지 않았다. 하지만 자신들이 이들의 자유로운 실험을 새로운 수준까지 끌고 갔으며 하나의 운동으로 통합하여 사실상 새로운 회화를 만들었다고 생각했다. 모더니즘의 획기적 발전이 전혀 예측할 수 없었던 돌연한 혁신이라기보다는 미지의 영역에 대한 점진적이고 단계적인 정복이라는 점을 앞으로 거듭 보게 될 것이다.

이 역사적인 1874년 전시회를 기획했던 화가들은 그 전시회의 중요성을 분명 어렴풋이나마 인식하고 있었을 것이다. 그들은 공식적으로 무명 화가, 조각가, 판화가 협회를 결성하고 비용을 분담하였으며 수익도 분배할 수 있기를 바랐다. 마침내 5월 15일 전시회가 끝나고 보니 비용이 수익을 훨씬 초과했고 현명하게도 협회는 해체했다. 「인상, 해돋이」에 1000프랑의 값을 붙였던 모네가 그 작품을 팔지 못한 것은 당연했다. 그 항구 장면의 표현 형식은 다른 인상파 화가들과 마찬가지로 심지어 세련된 취향을 가진 사람들의 눈에도 너무 낯설었고 일반적인 미적 인식과 지나치게 동떨어져 있어서 쉽게 구매자가 나서지 않았던 것이다. 예를 하나만 들자면 처음에는 일종의 괴짜들만 세잔을 진지하게 수집했다. 무일푼의 미술품 중개상, 취미 삼아 미술에 손을 댄 시골 의사, 중급 세관원 같은 사람들이었다. 부자들이 이 화가들을 발견하려면 아직 이삼십 년은 더 있어야 했고, 이 전시회가 열렸을 당시에는 진짜 그렇게 되리라고는 전혀 예상조차 할 수 없는 분위기였다.

―――――

모네의 「인상, 해돋이」는 새벽녘 안개 낀 르아부르 항을 묘사한 것이다. 바다는 회색으로, 희미한 암회색과 검정색이 드문드문 얼룩져 있다. 작고 시꺼먼 배 두 척이 가운데를 차지하고 있다. 중경에는 건물들이 있고 물러나는 어둠이 뒤덮은 가운데로 크레인이 어렴풋이 서 있다. 수평선 위에 낮게 떠 있는 주홍색 태양은 바다에 반사되어 꾸불꾸불하고 흐릿하게 그려져 있으며 하늘은 아침이 밤을 밀어내고 있어서 얼룩덜룩하다. 대체적으로 그야말로 하나의 인상, 대단히 잘 표현된 인상, 실제로는 그렇지 않지만 아주 대충 그린 듯한 작품이다. '새로운 회화'의 특징을 잘 보여주는 이 그림은 아무런 이야기도 하지 않고 아무런 교훈도 주지 않는다. 관객을 더 경건하게, 더 도덕적으로, 더 애국적으로 만들고자 하지 않는다. 그리고 말이 나온 김에 덧붙이자면 성적으로 더 자극할 목적도 없다. 다른 인상파 화가들과 마찬가지로 모네도 야외에서 스쳐 지나는 순간을 포착하여 그렸을 뿐이다.

그리고 모네는 분명 시대를 따라잡아 발을 맞추려고 대단히 애썼다. 당연히 인상파 화가들은 보들레르의 그 유명한 강령을 실천하고자 자신들이 속해 있는 현재에 아낌없이 관심을 쏟고 있었다. 역사화, 즉 살롱전에서 수상을 보장받을 수 있는 매우 영예로운 장르에는 관심이 전혀 없었다. 1868년 인상주의의 선배 화가이자 모네의 스승이며 모네에게 영감을 주었던 외젠 부댕은 한 친구에게 보낸 글에서 화가들이 시대와 조화를 맞추어야 할 때가 되었다고 강조했다. 자기 시대 사람들을 그리는 일이 "이제 늘어나고 있는데, 그런 수많은 젊은 화가들 가운데 최고를 들라면 모네를 꼽겠네. 모네는 지금까지 화폭의 소재로 동시대 사람들이 너무 소홀히 다루어져 왔다고 생각하고 있다네." 미심쩍어하면서도 작고 평범한 해변 풍경을 끊임없이 그렸던 부댕은 이렇게 아방가르드의 강령을 알렸다. 앞으로 이 발언은 대부분의 모더니스트들이 상상했던 것 이상으로 중요해지게 된다.

자기성찰을 중시하는 인상파 화가들에게도 물론 객관적 상관물은 있었다. 그들의 그림에도 풍경, 도시, 초상과 같은 분명히 알아볼 수 있는 소재가 있지만 그것이 화려한 장관을 이루는 것도 아니고 진짜처럼 보이지도 않으며 사실상 다른 소재로 바꾸어도 무방하다. 그들의 그림이 눈을 끄는 것은 활기 넘치는 강렬하고 뚜렷한 붓놀림과 화려한 색상 때문이었으니까 말이다. 마치 급하게 그린 그림 같았다. 그래서 인상파 회화에 대해 흔히, 화가들이 굳이 그림을 완성하려고 애쓰지 않았다는 평가지 나왔다. 이해할 수는 있지만 분명 잘못된 평가였다. 하지만 인상파 회화라는 것이 내면의 기록이니, 그랬을 수도 있다. 르누아르는 머리로 그림을 그리느냐 가슴으로 그리느냐는 질문에 이렇게 대답했다고 한다. "둘 다 아니오. 불알로 그립니다." 프로이트가 들었다면 기뻐했을 것이다. 그는 예술의 기원이 성적인 것이라고 확신했으니까 말이다.

본질적으로 인상파 화가들의 자기 몰두는 아카데미 회화의 규범을 아무렇지 않게 위반한 것이기 때문에, 당시 많은 미술 애호가들이 거북해했고 기만당했다고 생각했다. 우선 사람들은 세심한 마무리에 익숙했나. 평가도 가격도 높은 장 레옹 제롬의 그림에 세심하고 정확하게 그려진 장교복 단추들처럼 말이다. 또 사람들은 성적 흥분을 바랐다. 마찬가지로 비싼 알렉상드르 카바넬의 그림에 나오는, 고대나 동양을 배경으로 성적 환상을 불러일으키는 나체들처럼 말이다. 또한 사람들은 벽에 걸 수 있는 그림을 좋아했다. 건장한 농부들이나 미소 짓게 하는 일화, 웅장한 전투 장면, 고차원적인 것을 떠올리게 하는 예수나 마리아의 점잖은 초상 같은 것 말이다. 하지만 인상파 회화는 기존의 관념으로 볼 때 단순한 스케치처럼 시시해 보였다. 그런 그림들에 대해서는 논할 가치조차 없다고 생각했던 거만한 화랑 고객들도 있었을 것이다. 1877년 하퍼앤브라더스에서 출간된 S. G. W. 벤저민의 『유럽의 현대미술 Contemporary Art in Europe』은 도판을 많이 수록하고 있었고 프랑스에 대해 상당히 많은 부분을 할애했지만 모네와 그 동료들에 대해서는 언급조차 없었다.

이런 무시는 본의 아니게 인상파 작품들이 당대에 얼마나 혁명적이었는지를 오히려 잘 보여 준다. 오늘날에 보면 그 작품들은 평범하고 심지어 심심해 보이기까지 하기 때문에 당시의 충격을 제대로 평가하려면 역사적 상상력을 발휘해야 한다.* 당시 사람들은 인상파 화가 본인들이 합의했던 이데올로기와는 별개로 그들을 정치적으로 해석하여 3공화국에 익숙해져 가고 있던 프랑스 사람들의 만성적인 불안을 자극했다. 되짚어 보면 모네와 르누아르가 인상주의의 특징을 완전히 발현시킨 1868년과 첫 '단독' 전시(1886년까지 일곱 차례 더 개최되었다.)가 열린 1874년 사이에 프랑스는 잇달아 굴욕을 당하고 피바람에 휩싸여 있었다. 1870년 가을 프러시아와의 굴욕적인 전쟁이 발생했고, 1871년 봄에는 승자인 프러시아가 의기양양한 태도로 프랑스에 평화 조약을 강요했다. 하지만 '저항 세력'이 이에 승복하지 않자 무자비한 정부군이 그들을 진압하며 파리를 중심으로 잔학하고 피비린내 나는 내전이 시작되었다.

게다가 근심 많은 시대에는 안정도 없는 법이다. 1873년 프랑스는 이제 더 이상 제국이 아니었지만 그렇다고 안정된 공화국도 아니었다. 그 시기에는 인상파 화가들도 프랑스를 양분하는 그 피범벅 드라마에 휘말렸다. 어떤 비평가는 이 화가들을 뭉뚱그려 극단주의자들과 연관된 '비타협주의자'라는 명칭을 '인상파'라는 명칭보다 더 즐겨 썼다. 한 익명의

---

* 레나토 포지올리가 아방가르드에 대한 권위 있는 연구서에서 한 주장은 타당하다. "인상주의는 그 작품들의 평온하고 잔잔한 느낌과 은근한 통일성에도 불구하고 진정한 아방가르드 운동으로 간주되어야 한다. 현대 미술사에서 최초로 등장한 일관성 있고 조직적이며 자각적인 아방가르드 운동이다.[58]"

에두아르 마네, 「테오도르 뒤레의 초상화」 1868 인상파를 적극 지지했던 비평가 뒤레는 인상파의 본질은 개성을 가장 심도 깊게 주창했다는 점이라고 규정했다.

저널리스트는 1876년 《르 모니퇴르 우니베르셀》에서 "예술계의 비타협주의자들은 정치계의 비타협주의자들과 손을 잡고 있다. 너무도 자연스러운 일이다."라고 비난했다. 이 보수적 저널리스트 같은 이들에게 예술적 전복은 정치적 전복의 쌍둥이 형제, 혹은 아주 가까운 친척이었다. 적들에게 모더니즘은 한마디로 위험한 것이었다.

사실 인상파들의 정치적 신념은 아나키즘에서부터 자유주의, 복고주의에 이르기까지 매우 다양했다. 분명했던 것은 그들이 예술에서 주관성을 목적으로 삼으려 했다는 점이다. 그러므로 이러한 신념은, 예술가의 내면을 중요치 않게 여기는 유서 깊은 아카데미의 이상과는 결코 양립할 수 없었다. 그러니 그들은 분명 진정한 모더니스트라고 불릴 만하다. 인상파를 가장 적극적으로 지지했던 비평가 테오도르 뒤레는 1878년에 『인상파 화가들』이라는 소책자에서 그 점을 예리하게 지적했다. 그는 인상파의 본질은 가장 심오한 개성을 주장한 점이라고 규정했다. 그들의 풍경화나 정물화, 풍속화는 모두 아카데미와 작업실에서 가르치는 용인된 원칙을 무시하고 외적 자극에 대한 자신들의 반응을 표현했다.⁵⁹

인상파 화가들 대부분이 자신들의 동기와 목적을 확실하게 밝히지 않았지만* 편지나 인터뷰를 보면 그들이 스스로를 대단히 개성적이고 새로운 이상을 품은 개인주의자로 여겼던 것이 분명하다. 예를 들면 1868년 9월 초 부댕은 유행을 좇지 않고 자연을 추구하는 자신의 화풍을 고집하면서 다른 사람들이 아무리 반대하더라도, "아무도 그 길을 밟지 않았다고 해도 더 확실하게, 흔들리지 않고 걸을 수 있기만을 바라며 나만의 작은 길을 계속 가겠다."라는 결심을 밝혔다. 바로 그날 화가로서 너무 운이

---

* 일부 화가들은 그런 것에 관심조차 두지 않았다. 르누아르는 이렇게 말했다고 한다. "회화가 주관적이어야 하느냐 객관적이어야 하느냐 따위의 질문을 하지 마라. 그런 건 아무래도 상관없다."⁶⁰

없어서 말 그대로 굶어죽기 직전인 부댕의 친구 모네도 똑같은 신념을 밝혔다. 모네는 번잡하기만 한 도시에서 벗어나 시골에서 즐거워하며 동료 인상파 화가인 프레데리크 바지유에게 이렇게 썼다. "자연과 함께 혼자 있는 것이 더 낫다고 생각하지 않나? 파리에서는 아무리 안 그러려고 해도 보고 듣는 것에 너무 철저하게 마음을 빼앗기잖아. 여기서는 적어도 남들과 닮지 않아도 된다는 것이 좋다네. 내가 경험한 것만 표현하면 되니까."[61] 적어도 남들과 닮지 않아도 된다는 것이 좋다는 말은 독립성, 예술적 자율성, 독창성의 선언이다. 플로베르가 보들레르에게 모든 자질 중 으뜸이라고 말했던 바로 그것 말이다.

2

이 '모든 자질 중 으뜸'은 프랑스에 국한된 것이 아니었다. 1896년 영국에서 가장 유명한 화가라고 할 수 있는 존 에버렛 밀레이John Everett Millais는 죽기 얼마 전, 반세기 동안 그림을 그리면서 얻은 지혜를 바탕으로 이 자질에 대해 깊이 생각했다. 1848년 아직 이름이 알려지기 전에 그는 두 명의 절친한 친구 단테 가브리엘 로세티와 윌리엄 홀먼 헌트, 그리고 역시 런던 왕립미술아카데미 학생인 네 명의 젊은 미술가들과 힘을 합쳐 라파엘전파를 결성했다. 라파엘전파는 처음에는 약자 'P.R.B.(Pre-Raphaelite Brotherhood)'를 통해 다소 신비스럽게 자신들을 알렸다. 이들은 아카데미 교육의 무감각한 단조로움에서 영국 미술을 구해 내어 순수성과 활기를 회복시키기로 했다. 런던이든 빈이든 뒤셀도르프든 미술 아카데미에 대한 혐오는 하나의 작품 동기로 모더니즘 회화의 역사를 관통해 흐르고 있다. 반역자들은 아카데미가 재능과 진실한 감정의 적이라고 비난했다. 라파엘전파가 원했던 것은 예술적 진실성, 그림 전체에서 진정한 자연의 색을 인식하는 것이었다. 그것은 (러스킨의 극적인 표현을 빌리면) 투명하고 아무 맛도 안 나는 독약 같은 '지루한 장식품'[62]을 생산한 라파엘로 이전의 정직한 회화로 돌아감으로써 역설적이게도 현재의 정신에 다가가려는 것이었다.

밀레이는 당시 영국 미술에 대한 찬사에 근엄한 경고를 덧붙였다. "그러나 지금 영국 화단에 뛰어난 젊은 화가들이 있긴 하지만, 재능 있는 젊은이들이 화단을 훌륭하게 유지시켜 줄 것이라고 기뻐만 해서는 안 된다. 착상과 표현의 '개성'을 고집할 때만 그들은 최고가 될 수 있다."[63] 밀레이도 개성을 강조한 것이다. 라파엘전파 뒤에 나온 아방가르드 그룹들과 마찬가지로 혹은 인상주의자들과 흡사하게 라파엘전파도 공통적으로 좋아하는 것보다 혐오하는 것 때문에 서로 더 굳게 뭉쳤다. 그들의 그림은 하나의 유파로서 상당한 영향을 남겼고 많은 작품이 라파엘전파의 걸작이라는 명목으로 영국의 미술관들에 당당히 걸렸지만, 가장 뛰어난 라파엘전파 화가들은 오래지 않아서 자기만의 화풍을 추구하며 뿔뿔이 흩어졌다. 그리고 한때 확실한 반역자였던 밀레이는 다른 수많은 모더니스트들과 마찬가지로 결국은 아웃사이더인 자신의 처지에 염증을 느꼈다. 그래서 미술계의 간판 인사라 할 수 있는 왕립미술아카데미의 원장이자 준남작이 된다. 그것으로 현대 부르주아 사회의 흡수력은 증명된 셈이다.

―――――――

전향자들이 입장을 바꾼 것은 단지 염증 때문만은 아니었다. 후원자와 고객들이 점차 새로운 것에 익숙해져 그들을 수용하자 반역의 에너지가 고갈되었을 것이다. 모더니스트들에게 수용은 방해나 검열만큼 숨 막히는 것이었을 테니 말이다. 그러나 20세기까지 살아남은 인상파들은 그런 과정을 겪지 않았다. 인상파의 귀감인 모네는 1926년 86세로 사망하였는데 만년에 더 대담해졌다. 그러니 그가 실험적 작품을 그리게 된 것은 시력 문제 때문이 아니었다. 만년의 풍경화, 수련, 버드나무, 지베르니 정원의 일본풍 다리 연작은 붓놀림을 강조하고 눈앞의 뒤얽힌 풍경을 그대로 표현하여 거의 추상화에 가깝다. 그러면서도 자연과의 연관성은 확실히 유지하였다. 그래서 이 그림들은 모네의 노련하고 열정적인 통찰력을 통한 것이기는 하지만 야외의 모습을 잘 보여 주고 있다.

시간이 흐르면서 교육받은 대중은 인상파의 강렬한 급진주의에 무감각해졌고 인상파라는 이름조차 두루뭉술한 총칭이 되었다. 그 새로운 화가들 사이의 이견이나 다툼은 주로 전문가들만의 관심거리가 되었다. 그러니 마네가 앙데팡당 전 출품을 고집스럽게 거부한 것, 드가의 독특한 고전주의, 쇠라의 과학적 색채 이론, 자연에 대한 자폐에 가까운 세잔의 재해석까지 모두 한 가족으로 묶일 수 있었다. 모두 유쾌하고 화려한 색채를 휘둘렀기 때문에 보기에는 즐거웠지만 구분 짓는 것은 쉽지 않았다. 1892년 영국 비평가 찰스 퍼스는 독자들에게 이렇게 경고했다. 독자들은 "인상주의라는 용어를 사용하는 데 익숙할 것이다. 그것은 오늘날 미술계에서 가장 흔한 용어 중 하나이며 대부분의 사람들에게 유난히 지적인, 그래서 결과적으로 고급문화를 떠오르게 하는 평범한 단어가 되었다."[64] 미술 용어의 부정확함을 과장하여 비판한 것이 분명하지만 그리 심한 과장은 아니다.

현대 커뮤니케이션 기술의 발달 덕분에 인상파 미술은 접하기가 더 쉬워졌다. 원본에 가까운 색상을 재현한 무수히 많은 복제품들 덕분에 수많은 사람들이 자기 집에 작품을 걸어 놓고 볼 수 있게 되었다. 주로 젊은이였던 이 사람들 중 일부는 나중에 원본을 구매할 수 있는 수집가가 되기도 했다. 그리고 '절충주의juste milieu'로 알려진, 유행을 좇는 영향력 있는 일련의 다국적 화가들이 인상주의의 대담한 혁신적 본질은 파악하지 못한 채 명성만을 이용하려 했다. 그렇게 '예쁜'이나 '매력적인'과 같은 호의적인 형용사가 남발되면서 인상주의자들의 개성은 잘려 나갔고 강인하고 정직한 주관주의는 평범한 것이 되고 말았다.*

한편 경제적 행운이 인상파 화가에게 손짓을 했다. 하지만 동료 화가들이 모네와 동급으로 평가했던 알프레드 시슬레에게는 그런 손짓이 미치지 않았다. 시슬레는 1899년 죽을 때까지 늘 경제적 궁핍에 빠져 헤어나지 못해 가장 우수한 자신의 풍경화들을 1000프랑도 안 되는 값에 팔아야 했다. 그림으로 근근이 생활했던 피사로도 마찬가지였다. 해가 갈수록 작품 값이 급격히 오른 것은 모네였다. 모네 또한 젊은 시절에는 다른 화가들처럼 감상적인 글에나 등장하는 가난하지만 행복한 보헤미안의 예로 알맞았을 정도로 빈곤에 시달렸다. 심지어 1868년에는 비관에 빠져 자살을 시도하기도 했다고 한다. 하지만 그런 비참한 상황은 오래가지 않았다. 바로 그 1868년에 모네는 그림 하나를 800프랑에 팔았지만, 1879년에는 1만 2000프랑 이상을 벌었다. 의사, 변호사, 고급 공무원 같은 전문직 종사자들의 최고 수입에 해당하는 액수였다. 1880년대 초에는 그 액수의 세 배

---

* 인상파 화가들이 평범해졌다고 가장 모욕적으로 비판한 사람들 중에는 동료 모더니스트들도 있었다. 신인상파 화가들 가운데 쇠라 이후에 가장 저명한 (정치적으로 가장 급진적인) 화가였던 폴 시냑 Paul Signac은 1887년에 시슬레 작품의 매각에 대해 다음과 같이 언급했다. "대중과 구매자들은 틀림없이 2류와 3류 화가들의 작품을 덥석 물고 있다. 시슬레는 어떤가? 사람들이 오스망 대로에 집세가 4,800프랑이나 되는 아파트의 거실을 장식하기 위해 무조건 쟁취하려고 하는 예쁘장한 중산층의 모네가 아니겠는가."[65]

클로드 모네의 자화상 1886 모네는 시골에 처박혀 있을 때 친구에게 이렇게 말했다. "여기서는 적어도 남들과 닮지 않아도 된다는 것이 좋다네. 내가 경험한 것만 표현하면 되니까." 이것이 바로 모더니스트들이 추구했던 예술적 자율성, 곧 독창성의 선언이다.

를 벌었고, 1895년에는 20만 프랑도 넘는 수입을 올려서 경제적으로 최상류층이 되었다.[66] 그를 거부로 만든 것은, 대부분의 유럽인들이 돈만 밝히고 교양 없는 속물이라고 무시했던 미국인들이었다.

그러나 인상주의의 성공에 대해 이렇게 간단하게 설명해 버리면 보수적 취향의 영향력과 지속성을 제대로 판단할 수 없게 된다. 옛 거장들이나 아카데미 화가들의 시장은 인상주의의 거센 물결에도 쇠퇴하지 않았다. 메리 커셋의 친구 루이진 해브마이어가 마네와 모네의 작품을 구입했을 때 미국의 설탕 시장을 독점했던 그녀의 남편 헨리는 렘브란트의 작품을 사들였다. 독일 제국의 최대 갑부이며 빌헬름 2세와 친밀하여 '황제의 유대인'으로 불렸던 야메스 시몬과 에두아르트 아른홀트도 저명한 수집가였는데, 아른홀트는 안전하고 전통적인 예술을 포기한 뒤 르누아르와 세잔을 모았던 반면 시몬은 이탈리아 르네상스 작품만을 수집했다.

19세기 말 일부 대단히 열정적인 미술 애호가들은 여유 자금을 살롱전 스타들에게 썼다. 볼티모어 백만장자 클럽의 윌리엄 T. 월터가 사들인 소장품에는 바르비종파 작품들도 있었지만 제롬처럼 미학적으로 온당한 거장들의 작품들이 대부분이었다. 그가 가장 비싸게 사들인 작품은 에르네스트 메소니에의 「1814년」으로 백마를 탄 엄숙한 표정의 나폴레옹을 그린 것이었는데, 그 값은 물경 12만 8000프랑이었다. 세련되고 감수성 예민한 일부 미술 애호가들은 인상파의 무심하고 충동적인 모습에 대해 계속 유보적이었다. 헨리 제임스는 그들이 "단연 흥미롭다."고 생각하면서도 "인상파 활동의 숨은 위험성"에 대해 경고하고 비판적인 의미로 이들을 '비타협적인 사람들'[67]이라고 불렀다. 오랫동안 이 모더니스트 선동가들에게는 비타협적인 사람들이라는 꼬리표가 붙었다.

교육자로 부상한 문화 중개인

1

자랑스럽게 반항을 일삼았지만 이 특이한 모더니스트들은 비타협적이든 아니든 간에 결코 혼자는 아니었다. 같은 반골 동지들뿐만 아니라 그들만큼 중요한 역할을 하는 사람들이 또 있었다. 특히 19세기부터 그들 주변에서 그들의 재능을 알리고 그것을 이용하여 돈을 버는 문화 중개인들이었다. 공연 주최자들은 바이올린 연주자들과 소프라노 가수들을 연주회장마다 끌고 다녔고 미술상들은 탐욕스러운 고객들에게 자신들이 보유하고 있는 이런저런 보석을 사지 않으면 소장품의 가치가 떨어진다고 꼬드겼다. 또 연극과 오페라 제작자들은 화려한 무대로 관객을 유인했고 문학과 미술비평가들은 최대한 믿을 만한 어조로 혁신가들의 편을 들거나 비판했다. 이런 문화 중개인들은 대부분 문화 시장에 새로 진입한 미술, 음악, 문학 애호가들을 부추겨서 단순한 오락물을 넘어서는 세련된 것, 어려운 것, 비인습적인 것을 감상할 수 있도록 방법을 가르쳤고 더불어 그들의 취향을 형성하는 데 개입했다.

수세기 전부터 이런 중개인들이 있었던 것은 사실이다. 미술품 경매는 16세기에 등장했고 미술상은 17세기에, 작곡가와 연주자를 준비시키는 기획자, 그리고 도서, 연주, 전시 비평가들은 18세기에 등장했다. 하지만 빅토리아 시대에 이르러 중산계급들의 눈부신 번영과 함께 이 모든 것이 비로소 하나의 산업이 되었다. 대중예술 시장의 작동 방식은 거의 상상도 못할 정도로 달라졌다. 귀족과 권력자들로부터 주문받아 작품을 생산하던 때와는 판이했다.

그러다 19세기 중반 모더니즘이 피어나려고 할 때 이 중개인들은 수요의 방향을 돌리거나 수요를 창출할 수 있는 영향력을 확보하게 되었다. 1870년경 파리에만 백 명이 넘는 미술상이 있었다. 미술품 수집에는 부동 자금이 필요하므로 수집의 역사는 자본주의의 성숙과 밀접한 관련이 있다. 평범한 시민들이 문화 시장에 크게 관여하기 시작하자 예술품은 점차 상품이 되어 갔다.* 이 상업적 활동은 일종의 교육이 될 수 있었고 19세기에 실제로 그런 일이 많았다. 애덤 스미스의 그 유명한 자본의 '보이지 않는 손', 즉 이기적인 상인들의 자유로운(그리고 합법적인) 활동이 사회에 의도하지 않은 이득을 발생시킨다는 논리에 대한 증명이 필요하다면, 바로 여기 있다. 문화 사업가들은 연극이든 그림이든 시집이든 예술품을 시장에 내다 팔았다. 바로 그 행위가 구매 대중의 미의식 계발을 촉진

* 여기서 이제는 유행어가 되다시피 한 '상품화(commodification)'라는 추한 용어가 예술상과 구매자의 복잡한 거래 관계를 제대로 포착하지 못한다고 지적하고 싶다. 그것은 구매자의 심미적인 열정, 상업과 무관한 열정을 무시한 용어이다. 게다가 예술은 지난 2000년 동안 부분적으로라도 상품이었다.

했던 것이다.

　　이런 도움이 없었다면 모더니즘은 막을 수 없는 눈사태처럼 팽창할 수도, 발전하지도 못했을 것이다. 또한 모더니즘은 취향의 근본적인 변화를 일으키지 못한 채 소수의 부유하고 특이한 아마추어들만이 즐기는 분야에 한정되었을 것이다. 모더니스트들이 일으킨 거대한 문화적 격변은 얼마간 양의 문제였다. 즉 속물적 취향이 줄곧 부유한 사람들 대다수의 구매 습관을 지배했지만, 소수라도 모더니즘에 찬성하는 이들이 자신들의 놀라운 욕구를 뒷받침할 만한 돈이 있기만 하면 문화의 한두 부문에서 대변혁을 일으킬 수 있었고 실제로 그런 일들이 일어났다.

　　그 시대 대부분 동안 상업의 '보이지 않는 손'은 문화의 전반적인 취향을 올리기는커녕 평준화했던 것이 사실이다. 미술상, 서적상, 음악회 기획자들은 굳이 시장을 교육하여 감식안을 높임으로써 쉽고 평범한 작품들을 경멸하게 만들 필요가 없었다. 그저 시장이 원하는 것을 소개할 수밖에 없었다. 고급문화를 알아보는 세일즈맨들이라고 해서 복잡하고 심오한 것, 한마디로 비기운 작품들보다 기분 전환용 작품들이 더 잘 팔린다는 사실을 모를 리가 없었다. 그렇기 때문에 정말이지 많은 중개업자가 감상성을 정서적 깊이로 포장하거나 키치를 인기 있는 것으로 속여 팔아먹었다. 음악이나 문학의 미묘한 아름다움을 제대로 알아보려면 끈기 있게 정성을 들여야 하는데 중개인들은 여기에 지친 소비자들의 게으름을 십분 이용했다.

　　그러나 음악회 기획자, 화랑 운영자, 미술관 관장들이 쉬운 작품을 선택했다고 해서 반드시 그것이 졸부들을 대할 때처럼 냉소 때문이었다고 할 수는 없다. 상품과 소비자 사이의 중개인들이 전부 아방가르드 취향을 가지란 법은 없으니까. 하지만 모더니즘적인 저항 의식이 뿌리 내리기 시작하고 있는 사회에서 점점 늘어나는 예비 소비자들은 예술에 대해 진보적인 시각을 배우고 싶어 했다. 특히 모더니즘이 자신들의 진부한 성장 배경과 모순될 때 그 욕망은 오히려 더 강했다. 마침 중개인들이 그 역할을 할 수 있었다. 그들은 더 좋은 교사가 나오기 전까지 얼마 동안 자본가를 논할 때 흔히 간과되는 이 교사로서의 역할을 수행했다.

―――

저명한 중개상인 뉴욕의 노들러와 파리의 뒤랑뤼엘은 모더니즘의 역사에서 중개상들의 복잡한 역할을 잘 보여 준다. 노들러 화랑은 신중한 취향의 가족 회사로 1846년에 설립된 뒤 해마다 성장을 거듭하여 맨해튼 번화가에서부터 점점 더 호사스러운 큰 건물로 수차례에 걸쳐 이전했다. 1895년에 노들러는 소장품 대부분의 출처를 인정하듯 파리와 런던에 지사를 개설했다. 노들러는 변화하는 취향을 좇으려고 애쓸 필요가 없었다. 단골 고객인 미국 부호들, 즉 존 제이콥 애스터, 콜리스 P. 헌팅턴, J. P. 모건, H. O. 해브마이어 등 수많은 억만장자들이 노들러 화랑의 보수적인 성향을 계속 유지시켜 주었기 때문이다. 수십 년 동안 노들러 화랑은 옛 거장들의 작품으로 거액을 벌어들였다. 1870년에 노들러 화랑은 윌리엄 H. 밴더빌트 미국 철도 사업가에게 메소니에 작품을 1만 6000달러라는 거금에 팔았고, 앤드루 멜런 미국의 금융가에게는 라파엘로의 「마돈나」를 넘기면서 100만 달러 이상을 청구했다. 그렇다고 당시 화가들을 완전히 무시하지도 않았다. 수수하고 매력적인 바르비종파 풍경화들과 몇몇 미국 생존 화가들의 작품도 걸어 두었다. 하지만 세잔은 말할 것도 없고 마네를 구하려는 미국 수집가들은 딴 데로 가야 했다.

인상파 그림을 사려면 폴 뒤랑뤼엘을 찾아야 했다. 그의 화랑은

오귀스트 르누아르, 「폴 뒤랑뤼엘의 초상화」 1910 인상파 그림을 사려면 폴 뒤랑뤼엘을 찾아야 했다. 1873년에는 마네의 작업실을 습격해서 3만 5000프랑에 스물세 점의 보물을 긁어 가서는 점당 4000에서 2만 프랑에 팔아 엄청난 이문을 남겼다. 그러니까 뒤랑뤼엘은 미래에 대한 감식안을 가진 투기꾼이었다.

1870년대 초 개업한 뒤 초창기부터 낮은 가격에 인상파들을 사들였다. 작품당 140프랑에서 500프랑 정도 주고 사서 적당히 올려 팔았다. 이 뻔뻔스러운 해적은 한 번에 대량으로 그림을 사들이거나 좋아하는 화가의 전 작품을 몽땅 사들였다. 1873년에는 마네의 작업실을 습격해서 3만 5000프랑에 스물세 점의 보물을 긁어 가서는 점당 4000에서 2만 프랑에 팔아 엄청난 이문을 남겼다. 그리고 1881년부터 앞으로 그릴 피사로의 그림을 모두 사겠다는 계약으로 사실상 그의 작품 독점권을 움켜쥐었다. 당시 한 점에 겨우 300프랑에 팔리고 있던 피사로의 그림들은 뒤랑뤼엘에게 열 배도 훨씬 더 넘는 순익을 남겨 주었다.

그러니까 뒤랑뤼엘은 미래에 대한 감식안을 가진 투기꾼이었다. 그는 주로 자신이 좋아했던 화가들, 그러니까 인상파 화가들이 "가장 아름다운 소장품에 속할 만한 가치가 있다."[68]고 했다. 순응주의적 취향이 크게 위협받고 있는 가운데 여전히 옛 취향을 열렬하게 고수하는 사람들이 존재하였으니 미술 판매상들의 취향도 얼마든지 다양할 수 있었다. 뒤랑뤼엘은 미학적으로는 급진주의자였지만 종교와 정치 문제에서는 완고한 보수주의자였고 독실한 가톨릭 신자이자 충성스러운 왕정복고주의자였다. 모더니스트들이 한결같이 좌파라는 신화에 대한 또 하나의 반증이다.

뒤랑뤼엘이 경제적 곤란에 처해 일시적으로 프랑스 모더니스트들을 지원할 재원이 바닥났던 적도 있었다. 예를 들면 1870년대 말에 그랬다. 하지만 뒤랑뤼엘은 결국 재기에 성공했고 그와 더불어 인상파 화가들도 함께 회생했다. 1883년 많은 소장품 중에서 인상파 작품들을 비롯한 일부 작품을 선별해 보스턴으로 보냈다. 이전에는 부유한 미국인들이 파리에 있는 뒤랑뤼엘의 화랑까지 와야 했는데 이제 그가 직접 그들을 찾아갔다. 1886년 뉴욕에 지점을 연 것이다. 돈이 되는 현명한 결정이었다. 유럽에서 미학적으로 거부당하고 있는 그 새로운 그림들에 대해 미국 비평가들이 계속해서 의심을 표명했는데도 많은 미국 미술 애호가들은 인상주의로 개종했다. 이처럼 모더니즘이라는 혁명의 완성을 촉진하는 데 미술 중개인들이 적지 않은 힘을 보탰다.

또 하나의 유력한 예술 교육 담당자인 비평가들은 문화의 생산자보다는 소비자를 대상으로 삼고 있었는데, 판매상들이나 공연 기획자들에 대해서보다 예술 자체에 대해 더 모호한 태도를 취했다. "대중 독자들은 너무도 우유부단해서 자기만의 견해를 가지려고 하지도 않고 가질 수도 없는 사람들이다. 그들은 권위 있는 출처에서 나오는 모든 진술을 믿는다."고 1889년 《뮤지컬 타임스 앤 싱잉 클래스 서큘러》는 지적했다.[69] 불행하게도 그들이 믿었던 출처들은 대부분 그다지 믿을 만하지 못했다.

특히 19세기 중반 프랑스에 새로운 교육 매체로 등장한 신문이 대량 유통으로 더 폭넓은 독자층을 확보하게 되자 남들의 견해를 인용해 짜깁기한 기사들이 넘쳐나게 되었다. 기자들은 편집자의 주문대로 쓰거나 예술가들에게 뇌물을 받고 기사를 써 주었다. 발자크가 『잃어버린 환상』에서 언론계를 묘사할 때 1840년대 파리에 파렴치한 난필가들의 늪이 있다고 한 것은 풍자였지만 그다지 심한 과장은 아니었다. 이 전문직 속물들은 자신들과 비슷한 부류의 속물들과만 이야기했고 더 많은 속물들을 만들어 냈다. 아방가르드 예술가들은 돈도 없었고 그들을 매수하고 싶어 하지도 않았다.

비평가들의 속수무책인 무지함이나 부족한 교양에 비하면 부패는 아방가르드 예술가들에게 비교적 사소한 위협에 불과할 정도다. 1891년 헨리 제임스는 현대 소설이나 시, 음악, 미술과 같은 대단히 신성한 주제에 대해 판단할 자격도 없는 저질 작가들이 촐랑대는 바람에 문학적 잡담만 넘치게 되었다고 개탄했다. 그는 빅토리아 시대에 인쇄물을 통한 의견 표명이 크게 증가한 것은 '재앙'이며 결국은 "특이성의 부재, 양식의 부재, 지식의 부재, 사고의 부재"[70]가 될 것이라고 힘주어 썼다. 이 말은 너무 가혹한 감이 있다. 무엇보다 당시 헨리 제임스 자신은 물론이고 윌리엄 해즐릿에서 버나드 쇼까지 훌륭한 비평가들이 여럿 있었으니 통찰력 있는 비평가가 완전히 부족한 것은 아니었다. 테오필 토레라는 프랑스 미술비평가는 17세기 위대한 네덜란드 화가들 중에서 요하네스 페르메이르를 발견해 낸 감식안을 가지고 있었다. 그리고 이런 저널리스트들은 뛰어난 전문가들과 함께 활동했다. 전문적인 비평을 겸업으로 하는 걸작의 창조자들, 테오도어 폰타네^{독일의 초기 사실주의 소설가}와 오스카 와일드 같은 작가들, 엑토르 베를리오즈와 로베르트 슈만 같은 작곡가들, 샤를 보들레르와 테오필 고티에 같은 시인들, 제임스 맥닐 휘슬러와 막스 리베르만 같은 화가들 말이다. 그들 모두 새로운 인재를 부정하거나 변화를 거부하기는커녕 옹호하기 위해 열심히 글을 썼다.

하지만 비평가들이 대단히 박식하고 공감력이 뛰어나다고 해서 모두 모더니즘의 실험을 받아들이라는 법은 없었다. 가장 뛰어난 비평가조차도 한낱 인간이었기에 한두 음역에서 음치일 수는 있었다. 사실상 교육받은 프랑스 독자들 모두가 지침으로 삼았던 가장 존경받는 문학 비평가 샤를 오귀스탱 생트뵈브는 문학 애호가들이 최초의 모더니스트로 반기게 될 몇몇 새로운 인재들을 알아보지 못했다. 생트뵈브가 1857년 플로베르의 『마담 보바리』가 출간되자마자 열렬한 찬사를 보낸 것은 그 독창적인 현대 거장에 대한 통찰력과 포용력을 보여 준다. 하지만 가장 유명하게는 마르셀 프루스트 같은 이후 비평가들은 생트뵈브가 역사적이고 전기적인 평가에 너무 치우쳐 당시 혁명가들을 제대로 알아보지 못했다고 평가했다. 그리고 생트뵈브가 보들레르를 격찬하기는 했지만 충분치 않았던 것 같으며 다른 아웃사이더들에 대해서는 평가조차 하지 않았다. 간단히 말해 모더니스트들은 자신들을 호평하는 비평가들에게 부분적으로 의지할 수밖에 없었지만 후세인들이 보면 그 비평들이 반드시 적절했던 것은 아니었다.

2

19세기에는 또 하나의 새로운 권력자들이 등장했는데, 바로 미술관 운영자들이었다. (미술관을 불태우고 싶어 한 사람들을 제외한) 많은 아방가르드 예술가들이 그들의 후원을 대단히 고맙게 여겼고 그들의 옹호를 얻지 못하면 자신들의 운동이 극도로 위태로워진다고 생각했다. 빅토리아 시대는 모든 문명화된 국가들에서 미술관이 건립된 때였으니 미술관 관장으로 선택된 사람들은 중요한 지위를 차지한 셈이었다. 이사회나 참견하기 좋아하는 통치자와 예술을 애호하는 대중 사이에서 잘 처신해야 했으니 중요하고도 공격받기 쉬운 지위였다. 그러니 융통성 있으면서도 엄격함을 잃지 않는 처신이 특히 중요했다. 이것은 심지어 지적인 능력보다도 더 중요했다. 그들은 수고스러운 짐을 떠안은 문화 외교관이자 공익을 위해 공공의 돈을 쓰는 예술품 수집가였다. 한마디로 비굴해지지 않으면서 비위를 맞추어야 했다는 뜻이다. 그리고 19세기 말 모든 미술관 운영자들 중 이런 처세술로 가장 잘 무장한 사람은 알프레드 리히트바르크Alfred Lichtwark로, 알다시피 1886년부터 함부르크 미술관을 관리했다. 앞서 그에 대해 살펴본 바 있지만 다시 언급할 가치가 있는 사람이다.

1891년 리히트바르크는 막스 리베르만에게 함부르크의 시장 카를 페테르젠의 실물 크기 전신 초상화를 의뢰했다. 새로운 "함부르크 회화 소장품"을 구성하기 위해서였다. 그것은 모험이었다. 나이에 걸맞게 대단히 위엄 있는 백발의 미남 페테르젠은 구세대 지방 엘리트에 해당했고 예술적 실험을 좋아하지 않는 것으로 알려져 있었다. 리베르만으로 보자면 베를린 태생의 화가로, 재치가 넘쳐 잘 알려져 있었고 당시 독일에서는 아주 유명한 화가 축에 들어 있었을 뿐만 아니라 이미 우상파괴자로 낙인 찍혀 있었다. 비교적 온건한 모더니스트였는데도 많은 사람들이 그를 막연히 인상파라고 불렀다. 유대인이라는 사실도 어떤 면에서는 도움이 되지 않았다. 하지만 더 중요한 것은 리베르만을 헐뜯는 사람들이 그를 추한 예술의 옹호자라고 몰아붙였다는 사실이다.

리히트바르크를 비롯해 상당히 많은 리베르만의 열성 단골 고객들은 생각이 달랐다. 리베르만은 동정심을 표현하지 않고 암스테르담 고아원의 아이들을 그리는 등 많은 인물이 등장하는 일상의 모습과 주로 저명인사의 초상을 그리는 것으로 유명했다. 리베르만은 당시 프랑스와 17세기 네덜란드 화가들의 영향을 바탕으로 자신의 화풍을 연마했다. 매년 프랑스와 네덜란드에 가서 테오도르 루소와 프란스 할스 같은 화가들의 그림을 보고 또 보았다. 페테르젠의 초상을 의뢰받기 20년 전, 뮌헨에 살고 있던 리베르만은 이미 두 번에 걸쳐 이름을 떨쳤다. 예루살렘 성전에 있는 열두 살 예수의 모습을 사실적으로 그렸는데 사제들을 전혀 이상화하지 않았고 그리스도도 마찬가지였다. 이 망측한 그림은 사나운 논쟁을 불러일으켰으며 바이에른 주의회에서는 거친 말이 오고 갔다. 그리고 그는 헛간에서 거위털을 뽑고 있는 농부 여인들을 그린 대형 유화「거위털 뽑는 여인들」을 3000네덜란드마르크에 팔았다. 숙련된 장인들이 2년 동안 일해야 받을 수 있는 거금이었다. 그 이후 그의 그림의 색조는 밝아졌고 거의 프랑스 모더니스트와 비슷한 시각을 지니게 되었다.

어쨌든 리히트바르크는 리베르만에게 운을 시험해 보기로 했다. 리베르만을 만난 적이 있었고 그를 좋아했으며 집에 찾아가고 편지도 교환했으며 2년 전에는 미술관에 소장하려고 그의 그림을 산 적도 있었다. 확고한 취향을 가진 식견 있는 미술사가인 리히트바르크는 모범적인 미술관 관장이었고 열심히 일하는 데다 이사회와 미술관 관람객들을 능란하게 만족시키는 공무원이었다. 전임자 구스타프 파울리가 썼듯이 리히트바르크는 "사귀어 보면 멋진 사람이었다. 운 좋게도 솔직함과 신중함을 겸비한 사람으로 사람들을 자기 편으로 끌어들였다." 파울리는 마치 오스카 와일드 이야기를 하듯 그가 인생을 '예술 작품으로'[71] 만들었다고 덧붙였다.

그 말은 지나친 칭찬이다. 그러나 리히트바르크가 함부르크 미술관을 미술 소비자들을 위한 학교로 만들고 새로움을 위해 자신의 재능을 활용했다고는 말할 수 있겠다. 1903년 "교육 기관으로서의 미술관"이라는 강연에서 모더니스트들이 박수를 보낼 주장을 했다. "미술관은 경직되지 않는 한 스스로 계속 변할 것입니다. 모든 세대가 미술관에 새로운 임무를 부과하고 새로운 성과를 요구하게 될 것입니다."[72] 예술 혁명가가 미술관장에게서 이런 사려 깊은 말을 들었다면 자신이 급진주의를 지킨 것을 다행으로 생각했을 것이다.

리히트바르크가 이렇게 큰 힘을 모을 수 있었다는 사실은 독일 사회, 더 분명하게 말하자면 함부르크 사회가 위계적이기는 했지만 일부 아웃사이더들이 접근할 만큼의 여지는 있었다는 것을 보여 준다. 1852년 함부르크 외딴 시골에서 무일푼의 방앗간 일꾼의 아들로 태어난 리히트바르크는 어린 시절 대부분을 그곳에서 지내면서 가난에서 벗어나야겠다고 굳게 결심했다. 끈질긴 야망과 지적인 능력으로 그는 교사가 되었다. 그후 20대 후반에 마침내 대학에 다녔고 베를린에 있는 여러 미술관에서 도제 생활을 한 뒤 운영자로 도약했다. 서른네 살에 함부르크 미술관 관장직에 임명되어 최고의 꿈을 이루었다. 사회의 아웃사이더이던 리히트바르크가 비로소 인사이더가 된 것이었다. 많은 논란에 휘말렸지만 그는 1914년 죽을 때까지 그 자리를 지켜 냈다.

함부르크의 엘리트들에게 리베르만의 진가를 인정받게 할 수 있는 사람은 리히트바르크밖에 없었다. 하지만 페테르젠의 초상화 의뢰는 예상보다 더 골치 아픈 문제를 일으켰다. 페테르젠이 그 초상화를 싫어했고 품위 없고 지나치게 안이한 캐리커처에 불과하다고 헐뜯었던 것이다. 초상화 의뢰가 하나의 실험이었다면 그것은 실패한 실험이 되고 말았다. 페테르젠과 친한 귀족들은 시장의 의견에 감히 이의를 제기하지 못했다. 그래서 리히트바르크는 외교관답게 조치했다. 초상화를 포기하지 않으면서 논란의 수위를 누그러뜨리기 위해 1894년까지 초상화를 공개하지 않았고 이후에도 장막 뒤에서만 공개했다. 1905년이 되어서야 일반 대중이 그 작품을 볼 수 있게 되었다. 리히트바르크가 함부르크 미술관을 위해 리베르만의 작품을 지켰던 것이다.

리히트바르크는 자신의 직위도 지켰다. 그 자리는 그에게 너무도 중요했다. 한때 교사였던 그가 이제 도시 전체를 학생으로 삼았고, 자신의 책을 온 국민의 교재로 삼았다. 그의 글은 유려했고, 자신의 글이 활자화될 기회를 놓치지 않았다. 거의 모든 것에 관심이 있었기 때문에 거의 모든 것에 대해 썼다. 실내장식, 원예, 원시 예술, 소외당한 지방 화가들, 사진, 가구, 예술 교육, 심지어 회화에 대해서까지. 리히트바르크는 고상한 취향이라는 것이 시나 회화에 한정되는 것이 아니라 누군가 짓는 집, 누군가 가꾸는 정원, 누군가 차리는 밥상에서도 표현되는 광범위한 특징이라고 믿었다.

리히트바르크는 이렇게 탈선하여 미지의 취향으로 여행하는 것이 교사의 본질적인 역할이라고 생각했다. 엄격하면서도 예민한 감정가로서 그는 당시 독일에 보다 세련된 미적 감성이 부족하다고 생각했다. 미술관들도 그런 상황에 도움이 되지 못했다. 미술관이 그때 전시하고 있던 작품은 전시회용 미술, "일시적인 효과가 유일한 목표인 근거가 없는 예술, 연고 없는 예술"[73]이었다. 간단히 말하면 리히트바르크는 전통적 감각을 가진 모더니스트로, 이질감을 주지 않고 보수주의자들과 이야기할 수 있었기 때문에 여러 가지 점에서 아방가르드 예술가들에게 가장 쓸모 있는 사람이었다. 그는 함부르크뿐만 아니라 독일 전체가 예술에 있어 확실한 문화적 성향을 갖춰야 한다고 지적했는데 만약 그런 기반이 없다면 누군가 만들어야 한다고 썼다. "그것 없이는 문화에 다다를 수 없다."[74]

현실은 척박했지만 리히트바르크는 그런 현실이 자포자기의 이유가 아니라 실천의 계기라고 생각했다. 사라져 버린 믿을 만한 고급문화를 갈망해 봐야 시간과 에너지 낭비였다. 분별력 있는 사람이라면 누가 교육받아야 하는지, 얼마나 시급한지, 그리고 앞으로 무엇을 개선해야 하는

지 볼 수 있었을 것이다. 리히트바르크가 그렇게 많은 시간을 투자해 예술을 소비하는 대중과 소비 방식을 관찰하고 깊이 생각했던 이유가 바로 그것이다. 앞서 그가 대중을 어떻게 분류했는지 살펴보았다. 그 분류를 통해 리히트바르크는 진정한 예술 애호가는 소수에 지나지 않고 영향력도 전혀 없다는 것을 보여 주었다. 1898년의 슬픈 현실이었다.

시간이 흘러도 더 낙관적이 되지 않았다. 낙관하고 있었더라도 독일 부르주아가 절망시켰을 것이다. 그는 1898년에 이렇게 썼다. "예술과 예술가의 관점에서 부르주아를 보면 누구나 부르주아가 싫을 것이다. 그들은 온갖 고약한 성질을 다 가진 졸부이며, 성공했다고 으스대며 완고하고 오만하며, 태생적으로 모든 예술의 독립성에 대한 공공연한 적이며, 자신들의 허영심과 좁은 견해에 아첨하는 사람들을 후원하고 보호한다."[75] 이런 사람들은 마음속에서 예술에 대한 욕구가 우러나지 않으며 유감스럽게도 건축, 장식미술, 회화를 자신들처럼 낮은 수준으로 몰락시키고 말았다. 전통을 혐오하는 모더니스트가 19세기 말 독일의 소비 대중이 어떤지 보았다면 이 냉정한 의견에 군말이 없었을 것이다.

함부르크 최고의 예술 지도자로서 리히트바르크는 당연히 자신의 미술관을 공개 토론장으로 이용했다. 자주 반대에 부딪혔지만 가능한 한 대담하게 행동했고 적절히 신중했다. 어느 정도 전략으로서 계발한 그의 취향은 대단히 다양했다. 그는 함부르크의 충성스러운 시민이자 애국심 강한 독일인, 범세계적 모더니스트였다. 이 성실한 절충주의 덕분에 그는 잊혀진 지방 화가들의 전시회를 후원할 수 있었고(그가 부단히 매달렸던 학문적 작업은 함부르크 초상화에 대한 방대한 두 권짜리 연구서였다.) 사실상 무명이었지만 지금은 높은 평가를 받고 있는 독일 낭만파들, 필리프 오토 룽게와 카스파르 다비트 프리드리히 같은 화가들을 재발견해 내고, 프랑스 현대 화가들을 독일의 미술관에 소개할 수 있었다. 최초로 쿠르베, 마네, 모네, 시슬레, 르누아르를 함부르크 미술관 소장품에 추가한 관장이었다. 모더니즘 회화에 대한 프랑스인들의 격렬한 저항을 증명해 보인 카유보트 사건을 참작해 보면 독일의 상황도 그리 다르지 않았을 텐데 말이다.

하지만 현명하게도 리히트바르크는 이 아방가르드 반역자들의 작품을 한두 점 이상 사지 않았다. 리베르만의 작품을 수십 점 사들인 것과는 대조적이다. 리베르만은 인상파라고 조롱당하기는 했지만 어쨌든 독일 화가였던 것이다. 리히트바르크는 영리하게도 그 새로운 화가들에게 문을 조금만 열어서 그들의 작품이 미술관에 넘쳐나게 하지는 않았다. 그가 사들인 모더니스트들 대부분이 외국인, 그것도 프랑스인이었으니까 말이다. 하지만 그의 마음은 살롱전에 도전한 이 모험가들과 함께 있었다.

사실 리히트바르크는 미술관 소장품을 찾기 위해 외국에 가서 인상파 화가들의 작품을 보는 것을 무엇보다도 좋아했다. 1899년에 그는 단골 화랑 뒤랑뤼엘에 가서 시슬레, 르누아르, 피사로의 작품과 진심으로 교감했다. 그는 함부르크 미술관 감독위원회에 그 작품들이 "가장 흥미로운 전시품에 해당한다."라고 보고했다. 뒤랑뤼엘 화랑의 전시회는 무료였는데도 관람객은 거의 없었다. 뒤랑뤼엘은 관람료를 받으면 그나마 아무도 안 왔을 것이라고 말했다. "대중은 아름다운 모든 것에 반감을 가지고 있지요." 프랑스인들도 보는 방법을 배워야 했던 것이다. 하지만 리히트바르크는 그럴 필요가 없었다. 그는 모네가 "늘 똑같으면서도 늘 다르고 법칙에 충실하면서도 늘 한결같이 뛰어나고 그러면서도 진보적이다."라고 감탄했다. 그는 사람들이 모네와 동료들을 비웃겠지만 인상파들은 "위대한 생존자로 남을 것이다."[76]라고 했다. 그리고 그는 자신의 예언을 실현시키기 위해 본분을 다했다.

리히트바르크는 자기 편에 고위직 동료들이 있어서 새로운 회화에 대한 취향을 더욱 굳게 지킬 수 있었다. 리히트바르크는 베를린의 리히트바르크라 할 수 있는 새로운 회화의 지지자인 국립미술관 관장 후고 폰 추디와 보수파들의 싸움을 약간 우려하면서도 특별히 관심 있게 지켜보았다. 1897년에 리히트바르크는 이렇게 썼다. "베를린에는 국립미술관 앞에 새겨진 유명한 문구 '독일 예술을 위하여'를 작품 수집의 원칙으로 여기고 외국 작품을 들여오지 못하게 하는 집단이 있다." 그리고 추디의 적들은 자신들의 주장을 위해 "애국주의, 그리고 소위 모더니즘에 대한 혐오"를 논거로 들고 있다고 덧붙였다. 그 두 가지의 사악한 결합이 보수파 운동의 핵심이었다. 풍경화와 정물화가 특기인 원로 화가 카를 슈흐와 독일의 제롬에 해당하는 안톤 폰 베르너가 선두를 지휘했다. 슈흐의 작품은 리히트바르크의 미술관에 여러 점 소장되어 있고 베르너는 승전과 1871년 1월 베르사유에서 열린 독일제국 선포식 장면 같은 애국적인 작품들을 주로 그린 아카데미 화가로 돈을 아주 많이 버는 유력 인사였다. 작품에는 주로 인물들을 많이 등장시켰는데 한 사람 한 사람 공들여 그려놓아서 보기만 하면 바로 누군지 알아볼 수 있을 정도였다. 리히트바르크는 경영 회의에서 "베를린에서 벌어지고 있는 투쟁은 우리에게도 직접적으로 중요한 관련이 있습니다. 베르너와 슈흐가 함부르크의 보수파들을 이용하여 우리의 밀밭에 잡초씨를 뿌리려고 하기 때문입니다. 베르너와 슈흐의 소책자들은 함부르크에 수백 권이나 유통되고 있습니다."[77] 진보적인 아방가르드 예술가들만 무기를 든 것이 아니었다.

또 논쟁만이 무기는 아니었다. 돈도 논쟁만큼 효과가 좋았다. 오히려 더 효과적일 때가 많았다. 리히트바르크가 미술관을 관리했던 사반세기 동안 미술관 관리자들은 늘 이런 한탄을 했다. 씀씀이가 헤프고 탐욕

막스 리베르만의 자화상 1934 함부르크 미술관 관장 리히트바르크가 리베르만을 주목했을 당시 그는 온건한 모더니스트였는데도 우상파괴자라는 꼬리표를 달고 있었고, 많은 사람들이 그를 막연히 인상파로 분류했다.

막스 리베르만, 「성전에 있는 예수」 1873 예루살렘 성전에 있는 열두 살 예수의 모습을 사실적으로 그린 이 작품은 사제들이나 그리스도를 전혀 이상화하지 않았다. 이 망측한 그림은 사나운 논쟁을 불러일으켰으며 바이에른 주의회에서는 거친 말이 오고 갔다. 결국 리베르만은 온건한 모더니스트였음에도 불구하고 우상파괴자라는 낙인이 찍힌다.

스러운 미국 관광객들이 몰려들어 렘브란트를 비롯한 옛 거장들뿐만 아니라 모더니스트 작품들의 가격도 올려 놓고 있다고 말이다. 그 말도 맞지만 유럽 미술관 관장들도 일류 작품에 대해서는 미국인들 못잖게 욕심을 부렸다. 하지만 그들은 특별히 탐나는, 그리고 비싼 작품들을 재빨리 손에 넣으려고 연간 예산을 마음대로 올릴 수는 없었다. 그러나 보조금 안에서 비율을 조정하거나 특별 구매를 위한 특수 재정 지출을 간청할 수는 있었다. 리히트바르크가 리베르만에게 의뢰했던 페테르젠의 초상화는 민간 보조금이 아니었다면 재원을 마련할 수 없었을 것이다.

따라서 논란의 대상인 모더니스트들의 명성을(그래서 가격을) 끌어올리는 일에 있어서 미국인들의 가장 큰 경쟁자는 바로 유럽 미술관 관장들이었다. 1912년 리히트바르크는 자주 파리를 방문하였고, 대단히 생동감 넘치는 르누아르의 작품 한 점을 9만 독일마르크에 구입했다. 그의 작품으로는 드물게, 우아한 파리 아가씨가 매혹적인 자세로 말을 타고 있고 조랑말을 탄 소년이 함께 있는 그림이었다. 상대적으로 물가가 많이 오르지 않은 점을 고려해 볼 때 불과 몇 년 선 리베르만이 「기위털 뽑는 여인」을 3000마르크에 판 것은 르누아르에 비교하면 아주 헐값인 셈이다.

이것이 1900년경의 상황이다. 모더니즘이 성숙해 가면서 인상파 화가들과 함께 처음으로 성공을 거두었다. 하지만 이제 핵심으로 들어가 개별 예술들을 따로 살펴보면 시인, 화가, 극작가, 건축가를 불문하고 모더니스트라고 모두 성공을 보장받은 것은 아니었다는 사실이 드러날 것이다. 그리고 성공조차도 알고 보면 실패일 수 있었다.

에드가 드가, 「루이 에드몽 뒤랑티」 1879 모더니스트들은 보수의 안식처인 미술관들을 반드시 파괴해야 한다는 말을 즐겨 했다. 1850년대 초에 이미 프랑스 사실주의 비평가이자 소설가인 에드몽 뒤랑티는 루브르 미술관, 그 '카타콤'을 불태워 없애자고 부르짖었다.

폴 오귀스트 르누아르, 「스테판 말라르메」 1892 진부한 기성 체제에 대한 공격성을 표현한 모더니즘의 핵심어들이 명시적이든 암시적이든 말라르메의 글에 전부 나타났다. '영혼', '상징', 특히 '의식'과 '자유'이다.

클로드 모네, 「인상, 해돋이」 1872 '새로운 회화'의 특징을 잘 보여주는 이 그림은 아무런 이야기도 하지 않고 아무런 교훈도 주지 않는다. 다른 인상파 화가들과 마찬가지로 모네도 야외에서 스쳐 지나가는 순간을 포착하여 그렸을 뿐이다.

클로드 모네, 「생라자르 역: 도착」 1877 모더니즘은 산업화와 도시화한 국가들의 부에서 자라났다. 공장제는 대량생산 및 예술품을 비롯한 소비재의 대량 소비를 위한 전제 조건이다. 사람들은 승객과 화물을 운송하는 너무도 멋진 수단이 된 철도라는 현대의 기적을 처음 보고 몹시 놀랐다. 철도는 특히 인상파 화가들이 즐겨 그리는 소재가 되었다.

클로드 모네, 「프루빌 절벽의 산책」 1882 1868년 인상주의 선배 화가이자 모네의 스승이었던 외젠 부댕은 화가들이 시대와 조화를 맞추어야 할 때가 되었다고 강조했다. "자기 시대 사람들을 그리는 일이 이제 늘어나고 있는데, 그런 수많은 젊은 화가들 가운데 최고를 들라면 모네를 꼽겠네. 모네는 지금까지 화폭의 소재로 동시대 사람들이 너무 소홀히 다루어져 왔다고 생각하고 있다네."

클로드 모네, 「연꽃」 1915-1926 말년의 풍경화, 수련, 버드나무, 지베르니 정원의 일본풍 다리 연작은 붓놀림을 강조하고 눈앞의 뒤얽힌 풍경을 그대로 표현하여 거의 추상화에 가깝다. 그러면서도 자연과의 연관성은 확실히 유지하였다. 그래서 이 그림들은 모네의 노련하고 열정적인 통찰력을 통한 것이기는 하지만 야외의 모습을 잘 보여 주고 있다.

베르트 모리조, 「발코니에서」 1871-1872 동료 남성 화가들의 명성에 눌려 널리 알려지지 못했지만 모리조도 매우 재능 있는 인상파 화가였다.

알프레드 시슬레,「루브시엔의 눈 내리는 풍경」1878 시슬레는 1899년 죽을 때까지 경제적 궁핍에서 헤어나지 못해 가장 우수한 자신의 풍경화들을 1000프랑도 안 되는 값에 팔아야 했다.

폴 고갱, 「고흐, 해바라기꽃 화가」 1888 1888년 말 고흐가 아를에서 고갱과 공동 작업을 시도한 것은 비록 실패로 끝났지만, 고립을 극복하고자 필사적으로 노력했다는 증거이다. 고흐도 다른 모더니스트들처럼 사람들 속에 있으면서도 혼자이고 싶어 했다.

폴 고갱, 「노란 예수와 함께 있는 예술가의 초상」 1889 고갱은 인상파 화가들이 "늘 개연성이 있어야 한다는 구속에 얽매여 자유 없이" 그림을 그린다고 불평했다. 고갱과 그의 동료들은 그 한계를 넘기로 결심했다. 말을 파란색으로, 그리스도를 황색으로, 얼굴을 초록색으로 칠하고 신발이나 의자 같은 "예술적이지 않은" 모티프에 대단히 집착했다.

빈센트 반 고흐, 「별이 빛나는 밤」 1889 가장 확실하게 자신을 나타내 주는 것은 자화상이 아니라 수없이 모방된 생레미의 밤이었다. 별들과 비현실적으로 뾰족한 달이 생레미 마을을 비추고 있고, 모든 것이 흔들리는 후광에 둘러싸여 있다. 아마도 정신적 고통을 예술로 승화시켜 고통을 다스려 보려는 헛된 노력이었을 것이다

빈센트 반 고흐, 「고갱에게 그려준 자화상」 1888 고흐와 고갱은 서로에게 자화상을 그려 주었다. 고흐는 과거에 강한 인상을 받았던 한 일본 자연 종교의 승려로 자신을 묘사했다. 흐린 녹색 배경 앞에 심각하게, 아니 근엄하게 포즈를 취하여 수척한 모습을 강조했고 시선은 관객 너머를 응시하고 있다.

폴 고갱, 「에밀 베르나르의 초상화가 있는 자화상」 1888 고갱의 자화상은 점잖음에 대해 항의하는, 상식의 세계를 무시하는 괴벽스럽고 결연한 아웃사이더가 보내는 메시지처럼 보인다. 고갱은 자신을, 유폐된 문화 속의 자유로운 영혼으로 그려 친구 고흐에게 주었다. 머리 윤곽을 심하게 왜곡하고 심술궂어 보이는 매부리코를 과장하였으며 반사실적인 색채로 자신의 평범치 않은 모습을 강조하여 자신의 성격과 번민을 드러냈다.

폴 고갱, 「머리에 후광이 있는 자화상」 1889 꿈틀거리는 작은 뱀 한 마리를 담배처럼 손가락 사이에 끼고 있으며 머리 위에는 천사의 동그란 빛 고리 같은 것이 떠 있다. 자신이 악마지만 사실은 타락한 천사라고 말하고 있는 것처럼 보인다.

빈센트 반 고흐, 「자화상」 1889 "자기를 그리는 것은, 어쨌든 사진과 '다르게' 그리려면, 쉬운 일이 아니야." 더 각이 져 보이는 얼굴, 해골 같은 머리, 짧게 자른 붉은 수염, 튀어나온 광대뼈는 죽음을 떠올리게 한다. 무엇보다 화가가 주목한 인상주의 기법의 이점은 내적 진실을 포착하는 것이었다. "그 기법은 진부하지 않아. 사진사의 기법보다 더 내밀한 유사성을 추구하는 것이지."

폴 세잔, 「자화상」 1895 세잔의 자화상들은 훨씬 더 의식적으로, 거의 필사적으로 억제되어 있는 것처럼 보인다. 세잔은 형태, 색상, 벗겨진 머리, 넓은 어깨, 즉 모든 것을 전체 구조에 종속시켰다. 경사가 크게 진 반들거리는 정수리를 강렬한 다이아몬드 무늬의 벽지와 대비시키거나, 오른손에 팔레트를 들려 팔이 늘어난 것처럼 보이게 했다. 근심스럽고 텁수룩하고 늘 뚱해 보인다.

폴 세잔, 「자화상」 1895 진부한 표현에 따르면 마음의 창이라고 하는 눈은 늘 광채 없이 불투명하게 칠해져 있다. 그럼에도 불구하고 세잔이 관객들에게 던진 그 공허한 눈길은 비밀을 폭로하고 말았다. 화가가 억제되지 않는 무질서한 자아에 질서를 부여하려고 평생 애썼다는 사실 말이다.

폴 세잔, 「생빅투아르 산」 1889 원근법을 무시하고 자연적 형태를 왜곡한 낯설고 이해하기 힘든 세잔의 그림들은 지독하게 억압된 육체적 본능에 대한 무언의 증언자다. 그가 죽은 지 1년이 지난 1907년에야 살롱도톤에서 개최된 회고전으로 세상을 떠들썩하게 했던 것도 놀랄 일이 아니다.

2부 고전

2
아웃사이더

3
비타협주의자 이흥주

4

회화와 조각: 광기와 의외성

따분할 새가 없던 시절

1890년이 되기 훨씬 전에 주로 유럽에서 이미 예술적 혁신이 눈에 띄게 가속화되고 있었다. 연주회, 낭독회, 극장을 찾은 관객들에게 거의 매년 놀라운, 때로는 불쾌한 일이 일어났다. 문학적 대망을 품은 소설가들은 독자들을 점점 더 버겁게 했고 심각한 시인들은 독자들에게 난해한 지식을 요구했으며 실험적 작곡가들은 쉬운 음악을 경멸했고 독창적인 건축가들은 학교에서 배운 전통적 모범에 진저리를 치며 새로운 소재와 검증되지 않은 영역을 대담하게 실험했다. 모든 고급문화 영역의 모더니스트들이 미래행 급행열차를 탄 것 같았다. 하지만 누구보다 가장 과격한 혁명가는 바로 화가들이었다.

이런 분위기에서 1890년대에 독일과 오스트리아의 화가들이 결성한 분리파빈제체시온의 소규모 반란은 미적 관습에 대한 불만이 지속적으로 증가하고 있다는 징후였다. 뒤이어 선배들보다 자신들이 우수하다고 생각하는 반아카데미파 화가들이 등장했다. 베를린, 뒤셀도르프, 뮌헨, 빈에서 획일화되고 강력한 아카데미에 반항했던 분리파들은 전통주의자들의 생각과 달리 비교적 온건한 전복주의자들이었다. 그들은 모방이라는 이상을 그대로 간직한 채 붓놀림을 자유롭게 하고 색상을 더욱 강조하거나 노동자 가족이나 농부처럼 평범한 사람들을 소재로 택하기도 했다. 분리파의 작품들은 잘 팔렸지만 어쨌든 전통주의와 모험주의 사이에 양다리를 걸치고 있었기에 20세기 미술치고는 그다지 급진적이지 않았다.

당시에도 눈치 빠른 사람들은 이런 화가들의 세대 전환이 1차 세계대전 이전만큼 급격하거나 급진적이지 않다는 것을 알고 있었다. 진보적인 예술가들은 모더니즘의 깃발 아래 함께 행진하고 있었지만 각자 다른 휘장으로 세세하게 구분되었다. 하지만 근본적으로는 차이가 없었다. 인상주의, 후기인상주의, 신인상주의, 상징주의, 표현주의, 오르피즘, 입체파, 미래파, 절대주의, 신조형주의, 초현실주의, 나비파, 야수파가 진보적인 전시회를 가득 채웠고 20세기 초반과 그 이후의 예술사에 파고들기 시작했다.

모더니즘 연구자들에게는 이런 명칭의 향연이 중요한 의미를 띤다. 예를 들어 인상주의와 표현주의처럼 영향력이 컸던 명칭은, 그 명칭이 지지를 표현한 것이든 의구심을 표현한 것이든 간에 그들 작품의 근저에 있는 내적 동기를 잘 표현해 주기 때문이다. 이 화가들은 객관적인 미적 상관물을 찾기 위해 내적 반응에 주로 귀를 기울인 탓에 역사, 풍속, 고대 신화, 외부 현실의 주도면밀한 모방은 제쳐 두었다. 그들의 작품은 간접적이긴 했지만 강렬한 고백이었다. 사실 이 명칭들 (혹은 비난) 중에는 편향적인 것도 있었다. 1905년에 진취적이고 과감한 색상으로 충격을 준 앙드레 드랭, 앙리 마티스, 모리스 드 블라맹크에게 야수파라는 명칭은 결코 기분 좋았을 리 없다. 그들의 풍경화는 인식 가능한 세계를 화려하게 해석한 것뿐이었으니 말이다.

명칭이 많았다는 것은 전통적 기준에서 해방된 화가들이 새로운 정체성을 찾고자 하는 억누를 수 없는 욕구를 품고 있었으며, 명확한 방향성이 있는 유파들을 직접 꾸리거나 혹은 그러한 유파에 동참하여 재능을 인정받고 진부한 예술에 대한 커다란 반란에서 제 역할을 다하고자 했다는 사실을 잘 보여 준다. 그들은 함께 있거나 혼자 있거나 늘 외톨이였다. 그리고 스스로가 없어서는 안 될 중요한 인물이라고 여겼다. 전후 이탈리아 형이상학파의 대변자 조르조 데 키리코는 1919년에 특유의 과장어법으로 이렇게 말했다. "무궁무진한 문명의 엄청난 무게를 짊어지고 있는, 그리고 여러 숭고하고 숙명적인 시대를 거치며 성숙해 온 우리나라를 포함한 전 유럽에서, 어떤 의미로는 신화처럼 끊임없이 변하는 예술이 나타나고 있다. 이런 예술은 특수한 탁견과 감수성을 타고난 소수 예술가들의 노력을 통해 생겨난다."[78] 다른 예술 분야에서도 동요가 일어나기는 했지만 작곡가나 극작가, 안무가들은 화가들만큼 재빨리 새로운 정체성을 발견하지 못했다.

이제 모든 예술은 수세기 동안 문화를 지배해 온 유서 깊은 규범들에 시비를 걸고 높이 평가받던 거장들을 조롱하며, 사랑받던 양식, 케케묵은 종교적 규범, 너무도 오랫동안 문화를 지배해 온 시대착오적 매너리즘을 퇴거시키고 스스로를 방어하기 위해 점잔을 떨던 습성을 버릴 때였다. 하지만 새것이 성공할지는 아직 확실치 않았다. 모더니스트들이 불평했듯, 힘든 노력을 통해 지속되는 미적 기쁨을 누리기보다 이해하기 쉬운 키치를 더 좋아하고 전통을 맹신하는 소비자들이 여전히 강한 세력을 유지한 채 완강하게 버티고 있었다. 다른 분야 못지않게 예술 분야에도 조예가 깊었던 독일 황제 빌헬름 2세는 1901년 12월에 베를린의 한 축하 연설에서 당시 서유럽 문화에 퍼지고 있는 현대 회화를 '시궁창 미술'이라고 불렀다고 한다. 그 말은 약간 와전된 것이다.* 정확하게 그런 말을 한 것은 아니었지만 뜻은 대체로 그랬다. 그리고 황실과 아무런 관계도 없고 명확히 따지자면 독일인도 아닌 수많은 독일 교양층 또한 그렇게 생각했다.

  대부분의 모더니스트들은 황제의 모욕을 자극제로 삼았다. 황제가 뭐라고 하든 자신들이 예술적 진리를 향해 제대로 가고 있다고 생각했다. 최소한 그렇게 자위했다. 대담한 주관성으로 인해 그들이 무엇인가 놓친 것처럼 보였지만 사실은 그렇지 않았다. 그들이 오랫동안 회화와 조각, 소설과 희곡에서 훌륭함의 척도 역할을 했던 정확한 모방이 너무 낡았다고 생각했던 것이다. 간단히 말하면 모더니스트들은 에즈라 파운드의 유명한 명령 "새롭게 하라!"를 신성에 가까운 의무로 여겼다. 그리고 최초이자 가장 두드러진 문화 혁명가는 바로 아방가르드 화가들이었다.

  그동안 아방가르드 예술가들이 미래행 급행열차에 탔지만 그들 중 꽤 많은 수가 중대한 순간에 그 열차에서 내렸다. 그 때문에 절친한 친구들이 서로 등을 돌렸다. 메리 커셋을 보자. 그녀는 1874년 흔쾌히 자진 망명해 파리에 잘 정착했다. 한편 경제적으로 독립했고 드가와 절친한 사이였으며 미국 화가로서는 유일하게 인상파 화가들과 함께 전시회를 열

---

* 빌헬름 2세는 베를린에 뜬금없이 '전승로(戰勝路)'를 건설하라고 명령했고, 호엔촐레른 조상들의 동상 서른두 개가 특징을 이루는 그 거리가 완성되자 축하 연설을 했다. 그 연설에서 독일뿐만 아니라 전 세계의 예술이 타락했다고 비난한 것으로 와전되어 국제적으로 분노를 샀다. 빌헬름이 정확하게 '시궁창 미술'이라고 말한 것은 아니었다. 예술의 이상이 가장 낮은 층까지 스며들 때에만, 그리고 "예술이 시궁창으로 내려가지 않고 올라가도록 도울 때" 국가는 다른 나라의 모범이 될 수 있다고 말했다. 그러나 '시궁창 미술'은 악명 높은 구절로 널리 퍼지게 되었다.[79]

었다. 모더니즘을 널리 알려 미국 부자들의 시선을 그 새로운 회화로 돌려놓았으며 미국이 마네 같은 급진적 혁명가를 받아들이는 데 어떤 열성적인 미술상보다 더 큰 기여를 했다. 하지만 그랬던 그녀가 회화의 최신 경향에 점차 냉담해져 갔고 심지어 적대적이 되었다. 일찍이 가까운 친구인 루이진 해브마이어에게 쿠르베와 마네를 비롯한 프랑스 현대 화가들의 작품을 수집하라고 했던 그녀가 1912년에는 루이진에게 세잔을 모두 팔아 치우라고 재촉했다. 커셋은 세잔의 인기가 "지속될 리 없다."고 확신했다. 세잔의 "순전한 벼락 인기"는 분명히 "광기에 불과하니 반드시 떨어질 거야."라고 했다.

   이듬해 초 커셋은 루이진이 사기꾼 '어릿광대'에 불과한 마티스를 너무 좋아해서 걱정이라고 했다. 커셋은 마티스의 화려한 색채 실험에 대해 이렇게 설명했다. "마티스의 초기 작품을 봐야 했어! 상상력이 얼마나 상투적인지, 솜씨는 또 얼마나 서툰지 말이야. 그래도 머리는 영리해서 자기가 결코 명성을 얻을 수 없다는 것을 알고는 오랫동안 칩거 생활을 하면서 이런 화풍을 개발해 그나마 악명이라도 얻게 된 거지." 그런 뒤 과감한 일반화로 말을 맺었다. "사랑하는 루이자, 정치에서만 무정부 상태가 유행하는 게 아니야."[80] 커셋은 이해할 수 없는, 아니 이해하고 싶지 않은 예술의 이단아를 깨끗이 무시하는 간편한 방법을 택했다. 그녀는 마티스를 사기꾼이라고 불렀고 그의 자유로운 태도를 방종으로 해석했다. 그러나 모더니즘의 모험을 진심으로 지지하는 사람들도 있었다. 해브마이어 부인도 쿠르베를 좋아하면서도 급진적인 마티스의 작품에 대해 명백히 관심을 보였다. 그러나 젊은 혈기에 그치지 않으려면 극도로 유연하고 재빨라야 했다. 모더니스트들이란 문화적 보수주의자들뿐만 아니라 동료 모더니스트들의 미적 유연성까지 시험하는 사람들이었으니까.

회화와 조각

루이진 해브마이어처럼 한결같이 모더니즘을 옹호하다가 친구들의 반대에 부딪힌 사람이 또 있었다. 아르투어 슈니츨러Arthur Schnitzler 같은 사람들은 자기 자신과도 싸워야 했다. 오스트리아-헝가리 이중 제국의 재치 넘치는 극작가 겸 소설가로서 빈의 동포 모더니스트들보다 더 유연하고 모험적이었던 그는 성性을 특기로 삼았다. 심지어 프로이트조차 재치, 대담함, 정확성이 알맞게 혼합된 그의 통찰력에 감탄했다. 새로운 예술을 잘 받아들이고 이해하는 그였지만 좀처럼 감당하지 못하고 당황하여 비난할 때도 있었다. 1913년 초 슈니츨러는 뮌헨에서 피카소 전시회를 보았다. 그는 여러 해 동안 피카소가 아카데미풍 사실주의에 대해 광범위하게 공격했다며 칭찬해 왔지만 당시 피카소의 변화는 그야말로 이해할 수 없는 것이었다. 그래서 일기에 이렇게 썼다. "이전 작품들은 비범함. 요즘 그의 입체파에는 강한 반감."* 모더니스트들은 전통주의자, 동료 혁명가, 그리고 자기 자신과도 갈등을 일으켰기 때문에 모더니즘의 역사가 복잡해지기는 했지만 덕분에 늘 자극적이어서 따분할 새가 없었다.

---

* 아르투어 슈니츨러의 1913년 2월 8일자 일기. 그는 이전에도, 말하자면 이 미래행 급행열차에서 내린 적이 한 번 있었다. 1908년 12월 그는 로제 사중주단이 쇤베르크의 혁명적인 「현악 사중주 2번, op.10」을 연주하는 것을 들었다. 최초로 전반적으로 무조를 사용한 이 작품을 듣고 그도 다른 청중들처럼 난처해했고, 일기에 이렇게 썼다. "쇤베르크는 마음에 안 든다." 1908년 12월 21일 일기에는 이렇게 적었다. "부르크너와 말러는 곧바로 이해했는데 이번엔 이해할 수가 없다니!" 그 무렵 이 적응력 뛰어난 음악 감상자는 모더니즘을 향한 음악의 극적인 변화를 따라잡을 수 없는 자신의 무능함을 그 작곡가에게 투사하더니, 커셋이 마티스를 사기꾼이라고 비난한 것처럼 쇤베르크를 비난했다. 1912년 4월 4일자 일기 참조.[81]

자기 몰입: 내면의 표현

1

　　모더니스트 화가들이 자신의 내면을 드러내는 여러 방법 중에서 관객에게 가장 가까이 다가가는 길은 솔직한 자화상을 그리는 것이었다. 이런 자기 응시는 주관성의 분명한 예로 병적인 자아도취는 아니면서 정상적인 자기 몰입의 확실한 증거가 된다. 자화상은 강렬한 자기 몰입의 기록으로서 화가에게 불후의 명성을 안겨 주는 동시에 그가 상당한 지위에 있다는 것을 증명해 주기도 했다. 무시당하거나 거부당한 사람들은 좀처럼 자화상을 그리지 않았으니까 말이다. 물론 모더니스트들이 자화상이라는 장르를 만든 것은 아니었다. 자주 그랬듯이 이번에도 과거의 신세를 졌다. 적어도 4세기 전 이미 상당히 유명하고 대단히 자기 표출적인 자화상들이 존재했다. 알브레히트 뒤러는 「비탄에 젖은 예수」를 비롯해 창의력 넘치는 다양한 포즈로 자신을 표현했다. 그리고 렘브란트가 도제 시절부터 노년, 적어도 75세까지 그린 전설적인 자화상들은 거의 숭배의 대상이다. 모더니스트들은 자화상을 그린 선배들을 잘 알고 있었고 그들을 존

알브레히트 뒤러, 「비탄에 젖은 예수」 1493 모더니스트들은 이처럼 창의력 넘치는 자화상의 선구자들에게 경의를 표하는 한편 전통에 머물러 있지 않고 자기 몰입이라는 강렬한 내면의 표현을 추구했다.

경했다. 그러나 그저 전통을 따르지는 않았다. 이들은 빛나는 선구자들에게 경의를 표하면서도 자신의 문제적 자아에 사로잡혀 있었다.

자화상에 대해 모더니스트들이 열정적이었다고 해서 그 작품들이 모두 활력 있지는 않았다. 그들의 자화상에는 기본적으로 상당히 우울한 면이 있었다. 즉 화가로서 성취감뿐만 아니라 예술가로서의 고뇌가 강하게 표현되어 있었다. 그렇다고 신경증이 예술적 재능의 필수 조건이라는 말은 아니며 그 둘의 관계가 임상적으로 확인된 바도 없지만, 수십 년의 모더니즘 역사에서 심리학자들이 가장 즐겨 다루는 주제였고 교양층에서는 이미 기정사실이 되었다. 그리고 전형적인 모더니스트들의 인생을 보면 광기와 뛰어난 두뇌 사이에 실제로 밀접한 관련이 있다는 가설을 뒷받침하는 것처럼 보인다.

독단적인 두 사람, 독일 문화 비평가 막스 노르다우와 이탈리아 범죄학자 체자레 롬브로조가 19세기 말에 쓴 너무도 유명한 논문들을 통해 천재성과 광기 사이의 증명할 수 없는, 그리고 정확하지도 않은 연관성이 일반인의 의식에 굳게 자리 잡게 되었다. 실제로 모더니스트 화가들 중에서 가장 위대하고 가장 중요한 빈센트 반 고흐와 폴 고갱은 그 징후들을 충분히 보여 주었다. 고흐는 계속 지독한 정신쇠약을 겪다가 권총으로 자살했고, 고갱은 아내와 다섯 아이, 증권 중개인으로서의 성공적인 삶을 내팽개치고 죽을 때까지 가난한 오지에서 그림만 그렸다.

내면 표현의 거장이 된 이 둘의 작품들을 검토해 보면 화가로서의 이력에서 자화상이 얼마나 중요한지 짐작할 수 있다. 인상파 화가들이 시작한 미적 혁명을 발전시키기로 결심한 모더니스트 화가로서 말이다. 모네와 동료들이 상당히 빠른 속도로 수집가들을 정복하면서 혁신적인 예술의 문을 어렵게 열자, 후세대들은 이들에게 고마워하며 그 문으로 밀려

들었지만 자신의 독창성은 계속 고수했다. 고갱은 인상파 화가들이 "늘 개연성이 있어야 한다는 구속에 얽매여 자유 없이"[82] 그림을 그린다고 불평했다. 고갱과 그의 동료들은 그 한계를 넘기로 결심했다. 말을 파란색으로, 그리스도를 황색으로, 얼굴을 초록색으로 칠하고 신발이나 의자 같은 "예술적이지 않은" 모티프에 대단히 집착했다. 가장 위대한 상징주의자(말라르메의 언어 실험에 참여한 프랑스 모더니즘 시에서 빌려온 포괄적인 명칭)였던 그들은 세계를 가능한 한 정확하게 표현하기보다 세상에 대한 자신들의 가장 개인적인 반응을 표현하려고 애썼다.

간단히 말하면 고갱과 반 고흐도 다른 인상파들처럼 살롱 미술의 전복이 중요하다고 생각했던 것은 사실이지만, 이들의 작품은 대부분 당시 순응주의적인 취향을 너무 심하게 거슬러서 이들이 죽고 난 뒤에야 큰돈이 되었다. 반 고흐는 1890년 자살하기 전 몇몇 작품을 전시하기는 했지만, 1901년 파리의 베른하임 죈 화랑에 전시되면서 비로소 널리 사랑받았으며 그때부터 천문학적인 가격에 팔리기 시작했다. 그리고 고갱도 폐쇄적인 소수의 숭배자들 외에는 사실상 아무에게도 알려지지 않은 채 마르키즈 제도에서 죽었으며, 역시 죽고 나서 3년 뒤인 1906년 파리에서 열린 살롱도톤을 통해 유명해졌다. 둘 다 시작은 늦었지만 시작한 뒤에는 대단히 열정적으로 그림에만 몰두했다. 그들의 자화상은 자신을 위해, 그리고 곧 설명하겠지만 서로를 위해 그린 것이었다.

───────

1853년 네덜란드에서 태어난 반 고흐는 한때 영국에서 교사와 평신도 선교사로 일했고 스무 살이 된 후 본격적으로 그림을 그리기 시작했다. 파리에도 1886년이 되어서야 건너갔다. 예술계의 반역자들로 북적대는 파리에서 그는 곧 인상파 작품들을 받아들였고 고갱을 비롯한 전복주의자들을 만나면서 최신의 양식들을 마음껏 익혔다. 그러나 아무도 모방할 수 없는 자신만의 화풍을 계발한 것은 1888년 2월부터 죽기 전까지, 햇살이 타오르는 아를에서 그 햇살처럼 타오른 인생의 마지막 2년 동안이었다. 그리고 그해 가을 존경하던 고갱에게 자기 아틀리에에서 이상적인 화가 공동체를 꾸리자고 청했다. 그 계획은 실패로 돌아갔다. 고갱의 까다로운 성격과 반 고흐의 엉뚱한 행동 때문이었다. 반 고흐가 크리스마스 전날 자신의 한쪽 귀를 자른 그 유명한 사건 말이다. 그 뒤 그들은 각자 걸작을 그렸다.

  고흐는 자신에 대해, 그리고 자신이 몰두하고 있는 작품에 대해 설명하려는 충동이 어떤 모더니스트 화가보다 더 강했다. 그가 정서적으로뿐만 아니라 재정적으로도 도움을 받았던 미술상인 동생 테오나 누이 빌에게 보낸 솔직하고 상세한 편지는 흡사 미술관의 설명서처럼 그의 작품들을 속속들이 설명해 준다. 실제로 자화상을 비롯해 실내화, 정물화, 풍경화, 도시 정경화, 초상화 같은 작품들이 그 자신을 낱낱이 드러내는 일종의 망을 이루고 있다. 다른 그림들을 그릴 때도 자화상과 똑같은 강한 에너지와 절박함으로, 똑같은 특유의 붓놀림으로 똑같이 두껍게 칠했다. 아이리스도, 실내 정경도, 음울한 하늘 아래의 밀밭도, 귀를 자르고 난 뒤 붕대를 감은 얼굴도 모두 나름대로 일종의 고백이었다. 그러나 편지에서 그렇게 많이 설명하려고 했던 것을 보면 작품만으로는 설명이 충분치 않다고 생각했던 것 같다.*

---

* 이런 설명 중 가장 유명한 것은 1888년작 「밤의 카페」일 것이다. 반 고흐는 이 실내화를 아를의 집 주인에게 밀린 방세 대신 주었다. 그는 2월 동생 테오에게 이렇게 썼다. "나는 빨강과 초록으로 인간성의 지독한 열정을 표현하려고 했단다. 그 공간은 핏빛과 어두운 노란색이며 녹색 당구대가 가운데 있

빈센트 반 고흐, 「귀에 붕대를 맨 자화상」 1889 치열할 만큼 정직했기에 자신의 모습을 미화하려고 하지 않았다. 창백한, 때로는 푸르스름한 얼굴, 푹 팬 뺨, 신경쇠약의 증거들을 그대로 보여 주었다. 얼굴만이 아니었다. 옷이나 배경에도, 신경질적인 붓질로 스타카토 같은 평행선이나 현기증 나는 소용돌이를 그려서 자신을 드러냈다.

반 고흐의 솔직한 자화상은 많은 것을 말해 주었다. 그는 자화상을 마흔한 점 정도 그렸는데 만년이 다 되어 최고의 자화상이 나왔다. 파리에서 그린 초기 열두어 점은 아직 유망한 신인의 작품에 불과했지만 1888년 초에 나타난 후기 작품들은 상당한 자부심을 가져도 될 수준이었다. 그해 여름 아를에서 이렇게 썼다. "자기를 그리는 것은, 어쨌든 사진과 '다르게' 그리려면, 쉬운 일이 아니야."[84] 그리고 이전의 자화상보다 더 각이 져 보이고 거의 해골 같은 머리, 짧게 자른 붉은 수염, 튀어나온 광대뼈를 보고 관객들이 죽음을 떠올릴 수도 있다는 것을 그도 음울하게 인정했다. 모를 리가 있겠는가? 무엇보다 그가 주목한 인상주의 기법의 이점은 내적 진실을 포착하는 것이었다. "그 기법은 진부하지 않아. 사진사의 기법보다 더 내밀한 유사성을 추구하는 것이지." 대중적인 발명품인 렌즈는 겉모습만을 기록하는 것이라고 생각했으니 사진 따위는 무시할 수밖에 없었다.

반 고흐는 자기 화풍을 찾은 뒤 바라던 대로 더 내밀한 유사성을 포착할 수 있었다. 치열할 만큼 정직했기에 자신의 모습을 미화하려고 하지 않았다. 창백한, 때로는 푸르스름한 얼굴, 푹 팬 뺨, 신경쇠약의 증거들을 그대로 보여 주었다. 얼굴만이 아니었다. 옷이나 배경에도, 신경질적인 붓질로 스타카토 같은 평행선이나 현기증 나는 소용돌이를 그려서 자신을 드러냈다. 가장 확실하게 자신을 나타내 주는 것은 자화상이 아니라 수없이 모방된 생레미의 밤이었다. 이는 대단히 혼란스러운 느낌을 주는 작품으로, 별들과 비현실적으로 뾰족한 달이 생레미 마을을 비추고 있고

어. 주황색과 녹색으로 빛나는 담황색 램프가 네 개 있어. (……) 난 싸구려 와인 카페를, 말하자면 어둠의 힘을 표현하려 했는데 이 모든 것이 흐릿한 유황이 타는 악마의 용광로 같은 분위기지. 그러니까 일본 풍의 유쾌한 느낌과 타타린(알퐁스 도데의 소설에 자주 등장하는 겁 많은 영웅)의 선한 본성을 보여 주는 거야."[83]

모든 것이 흔들리는 후광에 둘러싸여 있다. 아마도 정신적 고통을 예술로 승화시켜 고통을 다스려 보려는 헛된 노력이었을 것이다. 그리고 후기 작품들은 불안을 억제하지 못하고 불안에 압도당하고 만 것처럼 보인다. 자화상이라는 제목이 붙어 있든 안 붙어 있든 고흐의 작품들은 모두 자신의 내면을 표현했다.

고갱의 자화상은 반 고흐의 자화상과 무척 다르지만 마찬가지로 알려 주는 바가 많다. 1888년 초가을 반 고흐가 고갱을 아를에 불러 함께 작업하려고 했을 때 서로 자화상을 그려 교환하자고 제안했으니, 이 둘을 직접 비교해 볼 가치가 있다. 그들은 각자에게 자화상을 그려 주었다. 반 고흐는 과거에 강한 인상을 받았던 한 일본 자연 종교의 승려로 자신을 묘사했다. 흐린 녹색 배경 앞에 심각하게, 아니 근엄하게 포즈를 취하여 수척한 모습을 강조했고 시선은 관객 너머를 응시하고 있다. 아주 대조적으로 고갱의 자화상은 점잖음에 대해 항의하는, 상식의 세계를 무시하는 괴벽스럽고 결연한 아웃사이더가 보내는 메시지처럼 보인다. 의리 있는 화가 친구 샤를 모리스는 고갱을 "지독한 창작적 자기 중심주의의 전형"[85]이라고 적절히 평가했다. 고갱은 자신을, 유폐된 문화 속의 자유로운 영혼으로 그려 친구 고흐에게 주었다. 머리 윤곽을 심하게 왜곡하고 심술궂어 보이는 매부리코를 과장하였으며 반사실적인 색채로 평범치 않은 모습을 강조하여 자신의 성격과 번민을 드러냈다.

그의 놀라운 개인사에 대해 모른 채 이 자화상만 보더라도 고갱은 자기 일을 무척 자랑스러워하고 있다는 것을 알 수 있을 것이다. 먼 바다를 항해하며, 시골 브르타뉴에서, 그리고 오지 타히티에서 그랬듯 그림을 그리며 구원을 찾는 일이었다. 1883년의 초기 자화상은 이젤 앞에 앉아 있는 모습을 그린 것으로 그때까지는 비교적 온건했다. 1888년 고흐에게 준 자화상에서는 더 숭고한 효과를 노렸다. 화가 친구 에밀 슈페네케에게 보낸 편지에서 그 그림을 "내가 가장 많은 노력을 기울인 것, (맹세코) 철저한 추상화라고 할 수 있을 정도로 난해한 것"[86]이라고 의미심장하게 표현했다. 그 그림은 "자연과 거리가 먼 색깔"로 칠해진 진술에 해당한다고 덧붙였다. 모더니즘적 방식으로 훌륭하게 표현된 자기 자신에 대한 진술이라고 해도 좋을 것이다. 고갱과 반 고흐가 자신들을 '상징주의자'라고 불렀던 것도 당연한 일이다. 그들처럼 황홀한 예술적 혁신을 이루려면 표면 너머에 대한 철저한 응시가 꼭 필요하기 때문이다.

이후에 나온 고갱의 자화상들은 극적인 자기 연출을 보여 준다. 반 고흐에게 그림을 헌사한 지 겨우 1년 뒤 그는 자신을 흡사 멋있는 악마 같은 모습으로 그렸다. 꿈틀거리는 작은 뱀 한 마리를 담배처럼 손가락 사이에 끼고 있으며 머리 위에는 천사의 동그란 빛 고리 같은 것이 떠 있다. 자신이 악마지만 사실은 타락한 천사라고 말하고 있는 것처럼 보인다. 다른 자화상은 훨씬 더 자극적이다. 그는 겟세마네 동산에서 번민하거나 죽음을 향해 골고다 언덕으로 가는 그리스도이다. 정물화, 소형 조상과 점토 그릇에 자기 얼굴 일부를 왜곡시켜 숨겨 놓기도 했다. 가장 충격적인 자화상은 1893년의 것으로 화구를 들고 있는 모습인데 강한 조명 같은 것이 가득 차 있다. 마치 배경의 벽돌색 물감이 얼굴로 흘러 들어간 것 같고 눈은 반쯤 감겨 눈길은 삐딱하다. 또 양피 모자를 쓰고 짙은 갈색 재킷 위에 파란색 망토를 덧입은 기묘한 옷차림은 부르주아 풍의 단정한 옷차림에 대한 혐오를 표현한다. 이 정도의 솔직한 예술적 자기 표현은 정신병원에 가기 직전 단계다.

고흐와 고갱이 부르주아처럼 억제하지 않고 내면의 자아를 드러내려고 했던 반면 또 다른 위대한 모더니스트 화가 폴 세잔은 아무것도 드러내지 않으려고 함으로써 포착하기 힘들지만 오히려 많은 것을 드러냈다. 세잔 연구가들은 수십 점의 채색 자화상과 드로잉 자화상에서 고의적인 감정의 생략을 놓치지 않았다. 그러한 감정의 생략 덕분에 세잔의 작품들은 그의 성숙기 작품의 특징인 대단히 특이하고 생생한 건축학적 현대 고전주의와 훌륭히 조화를 이룬다. 1839년 프로방스에서 태어나 1860년대에 솜씨를 갈고 닦던 젊은 화가 세잔은 강간, 난교, 살인 같은 잔인한 상상 속 장면을 신파조로 그리는 것이 특기였다. 1861년경 사진을 보고 그린 최초의 자화상만 해도 정서적 노출증이 그다지 억제되지 않았다. 둥그스름하고 평범한 얼굴을 수척하고 위협적인 모습으로 변형하고 험악한 인상으로 만들기 위해 사진과 달리 검은 양쪽 눈썹을 안쪽으로 당겨 생각에 잠긴 찌푸린 듯한 모습으로 만들고 콧수염을 구부러지게 그렸다. 아무래도 사진보다 그림이 심리 묘사에 더 충실했을 것이니, 그는 자신을 불안하고 성난 젊은이로 표현하고자 했던 것이다.

하지만 1870년대 초 피사로에게서 지도받은 뒤 세잔의 무의식은 점차 신중해졌다. 피사로는 늘 단호하게 자기 식을 고집하면서도 인상파 기법을 수용하여 인상파 화가들과 여러 차례 공동 전시회를 연 화가였다. 세잔의 작품이 표현적 자기 노출에서 표현적 자기 억제로 놀랄 만큼 바뀐 것은 승화의 확실한 예이다. 세잔은 더 이상 극단적인 성폭행과 지나친 폭행 장면을 꾸며내지 않고 침착하고 냉정하며 신중하게 풍경화, 실내화, 초상화, 그리고 그 놀라운 후기 구성화, 위엄 있는 수욕도들로 자신의 충동을 억눌렀다. 세잔은 20세기 미술의 최고 유파들에 영향을 주었다. 많은 제자들 중 입체파 시기의 피카소와 브라크가 단연 걸출했다. 구겨진 식탁보 위에 잘 익어 향기로운 동그란 사과들을 배열하고 카드놀이 하는 두 사람을 마주 보게 하고 좋아했던 생빅투아르 산을 자주 그렸다. 원근법을 무시하고 자연적 형태를 왜곡한 낯설고 이해하기 힘든 세잔의 그림들은 지독하게 억압된 육체적 본능에 대한 무언의 증언자다. 세잔이 죽은 지 1년이 지난 1907년에야 살롱도톤에서 개최된 회고전으로 세상을 떠들썩하게 했던 것도 놀랄 일이 아니다.

주로 1870년대 중반부터 1890년대 중반까지의 20년 동안 그려진 세잔의 가장 중요한 자화상들은 훨씬 더 의식적으로, 거의 필사적으로 억제되어 있는 것처럼 보인다. 그는 형태, 색상, 벗겨진 머리, 넓은 어깨, 즉 모든 것을 전체 구조에 종속시켰다. 경사가 크게 진 반들거리는 정수리를 강렬한 나이아몬드 무늬의 벽지와 대비시켰고, 오른손에는 팔레트를 들려 팔이 늘어난 것처럼 보이게 했다. 근심스럽고 텁수룩하고 늘 뚱해 보인다. 짧고 선명한 평행 붓질로 인물보다 색채를 강조했다. 그리고 케케묵은 진부한 표현에 따르면 마음의 창이라는 눈은 광채 없이 불투명하게 칠해져 있다. 그럼에도 불구하고 세잔이 관객들에게 던진 그 공허한 눈길은 비밀을 폭로하고 말았다. 세잔이 지키려고 애썼던 비밀을 자화상들이 무심코 누설해 버린 것이다. 화가가 억제되지 않는 무질서한 자아에 질서를 부여하려고 평생 애썼다는 사실 말이다.

스무 점이 넘는 세잔의 자화상 스케치는 그다지 철저하게 기획된 것이 아니어서 오히려 더 자연스럽게 표현되어 있다. 이 스케치 두세 점만 대충 훑어보아도 눈에 띄는 수심에 잠긴 콧마루의 윤곽선, 앙다문 입술이 소심하고 걱정 많은 사람처럼 보이게 한다. 내적 혼란에 대한 세잔의 예술적 결과물을 보면 인간은 제아무리 애를 써도 비밀을 지킬 수 없다는 프로이트의 주장이 대체로 옳은 것 같다. 아무리 숨기려 해도 갈등은 드러나게 마련이며 아무리 애써 봐도 인간은 사방에 흔적을 남기고 만다. 이러한 점은 자기표현에 대한 수많은 제약에서 해방된 모더니즘에 특히 잘 들어맞을 것이다. 이유가 무엇이었든 말년의 세잔은 좌절감과 외로움 때문에 자화상을 전혀 그리지 않았다. 따라서 침묵과 같은 다른 형식으로 비밀을 누설할 수밖에 없었다.

2

지금까지 본 모더니스트들의 자화상은 모두 즐겁기는커녕 심지어 엄숙하기까지 한 것이었다. 그들의 작품이 기쁨에서뿐만 아니라 번민에서, 아니 어쩌면 기쁨보다는 번민에서 나온 것이라는 사실은 대단히 중요하다. 하지만 적어도 한 사람, 선동적인 화가 제임스 앙소르James Ensor는 세잔보다 더 행복해 보이지는 않지만 모더니스트로서는 드물게 신경증을 잘 다스렸다. 심술궂은 유머로 말이다. 그는 고갱이나 세잔만큼 유명하지는 않았지만 벨기에 모더니스트 중에서는 가장 유명하다고 할 수 있으며, 자화상 화가들 중에서 가장 수다스러웠다. 앙소르는 1860년 오스텐트의 해변에서 태어났다. 부모가 기념품점을 하며 주로 싸구려 도자기들을 팔았고 축제 기간에는 싸구려 가면들도 팔았다. 앙소르는 바로 이 어린 시절 기억의 단편과 자주 다투는 부모, 결코 떨어져 나가지 않는 거대하고 위압적인 그림자로 남은 플랑드르인 어머니, 술에서 위안을 구했던 무력한 아버지에게서 받은 트라우마로부터 예술 세계를 구축했다. 그를 알던 사람들은 그의 인생사가 섬뜩할 정도였다고 기억했다.

앙소르의 철저한 반아카데미 작품도 섬뜩했다. 무시무시한 상징이 너무 두드러져 거슬릴 정도였고 수년 동안 몸담았던 벨기에의 진보적 상징주의 화가들과 패기 넘치는 살롱 미술비평가들의 모임인 레뱅Les XX조차 언짢게 만들었다. 앙소르가 해골을 특유의 표현 장치로 삼았다는 사실은 의미심장하다. 어떤 때는 한 작품에 여러 개의 해골을 등장시키기도 했다. 그 해골들은 앙소르가 상상하던 부유한 삶을 누리며 집안에서 약간 우스꽝스러운 짓을 하고 있다. 어떤 해골은 커버를 씌운 안락의자에 앉아 중국 물건들을 흘긋거리고 있다. 또 다른 해골은 스케치를 하고 또 어떤 것은 클라리넷을 연주한다. 기묘한 옷을 입고 난로 주변에 모여 불을 쬐는 해골들도 있다. 또 어떤 해골들은 '스튜'라는 꼬리표를 붙인 채 교수형 당한 사람을 밟고 서서 다투고 있다. 날아다니는 해골 군인들이 도망가려는 군중을 위협하고 제일 큰 해골이 커다란 낫을 휘두르는 그림도 있다. 앙소르의 가장 크고 유명한 작품인 1888년작 「그리스도의 브뤼셀 입성」에서는 군중들이 당나귀를 타고 오는 구세주 주위에 몰려 다니고 있고 전경에는 중산모를 쓴 해골이 눈에 띈다.

관객이 자신의 의도를 이해하지 못하리라고 생각했던 앙소르는 그림에 직접 설명을 삽입하곤 했다. 「위험한 요리사들」이라는 무시무시한 자화상에서는 흰 옷을 입은 웨이터가 접시에 담긴 머리를 어느 역겨운 연회의 손님들에게 대접하려고 하는데 그 해골 꼭대기에 '앙소르'라고 쓰인 큰 라벨이 꽂혀 있다. 앙소르는 그 불경스러운 독창력이 사라지기 시작한 1900년까지 스무 번도 넘게 자화상을 그리고 에칭으로 떴는데, 이제 보니 그의 자화상들은 너무 많이 쏟아져 나와 신비감이 사라져 버린 스핑크스 같다. 앙소르의 자화상들은 자신이 경멸하는 전통적인 회화를 좋아하는 대중에 대한 어릿광대 극이었다. 앙소르의 목표는 관객의 화를 돋우는 것이었고, 그는 그 목표를 달성했다. 1887년 에칭「소변 보는 사람」이 대표적인 예다. 그 그림에는 벽을 향해 소변을 보는 남자가 등장하는데 벽에는 유치한 그림과 이런 낙서가 있다. "앙소르는 미쳤다." 시대에 뒤떨어진 늦깎이 낭만주의자 E. T. A. 호프만은 결코 부르주아가 아닌, 미친 사람만이 진실하다고 늘 주장했었다.

앙소르의 자화상들은 대중뿐만 아니라 자신에 대한 공격이기도 했다. 그는 키가 크고 잘생기고 균형 잡힌 이목구비에 콧수염을 말아 올리고 턱수염을 잘 다듬은 사나이였는데 그런 자신의 외모를 가차 없는 위트로 손상시켰다. 1879년 스무 살이 채 안 됐을 때에 그린 첫 번째 자화상은 큰 키를 그대로 그리고 유쾌한 색색의 점들로 표현한 밝고 점잖은 그림이었다. 스케치 몇 점과 1880년의 자화상은 교양 있는 화랑 고객들이 사 줄 만했다. 하지만 그렇게 전통적인 자기표현을 유지한 시기는 예외에 해당했다. 1883년에 그려진 가장 유명한, 그리고 상당히 그다운 자화상 속의 그는 꽃을 달고 깃털을 늘어뜨린 여성용 모자를 쓰고 관객을 삐딱하게 바라보고 있다.

평생 불안에 사로잡혀 있었지만 앙소르는 자신의 번민을 이용하는 법을 알고 있었다. 그가 받은 고통이 상당히 컸던 것은 사실이었다.「나를 괴롭히는 악마들」이라는 제목의 자화상 두 점을 보면 그는 인간과 비슷하지만 사지가 뒤틀리고 눈이 여러 쌍인 괴물들, 뾰족뾰족한 날개로 위협하는 괴물들에 둘러싸여 있다. 두 번째 작품에는 'J. 앙소르, 1895'라고 새겨진 비석도 그려져 있다. 앙소르는 주목을 끌고 앙갚음을 하기 위해서 도발할 필요가 있었다. 그의 작품에서 빈번히 눈에 띄는 가면들의 역할은 두 가지였다. 부모의 가게 주변에서 보낸 어린 시절의 기억을 불러일으키는 동시에, 진실을 추구하는 예술가라면 자신의 부모처럼 지독한 프티부르주아들이 쓰고 있는 가면을 벗겨야 한다는 반항심도 나타낸다. 한 친구에게 자신이 가면들을 좋아하는 이유가 "가면들이 나를 그렇게 나쁜 놈으로 여기는 대중의 기분을 상하게 하기 때문"이라고 했다. 앙소르의 분노와 우울은 무의식에만 머물러 있지 않았던 것이다.

게다가 앙소르의 작품은 자신이 속한 중하류 계급의 분위기에 대해 양가적인 태도를 보여 준다. 그 분위기를 질식할 듯 답답하게 느끼면서도 기꺼이 받아들이고 있었던 것이다. 1881년의 두 작품「오스텐트의 오후」과「부르주아 살롱」은 희미하게 불이 밝혀진 차분하고 유쾌한 실내를 그려 경멸이 아니라 안락함을 표현하고 있다. 그토록 혐오하지만 자신에게 필요하기도 한 세계로부터 벗어나려는 시도는 기껏해야 부분적인 성공에 그칠 수밖에 없었다. 예술 작품 속에서는 반항했지만 실제로는 거의 평생 동안 자신의 가정환경에서 헤어나지 못했으니까. 1886년에 초크로 그린 작품「자화상, 슬프고 화려한 화가」에서 그는 거대한 옷장에 갇혀 탈출하려고 애쓰고 있기라도 한 듯한 침울한 얼굴로 화려한 가구 사이에서 빠져나오고 있다.

그렇게 보면 앙소르의 자화상들은 불쾌한 자아 인식과 타협하려는 용감한 시도이다. 자화상「이상한 벌레들」1888에서 그는 아주 큰 바퀴벌레의 몸에 자신의 머리를 붙여서 카프카의『변신』을 앞질렀다. 그런 삶에 얽매여 있었으니 죽음이 더 나아 보였을 것이다. 1888년에 에칭「해골이 된 나의 초상」에서 특유의 충격적인 방식으로 바로 그런 생각을 표현한다. 무릎 위쪽까지 그려진 그의 모습은 꽉 끼는 코트의 단추를 끝까지 채워 입었고 얼굴에는 해골이 포개져 있다. 이 무시무시한 자아상은 한 발

더 나아가 에칭 「1960년 나의 초상」에서는 베개에 기대 누운 해골로 표현된다. 1896년경에는 심술을 한껏 부렸다. 유행하는 옷을 차려입고 이젤 앞에 있는 모습을 그리기는 했는데 얼굴 대신 시체의 머리를 그린 것이다. 그리고 이젤 꼭대기에서는 해골 하나가 내려다보고 있고 벽에서 또 다른 해골들이 그를 보고 씩 웃고 있다. 앙소르의 자화상은 악몽을 생생하게 시각화한 것이다. 이처럼 그는 모더니즘 덕분에 그저 고통에 시달리지 않고 악몽을 표현할 수 있었다.

여러 작품에서, 앙소르의 희생자 의식은 역사상 가장 유명한 희생자와 동일시하는 경향으로 굳어졌다. 그도 고갱처럼 구세주의 고난이 자신의 고통이라고 주장했다. 사탄과 사탄의 병사들로부터 고통받는 구세주를 수차례 반복해서 그렸고 노골적인 드로잉 「가시 면류관의 예수, 혹은 그리스도와 비판자들」에서는 앙소르 자신이 바로 헝클어진 머리와 비참한 얼굴로 두 명의 완고한 부르주아에게 붙잡힌 그리스도이다. 그런 표현은 사실 종교적 과대망상증이 아니라 현실에 대한 과대망상증에 해당할 것이다. 무신론자인 앙소르는 예수를 신이 아닌 한 사람의 위인으로 보고 있었기 때문이다. 일부러 유치하게 그린 「천사들이 보고 있는 그리스도」는 앙소르의 얼굴을 한 벌거벗은 예수의 시신 옆에서 세 천사가 기도를 올리고 있다.

이 불경스럽고 우스꽝스러운 동일시는 1886년 채색 드로잉 「십자가상, 십자가 위의 앙소르」에서 절정에 달했다. 아마 이 그림을 보면 곧바로 고갱이 떠오를 것이다. 주로 현대식 옷을 입은 군중들이 세 개의 십자가 주위에 서거나 무릎을 꿇고 있다. 앙소르는 후광과 햇빛을 받은 채 중앙에 매달려 있는데 중산모로 치장한 인물이 이 가짜 그리스도를 창으로 찌르고 있다. 그 창에는 '페티스^{Fétis}'라고 쓰여 있다. 페티스는 앙소르에 대해 가장 활발하게 비평했던 사람이다. 그리스도 머리 위의 'INRI'('나자

렛의 예수, 유대인의 왕'이라는 뜻)가 '앙소르'로 바뀌어 그러잖아도 노골적인데 더 노골적이 되었다.

지조 있는 모더니스트였던 앙소르는 늘 그랬듯 이번에도 주관성을 마음껏 누렸다. "내 작품은 철저하게 개인적인 것이다."라고 1899년에 썼다. "이 개인적인 시각이 나를 더 숭고한 영역으로 올려 주었다." 그 글에서 앙소르는 스스로를 '예외적인 화가'[87]라고 했다. 그 말이 맞기는 하다. 하지만 그는 예술가들이 가장 내밀한 감정을 세상과 나누는, 자기 관찰적이고 자기 표현적인 시기에 결코 본인의 생각만큼 고립되어 있지 않았다. 그러나 그는 끝내 소수만이 애호하는 화가로 남았다. 앙소르는 재능이 고갈된 지 오랜 뒤인 1949년에 죽었다. 1929년 벨기에 정부가 남작 작위를 주며 뒤늦게 영예를 주었지만, 평생 무시만 당했던 앙소르는 그 뒤늦은 인정을 오히려 더 모욕적으로 느꼈다.

3

반 고흐, 고갱, 세잔, 앙소르는 자회싱 속에서 현대로 보면 정신이 상의 화가들이었다. 모더니스트들 중에서 가장 뛰어났고 앙소르와 거의 정확하게 같은 시기에 살았지만 훨씬 더 멀쩡했던 노르웨이인 에드바르 뭉크[1863-1944]는 정신이상의 일란성 쌍둥이인 불안증의 화가였다. 뭉크가 천착한 것은 자신이 세상에서 보고 느끼고 있다고 생각한 것이었다. 이 두 가지를 탐구하려 한 것은 알다시피 뭉크만이 아니었다. 수십 년 전에 보들레르와 마네는 예술가들(물론 여기서 말하는 예술가란 지금 우리가 모더니스트라고 부르는 부류를 말한다.)은 자신이 몸담고 있는 시대를 그려 내야 한다고 말한 바 있는데, 뭉크가 바로 그 일을 했다. 당연히 대가가 따랐다. 오해받

제임스 앙소르, 「나를 괴롭히는 악마들」 앙소르는 이 자화상에서 배경에 'J. 앙소르, 1895'라고 새겨진 비석을 그려 넣었다.

제임스 앙소르, 「이상한 벌레들」 1888 앙소르는 아주 큰 바퀴벌레의 몸에 자신의 머리를 붙여서 카프카의 『변신』을 앞질렀다.

고 무시당하고 거부당했지만 이따금씩 높은 평가도 받았다. 세잔도 직접적으로 표명한 적은 거의 없지만, 자신이 아방가르드라고 생각했기에 훌륭한 화가란 자기 시대 중 가장 진보된 것을 표현한다고 말했다. 소수의 자유로운 사람들만이 '진보적'이었으니, 보수적인 당시 사람들이 자화상을 그리는 모더니스트 화가들을 가리켜 예술을 이해하지 못하고, 공연히 시끄러운 일만 만들고, 추악함에 집착한다고 생각한 것은 당연했다.

뭉크의 자화상도 예외가 아니었다. 뭉크는 한 노르웨이의 농장에서 태어나 끔찍한 어린 시절을 보냈다. 어머니는 그가 다섯 살 때 죽었고 의사였던 아버지는 가난한 사람을 돕는 데는 아낌없이 돈을 썼지만 호랑이같이 엄하고 불같은 성격에 억압적인 사람이었으며 거의 정신병에 가까운 종교적 불안을 겪고 있었다. 뭉크는 "질병, 광기, 죽음이 내 요람의 수호천사였다."[88]고 회상했는데 그럴 만도 했다. 그의 전복적인 세계관은, 대체로 문화계의 주류에서 벗어나 있다고 여겨지던 키에르케고르, 도스토예프스키, 니체 같은 비순응적인 작가들에 평생 심취한 덕분에 더욱 강화되었다. 학창 시절 그는 전통적인 예술적 가르침을 받아들였다. 20대 초반이 되어서야 고통스럽지민 결코 떨쳐 버리지 못했던 영감의 주된 원천, 즉 어린 시절을 표현할 내적 자유를 찾았다. 1889년 파리에 간 뭉크는 모네, 고흐를 비롯한 아웃사이더들을 접하면서 상징주의와 표현주의를 혼합한 특유의 화풍과 내적 혼란을 철저히 탐구하고 표현하는 독특한 방식을 찾게 되었다.[89]

작품의 제목들을 보면 잘 알 수 있다. 「병든 아이」, 「질투」, 「죽음과 소녀」, 「병실의 죽음」 같은 작품들이다. 그러나 그는 훨씬 더 광범위한 주제에 천착했고 끝내 완성하지 못했지만 '삶의 프리즈' 연작에 수년 동안 대단히 의욕적으로 몰두했다. "충만함, 다양성, 환희와 고통이 가득한 삶"

을 보여 줄 의도였다. 그러나 뭉크에게는 고통이 환희보다 월등히 많았다. 반 고흐처럼 극단적이지는 않았지만 거의 신경쇠약 상태에 가까웠다. 그러니 뭉크의 작품에 늘 나타나는 에로스는 당연히 죄와 수치의 근원에, 그리고 축복보다는 위협에 가깝게 보였다. 「키스」1895에서는 나체의 연인 한 쌍이 격정적으로 껴안은 채 서로에게 빠져 있지만 조금 먼저 나온 작품 「다음 날」1894에서는 한 여인이 성적 쾌락에 들뜬 밤을 보낸 뒤 완전히 지쳐 옷을 반쯤 걸치고 침대 곁을 어슬렁거린다. 그리고 같은 해에 제작된 유화 「황폐」에서는 다음 날 아침의 몹시 비참한 느낌을 표현한다. 심란해 보이는 젊은 여인이 헝클어진 머리를 쥐고 선 채로 관객을 응시하고 있고 가장자리의 남자는 웅크린 채 고개를 돌려 외면하고 있다. 뭉크가 여러 차례 작업했던 주제인 「흡혈귀」에서는 머리 긴 여인이 남자의 목을 물어뜯고 있고 남자는 저항하지 않은 채 그 공격을 받고 있다. 이 작품과 쌍을 이루는 다른 작품에서는 남자가 여자의 드러난 가슴을 물어뜯고 있다.

　뭉크의 가장 유명한 그림이자 흔히 현대적 고뇌의 진수로 여겨지는 「절규」는 1893년부터 여러 차례 제작되었다. 「절규」에는 성별을 알 수 없는 한 인물이 뺨을 손으로 감싼 채 눈을 동그랗게 뜨고 입을 크게 벌리고 있다. 이 사람이 서 있는 긴 다리 주위에는 구름이 험악하게 소용돌이치고 있다. 뭉크의 말에 따르면 심한 불안증을 경험한 뒤 이렇게 발작을 일으키는 모습이 떠올랐다고 한다. 그러나 수많은 관객들은 그 악몽 같은 광경이, 예민한 당시 사람들이 혼잡하고 부산한 1890년대 도시에서 느끼는 신경증적 불안을 전형적으로 보여 준 것이라고 해석하였다. 하지만 뭉크는 예언자도 사회학자도 아니었다. 그렇기에 그 충격적인 작품은 본질적으로 개인적인 고백이었다. 1932년 뭉크는 독일 미술비평가 에버하르트 그리제바흐에게 아주 상세히 설명한 적이 있었다. "내 작품은 사실 자

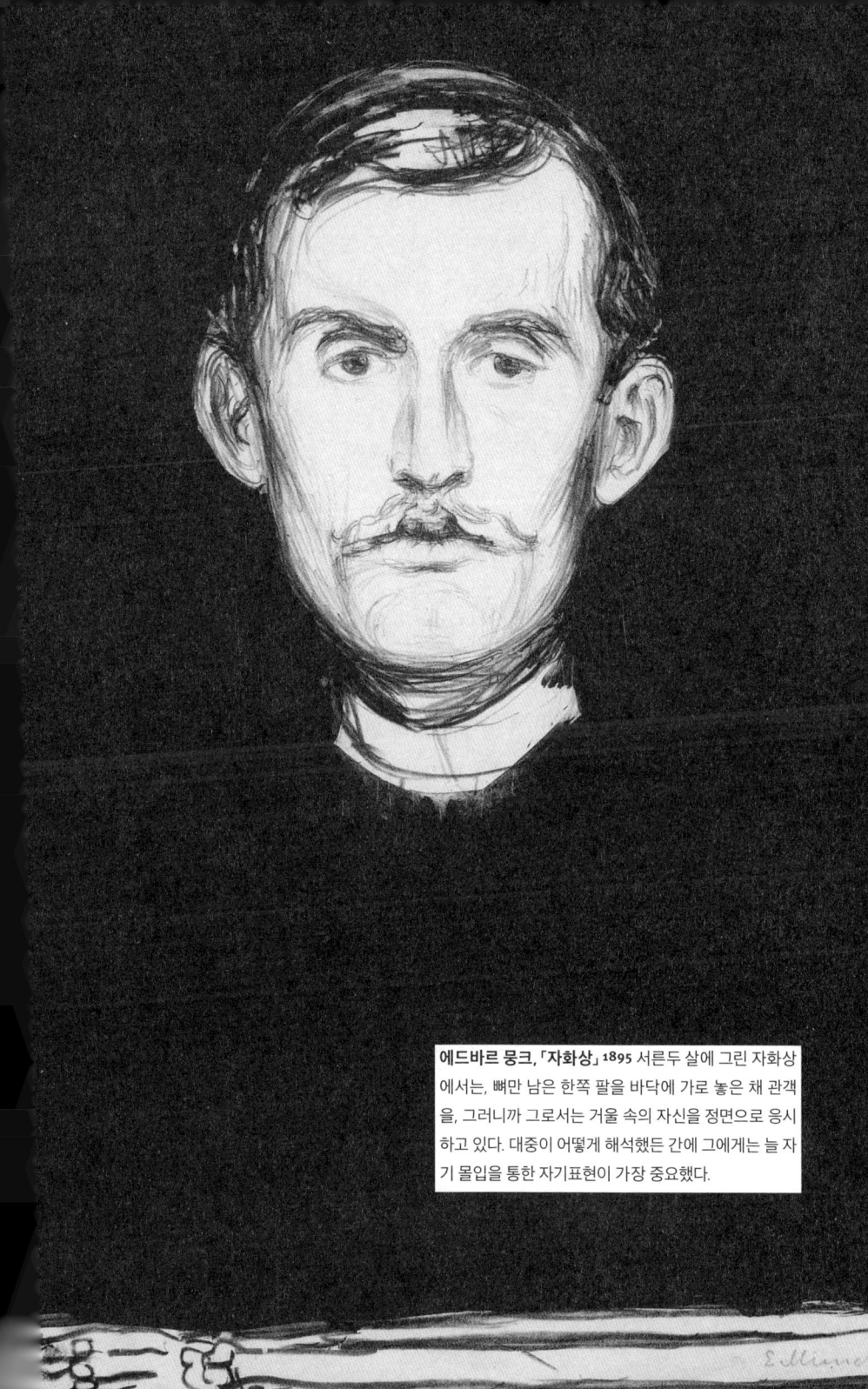

에드바르 뭉크, 「자화상」 1895 서른두 살에 그린 자화상에서는, 뼈만 남은 한쪽 팔을 바닥에 가로 놓은 채 관객을, 그러니까 그로서는 거울 속의 자신을 정면으로 응시하고 있다. 대중이 어떻게 해석했든 간에 그에게는 늘 자기 몰입을 통한 자기표현이 가장 중요했다.

기표현이며 세상에 대한 나의 입장을 확실히 밝히기 위한 것입니다. 한마디로 말하면 일종의 자기중심주의지요."[90] 그러나 뭉크의 놀라운 재능에 감탄한 미술 애호가들은 그의 작품이 더 넓은 현실에 대한 증언이라고 찬사를 보냈다. 알다시피 모더니스트들은 자기 시대와 관련해 중요한 의미를 갖기를 간절히 바랐는데 뭉크에 대한 반응이 보여 주듯, 위기에 처한 문화의 징후 역할을 하는 것도 그 바람을 이루는 하나의 방법이었다.

뭉크가 일부러 대상의 성별을 모호하게 그린 작품이 여럿 있어서 그의 자화상이 몇 점인지 정확히 알 수는 없다. 그러나 자화상이 대단히 많은 것은 분명하다. 또한 거기에는 고독이 죽음처럼 두드러지게 드러나 있기 때문에 보는 이의 마음을 뒤흔들어 놓는다. 1906년 작품에서 뭉크는 한 식당에 덩그러니 혼자 앉아 와인 한 병, 와인잔과 빈 접시가 놓인 탁자를 마주하고 있다. 1915년 작품에서는 해골에 다정하게 한 손을 얹고 나체로 서 있다. 또 한 번 자신을 풍만한 가슴의 스핑크스로 표현했다. 이후 1930년 작품에서는 자신을 주치의인 K. E. 슈크라이너 박사 앞에 누워 있는 시체로 그렸다. 1895년 서른두 살에 그린 자화상에서는, 아마도 가장 많이 복제된 작품일 텐데 너무 쾌활해 보일까 봐 뼈만 남은 한쪽 팔을 바닥에 가로놓은 채 관객을, 그러니까 그로서는 거울 속의 자신을 정면으로 응시하고 있다. 대중이 어떻게 해석했든 간에 그에게는 늘 자기 몰입을 통한 자기표현이 가장 중요했다.

자기 몰입: 독일인들

1

당시 독일 문화는 고상한 것으로 유명, 아니 악명 높았다. 19세기 중반 모더니즘 초기에 하인리히 하이네Heinrich Heine는 프랑스인들에게는 땅이 있고 영국인들에게는 바다가 있지만 독일 동포들은 하늘을 관리한다고 빈정거렸다. 뭉크가 해외에서는 처음으로 베를린에서 유명해진 것도 순전한 우연은 아니었다. 1892년에 뭉크는 처음으로 대규모 전시회에서 쉰다섯 점의 작품을 선보이게 되었다. 그러나 베를린예술가협회Verein Berliner Künstler가 후원한 그 전시회는 물의를 일으켰다. 일주일 뒤 찬반 투표에 부쳐졌고 그 결과 전시회는 문을 닫게 되었다. 이후 그 투표 내용은 교착 상태에 빠졌고 언론에서는 열띤 논쟁이 이어졌다. 뭉크의 열렬한 지지자였던 괴팍한 폴란드 소설가 스타니슬라프 프시비세프스키는 뭉크가 반감을 불러일으킨 진짜 이유를 이렇게 설명했다. 그 작품들이 뭉크의 무의식, '적나라한 개성',[91] 부르주아적 예의범절에 대한 공격을 직접적으로 표현하고 있었기 때문이라는 것이었다. 아무래도 내적 자아를 너무 많이 보여 준 것이다. 솔직히 말하면 뭉크의 상징주의는 대부분의 관객에게 버거웠다. 아카데미 미술 옹호자들에게 뭉크의 작품들은 결코 예술이 아니었다.

자화상을 생각할 때 독일인들은 자신들이 최초이면서 동시에 가장 훌륭한 현대 자화상 화가라고 할 만한 16세기 알브레히트 뒤러의 후손이라는 점을 영광으로 여겼고 독일 민족이라는 사실을 자랑스러워했다. 뒤러의 적수는 렘브란트밖에 없었지만 독일 예술사학자들에게는 렘브란트도 역시 선량한 독일 민족이었다. 19세기 말 독일 문화계 및 정계의 민족주의자들은 렘브란트가 왜 자신에 몰두했는지에는 관심이 없었다. (뒤러처럼 렘브란트도 역사가들에게 중요한 자전적 자료들을 거의 남기지 않았다.) 그들은 독일인들이 정신적인 측면에서 다른 하찮은 국가들보다 우월하다는 것을 증명하기 위해 렘브란트를 이용하기만 했다. 정치적 목적 때문에 네덜란드인 렘브란트가 편의상 독일인으로 둔갑한 것이다.

다른 모더니스트들과 마찬가지로 독일인들도 현재를 위해 과거를 경시하지 않았다. 이런 태도가 유리한 증거들을 가능한 한 많이 동원해야 하는 애국자들에게는 매우 유용했다. 모더니즘의 추진력이 파리를 중심으로 퍼져 나갔다는 사실 덕분에 독일 주류 예술의 반대파들은 오히려 더욱 강해졌다. 반면에 독일 교양층의 새로운 회화에 대한 반감은 전혀 강하지 않았다.* 베를린에서, 함부르크에서, 심지어 보수적인 뮌헨에서조차 새로운 것을 지지하는 열성 당원들이 전통주의자들에 대항하여 결과가

---

* 모더니즘 이전 시기에 화가가 자화상을 그리는 것에는 전혀 특별할 것이 없었다는 점을 공식적으로 짧게나마 밝혀 두어야겠다. 벨라스케스도 자화상을 그렸고 루벤스, 푸생, 조슈아 레이놀즈도 마찬가지였다. 18세기 중반 독일의 가장 유명한 화가 안톤 라파엘 멩스는 적어도 열다섯 점의 자화상을 그렸고 19세기까지 작업했던 안톤 그라프는 심지어 렘브란트까지 물리치고 여든여 점의 자화상을 그려서 기록을 수립했다.

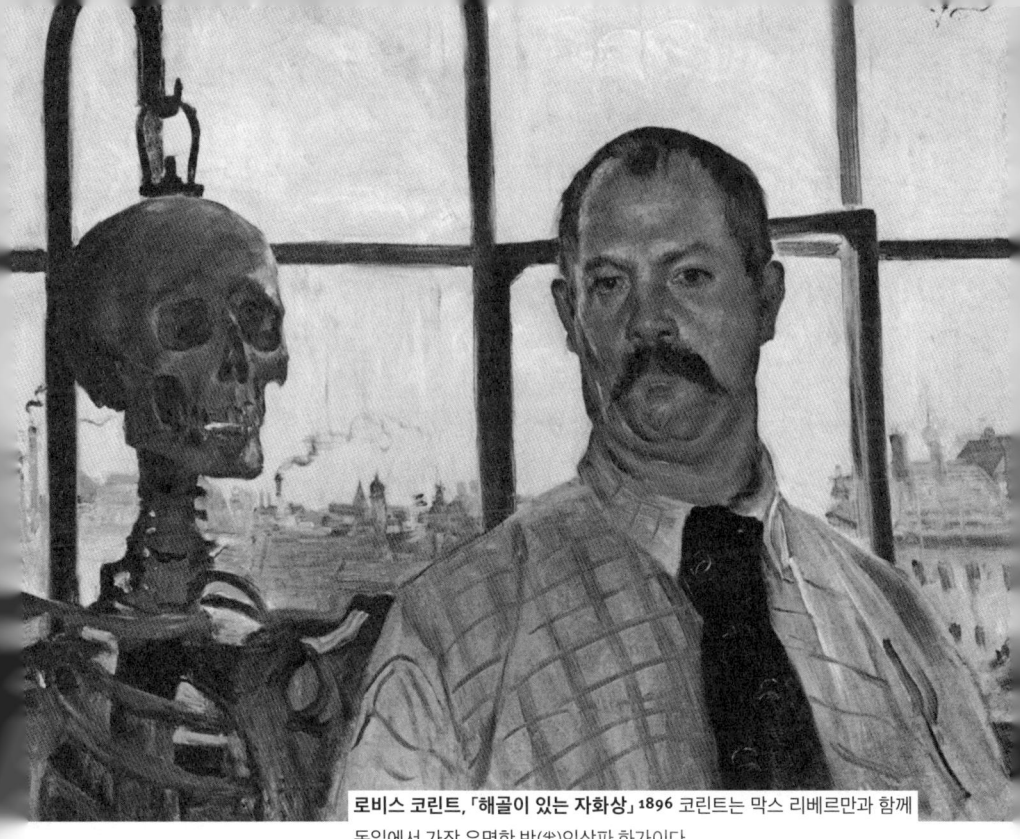

로비스 코린트, 「해골이 있는 자화상」 1896 코린트는 막스 리베르만과 함께 독일에서 가장 유명한 반(半)인상파 화가이다.

불확실한데도 열정과 돈이 결합된 경연에 뛰어들었다.

낭만주의와 형이상학을 배운 독일 화가들과 비평가들은 다른 나라의 화가와 비평가보다 더 철저히, 더 체계적으로 깊이를 추구했다. 하이네가 재치 있게 독일인의 본성을 비판한 것에 당황하기는커녕 영국과 프랑스의 피상성과 자신들의 고상한 본성을 즐겨 비교했다. 이런 자화자찬대로 19세기 독일 화가들은 모더니즘의 유혹이 독일에 파고들기 수십 년 전 이미 인간의 삶과 죽음, 주로 죽음을 심오하게 탐구하려 했다. 아르놀트 뵈클린은 트리톤과 인어를 등장시켜 직접 신화를 만들어 내어 독일 미술 애호가들 사이에서 많은 사랑을 받았다. 독일어를 쓰는 스위스 화가 뵈클린은 1872년 누구보다 훌륭하게 자화상을 그렸다. 자화상에서 한창 때의 화가가 팔레트와 붓을 든 채 뒤에 있는 해골이 연주하는 바이올린 소리, 즉 환청에 귀를 기울이고 있다. 3년 뒤 대단히 성공한 독일 화가 한스 토마Hans Thoma가 죽음에 귀를 기울이고 있는 자화상을 그려서 사실상 뵈클린을 모방했다. 토마는 뵈클린과의 대결을 즐기면서 이후 그 소재를 두 번 더 써먹었다. 뒤이어 해골을 소도구로 쓰고 싶어 하는 화가들이 줄을 섰고 독일 비평가들은 이들을 '붓을 든 시인들'이라고 부르며 다소 과장했다. 1896년 로비스 코린트는 반신 자화상에서, 이 친숙한 소재를 변형하여, 햇빛이 잘 드는 작업실에 당당하게 셔츠 바람으로 서 있는 자신의 모습과 그 옆에 쇠고리에 매달린 해골을 그렸다.

로비스 코린트Lovis Corinth는 독일 모더니즘에 다리를 놓아 주었다. 프랑스 인상파들과는 달리 역사적 소재를 왕성하게 화폭에 담았고 막스 리베르만과 함께 독일에서 가장 유명한 반#인상파였다. 드로잉과 에칭을 비롯해 코린트의 자화상은 수십 점에 달한다. 42세였던 1900년부터 줄곧 적어도 생일마다 한 점씩 자화상을 그렸다. 그러나 1911년에 뇌졸중을 일으켰고 이후에는 자신을 상처 입은 모습으로 그리거나 얼굴을 유령처럼 그렸다. 풍만한 나체화와 남성적인 포즈로 유명했던 코린트는 1910년까지만 해도 기사의 갑옷을 입고 미소를 띤 탐스러운 아내의 몸을 안고 있는 모습이다. 제목은 「정복자The Victor」였다. 그러나 1년 뒤 코린트는 병

마의 희생자가 되고 말았다. 그림을 그릴 수는 있었지만 작품은 엉성하고 소심해졌다. 마치 손상된 육체가 표현주의 기법에 엄청난 변화를 강요한 것 같았다.

코린트가 모더니스트인 자신을 가장 생생하게 표현한 것은 바로 1913년 8월 3일의 자화상이다. 티롤에서 휴가를 보내며 그 지방 특유의 옷을 입고 깃털로 장식한 사냥 모자를 쓴 모습을 그린 유화였다. 그러나 의상과는 아주 대조적으로 관객을 응시하는 눈은 슬프고 인상은 찌푸리고 있다. 모자챙 근처에 간결한 메시지까지 담았다. '에고ego.' 바로 여기 그가 드러나 있다. 자신의 비애감을 가능한 한 정직하게 표현한 것이다.* 코린트가 죽고 난 뒤 그의 아내는 남편이 그림에 써넣은 그것을 말하고자 했다고 확인해 주었다. 그녀는 남편의 자화상이 "대단히 진지하고 결정적인 에고와의 마주침"이었다고 썼다. 한 번도 중단된 적이 없는 자기 모습에 대한 그의 탐구는 반세기 전 구스타프 쿠르베의 말이 옳았음을 증명해 준다. 자화상은 자서전이라는 말. 이처럼 독일인들이 지칠 줄 모르고 끈덕지게 에고를 표현한 것은 그들의 자아에 대한 소중한 단서가 된다.

2

이 자기 표현이 얼마나 진전했는지는 독일인 에른스트 루드비히 키르히너Ernst Ludwig Kirchner의 작품에서 분명해졌다. 솔직하다는 점에서 뭉크 못지않은 인물이었다. 키르히너의 불안은 체질적인 것이었고 노골적

---

* 그야말로 자화상을 수도 없이 많이 그린 피카소는 이 자기 언급에서 코린트보다 앞섰다. 바르셀로나에서 독창적인 화가로서 명성을 얻기 시작한 1900년 열아홉 살 때 피카소는 수채화 자화상 스케치에 자신을 우아하고 실제보다 더 멋지게 그려 넣고 격려의 감탄사를 써넣었다. "여어!"

이고 고통스러웠다. 키르히너는 절충주의적인 실험기를 거친 뒤 공격적이고 신경증적인 깔쭉깔쭉한 선과 표현주의적 색채를 사용했다. 누구의 영향을 받았는지 분명했지만 자신의 화풍에 도움을 준 뭉크, 반 고흐, 고갱과 같은 여러 거장들을 무시하고 자신만의 독특함을 과시했다. 키르히너는 모더니스트들 사이에서 외톨이였지만 1905년 드레스덴에서 젊은 독일 표현주의 유파인 다리파Die Brücke의 설립을 도왔으며, 곧 그것을 주도하게 되었다. 앞서 보았듯 심지어 반 고흐 같은 은둔자도 동료들의 지지를 간절히 원하던 시기가 있었으니 말이다.

'다리파브뤼케'라는 이름은 미래로 가는 다리로 이해한다면 아주 적절한 표현이다. 다리파 화가들이 누구보다도 확고한 반란자들이었기에 과거나 소심한 현재로 가는 다리들은 폭파하려고 했으니 말이다. 같은 해에 첫 전시회를 연 프랑스 야수파들과 비교해 보면 그 의미가 확실해진다. 선도적인 야수파인 마티스, 블라맹크, 드랭은 강렬하고 밝은 색채의 풍경화에 대해 악평을 들으면서도 새로운 것과 낡은 것을 융합하려고 했다. 일리 포르가 그 전시회 카탈로그 서문에 쓴 "오늘의 혁명은 내일의 고전이다."[92]라는 말에서 잘 드러난다. 지금 와서 야수파의 첫 전시회에 출품된 그야말로 눈부신 작품들을 다시 보면, 야수파는 혁명가들 중에서 비교적 온건한 편이었다. 마티스만이 회화의 혁명을 계속 이어 가며 평생 모더니스트로서, 부르주아 살롱 취향의 속박을 끊었다고 주장하는 화가들의 우두머리로 남았다.

야수파가 준 충격은 강했지만 오래가지는 못했다. 마티스는 가정을 배경으로 새로운 그림을 시작했고, 블라맹크는 전통적인 회화로 후퇴했다. 드랭만이 자신들을 파리의 화젯거리가 되게 했던 '야수 같은' 원색을 계속 고집했다. 1906년과 1907년, 선견지명이 있는 미술상 앙브루아즈

에른스트 키르히너, 「거리의 여자들」 1915 도시의 화가 키르히너는 그림을 통해 외부 세계를 모방하는 것이 아니라 내적 동요를 누설한다.

볼라르는 템즈 강 정경으로 모네가 얻은 성공을 재연해 보고자 드랭을 런던에 보냈다. 비록 드랭이 런던 그림으로 모네처럼 성공하지는 못했지만 파리에 가지고 돌아온 스케치와 유화는 진정한 야수파의 작품이었다. 런던의 하늘, 강, 배, 공공건물들이 모두 그가 즐겨 썼던 붉은색과 푸른색으로 강렬하게 표현되어 있었다. 야수파 화가들 모두 매혹적이었지만 유파를 결성하여 뭉치지는 않았다. 아방가르드 화가들은 다른 곳에서 영감을 얻었으므로.

요컨대 야수파와 같은 시대를 살았던 다리파 화가들이 아웃사이더들 가운데 호의적으로 생각하는 인물은 극소수였으며, 위대한 전통에 속하는 건 대부분 혐오했다. 다리파 화가들은 당시 대부분 사람들보다 더 대담했다. 공동 작업실에서 그림을 그리거나 목판화와 석판화를 제작했고 합동 전시회를 열었으며 선언을 발표하고 마음 맞는 미술 애호가들을 끌어들이기도 했다. 그들이 직접 선언한 목표는 독일 회화의 현대화였다. 베를린, 뮌헨을 비롯한 여러 지역에서 분리파 화가들이 반아카데미를 선언했지만, 다리파의 눈에 분리파의 작품들은 너무 소심하고 절충적이었으며 혼란스러운 당시 대도시가 제공하는 예술적 가능성을 충분히 이용하지 못했다.

대조적으로 키르히너는 단연 현대 도시의 화가였다. 스위스 요양소에 장기 입소했을 때 신경증적 기법으로 풍경화에 충격을 주기는 했지만 어쨌든 그의 실험실은 드레스덴과 베를린이었다. 그는 도시 전문가였다. 도시에서는 대담한 누드화, 확실히 도시적인 그림들을 그릴 수 있었다. 도시에는 야하게 차려입고 거리 모퉁이를 으스대며 걷는 매춘부들이 있었고 베를린의 인도에는 군중이 넘쳤다. 하지만 그는 외부 세계를 모방하는 화가가 아니었다. 오히려 자신의 작품이 내적 동요의 누설이라고 강조했다. "형태와 비례를 아무렇게나 수정하는 것이 아니라 정신이 풍부하

에른스트 키르히너, 「남자의 머리: 자화상」 1917-1918 키르히너의 자화상은 방향감각의 상실, 성적 기호, 위험한 정신 상태 등을 담은 표현주의적인 기록이다.

고 효과적으로 표현되도록 하는 것이다."라고 그림에 대해 밝혔다. "색채도 역시 자연의 것이 아닌 화가의 의도에 의해 탄생한 것"이라고 한 이유가 바로 그것이었다. 그리고 이런 색채는 "작품 속 다른 색상과의 연관 속에서 화가의 경험을 표현하여 일종의 공명을"[93] 일으킨다고 단호하게 덧붙였다. 키르히너는 화가가 세상을 재현하는 것이 아니라 만든다고 여러 번 밝힌 바 있다. 평범한 현실을 촬영하는 하찮은 사진사가 결코 아니었던 것이다.

  키르히너의 작품은 자화상에조차 쉽게 사실적이라는 꼬리표를 붙일 수 없었다. 그 자화상들은 어느 순간의 자신이기보다 전쟁 중인 세상 속에서 방향감각을 상실한 모습, 성적 기호, 혹은 위험한 정신 상태를 담은 표현주의적인 기록이었다. 분명 자신의 몸과 얼굴에 몰두하기는 했다. 적어도 여든 점의 자화상을 그리고 에칭을 제작했던 키르히너는 어쨌든 양적으로는 렘브란트에 견줄 만했다. 특히 전쟁 직전과 전쟁 중, 즉 정신적 위기가 계속되는 동안, 자화상을 통해 속내를 열정적으로 토로했다. 1914년에서 1918년 사이에 그려진 자화상에는 모르핀으로 제정신이 아닌 키르히너가 있었고, 술고래 키르히너, 오른쪽 팔을 절단했거나 총으로 쏘아 없애 버린 채 누드 모델 앞에 선 제복을 입은 키르히너가 있었다. 특히 팔 잘린 자화상은 다양한 해석이 가능한 몹시 충격적인 작품이다. 하지만 대부분이 과잉 해석이다. 키르히너는 반전反戰을 주장한 것도, 거세된 자신을 묘사한 것도 아니었다.* 그저 신경증 환자 키르히너였을 뿐이다.

---

* 부상 당한 군복 차림의 자화상이 갖는 진짜 의미를 탐색하는 것은 과잉 해석에 대한 경고 역할을 할 수도 있겠다. 키르히너는 전선에서 트라우마를 겪은 적도 없었고, 전쟁에 대한 그의 정치적 관점은 복잡했다. 그러므로 이 그림을 거세나 반전(反戰)에 대한 상징적 표현으로 보는 것은 지나치게 단순한 것이다.

1937년 나치는 모더니즘 미술에 대한 가장 사악한 방해 공작인 '퇴폐 미술 폭로전' 목록에 키르히너의 작품을 포함시켰고, 키르히너의 불안은 증폭됐다. 그리고 그 일은 키르히너처럼 불안정한 화가라면 자포자기에 빠질 만한 결정적인 이유가 되었다. 그러니 58세였던 이듬해 발생한 그의 자살은 거의 예상된 일이었던 것 같다. 분명 어떤 독일 모더니스트도 키르히너만큼 근원까지 내려가 자아를 탐구하고 그 표현에 몰두하지 않았다. 대가 막스 베크만을 제외하고.

3

막스 베크만Max Beckmann은 대단히 개성적인 특유의 화풍 때문에 '붓을 든 철학자'로 불렸다. 쇼펜하우어 같은 철학자의 학설에 빠지지도 않았고 신지학은 '헛소리'라며 받아들이지 않았지만 그것들을 열심히 읽긴 했다. 평생 깊은 지성의 바다를 뒤지며 삶과 자기 자신의 의미에 대해 고뇌했다. 베크만이 체계적으로 자화상 작업을 하지는 않았지만 그에게 자화상은 다른 힘든 작업 도중에 긴장을 풀기 위한 일이 아니라 성심을 다해서 하는, 단연 가장 중요한 작업이었다. 그의 작품들 가운데 가장 중요하고도 가장 매력적인 작품에 해당하는 자화상들은 탁월한 솜씨와 뛰어난 색채감으로 각진 머리, 튀어나온 턱, 벗겨진 이마를 입체감을 살려 강조했다. 베크만은 20세기 초부터 1950년 죽을 때까지 다른 작품들을 중단하고 드라이포인트, 목판, 석판, 드로잉, 유화로 자화상들을 제작하였다. 그리고 전쟁 이후 그리기 시작한 야심만만한 세 폭짜리 그림에는 자신을 닮은 인물을 몰래 끼워 넣곤 했다.

열일곱 살인 1901년에 그린 초기 자화상은 기교가 놀라운 작품으로, 입을 벌려 비명을 지르는 모습을 에칭으로 제작한 것이다. 하지만 진짜 목표는 화려한 기교가 아니라 존재의 본질을 표현하는 것이었다. 베크만은 수수한 옷을 입은 채 오른손으로 담배를 까딱거리는 모습, 혹은 턱시도를 입고 왼손에 담배를 든 모습으로 나타났다. 어떤 때는 붓과 팔레트를 들고 생뚱맞은 모자를 쓴 화가의 모습이기도 했다. 어릿광대, 복잡한 도시의 거리를 걷는 사람, 괴상한 구근 모양의 트럼펫을 들고 있는 악사, 또는 첫 번째와 두 번째 아내와 함께 있는 남자로도 그렸다. 세 친구와 함께, 자진 망명하여 암스테르담에 있거나, 혼자 자신의 큰 머리로 배경 전체를 꽉 채운 모습도 있다. 그리고 1948년 화려한 반신 자화상에서는 빨강과 검정 줄무늬 재킷을 입고 제일 즐겨 썼던 소도구인 호른을 들고 있는 모습으로 강렬한 인상을 남겼다. 분위기도 의상만큼 다양하다. 반항적일 때도 있었고 겁을 먹거나 시비조일 때도 있었다. 그의 작품 어디에나 화가 자신이 있다.

베크만은 자신의 변화를 관찰하고 거울에 비친 자기 얼굴의 역사를 충실하게 기록했다. 몸이 쇠약해져서 간호병으로 간신히 견뎌 낸 1차 세계대전은 많은 모더니스트들에게 그랬듯 그에게도 지워지지 않는 상처를 남겼다. 점차 폭력, 살인, 소름 끼치는 죽음이 소재를 지배하게 됐다. 그리고 자신의 크나큰 우울을 포착하고 전달하기 위해서 형태와 색상을 표현주의적으로 심하게 왜곡했다. 그 작품들은 젊은 시절 한때 뜻을 같이했던 독일 분리주의자들의 소심한 혁신을 뛰어넘는 대담한 발자취를 남겼다. 베크만의 자화상 중 가장 유명한 1920년 목판화는 예리하게 새긴 얼굴로 전쟁 이후 화가를 잘 표현하였다. 거의 감은 검게 팬 눈은 무표정하고, 입꼬리는 웃음기 없이 아래로 처져 있다. 그때까지 모더니즘은 1914년 이전에 전개했던 개념과 기법에 대체로 의존해 왔었는데, 그 목판화 자화상을 통해 전쟁 이후에는 모더니즘이 더 새롭고 냉소적이 되었다는 것을, 때로는 더 절망적이 되었다는 것을 알 수 있다.

그런데 이상하게도 베크만은 1938년 런던에서 자기 작품의 근원에 있는 의도에 대해 입을 열게 되었다. 나치가 그의 작품을 '퇴폐 미술 폭로전' 작품 목록에 포함시킨 이후였다. 그가 밝힌 의도들은 대단히 많은 모더니즘 작품에 주관적인 압박이 있었다는 사실을 인정하는 것이다. 베크만은 신중하게 정치적인 언급은 피했다. 그가 너무도 자주 자신의 얼굴과 모습을 소재로 선택했기에 그 동기에 대해 이러쿵저러쿵 말이 많은 것은 당연했다. "모든 객관적 정신은 자기 표현을 향해 매진한다. 나는 내 삶과 작품에서 자아를 탐색한다." 진정한 객관성은 주관성을 내포하는 것이라는 말이었다. 베크만은 이런 자아 탐구가 모든 예술가들에게 가장 절박한, 그리고 가장 큰 노력을 요하는 과제라고 생각했다. "다들 나름의 방식으로 표현하는 자아가 실제로 무엇인지 우리가 아직 모르고 있기 때문에 더욱더 철저하게 그것을 찾기 위해 노력해야 한다." 베크만은 자신이 "개인의 문제에 몰두"했다고 생각했고 "그것을 표현하기 위해 온갖" 시도를 다하고 있다고 했다. "당신은 어떤 사람입니까? 나는 어떤 사람입니까? 이것은 끊임없이 나를 따라다니며 괴롭히는, 아마도 내 작품에서도 상당히 중요한 역할을 하는 질문들일 겁니다."[94] 그의 '아마도'는 지나치게 신중한 사족이다. 베크만은 모든 작품에서 이런 질문을 던졌으니까 말이다.

모더니스트 화가들을 이렇게 자화상 전문가로 쭉 훑어보고 나니,

그들의 작품들이 화가의 얼굴을 확실하게 보여 주든 아니든 간에 모두 내적 삶을 대담무쌍하게 추구한 선구적 작품으로서 결국 어떤 의미에서는 자화상이었다는 것이 분명해졌다. 그 작품들은 주의 깊게 살펴보면 모두가 진정한 고백을 하고 있었다. 특히 재현에 완전히 등을 돌린 모더니스트들은 더욱 그러했다.

신비적 모더니즘

1

바실리 칸딘스키Vasili Kandinsky는 뮌헨에 있을 때, 1909년이거나 1910년이 다 돼 가던 어느 늦은 오후부터 더 이상 날짜 같은 무미건조하고 정확한 지표로 자신의 회고록을 어수선하게 만들 필요가 없다고 생각했다. 그날 그는 스케치를 마치고 작업실로 돌아갔다. 그 순간이 바로 추상미술이 탄생하려는 찰나였다. 칸딘스키는 이렇게 회상했다. "별안간 내부에서 형언할 수 없이 아름다운 그림이 광채를 뿜으며 눈앞에 펼쳐졌다." 그는 형과 색만 있었던 그 수수께끼의 그림에 달려들었다. 그러자 곧 상황이 파악됐다. "대상이 내 그림에 방해가 된다는 것을 확실히 알게 됐다." 사실에 대한 충실한 묘사가 미술에 대한 가장 큰 장벽처럼 보였다. 대단히 포괄적인 결론을 내렸다. "자연의 목적과 미술의 목적(그리고 수단) 은 본질적으로, 태생적으로, 그리고 우주 법칙에 따라 서로 다르다."[95] 그는 외부 세계와 전혀 상관없는 그림을 그리기 시작했다.

칸딘스키의 이런 회상이 그 눈부신 통찰력에 대한 믿을 만한 설명이든, 아니면 모방이라는 이상에서 물러나게 되는 오랜 과정을 극적으로 요약한 것(이쪽이 더 가능성이 많아 보인다.)이든 간에, 미술과 자연을 대립시킨 것은 모더니즘의 역사에서 획기적인 사건이었다. 앞으로 설명하겠지만 이 어지러운 시기에 외적 존재와의 연결을 끊은 화가들 대부분이 특유의 양식을 추구하며 오랫동안 작업한 끝에 결국 결정적인 순간에 이르렀다. 그들에게 거의 순례와 다름없는 이런 과정은 모더니즘의 중심에 있는, 흥분과 충격을 열망하고 전통을 완전히 무시하는 개인주의를 잘 설명해 준다. 또한 이들의 순례는 그런 개인주의에 대한 찬사이기도 하다. 분명, 예술적 자기 폭로를 완수할 방법은 여러 가지였던 것이다.

칸딘스키는 몬드리안, 말레비치와 함께 현실을 신비주의적으로 인식하여, 보들레르의 표현에 따르면 "심장의 붕대를 벗겨 내는 일"을 해낸 3대 모더니즘 화가였다. 분명 칸딘스키의 이 신비주의는 전문적인 훈련에 대한 개인적인 충동의 승리였다. 1866년 모스크바에서 태어난 그는 아주 훌륭한 교육을 받았다. 법률과 경제학을 제대로 배웠지만 '현실 세계'에서의 성공을 포기하고, 1896년 그림을 배우기 위해 뮌헨으로 떠났다. 데생 솜씨가 뛰어났고 강렬한 색채를 사용했으며 이따금씩은 줄거리가 있는 풍경화를 그렸다. 그리고 고독을 지향하면서도 반전통적인 단체를 창설했고 끊임없이 그런 동아리에 동참했다. 그러나 꾸준한 활동에도 불구하고 아무것에도 만족하지 못했다. 그가 찾고자 했던 것은 가장 사적인 감정을 표현할 미술 언어였으니, 더욱 새롭고 범세계적인 어휘가 필요했다. 1910년경 희미한 불빛 아래에 비스듬히 놓인 자기 그림을 보다가 드디어 목적지에 도달했다. 대상과 전혀 무관한 비재현적인 미술이 출현하는 순간이었다.

이런 개인적 주관성은 칸딘스키가 추상미술을 발견하기 얼마 전

유력한 독일 미학자 빌헬름 보링거가 쓴 책 덕분에 이미 학계의 큰 지지를 얻게 되었다. 보링거는 자신의 『추상과 감정이입』1908이 마음에 중점을 두었다고 강조하며 "양식의 심리학에 공헌한 글"이라고 선전했다. 이 책에서 그는 현대 미학이 "미학적 객관주의에서 미학적 주관주의로 가는 단호한 발걸음을 내딛었다."라고 주장했다. 예술에서 중요한 것, 좀 더 정확히 말하자면 중요시해야 하는 것은 예술 작품이 불러일으키는 감정이라는 것이다. 그는 "예술의 필요성을 설명하는 심리학"이라는 것이 있다면 그것은 "세상에 대한 감정의 역사일 것이며, 종교의 역사와 어깨를 나란히 했을 것이다."라고 주장했다. 모더니스트들은 너무도 단호한 이 투사를 환영할 수밖에 없었다. "예술 작품의 가치, 즉 아름다움이라고 부르는 것은 일반적으로 말해 행복하게 만드는 힘이다."[96]라고 보링거는 썼다. 그렇게 되면 유치하든 세련됐든, 조형적이든 추상적이든, 혁신적이든 아니든 모든 예술 활동은 전통적 미학의 위계나 도덕의 고양과 무관하게 정당한 것이다. 그는 칸딘스키가 자기가 좋아하는 대로 그림을 그릴 권리가 있다고 생각했던 것이 정당하다고 말하고 있는 듯하다

  칸딘스키가, 물론 일괸되게 그랬던 것은 아니지만,* 여하튼 예술과 사연을 극단적으로 분리했던 것은 순전히 미적인 판단 때문만은 아니었다. 그것은 러시아 민담, 블라바츠키 부인의 신지학 교리, 시각적 자극 못지않았던 음악적 자극에 대한 감수성, 시대를 좀먹고 있던 '물질주의'의 영향으로부터 정신적인 것을 구원하려는 사명감을 적당히 버무려 그가 직접 만든 신비로운 체계의 발현이었다. 칸딘스키는 현대가 영혼을 잃

---

* 아마추어 형이상학자 칸딘스키가 근본적으로 자기모순에 빠졌던 일이 있었던 것은 그리 놀라운 일이 아니다. 그래서 1921년 이렇게 썼다. "추상미술은 자연과의 관련을 배제하는 것이 아니라 오히려 그 반대로 자연과의 관계를 더더욱 강화하고 전보다 더 밀접하게 하는 것이다."[97]

었으며 다시 영혼을 불러일으킬 수 있는 것은 예술밖에 없다고 백 년 전 독일 낭만주의자들만큼 굳게 믿었다.

요컨대 칸딘스키가 자기만의 '철학'이라고 주장하는 그 모호하고 애매한 단어는 재활용된 낭만주의로 넘쳐날 뿐이었다. 1925년 "오늘날 신즉물주의가 있어야 한다면 신낭만주의도 있기를"[98]이라고 쓰고 이렇게 덧붙였다. "낭만주의는 예술의 의의이자 내용이다." 즉 지성을 엄격하게 배제하지 않으면서도 예술가의 느낌과 관객의 느낌을 미적 경험의 핵심에 두는, 창조적이고 대단히 비정통적인 것을 일컫는 것이다. 소망처럼 "신낭만주의도 있기를"이라고 기원한 것을 보면, 모더니스트든 아니든 간에 그와 생각을 달리하는 사람들이 많았으며, 그도 그런 사실을 알고 있었던 것이 분명하다. 그의 희망이 이루어질 가능성은 아주 희박했다. 하지만 칸딘스키의 바람은 모더니스트들의 동기가 얼마나 다양했는지 다시 한 번 잘 보여 준다.

이런 다소 어설픈 낭만주의 부흥 운동이 인기를 얻게 된 것은 1차 세계대전 즈음, 즉 거의 반세기 전부터 새로운 종교, 아니 현대적 취향에 맞게 고친 낡은 신념들이 받아들여지고 난 뒤였다. 알다시피 신지학神智學, 인지학人智學, 크리스천사이언스, 그리고 내세의 계시에 대한 원시적 맹신에서부터 영국심령연구학회의 세련되고 진지한 연구들에 이르는 엄청나게 다양한 숭배가 과학적 공리보다 더 유쾌하게 삶에 위안이 되는 대안철학을 제공했다. 법칙이 지배하는 딱딱한 우주의 망령은 죽음이 끝이 아니라는 희망적인 메시지에 대한 갈망을 충족시켜 주지 못했던 것이다. 이렇

게 해서 지식인과 교양층은 이러저러한 강신술들을 맹신하게 되었다. 만약 공식적으로 인정된 모든 종파가 무능력하여 문을 닫아 버렸더라면, 그리고 만약 성서 속의 신성한 이야기들이 한낱 미신에 불과했다면, 강신술의 예비 신자들이 믿고 있던 어떤 신성한 것이 보존되고 또 해묵은 파벌주의에서 벗어나 성숙할 수 있었을지도 모른다. 이런 어지러운 분위기 속에서 아방가르드 화가들이 주를 이룬 모더니스트들은 불경한 실증주의 같은 전통적인 사고방식에 대한 반감을 종교적 형태로 바꾸어 놓았다. 그들 중 칸딘스키가 두드러졌다.

스스로도 주저 없이 그렇다고 했다. 칸딘스키는 여러 언어로 번역된 자신의 가장 유명한 에세이 『예술에서의 정신에 관하여』1912에서 근래는 물론이고 과거의 개념들까지 세세하게 검토하면서 과거와 현재의 "내적 본질"의 유사성이 "미래의 씨앗"[99]을 보여 줄 것이라고 주장했다. 과학적 사고방식의 소유자들이라면 시대착오적이라고 생각했겠지만, 이 목적론은 모더니즘의 전성기 동안에는 전혀 특별할 것이 없는 사고방식이었다. 심지어 모더니스트들도 그렇게 생각했다.

───

칸딘스키의 뒤를 이은 소수의 모더니스트들이 악착같이 추상회화를 실천에 옮기자 미술비평가들은 전례 없는 위기를 맞게 되었다. 그래서 그 그림을 해석하겠다고 나서는 사람이라면 왠지 유능해 보였다. 칸딘스키는 자기 작품에 대한 해석이 많으면 많을수록 좋다고 말한 적이 있었는데, 그런 의미에서 보자면 그의 작품들은 전부 대단한 성공을 거둔 셈이었다. 가장 유명한 칸딘스키 분석가 한스 뢰델은 해석의 어려움에 대하여 이렇게 호소했다. "작품에 대한 그의 언급은 작품의 의미를 해석하는 데 전혀 도움이 되지 않는다. 그가 설명을 하면 할수록 작품의 비밀이 밝혀지기는커녕 더욱 증폭된다."[100] 칸딘스키는 1944년 파리에서 죽을 때까지 계속 자유롭게 형태 유희를 즐겼다. 추상화를 발견한 뒤에는 결코 그것을 포기하지 않았던 것이다.

칸딘스키는 우상파괴주의자로서 주로 뮌헨과 그 근교에서 지냈던 초창기에 불규칙적인 큰 색점들을 서로 강렬하게 대비시키고 이것들을 작은 색점들과 병치시켰다. 또 캔버스를 가로지르는 검정색 선을 그어 시선을 끌었다. 이런 형태들 중에는 신지학 서적을 읽으면서 영감을 얻은 것도 있었지만 모두 알 수 없는 내적 충동에서 나온 것이었다. 그는 1916년에서 1921년까지 모스크바에서 지내면서 러시아혁명을 지지했고 새로운 체제의 교육 및 행정에 활발히 참여했는데도 그의 모더니즘적 추상화는 끝내 환영받지 못했다. 전보다 더 엄밀하게 형태를 구성하기 시작했다. 주로 원, 직선, 반원을 기본으로 윤곽선을 더 명확하고 예리하게 표현했다. 물론 겹치고 연결되는 신비로운 형상들도 계속 그렸다.*

당시 칸딘스키가 이용했던 작은 형상들은 유머러스하게 조화를 이루었는데, 어떤 것은 자연의 구조물과 어렴풋이 닮은 듯 보이지만 자연을 모방한 것은 아니었다. 그 알쏭달쏭한 형상들은 성당 문이나 말을 탄 사람으로 해석할 수 있었지만 그럴수록 그의 작품은 한층 더 난해해질 뿐이었다. 그가 표현하려고 했거나 표현한 분위기조차도 늘 모호했다. 추상화를 택한 이후부터 그의 그림은 그야말로 뭐라고 표현할 수 없는 것이 되어 갔다. 종종 확신이 흔들리기도 했지만 칸딘스키는 작품 하나하나를

---

* 이것은 순전히 내부에서 발생한 것이 아니었다. 칸딘스키는 절대주의자 카지미르 말레비치 같은 러시아 모더니스트 화가들의 추상화와 위대한 디자이너 엘 리시츠키의 구성주의를 참조하였다.

카지미르 말레비치, 「검은 사각형」 1915 말레비치는 무(無)를 대신할 무엇인가를, 자본주의의 탐욕을 대체할 예술적 감수성을 표현하고자 했다.

열정적으로 작업했으니, 관객들이 할 수 있는 일은 그의 작품을 경험하는 것밖에 없었다. 간단히 말하자면 내가 '이단의 유혹'이라고 부르는 것은 추상화를 감상하는 사람들뿐만 아니라 추상화를 창조한 사람들의 마음도 혼란스럽게 만들었다. 칸딘스키의 그림은 작품들끼리만 서로 닮아 있을 뿐이었다.

2

1차 세계대전이 끝나 갈 무렵 추상파 화가들은 소수지만 열렬한 미적 극단주의자가 되어 있었다. 이들 모두가 작품을 일종의 예배 행위로 여긴 것은 아니다. 예를 들자면 재치 넘치는 프랑스 화가 로베르 들로네는 종교적 메시지를 전달하기 위해서가 아니라 색채 이론을 제시하기 위해 강렬한 색의 소용돌이를 만들어 냈다. 그중 추상파 군단의 지도자인 러시아의 카지미르 말레비치Kazimir Malevich는 특별히 주목할 필요가 있다. 1910년대 말부터 1920년대 초에 걸쳐 자신이 직접 이름을 붙인 '절대주의' 시기의 작품들은 비구상적인 모더니즘 회화의 가장 확실한 예이기 때문이다. 그는 칸딘스키처럼 러시아 민속 종교에 물들었지만 칸딘스키와 달리 화가인 자신을 신으로 여겼고, 몬드리안보다 더 회화를 자연과 거리가 먼 영역으로 만들었다. 1913년에 흰색 직사각형 안에 검정색 정사각형을 그려 넣어 전시했고 5년 뒤에는 흰색 정사각형 안에 농담만 서로 다른 흰색 정사각형을 기울어지게 그려 그 선동적인 전작을 뛰어넘었다. 「흰색 위의 흰색」을 제대로 보려면 개방적인 예술적 정신뿐만 아니라 좋은 시력도 있어야 했다. 그 흰색 사각형 말고는 빈 캔버스밖에 없으니까.

말레비치는 자신의 단순해 보이는 작품들이 숭고한 이데올로기

카지미르 말레비치, 「절대주의」 1917 "절대주의를 통해 내가 말하려는 것은 회화에서 순수한 감정 혹은 감각이 절대 우위라는 것이다."

의 구현물이라고 생각했다. 그는 무無를 대신할 무엇인가를, 자본주의의 탐욕을 대체할 예술적 감수성을 표현하고 싶었다. "절대주의를 통해 내가 말하려는 것은 회화에서 순수한 감정 혹은 감각이 절대 우위라는 것이다." 그의 회고대로 "정사각형의 형태로 피난했던 것"은 "객관적 세계라는 짐으로부터 미술을 해방시키기 위해 처절하게 몸부림 쳤던 1913년"의 일이었다. 그는 그 사각형이 무의미가 아니라 "무목적의 경험"[101]이라고 주장했다. 이런 사고방식에서는 미술 작품과 화가가 대단히 중요한 존재였다. 말레비치가 새로운 종교를 위한 때가 됐다고 했을 때 그 새로운 종교란 바로 새로운 미학이었다.

3

모더니즘 혁명에 크게 기여한 러시아 화가들 중에서 미술관에 드나드는 대중도 단번에 알아볼 수 있는 사람은 네덜란드인 피트 몬드리안 Piet Mondrian이다. 몬드리안은 젊은 시절 자연주의적 풍경화에 뛰어났는데 갑작스럽게 그런 전통적인 소재로부터 등을 돌렸다. 다른 모더니스트들과 마찬가지로 몬드리안 또한 부르주아 취향에 대해 강한 불만을 품고 그것을 뛰어넘어 반드시 새로운 길을 개척하겠다는 의욕에 넘쳤다. 친구들에게 자기 신경과 자기 작품의 의미를 설명해 주면서 내면의 강한 욕구 때문에 그런 작품들을 그릴 수밖에 없다고 강조하곤 했다. 그 유명한 격자를 향한 과정은 매혹적이었지만 부분적으로는 힘들었다. 더 깊이 들어가 보면 그는 아버지의 엄격한 칼뱅주의를 거부하기 위해 끊임없이 싸웠지만 벗어나지는 못했다. 암스테르담, 파리, 뉴욕, 어느 도시에 있든지 간에 그의 작업실과 아파트는 그가 광적인 신앙심과 금욕주의를 결코 극복하지 못했다는 것을 잘 보여 준다. 작업실 안에는 모든 것이 엄격히 제자리에 놓여 있고 불필요한 장식이라곤 전혀 없었다.

이렇게 그의 추진력이 내부에 있었기 때문에 일단 자신이 할 일을 정하고 나자 다른 화가들의 작품은 그것들을 뛰어넘기 위해서만 수용했다. 1911년 말 39세의 나이에 파리로 이주하여 미술 교육을 계속 받았지만 타인의 영향에 의존하지 않기로 결심했다. 피카소에게서 강한 인상을 받았지만 더 이상 주눅들지 않았고 그 위대한 입체파의 독창성에 대해서 회의를 품었다. 스스로 고백한 대로 몬드리안이 인상파, 후기인상파, 야수파에 감탄했던 것은 사실이지만 "혼자 진정한 길을 찾아야 했다." '진정한 길'이라는 말은 참으로 의미심장하다.

그 진정한 길은 몬드리안이 '순결한 현실'이라고 불렀던 것이다. 그에게 미술적 명성을 보장해 주었던 훌륭한 초기 풍경화들은 점차 점묘화 같은 다소 격렬한 색채적 표현으로 바뀌었다. 풍차나 언덕은 인식 가능한 형태였지만 형태를 위한 형태가 늘어났다. 그 후 1908년부터 꾸준히 비구상 미술로 변해 갔다. 나무와 모래 언덕은 아직은 나무와 모래 언덕이었지만 점차 형체를 알아보기 어렵게 변했다. 유명한 「생강 단지가 있는 정물」1911-1912 두 점은 입체파에서 영감을 얻은 것이며, 이때 그린 나무들은 마치 엄청난 폭풍에 나뭇잎이 모두 떨어져 버리기라도 한 듯 거의 헐벗은 나무 둥지와 가지밖에 남아 있지 않았다. 자신의 작품에 '구성 Composition'이라는 이름을 붙이기 시작했고 자연은 거의 모방하지 않았다. 이후 '신조형주의'의 의미에 대해 설명하면서 "탈자연화"가 "인류 진보의 필수적 요소 중 하나이며, 신조형주의 미술에서 가장 중요한 점"이라고 지적했다. 과도기인 1914년에 그린 「부두와 바다」는 제목이 없었다면 직선과 길쭉한 십자 무늬 뒤범벅으로밖에 보이지 않았다. 1917년부터는 화폭 전체를 알록달록한 직사각형으로 채우는 실험에 몰두했다. 이제 남은 일은 검정색 직선과 알록달록한 직사각형을 합치는 것이었다. 1920년, 때가 왔다. 이때부터 직사각형은 원래의 의미를 잃고 몬드리안의 전용품이 됐다.

긴 순례였다. 시작은 1915년이었다. 이때 친구와 함께 네덜란드의 화가마을 라렌을 산책하며 풍경화에서 달빛의 효과에 대한 이야기를 나누다가 몬드리안이 갑자기 말을 잘랐다. "그래, 대체로, 자연은 불쾌해. 참을 수가 없어." 몬드리안도 칸딘스키처럼 구도자였다. 두 사람 모두 주로 신지학의 신비한 개념을 표현했으며, 자신들의 작품을 단순한 그림이 아닌 일종의 기도로 여겼다. 두 사람 모두 종교적 난제의 해결책을 미술에서 구했으며 자연에 단호하게 등을 돌렸다.

특히 몬드리안은 평생 너무도 철저히 등을 돌리고 살았다. 1939년 파리를 떠나 런던으로 이주했다가 1940년 말에 미국으로 이민을 갔다. 이때 그 유명한 직사각형 추상화는 주로 일부 미국 수집가들 사이에서 유명해졌다. 1944년 죽기 전 얼마 동안 추상화가 로버트 머더웰과 친하게 지냈다. 머더웰은 그 네덜란드 화가 친구에게 저녁을 사 주곤 했다. 이따금 센트럴파크 앞의 오래된 뉴욕 식당인 '태번 온 더 그린Tavern on the Green'에 갔다. 머더웰의 말에 따르면, 날씨가 좋을 때면 야외에서 식사를 했는데 그럴 때마다 몬드리안은 늘 공원의 화려한 나무들을 등지고 앉겠다며 고집을 부렸다고 한다.[102]

노망 난 노인의 변덕이 아니었다. 취향의 문제도 아니었다. 인간이라는 동물이 자연의 권위에서 벗어날수록 더 문명화된다는 그의 확신을 표현한 것이었다. 인간은 대도시를 건설하고 과학과 기술의 크나큰 진보로 자연을 훨씬 앞질렀다. 이제 회화가 문명의 기술자들을 따라잡을 차례였다. 몬드리안이 한 치의 망설임도 없이 지적했듯 지성은 막대한 창조적 잠재력을 지니고 있으며, 그의 작품이 점차 확연히 보여 준 것처럼 적어도 그에게는 영감의 외적 원천이 필요치 않았다. 몬드리안은 칸딘스키가 추상화의 근저에 놓은 환영을 뼈대만 남은 구조물로 바꾸어 놓았다. 몬드리안을 지켜보았던 사람들은 그가 자신의 직관에만 의존하여 불변의 미술 형식을 추구하였다는 사실을 잘 알고 있다. 결국, 충실하고 극단적인 모더니스트 몬드리안에게는 주관성이 전부였다.

몬드리안과 칸딘스키는 예술적 목표와 종교적 영감에 있어서는 거의 같았지만 외모와 사회 생활 태도에 있어서는 전혀 달랐다. 칸딘스키는 사교적이고 사람들을 좋아했지만, 몬드리안은 금욕적이었고 친구들이 없지는 않았으나 고독한 구도자였다. 칸딘스키는 여자가 없던 적이 없었고, 몬드리안은 부적절한 연애 소문이 떠돌기는 했지만(모두 신뢰성이 의심스러운 것이었고) 거의 늘 혼자였다. 몬드리안을 잘 아는 사람들의 말로는 그가 진짜 좋아했던 춤은 찰스턴이었다고 한다. 이것은 상대와 신체적 접촉이 전혀 없는 춤이다. 칸딘스키는 타고난 교육자로 1933년 독일 모더니즘 그 자체인 바우하우스가 문을 닫을 때까지 11년간 교수로 지내며 열정적으로 데생과 벽화를 가르쳤고 학생들 사이에서 늘 인기가 많았다. 몬드리안은 자신의 신조 '신조형주의'에 대해 열정적인 글들을 계속 발표했다. 칸딘스키는 자신의 신성한 탐구를 위해 계속 새로운 형태를 만들어 냈다. 몬드리안은 그 유명한 격자 그림에 전념하기 시작한 뒤로는 정밀하게 짜인 계획에 따라 격자에 변화를 주었다.

몬드리안은 외따로 새 길을 개척하였지만 자신의 엄격한 모더니즘 과제는 일부 동지들과 함께 수행했다. 공적 역할에서도 작업실에서 혼자일 때만큼 강박적으로 열심이었다. 1917년 테오 판 두스부르흐Theo van Doesburg를 비롯한 네덜란드 화가들과 의기 투합하여 아방가르드 잡지《데 스테일De Stijl》의 창간을 도왔다. 이후 "공동의 양식"을 구성하게 될 "화가들의 정신적 공동체"였다. 몬드리안과 동지들은 창간 선언문에서 '조형적' 현대 미술, 즉 "기술과 예술을 조화시키고 건축과 회화의 성격을 동시에 띠는 미술은 외적 관찰이 아닌 내적 삶으로부터, 모방이 아닌 표현으로부터" 나와야 한다고 주장했다. 이러한 미학 이데올로기는 (몬드리안의 새로운 신앙, 즉 엄격함과 함께) 무엇보다도 "수평-수직적 질서"에만 복종하기에 "대각선과 곡선"을 배제하였다. 포괄적이면서도 세밀한 이 원칙은 대단히 엄격하여 예외를 전혀 허용치 않았다. 1924년에 변덕스러운 테오 판 두스부르흐가《데 스테일》의 방침을 공공연하게 거스르고 자신의 작품에 대각선을 도입하자 몬드리안은 그것이 명백한 배신 행위라며 그 단체를 탈퇴하고 두스부르흐와의 관계를 끊었다. 신조형주의는 가벼이 볼 것이 아니었다.

완전한 신조형주의는 1919년에 탄생했다. 그때부터 몬드리안이라고 하면 으레 떠오르는, 직선만으로 이루어진 기교 없는 작품들이 그의 레퍼토리에 포함되기 시작했다. 하지만 그는 파리에서 지낸 6년 동안 생활을 근근이 유지하기 위해 꽃을 그려야 했다. 그러던 중 1926년에야 캐서린 드라이어추상화가이자 영향력 있는 큐레이터 같은 미국 수집가들의 눈에 띄어 순수 회화, 나로서는 종교적인 회화라고 부르고 싶은 그런 그림만으로 먹고 살 수 있게 되었다. 그러나 몬드리안은 가난은 물론이고 어떤 일이 있어도 자신의 임무에서 결코 한눈을 팔지 않았다. 그리고 그 화풍을 지배하는 단순한 규칙들을 결코 완화하지도 않았다. 완벽한 수직선과 수평선으로 틀을 만들고 그 틀이 이루는 직사각형을 빨강, 파랑, 노랑으로 채우거나 세 가지 '중간색'인 검정, 하양, 회색만으로 칠하는 규칙 말이다. 그림은 점점 더 단순해져서 1920년대 말이 되자 화폭에는 몇 개의(어떤 때는 겨우 두 개의) 선밖에 남아 있지 않았다. 완벽한 수평선과 완벽한 수직선에 단순한 색 조각들이 활기를 불어넣었다. 그러다가 1930년대에는 다시 약간 복잡해졌다. 때로는 검정색 선을 두 줄로 그려 넣었고, 때로는 캔버스를 마름모 모양이 되게 돌려 놓기도 했다. 그러나 기본적인 격자는 그대로였다.

이런 일관된 엄격함에 비추어 보면 몬드리안의 말기 그림들인 「뉴욕New York」, 「뉴욕 시 New York City I」, 「브로드웨이 부기우기Broadway Boogie Woogie」, 「빅토리 부기우기Victory Boogie Woogie」에서 새롭게 등장한 것, 즉 검정이 아닌 밝은 색의 선은 유쾌하고 생동감 넘치는 상당히 낯선 것이었다. 이 열정적인 그림들은 몬드리안에게서 육체적 생명력이 발생 혹은 부활했다는 것을 보여 주는 듯하다. 이것은 일종의 암시이기도 했다. 그가 관능적인 충동에 대한 저항으로서 끔찍이도 간직해 온 직사각형에 대한 신조는 뉴욕, 그러니까 맨해튼을 경험한 후에 더 이상 자신을 완벽하게 표현해 주지 못한다는 점에서 흔들리게 되었다. 그는 뉴욕이 문명의 승리로서, 철과 유리로 만들어진 독특한 직사각형 건물들과 자연의 침묵을 적절하게 상쇄시키는 소음 에너지가 있는 곳이라고 생각했다. 그가 더 오래, 그것도 뉴욕에서 살았더라면 성적 에너지를 작품에 이용했을지도 모른다. 그가 곡선의 긴장감과 색채의 유희를 단호하게 배제하며 건전한 격자무늬를 통해 교묘하고 완강하게 부인했던 그 에너지 말이다.

충성스러운 모더니스트답게, 몬드리안은 진정한 예술가라면 자기 시대에 충실해야 한다는 신념을 지니고 있었다. 뉴욕에서 죽기 3년 전인

1941년에 그는 자신이 "현대적 정신과 조화를 이루며"[103] 작업하고 있다는 확신을 표명했다. 그는 그 정신을 자유의 탐색이라고 해석했다. 순응주의로부터의 자유, 아카데미즘, 상업주의로부터의 자유였다. 자신에게 현대 미술은 "과거의 중압감으로부터의 해방"[104]이라는 점을 단호히 했다. 그것이 바로 그가 삶의 지침으로 삼았던 원칙이었다. 몬드리안이 죽은 뒤에 그의 패턴들은 (자연스럽게) 아이러니컬하게도 상업 문화에 수용되었다. 그의 격자는 복제되거나 모방되어 상점 진열창, 광고, 책 표지, 여성 의류에 이용됐다. 이단의 유혹이 힘을 잃은 것이다. 이질적인 느낌이 사라지자 사람들은 그의 모더니즘 작품을 더 많이 소유하고 싶어 했다. 그리고 소비자들은 그의 작품을 쉽게 알아볼 수 있게 되었다. 하지만 그 작품들이 한때는 얼마나 이질적으로 보였는지 잊어서는 안 된다.

언젠가 피카소가 현대 미술을 파괴의 총체라고 정의한 적이 있다. 그 정의가 대단히 적절해 보이지만 추상화가들의 동기를 살펴보면 그것만으로는 충분치 않다. 앞서 초점을 맞춘 세 명의 추상화가들인 칸딘스키, 말레비치, 몬드리안은 벗어날 수 없는 물질주의 문화가 야기한 정신적 상실을 회복하기 위해 종교적 세계관을 구성하고 표현하는 데 열중했다. 모더니즘 예술에 내재하는 반역 정신이 정치적, 지적, 감정적 영역의 전 부문에서 발생하였다는 사실은 아무리 강조해도 지나치지 않다. 그 정신의 기저에는 늘 기존 세계에 대한 강한 반감과 정신적인 것에 대한 굶주림이 있었다.

무정부주의자와 권위주의자

1

1차 세계대전이 잔학한 행군을 계속하고 있던 시기, 삶을 억압하고 친구들을 죽인 군정 복합체에 질린 모더니스트들은 그 상황을 단 한마디로 이렇게 표현했다. '미친 짓.' 그러나 일부 영국인들이, 후방에서 연합국 군인들의 탈출을 돕다가 1915년 독일인들에 의해 총살당한 영웅적 영국 간호사 이디스 카벨의 조각상에 새겨진 이런 글에 동의한 것은 사실이다. "애국심으로 충분하지 않다. 누구에 대해 미움이나 적개심도 가지지 말아야 한다." 그리고 일부 독일인들이 "신께서 영국을 응징하시다!"라는 유명한 표어를 혐오했으며 중립국을 통해 '적국' 친구들과 계속 연락을 취하고 있었던 것도 사실이다. 그러나 이 소수의 교양 있는 사람들은 실제적인 정책에는 거의 아무런 영향도 끼치지 못했다. 양국의 공식 노선은 쇼비니즘이었다. 검열자들에 의해 조장되고 강요되기도 했으며, 신성한 임무라거나 신께서 도우신다는 말로 한층 더 포장되었다. 무모한 전쟁이 끝난 뒤, 프로이트라면 연합국과 반연합국 양편 모두가 신이 자기들 편이라고 주장하여 신의 명예에 누를 끼쳤다고 냉소했을 것이다.

바로 이런 고약한 분위기에서 특히 불손한 반예술 운동인 다다이즘Dadaism이 출현하여 얼마간 번성했다. 누가 '다다'라는 우스꽝스러운 이름을 지었는지는 아무도 속 시원히 해명하지 못했다. 그것은 이 비非운동이 큰 혼란 속에서 일어났다는 증거였다. 그 운동은 혁명적이었지만 선조가 없었던 것은 아니었다. 조르조 데 키리코, 그리고 훨씬 더 과격한 마르셀 뒤샹 같은 화가들이 가장 중요한 원시 다다이스트들이다. 뒤샹은 혼자 힘으로 새로운 반예술 작품을 창안하여 반예술가는 예술을 죽이기 위해서라면 극단적인 일도 서슴지 않는다는 것을 잘 보여 주었다. (뒤샹은 뒤에서 따로 자리를 마련하겠다.)

다다의 계획은 딱 하나라고 할 정도로 단순한데, 그것은 오로지 '부정'이었다. 다국어에 능한 루마니아 시인이자 다다의 열성 창립 회원인 트리스탕 차라Tristan Tzara는 다다의 창시자들 중 단연 가장 활발하고 끈덕지게 활동했다. 그는 자신들의 계획을 이렇게 간결하게 표현했다. "다다의 시작은 하나의 예술의 시작이 아니라 구역질의 시작이었다."[105] 다다의 열성적 지지자들은, 가장 강경한 반체제파들을 비롯한 모든 예술가들이 부르주아 착취자 및 속물들과 타협하여 진정한 의미의 전복적 임무에 등을 돌렸다고 확신하게 되었다. 베를린의 시인이자 또 한 사람의 창시자인 리하르트 휠젠베크Richard Huelsenbeck는 1920년 전쟁 당시를 회상하며 "다다이스트는 도덕적 안전밸브로서 예술의 기만성을 이미 간파했기 때문에 반드시 예술에 반대하고 나서야 한다고 생각했다."[106]고 썼다. 예술이 너무도 오염되어 있어서 정화, 개선, 쇄신 정도로는 해결될 문제가 아니라는 것이다. 예술을 파괴해야 했다.

물론 이것은 자기모순적 명령이었다. 예술을 없애기 위한 운동이 불가피하게 예술 작품을 생산했고, 그중 일부는 모더니즘의 반역 운동에 상당한 기여를 했다. 다다이스트들은 상상력 넘치는 작품들로 자유로운 사고방식을 증명했지만 곧 두 분파로 나뉘어 대결하였다. 창의력 풍부한 프랑스 화가 프란시스 피카비아Francis Picabia 같은 절대주의자들은 다다이스트들이 쓴 "모든 책"이 "진지함을 통해서든, 심오함, 혼동, 역겨움, 새로움, 영원한 것, 완전한 무의미, 원칙의 천착, 또 인쇄 방식을 통해서든 어쨌든 파괴되어야 한다. 예술은 극단적으로 미가 결핍된 것이어야 하며 쓸모없고 정당화가 불가능한 것이어야 한다."[107]라고 주장했다. 이와 아주 대조적으로, 불후의 반자본주의 강령을 만든 게오르게 그로스George Grosz 같은 정치 활동가들은 좌파적 강령을 고집했다. 그 좌파 강령은 1920년대 중반 초현실주의의 대두와 함께 부활하면서 초현실주의 미술이 새로운 돌파구를 마련하는 데 결정적인 혹은 적게나마 도움을 주었다. 초현실주의 선언을 작성한 시인 겸 비평가 앙드레 브르통에 따르면 다다의 정신적 뿌리가 꿈, 최면, 환각, 자유연상과 같은 비이성적인 것이었기 때문에 그럴 수 있었다는 판단을 내렸다.

다다의 발생지는 중립국 스위스의 취리히였다. 취리히가 발생지가 된 것은 우연이 아니다. 교전국들 중에서 대중적 발언에 대한 간섭이 상대적으로 적은 도시였기 때문이다. 1916년 2월 2일 독일 작가 휴고 발Hugo Ball이 사흘 뒤 새로이 문을 여는 '카바레 볼테르'의 개업식에 취리히 시민들을 초대한다고 광고했다. 초대장에는 "예술적 오락을 위한 장소를 제공하기 위해" 개업했다고 써 있었다. 그런데 '볼테르'라는 이름은 다

다 운동을 할 나이트클럽 이름으로는 부적절했다. 계몽주의의 아버지인 볼테르는 합리성의 옹호자로 다다이스트들이 일으키려는 불합리한 일들과는 정반대의 위치에 있는 인물이다. 그리고 휴고 발이 약속한 오락은 블랙유머로 예술의 허세와 탐욕을 조롱하고 진부함을 폭로하는 일이었다. 해부의 대상은 모든 예술인 것 같았다. 트리스탕 차라는 "다다는 도처에서 바보 같은 짓을 정착시키려고 열심히 노력하고 있다."[108]라고 선언했다. 다다이스트들의 행위가 아무리 바보스러워 보여도, 대량 살상만이 유일한 목적인 전쟁에 비하면 더없이 선량한 것이었다.

다다는 카바레 볼테르에서도, 다른 어디에서도 바보 같은 짓을 정착시키지는 못했지만 열정적으로, 종종 충동적으로, 때로는 아주 괴상한 일상적 행위로 그 바보스러운 일들을 연습했다. 얼마 지나지 않아 카바레 볼테르는 베를린, 파리, 뉴욕에 지점을 열었고 그 운영은 취리히 본점 창설자들을 지지하는 과시욕 있는 불평분자들이 맡았다. 다다이스트들은 무의미 시를 낭송했고 직접 작곡한 이상한 노래를 불렀고 이상한 옷을 입고 대단히 자랑스러워하며 가면을 쓰고 공연했다. 항상 관객들의 열렬한 반응을 불러일으켰던 것은 시 동시 암송(poème simultané)이었다. 세 명의 '배우'가 각자 다른 시를 동시에 낭송하는 것이었다. 이 고의적 혼돈은 물론 카바레 볼테르 바깥 세상에서 벌어지고 있는 더 크고 더 치명적인 혼돈에 대한 분노의 표현이었다.

취리히 다다 운동에서 그들의 마지막 공연이 가장 흥미진진했다. 1919년 4월 9일 기대에 들뜬 지지자들이 객석을 가득 메웠다. 평소대로 배우들이 무대에 올라 관객을 모독하고 미완성 원고를 읽고 상식에서 벗어난 시를 암송하고 이상한 모더니즘 발레를 보여 주었다. 그날 저녁의 히트작인 시 동시 암송 공연에는 세 명이 아니라 무려 스무 명이 참가했다. 이 낭송

합창단이 서로 운을 맞추지 못해도 아무도 개의치 않았다. 좌우간 다다이스트들은 이날 저녁을 넘기지 못했고, 게다가 평화마저 깨져 버렸다. 생각해 보면 20세기 중반, 클레멘트 그린버그와 해럴드 로젠버그²차 세계대전 이후 미국의 추상화 운동에 '액션 페인팅'이라는 명칭을 부여한 이론가로 유명하다. 같은 유력한 모더니스트 예술 비평가들은 다다를 심각하게 여기지 않았다. 단 로젠버그는 1960년대 팝 아티스트들을 부활한 다다이스트라고 생각하기는 했다. 팝이 2세대라면 서로 안 어울리는 다다이즘과 그 후계자인 초현실주의가 1세대로, 대부분의 모더니스트들과 마찬가지로 정신적인 것을 탐구했다. 상당히 자족적인 이 인습 타파 운동이 예술에 조금이라도 정당성을 부여했더라면 예술가들이 넓은 상상의 장에서 새로운 것을 발견할 수 있었을 것이다.[109]

2

다다이즘과 초현실주의가 서로 의견을 달리했던 것은 조직 부분이었다. 다다는 조직화된 무정부 상태를 표방한 반면, 초현실주의는 1인 독재주의였다. 초현실주의에서는 지도자 앙드레 브르통이 누구를 받아들일지 결정했고 지적 지향점을 규정했다. 그에게 초현실주의는 예술의 신조가 아니라 무의식적 관념을 명백하게 표현한 것이었다. 그는 1924년 28세 때 발표한 첫 번째 『초현실주의 선언』에서 피카소를 찬양하면서 "너무도 빈약한 수단인 회화."[110]에 대해 경멸했다. 그에게 프로이트가 피카소보다 더 중요했던 것이다. 실제로 모더니즘의 역사를 통틀어 아방가르드 중 정신분석에 대한 막대한 빚을 인정한 것은 초현실주의밖에 없다. 어쩌면 인정한 것보다 빚이 훨씬 더 많았을 수도 있다. 브르통이 프로이트의 관점에 대해 알고 있던 것은 피상적인 수준이었는데도 현대 권위자 목

앙드레 브르통 1896-1966 브르통은 『초현실주의 선언』을 통해 초현실주의가 인정하는 유일한 회화는 무의식에서 나오는 것이며 그 기원은 비이성이라고 밝혔다.

록을 작성하면서 프로이트의 이름과 그의 개념을 버젓이 올려놓았으니까 말이다.

브르통은 5년 동안 논쟁하고 고치고 시험했던 그 유명한 『초현실주의 선언』에서 초현실주의 예술의 가능성에 대해 항변했다. 그 선언은 그런 취지의 보통 선언문들보다 훨씬 더 길고 훨씬 더 개인적인 유별난 글이었다. 충실한 지지자들의 이름을 나열했고 자기 사상의 전개 과정을 상세히 설명했으며 이전 시대의 다양한 인물들을 꼽았다. 셰익스피어, 스위프트, 사드, 보들레르, 랭보가 포함되어 있었으니 건전한 부르주아들이 보면 기분 좋을 목록은 결코 아니었다. 사드와 랭보라니! 그러나 브르통과 그 추종자들은 이 선언에 대해 전혀 고민하지 않았다. 어차피 책을 통해 그들은 거의 백년전부터 이미 모더니스트들 편이었고 부르주아는 철천지원수였다.

브르통은 『초현실주의 선언』에서 초현실주의를 공식적으로 정의했다. "구술과 기술, 그 밖의 모든 방법으로 마음의 진정한 작용을 표현하고자 하는 마음의 자동기술법. 이성이 행사하는 억제 작용이 전혀 없는 상태에서 생각에 의해 미학적, 도덕적 선입관을 초월하여 기록된 것"[111]이므로 "꿈의 무한한 힘"과 "사고의 목적지 없는 유희"가 초현실주의의 핵심적 원리에 속해 있었다. 이 정의를 통해 브르통은 진정한 화가나 시인의 창조력이 계획과 계산을 통해 생겨나는 것이 아니라는 사실과 그 근본적 진실을 극도로 합리주의적인 19세기 철학들이 심각하게 왜곡했다는 점을 단호하게 주장하였다. 그러므로 초현실주의가 인정하는 유일한 회화는 무의식에서 나오는 것이며 그 기원은 비이성이라고 확실하게 밝힌 것이었다. 후대의 사람들이 흥미로워할 다다 화가들의 작품이 있다면 주로 명 짧은 기관지의 표지에 사용된 낯선 활자체 정도일 것이다. 그러나 본질적으로 자신의 내적 충동에 충실했던 초현실주의 화가들은 대단히 독창적인 작품을 그렸다. 다다와 초현실주의 작품들은 외부 세상의 찌꺼기, 그것도 아주 하찮은 것을 소재로 쓴다는 점만 서로 비슷했다.

3

초현실주의 화가들 중에서 가장 문학적인 사람은 벨기에인 르네 마그리트René Margritte였다. 그의 작품들은 모두 작품 제목(혹은 설명)과 작품 자체의 부조화, 혹은 작품의 주제와 현실 간의 부조화가 특징이다. 많이 복제되고 많이 논의된 가장 유명한 작품은 「이미지의 배반La Trahison des images」1928-1929이다. 이 작품에는 선명하게 묘사된 파이프 아래 이런 부정문이 육필로 쓰여 있다. "이것은 파이프가 아니다." 몇 년 뒤, 마그리트는 지난 1차 세계대전 동안 화가로서 전업하며 자신의 반항심을 점차 인식하게 되었다. "내 관심은 온통 감정적 충격을 불러일으키는 데 집중되어 있다."[112] 그는 자기 인생을 설명하며 멜로드라마 같은 결정적 순간을 골라냈다. 데 키리코의 대담한 「사랑의 노래」1914의 복제품을 보게 된 순간이었다. 아폴로 석고상이 커다란 고무장갑과 함께 광고판에 함께 걸려 있는 그림이다. 그는 감동해서 눈물을 흘렸고 그 순간 갑자기 미래가 열렸다. 이제 그는 피상적 실체들의 모순을 충격적 조합으로 표현하게 된다.

마그리트가 관객들에게 낸 수수께끼를 가장 잘 설명하는 법은 그것들을 시각적 장난으로 간주하는 것일 것이다. 그렇게 하면, 예를 들어 달리의 복잡하고 기묘한 구조물보다는 훨씬 더 쉽게 설명된다. 마그리트의 「붉은 모델」1935에는 짧은 부츠 한 켤레가 등장하는데 발끝 부분은 벗은 발이다. 「침실의 철학」1947은 코트용 옷걸이에 걸린 잠옷을 묘사하였는데 잠옷에 두 개의 단단하고 육감적인 유방이 두드러져 있다. 그리고 창에 기대어 세워 둔 풍경화에 창밖의 풍경이 그려진 작품을 여러 차례 시도했다. 「집단적 창작」1934은 강한 파도가 이는 텅 빈 해변을 배경으로 물고기가 한 마리 누워 있는데 그 물고기의 몸에 여자의 긴 다리가 붙어 있다.

그가 유명한 작품들을 해석해 그린 작품도 마찬가지로 엽기적이다. 「투시도: 다비드의 마담 레카미에」1951에서 그는 다비드의 관능적인 초상화의 인물 대신 관을 의자에 올려놓았다. 상당수의 이런 작품들은 관객을 불안하게 만든다. 바로 그것이 수십 년 동안 그의 작품의 두드러진 특징이었다. 마그리트는 일단 제작법을 공식화한 뒤에는 그것에서 벗어나는 법이 없었기 때문에 그의 작품들은 나중에는 더 이상 충격적이지 않았지만 대부분 심오하다고 할 수는 없어도 유쾌한 미적 경험은 충분히 제공했다.

브르통은 마그리트를 크게 존경했고 "최고의 독창성"과 "그의 중재물의 중요성"[113]을 높이 평가하였다. 그는 초현실주의가 상당히 많은 화가들의 덕을 보았다면서 막스 에른스트Max Ernst를 첫째로 꼽았다. 다른 모더니스트들과 마찬가지로 에른스트도 원래 파리에 살던 사람이 아니었지만(1898년 독일에서 태어났다.) 파리로 이주하여 예술계에 자리 잡았다. 어린 시절부터 환각을 경험하곤 했던 그는 뛰어난 상상력 덕분에 모더니즘 예술의 중심지에서 활약할 공간을 확보할 수 있었다. 뛰어난 데생 실력과 그래픽 실력 때문에 아무도 그를 넘보지 못했으며, 그 작품들은 초현실주의 특유의 매력을 잘 보여 준다.

4

브르통은 초현실주의의 대가로 장수를 누리며 초현실주의 미술의 대표작으로 꼽을 만한 화가들을 여러 명 찾아냈다. 특히 두 사람, 후앙 미로Joan Miró와 살바도르 달리Salvador Dali는 주목할 만하다. 미로는 순수 화가였고 달리는 늘 인기를 좇는 사람이었으니, 둘은 모더니즘의 양극단에 서 있는 셈이었다. 미로는 모더니스트들 중 대중에게 순수한 즐거움을 가장 많이 선사했던 사람이다. 미로의 고향 바르셀로나에는 그의 작품만을 전시하는 미술관(미술관 건물 자체도 미로의 친구인 위대한 호세 루이스 세르트가 설계한 모더니즘 작품이다.)이 있다. 그곳은 유화, 드로잉, 조각과 카펫과 발레, 식기 디자인을 쏟아냈던, 그의 좀처럼 멈추지 않는 사고의 궤적을 보여 주는 유쾌하고 널찍한 산책로다. 1893년에 태어난 그가 세계적으로 유명한 대담한 색채의 초현실주의 회화를 시작한 것은 1920년대 중반이 되어서였다. 강렬한 색채와 다소 신비로운 패턴에 전념했지만 항상 외부세계를 분명히 연상시키는 그림을 그렸다.

미로의 「새에게 돌을 던지는 사람」1926은 초기 걸작이다. 평화로운 바다와 하늘을 배경으로 가차 없이 단순화된 사람의 형상이 해변에 서 있다. 눈 하나 외에는 아무것도 없는 머리는 원형에 가깝고 몸은 가운데가 불룩한 모양이며 끝부분에 커다란 발이 하나 달려 있다. 돌을 던지고 있는 팔은 가는 직선으로 몸을 둘로 나누고 있다. 당시 미로는 "회화를 손상"[114]시키고 싶다고 말했지만 역사가들은 당연히 그렇게 생각지 않는다. 그는 다다이스트가 아니었다. 미로는 자신의 상상력에 맞추어 회화를 변형하고 싶어 했다. 그러니까 상상력에 회화를 복종시키고 싶어 한 것이다. 그에게는 초현실주의조차도 브르통이 생각했던 것보다 더 개인적인 일이었다. 브르통은 한때 미로를 최고의 초현실주의 화가라고 극찬했지만 미로가 러시아 발레단의 의상 디자인에 재능을 쓰자 곧 비난했다. 혁명적이지 않다는 이유였다. 하지만 미로는 이런 비판에 아랑곳하지 않고 예술가로서 운명이라고 생각했던 일을 계속했다. 그에게 명령을 내릴 수 있는 것은 자신의 상상력밖에 없었다.

───

화가로서 달리의 입지는 훨씬 약하다. 조지 오웰은 일찍이 그를 제대로 이해하고 이렇게 평가했다. "달리에게 있는 것 두 가지는 그림 그리는 재능과 지독한 에고이즘이다."[115] 재능이 없었다면 에고이즘을 만족시키지 못했을 것이다. 그의 재능은 눈부신 데다가 철저하게 훈련받았기에 처음부터 재능과 기교를 잘 표출하였다. 그가 공공연하게 현대 미술에 대한 혐오감을 표명했던 것은 잘 알고 있을 테니, 엄청나게 성공한 골수 전통파 화가 에르네스트 메소니에(나폴레옹을 치밀하게 묘사한 작품으로 유명해진 19세기 프랑스 화가)를 칭찬했던 것은 전혀 의외의 일이 아닐 것이다. 달리는 정신의학에 대한 일반인의 관심에 편승하여 자신의 예술적 발전을 "편집광적 비판 방법", 즉 "정신착란 현상의 비판적, 해석적 연상에 근거한 비이성적 인식의 사동석 기술 방식"[116]이라고 정의했다.

브르통으로서는 아무리 편집광적인 것이라고는 해도 명백히 이성주의적인 그 "비판적" 방법이 마음에 들지 않았을 테지만, 달리가 1928년 파리에 와서 초현실주의자들과 함께 만났을 때 보여 주었던 유쾌하고 사교적인 태도 때문에, 특히 그의 '프로이트적' 회화 때문에 그 과도하게 활동적인 신참 스페인 청년에게 마음이 기울었다. 모더니스트들 중 자신을 가장 잘 선전하고 다녔던 달리는 미술 애호가와 신문 독자들의 마음을 쉽게 정복했다. 달리는 프로이트가 "정직하고 열광적"이라고 했던 그의 응시하는 눈과 멋지게 올라간 콧수염 덕분에 자연스럽게 사진기자들의 주목을 받았다.

　게다가 달리의 그림은, 때로는 제목만으로도 낯 뜨거운 성적 이미지를 암시하여 속물들을 흥분시켰다.「거대한 마스터베이터」1929라는 제목을 달고 있는 중요한 초기 초현실주의 작품은 어떻게 보면 남자 머리처럼 보이는 것에 해충들이 기어 다니고 있고 한 젊은 여자가 몸이 완전히 표현되지 않은 남자와 구강 성교를 하고 있다. 그러나 그의 이름을 아주 친숙하게 만들어 준 작품은「기억의 지속」1931이었다. 이 작품에는 녹아내리고 있는 (그렇지만 숫자판은 잘 보이는) 시계가 황량한 풍경 속 여기저기에 걸쳐 있다. 간단히 말해 달리는 30년 뒤에 팝아티스트들이 노골적으로 하려고 했던 일을 완곡하게 시도한 것이다. 즉 고상한 예술과 통속적 예술을 뒤섞어 하나의 통합체를 만드는 일 말이다. 그리고 그 통합체가 사실 좀 저급하기는 했지만 그 덕분에 수백만 명이 즐거워했다.

피카소: 원맨 밴드

피카소는 무엇이든 할 수 있었다. 그것도 멋들어지게. 그는 많은 시간을 자신을 숭배하는 방문객들, 특히 스페인 동료들과 수다를 떨고 투우를 보고 여자를 꼬드기는 데 썼다. 그럼에도 엄청난 다작 작가이기도 했다. 꾸준하고도 빠르게, 게다가 대단히 유연하게 작업했다. 딱 하나만 예를 들어 보자. 그는 그 장엄한 순회전에서 자신에게 가장 중요한 미술상인 앙브루아즈 볼라르를 위해 1930년에서 1937년 사이에 작업한 에칭 100점을 전시했는데, 그중 마흔 점이 1933년 3월부터 4월 초까지 두 달도 채 안 걸려 열병이라도 걸린 듯 해치운 것이다.[117] 그것들은 작업실에서 한 화가가 할 수 있는 온갖 변주를 다 한 셈이다. 작업실에서 작품에 몰두하다가 쉬는 시간 대부분을 대화와 오락, 무엇보다 작품에 빠지지 않고 등장하는 자신의 성적 정복물에 투자했다. 1973년 아흔두 살로 죽기까지 분주하고 다채롭고 아주 긴 일생 동안 그는 유화, 드로잉, 조각, 그래픽, 도자기 제작에 이르기까지 놀랄 만큼 다양한 스펙트럼을 펼쳐 놓았다. 한창 때부터 노년기까지 말 그대로 셀 수 없을 만큼 많은 자화상을 제작하여, 상상할 수 있는 모든 매체를 다 시험했고 상상할 수 있는 모든 역할을 다 맡았다. 댄디 피카소, 연인, 화가, 술꾼, 어릿광대, 친구, 심지어 원숭이, 그리고 성교 중인 젊은 남녀를 엿보는 왜소하고 나이 든 관음증 환자 피카소까지 실로 다양했다. 죽는 날까지 양식을 만들었고, 양식을 고쳤고, 억제되지 않는 독창성으로 양식을 조롱했다. 간단히 말하면 그는 원맨 밴드one-man band 모더니스트였다.

피카소는 1881년 말라가 스페인 남부 안달루시아 지방에서 삼류 화가의 아들로 태어났다. 아버지는 본인이 미술로 성공하지 못한 대신 가르치는 데 일생을 바쳤다. 피카소는 어린 시절부터 끊임없이 해댄 낙서를 통해 아버지가 적잖이 실패했던 일로 대성하게 될 징조를 보였다. 자기 작품을 시작한 뒤 얼마 지나지 않아 그가 사용한 서명은 의미심장하게도 어머니의 혼전 이름이었다. 어머니는 피카소가 가족과 갈등이 있을 때마다 그의 든든한 지지자가 되어 주었다. 그가 자신의 열정을 자극한 많은 여인들에게 성인이 되어서도 어머니의 무조건적 사랑과 같은 감정을 요구했던 것도 그런 이유에서 비롯한 듯하다. 1895년 가족이 바르셀로나로 이사한 이후, 피카소는 그곳을 자신의 고향으로 여겼다. 1900년 처음 파리에 갔지만 1903년이 되어서야 그 예술의 수도에 완전히 정착했다. 그렇게 해서 아버지에게 작별을 고했지만 바르셀로나와 관계를 끊은 건 아니었다. 그 이후 많은 사람들이 피카소를 프랑스 화가라고 생각했지만, 그의 마음속에는 늘 스페인이 있었다.

그는 미래의 전기 작가들에게 아주 유익한 단서를 남겼다. 자기 인생의 완벽한 증거 자료를 후손들에게 남겨 주고 싶다고 말한 것이다.*

---

* 피카소: "내가 왜 모든 작품에 날짜를 남긴다고 생각합니까? 한 예술가의 작품만 아는 걸로는 충분치 않기 때문입니다. 언제, 왜, 어떻게 어떤 환경에서 그렸는지 알아야 하죠."[118]

파블로 피카소, 「앙브루아즈 볼라르의 초상화」 1909

그런데 사실은, 초기 작품에는 날짜를 남기지 않았으며 작품 연구자들에게 대단히 중요한 입체파 시기 작품들에도 날짜를 써 넣지 않았다. 그러나 피카소의 삶과 예술이 다른 대부분의 예술가들보다 더 잘 맞물렸던 것은 사실이다. 그의 작품은 고상하게 말하자면 기념 작품이었다. 양식이 바뀌었다는 것은 그의 침대에 새로운 여자가 누워 있다는 사실을 아주 확실히 알리는 팡파르였으니까. 그러나 성적 열망이나 희열로만 작품이 태어난 것은 아니다. 모든 미학적 수수께끼를 풀고자 하는 욕구도 중요했다. 그는 그야말로 예술을 위한 예술을 했다고 볼 수 있을 것이다.

오래전부터 심지어 정신분석가들조차 피카소가 화가로서 열정에 넘쳐 완벽하게 모든 일을 하고자 하는 욕구를 품었다는 사실을 도외시해 왔다. 예를 들면 그는 다른 화가들은 상상조차 못하는 복합적인 관점에서 나체(전성기 때 제일 좋아했던 대상)를 묘사하고자 했다. 피카소가 다른 화가들과 똑같이 했던 일은 모델 주위를 둘러보는 것밖에 없었다. 그는 다른 화가들이 아무렇지 않게 여기는 기법적 문제도 철저히 해결하고 싶어 했다. 아무튼 그가 에칭을 제작하거나 그림을 그리면 모두 예술 작품이 되고, 현실에 대한 자유로운 해석 행위이자 그의 천재성의 증거가 되었다.

오랫동안 계속 논의되어 왔지만 그의 양식의 추이, 즉 그 특유의 궤적은 결코 예측할 수 없다. 모든 혁신은 내적 경고와 실험에 대한 절박한 요구에서 나왔다. 그는 특정한 양식에 머무르려 하지 않았으며 심지어 자신이 만든 양식에도 안주하지 않았다. 화가로서 속박받지 않고 유희를 즐겼기에 관객들에게 늘 놀라움을 안겨 주었다. 프리드리히 실러가 백여 년 전에 말했던, 사람을 진정한 인간으로 만드는 유일한 활동인 유희 말이다. 그리고 피카소의 작품은 스스로에게도 적잖은 놀라움을 주었다. 그는 "그림은 나보다 강하다."라고 말년에 말했다. "나는 그림이 원하는 대로 할 수밖에 없다."[119]

피카소가 그렇게 변화무쌍한 모더니스트가 될 수 있었던 것은 화가로서 자기 억제를 잘한 덕, 즉 예술의 요구에 복종한 덕분이었다.

그는 1900년 이후 청색 시대와 장밋빛 시대를 거쳐, 1905년부터 배태되어 4년 남짓 뒤에 입체파 시기를 완성했고, 신고전주의 작품들로 1920년대 초기를 지배했으며, 또 10년 뒤에는 상상력 풍부한 에칭 연작을 남겼다. 또 1930년대 말부터는 정치적 좌파로 살았고, 2차 세계대전 종전 이후부터는 역사적인 걸작들의 눈부신 패러디를 통해 피카소라고 하면 으레 떠오르는 양식을 개발하기까지 변화무쌍하고 실로 아무도 넘볼 수 없는 경지에 다다랐다. 실제로 그의 가장 급진적인 작품이자 1906년에 처음 스케치되어 이듬해에 완성된 「아비뇽의 처녀들Les Demoiselles d'Avignon」을 보면 한 작품 속에서도 양식의 진화를 읽을 수 있다. 아비뇽의 매춘부들 중 오른쪽 두 사람은 나머지 세 사람과 확연히 구별되는데, 약간 나중에 그려진 인물로 얼굴은 고대 이베리아와 아프리카의 가면을 떠올리게 하며, 피카소가 그런 종류의 예술에 새롭게 관심을 가졌다는 것을 증명해 준다. 피카소는 내적 충동이 혁신을 부추기면 가만히 있을 수 없었다. 그림이 정말 피카소 자신보다 더 강했던 것이다.

이 양식들은 모두 피카소를 모더니즘 예술의 최전선에서 특출한 존재로 만들 수 있을 만큼 대단히 생산적이었다.* 그러나 그것들 중 특별

* 그렇다고 해서 피카소의 양식들이 서로 전혀 영향을 끼치지 않았다는 말은 아니다. 1906년 인간 얼굴과 형상의 전례 없는 왜곡으로 혁신적인 「아비뇽의 처녀들」을 구상하고 있을 때 그는 가장 사랑스러운 유화 「머리 단장La Toilette」을 그렸는데, 이 작품에서는 너무도 아름다운 나체의 여인이 하녀가 들고 있는 거울 앞에서 머리를 빗는 모습이 사실적으로 표현되어 있다. 같은 해에 1차 세계대전 이후

히 주목을 끌었던 것은 역시 입체주의였다. 예술의 자율성에 대한 중대한 모더니즘적 표현이기 때문이다. 신인상파들은 자의적인 색상으로 자연을 비웃었고, 추상파들은 자연과의 관계를 끊는 것을 목표로 삼았다. 입체파들은 신인상주의에 집중했고 추상파는 받아들일 필요성을 느끼지 못했다. 그들은 예술가들에게 굴욕적일 만큼 충격적이었던, 1907년에 전시된 세잔의 정물화에서 영감을 얻었다. 그 정물화들은 탁자, 의자, 과일이 담긴 그릇들을 묘사하면서 사실상 반드시 지켜야 하는 선의 기본 규칙들과 원근법들을 위반했다. 피카소는 이런 세잔을 대단히 공공연하게 칭찬하곤 했다. 한 모더니스트가 다른 모더니스트의 영향을 기껍게 받은 것이다.

    수세기 동안 화가들은 2차원의 매체에 3차원의 환상을 부여하려고 노력해 왔다. 어려운 일이었지만 화가들은 형태와 색의 농담을 교묘하게 조작하였다. 그런데 최초의 입체파이자 단연 가장 위대한 입체파 화가인 파블로 피카소와 조르주 브라크는 이 유서 깊은 방법들을 거부했다. 이들은 관객들에게 예술 작품이 본질적으로 인간의 창조물이라는 사실을 잊지 않게 하려고 했다. 그들은 실제로 융합되어 하나의 전체를 이루고 있는 표면을 조각 냈고 여성의 유방이나 뺨 같은 곡선의 대상을 본래 형태로부터 파괴하여 사실상 아무것도 닮지 않은 기하학적 윤곽으로 변형하였다. 한마디로 입체파들은 고의적으로 대상의 세계를 왜곡해 표현하고 그 단편들을 조합하여 인식하는 일을 관객의 몫으로 돌렸다. 입체파 작품에서 곡선이 남아 있기는 했지만 직선과 직사각형, 입방체 때문에 눈길을 끌지 못했다. 입체파들에게 아름답게 표현하려는 의도가 있었던 것처럼 보이지는 않지만 일부 작품들, 1909년과 1910년 브라크의 「바이올린과

개발하게 될 신고전주의적인 형태를 미리 보여 주는 다소 풍만한 누드도 그렸다.

주전자가 있는 정물」과 피카소의 「앙부르아즈 볼라르의 초상」은 놀라우리만치 미적 쾌감을 선사한다. 모더니즘 화가들은 아름다움에 전념하지 않았지만 아름다움을 신선하게 창조한 화가들도 있었던 것이다.

  입체파 양식은 상당히 오래 살아남아서 현저한 시기 변화를 보였다. 초기의 엄격한 입체파, 분석적 입체파 시기, 그 뒤 더 화려한 색채와 스텐실 기법으로 자연과의 거리를 강조하고 임의적으로 종이들을 붙인 종합적 입체파가 있었다. 피카소와 브라크에 다른 화가들이 합세하자 곧 입체파들의 분파가 출현했다. 하지만 입체주의는 새로이 형성된 아방가르드들보다 훨씬 더 중요한 영향을 끼쳤다. 모든 모더니즘 회화는 입체파가 대상에 가했던 사지 절단을 이용했다. 그 기법은 화가들에게 자신들의 높은 지위를 대단히 다양한 방식으로 재확인시켜 주는 면허와 같았다. 그리고 이것이 피카소가 생전에 했던 가장 중요한 역할이기도 하다. 화가들의 자율성을 피카소보다 더 강력하게 주장한 모더니스트 화가는 없었기 때문이다.

2

  피카소가 과장되게 변형해 놓은 인간의 얼굴과 형상만 보면 그가 20세기 미술에서 가장 정교하게 데생을 잘하는 화가였다는 사실을 간과하기 십상이다. 그는 1911년에 흑연으로 볼라르의 초상을 그렸고, 1916년에는 연필로 친구인 시인 기욤 아폴리네르의 초상화를, 1923년에는 유화로 아들 폴의 초상화를 그렸는데, 이 작품들 모두 아름다울 뿐 아니라 선의 확실한 터치와 표현 에너지 또한 대단해서 전통적인 회화에 몰두한 화가였다면 당당히 자랑할 만한 수준이었다. 그 작품들을 본다면 관객들은 환희에 들떠 대가 루벤스의 작품을 떠올릴 것이다. 전통적이면서 훌륭한 다른 작품들도 있다. 피카소는 자신의 재능을 잘 알고 있었다. 그러나 그는 당시 화가들이 데생 연습을 제대로 하지 않는다고 불만을 표하며 데생 연습부터 먼저 해야 한다고 주장했다. 전통적인 화법에 대한 그의 글들은, 가장 단호한 모더니스트 혹은 우상파괴주의자라면 오히려 낡은 기법을 사용하더라도 그 효과를 드러낼 수 있다는 확실한 증거였다.

    피카소는 기법을 완전히 통달했기에 어떤 자세, 어떤 동작, 어떤 감정도 자신만만하게 표현할 수 있었다. 그가 미노타우로스는 물론이고 남녀를 불문한 초상화를 통해 세상에 남긴 눈부신 유산들은 인간 본성 전반, 특히 극단적 흥분의 순간에 일어나는 본능적 충동을 의미심장하게 표현한 것으로 해석할 수 있다. 피카소가 프로이트나 다른 정신분석학자의 글을 읽었다는 증거가 없으니 의도적으로 그렇게 표현했다고 볼 수는 없다. 하지만 그는 분명 충동과 충동들의 변화를 효과적으로 보여 주었다. 물론 유명하든 아니든, 모든 화가들, 혹은 시인과 극작가들에게 성행위와 공격성은 없어서는 안 될 소재다. 피카소가 특별한 것은 생동감 혹은 야만성을 통해 캔버스와 종이 위에 애정과 증오를 고착시켰을 뿐만 아니라 너무도 강렬한 표현과 통찰력으로 그것들의 미적 등가물을 찾아내는 대단한 재능 때문이었다. 피카소의 성공에 뛰어난 데생 솜씨가 꼭 필요했던 이유가 바로 그것이다. 그는 무엇이든 그릴 수 있었고, 무엇이든 그렸다. 아카데미 화가들은 고상한 취향이라는 구속 때문에 솔직하지 못했지만 피카소에게는 그런 구속도 소용이 없었다. 어쩌면 그에게는 그런 구속이 아예 없었는지도 모른다.

    그래서 피카소는 성행위를 묘사할 때도 승화라는 가면을 내던졌다. 억제는 그가 택한 방식이 아니었으니 자화상을 비롯한 여러 작품들에

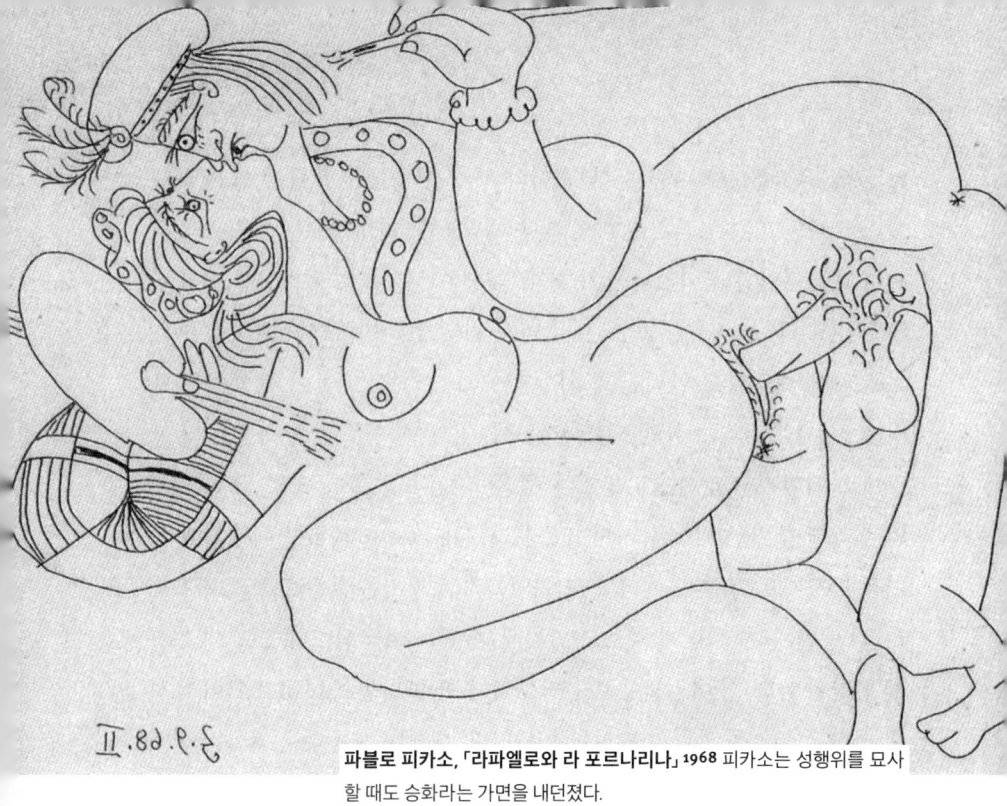

파블로 피카소, 「라파엘로와 라 포르나리나」 1968 피카소는 성행위를 묘사할 때도 승화라는 가면을 내던졌다.

서 성욕이 야단스레 요동을 치고 있다. 자화상에서 화가는 옷을 반쯤 걸친 채 침대에 누워 머리가 길고 피부가 거무스레한 나체의 여자에게서 구강 애무를 받고 있다. 또 다른 자화상에서 화가는 탐스러운 나체의 젊은 여자에게 (아마도) 답례로 구강 애무를 해 주고 있다. 자신이 주인공이 아닐 때도 노골적이었다. 보수적인 비평가들이라면 그의 작품을 포르노라고 매도할 만했다. 그의 그림에 등장하는 체위는 매우 다양했고 신체 구조상 불가능한 것도 있었다.

피카소는 86세였던 1968년 8월 29일과 9월 9일 사이에 라파엘로와 그의 유명한 모델 라 포르나리나가 사랑을 나누는 모습을 담은 대단히 노골적인 에칭 연작 스물다섯 점을 제작했다. 라파엘로는 피카소와 완전히 대조적인 인물이었다. 19세기에 가장 이상적으로 여겨졌던 화가(독일에서는 뒤러와 경쟁해야 했기에 예외)이자 라 포르나리나와의 과도한 섹스로 37세에 죽었다고 알려진 화가였다. 그의 연작은 그 둘이, 말하자면 준비 운동을 하고 있는 장면으로 시작된다. 첫 번째와 두 번째 작품은 막 섹스에 들어가려는 라파엘로를 보여 준다. 피카소는 항상 성기, 특히 여성의 성기에 특별한 애착을 가지고 두드러지게 그렸고 때로는 과장되고 위협적인 크기로 그렸다. 그리고 그 연인들의 성행위를 늙은 교황 율리우스 2세의 옷을 입은 사람이 엿보고 있기에 한층 더 자극적이다. 그런데 정사가 한창일 때의 이 여인들은 아름답고 순수한 환희를 드러내고 있어서 사실상 이 작품들은 사랑의 고백처럼 보인다. 대단히 아름다운 피카소의 여인들, 즉 페르낭드 올리비에, 도라 마르, 프랑수아즈 질로, 자클린 로크는 작품 속에서 비사실적으로 표현되기는 했지만 대단히 멋진 대상들이었다. 심지어 라파엘로 연작 중 몇몇 후기 작품들은 연인들 사이의 달콤한 분위기가 드러나기도 했다. 피카소가 완전히 구닥다리 스페인 사람인 데다 너무도 자기중심적인 여성혐오주의자여서 사랑의 따뜻한 측면을 여러 작품에서 지속적으로 표현할 수는 없었지만, 그의 작품에 그런 측면들이 나타나 있는 것은 사실이며 상당히 매혹적으로 표현되어 있다.

3

피카소가 공격성을 가장 강렬하게 묘사한 작품들에는 잔인함과 난해함이 현란하게 뒤섞여 있다. 「게르니카 Guernica」1937에서처럼 전쟁의 희생자들에 집중하기도 하고, 어떤 작품에서는 자신의 적대적 충동을 표현하기도 했다. 그의 분노를 가장 크게 자극한 것은 여성에 대한 불만이었다. 여성 모델들을 탐욕스러운 하피 여자의 얼굴과 새의 몸을 가진 탐욕스러운 괴물로 바꾸어 놓거나 잔인한 이빨만 두드러지게 강조하여 얼굴을 알아볼 수 없는 그로테스크한 식인 해골로 바꾸어 놓기도 했다. 이 초상화들을 그와 애인 사이의 문제를 직접적으로 표현한 것이라고 하면 너무 기계적인 해석에 그치고 만 것이다. 그러기엔 피카소의 상상력이 너무 풍부했다.* 그렇지만 그는 얼마든지 다양하게 표현할 수 있었음에도 불구하고 사랑을, 일말의 동정심도 품지 않고 분노의 대상에 대한 증오, 즉 가장 강한 증오심으로 바꾸어 놓았다.

게다가 그는 난폭한 적개심을 거리낌없이 표현한 잔인한 장면들을 그렸다. 나체의 근육질 남성이 움츠리고 있는 나체의 여성을 때리는 강렬한 작품이 있는가 하면 목이 졸리는 여자를 그린 그림도 있다. 또 그는 거의 가학성 변태 성욕을 표현한 듯 상당히 여러 번 강간을 묘사했다. 사랑이 증오로 변했던 것과 마찬가지로 애정이 강간으로, 리비도가 공격성으로 변한 것이다. 저항하는 나체의 여인을 납치하는 켄타우로스를 착한 모습으로 묘사할 때는 납치 행위 자체를 더욱 강조하였다. 이처럼 강자와 약자의 충돌을 그린 작품들 가운데 가장 의미심장하게 묘사한 것은 강간하는 미노타우로스다. 미노타우로스는 1930년대 피카소의 에칭에 가장 빈번히 출현했는데 그는 그 괴물을 모호한 존재라고 생각했고 그래서 더더욱 흥미롭게 느꼈다. 그리스 신화에서 왕비와 제물로 바쳐진 황소 사이

---

* 롤런드 펜로즈는 이 점을 아주 명확하게 지적하였다. "피카소가 사랑이 처음 불타오를 때는 연인들을 미인으로 표현하고 사이가 벌어지기 시작할 때는 괴물로 그렸다고 생각하는 것은 미숙하고 부정확한 것이다."[120]

에서 태어나 몸은 인간이고 머리는 황소인 미노타우로스는 수성과 신성을 동시에 지니고 있다.

그래서 피카소는 미노타우로스를 다정하고 사교적인 존재로 묘사하기도 했다. 가장 유명한 것은 1933년의 에칭으로 화가와 함께 술을 마시는 미노타우로스다. 둘은 와인잔을 들고 있으며 두 명의 여자 모델은 육감적인 나체로 그려져 있다. 그러나 피카소는 같은 해에 미노타우로스가 나약한 여성을 잔인하게 제압하는 장면을 두 번이나 그렸다. 또 같은 해 고요히 잠들어 있는 소녀 위로 몸을 구부린 채 오른손으로 다정하게 뺨을 어루만지고 있는 미노타우로스도 표현했다. 피카소가 생각하기에 내부 세계는 단순하지도 이성적이지도 않았다. 마치 누군가 내부 세계를 단순하고 이성적인 것이라 한다면 그것은 제대로 경험하지 못한 거라고 말하려는 것 같았다. 누군가는 이것이 심오하기는커녕 오히려 진부한 주제가 아니냐고 반문할 수도 있다. 하지만 그것이 독창적이든 진부하든 간에 피카소는 모든 것을 보았다.

L.H.O.O.Q.

모더니즘이라고 하면 늘 파블로 피카소가 제일 첫머리에 나온다. 그러나 마르셀 뒤샹Marcel Duchamp도 모더니즘의 역사에서 참으로 없어서는 안 될 우상이다. 비순응주의자들이 대부분 자신이 배운 기법을 의심하고 수정하고 변형하고 새롭게 소생시키려고 했지만, 뒤샹의 작품들을 보면 그는 아예 예술을 완전히 파괴하고자 했던 것이 아닐까 하는 의심이 든다. 항상 그런 건 아니었지만 뒤샹은 자신을 상당히 자주 드러내는 편이었는데도 그의 작품은 좀처럼 주제가 무엇인지 완벽히 해석할 수가 없다. 제임스 앙소르의 경우와 다소 비슷하게, 그의 타고난 유머 감각 때문에 해석이 더 난해해진다. 그의 동음이의어 장난과 낱말 놀이는 악명이 자자하다. 뒤샹은 그의 애호가들이 프랑스인 특유의 재능이라고 찬양하는, 신랄하지만 좀처럼 상처를 주지 않는 풍자로도 유명하다. 그러므로 역사가들은 뒤샹 자신이 직접 밝힌 견해들이라고 해도 그것들을 신중하게 받아들일 필요가 있다.

논쟁의 여지 없이 확실한 것도 있다. 뒤샹이 용인된 미적 관습에서 철저히 벗어나 독창성을 추구했다는 점이다. 그는 1887년 노르웨이의 품위 있는 부르주아 가정에서 태어났으며 화가인 두 형제가 있었다. 1차 세계대전이 끝난 뒤에 왜 그림을 그만두었는지 그에게 묻자 아주 솔직한 대답이 돌아왔다. 자신의 영감의 원천이 말라 버렸다고 했다. 그가 똑같은 일을 되풀이하는 것을 지독히 싫어했던 것은 분명하다. 특유의 어법으로 직접 밝혔듯 그는 "의외의 것이 지니고 있는 광기"를 유난히 좋아했다.

분명한 것이 또 하나 있다. 뒤샹이 가장 열정적으로, 가장 일관되게 조롱했던 것은 그가 '망막 예술'이라고 매도했던, 즉 눈에만 호소하는 그림과 조각이었다는 사실이다. 그는 나름대로 지식인이었다. 재치 있고 기민한 예술 작품만을 좋아했다. 그래서 완성된 작품보다 작품의 착상 자체를 더 중시했다. 간단히 말하면 그에게 기대할 것은 새로운 원칙이 아니라 새로운 원칙에 대한 추도사인 듯싶다. 최근 몇 년 사이에 미술의 죽음을 선언한 미술사학자들은 미술을 죽인 공 혹은 과를 뒤샹에게 돌린다. 뒤샹의 특허품인 (조금 있다가 다시 보게 될) '레디메이드' 때문에 그가 가장 유력한 용의자가 된 것이다. 그는 앤디 워홀 같은 용의자들이 태어나기 수십 년 전부터 중무장을 하고 그 범죄의 현장에 있었으니까.

탁월한 반예술가 뒤샹이 모더니스트들 중에서 단연 눈에 띄기는 했지만, 그 새로운 미술 무대에서 혼자는 아니었다. 이미 보았듯 1900년 이후 예술계의 분위기는 낡은 감정을 토로하는 새로운 방식과 수세기 동안 유용했던 자명한 원칙들에 대한 의심으로 가득했다. 낡은 사실주의자들은 어느 고대 그리스 예술가가 그림을 너무 잘 그린 나머지 포도를 그

리자 새가 날아와서 그림을 진짜 포도인 줄 알고 쪼았다는 둥 고색창연한 일화를 소중히 끌어안고 감격하고 또 들려주었다. 그러나 이제는 부자연스러운 색상과 고의적으로 과장한 형태가 조롱이 아닌 찬사의 이유가 되었다. 내부 세계와 외부 세계에 대한 화가들의 반응이 묘사의 박진성보다 더 중요해진 것이다. 이들은 진보적이었고, 대체로 사진처럼 정확한 묘사를 비난했다. 앞에서 인용했듯 피카소는 현대 예술을 '파괴의 총체'라고 불렀다. 적절한 정의다.

뒤샹이 처음으로 전통적인 예술을 해체하는 데 두드러지게 기여한 것은 파리가 아니라 뉴욕에서였다. 모더니즘의 영향이 범세계적으로 확대돼 가고 있었던 것이다. 1913년 2월 야심 차게 기획된 최초 국제 미술전 아모리쇼 Armory Show '병기고'라는 뜻가 파크애비뉴 67번가와 68번가 사이에 위치한 병기고에서 개최되어 미국 미술 애호가들이 국내외 미술의 발전상을 경험하게 되었다. 그 전시회로 인해 많은 사람들이 즐거워했고, 적잖은 사람들이 분노했으며, 일부 미술 애호가들은 취향이 영원히 바뀌어 버렸다. 뒤샹은 네 점의 유화를 전시했다. 가장 유명한 것은 「계단을 내려가는 나부 2」였다. 자국에서는 호평받지 못했던 작품이었다. 1912년 앙데팡당 전에서 그 작품의 전시를 거부당한 터라 낙담해 있던 뒤샹은 외국에서 한번 운을 시험해 보기로 한 것이다.

그는 2년 남짓 동안 입체파와 비슷한 형태로 이런저런 실험을 했다. 이 그림은 그가 정지한 매체에 움직임을 부여하는 일에 몰두하고 있었다는 것을 잘 나타내 준다. 「계단을 내려가는 나부 2」는 성별이 아주 확실치는 않지만 여자로 보이는 형상의 연속적인 동작을 포착했다. 그리고 이 그림은 아모리쇼를 떠들썩하게 했다. 관객들은 이 괴상한 직사각형 구성물 주변에 모여들었고, 그 신랄한 유머에 당황하거나 짜증을 내거나 자극

뒤샹의 「계단을 내려가는 나부 2」를 풍자한 만화 「계단을 내려가는 무례한 사람(The Rude Descending a staircase)」이라는 제목으로, 'Rude'는 'Nude'의 철자를 바꾼 말장난이다. 《이브닝 선》(1913. 3. 20.)

을 받았다. 한 신문은 이 그림에 대한 가장 적절한 제목을 찾는 대회를 열었고, 만화가들은 모욕적이라며 이 그림을 풍자했다. 무슨 이유인지 정확히 모르겠지만 많은 제목들 중에서 "지붕널 공장의 폭발"이 우승했다.

그러나 뒤샹에게 아방가르드의 최전선 자리를 보장한 것은 역시 그의 '레디메이드'였다. 1913년, 미적 의미는 물론이고 실용성도 없는 자전거 바퀴 하나를 흰색 주방용 의자에 장난 치듯 올려놓은 것이 레디메이드의 시작이었다. 이 사건은 모더니즘사에서 역사적인 순간으로 기록되었다. 「자전거 바퀴Bicycle Wheel」는 뒤샹의 의도대로 관객들의 상상을 초월하는 세련된 도발이었고, 겉보기에 자유로운 예술가로 통하는 부류에게조차 놀라운 사건이었다. 자전거 바퀴는 서투른 농담, 자리에 어울리지 않는 장난감, 예술에 대한 의도적인 모욕이었을까?

「자전거 바퀴」라는 기이한 것을 능가하기까지는 시간이 좀 걸렸다. 3년이었다. 뒤샹이 선택한 전투장은 뉴욕이었고 그곳에서 다른 이들과 현대 미술 전시회를 개최했다. 그는 실물 크기의 도자기 변기를 사서 뒤집어 놓고 그 위에 '서명'을 했다. (그 변기를 생산했던 설비 회사 J. L. Mott의 이름을 따서) R. MUTT라고 쓰고 1917년이라고 덧붙였다. 제목은 「샘Fountain」이라고 붙였다. 뒤샹과 가장 친한 모더니스트들조차 이 레디메이드가 외설스러운 데다 예술과는 거리가 먼 것이라고 생각했으며, 뒤샹이 속해 있던 전시회 주최측은 열띤 논쟁 끝에 공식적으로 그것이 예술 작품이 아니라고 밝히고 설치를 거부했다. 예술과 평범한 물건을 확실히 구분 지으려는 필사적인 몸부림이었다. 뒤샹은 바로 단념했고 대중은 「샘」을 볼 수 없었다. 그 결과 그 '조각품'은 훨씬 더 악명을 떨치게 되었다.

뒤샹은 1912년 앙데팡당 전에서 「계단을 내려가는 나부 2」의 전시를 거절당한 데다가 친구이자 모더니즘의 동지라고 믿었던 화가들에게

회화와 조각

까지 따돌림을 당하자 너무도 깊은 상처를 입었다. 훗날 인터뷰에서 앙데팡당의 조치로 "충격을 받았다."라고 고백했다. 하지만 사실상 그 일이 자신에게 득이 되었다고 말했다. "그 사건은 내가 과거로부터 완전히 해방되도록 도와주었다."[121] 그러나 뒤샹은 젊은 시절부터 구축하여 평생 잘 이용했던 페르소나가 있었는데 그것은 바로 외부 세계에 대한 극도의 무관심이었다. 그렇게 해서 뒤샹은 자기 자신에게만 몰두할 수 있었고 반미술 작품을 만들어 냈다.

그의 모험작에 대한 반응이 어땠든 간에 그의 상상력은 전혀 고갈되지 않았다. 1919년에는 「L. H. O. O. Q.」를 내놓았다. 레오나르도 다빈치의 「모나리자」를 엽서 크기로 복제하여 가느다란 군인 풍의 콧수염과 염소수염을 그려 넣어 '개선'한 것이다. 그림 아래 써 넣은 머리글자는 프랑스어로 읽으면 "Elle a chaud au cul."* 즉 "그 여자의 엉덩이는 섹시하다."이다. 장난에 불과한 것이었지만 그 작품을 직접 보거나 소식으로 전해들은 사람들은 그것이 예술 파괴 행위라며 심각하게 우려했다. 이제 뒤샹의 평판은 예술계의 불량아로 굳어졌으며 이후 그의 일거수일투족은 그런 평판을 확인시켜 줄 뿐이었다.

말장난과 손상된 걸작이라는 터무니없는 조합에 담긴 함의는 실로 엄청났다. 만약 절대 명령이 어떤 것을 예술로 만들 수 있다면, 만약 어떤 것을 예술이라고 부르거나 서명만 하는 것으로 그것이 예술이 된다면, 예술은 다른 것과 전혀 구별되지 않을 것이다. 즉, 주관성이 휩쓸 것이 분명

---

* 뒤샹이 약간 손본 모나리자는 당시에도 매우 놀라워 보였고, 지금도 그렇지만 유명한 그림에 장난질을 친 것이 그가 처음은 아니라는 것에 주목할 필요가 있다. 신문 연재 만화가들은 오래전부터 그런 장난을 쳐 왔다. (플로베르를 외과의사로 그린 만화를 보라.) 1887년 코클랭 카데는 『웃음』에 사진을 변형한 만화를 실었다. 제목은 「파이프를 문 모나리자」였다. 그 만화에서는 그 신비로운 여인이 커다란 파이프 담배를 피우며 고리 모양의 담배 연기를 뿜어 올리고 있다.

하다. 정확히 말하면 회화나 조각품의 구도, 색상, 의미, 기교, 박진성, 입체감을 평가하는 확립된 모든 기준이(모든 모더니즘의 기준까지도) 타당성을 잃을 것이다. 2차 세계대전 뒤에도 뒤샹의 작품은 자유로운 개인성을 추구했다. 그의 작품은 여전히 기상천외하고 독특했다. 유명하고 복잡한 작품 「거대한 유리The Large Glass」라고 알려져 있는 「구혼자들에 의해 발가벗겨진 신부, 오히려The Bride Stripped Bare by Her Bachelors, Even」는 8년 동안(1915-1923) 작업한 것으로 비평가들에게 말할 거리를 많이 던져 주었다. 유작 「주어진 것Etant donnés」1944-1966은 그가 죽은 해인 1969년에 처음 전시되었는데 선정적인 나체 여인의 그림을 작은 구멍으로만 볼 수 있도록 세심하게 조립한 작품이다. 이 작품은 그가 전혀 타협할 의지가 없었다는 것을 보여 준다.

  그러나 스스로에게 충실한 뒤샹은 자신의 전복조차 전복했다. 그는 페기 구겐하임 같은 한정된 자금을 가진 후원자들에게 그림에 대한 갈망을 억제해야 한다고 충고했다. 페기 구겐하임은 뒤샹이 현대 미술의 최신 유파들을 구별하는 법을 가르쳐 주어 기뻤다고 했다. 그러나 뒤샹은 아웃사이더 수집가들 및 아웃사이더 화가들과 우정을 쌓으면서도, 그리고 건전하고 사심 없는 충고를 해 주면서도, 또 극단적이라는 점에서 일부 유파들과 공통점이 많았음에도, 게다가 아무리 혁신적인 유파라고 해도 결코 합류하지는 않았다. 심지어 다다이즘에도 끼지 않았다. 그는 초현실주의자들을 잘 알고 있었고 높이 평가했지만 1967년 뇌이파리 근교에서 죽기 얼마 전에 이렇게 분명히 밝혔다. "나는 미지의 세계를 탐험하는 그 어떤 모험단에는 가입한 적이 없다. 내 존재의 가장 본질적인 것을 다른 누군가와 나누지 못하는 성격이기 때문이다."[122] 그는 아방가르드 공동체의 시대에도 예외적인 인물이라는 명성을 유지했다.

  어쨌든 뒤샹은 과대망상증 환자는 아니었다. 최고의 우상파괴자

1963년 마르셀 뒤샹이 패서디나 미술관에서 (평소 가장 좋아하던 게임) 체스를 두고 있다. 이겼는지 졌는지는 모르겠다.

였다. 실제로 로버트 머더웰은 그를 "위대한 '사보타주 행위자'"[123]라고 불렀다. 그러나 그가 현대 예술의 생존에 어떤 기여를 했는지 살펴보면 확인되겠지만, 그가 혼자서, 아니 동지들과 함께라도 과연 예술을 파괴할 수 있다고 믿었는지는 의문이다. 설사 그가 엄청나게 강한 의지를 품고 그런 유희를 했더라도, 그 무모한 계획은 실패했을 것이다. 특히 미국에서라면 미국의 부자 친구들과 고객들, 특히 중요한 인사인 월터와 루이스 아렌스버그가 그의 방향을 돌려 놓았을 것이다.

아렌스버그 부부는 많은 모더니스트들의 이상적인 후원자라고 할 수 있다. 고등교육을 받은 유복한 월터 아렌스버그는 자기보다 더 부유한 동급생의 누이와 결혼하여 후원에 필요한 물질적 조건을 충분히 갖추게 되었다. 그는 아버지의 철강업에는 관심이 없었다. 아니, 다른 어떤 것에도 관심이 없었다. 필요한 것은 불꽃밖에 없었다. 열 살짜리 학생에게든 쉰 살의 변호사에게든, 수집이라고 부르는 물건에 대한 지칠 줄 모르는 소유욕에 불을 댕겨 줄 불꽃 말이다. 그리고 그 불꽃은 아모리쇼에서 너무도 갑작스럽게 그에게 옮겨 붙었다. 현대 미술 작품을 향한 소유욕이 눈을 떴고 그런 욕구가 으레 그렇듯 평생 꺼지지 않고 타올랐다.

루이스 아렌스버그도 남편의 열정을 받아들이게 됐고, 부부는 피카소, 브라크, 클레, 브랑쿠시 같은 일류 모더니스트들의 작품뿐만 아니라 뒤샹의 작품들까지 열정적으로 수집했다. 그들은 화가들에게서 직접 작품을 구매했기 때문에 곧 화가들의 절친한 친구이자 고마운 고객이 되었다. 뒤샹의 작품들 경우는 어떻게 된 일인지 몰라도 직접 구매하지 못하고 그 작품을 먼저 손에 넣은 덜 광적인 수집가들에게서 사들였다. 아렌스버그 부부는 평범한 후원자였다. 그래서 나이가 들고 몸이 약해지자 자식이 없는 그들은 곧 전국 미술관장들의 목표물, 때로는 희생자가 되었다. 긴장감 넘치는, 때로는 격렬하고 긴 논쟁을 치른 뒤 자신들의 주요 소장품들을 필라델피아 미술관에 넘겼다. 지금도 그곳에 뒤샹의 난해한 대규모 구조물인 「거대한 유리」와 「주어진 것」을 비롯한 작품들이 소장되어 있다.

　　미술관을 적으로 삼았던 자들이 끝내 미술관으로 돌아가게 된 것은 명백한 아이러니다. 필라델피아 미술관에 아렌스버그 부부가 애써 수집했던 뒤샹의 작품들이 모두 있다. 그리고 자칭 예술의 응징자 뒤샹은 미국 최고의 '묘지', 즉 반역자들이 오래전부터 불태워 버리고 싶어 했던 죽은 예술가들의 납골당에 자기 작품을 설치하여 마치 고전 작품인 양 예술 애호가들에게 공개되도록 적극적으로 협조하였다. 우리는 이미 중산 계급의 흡수력을 잘 보았다. 그 힘을 과소평가하는 것은 큰 오산이다. 특히 그들에게 돈이 있고 그 돈을 제대로 쓸 취향이 있을 때는 더욱 그렇다.

안티 미메시스

1

 모더니즘은 조각가들에게 이상적인 놀이터였다. 아방가르드 화가들과 흡사하게 그들은 자신들이 신고전주의 규칙에서 해방되었다고 느끼자 가장 의외의 계획을 전개했다. 화가들과 비슷했던 것은 사실 단순히 우연의 일치가 아니었다. 조각가들의 모더니즘은 19세기 선조들에 대한 반역이라기보다 현대 아방가르드 회화에 대한 각주였기 때문이다. 이론의 여지가 없는 당시 최고의 조각가 오귀스트 로댕Auguste Rodin은 자연, 특히 인체의 능숙한 모방에 대한 반항군과 역사적인 임무를 실천하는 보수주의자들 사이에 있었다. 1840년에 태어난 그는 정확한 재현이라는 드넓은 자연주의 영토를 떠난 적이 없었다. 마티스는 로댕이 권위적으로 이렇게 충고했다고 기억했다. "자연을 모방하라!"[124] 그러나 로댕은 동시에 실험적 시도로 (비록 모든 사람들은 결코 아니지만) 많은 예술 애호가들을 놀라게 하거나 심지어 화나게 하기도 했다. 로댕의 악명 높은 1897년 작품「발자크Balzac」는 평범한 외투를 당당하게 두른 실물 크기의 소설가상으로 폭

앙리 마티스, 「기대 누운 나체상 3」 1929 마티스는 회화 작업을 점점 많이 했지만 누운 나체 같은 조각의 소재로 자주 돌아오곤 했다.

풍 같은 반감의 물결을 일으켰다. 1906년 젊은 마티스가 그 위대한 예술가를 찾아가 자신의 도안 몇 점을 보여 준 일이 있다. 이 만남에 대해 미술사학자들은 크게 관심을 가지고 있지만 사실상 아무 일도 일어나지 않았다. 마티스가 로댕이 조각상을 만들 때 손은 여기서, 다리는 저기서 따오는 것을 보고 그 단편적인 방식을 마음에 들어하지 않기는 했다. "나는 상세한 세부 묘사 대신 생생하고 암시적인 통합체로 바꾸어 전체 구조를 상상만 한다."[125]라고 그는 썼다. 로댕이 전통을 중시하는 사람들에게 다목적 자극제이긴 했지만 모더니스트 조각의 조상은 아니었다.

조각을 20세기라는 모험의 시대에 가져다 놓은 것은 급진적인 화가들이었다. 그 모험은 주관성의 탐색이었다. 두 분야의 재능을 모두 가진 사람들 덕분에 서로 다른 두 분야 사이의 제휴가 쉬워졌다. 가장 중요한 모더니스트 조각가들은 화가이기도 했으며 조각가로서보다 화가로서 더 유명할 때가 많았다. 이렇게 조각칼, 연필과 붓을 함께 쓰는 예술가들이 많았지만 그들 가운데 단연 가장 유명한 사람은 드가, 마티스, 피카소였다. 자연의 해석이라는 이상을 훼손시킨 이 진보적인 화가들은 직접적인 실천으로 조각가들이 미메시스에서 벗어날 수 있게 돕는 본보기가 되었다.

제자들도 그런 사실을 대충 알고 있었다. 미국의 가장 저명한 초대형 금속 조각가인 데이비드 스미스 David Smith는 1952년 "나의 기법적 해방은 피카소의 친구이자 동포인 훌리오 곤살레스의 영향을 받은 것이지만, 나의 미학은 칸딘스키, 몬드리안, 입체파의 영향을 더 많이 받았다."라고 썼다. 피카소도 포함시켰더라면 좋았을 것을. 피카소가 비록 전업 조각가는 아니었지만 무시할 수 없는 수준이었으니까 말이다. 데이비드 스미스는 "20세기 초부터 수적으로나 착상에 있어서나 화가들이 미학 전선을 이끈"[126] 것이 확실하다고 평가했다. 그는 3년 뒤 미시시피 대학교 강연에서 그런 평가를 이렇게 뒷받침하였다. "인상파가 회화를 명암법에서 해방시켰듯 입체파는 조각을 획일적인 돌기둥 형태와 부피감에서 해방시켰다."[127] 스미스를 해방시켰던 사람은 스페인의 훌리오 곤살레스였다. 용접 조소를 했던 곤살레스는 강철과 철을 재료로 사용하라고 권했다. 그 또한 모더니스트의 길을 따른 예술가로서, 1876년에 태어나 1900년에 파리로 이주하여 피카소와 친분을 쌓았다. 그러나 무엇보다 중요한 것은 그 화가들이 자연의 모방이라는 오래된 명령을 전복했다는 사실이다. 이 해방을 통해 조각가들은 거의 말 그대로 무한한 기회를 얻었다. 그러니 모더니즘 조각은 거의 모든 대상을 탐구한 것이다.

움베르토 보초니, 「공간 속 병의 전개」 1912 다른 이탈리아 미래파들과 마찬가지로 보초니는 조각을 포함하여 예술이 반드시 구현해야 하는 가장 중요한 현대적인 실체로 '역동성'을 강조하였다.

유명한 초기 모더니즘 조각가들의 작품은 3차원 입체파 작품과 사실상 비슷한 느낌을 준다. 피카소의 청동 조각 「여인의 머리」1909-1910는 약간 각진 직사각형의 아상블라주로, 얼굴 표면이 재구성되어 있지만 여전히 얼굴이라는 것을 알아볼 수 있다. 미래파 움베르토 보초니

Umberto Boccioni의 「공간 속 병의 전개」1912는 병의 윤곽을 파괴하고 조각을 하나의 복잡한 아상블라주로 장난스럽게 구성하였지만, 그것 역시 여전히 병이다. 그리고 자크 립시츠Jacques Lipchitz의 「기타 연주자」1918는 기타처럼 생긴 입체에 닿아 있는 손의 형태를 알아볼 수 있게 표현되어 있고 전체적으로 사람의 자연적 형태가 유지되어 있어서 악기를 연주하고 있는 실제 음악가가 떠오른다. 외부 세계와의 유사성을 일부 남겨 두었던 모더니스트 조각가들은 부분적으로나마 대중의 회의를 극복했다. 관객들은 일상적 경험을 연상시키는 단서를 찾고 싶어 했고 익숙한 형태를 발견할 때 호의적인 반응을 보였다. 완전한 추상 작품보다 상상력이 덜 필요했던 것이다.

모더니즘 기획의 '자연주의적' 변형을 가장 만족스럽게 이루어 낸 조각가는 헨리 무어Henry Moore일 것이다. 20세기를 2년 앞두고 요크셔 주 캐슬포드에서 태어난 그는 내세울 만한 조각가가 거의 없는 영국의 고급문화계에서 드물게 유명한 사람이 되었다. 조각가로서의 오랜 이력 동안 돌이든 청동이든 누운 형상을 가장 많이 표현했다. 전쟁 전에는 주로 돌을 사용하다가 이후 점차 청동을 많이 사용하게 되었다. 그가 남긴 기념비적 작품들은 교묘하게 배치된 팔이나 다리가 둥그스름한 구멍 모양의 불규칙한 빈 공간을 형성하여 난해해 보였다. 그의 머릿속에서 자연이 멀리 떠난 적은 없었다. 그래서 자신의 작품은 배경과 생산적으로 균형을 이루어지는 실외에서 보는 것이 가장 좋다고 주장했다.

무어는 두 개의 작품을 가까이에 병치시켜 관객들로 하여금 그것

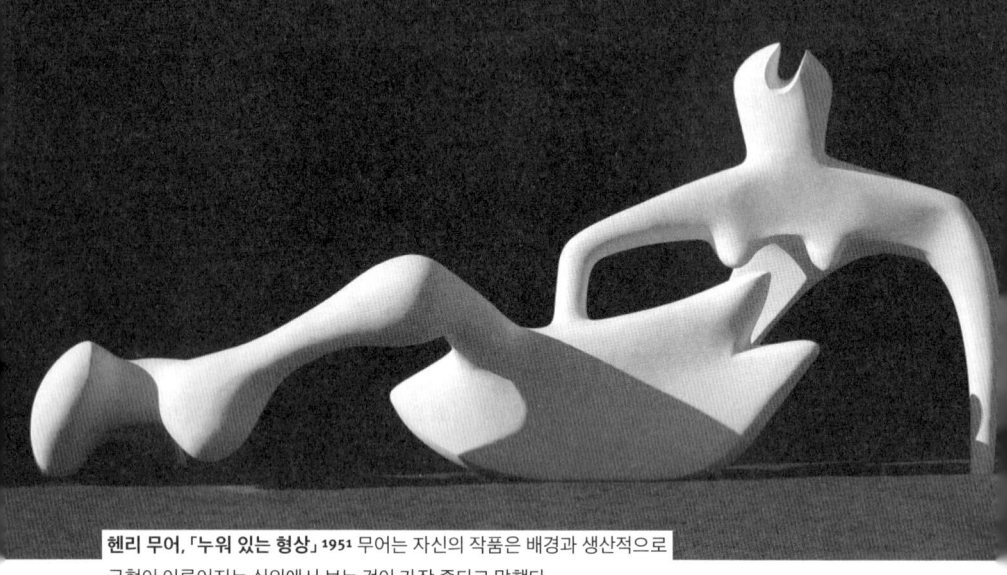

헨리 무어, 「누워 있는 형상」 1951 무어는 자신의 작품은 배경과 생산적으로 균형이 이루어지는 실외에서 보는 것이 가장 좋다고 말했다.

을 하나의 작품으로 인식하는 짜릿한 즐거움을 누리게 했다. 관객들은 둘을 하나의 형상으로 인식하기 위해 머릿속에서 두 작품 사이의 빈 공간을 채워야 했다. 어머니와 아들을 통해 모성을 찬미한 적도 있었지만 가장 중요한 감정은 그가 '형태 체험'이라고 부르는 경험이 일으키는 감정, 즉 마음속에 있던 형태들에 대한 반응이었다. 그 형태들은 단단한 땅 위에 진지하고, 견고하며 무거운 느낌을 낳았다. 무어는 같은 요크셔 출신의 조각가 (무어보다 더 순수 추상 쪽으로 나아갔던) 바버라 헵워스 Barbara Hepworth와 함께 어떤 재료를 쓰든 항상 직접 조각법을 옹호했다. 그들은 이렇게 재료에 충실함으로써 계속 자연에 대한 충성심을 유지했다. 비록 크게 눈에 띄지는 않았지만.

그러나 그들의 이상은 조각의 자율성이었다. 무어의 작품은 표면이 매끄럽고 아름다워서 이례적인 즐거움을 선사하며 미메시스에 대해

도전적이지만 온건하게 거부하여 호감을 주는, 혹은 호감은 아니더라도 어쨌든 인상적으로 인간의 형상을 표현하였다. 조각 애호가인 미국 미술사학자이자 미술관 관장 윌리엄 R. 밸런타이너는 무어가 "감정적 에너지가 아니라 지성이 지배하는 인위적인 세상, 즉 도시에서 멀리 떨어진 원시 사막, 산, 숲에서 발견되는 자연의 절대적인 힘과 더 가까워지고자 하는 깊은 열망을 가장 잘 표현하였으며"[128] 아주 일관되지는 않지만 전통적인 조각가들이 결코 전달하지 못했던 심오한 감정을 표현한다고 썼다. 1986년까지 살았던 무어는 내부를 향한 여정을 매우 인상적인 이미지로 잘 표현하였던 것이다.

2

헨리 무어의 작품과 바버라 헵워스의 작품은 자연에 천착했던 조각가들이 비록 어렴풋하나마 스스로의 한계를 넓히려고 했다는 것을 보여 준다. 그러나 의도된 유사성이 케케묵은 신고전주의에 대한 비굴한 항복이라고 주장한 예술가들이 훨씬 더 큰 자유를 향유했다. 그들의 상상력은 대체로 사적인 것, 특히 무의식에 대한 것이었지만 어쨌든 한계가 없었다. 알렉산더 칼더 Alexander Calder 같은 일부 추상파들은 직접 만든 이론에 따라 작품을 제작했다. 철사, 목재, 화려한 색상의 알루미늄 타원체나 나뭇잎 모양을 배열한 그의 모빌은 각각의 요소가 유지하고 있는 위태로운 균형을 느끼게 해 주면서 숨결이나 미풍을 따라 가만히 움직인다. 이것들은 멋지게 변형되어 계속 제작되었고 대단히 높은 평가를 받았다. 1949년 칼더가 마르셀 뒤샹에게 이 구조물을 처음 보여 주고 뭐라고 부르면 좋을지 묻자 뒤샹은 단번에 '모빌'이라는 이름을 붙여 주었다. 모더니스트들은 서로 잘도 도왔다.

칼더의 모빌에는 엄숙함은 부족하지만 위트, 알다시피 모더니스트들에게 부족하기로 악명 높은 그 자질은 풍부하였다. 그렇기 때문에 아방가르드의 취향과 중간 교양 계층의 취향 사이의 심연을 성공적으로 건널 수 있었다. 모더니스트 조각가들 중 눈부신 유머감각의 소유자가 또 있었으니, 바로 피카소였다. 그의 조각 중에는 엄숙한 것들도 있었지만 유쾌한 것들이 더 많았다. 피카소에게는 다른 사람들이 보지 못한 것을 '보는' 것이 중요했다. 그는 예리한 눈으로 자전거 안장과 손잡이를 연결해 소머리를 만들었고 장난감 자동차로「새끼를 안고 있는 원숭이」의 원숭이 머리를 만들었다. 대상을 본래와 전혀 다른 목적으로 이용하는 능력에 있어서도 피카소는 일인자였다.

이렇게 무엇이든 가능한 분위기였기에 주관성이 예술 작품에 힘을 제대로 행사할 수 있었다. 주관성은 모더니스트 회화 작품 못지않게 조각 작품에도 영향을 끼쳤다. 이제 예술가의 선택에 대해 아무도 시비를 걸 수 없었다. 그래서 예술가는 대중적 소재를 작품에 바로 가져다 쓸 수 있었다. 당시 혁명의 첫 단계에서 자유주의자로 활약하고 있던 러시아 예술가들은 자신들이 새로운 세상을 제대로 표현하고 있다고 생각했다. 그들은 새로운 세상의 출현에 도움을 주고 있었다. (혹은 그렇다고 믿었다.) 그들은 1917년 혁명까지 기다리지 않았다. 1914년 러시아 조각가 블라디미르 타틀린 Vladimir Tatlin은 파리에 가서 피카소의 제자가 되었다. 불행하게도 피카소는 관심을 보이지 않았지만 타틀린은 입체파에 대해 충분히 배웠고 고국으로 돌아와 추상 조각을 시작했다. 그는 자신의 작품들을 '역부조逆浮彫'라고 불렀다. 그것들은 전통적인 사실주의와 전혀 연관이 없는 상상적인 조각 작품이었다. 타틀린이 유명해진 것은 1919년 예술부가 의뢰한 제

3인터내셔널 기념탑 모형 덕분이었다. 소련의 기관들이 그때까지만 해도 모더니스트들의 독립심에 대해 아직 불편해하지 않았던 것이다. 그런 생각이 오래가지는 않았지만 말이다.

    타틀린의 탑은 세워지지 않았다. 그때가 아니었어도 실현되기 힘든 계획이었다. 사실상 엠파이어스테이트 빌딩보다 더 높게 설계되었는데 강철 와선과 유리 직사각형들이 복잡하게 뒤섞여 연결되고 세 개의 중심 축 가운데 하나는 내부 공간 위로 비스듬하게 기울어지게 설계되어 있었으며 이 내부에는 사무실과 강당이 들어오게 돼 있었다. 더 특별한 것은 그 탑이 계속 움직이게 설계되어 있었다는 사실이다. 그 축을 중심으로 치밀하게 계산된 세 가지 속도로 끊임없이 회전하게 되어 있었다. 그 설계는 혁명적 러시아인들이 구성주의라고 부르게 될 것의 근사한 실례다. 외부 실재와 관련을 거부하고 적절한 재료가 무엇인가에 대한 의문을 중심으로 옮겨온 양식이다.

    그렇다고 추상파 조각가들이 그 반대편을 완전히 무시했다는 말은 아니다. 1920년대에 피카소는 애인들을 가혹하게 풍자하는 잔혹한 작품에서 심하게 형상을 왜곡하면서도 그 대상이 여성이라는 것은 알아볼 수 있도록 표현하였다. 구성주의 조각가들이 누리는 절대 자유의 산물인 절단된 불완전한 형상은 무엇인지 알아볼 수 없지만, 이들도 마찬가지로 때로는 현실에 발을 들여 놓았다. 예를 들면 데이비드 스미스의 작품은 자신의 다른 구성 작품들 이외에는 어떤 것과도 관련이 없는 거대한 금속 작품들과 인간의 형상을 어렴풋이 닮은 탁자 크기의 '초상'들 사이에서 오락가락 했다. 그리고 훌리오 곤살레스의 공들인 철제 조각인 1936년 작 「머리 빗는 여인」은 추상 예술가들의 '구상주의적' 실험을 대표한다고 볼 수 있다. 제목을 보면 유사한 형상을 묘사했을 것 같지만 그 작품은 아무리 봐도 그런 모습은 아니다. 작가는 금속 조각들과 철사를 모아 여인의 머리를 묘사했다고 하지만 그것이 여인의 머리와 비슷하다는 근거는 조각가 본인의 말밖에 없다.

　　실제로 초기에는 조각가가 작품의 의미에 대한 유일한 권위자로서 학구적인 해석의 근거가 되었다. 이 권위로 큰 이득을 본 것은 루마니아 조각가 콘스탄틴 브랑쿠시Constantin Brancusi였다. 1876년에서 1957년까지 살았던 그는 생전에 최고의 명성을 얻었고 지금도 그 유명세를 유지하고 있다. 데이비드 스미스에게 브랑쿠시는 그야말로 "살아 있는 가장 위대한 조각가"[129]였고, 다른 예술가들도 그를 존경하며 창작 활동의 모범으로 삼았다. 단순성에 대한 천착, 종류를 불문한 모든 재료에 대한 충실성은 하나의 원칙처럼 널리 수용되었다.*

　　브랑쿠시의 가장 유명한 작품은 「공간의 새」다. 1923년에 광택이 많은 대리석으로 제작되었다가 이듬해 작품에 훨씬 더 잘 어울리는 소재인 청동으로 제작되었다. 「공간의 새」는 가장 유명한 모더니스트 조각 작품으로, 가운데 부분이 약간 불룩한 길고 가는 형상이 세로로 세워져 있다. 브랑쿠시의 다른 작품들처럼 환원주의reductionism의 극단적인 예이다. 그의 유명한 조각품 중에는 잠든 어린이나 프로메테우스를 '재현'했다고 하는 것들이 있지만 그것들은 모두 거의 달걀 모양에 가깝다. 그가 「공간

---

* 브랑쿠시의 단순성에 대한 열정이 결코 단순한 것이 아니라는 것을 꼭 기억해야 한다. 허버트 리드 (영국 시인이자 미술비평가)는 "단순성은 목적이 아니다. 사물의 진정한 의미에 접근하면 부지불식간에 단순성에 도달할 수 있다."[130]고 지적했다.

콘스탄틴 브랑쿠시, 「공간의 새」 1923 브랑쿠시는 청동이든 대리석이든 모더니즘적인 추상 작품의 가장 순수한 형태로 돌아가려고 했다.

의 새」라는 막연하고 근사한, 대단히 매력적인 제목을 붙인 덕에 관객들은 그것을 새의 날개라고 생각하게 되었다. 이렇게 조각가들이 모방이라는 이상을 버리자 모더니스트들이 열망하던 예술가의 주권이 상상할 수 없을 만큼 높아졌다. 모든 동물에 이름을 붙인 성경 속 아담에 필적하는 권위였다.

3
어떤 조각가들은 모더니즘이라는 상점에 위트를 보탰지만, 또 어떤 조각가들은 에로티시즘이라는 재고를 넉넉하게 비축했다. 가장 재미있는 예는 역시 브랑쿠시의 작품이다. 1916년 작 「X 공주Princess X」는 크게 물의를 일으켰다. 모더니스트의 작품이라면 겪을 만큼 겪은 모더니즘의 메카 파리에서도 예외가 아니었다. 굳이 색정광이 아니라도 반들반들한 청동 부분은 고환이 달린 발기한 음경으로, 두 개의 공은 유방으로 보기에 충분했다. 아방가르드 화가들조차 충격을 받았다. 그 작품은 1920년 앙데팡당 전에 전시되었지만 곧 철거되고 말았다. 이 진보적인 사람들에게조차 지나치게 외설스럽다는 것이 이유였다. 뒤샹의 1917년 작 「샘」에 대해 동료 모더니스트들이 저속하고 예술적이지 않다고 비난했던 것과 마찬가지였다. 몸을 신체 기관으로, 특히 위에서 말한 성적 기관으로 환원한 것은 품위의 한계를 넘어선 것이었다. 아방가르드는 통일된 이념을 가진 당파가 아니었다. 그러니 어떤 모더니스트에게는 용기인 것이 다른 모더니스트에게는 외설이었다.

4

앞서 잠깐 언급했던 작품들 중에는 1차 세계대전 때 나온 것들도 있다. 1916년 브랑쿠시의 「X 공주」와 1917년 뒤샹의 「샘」 같은 것들이다. 그 작품들은 조각가들이 모방에서 해방되어 새로이 찾은 자유를 마음껏 누렸다는 것을 보여 준다. 아방가르드 조각은 뚜렷하고 일관되게 발전하지 못했지만 범위가 방대하였고 1945년 이후에도 그대로 유지되었다. 조각가들은 전선과 플라스틱을 쓰기 시작했고, 유리섬유를 활용해 작품에 광채를 주었다. 또 뒤엉킨 끈 구성물의 내부를 네온관으로 밝혔고, 글자색이 선명한 브릴로 상자를 쌓아 올리기도 했으며, 실제 사람의 본을 떠서 흰색 회반죽 인간도 만들기 시작했다.

이런 식의 모더니즘적 자기 표출이 모두 유쾌하지만은 않았다. 아니, 그렇게 의도된 것이었다. 고통스럽게 20세기의 잔혹한 순간에 머무른 작품도 있었고, 프랑스 레지스탕스 전사들의 영웅주의를 기린 것도 있었다. 그러나 영국 조각가 앤서니 카로Anthony Caro가 용접하고 채색한 작품을 비롯해 몇몇 작품들은 그다지 엄격하지 않았다. 카로의 추상 구조물 중 가장 좋은 평가를 받은 것은 「어느 이른 아침」1962일 것이다. 한쪽 끝에 꽤 큰 직사각형 철판이 있고 반대편 끝에는 기울어진 십자가가 있으며 그 양편이 여러 개의 강철 구조물로 연결되어 있는 기다랗고 속이 빈 아상블라주인데 전체가 눈에 확 띄는 빨강색으로 채색되어 있다. 이 작품이 왜 호소력을 가지는지 설명하기는 힘들지만, 보면 바로 느껴진다.

앤서니 카로 같은 일부 전후 예술가들이 동료들에게 영향력을 행사한 경우가 더러 있기는 했다. 그러나 대부분의 예술가들은 자신만의 독창성에 자부심을 가지고 있다. 그리고 개성은 이미 진부한 것이 되어 버렸고, 거의 아무나 모더니스트가 되어 버린 상황이었다. 온갖 착상들과 작품이 뒤엉킨 혼란스러운 분위기에 빠져 있는 조각가들에게 '모더니즘'이라는 명칭은 사실상 거의 의미가 없었다. 그러니 우리의 예상과 정반대로 가고 있었던 셈이다. 말하자면 신고전주의 조각 시장은 대체로 붕괴했지만 그 자리를 어떤 다른 것이 아주 확실하게 대신하지는 못했다.

    브랑쿠시의 유명한 일화를 보면 모더니즘 조각의 미래가 과거보다 더 시끄러울 것이라는 생각이 든다. 1926년에 그는 단독 전시회에 출품하기 위해 대단히 기품 있는 작품「날고 있는 새」를 미국에 보냈다. 작업에 3년도 넘게 걸린 작품이었다. 그러나 세관원은 그 작품에 대해 예술 작품 비관세 통관을 거절했다. 그것을 '제품'으로 판단하여 40퍼센트의 관세를 부과한 것이다. 브랑쿠시는 당황했지만 좌절하지 않고 군말 없이 세금을 내고는 전시 대행사를 고소했다. 세관 측이 승소했다면 브랑쿠시 작품뿐만 아니라 다른 모더니스트의 작품들의 판매에도 크게 지장이 생겼을 것이다. 그러나 법원은 브랑쿠시의 손을 들어주었다. '부르주아'가 모더니스트를 용인해 준 좋은 예다. 이렇게 만족스럽게 해결된 경우는 드물기는 했지만 교조적인 모더니스트들이 불평하는 것만큼 드물지는 않았다. 전통적인 부르주아 사회도 비전통적인 것을 받아들일 수 있었던 것이다.

에드바르 뭉크, 「절규」 1893 평론가들은 악몽 같은 광경이, 예민한 당시 사람들이 혼잡하고 부산한 1890년대 도시에서 느끼는 신경증적 불안을 전형적으로 보여 준 것이라고 해석하였다. 하지만 뭉크는 예언자도 사회학자도 아니었다. 그렇기에 이 충격적인 작품은 본질적으로 개인적인 고백이었다.

에드바르 뭉크, 「골고다 언덕」 1900 "내 작품은 사실 자기표현이며 세상에 대한 나의 입장을 확실히 밝히기 위한 것입니다. 한마디로 말하면 일종의 자기중심주의지요." 그러나 뭉크의 놀라운 재능에 감탄한 미술 애호가들은 그의 작품이 더 넓은 현실에 대한 증언이라고 찬사를 보냈다.

에드바르 뭉크,「흡혈귀」 1895 뭉크는 "충만함, 다양성, 환희와 고통이 가득한 삶"을 보여 주려 했으나 고통이 환희보다 월등히 많았다. 그러니 그의 작품에 늘 나타나는 에로스는 당연히 죄와 수치의 근원에, 그리고 축복보다는 위협에 가깝게 보였다. 뭉크가 여러 차례 작업했던 주제인 「흡혈귀」에서는 머리 긴 여인이 남자의 목을 물어뜯고 있고, 남자는 저항하지 않은 채 그 공격을 받고 있다.

에드바르 뭉크, 「병실에서의 죽음」 1893 뭉크가 천착한 것은 자신이 세상에서 보고 느끼고 있다고 생각한 것이었다. 이 두 가지를 탐구하려 한 것은 알다시피 뭉크만이 아니었다. 수십 년 전에 보들레르와 마네는 예술가들은 자신이 몸담고 있는 시대를 그려 내야 한다고 말한 바 있는데, 뭉크가 바로 그 일을 했다.

에드바르 뭉크,「유전병」1897-1899 "질병, 광기, 죽음이 내 요람의 수호천사였다." 뭉크의 전복적인 세계관은, 대체로 문화계의 주류에서 벗어나 있다고 여겨지던 키에르케고르, 도스토예프스키, 니체 같은 비순응적인 작가들에 평생 심취한 덕분에 더욱 강화되었다. 20대 초반이 되어서야 고통스럽지만 결코 떨쳐 버리지 못했던 영감의 주된 원천, 즉 어린 시절을 표현할 내적 자유를 찾았다.

에드바르 뭉크, 「와인병이 있는 자화상」 1906 뭉크가 일부러 대상의 성별을 모호하게 그린 작품이 여럿 있어서 그의 자화상이 몇 점인지 정확히 알 수는 없다. 그러나 자화상이 대단히 많은 것은 분명하다. 또한 거기에는 고독이 죽음처럼 두드러지게 드러나 있기 때문에 보는 이의 마음을 뒤흔들어 놓는다. 1906년 작품에서 뭉크는 한 식당에 덩그러니 혼자 앉아 와인 한 병, 와인 잔과 빈 접시가 놓인 탁자를 마주하고 있다.

에드바르 뭉크, 「자콥슨 박사의 병원에 있는 자화상」 1909 소수의 자유로운 사람들만이 '진보적'이었으니, 보수적인 당시 사람들이 자화상을 그리는 모더니스트 화가들을 가리켜 예술을 이해하지 못하고 공연히 시끄러운 일만 만들고 추악함에 집착한다고 생각한 것은 당연했다. 뭉크의 자화상도 예외가 아니었다.

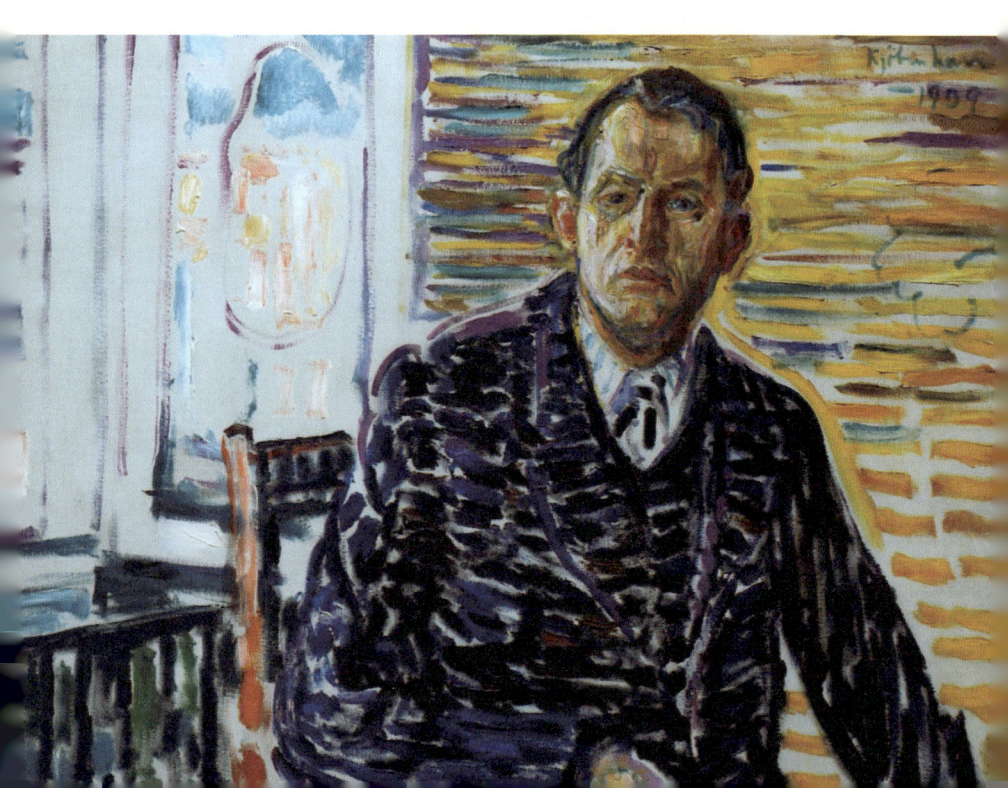

로비스 코린트, 「티롤 사냥 모자를 쓰고 있는 자화상」 1913 코린트가 모더니스트로서 자신을 가장 생생하게 표현한 것은 바로 1913년 자화상이다. 의상과는 아주 대조적으로 관객을 응시하는 눈은 슬프고 인상은 찌푸리고 있다. 모자챙 근처에 간결한 메시지까지 담았다. '에고(ego).' 바로 여기 그가 드러나 있다. 자신의 비애감을 가능한 한 정직하게 표현한 것이다.

에른스트 키르히너, 「화가의 머리」 1925 키르히너의 자화상들은 어느 순간의 자신이기보다 전쟁 중인 세상 속에서 방향감각을 상실한 모습, 성적 기호, 혹은 위험한 정신 상태를 담은 표현주의적인 기록이었다.

에른스트 키르히너, 「모자를 쓰고 서 있는 누드」 1910 "형태와 비례를 아무렇게나 수정하는 것이 아니라 정신이 풍부하고 효과적으로 표현되도록 하는 것이다." 색채도 역시 "자연의 것이 아닌 화가의 의도에 의해 탄생한 것"이며, 이런 색채는 "작품 속 다른 색상과의 연관 속에서 화가의 경험을 표현하여 일종의 공명을" 일으킨다. 키르히너는 화가가 세상을 재현하는 것이 아니라 만든다고 여러 번 밝혔다.

에른스트 키르히너, 「베를린 거리 모습」 1913 키르히너의 불안은 체질적인 것이었고 노골적이고 고통스러웠다. 키르히너는 절충주의적인 실험기를 거친 뒤 공격적이고 신경증적인 깔쭉깔쭉한 선과 표현주의적 색채를 사용했다. 자신의 화풍에 도움을 준 뭉크, 반 고흐, 고갱과 같은 여러 거장들을 무시하고 자신만의 독특함을 과시했다.

피트 몬드리안, 「꽃이 만발한 사과나무」 1912 몬드리안은 젊은 시절 자연주의적 풍경화에 뛰어났는데 갑작스럽게 그런 전통적인 소재로부터 등을 돌렸다. 다른 모더니스트들과 마찬가지로 몬드리안 또한 부르주아 취향에 대해 강한 불만을 품고 그것을 뛰어넘어 반드시 새로운 길을 개척하겠다는 의욕에 넘쳤다.

피트 몬드리안, 「빨강, 노랑, 파랑의 구성」 1937-1942 "그래, 대체로, 자연은 불쾌해. 참을 수가 없어." 지성이 막대한 창조적 잠재력을 지니고 있다고 믿었던 몬드리안에게는 영감의 외적 원천이 필요치 않았던 것이다. 결국, 충실하고 극단적인 모더니스트 몬드리안에게는 주관성이 전부였다.

바실리 칸딘스키,「노랑, 빨강, 파랑」 1925 칸딘스키는 몬드리안, 말레비치와 함께 현실을 신비주의적으로 인식하여, 보들레르의 표현에 따르면 "심장의 붕대를 벗겨 내는 일"을 해낸 3대 모더니즘 화가였다. 칸딘스키는 현대가 영혼을 잃었으며 다시 영혼을 불러일으킬 수 있는 것은 예술밖에 없다고 백 년 전 독일 낭만주의자들만큼이나 굳게 믿었다.

바실리 칸딘스키, 「인상3(콘서트)」 1911 "별안간 내부에서 형언할 수 없이 아름다운 그림이 광채를 뿜으며 눈앞에 펼쳐졌다." 칸딘스키는 형과 색만 있는 수수께끼 같은 그림에 달려들었다. 사실에 대한 충실한 묘사가 미술에 대한 가장 큰 장벽처럼 보였다. "자연의 목적과 미술의 목적은 본질적으로, 태생적으로, 그리고 우주 법칙에 따라 서로 다르다." 칸딘스키가 이렇게 미술과 자연을 대립시킨 것은 모더니즘의 역사에서 획기적인 사건이었다.

르네 마그리트, 「이미지의 배반」 1928-1929 "내 관심은 온통 감정적 충격을 불러일으키는 데 집중되어 있다." 초현실주의 화가들 중에서 가장 문학적인 사람은 벨기에인 르네 마그리트였다. 그의 작품들은 모두 작품 제목(혹은 설명)과 작품 자체의 부조화, 혹은 작품의 주제와 현실 간의 부조화가 특징이다. 「이미지의 배반」에는 선명하게 묘사된 파이프 아래 이런 부정문이 육필로 쓰여 있다. "이것은 파이프가 아니다."

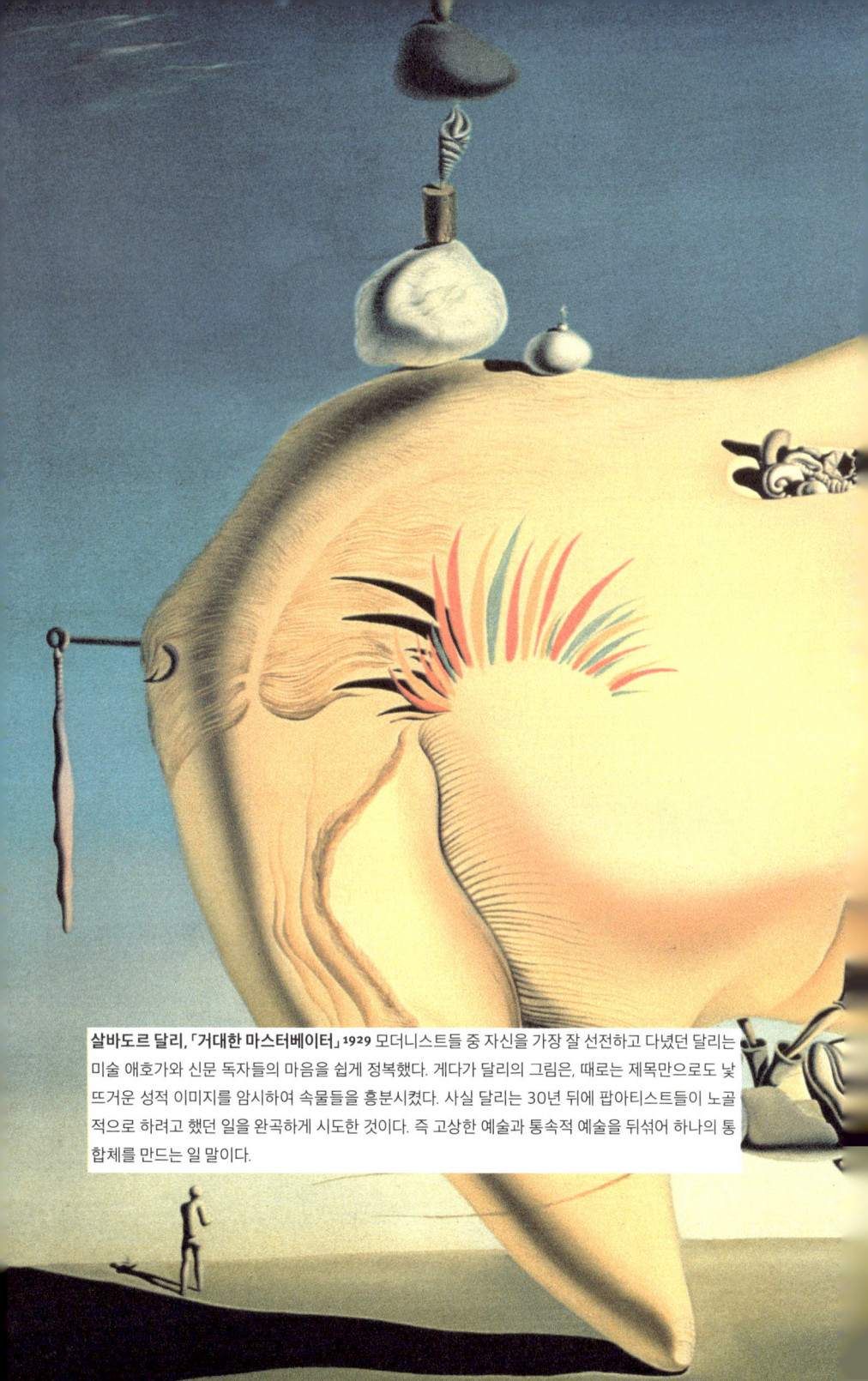

살바도르 달리, 「거대한 마스터베이터」 1929 모더니스트들 중 자신을 가장 잘 선전하고 다녔던 달리는 미술 애호가와 신문 독자들의 마음을 쉽게 정복했다. 게다가 달리의 그림은, 때로는 제목만으로도 낯 뜨거운 성적 이미지를 암시하여 속물들을 흥분시켰다. 사실 달리는 30년 뒤에 팝아티스트들이 노골적으로 하려고 했던 일을 완곡하게 시도한 것이다. 즉 고상한 예술과 통속적 예술을 뒤섞어 하나의 통합체를 만드는 일 말이다.

파블로 피카소, 「몸단장」 1906 죽는 날까지 양식을 만들었고, 양식을 고쳤고, 억제되지 않는 독창성으로 양식을 조롱했다. 간단히 말하면 그는 원맨밴드(one-man band) 모더니스트였다. 피카소는 내적 충동이 혁신을 부추기면 가만히 있을 수 없었다.

5

산문과 시: 마음의 단속

4

…화와 조각:
…기와 의외성

새로운 소설

대부분의 아방가르드 미술품은 그것을 살 능력이 있고 걸어 둘 공간이 있는 부유한 부르주아들만이 구매할 수 있었지만, 많은 사람들이 엉뚱한 장난질로만 여겼던 모더니즘 문학은 훨씬 더 광범위한 대중이 향유할 수 있었다. 특히 그 판매량이 눈에 띄게 다르다. 그럼에도 모더니스트 화가들과 모더니스트 소설가들 사이에는 확실한 공통점이 있다. 두 부류 모두 불멸의 걸작, 즉 고급문화의 역사에 기념비를 남겼다는 사실이다.

그러나 새로운 소설은 결코 쉽게 받아들여지지 않았다. 빅토리아 여왕 시대 후반의 소설 독자들은 모더니스트 작가들이 벌이고 있는 유희를 작가와 독자 사이의 진실한 관계에 대한 조직적 배신 행위라고 생각했다. 아방가르드 소설가들은 자신들보다 고분고분한 작가들도 단지 몸을 사리고 있을 뿐 실상 마찬가지라는 것을 대중이 알기 바랐다. 한편 출판사들도 당시 등장하고 있던 새로운 허구적 산문의 독자층이 한정적일 수밖에 없었다는 사실을 너무나 잘 알고 있었다. 따라서 전형적인 모더니스트 소설이 출판과 유통의 장벽에 부딪히게 될 것은 뻔한 일이었다. 아방가르드가 중간 교양층 소설이라고 부르게 될 소설들보다 훨씬 더 적게 소비되리라는 것도 역시 확실했다.

미술비평가들이 회화의 향유층을 분류한 것과 똑같이 문학 비평가들도 소설의 독자층을 세 부류로 나누었다. 단연 가장 많은 독자는 '미개한' 대중이다. 까다로운 소설에 대해서는 전혀 아는 게 없어서 천박한 작품에 만족할 수밖에 없는 사람들이다. 두 번째 독자층은 첫 번째보다 훨씬 적기는 하지만 그렇다고 수적으로 무시할 정도는 아닌 독자들로, 고급 문화를 쉽게 접할 수 있고 일반 대중에 대해 우월감을 품고 있지만 굳이 시간과 노력을 투자하여 아방가르드 소설을 읽고 싶어 하지 않는 사람들이다. 그리고 마지막으로 최고의 소설 독자인 소수 엘리트들은 혁신과 실험을 잘 받아들이는 사람들이다. 모더니즘 문학 비평은 그중 가장 다수인 교양 없는 대중 독자들을 간단히 무시해 버렸다. 가르치기 힘들다는 것이 그 이유였다. 그 비평가들은 현대 민주주의의 끔찍한 실상에 대해 혹독하게 비난했으며 그들은 민주주의 시민들이 모더니스트 소설을 구입하기는 커녕 읽어 본 적도 없을 것이라고도 했다. 그러나 미개한 대중보다 학교 교육의 혜택과 어느 정도의 여가를 누리는 중간 교양층 독자들을 훨씬 더 무시했다. 그리고 이런 무시는 모더니즘 소설이 더 흔해진 뒤에도 누그러지지 않았다.

이렇게 거만하게 독자를 무시하는 태도는 결코 칭찬할 만한 것은 아니지만 이해할 수는 있다. 독창적인 모더니스트 화가들과 마찬가지로 모더니즘 소설가들도 전혀 예측할 수 없는 작품으로, 독자들에게 고차원

적인 만족감을 주기는커녕 불안감만 불러일으켰으니까 말이다. 그 불안감은 작품의 본질적 의도에 대한 불쾌감, 나아가서는 의구심에 가까운 것이었다. 다음 번에는 또 무슨 일을 벌일까? 전형적인 19세기 소설 시대의 독자들은 그런 질문을 할 필요가 없었다. 표지에 실린 작가의 이름만 봐도 많은 것을 거의 정확하게 예측할 수 있었다. 윌리엄 새커리보다는 앤서니 트롤럽이, 투르게네프보다는 톨스토이가 재미있을 게 분명했다. 그러나 그 작품들이 주는 만족감은 비교적 단순한 것이었다. 독자들은 화자가 아니라 이야기에만 집중하면 됐으니까 말이다.

    그것이 바로 전통적 소설가와 그 후손 모더니스트들의 가장 확연한 차이점이었다. 전통적 소설가들은 기법에 별다른 관심을 기울이지 않았지만 그 반주류파 소설가들은 달랐다. 그들은 무대 위에서 현란한 불꽃놀이로 관객들에게 자기 존재를 환기시키는 노련한 마술사 같았다. 그렇다고 로베르트 무질Robert Musil이나, 이를테면 이탈로 스베보Italo Svevo 같은 모더니스트 소설가의 열광적인 독자들이 작품에 몰입하지 못했다는 뜻은 아니다. 몰입은 하고 있으면서도 새로운 묘기를 부리는 교묘한 손놀림에도 눈을 떼지 않았다.

    낡은 소설은, 예상대로 인물들을 흥미로운 분규 속에 몰아넣고 긴장된 분위기를 유지시켜 결말이 어떻게 될지 궁금하게 만들었다. 이러한 소설에는 놀랄 만한 사건들이 있었다. 영리한 작가가 인물들 앞에 수많은 장애물처럼 운명의 장난을 던져 놓았다. 그리고 이런 긴장은 결말에 이르러 반드시 해소돼야 했다. 살아남은 인물들이 제자리를 찾는 명확한 결말이 있어야 한다는 것이 독자와 작가 사이의 무언의 합의였다. 독자들이 기대하는 것은 바로 그것이었다. 그리고 사실은 그것밖에 달리 기대할 것이 없었다.

그런데 19세기 말에 주관성을 지키자는 모더니즘의 슬로건에 홀린 몇몇 모험적인 소설가들이 당시 소설을 지배한 사실주의의 성과에 만족할 수 없다고 선언했다. 많은 이들이 이제껏 고상함으로 억누르고 회피해 왔던 새로운 관점을 통해 에밀 졸라가 힘들게 이룬 업적을 진보시킬 수 있으리라 여기며 반겼지만 이 성공도 이내, 이를테면 좌파의 공격을 받았다. 1891년 토머스 하디는 경솔하고 노골적인 당시 사실주의자들을 엄정하게 비판하며 외부에 대한 과학적 탐구보다 더 철저한 문학적 강령을 제안했다. 하디는 워즈워스를 인용하며 이렇게 썼다. "존재의 미묘한 특성에 대한 안목, '인류의 낮고 슬픈 음악'에 대한 식별력은 외적 감각이 아무리 정확하다고 해도 그것만으로는 얻을 수 없다. 즉 눈과 귀만으로는 인식할 수 없다. 너무도 다양한 삶의 모습에 감응하는 안목에서 오는 정신적 촉각으로만 감지할 수 있다. 이 교감 능력을 가진 사람들은, 외부에 대한 관찰력은 지녔어도 교감 능력이 없는 많은 사람들보다 인간의 본성을 더 정확하게 묘사할 수 있다."[131] 그는 소설가들이 너무도 철저히 외면해 왔던 내적 실체가 존재한다고 확신했던 것이다.

얼마 지나지 않은 1899년 영국 시인 겸 비평가인 아서 시먼스는 선견지명이 있는 날카로운 에세이 『문학의 상징주의 운동 The Symbolist Movement in Literature』*에서 하디의 절대적인 계획이 실현되는 중이라고 주장했다. 그는 그 계획의 "외재성外在性과 미사여구에 대한, 물질중심주의적 전통에 대한 반항"과 "존재하고 있고 의식에 의해 실현될 수 있는 모든 것의 궁극적인 본질, 즉 영혼을 해방시키기 위한 노력"에 기꺼이 주목했다. 시먼스는 상징을 통해 "사물의 영혼이 드러날 수 있고, 너무도 많은 짐에

---

* T. S. 엘리엇은 문학에 대해 독학하던 중 이 글을 읽고 중요한 전기를 맞게 된다.

짓눌려 있는 문학이 마침내 자유를 얻을 수 있으며, 그래서 진정한 자기 목소리를 얻을 수 있다."[132]라고 주장했다. 상징은 허구의 인물이 벌어들이는 수입이나 그 인물이 살고 있는 집만큼 실재적이며 어떤 면에서는 더 실재적이기도 하다. 초기 모더니스트들이 공격했던 외재성, 미사여구, 물질중심주의가 마치 아카데미 미술이 회화를 타락시켰듯, 당시의 소설을 타락시켰으므로 반드시 그것들을 버려야 했다. 시먼스는 말 그대로 영혼이 충만한 소설의 미래를 위해 어조, 기교, 어휘, 통찰력에 대해 의문을 제기한 것이다. 당시 모더니스트 비평은 창조된 인물들의 내밀한 감정을 관통하는 방법을 찾고 있었기에, 모더니즘 소설을 즐거우면서도 신비로운 미궁으로 만들어 놓았다.

우선 모더니스트 소설가들은 엄청난 분량을 단 하나의 동작 묘사에 할애하거나 한 문장도 채 안 되는 설명으로 주인공을 간단히 처리해 버리면서 지면 할당의 관례를 과격하게 위반하였다. 『잃어버린 시간을 찾아서 A la recherche du temps perdu』 첫 권에서 마르셀 프루스트 Marcel Proust는 꼬박 두 페이지를 M. 스완이 미래의 아내인 고급 창부 오데트와 나눈 첫 키스에 대한 분석에 할애했다. 『댈러웨이 부인』1924과 함께 버지니아 울프의 걸작으로 꼽히는 『등대로』1927에서는 소설의 진짜 주인공 램지의 죽음이, 그야말로 지나가는 말로 전해진다. 이 소설들은, 모더니즘의 정점이기 때문에 뒤에서 다시 언급하겠다.

둘째, 빅토리아 소설에서 의무적으로 있어야 했던 사건의 필연적 연쇄, 즉 플롯이 호소력을 거의 완전히 잃었다. 찰스 디킨스, 톨스토이, 테오도어 폰타네, 심지어 플로베르의 소설에도 늘 많은 양의 행위가 등장했지만 모더니스트 소설에서는 그렇지 않았다. 1918년 영국 소설가 메이 싱클레어는 도로시 리처드슨 Dorothy Richardson의 모더니즘적 연작 『인생행로

Pilgrimage』첫 권의 서평에서 다소 놀란 듯이 이렇게 지적했다. "이 연작에는 드라마도, 상황도, 무대장치도 없다. 아무 일도 일어나지 않는다."[133] 속물들이 모더니스트 소설에 반감을 가지게 된 것은 내부를 향한 열정적인 항해, 소설 작법에 대한 냉소와 주관성의 찬미, 한마디로 말하면 모더니즘 소설 특유의 난해함 때문이었다.

물론 이런 반감은, 전적으로는 아니더라도 모더니스트들이 성관계를 노골적으로 다루었기 때문에 일어난 것이기도 했다. 이전 소설가들이 모호하게 에둘러 슬쩍 표현했던 내용이 이제는 버젓이 드러나 버린 것이다. 수십 년에 걸쳐, 완전히는 아니지만 숨어 있던 서브텍스트가 드러나 텍스트가 되어 버렸다. 빅토리아인들의 사적인 영역을 당당하게 보호해주던 역사적 금기가 무너져 내리기 시작했다. 모더니스트 작가들이 이 붕괴에서 제 역할을 톡톡히 하였다. 이 과정을 프랑스인들이 주도했는데, 철저히 억압된 문화에서는 이런 붕괴가 환영받지 못했지만 영국이나 독일 독자들은 파리에서 들어온 그 짜릿한 수입품들을 게걸스럽게 받아들여 나중에는 안전거리를 두고 그들을 뒤쫓게 되었다. 플로베르, 공쿠르 형제, 졸라와 그 추종자들은 소위 문학의 존엄성을 다시 정의했다. 이제 해방된 자들에게 문학의 존엄성은 소설 속 주인공의 사회적 지위나 점잖은 행위가 아니라, 작품의 문학성에 있는 것이었다.

그러나 쓰레기 같은 신문들은 얼씨구나 하고 모더니스트 소설의 성적 분방함을 이용해 먹었다. 하지만 독자들이 보기에 그 선정성이란 것도 다른 전위적 현상에 비하면 시시한 것이었다. D. H. 로렌스 같은 소설가는 섹스에 대한 기대와 섹스 행위에서 생명력이 구체화된다고(그렇다고 꼭 이성애일 필요는 없다.) 생각하였기에 에로스를 자기 작품의 핵심으로 삼는 것이 자연스러운(즉, 건전한) 일이라고 했다. 하지만 그런 그에게도 악명 높은 『채털리 부인의 연인 Lady Chatterley's Lover』1928은 극도로 위험한 모험이었다. 그러니 그 책이 합법적으로 출판되기까지 온갖 파란만장한 일들을 다 겪을 수밖에 없었다. 보수적 도덕관의 옹호자들만 부정적으로 평가한 것도 아니었다. 버지니아 울프 같은 모더니스트들도 로렌스가 음탕하며 경직된 이데올로기의 소유자라고 혹독하게 비판했다.

간단히 말해 모더니스트 소설은 속마음을 드러내지 않고 억제하기, 통일성, 연대순 배열, 결말 같은 용인된 문학의 평가 기준을 전복하고 철저하게 내부로 향했다. 모더니스트의 거울은 주로 작가 자신을 비춘 것이다. 전형적인 모더니스트의 예를 보자. 앙드레 지드의 가장 독창적인 작품 『위폐범들 Les Faux-Monnayeurs』1927의 주인공 에두아르는 『위폐범들』이라는 제목의 소설을 쓰려고 한다. (그렇군!) 이 소설은 주로 이 작품의 창조자인 지드가 길게 인용한 에두아르의 일기에 의존하고 있다. 그러니까 『위폐범들』이라는 소설이 무언가에 대해 말하고 있다면 그건 바로 『위폐범들』이라는 소설 자체에 대해서다. 이것은 전통적인 소설 작법에 대한 모더니즘적 저항을 생생히게 보여 준다. 하찮은 현실성은 숨을 헐떡이며 뒤로 처졌다.

크누트 함순 1859-1952 1920년 노벨 문학상을 수상한 노르웨이 괴짜 소설가 함순의 대표작 『굶주림』은 가난한 작가 자신의 모습을 마법처럼 예술로 변신시킨 작품이다.

에드워드 시대에 도전하기

1

이 자극적인 분위기에서 모더니스트 문학비평이 일반 소설의 피상성을 가장 취약한 공격 지점으로 삼은 것은 예상된 일이었다. 이런 비평은 1차 세계대전의 소용돌이 속에서도 살아남아 그 효력을 입증하였다. 버지니아 울프는 1924년 머리 좋은 케임브리지 학생들 앞에서 「베닛 씨와 브라운 부인 Mr. Bennett and Mrs. Brown」이라는 제목으로 열띤 강연을 펼쳐, 문학적 주류에 반대하는 자신의 입장을 간추렸다. 주제는 소설 속 인물, 즉 게릴라였다. 약간 과장된 감이 있지만 게릴라만큼 강력한 요소였다. 20여 년 전을 되돌아보며 울프는 "1910년 12월 즈음에 인간의 성격이 변했습니다."[134]라고 선언했다. 또 안타깝지만 유명한 영국 소설가들 허버트 조지 웰스 H. G. Wells, 존 골즈워디 John Galsworthy, 아널드 베닛 Arnold Bennett, 그러니까 그녀가 "에드워드 시대 사람"이라고 불렀던 이들은 극적인 변화에 참여하기는커녕 그 변화 자체를 인식도 못했다고 덧붙였다. 언젠가 울프가 그 세 사람을 물질주의자들이라고 부른 적이 있다. 시먼스가 이전에 너무 편협하고 피상적인 인물 해석으로 오래 남을 작품을 남길 수 없다며 비난했던 그 물질주의였다.

　　버지니아 울프는 아널드 베닛의 인물에서 증거를 들었다. 울프는 베닛과 인물에 대한 견해를 같이하고 있었지만 심술궂게도 베닛을 그 원칙을 제대로 실천하지 못한 작가의 예로 들어 희생양으로 삼았다. 울프는 베닛의 주장을 이렇게 인용했다. "좋은 소설의 토대는 인물 창조밖에 없다. 문체도 중요하고 플롯도 중요하고 독창적 사고방식도 중요하다. 하지만 그 모든 것보다 인물의 설득력이 더 중요하다. 인물이 현실성을 확보하고 있다면 그 소설은 장래성이 있다. 그렇지 않다면 그 소설은 잊혀질 운명이다." 울프도 동의했다. "나는 모든 소설이…… 인물을 다루며, 나아가 인물을 표현해야 한다고 생각합니다. 그러나 인물은 설교해서도 안 되고 넋두리를 해서도 안 되며 대영제국의 영광을 찬미해서도 안 됩니다."[135] 그렇다면 베닛은 자신의 원칙을 작품에 어떻게 잘못 적용한 것일까?

　　그 대답으로 울프는 최근 기차 여행에서 만난 한 노파 이야기를 하면서 그녀의 이름을 브라운 부인이라고 짓고 그녀의 인생 이야기도 지어낸다. 울프는 묻는다. 그 에드워드 시대 사람들이라면 브라운 부인을 어떻게 묘사할까요? 웰스라면 그녀의 미래를 유토피아로 그렸을 것이며, 골즈워디는 그녀를 산업 자본주의의 희생양으로 묘사하였을 것이다. 그리고 울프의 확실한 희생양 베닛은 계속 외부에 집착했을 것이다. 울프는 베닛의 『힐다 레스웨이즈 Hilda Lessways』에서 힐다 레스웨이즈에 대한 묘사를 예로 들었다. 베닛은 힐다가 창밖을 보는 것, 그녀가 소유한 말의 품종, 그녀의 이웃들, 이 모든 것을 세세하게 묘사했다. 그런 뒤 베닛은 독자를 향해 힐다가 엄마의 목소리를 듣는다고 썼는데, 울프는 이 대목에서 비난을 퍼부었다. "아니, 우리는 힐다 어머니의 목소리, 아니, 힐다의 목소리를 들을 수 없었습니다. 들린 것은 베닛 씨가 집세, 술집, 등본 소유권, 벌금에 대해 말한 것밖에 없었습니다." 거기 브라운 부인이 앉아 있지만 "그 에드워드 시대 작가들은 그녀를 보지도 못했습니다." 그러니 그 작가들의 창작 관습은 "따라서는 안 되는 것"[136]이 분명했다.

울프가 당시 쓰고 있던 『댈러웨이 부인』이 모든 면에서 베닛의 『힐다 레스웨이즈』와 정반대였으니, 울프가 그렇게 맹비난한 이유를 알 만도 하다. 울프는, 전통적인 소설의 옹호자들이 인물을 표현하기 위해 알리바이를 이용하고 있다고 덧붙였다. 울프는 그 이해력 좋은 영국 소설 독자들에게 이런 사실을 일깨웠다. "노부인들은 집이 있습니다. 아버지가 있고 수입원이 있고 하인이 있지요. 또 따뜻한 물이 담긴 물병을 가지고 있습니다." 하지만 베닛과 그 추종자들이 만들어 놓은 화려한 구조 속에 살고 있는 노부인들의 이런 상황은 그들이 그저 노부인이라는 것을 나타내기 위해 어쩔 수 없이 규정한 것은 아닐까? 울프는 그런 합리화가, 베스트셀러 작가들의 변명에 불과하다고 냉정하게 무시해 버린다. "만약 여러분이 소설이란 것이 우선 사람에 대한 것이며 그들이 살고 있는 집에 대한 것은 그 다음의 문제일 뿐이라고 생각한다면, 저 방법은 애초부터 틀린 것입니다."[137] 기소 끝.

2

1880년대에 프리드리히 니체는 심리학이 과학이라는 대학문의 여왕이 되기를 바랐다. 그런데 모더니스트 소설가들이 마치 니체의 소원을 들어주겠다는 듯이 소설을 심오한 심리 탐구로 바꾸어 놓았다. 그 탐구의 출현 시점을 굳이 지목하자면 1887년이라고 할 수 있다. 에두아르 뒤자르댕Edouard Dujardin의 단편소설「월계수들은 베어졌다Les Lauriers sont coupes」가 출간된 해이다. 소설가로서보다 편집자로 더 유명한 뒤자르댕은 프랑스 작가들과 함께 사실주의와 실증철학 같은 무미건조한 문학과 철학 유파에 반대하는 운동을 활발히 전개했다. 그는 약 75년 전에 낭만주의가 확립해 놓은 전통에 따라, 계몽주의 탓에 건조하고 지루한 물질주의에 빠진 세상에 다시 생명력을 불어넣고 싶었다. 그는 1885년에《라 르뷔 바그너리엔La Revue Wagnerienne》, 이듬해에《라 르뷔 앙데팡당트 La Revue Independante》의 창간에 참여했다. 두 잡지 모두 상징주의, 즉 졸라의 사실주의가 충분히 전위적이지 않다고 생각한 아방가르드 작가들의 작지만 영향력 있는 유파의 대변지였다.

모더니즘에 크게 기여한 뒤자르댕의 소설에서는 거의 아무 일도 일어나지 않는다. 다시 말하면 모든 일이 비밀리에 일어난다. 그 작품은 일상의 대화로 이루어져 있다. 얼빠진 젊은 남자 화자, 그의 약간 냉소적인 친구, 사랑스럽고 젊은 여배우 사이의 대화다. 화자는 그 친구에게 자신이 연애에 대해 품고 있는 환상을 상세히 들려주는데 그 여배우는 화자와 정사를 나누고 싶어 하는지 아닌지 모호하다. 연인이 될 것 같은 그 남녀가 이야기를 나누며 함께 걷는다. 그녀는 그에게 며칠 뒤에 모처에서 만나자고 했고 그는 나가지 않기로 결심한다. 이것이 전부다.

그러나 뒤자르댕이 은밀히 드러내고자 하는 것이 있었다. 주인공의 사색, 감상, 외부와 내부의 자극에 대한 반응이다. 간단히 말하면 자신과의 대화다. 뒤자르댕은 이 기법을 내적 독백monologue interieur, 즉 사적인 말, 소리 없는 말이라고 불렀다. 순전한 의식의 흐름 속에 내맡겨진 자유연상법 중 비교적 규칙이 있는 기법이다. 이 기법에서 연결고리는 주로 소리의 유사성이나 돌연히 떠오르는 기억이며 인물은 주관적인 경험을 들려준다. 주로 인물이 자신의 생각을 방백의 형태로 관객에게 들려주는 방식을 쓴다.

내적 독백을 통해 심리학은 과학의 여왕 자리로 크게 한 걸음 다가섰다. 하지만 뒤자르댕은 문학사에서 거의 사라졌다. 그는 훗날 자신의 실험적 작품이 겨우 몇 백 부밖에 팔리지 않았고 사실상 곧 잊혔다는 것을 알게 되었다. 그러나 그 소수의 독자 중 제임스 조이스가 있었고, 조이스는 결코 그 작품을 잊지 않았다. 훗날 그는 『율리시스』에 "뉘우칠 줄 모르는 도둑으로부터"라고 서명하여 뒤자르댕에게 보냈다. 뒤에서 그가 양해 없이 무엇을 훔쳤고 그 훔친 것으로 무엇을 했는지 보게 될 것이다.

3

뒤자르댕은 새로운 종류의 소설을 과감히 발표하여, 본의 아니게 모더니스트 소설이 주관의 표현이라는 점을 강조한 선구자가 되었다. 그러나 소설가들에게 있어 심리 탐구는 사실 전혀 새로운 것이 아니므로 주관의 표현만으로는 빅토리아 선조들과 차별화되지 않았다. 현대 소설은 18세기 중반 무렵, 그러니까 거의 탄생기부터 정신세계를 다룬다고 떠들었다. 헨리 필딩 Henry Fielding은 『톰 존스 Tom Jones』1749 서장에서 너무도 명백하게 이렇게 밝혔다. "그러므로 우리가 여기서 만들어 내놓을 음식은 바로 '인간의 본성'이다." 그는 그 '총칭' 아래 모인 작가들이 실제로 엄청난 다양성을 자랑한다고 거들먹거렸다. 그러므로 "그 방대한 주제를 남김없이 규명하는 것"[138]은 사실상 불가능하다. 프랑스혁명 전 소설 독자들이 가장 선호했던 편지체의 소설이든, 전지적 작가가 허구적 인물의 감정과 행위의 동기에 대해 주제넘게 나서서 알려 주는 논평적 소설이든, 소설은 인간 행위에 대한 믿음직한 안내서가 되어야 한다는 의무에 암묵적으로 동의해 왔다. 진지한 소설에는 영웅으로서의 뻔한 역할을 해내는 그럴싸한 특출한 인물이 있어야 했다. 스스로 문학 작품을 쓰고 있다고 내세우는 소설가들에게 허구의 인물이란, 있음직한 상황에서, 있음직한 갈등을 겪는, 있음직한 동기를 가진, 있음직한 인간이어야 했다.

그러므로 모더니스트 소설의 참신성은 정신적 영역의 발견이라기보다는 그 영역의 지도를 다시 그린 데 있다. 실험적 모더니즘 기법들은 전통적 소설가들보다 정신을 훨씬 더 깊이 탐구하기 위해 고안된 것이었다. 모더니즘 소설은 점차 의식에 대한 소설이 되어 갔고 대중 독자를 대단히 불쾌하게 만든 장치들이 바로 그 목적에 적합한 수단이었다. 그러다 어떨 때는 의식의 범위를 넘어서기도 했다. 앙드레 지드의 『라프카디오의 모험 Lafcadio's Adventures』 1914에서 주인공 라프카디오는 "별다른 동기 없이" 범죄를 저지른다. 즉 한 인물이 저지른 하나의 행위임이 분명하지만 그 행위의 동기는 인물의 무의식 속에 너무도 철저히 숨겨져 있어서 합리적으로 설명될 수 없었다. 이런 심리적 수수께끼 앞에서는 프로이트의 연구 기법이 그리 얼토당토않아 보이거나 이상해 보이지 않는다.

인간성이라는 낮고 슬픈 음악에 귀를 기울이는 소설가들이라고 해서 모두 혁신적인 방법에 의존하지는 않았다. 그 급진적인 목표를 위해 오래전부터 확립된 기법의 도움을 받기도 했다. 다작의 소설가이자 철저한 아방가르드 편집자인 포드 매독스 포드 Ford Madox Ford는 그런 신중한 혁신가들, 정확한 실제 사실에 대한 반응보다 작품 속의 사실에 대한 자신들의 주관적인 반응을 더 중시하는 작가들을 '인상주의자'라고 불렀다.* 신중하

---

* 포드 자신은 『용감한 군인(The Good Solidier)』(1915)에서 훌륭한 상상력의 산물인 신뢰성 없는 화자로 문학적 기교를 뽐냈다. 신뢰성 없는 화자가 모더니즘 소설에서 점차 중시되고 있었다는 것을 잘 보여 준다.

든 대담하든 현대 소설가들은 생각에 잠기고 망설이고 소망하고 갈등하는 정신을 포착하려고 했다. 아이러니의 대가 토마스 만과 같은 일부 소설가들은 혼자 정신분석을 공부했다. 그러나 마르셀 프루스트처럼 프로이트를 읽지 않은 소설가들도 프로이트처럼 질문했다. 그들은 다양한 방법으로 집요하고 예민하게 정신을 해석하여 현대를 잘 보여 주었다.

지금 와서 보면 모더니스트의 소설 혁명이 일련의 예정된 과정을 거쳐 문학적 급진주의의 정점까지 이르렀던 것처럼 보일 수도 있다. 그러나 그렇게 보면 지나치게 단순하게 사건의 추이만을 파악한 것이다. 뒤자르댕의 경우를 보면 알 수 있듯, 몇몇 소설가들이 이미 조이스보다 먼저 내면을 향한 탐험을 시도했었다. 그들은 19세기 사실주의자들만큼 진실에 천착했으며 또 다른 차원에서 사실성을 정의했다. 이런 선구자이자 거목들 중 모더니스트 소설사에서 두드러지는 이들이 있다. 노르웨이의 크누트 함순 Knut Hamsun과 오스트리아의 아르투어 슈니츨러 Arthur Schnitzler다.

함순은 괴짜 중의 괴짜로 소설사에서 엄격히 배제된 인물이며 모더니스트 중에서 가장 파괴적인 사람이었다. 독학한 아웃사이더로 출발한 그는 1920년에 노벨상을 수상하고도 독자들에게는 여전히 아웃사이더로 남았다. 완숙기의 첫 소설 『굶주림 Sult』은 오늘날에 보아도 여전히 놀라울 따름이다. 초기 소설들은 대중의 호응을 거의 얻지 못했다. 함순은 1859년 노르웨이의 시골에서 태어났으며 신체적으로 튼튼하고 정신적으로 쾌활했다. 집안에서 농사일을 하다가 스무 살 때 자신의 운명인 문학을 찾아 오슬로로 달아났다. 사실상 굶주리며 살다가 1883년과 1888년 사이에 두 번 미국에 가서 농장 노동자, 전차 차장, 이발사 같은 험한 일을 주로 하면서 틈틈이 글을 썼다. 그렇게 해서 내놓은 성과물은 염치없을 만큼 짧은 소책자였는데, 겸손한 여행자들의 기행문을 흉내 내며 미국을 예의, 문학, 문화가 없는 나라로 매도한 것이었다.

그러나 1890년에 오슬로로 돌아온 함순은 괄목할 만한 발전을 이루었다. 『굶주림』은 가난한 작가의 자서전을 마법처럼 예술로 변신시킨 작품이다. 말 그대로 알거지인 화자는 자주 굶을 수밖에 없었고 집세를 내지 못해서 낡아빠진 더러운 방에서도 자꾸 쫓겨나면서도 어쩌다 몇 크로네라도 생기는 횡재를 얻으면 그것으로 인간 이하의 삶을 영위하는 자신의 존재감을 회복시킬 만한 것을 샀다. 인간으로서 비참한 상황에서도 그는 정신의 가장 미묘한 작용까지 기록으로 남겼다. 그 소설은 이름 없는 화자가 노르웨이를 떠나기 위해 승선 계약을 하는 것으로 끝난다. 이후 제임스 조이스의 작품이 나오기 전까지 함순이 휘두른 의식의 흐름 기법은 아무도 넘보지 못했다.

함순의 그 성공적인 표현 기법은 갑작스레 영감을 받아 만든 것도 아니고 우연히 떠오른 것도 아니다. 이후 작품에서도 그 기법이 계속 나타나고 있는 것을 보면 깊은 숙고 끝에 만들어 낸 것이 분명하다. 1890년 『굶주림』이 출판되던 해에 그는 선구적인 에세이를 통해 정신 작용의 가장 내밀한 순간들을 포착하는 것이 중요하다고 강조했다. "그 순간들은 1초, 1분 동안 지속되고, 점멸하는 불빛처럼 왔다 간다. 하지만 흔적을 남긴다. 사라지기 전 흥분 같은 것을 남긴다." 이것들은 "정신의 오지에서, 인상들의 무한한 혼돈 속에서, 돋보기로 봐야 하는 미묘한 삶에서 은밀하게 일어나는 동요이며, 이런 사고와 감정들의 종잡을 수 없는 진행, 두뇌와 마음을 향한 전인미답의 무한한 영토로의 여행, 신경의 신비로운 작용,

피의 속삭임, 뼈의 애원, 이 모든 정신의 무의식적 활동"[139]이다. 자아에 돋보기를 대고 가장 덧없는 인상에 집중하며, 심신의 상호 작용을 인지하고 불확실해 보이는 사고의 궤적을 따르는 함순의 태도와 '미묘한', '종잡을 수 없는', '무한한 영토', '무의식적' 같은 함순의 표현들은 모더니스트 소설이 어떤 것인지 간결하게 나타내 준다. 환자용 의자만 없을 뿐이지 정신분석 치료와 다를 바 없었다.

10년 뒤인 1901년 당시 가장 현대적인 극작가이자 소설가 아르투어 슈니츨러는 탁월한 단편소설 「구스틀 소위 Leutnant Gustle」에서 내적 독백을 아주 훌륭하게 이용했다. 그 소설은 작가의 해설이 전혀 없이 구스틀의 생각만으로 이야기가 전개된다. 마치 작가가 완벽하게 숨어 있는 플로베르의 이상적인 소설을 독일어로 번역해 놓은 것처럼 보인다. 구스틀 소위는 오스트리아-헝가리 이중 제국에서 복무하는 머리가 텅 비고 젠체하며 자기 생각만 하는 약간 멍청한 귀족인데, 다음 날 이른 아침에 한 뚱뚱하고 늙은 사내와 결투를 하기로 되어 있어서 그의 머릿속은 온통 그 결투 생각뿐이다. 두 사람은 어느 음악회가 끝난 후에 붐비는 휴대품 보관소에서 사소한 일로 다투다가 구스틀이 시비를 걸었던 것이다. 그날 밤 구스틀은 자신을 기다리고 있을 운명이 두려워 빈을 헤매고 다닌다. 총으로 자살할까 하는 생각도 한다. 편지를 잘 쓰는 편은 아니었지만 부모님과 누이에게 작별의 편지를 남길까도 생각한다. 정숙한 아델레가 떠오르자 자기 연민과 후회가 밀려든다. 그는 그녀를 이용해 먹고 난 뒤 그녀가 눈물을 흘리며 슬퍼하는 것을 보면서도 자신에게 싫증을 내기 시작했다는 핑계로 그녀를 차 버렸다. ("지금까지 살아오면서 여자가 그렇게 우는 걸 본 적이 없어…… 그게 사실 내가 겪어 본 일 중 가장 멋졌지."[140]) 구스틀은 친구들과 지금의 애인 스테피가 자신의 갑작스러운 죽음을 슬퍼할지, 만약 슬퍼한다면 얼마나 슬퍼할지 궁금해한다. 그런데 마침 결투 상대가 치명적인 뇌졸중으로 쓰러지게 된다. 그러자 구스틀은 인간적인 추함을 바닥까지 드러내며 크게 안도한다.

「구스틀 소위」의 기발함은 슈니츨러가 풍자에 집착하여 제대로 빛을 발하지 못했다. 정치적으로 자유주의자인 그는 (당시 지배적인 악이라고 여긴) 속물근성, 결투(격렬하게 반대했던 귀족적 관습), (사생활을 보건대 그 자신도 결코 없다고 할 수 없는) 여성 혐오를 참을 수 없어했다.「구스틀 소위」는 1만 2000여 단어로 표현된 오스트리아―헝가리 제국에 대한 날카로운 비판서다. 이로써 모더니스트들이라고 해서 늘 예술을 위한 예술만을 고수하지 않았다는 것이 증명된 셈이다. 그러나 이처럼 상당히 정치적인 작품에서조차 예술가의 독립성은 고스란히 지켜졌다. 앞으로 보게 되겠지만 대단히 성공한 아방가르드 소설과 희곡, 심지어 작곡과 디자인 중에도 정치적 풍자를 담고 있는 것이 있다. 우파의 피카소에 해당하는 루이페르디낭 셀린_{허무적 사상과 반유대 입장을 담은 프랑스 소설가인데 전범 작가로 낙인 찍혀 덴마크로 망명했다고}과 같은 사람이 있었다. 그렇다고 해서 이들의 작품이 모더니즘적 경향이 덜하거나 주류 작품에 대해 덜 적대적이었던 것은 아니었다.

네 명의 현대 거장

1

헨리 제임스, 제임스 조이스, 버지니아 울프, 마르셀 푸르스트. 이 뛰어난 네 소설가들은 아무도 능가할 수 없다. 그러나 토마스 만, 조지프 콘래드, D. H. 로렌스, 윌리엄 포크너도 이들 못지않았으며, 서유럽에는 잘 알려지지 않았지만 인도와 한국의 유명한 소설가들도 포함될 수 있다. 그러나 나는 저 네 사람을 골랐고 거기에 프란츠 카프카를 추가하였다. 이들을 선택한 것은 대체로 이들을 빼놓을 수 없기 때문이기도 하지만 이들이 공통적으로 전통적 기법을 폐기하고자 전통에서 이탈한, 내적 심부를 관통하는 대단히 특수한 기법을 사용했기 때문이다.

언뜻 보기에, 모더니스트들 중에서 헨리 제임스의 위치는 다소 불안해 보인다. 수십 편에 달하는 그의 장편과 단편이 고전적인 규칙을 지키

고 있기 때문이다. 플롯은 엄격하게 순시간적으로 진행하며 관습대로 가장 마지막에 대단원이 있다. 개중에는 그 세심하게 묶인 매듭을 가장 마지막 문단에서 푸는 작품도 있고, 심지어 가장 마지막 단어에서 푸는 작품도 있다. 대화는 과장된 부분이 없지는 않지만 대체로 사실적이다. 저자는 전지적인 존재이다. 저자의 언어는 세련되기는 했지만 교양 있는 독자들이라면 사전을 뒤져야 할 정도는 아니었다. 하지만 이렇게 문학적 정통을 따르고 있었음에도 불구하고 제임스의 작품, 특히 후기 소설은 놀랄 만큼 새롭고 의외성을 띤다. 복잡한 의식의 탐구가 시도된 것이다. 제임스는 인물들의 무거운 대화와 작가적 개입 사이(대체로 동기, 감정, 반응에 대한 미묘한 언급)에 복잡하게 망을 짜 놓아서 점차적으로 의미가 밝혀지도록 하였고, 이로써 인물이라는 꼭두각시의 내밀한 심부에 도달하게 했다. 1916년 73세의 일기로 죽기 전 그는 이미 대서양 연안 영어권에서 유명한 작가였는데도 그다지 대중적인 인기를 누리지 못했던 사실은 의미심장하다. 그가 겉으로 순응주의자처럼 보였지만 모더니스트 중 가장 모던한 소설가, 최고의 소설가 자리에 오른 것은 수십 년 뒤 문학에 정통한 입심 좋은 열혈 애호가 세대가 등장한 이후였다.

    헨리 제임스가 그런 지위를 차지할 수 있었던 것은 앞서 암시했듯 그가 의사처럼 꼼꼼하게 인간의 사고와 행동의 미묘한 불화를 찾아내려고 했기 때문이다. 작품에서 즐겨 다루었던 주제는 다양했다. 도시, 주로 타락한 유럽 도시를 처음 경험하는 순진한 미국인들, 작품을 통해 자기 자신, 그리고 대중과 싸우는 예술가, 비현실적인 악마의 등장 같은 것이었다. 제임스의 유령 이야기는 정말이지 으스스하다. 1902년부터 1904년까지 초고속으로 집필하고 초고속으로 출간된 세 편의 후기 소설들, 『비둘기의 날개 The Wings of the Dove』, 『사절들 The Ambassadors』, 『황금의 잔 The Golden

Bowl』은 분량이 상당했고 겉보기에도 권위 있어 보였다. 그는 더 이상은 불가능할 정도로 정교하게 이 작품들을 썼다. 이 소설들은 그리 읽기 쉬운 작품들이 아니었다. 서점이나 철도 도서 가판대 점원이라면 금방 수긍하겠지만 대중 독자가 마지못해서라도 그 책들을 사게 되는 데는 오랜 시간이 걸렸다. 그러니 일반 대중이 그런 책들을 좋아하게 되는 데에는 더 오랜 시간이 필요했다. 게다가 대학이나 문학 저널리즘에 영향력을 행사하는 사람들 말고는 이 세 편의 걸작을 좋게 여기지 않았다. 안타깝기는 하지만 왜 그의 아방가르드 소설이 엘리트 교양층만의 별미로 계속 남았는지 이해할 수는 있을 것이다.

2

헨리 제임스와 제임스 조이스는 극단적으로 달랐다. 그러니 현대 소설가 중에서 프랑스 작가들만 칭찬하던 T. S. 엘리엇이 유독 그 두 사람에 몰두했던 사실은 흥미롭지 않을 수 없다. 엘리엇이 문학계에서 찬양의 대상의 폭을 그렇게 넓힐 수 있었던 것은 모더니즘적 충동이 그렇게 광범위했다는 사실을 증명해 준다. 엘리엇이 헨리 제임스에 열광한 것은 어쩌면 당연했다. 제임스가 1876년 33세에 엘리엇처럼 자진 망명하여 영국에 정착한 미국인이었기 때문이다. 한편 제임스는 당대 비평가들과 소위 교양층 독자들 사이에 널리 퍼져 있던 통속성에 용감하고 정직하게 맞서는 데 가장 일관되게 헌신했던 작가였다. 그의 에세이들은 통속성으로부터 문학을 구해 내려는 철저한, 때때로 애처로운 시도였다. 엘리엇이 시를 구해 내려고 했던 것처럼 말이다.

조이스의 경우, 엘리엇의 관심을 끌 이유가 제임스처럼 확실하지는 않았다. 그러나 엘리엇이 조이스를 대단히 집요하게 좋아했던 것은 아주 확실하다. 그는 『율리시스』1922를 친구들에게, 그리고 자신의 책 속에서 끊임없이 칭찬했다. "내 생각에 이 책은 현시대의 가장 중요한 표현물이다."라고 1923년에 썼다. "우리는 그 책에 큰 신세를 졌으며 아무도 그 책을 피해 갈 수 없다."[142] 간결함의 대가 어니스트 헤밍웨이도 좀 험한 말투이긴 했지만 찬사를 보냈다. "조이스의 책은, 제기랄 너무 훌륭하다."[143] 두 모더니스트 거장의 진심어린 찬사였다. 엘리엇이 그 소설을 "현시대"[144]에 적절한 것으로 보았던 것은 대단히 중요한 의미를 띤다. 그가 보들레르가 말했던 당대와 조화하는 작가를 이처럼 칭찬하는 일은 거의 없었기 때문이다.

조이스는 매우 오랜 삶을 망명지에서 보냈다. 그는 『율리시스』 마지막에 그 소설이 창작된 장소를 열거해 두었다. "트리에스테─취리히─파리." 그러나 어떤 의미에서 그는 한 번도 고향을 떠난 적이 없었다. 1882년 더블린에서 태어나 아일랜드 교육을 받았지만, 스무 살에 미신과 광신적 애국주의가 판치는 조국을 떠난 이후로는 거의 대부분 유럽에서 살았다. 그러나 훌륭한 단편집 『더블린 사람들 Dubliners』1914은 제목에서 확실하게 강조했듯 자신의 출생지를 배경으로 삼고 있다. 『젊은 예술가의 초상 A Portrait of the Artist as a Young Man』1916도 마찬가지다. 이 작품은 그의 걸작 『율리시스』의 멋진 예고편에 해당하는 것으로 모더니스트 소설 중 가장 유명하다. 이 작품 속 인물 둘은 더블린 전역을 누비고 다닌다. 그리고 『피니건의 경야 Finnegans Wake』1939도 비록 말장난과 끊임없는 언어 실험의 모

호한 태피스트리 같은 작품이어서 '무대'라는 단어가 적절할지는 모르겠지만, 더블린이 무대였다. 그 소설은 기법적으로 보면 조이스의 가장 극단적인 모더니즘 소설이며 일상 언어와 너무도 유리된 언어를 사용하여 독자가 사실상 모두 떠나 버렸다.

조이스는 가장 과격한 모더니즘의 징표를 모두 지니고 있었다. 즉 지적으로 다재다능하고, 문학적 인유를 풍부하게 사용하며, 외국어에 통달해 있고, 곡예에 가까운 아찔한 상상력을 가지고 있으며, 수세기 동안 소설을 지배해 왔던 규범을 위반했다. 그는 이단 중의 이단아였다.『율리시스』가 태어나는 데는 오랜 시간이 걸렸다. 그 일부가 1918년부터 한 아방가르드 저널에 연재되자 곧 다양한 반응이 있었다. 소설 전체가 출간되기도 전에 그 일부분만 보고도 몹시 거북해했던 비평가들조차 그 영향력을 부인할 수는 없었다. 1921년 저명한 영국 이미지즘 시인이자 편집자인 리처드 올딩턴Richard Aldington은 그 소설이 조이스의 동조자들에게 해로운 영향을 끼칠 것이라고 경고했다.

올딩틴은 전형적인 모더니스트였다. 1914년과 1915년 심각한 반대를 이겨 내고《에고이스트The Egoist》에 조이스의 소설이 연재되도록 도왔다. "『젊은 예술가의 초상』이 저속한 것은 사실이지만 훌륭한 부분이 있다. 디달러스(젊은 조이스 자신을 모델로 한 주인공)의 '이상주의'와 외부 세계의 지독한 무감각함과 추악함 사이의 대비가 대단히 인상적이다." 올딩턴은 자신이 그 책에 큰 기대를 걸었다고 했다. "나는 그가 극도로 예민하고 재능 있는 사람이라고 생각했다." 그러나『율리시스』는 그의 기대를 좌절시켰다. 올딩턴은 그 새 작품이 "조이스 씨의 이전 책보다 더 신랄하고 저속하고 지독히 풍자적이다."라고 썼다. 그는 그 책이 "인간성에 대한 엄청난 모욕"으로서, 독창적이고 재기 넘치지만 근본적으로 너무 우울하다고 생각했다. "『젊은 예술가의 초상』에 웃음이 있기는 하지만 그것은 귀에 거슬리는 비웃음"이며, 라블레와 같은 건강한 웃음은 절대 아니라는 것이었다. 조이스의 후속작에 대해서도 똑같은 평가를 내렸다. 『율리시스』가 크게 주목받을 만했던 것은 사실이었다. 올딩턴은 "예술의 관점에서는 조이스의 편을 들어 줄 수가 있다. 너무도 놀라운 책을 써 내는 데 성공했다는 점에서 말이다."라고 조이스를 인정하면서도 "인생의 관점에서 그는 분명 틀렸다."[145]라고 덧붙였다.

올딩턴은 조이스의 소설이 아무리 나쁜 모범이 된다고 하더라도 그 문체적 장치들만은 훌륭하고 매혹적이라고 생각하게 되었다. "조이스 씨는 내가 아는 어떤 작가보다 인물을 더 상세하게 분석해 냈다." 간단히 말해 그 소설은 "놀라운 심리학적 기록"이다. 실제로 "거의 모든 부분에서 그는 자신의 '목적'을 달성한다. 그는 언어로, 무모하면서도 경이로운 일을 이루어 냈다. 그는 마음만 먹으면 건전할 수도 있고 풍자적일 수도 있고 역겹거나 진부하거나 냉소적일 수도 있다." 올딩턴은 문학 작품의 평가에 도덕적 차원을 끌어들임으로써 오스카 와일드 같은 이전 모더니스트들이 문학비평에서 몰아내고자 했지만 일소되지 않은 문제를 본의 아니게 다시 제기하게 됐다. 하지만 버지니아 울프처럼 순수한 모더니스트 비평가도 어느 정도 올딩턴과 같은 생각이었다.

3

버지니아 울프는 오랫동안 제임스 조이스의 혁명과 씨름했다. 훗날 울프는 자신이 언급한 그 유명한 1910년 12월 인물의 대격변을 미리 예측한 소수 중에 조이스가 있었다고 했다. 그 소수 중 나머지는 새뮤얼 버틀러와 버나드 쇼였다. 조이스는 울프에게 힘든 대상이었다. 울프는 그가 작품에 사고를 집어넣으려고 했다며 그의 시도를 칭찬했던 적이 있었다. 물론 그것은 울프 자신이 계획하고 있는 것이기도 했다. 그러나 「베닛 씨와 브라운 부인」에서는 『율리시스』는 "숨을 쉬려면 유리창을 깨야 한다고 생각하는 절박한 사람이 계획적으로 저지르는 점잖지 못한 행동 같다. 유리창이 깨져 있을 때 그 사람은 너무도 점잖고 고상하다. 얼마나 큰 에너지 낭비인가!"라고 말했다.[146] 이것은 가혹한 트집이기는 하지만 조이스를 잘 설명해 주고 있다. 사실 그녀는 『율리시스』가 교양 없고 다소 지루하다고 생각했다. 이로써 모더니스트들 간의 본질적 요소에 대한 견해가 얼마나 달랐는지를 알 수 있다.

    독자들이 오랫동안 『율리시스』를 읽을 수 없었던 이유는 올딩턴과 울프를 난처하게 했던 부분들 때문만은 아니었다. 우선 발행자 실비어 비치 Sylvia Beach는 파리에 있는 자기 서점의 이름을 딴 임프린트 출판사인 셰익스피어앤컴퍼니에서 그 책을 출간했다. 1쇄는 총 1000부 발행되었고, 2쇄와 3쇄는 외설 딱지가 붙어서 대부분을 영국과 미국 우편국에 몰수당했다. 『율리시스』가 공식 인가를 받아 간행된 것은 1934년 초 뉴욕의 랜덤하우스에서였다. 미국 지방법원 판사 존 울시 John M. Woolsey가 그 책이 포르노그래피가 아니라 문학이라는 역사적인 판결을 내린 것이다. 셰익스피어앤컴퍼니 같은 소규모 출판사, 우여곡절을 거듭하는 법적 투쟁, 똑똑한 판사의 옹호까지, 모더니스트에게 이보다 더 만족스러운 일이 있겠는가.

    『율리시스』는 『젊은 예술가의 초상』과 배경이 같고 스티븐 디달

러스라는 똑같은 인물까지 등장한다. 디달러스와 또 한 명의 주인공 레오폴드 블룸은 더블린 전역을 돌아다니며 선술집, 신문사, 산부인과, 공립도서관, 공동묘지, 서점, 매춘굴을 드나든다. 조이스가 아일랜드에서 아주 멀리 떨어져 살면서도 자신이 가장 잘 아는 그 공간을 고집한 덕분에 그의 소설은 사회적 현실성의 기반을 확보하게 되었다.

그러나 더 인상적인 것은 그 소설의 문학적 변용력이다. 예이츠는 조이스가 "커다랗고 부드러운 살쾡이처럼 잔인하게 장난을 즐긴다."[147]며 신중하게 칭찬했다. 그의 언어적 기교를 하나만 보자. 그 특징을 잘 보여 주는 산부인과 에피소드다. 블룸이 출산을 앞두고 있는 퓨어포이 부인을 찾아갔다. 조이스는 태아의 발달 단계를 우스꽝스러운 과거 시대의 영어로 설명해 준다. 앵글로색슨, 엘리자베스 시대, 밀턴 풍, 존 버니언 식, 빅토리아 시대 영어를 흉내 내고는 화가인 친구 프랭크 버전에게 말했듯 "피진 영어, 흑인 영어, 런던 사투리, 아일랜드 사투리, 바우어리 거리 뉴욕 싸구려 술집이나 하숙집으로 유명한 곳의 속어와 엉망인 시"[148]로 끝을 맺는다. 조이스가 언어로 하는 것이면 못 할 것이 없다고, 게다가 어떤 언어든 가능하다고 감탄했던 것은 올딩턴만이 아니었다. 유력한 영국 문학 비평가이자 편집자인 존 미들턴 머리는 그를 "반쯤 미친 천재"[149]라고 불렀다. 마치 조이스의 열렬한 독자들은 세기의 소설이라고 해도 좋을 것의 창조자를 칭찬하는 데 꼭 단서를 달고 싶어 하는 것 같다. 하지만 엘리엇은 그런 축에 들지 않는다.

문학 혁명론자들에게도 조이스는 너무 혁명적이었다. 게다가 조이스는 천재성과 박식함을 자랑하는 데가 아니라, 이전의 어떤 소설가보다 더 현실감 있고 원숙하고 생생하게 인물을 묘사하는 데 재능을 바쳤다. 그는 어떤 부분에 적당한 구절을 찾아내고 나면 순서에 완벽히 들어맞게 적절히 배열하기만 하면 된다고 했다. 『율리시스』에 산문보다 더 음악적이고 '시적인' 화려한 문장들이 등장하는 이유를 알 만하다. 그러나 무엇보다 독자들의 기억에 오래 남는 것은 의식의 흐름이라는 기법이다. 그 기법은 에피소드들을 연결시키며 흘러가다가, 마지막 에피소드에서 충분한 역량을 발휘한다. 현대 문학사에서 가장 유명한 독백에 해당하는 레오파드의 아내 몰리 블룸의 독백이다.

그 독백 부분에는 마구 솟아나는 몰리의 연상이 구두점 하나 없이, 쉼 없이 25쪽에 걸쳐 이어진다. 그러다가 마지막에야 등장하는 단호한 마침표는 마치 작은 폭발과도 같다. 조이스는 애초에 계획했던 대로 두 주인공을 만나게 한 뒤 그 서사시적 소설의 마지막 에피소드, 즉 현대판 페넬로페의 연상 부분으로 이끈다. 늦은 저녁이었다. 블룸은 더블린의 매춘 지역에서 술에 취해 엉망이 되어 있는 스티븐 디달러스를 우연히 만나 아버지처럼 걱정하며 그를 집에 데려다준다. 그날 여러 번 만날 뻔했던 이 두 사람의 궤적이 마침내 대단원에 이르고, 서로 전혀 다르지만 잘 어울리는 이 두 사람은 부자지간의 애정이라는 낡은 가족애 드라마를 잘 보여준다. 그런 뒤 몰리 블룸은 그것과 다른 사람, 모더니즘이 자주 건드렸던 주제인 육체적 사랑을 깨닫는다.

몰리 블룸의 격렬하고 상스러운 독백은 정신의 지도 위를 종횡무진 달린다. 그녀가 극단적으로 상세하게 되풀이해 생각하는 것은 과거든 현재든, 실제이든 상상이든, 자신과 관계를 맺었던 남자들에 대한 성적 기억이다. 그녀에게는 미화할 여유가 없다. 조이스의 상징적 비유로 보면 그녀는 천상과는 전혀 무관한 속세의 대변자이기 때문이다. "그래 내 생각에 그이가 너무 오랫동안 그걸 빨아서 좀 더 단단해진 것 같아 그이는 나를 목마르게 했어 그이는 그것을 티티즈라 부르지 그럼 웃음이 나 그래 이쪽 것은 어차피 뻣뻣해 조금만 해도 젖꼭지가 굳어 버리니까."[150] 그녀가 가장 갈망하는 것, 즉 성적 희열을 레오폴드 블룸은 충족시켜 줄 수 없다.

그녀는 정력이 넘칠 뿐 사악하지도 배은망덕하지도 않다. 몇 차례 불륜 장면을 떠올린 뒤 결국 레오폴드에 대한 생각으로 되돌아와 그가 지브롤터에서 청혼했던 일을 떠올린다. 몰리는 조이스가 명확하게 골라 놓은 단어를 마지막으로 내뱉는다. 그가 가장 긍정적인 단어라고 설명했던 것, '예스'였다. 그녀는 거의 강박적으로 그 단어를 되풀이 한다.

오 그리고 바다 때때로 불같은 심홍색 바다와 저 찬란한 황혼 그리고 알라마다 식물원의 무화과나무 그렇지 그리고 온갖 괴상한 작은 거리들과 핑크색 푸른색 및 노란색의 집들과 장미원과 자스민과 제라늄과 선인장들과 내가 소녀로서 야산의 꽃이었던 지브롤터 그렇지 내가 저 안달루시아 소녀들이 늘 그러듯이 머리에 장미를 꽂았을 때 아니 난 붉은 걸로 달까 봐 그렇지 그리고 그이는 내게 무어의 성벽 아래에서 어떻게 키스했더라 그리고 나는 그를 당연히 다른 사람들만큼 훌륭하다고 생각했지 그런 다음 나는 그에게 눈으로 요구했지 다시 한 번 내게 요구하라고 말이야 그래 그러자 그는 내게 물었어 내가 그러세요라고 말하겠느냐고 그래요 나의 야산의 꽃이여 그리고 처음으로 나는 내 팔로 그의 몸을 감았지 그래 그리고 그를 나에게 끌어당겼어 그가 온갖 향내를 풍기는 나의 앞가슴을 느낄 수 있도록 그래 그러자 그의 심장이 미칠 듯이 팔딱거렸어 그래서 그렇지 나는 그러세요 하고 말했어 그렇게 하겠어요 예스라고.[151]

모더니스트들이 『율리시스』에 열광하며 삶에 대한 이런 애착을 대단히 높이 평가했던 것은 놀랄 일이 아니다. 그 애착의 표현을 이해하지 못한 사람들이 그 책을 반드시 검열해야 한다고 주장했던 것도 역시 놀랄 일이 아니다. 그러나 이것도 역시 앞서 수차례 보았던, 모더니즘의 충격이었다. 그러니 충격받을 만한 사람에게만 충격이었다.

―――――

조이스의 『율리시스』는 가장 자유로운 동시에 가장 통제된 소설이다. 그 소설은 넘치는 자유와 억제 사이의 생산적인 긴장 덕분에 과거를 뛰어넘으면서도 오직 과거의 영향을 받은 모더니스트만이 쓸 수 있는 소설이 되었다. 조이스는 결코 문학적 전통에 무관심하지 않았다. 이 소설 곳곳에 단테, 셰익스피어, 특히 호메로스가 스며들어 있다. 그러나 그는 과거의 거인들을 자신의 목적에 맞게 이용했다. 화려한 언어적 재능과 풍부한 상상력이 있었지만 자칫 잘못하면 자신의 작품에 대한 지배력을 잃을 수도 있었다. 그래서 현대판 『오디세이』의 집필 계획을 세우게 됐다. 이 고전은 엄격한 형식으로 든든한 틀을 제공해 주어 자신의 창작물이 해체되지 않도록 지켜 주면서 진지한 희화화의 대상이 되었다. 엘리엇은 뛰어난 통찰력으로, 조이스가 고전을 이용한 것은 "무가치와 무질서의 거대한 파노라마인 현대사를 통제하고 정돈하고 정확히 표현하고 의미를 부여하는 하나의 방법일 뿐이다."[152]라고 약간 못마땅한 듯이 썼다. 조이스는 엘리엇이 자신의 시대를 무시한 점에 대해서는 동의하지 않았겠지만, 율리시스 신화를 채용한 것이 자신의 넘쳐나는 이야깃거리를 통제하는 방법이라는 사실은 인정했을 것이다.

이 넘쳐나는 이야깃거리, 즉 기억 속의 더블린을 체계화하는 다른 방법도 있었다. 단어, 이미지, 모티프를 전략적 요지에 배치해 두고 적절한 순간 그곳으로 되돌아가 눈에 거슬리지 않을 만큼 조심스러운 상호 참조를 통해 연속성과 일관성, 문체와 습관에 지속성을 부여하여 인물들의 심리 표현에 생동감을 주었다. 또 프랭크 버전에게 "내 책은" 신체 각 기관들이 그 책의 에피소드들처럼 제자리에 있는 "인간의 몸에 대한 서사시다."[153]라고 설명했다. 그러니 조이스의 이상적인 독자는 무엇보다 대단히 세심해야 한다.

이상적인 독자라면 『율리시스』를 화려한 패러디로 볼 수 있다. 현실적인 호남에 프티부르주아인 블룸은 20세기 초 더블린에서의 평범한 하루, 즉 1904년 6월 16일, 그리스 신화 속 고귀한 영웅의 모험을 경험하지만 그 경험은 그 영웅보다 훨씬 초라하다. 높은 것과 낮은 것, 신화적인 것과 평범한 것 사이의 이 묘한 대조 때문에 두 가지 해석이 가능하다. 언뜻 보기에도 그가 호메로스의 율리시스와 자신의 율리시스를 대조시켜 현시대를 통렬하게 비판하고 있다는 것이 너무도 명백해 보인다. 그러나 정반대로 읽을 수도 있다. 아주 분명하게 드러나 있지는 않지만 그런 반대 해석이 조이스의 의도였음이 분명하다. 조이스는 블룸에게 어느 정도의 위엄과 품위, 나쁜 환경에 놓인 삶에 대처하는 능력을 부여했다. 블룸은 세속적으로 보면 보들레르의 현대적인 삶의 주인공이다.

블룸은 보잘것없는 신문 광고 모집인이며, 아내에게는 애인이 있다. 하지만 아내에게 인정받을 만큼의 지식은 있고 나름대로 용기와 호기심도 있다. 그래서 블룸은 스티븐 디달러스의 훌륭한 도덕적, 감정적 친구가 될 수 있었다. 그 젊은이가 새로 생긴 부친대리아버지가 없을 때 아버지 대신 애착의 대상이 되는 남성처럼 자유주의자로서, 자신의 편협하고 제한된 세계, 즉 가톨릭이 지배하는 더블린을 초월했기 때문이었다. 스티븐 디달러스가 유대인에 대한 그 사회의 비열한 조롱을 혐오한 것을 보면 부친대리인 블룸이 유대인으로 설정된 것은 우연이 아니다. 그러나 조이스에게 율리시스는 그보다 훨씬 더 의미가 큰 존재다. 율리시스는 작품 속에서 완벽한 인간이었다. 악마와 거래를 한 파우스트보다, 지옥을 여행하는 단테보다 더 완벽한 존재였다. 율리시스는 아들이자 아버지, 연인, 친구, 전사, 전우, 현자賢者이자 선인善人이다. 조이스는 공평한 주관성을 추구하면서 독자 앞에 모더니스트 문학의 탁월한 창조물을 과시하였다. 언젠가 조이스가 무심코 썼듯 블룸은 보통 사람이다. 그러나 모든 사회적 껍질, 문화가 요구하는 없어서는 안 될 위선을 모두 벗어 버린 사람이다.

4

제임스 조이스와 버지니아 울프는 분명히 모더니스트 문학의 감수성에 있어 반대편 극단에 서 있다. 조이스는 감각적이고 울프는 이지적이다. 그는 말이 많고 그녀는 과묵하다. 그의 세상은 크고 붐비며 무절제하고 그녀의 세상은 단단히 응축되어 있다. 조이스의 『율리시스』와 울프의 『댈러웨이 부인』은 똑같이 하루의 일을 다루고 있지만 조이스의 작품은 이를테면 자동권총을 산발적으로 발사하여 목표물을 맞히고, 울프는 저격수의 단 한 발로 목표물을 맞힌다. 1918년 4월 버지니아 울프와 남편 레너드가 운영하던 소규모 출판사 호가스프레스Hogarth Press는 조이스가 집필 중인 소설의 앞부분을 출판할 기회를 얻었다. 그때 울프가 출판을 거절한 것은 현실적인 이유 때문만이 아니었다. 그 작품이 마음에 들지 않아서였다. "조이스의 기법은 대단히 발달되어 있지만 내가 보기에는 설명을 도려내고 줄표 사이에 생각의 내용을 삽입한 것에 지나지 않아."[154]라고 친구 리턴 스트레이치Lytton Strachey에게 쓴 적이 있다. 그녀다운 예리한 분석을 단 한 구절에 담아 조이스와 자신의 차이를 설명해 버린 것이다. 생각의 내용을 울프는 줄표로 대신했고, 조이스는 삽입했으니까.

실제로 버지니아 울프는 블룸즈버리 그룹의 신화를 통해 알려진 것만큼 그렇게 엄밀하거나 냉담하지 않았다. 울프는 마치 원색적인 정신적 충동의 숨겨진 영역에 도달하려는 듯이 정중한 완곡어법의 가면을 벗겨 내어 사랑과 증오, 연인 사이의 증오, 부모와 다투는 아이들의 증오에 대해 솔직하게, 때로는 격렬하게 이야기했다. 정통 프로이트 독자가 아니라도 그녀의 소설에서 오이디푸스콤플렉스를 얼마든지 발견할 수 있다. 도처에 널려 있으니까. 『등대로』에서 램지의 여덟 자식 중 하나인 제임스 램지는 아버지가 권위를 내세우자 속으로 분개한다. 울프가 기록한 어린 제임스의 분노는 이렇다. "그때 그곳에 아버지의 가슴에 구멍을 내어 죽일 수 있는 무기가 있었더라면 도끼든 부지깽이든 제임스는 그것을 움켜쥐었을 것이다."[155]

성애도 빼놓지 않았다. 그렇지만 성애 방면에는 실생활에서도, 작품에서도 그다지 집착하지 않았다. 예를 들면 결혼한 지 얼마 지나지 않아 한 친구에게 오르가슴의 마력이 과장된 것이라고 말한 적 있었다. 하지만 어쨌든 에로스는 그녀가 인물들을 해부할 때 반드시 있어야 할 분석 요소였다. 그래서 한 사람의 소설가로서 셰익스피어의 폴로니우스『햄릿』에서 오필리아와 레어티스의 아버지로 햄릿에게 살해당하여 오필리아의 자살과 레어티스와 햄릿의 결투 원인이 된다처럼 독자들에게 넌지시 방향을 알려 준다. 1941년 투신 자살하기 전에 완성하여 그해에 출간된 마지막 소설 『막간Between the Acts』의 마지막 페이지에서 한 부부를 보여 준다. 그들은 마을에서 하루 종일 상연되는 야외극을 맡았다가 서로 팽팽하게 맞선다.

그날 처음으로 단둘이 남게 되자 그들은 말이 없었다. 오로지 증오가 드러났고, 사랑도 드러났다. 자기 전에, 그들은 싸울 수밖에 없다. 싸운 뒤에 그들은 포옹하리라. 그 포옹에서 다른 생명이 태어날지도. 하지만 우선 그들은 싸워야만 했다. 어둠의 한가운데서, 밤의 들판에서, 숫여우가 암여우와 싸우듯.[156]

그녀라고 늘 줄표만 쓰지는 않았던 것이다.

버지니아 울프는 전기, 사진 에세이, 논문, 회견, 블룸즈버리 그룹 회고록, 심지어 영화로도 유명해져 있어서 그녀의 삶에 대해 거의 모든 것이 밝혀져 있다. 1882년에 태어난 그녀의 본명은 버지니아 스티븐이었다. 매우 똑똑한 역사학자이자 탁월한 편집자, 산악인, 가난한 신경증 환자인 레슬리 스티븐 경의 딸이었다. 『등대로』의 램지 씨가 재능뿐만 아니라 결점까지 그녀의 인상적인 아버지를 모델로 했다는 것은 쉽게 알 수 있다. 소설의 진짜 주인공인 아름답고 강인한 램지 부인은 그녀의 어머니였다. 부모는 예민한 딸에게 지나치게 집착했고, 버지니아 울프는 중년이 되어서야 어느 정도 자유롭게 글을 쓸 수 있게 되었다. 그녀는 불안정했고 아주 미묘한 자극에도 예민하게 반응하여 극단적인 기분 변화를 보였으며 자주 앓았고 어떤 때는 제정신이 아니었다. (대체로 지레짐작으로 썼던) 전기 작가들은 그녀의 비밀스러운 본성의 실마리가 될 것이라면 아주 작은 것까지 다 파헤쳤는데 특히 의붓오빠가 그녀에게 성적 유희를 강요했던 사실을 빼놓지 않았다. 그러나 성과는 단순한 억측과 수수께끼 같은 모호한

버지니아 울프 1882-1941 "나는 모든 소설이 인물을 다루며, 나아가 인물을 표현해야 한다고 생각합니다. 그러나 인물은 설교해서도 안 되고 넋두리를 해서도 안 되며 대영제국의 영광을 찬미해서도 안 됩니다."

것밖에 없었다. 버지니아 울프는 자신의 소설 속에 서면 당당한 인물이었을 것이다.

그녀는 늘 지치지 않고 읽었다. 그리고 늘 썼다. 그녀가 쓴 편지, 일기, 소품, 평론, 에세이, 페미니스트 논설들은 모두 대단히 지적인 글이었다. 그리고 곧 소설을 썼다. 완숙기의 소설은 그 모든 글을 아우르는 것이며 개인적 삶에 대해 숙고하여 얻은 핵심이었고 남성들의 세계에 사는 여자라는 존재를 담았다. 그녀는 소설가가 되기를 갈망했고 눈에 띄게 독창적인 소설가가 되고자 전문가처럼 읽고 썼다. 그녀는 1915년에 출판된 첫 소설 『출항The Voyage Out』을 쓰고 나서 집필 과정과 발표가 둘 다 고통스러웠다고 했다. 하지만 그런 산고를 겪었음에도 불구하고 그 소설은 아직 전통적인 어조와 기법에서 벗어나지 못했다. 중년이 되어서야 자기만의 길을 찾게 되었다. "(40세에) 나만의 목소리로 무엇인가를 말하기 시작하는 법을 확실히 발견했다."[157]라고 1922년 7월 26일자 일기에서 아주 당당하게 자기 발견을 선포했다. 아무리 훌륭한 모델이 있다고 해도 그 모델과 다른 진정한 자신이 되는 것, 이것은 전형적인 모더니스트가 된다는 말이었다. 75년 전 플로베르가 보들레르의 시를 다른 누구의 시와도 다르다고 칭송한 적이 있다. 보들레르에게 그것은 최고의 찬사였고, 울프가 가장 열망하는 경지였다. 그 열망 때문에 울프는 소설을 완성한 뒤 변덕스러운 대중의 평가를 기다리면서 신경쇠약에 빠지곤 했다.

울프는 특유의 문체를 점차 개발하면서 자신의 문학 언어에 귀를 기울였고, 시험하고 공들여 수정하고 새로운 실험을 구상해 냈다. 후기 소설에 해당하는 『세월The Years』 1937은 여섯 친구들의 삶을 추적한 작품으로, 울프는 이때 이미 상당한 명성을 얻고 있었지만 이 작품으로 더 널리 인정을 받게 되었다. 하지만 울프의 충실한 연구자들 사이에서 『세월』에 대한 이론은 아직도 깔끔하게 정립되지 못했다. 『세월』을 두고 울프 최고의 작품이라고 생각하는 사람이 있는 반면 (필자를 포함한) 다른 연구자들은 다소 부자연스럽고 과장되어 있다고 본다. 그럼에도 최종 결과물은 많은 독자들뿐만 아니라 그녀 자신에게도 대단히 놀라운 것이었다. 그녀가 단 한 명의 주인공, 즉 자기 자신에 대한 소설을 쓰려고 했으며 그 작품을 쓰면서 작품의 인물들을 통해 자신에 대해 이야기하기 시작했던 것이다. 새로운 것에 대한 유혹은, 준비되지 않은 대중뿐만 아니라 준비되지 않은 모더니스트들에게도 충격이었다.

그녀는 자신이 얻은 이해와 전달의 수단, 언어를 자유자재로 이용했다. 노련한 조련사처럼 채찍을 휘둘러 그 흉포한 짐승을 자기 명령에 굴복시켜 고분고분하게 만들어 버렸다. 엉망인 문장이 금세 유려하고 간명한 표현이 되었다. 필요하다면 규칙과 전통은 얼마든지 무시했다. 그 예로 전형적인 신조어 'ghostlily'가 있다. 자신이 잘 알고 있는 자연에서 유사성을 끌어와 풍부한 비유를 창조해 냈다. 새, 꽃, 정원, 물, 특히 넘실거리는 파도, 모두 시골 별장에 가 본 적이 있거나 별장을 소유한 교육받은 영국 여성의 기억 속에서 익숙한 것들이다. 그러나 극적인 비약으로 전쟁, 폭정, 황폐를 연상시키고 갑작스럽게 인물 내부와 인물들 사이에서 긴장감을 불러일으키기도 한다. 모더니스트 작가들의 질문은 늘 똑같았다. "그런데 '나는 누구인가?'" 작가 버나드 쇼가 했던 질문이며 울프가 일기에서 수차례 자문했던 것이었다. 버나드 쇼는 답을 알지 못한다고 고백하였다. 그러나 전성기의 버지니아 울프는 어떤 소설가도 못 풀었던 이 난문제를 문학적으로 표현했고, 거의 답을 얻었다.

5

진정한 작가로서 성공한 해인 1922년에 버지니아 울프는 마르셀 프루스트를 발견하고 그녀답지 않게 흥분했다. 그때는 프루스트가 죽은 해이기도 했다. 당시 프루스트의 걸작 중 다섯 권만 출간되었지만(남은 세 권은 이후 5년에 걸쳐 출간되었다.) 그때 이미 논란의 여지가 없는 최고의 모더니스트였다. "프루스트가 내 표현 욕구를 지나치게 자극해서 한 문장도 쓸 수가 없어."라고 울프는 미술비평가인 친구 로저 프라이에게 말했다. "'아, 나도 그렇게 쓸 수 있다면!' 하고 외쳤지. 그가 일으킨 놀라운 전율과 몰입, 강렬함, 거기엔 성적인 것도 있어. 여하튼 그것들이 너무도 강렬해서 나도 그렇게 쓸 수 있을 거라고 생각하고 펜을 잡았는데 도저히 못 쓰겠어."[158] 문학 속의 섹스라는 것이 으레 생활 속의 섹스보다 과장되게 마련인데도, 동시대 작가들에게서는 성적 감흥을 전혀 느낄 수가 없었던 그녀가 그 프랑스 대가를 접하고는 약간 흔들렸다.

울프처럼 완숙기의 프루스트도 글을 쓰기 위해서 살았다. 그는 1871년 유명한 의사인 아버지와 그가 유일하게 너무도 사랑했던 사람인 부유한 유대인 가문 출신의 어머니 사이에서 태어났으며 삶의 궁극적인 이유를 찾는 데 꽤 오랜 시간이 걸렸다. 그러나 젊은 딜레탕트로, 훗날 자신이 날카롭게 해부하게 될 사회의 안락함에 흠뻑 젖어 있던 때조차도 자신의 천직을 위해 거의 의식적으로 준비하고 있었다. 소설의 화자와 작가의 변화 과정은 전혀 일치하지 않지만 그들이 이루어 낸 일은 놀랄 만큼 비슷하다.

프루스트가 천재인 것은 확실하지만 그는 대단히 근면했다. 20대

후반과 30대 초반에는 10년 뒤 『잃어버린 시간을 찾아서』에서 써먹을 사교계의 밑천을 모으면서 열정적으로 독서에 매달렸다. 그리고 잠깐이었지만 존 러스킨의 주관주의 미학을 열렬하게 받아들이기도 했다. 러스킨의 미학은 (건축을 포함한) 예술을 사회의 거울, 특히 그 사회 도덕의 거울로 여기는 것이었다. 또 소품, 단편, 미완성의 장편 소설을 썼지만 생전에는 출판되지 않았다. 동성애에 대해 신중하기는 했지만 1906년 어머니가 죽고 난 뒤에는 다소 대담하게 문학적 소재로 실험하여 꽃을 피웠다. 이런 편향은 『잃어버린 시간을 찾아서』에서 궁극적으로 구현되어 모더니스트 스타일로 완성되었다. 그 작품 제목이 지배적인 주제를 알려 주고 있다. 즉, 인생은 잃어버린 과거에 대한 탐구다. 우리는 과거를 기억함으로써 그것을 되찾게 되며, 과거란 원하든 원치 않든 강렬하고 구체적인 경험 때문에 어쩔 수 없이 기억하게 된다는 것이다. 프루스트의 화자는 발 아래에서 울퉁불퉁한 인도를 느끼고 입술에 풀 먹인 냅킨의 감촉을 느끼고 무엇보다 기억에 가장 강하게 남은 홍차 적신 마들렌의 맛을 느낄 때 현현의 순간을 맞는다.

그의 소설에는 독립된 장면이 많이 있다. 그러나 그의 작품은 하나의 큰 밑그림을 바탕으로 하고 있기도 하다. 화자는 상류사회에서 살면서 불안한 사랑의 쾌락을 맛보고 예술가들과 친분을 쌓고 베네치아 같은 감격적인 장소를 여행하고 지적 능력과 취향을 드높이며 늘 문학을 시작할 준비가 되어 있는 사람이다. 비록 몇 해가 지나도 문학을 시작했다는 소식은 끝내 들려오지 않지만 말이다. 『잃어버린 시간을 찾아서』의 마지막 권은 그 긴 인생사를 끝맺는다. 유머러스하게, 정신을 구성하고 또 해체하는 것을 즐기며, 성행위 중인 연인들을 관음증적으로 훔쳐보며, 사회에 동성애가 만연해 있다는 사실에 놀라워하며 허무와 절망을 크게 느끼면서 끝을 맺는다. 화자는 요양소에서 몇 년 지낸 뒤 파리로 돌아와 백발의 남녀들, 이제 자신처럼 늙어 버린 친구들이 참석하는 품위 있는 파티에 간다.

그러나 마르셀은 천직을 찾았다. 자신의 초상을 그리고 늙은 예술가의 초상을 그리고 세월을 관통하여 자신의 세계를 그리는 일이다. 모두가 예술가가 될 운명을 타고나는 것은 결코 아니다. 예술가란 내부의 강한 욕망 때문에 아무리 늦게라도 결국은 예술가가 되고 마는 희귀한 존재이니까 말이다. 화자는 선택받은 사람이었다. 그러니 위대한 소설을 쓸 것이다. 바로 독자가 읽고 있는 그 소설이 화자가 쓰게 될 소설이다. 인생의 교훈도 배웠다. 잃어버린 진실을 찾기 위해서는 큰 대가를 치러야 하며 그 대가가 터무니없이 클 수도 있지만 치를 만한 가치가 있다는 것이다. 예술만이 살랑대는 기억의 간극을 메울 수 있다. "진정한 삶, 결국 깨닫게 되고 해명되는 삶, 단 하나밖에 없는 진짜 삶이 바로 예술가의 삶이다."[159] 예술만이 무관심하고 무자비한 시간의 파괴를 이길 수 있다. 모더니스트 소설에는 이처럼 예술에 대한 낭만주의적 미화가 표면에 드러나는 순간들이 있다.

『등대로』에서 한 인물이 오랫동안 미루어 왔던 일을 마침내 만족스럽게 실행했던 것을 기억해 보라. 그리고 의미심장하게도 그 일은 예술이다. 『등대로』의 도입부는 헤브리디스 제도에 있는 램지의 여름 별장에서 시작되어 2부 「시간은 흐른다」가 이어지는데, 이 2부는 10년 뒤 램지 가문의 여름 별장을 보여 주는 3부를 1부와 연결하기 위해 거의 임시로 놓은 짧은 다리 역할을 한다. 시간의 흐름을 이겨 내고 1차 세계대전에서 살아남은 사람들이 모두 손님으로 와 있다. 램지 부인의 빈자리가 가장 눈에 띈다. 그리고 독자는 램지 부인이 갑자기 죽었다는 것을 슬쩍 듣게 된다. 램지 가족과 친한 릴리 브리스코는 10년 전 열심히 그렸지만 완성하지 못한 그림을 마무리하기로 큰마음을 먹고 이젤을 바깥에 내놓았다. 그리고 10년 전에는 아무리 노력해도 떠오르지 않던 방법을 마침내 찾아낸다. "그녀는 한순간 확실히 알게 됐다는 듯 갑자기 집중하여 그림 한가운데에 선을 하나 그려 넣었다. 됐어. 끝났어. 극도로 지쳐 붓을 내려놓으며 생각했다. 그래, 드디어 내 시각을 갖게 되었어." 프루스트와 울프는 서로 규모는 달랐지만 비슷한 힘으로 마치 동지처럼 글을 썼다.

릴리 브리스코가 등장하는 대단히 화려한 장면에서도 동지였다. 『잃어버린 시간을 찾아서』 중 프루스트가 죽기 직전 출판된 『소돔과 고모라Sodome et Gomorrhe』에 "마음의 단속斷續"이라는 짧고 강렬한 부분이 있다. 프루스트가 그 걸작의 제목으로 고려하던 것이었다. 그 구절이 존재의 변화에 대한 프루스트의 가장 절망적이고 압도적인 결론을 간명하게 요약하는 것이니 그럴 만도 했다. 인간의 마음은 연결되어 판단해야 할 중요한 순간에 단절된다. 확실히 삶은 수많은 것들로 이루어져 있지만 그중 가장 두드러지는 것은 오류, 잘못된 짝짓기, 현실과 부조화한 감정, 그리고 감정으로 표현되지 않는 경험들의 거대한 행렬이다. 우리는 경험을 잘못 이해한다. 즉, 모든 사람이 경험을 잘못 이해한다. 프루스트는 "마음의 단속" 시작부에서 (약간 장황하게) 말끝마다 틀린 프랑스어를 사용하는 외국 태생의 수다스러운 호텔 매니저를 소개한다. 그 인물은 인간이 지닌 큰 약점의 일부를 보여 주는 전형적인 예이다.

그러나 프루스트는 이런 세세한 예를 드느라 시간을 낭비하지 않는다. 오히려 그는 너무도 일반적이라고 생각하는 것을 예로 보인다. 우리는 너무 빨리 아니면 너무 늦게 사랑에 빠지며 사랑해서는 안 될 사람을 사랑한다. 우리가 누군가와 친해지고 나서 보면 그들이 첫인상, 심지어 두 번째 인상과도 전혀 다르다는 것을 알게 된다. 사랑이 미움 혹은 무관심으로 변하거나 반대로 미움 혹은 무관심이 사랑으로 변하기도 하는데, 그런 일이 일어나는 데 합리적인 이유 같은 것은 없다. 앞서 말했듯 마음은 도움이 되지 않는다. 다시 말해 단속이 일어난다. 그러므로 인생은 우리가 알고 있는 것을 끊임없이 교정해 가는 과정이다. 인생은 미몽에서 깨어나는 것을 배우는 학교다. 이 법칙에는 아주 드물게 예외가 있다. 자식에 대한 어머니의 사랑이나 할머니의 사랑 같은 것이다.

프루스트는 "마음의 단속"에서 그 예외를 짚고 넘어간다. 화자가 사랑했던 할머니가 1년쯤 전에 죽었다. 당시 그가 슬퍼하기는 했지만 진정으로 죽음을 인식하지는 못하고 있었는데 젊고 예쁜 여자를 찾아 자신이 잘 아는 발베크 리조트에 와 있을 때 할머니의 기억이 엄습한다. "호텔에서의 첫날 밤, 심장이 피로해서 힘든 것을 참으며 천천히 몸을 구부려 조심스럽게 부츠를 벗으려고 했다. 그러나 부츠의 제일 위 단추에 손을 대자마자 무언지 알 수 없는 신성한 것으로 가슴이 가득 찬 것 같아 몸을 들썩이며 흐느껴 울었고 눈물은 주르르 흘러내렸다." 할머니에 대한 기억 때문이다. 몇 해 전 그의 신발을 벗겨 주던 "상냥하고 헌신적인" 할머니. 그런데 이때 할머니가 죽은 뒤 몇 달 동안 떠올렸던 할머니에 대한 평범한 기억, 이기적이고 경솔한 생각보다 훨씬 더 강력한 무의식적 기억에 사로잡힌다. 할머니가 필요하다고 다시 자각하게 된 순간 "나는 아무리 기다려도 할머니가 다시 내 곁에 있을 수 없다는 것을 알게 됐다. 처음으로 할머니를, 내 심장을 터질 만큼 부풀어 오르게 만드는 살아 있는 실제적인 것으로 느끼다가 마침내 할머니를 찾다 보니 할머니가 영영 사라져 버렸다는 사실을 알게 되었다."[160]

버지니아 울프도 자기 방식으로 마음의 단속을 표현한다. 그녀는 마음에 대해 끈질기게 연구하는 고고학자가 남들이 보지 못하는 곳을 발굴할 때 마음의 단속을 얻을 수 있다고 생각했다. 그녀의 소설에서 남녀는 흔히 시간이 흘러도 똑같은 사람을 사랑하고 미워하며 어떤 때는 사랑하는 동시에 미워하기도 한다. 드물게는 여자가 여자를 사랑하는 (울프가 유난히 관심을 가졌던) 경우도 있다. 최상의 결혼 생활은 늘 문제가 있다. 일찍이 3세기 전에 셰익스피어가 말했듯이, 사랑의 과정이란 험난한 법이다. 간단히 말해 늘 모순 감정이 병존한다. 누가 보기에도 클라리사 댈러웨이는 아주 만족스러운 결혼을 한 것처럼 보인다. 그러나 그녀는 파티를 준비하면서 과거에 자신과 결혼하고 싶어 했던 친구 피터 왈시에 대해 생각해 보게 된다. 건장하고 둔감한 남편보다 더 재미있는 사람이라고 종종 생각했던 남자였다.

그런 부부들, 그러니까 과거의 기억을 떠올리며 즐거워하는 동시에 몹시 두려워하는 부부들은 사실상 울프의 모든 소설에 등장한다. 앞에서 『막간』의 마지막 부분을 보았다. "자기 전에 그들은 싸울 수밖에 없다. 싸운 뒤에 그들은 포옹하리라." 전통적인 소설에도 늘 삼각관계가 등장하지만 모더니스트 소설은 특히 삼각관계의 불안정성과 인물들을 괴롭히는 모순된 감정들의 공존을 잘 인식하였다. 버지니아 울프가 소설가로서 정점에 올랐던 즈음 프로이트는 오이디푸스콤플렉스가 간단한 경험이 아니라고 경고하고 있었다.

그리고 울프의 『등대로』에도 프루스트의 화자가 죽은 할머니 때문에 눈물을 흘리며 회상하는 장면과 비슷한 부분이 있다. 3부에서 릴리 브리스코는 야외에 나가 앉아서 완성하지 못한 그림에 대해 걱정한다. 그때 램지 부인이 떠오른다. "아, 램지 부인! 그녀는 배 곁에 앉은 존재, 부인이라는 그 관념, 회색 옷을 입은 그 여자를, 마치 부인이 사라진 것을, 그리고 떠났다가 다시 돌아온 것을 비난이라도 하듯이 조용히 불러 보았다.

부인을 생각하면 마음이 아주 편해지는 것 같았다." 그러나 갑자기 더 이상 편안하지 않게 된다. 릴리 브리스코는 몹시 화를 낸다. "다시는 램지 부인 때문에 슬퍼하지 않겠다고 다짐했다는 듯 다시 생각한다. 그녀가 아침식사 때 커피잔들을 보면서 부인을 그리워했던가? 전혀 아니다." 그녀는 램지 부인의 이름을 부른다. "고통만 점점 커졌다." 그 모든 게 다 무슨 뜻이었던가? "'램지 부인!' 그녀는 큰 소리로 불렀다. '램지 부인!' 눈물이 마구 흘러내렸다."[161] 이 부분은 그 급진적인 20세기 소설의 가장 감동적인 부분으로 모더니스트 특유의 방식으로 기억의 힘을 단연 충실하고 멋지게 재구성한 것이라고 생각한다. 이 소설은 한 모더니즘의 거장이 다른 거장에게 보내는 친구로서의 인사, 다정한 손짓과 같다.

카프카

프란츠 카프카는 기준을 불문하고 항상 중요한 소설가 목록에 오른다. 그러나 나는 카프카를 다른 사람들과 별개로 살펴볼 것이다. 그가 모더니스트 작가로 확고히 자리 잡고 있기는 하지만 대단히 독특하기 때문이다. 그는 모더니즘 운동에 이름을 올리지 않았다. 아니 자신에게 순수한 기쁨을 주는 유일한 것, 문학 이외에는 어떤 주의에도 가담하지 않았다. 비망록에서 이렇게 고백한 적이 있다. "나는 다른 것에는 전혀 만족할 수 없다." 그저 자신이 써야 한다고 생각한 대로 글을 썼을 뿐이고, 그 과정에서 미안해하기는커녕 한마디 설명도 없이 유서 깊은 전통적 방식들을 뒤엎어 버렸다. 말하자면, 자기도 모르게 모더니스트가 된 사람이다.

그의 소설들이 어떻게 살아남아 전해지게 되었는지는 익히 알려져 있다. 카프카는 생전에 명예를 누리지 못했다. 1924년 마흔 살에 결핵으로 죽기 전 조국인 프라하에서 높은 평가를 받은 기묘한 이야기들과 그가 죽던 해에 출판된 네 편의 단편을 묶은 책 『단식 광대 The Hunger Artist』가 나와 있었을 뿐이다. 그는 수백 페이지의 글, 초고, 아포리즘, 대체로 완결

된 세 편의 소설을 남기고 죽으면서 절친한 친구 막스 브로트Max Bord에게 그것들을 모두 불태우라고 부탁했다. 천만다행으로 브로트는 고민 끝에 카프카의 유언을 들어주지 않기로 결심했고, 그렇게 해서 그 유례없는 소설들과 심오한 난제들이 세상에 나오게 되었다.

비평가들은 브로트가 경건하게 편집한 카프카의 『판결Der Prozess』 1925과 『성Das Schloss』 1926에 감탄하여 최고의 찬사를 쏟아냈다. "최근 몇 년 동안 나온 책 중 가장 묘하고 우수한 책", "단 한 명뿐인 진정한 이야기꾼", "독일어의 숨겨진 거장이자 왕". 세 번째 소설 『아메리카Amerika』는 여러 가지 제목으로 알려져 있는데, 흥미롭기는 하지만 위의 두 소설보다 못한 편이다. 『판결』과 『성』은 유독 매력적인 걸작임이 명백하다. 그러나 '숨겨진 거장'이자 '문학의 왕'으로서의 지위가 적절한가는 계속 논란거리로 남았다. 카프카는 다른 현대 소설가들보다 더 철저하게 분석되었고 수십 년 동안 논쟁이 있었지만 결국 해명되지 못한 소설가로 남아 있다.

카프카가 사후에 남긴 소설의 장르 자체가 의문이다. 풍자 문학이라고 해야 할까? 그럼 무엇을 풍자했다는 말인가? 국가의 권위? 상업의 관료적 절차? 사법 체계? 그는 분명 뛰어난 풍자 작가로서 작품 속의 고통받는 인물들과 그들의 딜레마와 재앙으로부터 거리를 유지하며 관찰하는 입장에 있다. 그러나 그 풍자의 목적은 다른 유명 풍자 작가들에 비해 훨씬 더 포괄적이다. 인간다운 모든 것을 포함하고 있다. 그렇다면 아무도 풀지 못하는 난문제만 제기하는 최고의 허무주의자였을까? 어쨌든 그의 작품은 유머 덕분에 냉정한 시선이 한층 효과를 발휘하는 일종의 보고서다. 카프카가 사람들에게 자신의 원고를 읽어 줄 때면 청중은 정색을 하고 던지는 그의 유머에 실컷 웃었다. 자신의 글에 '유대인'이라는 단어를 쓰지 않았다고 해서 어찌할 수 없는 '민족적' 배경에서 벗어나고자 하는 자민족 혐오주의자라고 할 수 있을까? 그가 초기 시오니스트 운동과 프라하를 방문한 순회 유대인 행동단에 우호적인 관심을 가졌던 것을 보면 그렇지는 않은 것 같다. 그래서 포스트모던 독자들은 카프카의 글쓰기가 사실은 글쓰기에 대한 것이라는 주장을 받아들일 수밖에 없었으며, 편리하게도 (그리고 어리석게도) 그 작품들의 진의를 비켜가게 됐다.

훨씬 더 종교적이고 대중적인 해석자들은 카프카의 소설이 신을 탐색하는 인간의 처지에 대한 신학적 우화라고 주장해 왔다. 『판결』의 '주인공' 요제프 K는 밝혀지지 않은 범죄 혐의로, 아무런 설명도 듣지 못한 채 기소되어 분투하지만 계속 패소하여 결국은 '개처럼' 처형된다. 요제프 K를 비롯한 카프카의 주인공들이 겪는 끔찍한 운명은 신이 정한 정의正義와 하찮은 인간의 이해 능력 사이에 존재하는 건널 수 없는 간극에 대해 아주 간접적으로 말하고 있는 것인지도 모른다. 이런 종교적 관점은 브로트의 해석 방식에서 지배적이다. 그는 이 작품들을 세속의 텍스트로 해석하려는 시도에 분개했고 그런 시도를 거부했다. 브로트는, 신과 인간의 간극이 메워질 수 없는 것이라고 생각했던 유대인 파스칼처럼 카프카도 인간의 죄와 무기력을 인식하고 놀라서 당황했다고 해석한다. 그런 신학적 해석과 밀접한 관련이 있으면서도 훨씬 더 감상적이고 과장된 독법도 있다. 카프카를 나치즘과 홀로코스트의 예언자로 보는 것이다.

이와 달리 비종교적인 소수 독자들은 그렇게 극적이지는 않지만 훨씬 더 현명한 해석을 내놓는다. 실제로 카프카가 소설 속에 구축한 세계는 잔인하고 무자비하여 몹시 불안정하지만 초자연적인 성격은 없다. 게다가 카프카의 소설에는 신을 불러내는 무아지경의 흥분이 없다. 그의 문체는 항상 냉정하고 명확하여 카프카를 분석한 사람들은 그가 절대 감각을 가졌다고 칭찬했을 정도다. 카프카의 작품들에서 발생하는 사건

프란츠 카프카 1883-1924 "나는 다른 것에는 전혀 만족할 수 없다."
카프카는 그저 자신이 써야 한다고 생각한 대로 글을 썼을 뿐이고, 그 과정에서 한마디 설명도 없이 유서 깊은 전통적 방식들을 뒤엎어 버렸다. 자기도 모르게 모더니스트가 된 사람이다.

은 너무나 끔찍한데도 문체는 무미건조하다. 『변신 Die Verwandlung』의 주인 공은 어느 날 아침 일어나 보니 큰 벌레가 되어 있으며, 『유형지에서 In der Strafkolonie』의 주인공은 범죄자의 몸에 날카로운 바늘로 죄목을 새긴 후 죽여 버리는 기계다. 카프카는 자신이 만든 무서운 상황과 불운한 주인공들에 대해 전혀 걱정을 내비치지 않는다. 앞서 말했듯 그에게는 노련한 보고자만이 가질 수 있는 초연함이 있다.

그리고 카프카의 작품은 혼란스러운 이미지로 넘쳐난다. 그는 결벽증 환자가 아니다. 그런데 이상하게도 그의 글에는 모더니즘의 필수 구성 요소인 내밀한 감정적 실체에 대한 탐구가 거의 없는 것 같다. 아니 확실하게 배제되었다. 주인공들은 저항할 수 없는 힘에 의해 조종되는 꼭두각시에 지나지 않는다. 인물들은 저항하며 바꿀 수 없는 것을 바꾸려고 하지만 내면적인 삶은 거의 없다. 실제로 카프카는 정신과학에 대해 언급할 때면 늘 경멸감을 드러냈다. "내부세계는 외부세계와 달리 관찰할 수 없다."라고 비망록에 쓰고 있으며, 자주 그렇게 주장했다. 자신에게 깃들어 있는 정신보다 자기가 살고 있는 방에 대해 더 많은 것을 알고 있다고 지적한다. 그런 뒤 "내부세계는 묘사의 대상이 아니라 그냥 존재하는 것이다."[162]라고 덧붙였다. 한 간결한 아포리즘에서는 이렇게 단도직입적으로 표현했다. "심리학은 참을성이 없다."[163] 이 말은 그리 수위가 높은 것 같지 않게 들리지만 카프카가, 참지 못하는 것이 가장 큰 죄이며 유일한 죄라고 준엄하게 비판했다는 사실을 알고 나면 의미심장해진다. 또 그는 "심리학자들에게 만족스러운 일이란 없다."[164]라고 썼다. 이 메모 도중 두 번, 짤막하게 (참지 못하고?) 이렇게 밝혔다. "심리학이여! 이게 마지막이다."

그러나 이것이 카프카가 내적 삶에 대해 이해하고 있는 전부는 아니다. 카프카가 심리학을 잘 알고 있다는 것을 드러내는 결정적인 순간이 적어도 한 번 있었다. 아버지에게 보낸 그 유명한 편지에서였다. 편지 내용을 보면 카프카는 필요하다면 얼마든지 타인과 자신의 동기를 교묘하게 이용할 수 있었다. 카프카는 1919년 11월 결코 어리다고 할 수 없는 36세의 나이에 아버지에게 1만 단어나 되는 비난의 편지를 썼다. 여기서 그 편지에 대해 다 설명하려면 정신분석적 해석으로 많은 부분을 할애해야 할 것이다. 어쨌든 카프카는 그 편지를 부치지 않았으며, 역설적으로 들릴지 모르지만 카프카 연구자들은 그 편지에 대한 검토를 회피했다. 그 편지에 너무도 중요한 전기적 사항이 포함되어 있어서 그 편지가 당대 가장 위대한 작가 카프카에 대한 유일한 설명의 증거로 받아들여지거나 지나치게 단순하게 이용될지도 모른다는 우려 때문이었다. 하지만 그래서는 안 된다. 그 편지는 여태껏 그가 보여 준 것 중 가장 유용한 자전적 진술이며 작품에 대한 가장 좋은 단서이기 때문이다. 에드거 앨런 포의 도둑맞은 편지처럼, 카프카의 편지도 너무도 눈에 잘 보이기에 더더욱 귀중하고 정확한 정보다. 그 편지에서 보여 준 날카로운 판단력은 자신의 선언과 모순이다. "심리학이여! 이게 마지막이다."

그 편지의 표면적 동기는 아버지가 당시 했던 질문에 답하는 것이었다. 숨겨진 동기는 복수였으나 표면적으로만 그랬다. 이런 질문이다. 왜 너는 아버지를 두려워하느냐? 카프카는 특기를 발휘하여 인상적인 예를 일일이 들며 대답했다. 헤르만 카프카는 저녁 식탁 앞에 앉은 폭군이었다. 아들은 이렇게 요점을 지적한다. "아버지는 안락의자에 앉아 세상을 지배합니다."[165] 아버지는 자신의 다른 아이들도 괴롭히지만 그중 큰 아이였던 프란츠를 가장 즐겨 희생양으로 삼았다. 아들의 외모, 성적, 성격을 비난한다. 프란츠의 친구들이라면 직접 만나 보기도 전에 야비한 말로 매도한다. 식탁에서는 입을 다물라고 엄명을 내린다. 아이들을 허리띠로 때리겠다고 겁준다. 아이들을 칭찬하는 법이 없다.

  카프카는 자신이 아버지에 대해 늘 겁을 먹는 이유를 알고 있었다. 독단적인 명령을 내리고 참을성 없고 냉소적이며 자기 생각만 하는 어른에게 느끼는 심한 불안 때문이었다. 카프카는 아버지가 위협만 하지 자신을 때리지는 않으며 결국 아버지가 종이 호랑이라는 것을 이성적으로는 잘 알고 있었다. 그렇기에 자신이 계속 불안해하는 것에 대해 더더욱 자책감을 느꼈다. 그러나 아버지가 아들을 자기 자신뿐만 아니라 남들도 믿지 못하는 인간으로 키웠다는 것은 분명하다고 생각했다. 그리고 카프카가 신경증적이고 우유부단하며 자기를 혐오하게 된 것이 아버지에게만 책임이 있다고 할 수는 없겠지만, 카프카가 인간으로서 불행해진 데에는 아버지의 역할이 압도적이었다. 일부 카프카 연구자들이 그 위험한 부자 관계를 오이디푸스적 투쟁에 비유하는 까닭을 이해할 수 있을 것이다. 그러나 그 관계는 끝부분이 잘려 나가 삼각관계를 이루지 못했다. 이런 식탁의 대결 상황에서 늘 남편의 편을 들며 중재했던 어머니에 대해서는 거의 언급하지 않았기 때문이다.

  이 편지는 너무도 이성적인 어조로 쓰여 있어 마치 신경증의 발생에 대한 설명문 같다. 그렇게 보면 토마스 만이 카프카가 평생 같은 이야기를 쓴다고 했던 말은 대단히 예리했다는 생각이 든다.[166] 아버지에게 쓴 편지의 내용이 바로 소설 속에 반복적으로 등장하는 삶의 모습이다. 변덕스러운 권위를 극복하지 못하고 두려워하는 나약한 아이가 등장하며, 자신의 불안을 거대한 막에 투사하고 아버지를 눈에 보이지 않는 사악한 권력들의 위협적인 집단으로 치환시킨다. 카프카는 자신의 가장 중요한 경험, 즉 다른 방식으로 반복적으로 경험한 것을 아포리즘으로 짧게 표현했다. "아무도 나에게 규칙을 말해 주지 않았다."[167] 절실하게 필요로 했지만 집에서는 규칙을 전혀 배우지 못했다. 무엇이 허용되는지, 무엇이 금지되는지, 어떤 것이 수용되고 어떤 것이 그렇지 않은지에 대한 규칙이다. 식탁 머리에서 고함을 지르는 이 괴물이 어떻게 그를 사랑했다고 할 수 있겠는가? 알다시피 카프카는 우유부단하고 고민 많은 청년으로 두 명의 여성(그중 한 명과는 두 번)과 약혼했다가 파혼했다. 카프카는 앞서 말했듯 문학을 통해서만 편안함을 느낄 수 있는 사람, 결혼에는 전혀 어울리지 않는 남자였다. 그렇게 해서 그는 아버지의 애처로울 만큼 보잘것없는 힘을, 거대하고 절대적인 권위, 요제프 K를 가상의 범죄 혐의로 기소하는 흔들리지 않는 권력 기구, 안개와 하급 관리들 뒤에 숨어 K(『성』의 주인공)의 접근을 막는 권력 기구로 위장하고 확대했다. 인간을 벌레로 만들어 버릴 수도 있을 만큼 막대한 권위와 무서운 공간으로 말이다.

    카프카가 글쓰기를 좋아했던 것은 사실이지만 글쓰기는 그를 구원할 만큼 강력하지 않았다. 글쓰기를 통해 버지니아 울프가 부모님이라는 거대한 그림자에서 벗어났던 것과 달리 카프카는 아버지에게서 받은 고통에서 벗어날 수 없었다. 카프카는 같은 이야기를 자꾸 반복할 수밖에 없었지만 그런 자기 폭로의 흔적은 감쪽같이 없앴다. 그는 반복 강박에 사로잡혀 있었다. 이 강박과 어마어마한 재능으로 그는 최고의 현대 작가가 될 수 있었다. 1914년 8월, 혐오하던 전쟁이 끝나자마자 대단히 열렬하게 사랑을 고백했다. "꿈같은 내적 삶을 묘사하는 것 외에는 모두 부차적인 것이 되고 말았다."[168] 싫기만 하던 성가신 일, 심리학을 인식하고 꿈같은 내적 삶을 묘사하게 된 순간이었다.

이렇게 보면 카프카와 프로이트가 서로 영향을 주고받았을지도 모른다는 생각이 든다. 프로이트가 카프카를 읽었다는 증거는 없지만 브로트의 주장에 따르면 카프카는 분명 프로이트를 읽었다. 인간을 동물로 파악했던 프로이트의 견해는 가혹했다. 모든 아이의 발달 단계에서 투쟁이 일어나며 심지어 가장 행복한 시기에도 그러하다는 것이다. 그러나 원칙적인 비관주의자인 프로이트조차도 정신분석가들이 고착을 어느 정도 해소시키고 합리성을 확대할 수 있다고 믿었다. 확신에 차 이런 유명한 말을 남겼다. "이드^{id}가 있던 곳에 에고^{ego}가 있게 될 것이다." 카프카는 심지 굳은 현실주의도 인간의 자기기만의 또 다른 예일 뿐이라고 이해했다. 불행하게도 허무주의적 절망에 다다른 그는 삶 자체를 악이라고 생각하게 됐다. 카프카의 줄어들지 않는 우울과 다른 모더니스트 작가들의 태도는 극단적으로 대조된다.『율리시스』의 마지막 대사, 조이스가 몰리 블룸에게 주었던 가장 긍정적인 언어가 떠오른다. '예스'였다. 카프카의 마지막 말은 어떻게 표현됐든, 결국 '노'였다.

시인 중의 시인

1

1948년 T. S. 엘리엇은 노벨 문학상을 수상했다. 그것은 대단한 영예였고, 선정 위원회가 획기적으로 모더니즘을 인정한 셈이었다. 첫 노벨 문학상이 수여된 1901년 이후 반세기 동안 심사위원들이 보여 준 취향은 확실히 낡아 있었다. 1923년 수상자 윌리엄 예이츠를 제외하고는, 엘리엇 이전 수상자들은 사실상 모두가 지금은 대체로 잊혔다. 그리고 내가 이 책에서 선택한 소설가들은 아무도 노벨 문학상을 수상하지 못했다.[169] 그러나 엘리엇은 1948년 노벨 문학상 선정으로 국제적 명성을 인정받은 셈이다. 그는 26년 전 난해하고 시종일관 혁신적인 다섯 편의 시를 하나의 제목으로 묶은 『황무지 The Waste Land』로 처음 명성을 얻었다.

1922년에도 무명은 아니었다. 두 권의 시집 『프루프록과 그 밖의 관찰 Prufrock and Other Observations』 1917과 전체적으로 짧고 지나치게 우울하며 대담한 실험성을 띤 『시들 Poems』 1920이 독자들 사이에서 반향을 일으켰다. 그리고 환멸을 깨는 기묘하게 위협적인 시구들 덕분에 다른 일을 안 해도 먹고 살 수 있을 만큼 시집이 많이 팔렸다.

나는 늙어 간다…… 나는 늙어 간다……
바짓자락을 접어 입을까?

머리 뒤로 가르마를 탈까? 감히 복숭아를 먹어 볼까?
나는 하얀 플란넬 바지를 입고, 해변을 걸을 테다.
나는 인어들이 노래하는 것을 들은 일이 있지, 서로서로에게.

그들이 나에게 노래해 주리라곤 생각 안 해.

엘리엇은 한 번도 낙관주의의 덫에 걸리지 않았다. 인어들이 그에게 노래를 불러 주지 않았던 것이다. 그러나 엘리엇을 국제적인 문학 명사로 만든 것은 바로 『황무지』, 선조들과 달리 낙천적이지 않은 시들이었다.

2

설사 희생자가 즐비한 세계대전의 공포가 엘리엇이 『황무지』에 크나큰 절망을 표현할 만큼 크지 않았더라도, 엘리엇은 자신이 자란 건전한 부르주아 문화에 대해 반항심을 품고 성장했을 것이다. 그는 부르주아 문화가 둔감하고 자기만족적이며 진정한 시에 해롭기 때문에 아주 엄정하게 풍자할 만하다고 생각하였다. 그렇기 때문에 엘리엇은 사실상 모더니스트 운동에 무심코 가담한 셈이다. 그는 1888년 세인트루이스의 부유하고 독실한 유니테리언 교파 가문에서 태어났다. 집안의 누군가가 경제적 이유로 미주리 주로 이주하였고, 그가 즐겨 쓰는 표현을 빌리면 일찍이 자신이 '거주 외국인'[170]이라는 것을 인식했다. 학창 시절부터 시인이 되고 싶었지만 마땅한 스승이 없었다. "내게 필요한 것은 나만의 목소리를 사용하는 법을 가르쳐 줄 수 있는 시인데, 영국에는 그런 시가 없다. 프랑스에만 있다."[171] 그는 미국에서 접할 수 있는 시들이 깊은 의미도 없고 얻을 것도 전혀 없다고 했다. "1909년과 1910년은 젊은 시인들이 상상하기 어려울 정도로 정체되어 있었다." 이 비판적인 회고에 등장한 해들은 그에게 의미가 컸다. 하버드에서 열심히 공부하며 거의 필사적으로 시의 길을 찾던 그가 막 졸업하던 해였다.

그러나 1909년 엘리엇은 이미 자기 해방을 향한 첫걸음을 내딛기 시작하고 있었다. 1908년 말 그는 10년 전 출판된 아서 시먼스의 자극적인 논문「문학에서의 상징주의 운동」을 읽게 되었고 거기서 배운 것들을 평생 잊지 않았다. 시먼스의 논문은 프랑스 모더니스트 시인들인 폴 베를렌, 랭보, 말라르메를 높이 평가했다. 이 프랑스 작가들은 미국이나 영국의 작가들에게서 볼 수 없는 주제를 다루었다. 산문시를 시도했고, 이상 세계를 상세히 묘사하려 했고, 검증되지 않은 방식으로 주제를 표현했고, 외설스러운 연애시를 썼고, 사상을 감정으로 구체화하였다. 간단히 말해 독창적으로 시인의 내적 세계를 탐구하고, 앞에서 말한 모더니즘의 필수 구성 요소인 주관성을 획득하려 했다. 그 작품들이 충격적일 만큼 참신했던 것은 말할 필요도 없다. 무엇보다 중요한 것은 엘리엇이 시먼스를 통해 그다지 유명하지 않은 상징주의자 쥘 라포르그Jules Laforgue를 알게 된 것이다. 엘리엇은 자신이 라포르그의 감정적 대담성과 신랄한 위트를 변형할 수 있겠다는 생각이 들었다. 드디어 스승으로 삼을 만한 사람을 찾은 것이다.

쥘 라포르그는 1887년 겨우 27세에 결핵으로 죽었으며, 양은 적지만 인상적인 작품들을 남겼다. 라포르그의 시에 등장하는 여성들은 마네의 「올랭피아」의 여성들과 비슷하다. 일반적인 여신이나 신화 속의 여자 영웅들이 아니라 각진 턱과 분방한 육체, 부끄러워하지 않는 시선을 가진 파리 여성이었다. 라포르그는 우리가 사냥의 여신 다이아나 같은 과거의 여성을 진심으로 사랑할 수는 있지만 "우리를 흐느껴 울게 만들고 내장 밑바닥까지 감동시키는 노동자 여성과 살롱의 젊은 여인에 대해서는 진실한 열정을 품을"[172] 것이라고 썼다. 그는 재치 있는 신조어와 교묘하게 쓰인 자유시, 예수와 성모 마리아에 대한 불경스러운 언어, 매춘부들에 대한 사랑 고백, 삶에 대한 풍자적 해석, 거의 억제되지 않은 죽음을 향한 갈망을 표현하여 생생한 경험을 포착하고 해묵은 기법과 새로운 기법을 함께 이용하려고 했다. 후기 시에서 "나는 교회에 안 간다. 내가 바로 분석하는 대법관이다."라고 딱 잘라 말했다.[173] 그것은 두 독일 철학자의 호전적 염세주의를 불후의 시로 당당하게 표현한 것이었다. 아르투르 쇼펜하우어와 에두아르트 폰 하르트만 Eduard von Hartmann은 라포르그의 스승이 되었다.

라포르그는 자신의 사상이 모순적으로 보일 수 있다는 것을 알고 있었다. "사실 삶이 조악하지만 시에 관한 한 모든 것(무엇보다도, 유머러스한 우울을 우리 시에 담을 수밖에 없게 만드는 삶의 추잡함에 대해)을 말하자. 하지만 교묘한 방법으로 말하자."[174] 엘리엇은 여태 영어로 쓰인 시에 표현된 적이 없는 라포르그의 유머러스한 우울과 속어와 철학, 노골성과 고상함의 교묘한 공존에 열광했다. 라포르그의 훌륭한 후기 시에 포함되는 4행시 「달의 독주 Solo de Lune」는 뒤틀려 버린 정사를 애도하고 있다.

우리는 달의 기운으로 미친 사람처럼 서로 사랑했다.

이별에 대한 말도 나누지 않고 헤어졌다.
우울 때문에 나는 줄곧 추방당한 몸이었다.
그리고 이 우울은 모든 것에서 왔다. 아, 이런.[175]

날카롭고 격이 없는 이 시가 바로 엘리엇이 따를 모델이었다.
엘리엇은 라포르그에게 영향을 받았다는 것을 전혀 숨기지 않았다. 엘리엇이 창조한 인물 앨프레드 프루프록 J. Alfred Prufrock의 이름을 딴 첫 시집에 실린, 프랑스어 제목의 시 「사랑의 대화 Conversation Galante」 첫 연에 라포르그의 영향이 명백히 나타난 것 같다.

나는 말한다. "우리의 감상적인 친구 달이여!
아니면 (고백하건대 근거 없는 상상이긴 하지만)
프레스터 존의 풍선일 수도 있고
비탄에 빠진 가난한 여행자들을 비추기 위해
높이 매달려 있는 낡고 부서진 등일 수도 있지."
그때 그녀는 말한다. "당신 아주 옆길로 샜네!"[176]

이보다 더 직접적으로 라포르그에게 찬사를 보낼 수 있겠는가. 자연과 인간세계에 대한 불평, 심지어 "이해하기 힘들게" 말하는 것까지 엘리엇의 모델이었던 것이 확실하다. 엘리엇은 자기만의 목소리를 발견한 뒤 라포르그보다 더 풍자를 확장했고, 이후 작가로서의 자신감을 더 갖게 되자 풍자를 그만두었다. 초기에 풍자의 대상으로 삼은 것은 자신이 속한 보스턴 상류층의 전통, 미혼의 숙모 헬렌, 사촌 낸시와 해리엇, 냉소하며 거리를 두었던 부르주아의 햇불 《보스턴 이브닝 트랜스크립트 Boston Evening

Transcript》였다. 그 대상은, 중부 유럽이 12년 동안 나치의 지배를 받고 난 후에는 유대인, 아니 일부 유대인으로 바뀌었다. 이런 현상에 대해 엘리엇의 찬미자들은 설명하기 곤란해했으며 정당화하기도 어려워했다.

> 리알토에서 한 번은,
> 쥐들이 말뚝 아래에 있다,
> 유대인jew은 모든 것 아래에,
> 모피 입은 돈.[177]

'유대인'의 소문자는 조판상의 오류가 아니었다.[178] 엘리엇에게는 세상에 경멸할 거리가 늘 많았으니 유대인도 예외가 아니었으리라.

────────

엘리엇은 『황무지』를 통해 새로 터득한 기법을 능수능란히 구사하게 되었으며 어렴풋이 점차 당시대의 천박함에서부터 점점 멀어지고 있다고 느꼈다. 엘리엇이 에즈라 파운드에게 시의 초고를 보여 주자 이 친한 친구이자 없어서는 안 될 기획자, 시인, 망명자, 번역가, 파시스트는 『황무지』의 원고를 가차 없이 잘라 냈고, 엘리엇을 설득하여 자신의 충고를 받아들이게 했다. 그러나 엘리엇에게는 초인적인 귀, 독자의 뇌리에 남을 적절한 언어를 찾는 재능이 있었다. 『황무지』는 그의 언어적 허세를 가장 잘 보여 주는 것이다. 인용을 하거나 일부를 골라 고쳐 쓰는 것은 물론이고 압운시든 자유시든, 행이 길든 짧든, 노동 계급 여성의 언어든 교양층 신사의 언어든 프랑스어, 독일어, 이탈리아어, 민중 영어든 모두 유희의 대상으로 삼았다. 존경하는 모더니스트의 아버지 보들레르의 문장까지 써먹었다. "여러분. 위선적 독자! 나의 동포. 내 형제여.You! hypocrite lecteur!–mon semblable,–mon frère!"

그러나 『황무지』의 화려한 문체를 높이 평가하는 이들조차 그 다섯 편의 기저에 있을 통일성은 발견하기 어려웠다. 엘리엇은 곳곳에 섬뜩하고 시무룩하고 기억에 남아 잊히지 않을 행들을 심어 놓았다. "4월은 가장 잔인한 달"이라는 놀라운 첫 행은 말할 것도 없고 "한 줌의 먼지 속에서 공포를 보여 주리라."와 "이 단편들로 나는 내 폐허를 지탱해 왔다."와 같은 행들이 있다. 그 시에는 비밀스러운 인유와 알 수 없는 화자들, 동양어 ('샨티', 그 시의 마지막 단어로 두 번 반복된다. 엘리엇은 해설에서 그 단어가 산스크리트어이며 『우파니샤드』에 나오는 축복의 말이라고 했다.), 그리고 앞서 말했듯 독일어나 프랑스어 행이 여기저기에 등장한다. "서두르세요. 때가 됐어요."처럼 의미 없이 불쑥 삽입된 것 같은 행들 때문에 독자들은 더 당혹스럽다.[179] 간단히 말하자면 많은 독자들에게 그 시는 모더니즘의 악몽이었다.

그 시를 이해하지 못하겠다고 등을 돌려 버린 사람들을 보고 수많은 평론가들이 위안을 삼았다. 그러나 몇몇 평론가들은 『황무지』가 주는 바로 그 당혹감 때문에 그 시에 찬사를 보냈다. 소설가 겸 시인인 콘래드 에이컨은 엘리엇과의 오랜 친분에도 불구하고 공정한 평가를 내렸다. "『황무지』가 그렇게 큰 성공을 거둔 것은 계획성이 아니라 비일관성, 명확한 의미가 아니라 모호성 덕분이다."[180]라고 주장했다. 대단히 시사하는 바가 많은 독창적인 해석이었다.

그 외에 소수의 비평가들이 『황무지』의 시들을 더 큰 틀에 비추어 평가했다. 저명한 미국 도서 평론가 버턴 라스코는 그 시를 현대 문화에 대한 격조 높고 통일성 있는 고발로 보았다. "그것은 전쟁의 정신적, 경

T. S. 엘리엇 1888-1965 노스롭 프라이는 『황무지』를 이렇게 해석했다. "1차 세계대전 종전 무렵의 유럽, 주로 런던의 모습이며 엘리엇의 '지옥 같은' 상상력의 절정이다." 엘리엇은 전쟁 전에도 현대 세계에 대해 경멸감을 확연하게 표현했다.

제적 결과에서 기인한 전 세계적 절망과 체념, 현대 문명의 어긋남, 과학과 철학이 자초한 곤경, 삶에 기쁨과 열정을 주는 중요한 모든 것의 붕괴를 표현한다. 그것은 학자적인 절망이다."[181] 가장 경제적이고 설득력 있는 것은 노스롭 프라이의 해석일 것이다. 그는 그 시가 "1차 세계대전 종전 무렵의 유럽, 주로 런던의 모습이며 엘리엇의 '지옥 같은' 상상력의 절정이다."[182]라고 했다. 프라이가 '지옥 같은'이라는 단어를 선택한 것은 대단히 적절했다. 엘리엇은 영국의 문명이 지옥에 빠진 것으로 묘사하고 있으며 독자들에게 자신의 지옥 이미지가 그대로 받아들여지기를 바랐기 때문이다. 공감하는 독자들조차 그가 시에서 천벌을 자주 언급하면서도 구원에 대해서는 거의 표현하고 있지 않다는 사실에 주목했다. 그리고 경험에 의해서뿐만 아니라 기질상 모더니스트가 될 수밖에 없었던(이 주관적인 요소를 부가해야 프라이의 해석이 더 완전한 것이 된다.) 엘리엇은 전쟁 전에도 현대 세계에 대해 경멸감을 확연하게 표현했다. 독자들이 『황무지』에서 무엇을 얻었든, 엘리엇의 문학적 급진주의는 너무도 확실했다. 그는 곧 모더니스트 시인 중의 시인이 되었다.

3

엘리엇은 영향력 있는 시인인 동시에 영향력 있는 시 분석가로서, 자신의 주장을 실천할 뿐만 아니라 해설도 했다. 다른 모더니스트들은 자기 분야의 비평가 역할을 기꺼이 받아들이려 하지 않았다. 강령처럼 번번히 인용되는 「전통과 개인의 재능」1920에서 엘리엇은 시인의 필수 자질로 역사적인 사고방식을 강조한다. "역사적 의식에는 과거의 과거성에 대한 인식뿐만 아니라 그 현재성에 대한 인식도 포함되어야 한다."[183] 그는 시인들이 호메로스를 비롯한 모든 선조들로부터 자기 자신까지 당시대인들의 판테온에 오르는 모습을 머릿속에 그려 보게 만든다. 판테온의 화려한 회합은 이런 모습이다. 새로 들어온 시인이 자기 시를 낭송하는데 이로써 자신이 받은 영향을 인정할 뿐만 아니라 그 시가 대단히 훌륭하다면 판테온의 기존 시인들 간의 관계와 그들과 그 새로 들어온 시인과의 관계가 변하게 된다.

다시 말하면 과거의 엘리엇이 현재의 모습을 만들 뿐만 아니라 현재의 엘리엇이 과거의 모습을 재구성하는 것이다. 다른 문헌에서 언급했듯 선배들에게 의지하는 것은 전혀 불명예스러운 일이 아니다. "미숙한 시인들은 모방한다. 완숙한 시인들은 훔친다. 나쁜 시인들은 훔쳐온 것을 흉하게 만들고 좋은 시인들은 더 낫게 만든다. 더 낫지 않다 하더라도 적어도 훔쳐 온 것과 다르게는 만든다."[184]라고 썼다. 그는 과거의 문학에 대해 다른 모더니스트들보다 훨씬 더 잘 알고 있으며, 자기 작품을 위해 훌륭한 선배들의 작품을 거리낌 없이 훔쳐 왔다. 바로 프랑스 상징주의자들과 영국의 형이상학파 시인들의 작품이었다.

엘리엇은 또 진정한 시인의 몰개성이라는 주제를 전개했다. 변치 않는 반낭만주의자였던 그는 고백적 문학을 경멸했다. 그는 "시는 감정의 배출이 아니라 감정으로부터의 탈피며, 개성의 표현이 아니라 개성으로부터의 탈피다."라고 썼다. 그는 "'의미심장한' 감정의 표현"이 현대시에서 필수적이고, 그것을 극소수의 시인들만이 제대로 이해했으며 "시인의 과거 속에서가 아니라 시 속에서 생명력을 가진다."[185]고 보았다. 엘리엇의 상상 속에서 시인은 세상 위를 부유하며 세상 전체를 보고 세상 전체를 이용하며 자신이 묘사하고 불러일으키는 감정에 빠지지 않은 채 자신의 목소리를 빌려준다. 그러나 엘리엇에 대해 가장 예리하게 비평했던 사람들의 주장대로 이런 극도의 중립성은 심리학적으로 있을 수가 없으며 엘리엇의 작품 전체에서 일관되게 유지될 수도 없었다. 그것은 극단적인 우상파괴주의적 관점을 표현하고, 혐오스러운 비유를 사용하면서도 자신은 휘말리지 않기 위한 방어 책략이었다. "쥐 한 마리가 흙투성이 배를 끌면서 / 강둑 풀밭을 슬며시 기어갔다."에서처럼 말이다.

엘리엇이 그런 혐오스러운 언어를 좋아했는지 어떠했는지는 그다지 중요하지 않을 것이다. 모더니즘 연구자들에게 이것은 단순한 기법상의 문제가 아니다. 만약 엘리엇의 말대로 모든 시인이 서로 묶여 있어야 하고 그 시인들이 자신들의 시로부터 거리를 두어야 한다면, 그는 필자가 정의한 모더니스트에 유력한 반론을 제기한 셈이다. 모더니스트가 주관성을 성공적으로 획득하고 부분적으로만 사회적 환경의 규정을 받는다는 것 말이다. 그러나 대단히 교묘하게 표현하기는 했지만 엘리엇은 틀렸다. 모든 모더니스트의 마음속에는 자기 작품에 대한 연루감과 불만이 있다. 결국 그것이 자기 작품에 대한 불만족에 지나지 않는다고 해도. 어쨌든 1927년 공식적으로 영국국교회 고교회 일원이 된 후 이런 개념들은 엘리엇의 글에서 자취를 감추었다. 그러나 그 이후 일어난 일이 우리를 사로잡게 될 것이다.

4

이 작가들, 소설가들, 시인들 모두 문학에서 혁명을 일으켰다. '혁명'이라는 단어가 식상하기는 하지만 그들이 개별적으로, 그리고 서로 영향을 끼치며 이루어 낸 그 일은 혁명이라고 부르지 않을 수 없다. 평범한 산문과 시는 마치 이 대가들이 없었다는 듯 계속 살아남았지만, 아방가르드 문학가들은 물론이고 예민한 독자들은 이 대가들이 자신들의 세상을 영원히 바꾸어 놓았다는 것을 잘 알고 있다. 이 모더니스트들은 자신이 작품을 통해 문학에 절실히 필요한 충격을 주었다는 것을 잘 알고 있었고 때로는 그렇게 하는 데 지나치게 집착했다. 버지니아 울프와 엘리엇은 수많은 에세이, 강의록, 입문서, 평론에서 자신들의 것 같은 작품이 필요하다고 떠벌렸다. 헨리 제임스도 폭넓고 대단히 친절하게 쓴 뉴욕판 서문에서 짐짓 점잔 빼면서도 자기 작품을 하나하나 다 설명했다. 젊은 시절 프루스트는 프랑스와 영국 현대 문학을 열심히 연구했고 평론을 썼지만 말년에는 단순한 평론은 쓰지 않았다. 그리고 점점 더 악화되는 건강으로 사투를 벌이면서도 둘도 없는 걸작이라고 자부한 작품을 거의 다 완성했다. 제임스 조이스도 글쓰기에 대한 글보다 소설 쓰기를 더 좋아해서 죽기 2년 전인 1939년에도 『피니건의 경야』를 출판했다. 이 작품은 난해함에 있어서라면 다른 모더니스트들의 작품은 물론이고 자신의 『율리시스』도 능가했다.

　『율리시스』와 마찬가지로 조이스의 마지막 소설도 단 하루의 일을 다루고 있다. 또 『율리시스』와 마찬가지로 더블린이 배경이다. 또 한 번 『율리시스』와 마찬가지로 여성의 독백으로 끝난다. 그러나 조이스가 줄곧 주장했듯 『피니건의 경야』는 『율리시스』와 비슷한 작품도 아니고 『율리시스』를 보충한 작품도 아니다. 『율리시스』는 낮에 관한 책이고 『피니건의 경야』는 밤에 관한 책이다. 실제로 『피니건의 경야』는 전체적으로 꿈같은 분위기이며, 독자들은 신비로운 표현을 통해 크든 작든 모든 진실을 알게 된다. 그러므로 인물들의 행위보다는 인물들의 생각과 말장난 투성이인 작가의 설명 부분이 더 중요하다. 술집 주인인 험프리 침든 이어위커Humphrey Chimpden Earwicker, 그의 아내 애나 리비어 플루라벨Anna Livia Plurabelle과 그들의 세 자식이 이야기를 끌어가긴 하지만 조이스의 지칠 줄 모르는 언어유희 앞에서 그 이야기들은 무색해지고 만다. 독창적인 신조어, 계속되는 말장난, 다른 소설에 대한 인유 같은 것이다. 조이스는 『피니건의 경야』를 쓰기 위해 오래 고심했다. 그래서 자신에게 그 작품이 실제보다 더 실제적인 것이 되어 버렸다고 한다. 특유의 호전적인 스타일 때문에 독자는 힘들어도 난해한 부분의 의미를 해독해 보려고 노력하게 된다. 그 난해한 부분들은 빛나는 유머와 절묘한 산문으로 이루어진 이해가 가능한 부분들 때문에 더 두드러져 보였다. 이미 『율리시스』에서 소설의 모든 규칙을 파괴해 버린 조이스였으니, 마지막 작품에서 아무리 대담한 모더니스트라도 절대 넘을 수 없는 기념비를 세우기로 결심한 것 같았다.

그러나 『피니건의 경야』가 없었다고 해도 모더니스트 작가들은 독자들이 수세기 동안 익히 보아 오던 관습들을 파괴하는 데 제 역할을 해냈다. 그들이 어떻게 도전했는지는 이미 간략하게 살펴보았다. 플롯을 후퇴시키고 구체적인 상태 묘사를 없애고 무엇보다 내적 세계에 지독히도 몰두했다. 이 소설가들과 시인들은 진정한 현실주의자였다. 이전 작가들이 무시했거나 포착 또는 표현할 수 없다고 생각했던 삶의 영역, 생각과 감정은 이들 모더니스트들이 다시 정의한 현실에만 존재했으니까 말이다. 이렇게 해서 비문, 화제에서 벗어나기, (헨리 제임스만이 전통적인 방법을 고수했던) 긴장감의 무시, 이야기의 진전에 결정적인 내용의 번복, 엘리엇의 『황무지』에 넘쳐나는 비의적인 외국어에 의존하는 모더니스트 소설과 시를 그토록 읽기 어렵게 만드는 주범이 등장하게 되었다. 어려울수록 보람은 큰 법이다. 모더니스트의 상상력 넘치는 작품들은 독자들에게, 재미만을 추구하는 상냥한 작가의 작품을 읽을 때는 필요 없는 세밀한 주의력을 요구했기 때문이다.

그러니 모더니스트 글쓰기는 그 작가뿐만 아니라 독자들에게도 힘든 모험이었다. 내가 말한 미래행 급행열차에 모든 작가와 대중이 계속 타고 있지는 않았다. 전통적인 취향을 지나치게 위반했다고 툴툴대며 내린 사람도 있었다. 극단주의적인 모더니스트의 관점으로 보면 예상했던 일이다. 어쨌든 아무도 그들보다 더 맹렬하게 관례에 도전하여 새로운 가능성을 열어 놓지는 못했다. 단 모더니스트 작곡가들은 제외다.

월터 윌리엄 오울리스, 「토머스 하디」 1922 "존재의 미묘한 특성에 대한 안목, '인류의 낮고 슬픈 음악'에 대한 식별력은 외적 감각이 아무리 정확하다고 해도 그것만으로는 얻을 수 없다. 즉 눈과 귀만으로는 인식할 수 없다. 너무도 다양한 삶의 모습에 감응하는 안목에서 오는 정신적 촉각으로만 감지할 수 있다."

존 싱어 사전트, 「헨리 제임스」 1913 헨리 제임스가 가장 모던한 소설가의 위치에 오르게 된 것은 그가 의사처럼 꼼꼼하게 인간의 사고와 행동의 미묘한 불화를 찾아냈기 때문이다. 특히 후기 소설에서 복잡한 의식의 탐구가 시도된 것이다. 인물들의 무거운 대화와 작가적 개입 사이에 복잡하게 망을 짜 놓아서 점차적으로 의미가 밝혀지도록 하였고, 이로써 인물이라는 꼭두각시의 내밀한 심부에 도달하게 했다.

마르셀 뒤샹, 「계단을 내려가는 나부 2」 1912

마르셀 뒤샹, 「L. H. O. O. Q.」 1919 이 작품은 레오나르도 다빈치의 「모나리자」를 엽서 크기로 복제하여 가느다란 군인 풍의 콧수염과 염소수염을 그려 넣어 '개선'한 것이다. 제목의 머리글자를 프랑스어로 읽으면 "그 여자의 엉덩이는 섹시하다."라는 뜻의 말장난이다. 평론가들은 이것을 예술 파괴 행위라며 우려했고, 이후 뒤샹은 예술계의 불량아로 통하게 되었다.

앤서니 카로,「어느 이른 아침」 1962 전체가 눈에 확 띄는 빨강색으로 채색되어 있다. 이 작품이 왜 호소력을 가지는지 설명하기는 힘들지만, 보면 바로 느껴진다.

프랭크 게리, 구겐하임 빌바오 미술관 "건축과 조소 사이의 선을 넘는 것은 어려운 일이었다." 선을 넘는 것, 그러니까 경계를 허무는 것은 또 한 번 모더니스트적 태도를 증명하는 것이다. 흥미롭게도 프랭크 게리는 그 둘을 별개의 영역으로 규정했던 적이 한 번도 없었고 그의 건축 작품을 통해 그 둘을 확실하게 함께 묶었다.

로이 릭턴스타인, 「절망」 1968

로이 릭턴스타인, 「꽃 장식 모자를 쓴 여인」 1963 피카소의 왜곡된 여인 초상을 코믹하고 정확하게 '복제'한 작품과 붓자국을 소재로 한 1965년 연작들은 다양한 해석을 유발하였다. 연구자들은 릭턴스타인이 가장 유쾌한 모더니스트로서 양립 불가능한 것을 양립 가능하게 만든 데에 주목하였다.

5

산문과 시: 마음의 단속

6

음악과 무용:
소리의 해방

4

회화와 조각,
광기와 의외성

전주곡

모더니즘에서 가장 난해한 분야는 음악이다. 20세기 음악의 대격변기에 아무도 의심치 않는 선구자 아르놀트 쇤베르크Arnold Schoenberg는 대격변 이상을 목표로 삼았다. 그는 한 번도 대규모 관객을 확보했던 적이 없었으며 죽은 지 반세기가 지난 지금까지도 전문가들만의 관심거리로 남아 있다. 아방가르드 회화나 소설, 건축이 얼마간 시련을 겪은 뒤 주류에 편입한 것과 달리 대부분의 아방가르드 음악은 지금도 여전히 아방가르드에 속한다. 모더니스트 화가들이나 소설가들도 음악가들만큼 다양한 기법을 선보였지만 폭넓은 추종자들을 거느렸다. 이와 대조적으로 작곡가들이 정서적으로 호소할 데라곤 한정된 엘리트밖에 없었다. 진보적인 음악 학교와 그곳의 졸업생들, 의리 있는 지지자들을 중심으로 한 지식인 음악계는 마치 양식의 집합소처럼 보인다. 그곳에서는 새로운 시도를 열렬히 지지하는 이들이 마치 단호한 전통론자들과 접전을 벌일 때처럼 맹렬하게 서로 싸웠다.

이 나아질 것 같지 않는 불화는 수십 년 동안 계속되었다. 모더니스트 지식인 밀턴 배빗은 1958년 「당신이 듣든 말든 상관없다」라는 자주 인용되는 에세이에서 이 불화에 대해 절망하며 이렇게 정리하였다. 진지한 현대 작곡가는 "본질적으로 '모양만' 작곡가다. 대부분의 일반 대중은 그들을 모르고 그들의 음악에 관심도 없다. 대부분의 연주자들이 그 음악들을 피하며 불쾌해한다. 그 결과 그런 음악은 연주된 적이 별로 없으며 음악계 전문가들만 자리를 차지한 텅 빈 연주회장에서 주로 공연되었다. 아무리 좋게 보아도 그 음악은 전문가를 위한 것, 전문가들의 것, 전문가들이 만든 것이다."[186] 너무 가혹하게 들리겠지만 당시 고급 음악 문화에 대해 있는 그대로 진술해 놓은 것이다. 유명한 모더니스트, 쇤베르크와 스트라빈스키만이 그나마 폭넓은 평판을 얻었고, 이 점에서는 스트라빈스키가 쇤베르크보다 훨씬 더 나았다. 그러나 나머지 음악가들이 모두 "'모양만' 작곡가"라는 배빗의 신랄한 주장은 지나친 것이 분명했다. 초창기 모더니스트 음악가라고 할 때 처음 떠오르는 드미트리 쇼스타코비치, 프란시스 풀랑크, 벤저민 브리튼, 세르게이 프로코피예프 같은 이들은 모두 문명 국가의 대규모 공연장에서는 그다지 많은 공연을 하지 못했지만 어쨌든 수많은 나라에서 공연하였으니까 말이다.

혁신적 형식에 대해 늘 저항이 강했던 것은 아니었다. 쇤베르크가 등장하기 훨씬 전 19세기 음악계는 논쟁으로 시끄러웠다. 새로 창간된 수많은 일간지가 유례없이 부각시킨, 따지기 좋아하는 현대적 직종인 음악 비평가들과 완고한 관객들 사이의 논쟁이었다. 그리고 공격적이고 자신감에 불타는 당시 가장 저명한 작곡가 리하르트 바그너는 가는 곳마다 사

나운 반응을 불러일으켰다. 바그너의 신봉자들은 그의 음악이야말로 미래의 음악이라고 주장했다. 그런 시끄러운 반응에도 그는 엄청난 성공을 맛보았다. 특히 말년에 그러했다.

    1813년 라이프치히에서 태어난 바그너는 1848년에 이미 자신의 초기 오페라들을 무대에 올렸으나, 그때 불발에 그친 독일 혁명에 가담('실패한' 쪽에)하였기 때문에 스위스로 망명할 수밖에 없었다. 이 정치적 급진주의는 오래가지 않았다. 그래서 부유한 부르주아 이외에도 바이에른의 루트비히 2세와 자신에게 푹 빠진 왕실 사람들을 후원자로 거느릴 수 있게 되었다. 망명지에서 바그너는 음악에 대한 이론적 견해들을 정밀화하고 자신의 가장 유명한 곡의 초안을 쓸 충분한 기회를 얻게 되었다. 그 곡은 중세 독일의 신화인 니벨룽겐 서사시를 변형한 것으로 결국 나흘 밤 동안 공연해야 하는 악극으로 만들어졌다.

    바그너의 작품이라고 하면 항상 두 가지 특징이 떠오른다. 새로운 음악적 장치와 연극적인 원칙이다. 바그너는 복잡한 줄거리를 유도동기_{라이트모티프}를 통해 배열하였다. 유도동기는 그가 만들어 낸 것이 아니었지만 어떤 작곡가보다도 훨씬 더 많이 사용하였다. 이 방법은 극에서 어떤 인물이나 어떤 분위기가 전개될지 음악적으로 미리 알려 주는 일종의 식별표다. (드뷔시는 타협하지 않고 그것을 "모호하고 과장된 속임수"[187]라고 했다.) 그리고 바그너는 '총체 예술'이라는 모호한 개념을 내놓기도 했다. 이는 연극, 음악, 대본, 의상, 감독, (있다면) 무용이라는 모든 측면이 단 한 명의 통치권을 가진 예술가의 상상력의 표현으로 통합되며, 이 예술에서는 음악이 텍스트가 된다는 것이다. 바그너의 4부작 「니벨룽겐의 반지 Der Ring des Nibelungen」에서는 그의 음악뿐만 아니라 그가 쓴 대본도 두드러졌다.

    「니벨룽겐의 반지」에 등장하는 바그너의 시는 미숙하고 부자연스러웠고 대체로 중세 정신을 어정쩡하게 혼성모방한 것이었지만, 선율과 화성은 전적으로 매력적이었다. 무엇보다 「트리스탄과 이졸데Thristan und Isolde」(1865년 뮌헨에서 초연)는 열성 추종자들의 폭을 훨씬 더 넓혀 주었다. 파리의 그 유명한 초기 모더니스트 보들레르도 그중 하나였다. 보들레르는 1860년 그 미래의 음악가를 알게 되자마자 편지를 써서, 그의 음악을 듣는 것이 일생의 가장 훌륭한 음악적 경험이었다고 전했다. 1876년 루트비히 2세의 후원으로 바이로이트 음악제가 시작되고 난 뒤, 특히 독일 문화계에서 브람스주의자들은 황홀경에 빠진 바그너주의자들이 참여하는 그 사이비 종교 '주신제'를 제대로 비웃었다. 브람스의 열혈 추종자들은 바그너주의자들을 역겨운 우상숭배자들, 성적으로 수상쩍은 숭배자들이라고 모략했다.

바그너의 추종자들은 브람스가 온갖 중요한 측면에서 자신들이 모시는 신과 대조되는 시끄럽고 지루한 보수 반동이라고 맞받아쳤다. 런던인지 빈인지에서 공연장 직원들이 출입문에 이런 안내 문구를 붙였다는 우스갯소리를 지어낸 것도 바그너의 추종자들이 틀림없다. 안내문에는 이렇게 쓰여 있었다고 한다. "브람스라면, 이쪽으로 나가시오." 모더니즘의 관점에서 이 싸움은 자극적이고 지속적이었지만 대체로 부적절했다. 어떤 곡을 썼든 바그너는 모더니스트에 대해서는 말할 것도 없고 현대와 현대성에 대해 대단히 적대적이었기 때문이다. 그가 중세 전설을 선택한 것은 우연이 아니었다. 그 전설이 독일 문화가 본질적으로 우월하다는 자신의 주장과 잘 맞았기 때문이었다. 급기야 프리드리히 니체와의 유명한 우정도 공공연하게 깨지고 말았다. 니체는 바그너의 마지막 곡 「파르지팔Parsifal」1882의 기독교적 편향을 도저히 참아 줄 수 없었다. 니체는 바그너의 새롭게 강조된 종교성뿐만 아니라 독일 우월주의에도 반대했다.

실제로 바그너는 가장 두드러지게 현대적 현상을 이해하고 흡수하는 종족은 유대인이라고 생각했다. 유대인을 창조력이 없고 부정직한 돈벌레로 여겼던 것이다. 그가 유대인을 가장 현대적인 종족이라고 한 것은 현대 세계도 유대인도 칭찬하는 말이 아니었다.

선두주자: 드뷔시와 말러

1

바그너는 계속 영예를 누리고 영향력을 행사했지만 궁극적으로 전통적인 조성調性에 도전하지는 않았다. 이런 바그너를 모더니즘의 창시자라고 할 수는 없고 그보다 좀 어린 클로드 드뷔시Claude Debussy(1862-1918)와 구스타프 말러Gustav Mahler(1860-1911)가 모더니즘의 예술적 자기 해방에 있어 19세기 말과 20세기 초의 선두주자라고 할 수 있다. 두 사람은 공통점이 많았다. 자신의 내적 명령에 따르겠다고 굳게 결심했고 아카데미 교육에서 배운 규칙들을 초월해야 한다고, 어쩌면 폐기해야 한다고 생각했으며, 프랑스계 미국 모더니스트 작곡가 에드가 바레즈Edgard Varese가 훗날 "소리의 해방"[188]이라고 부른 것을 성취하고자 했다. 그들은 드뷔시의 말대로 "조성을 압도"[189]할 화성을 원했다. 두 사람 모두 스스로 음악적 혁명가를 자처했지만, 둘은 전혀 다른 혁명을 지지하고 실현했다. 그리고 서로 전혀 다른 음악적 차이가 그들이 공유했던 목표보다 더 중요하고 흥미롭다.

드뷔시는 평생 바그너에게서 배우고 반항하면서 그의 지배적인 영향력과 씨름했다. 1862년에 태어난 드뷔시는 열한 살에 파리음악원콩세르바투아르에 입학하였고 그곳의 엄격한 형식 교육을 괴로워하며 마지못해 익혔다. 그러나 어린 시절 이미 불경스러운 서곡들을 작곡하여 피아노 선생님의 성깔을 돋우며 자신의 음악적 충동만을 따르겠다고 고집했던 그였다. 그래서 결국 전통적인 화성 배열을 연장하고 수용 가능한 한계를 넘어선 조성으로 실험을 하게 되었다. 일찍이 대담성을 증명해 준 「목신의 오후 전주곡Prélude à l'après-midi d'un faune」1894을 모르는 사람은 없을 것이다. 그는 소리를 위한 소리의 위대한 해방자가 되었고, 진정한 모더니스트인 자신이 고독하게 혼자 길을 가고 있다는 것을 깨달았다. 그는 1900년 이후 수많은 작곡가들이 "내부에서 들리는 목소리를 방해하는 전통의 목소리에만 겸손하게 귀를 기울이고 있다."[190]라고 썼다. 위대한 주관주의자 드뷔시는 결코 그 가짜 겸손의 죄를 저지르지 않았다.

오직 자신만을 창의력의 유일하고 진정한 원천으로 인정하는 반항심은 성인이 되어서까지 남아 있었고 끝내 변하지 않았다. 아직 젊은 작곡가일 때 드뷔시는 모두가 열망하던 로마대상Prix de Rome 프랑스 예술원이 회화, 조각, 건축, 판화, 음악 부문에 걸쳐 해마다 시행하는 콩쿠르을 단번에 해낸 것은 아니지만 결국 수상했다. 이듬해 약간 떨떠름한 심정으로 로마에 도착한 그는 아카데미 덕분에 재능 넘치는 동료들과 3년 동안 작곡을 공부할 수 있게 되었는데도 그후 일부 분야에서 아카데미가 자신의 작품을 인정하지 않자 이렇게 항의했다. "당연히, 아카데미가 정하는 길만이 옳은 것이겠지요. 그러나 그래서는 안 됩니다! 나는 나만의 자유와 내 생각의 자유가 너무도 소중합니다."[191] 모더니즘의 정서와 언어가 이 주장에 집약되어 있다. "나에게는 자유가 너무도 소중하다."

드뷔시는 학계가 인정하는 음악에는 관심이 없었다. 경이로운 발견으로 가득한 수세기 전의 오를란도 디 라소Orlando di Lasso와 팔레스트리나Palestrina의 미사곡으로 돌아갔고, "구노Gounod와 그 일파"의 종교적 작품을 "광란 상태의 신비주의"의 표현이며 "야비한 광대극"[192]에 지나지 않는다고 비난했다. 드뷔시가 구노를 봐주려고 노력하기는 했다. 무엇보다 같은 프랑스인이었고 바그너의 영향에서 벗어난 사람이었으니까 말이다. 그러나 드뷔시에게는 무엇보다 '진실'이 중요했다. 작곡가가 경험하는 감정의 진실, 관객에게 전달되는 곡의 진실 말이다. 심리적 점묘파 크누트 함순이 『굶주림』에서 했던 것과 아주 흡사하게, 드뷔시는 로마에 있을 때 "한 인물의 무수히 많은 감정을 표현하면서 가능한 한 명확한 형식을 유지"하는 것과 "영혼과 열렬한 감정들과 종잡을 수 없는 꿈"[193]을 포착하는 것은 대단히 힘든 일이라고 생각하였다. 학교에서 배운 규칙들과 금지가 영원히 사라져야만 이런 장애물들을 뛰어넘을 수 있을 것이라고 믿었다.

일찍이 드뷔시는 아카데미가 자기 몰두를 용납하지 않는다는 것을 알아챘다. 아카데미는 하나밖에 없는 구식 교육 방침을 따랐고 편협하게 로마대상만 찬양했다. 드뷔시가 전혀 고마워하지 않으며 받았던 그 상 말이다. 로마에서 파리 아카데미에 이르기까지 이 전도 유망하면서도 당황스러운 젊은 수상자를 평가한 공식 기록에 다음과 같이 실망감이 적나라하게 표현된 것은 당연한 일이다. 드뷔시는 "기괴하고 난해하고 연주할 수 없는"[194] 곡을 쓰는 데 몰두해 있는 것 같다. 안타깝게도 학생 드뷔시는 아직 얻지 못한 독창성을 꾸준히 찾으며 관객들을 깜짝 놀라게 할 어떤 것을 간절히 바라고 있었다.

드뷔시는 평생 이 주제를 맴돌았다. 말년의 편지에 이런 말을 썼다. "있는 그대로의 적나라한 감정을 표현하려면 수많은 것을 발견하고 나서 그것들을 거부해야 한다."[195] 당시 아카데미와 아카데미의 충직한 옹호자들의 위압적인 분위기를 감안하면 드뷔시가 제일 골칫거리 작곡가가 된 것은 자연스러운 일이었다. 그는 자신의 첫 걸작으로, 아방가르드 대가이자 감각과 암시로 저명한 스테판 말라르메의 시「목신의 오후」를 관현악곡으로 작곡하기로 결심했다. 1890년대 중반에는 2년 남짓 모리스 마테를링크의 희곡적이지 않은 희곡「펠레아스와 멜리상드 Pelléas et Mélisande」를 오페라답지 않은 오페라로 만드는 작업을 했다. 신비로운 분위기와 내적 독백이 넘쳐나고 아리아가 등장하지 않는 오페라였다. 이 특이한 오페라를 좋아하는 대중은 없었지만 덕분에 그는 유명해졌다.

　　개방적인 평론가들조차 그 오페라에 대해 적어도 처음에는 당황했다. 그러나 몇몇 박식한 비평가들이 드뷔시 작품의 혁신성을 이해했다. 음악 평론가 가스통 카로는 1902년 글에서 "드뷔시는 가장 고귀하고 대담한 예술적 이상을 만족시키기 위해…… 자신만의 음악을 창조해 냈다."[196]라고 썼다. 드뷔시가 자신에게 남겨진 15년 동안 쓴 유명한 피아노 곡과 관현악곡은 더 널리 인정받았다. 그 대작들은 지금도 교향악단에 의해 연주되고 있다.

　　이 준교향곡들 가운데 가장 유명하고 독특한 것은 교향시「바다 La Mer」1905다. 이 곡은 표제음악이 아니다. 즉 바다의 모습을 묘사하기보다 그 동요하는 장관이 불러일으키는 감정이나 연상을 전달하는 데에 더 중점을 두었다. 그의 음악을 잊을 수 없게 만든 것은 논리와 표현의 행복한 결합, 거의 유일무이한 결합 덕분이다. 평론가들이 그를 화가로 칭했고 자신은 부인했지만 인상파 화가들에 빗댔던 것은 그럴 만도 했다. 지나치게 단순한 비교이기는 했지만 드뷔시의 작품이 정교한 탐구로서, 모더니스트 화가들과 시인들이 추구했던 세계와 완벽하게 조화를 이루었던 것은 사실이다. 내적 삶과 그 삶에 대한 적절한 표현을 통해서 말이다.

프랑스 작곡가인 드뷔시는 평생 두 적에 맞섰다. 아카데미와 리하르트 바그너였다. 우선 아카데미에 대한 적대감은 자연스럽게 싹튼 것이어서 내적으로 아무런 갈등을 느끼지 않았다. 두 번째, 바그너에 대한 저항은 맹목적 애국주의에서 비롯된 것이 아니었다. 바그너가 독일인이기 때문에 독일 작곡가를 미워해야 한다고 생각했던 것은 아니다. (전부는 아니지만) 많은 모더니스트들과 마찬가지로 드뷔시도 기질상 세계주의자였고 걸핏하면 싸우는 국제적 가족들에게 크게 신경 쓰지 않았다. 프랑스가 프러시아와의 전쟁에서 굴욕적으로 패배한 후 1871년에 설립한 국립음악협회 The Société Nationale de Musique는 드뷔시의 취향에 맞지 않았다. 그는 바그너에 대해 "늙은 클링조르의 유령"[197]이라며 입담을 발휘하여 유명해졌다. 클링조르는 「파르지팔」의 사악한 마법사다. 그러나 바그너의 작품, 특히 「파르지팔」은 높이 평가했다. 그의 입장은 독일인들을 독일놈이라고 불렀던 프랑스 작가들과도, 파리에서 바그너 유행을 지속시키고 있던 반대편과도 달랐다.

드뷔시는 그런 단순함을 경멸했다. 1889년에 두 번째로 바이로이트에 갔을 때 그는 (죽은 지 6년이나 되었지만 아직도 몽마처럼 그를 괴롭히고 있는) 바그너에 대한 감정이 정리될지도 모른다고 생각했던 것 같다. 작곡가로서 자신의 목표를 분명히 하여 늙은 클링조르와의 관계를 매듭지으려 한 것이다. "극예술에 대한 내 견해는 다르다. 음악은 대사가 제대로 역할 하지 못하는 곳에서 시작되는 것이라고 생각한다. 음악의 목적은 말로 표현할 수 없는 것을 전달하는 것이다. 음악은 때때로 그림자가 드리워진 곳에 숨었다가 나타나듯이 나와야 한다. 음악은 늘 조심스러워야 한다."[198] 이것이 이 두 거장 사이에 메울 수 없는 간극의 핵심이다. 바그너의 음악은 결코 조심스럽지 않았으니까.

2

　바그너에서 잠깐 옆길로 벗어나 20세기 초 모더니즘 음악 혁명의 전개를 살펴보는 데 있어 아주 이색적인 작곡가 구스타프 말러는 대단히 큰 도움이 될 것이다. 그는 놀라운 교향곡들과 지휘자로서 걸출한 이력, 우여곡절 끝에 느리지만 착실하게 모더니즘 혁명에 이르는 명성을 얻은 음악인이다. 1860년에 보헤미아에서 유대인 증류주 제조업자의 아들로 태어난 말러는 일찍 음악을 시작했다. 열 살 때 피아니스트로서 첫 연주회를 가져 명연주자로서의 미래를 다졌다. 그러나 그의 야망은 더 높았다. 1875년 5년 과정의 빈 음악원에서 공부를 시작했고 시험 삼아 작곡을 공부하더니, 이후 1889년 지휘자로서 첫 발을 내디뎠다. 일찍이 음악적 지도자로서의 재능을 발견하여 얼마 동안 여러 주도州都에서 지휘자로 활약하면서 작곡가로서의 재능도 갈고 닦았다. 당시 한 친구에게 "내 걸작들 때문에 고민이다."[199]라고 말했다. 그러나 그러는 와중에서도 1883년까지 승승장구하여 젊은 나이에도 불구하고 카셀과 프라하, 라이프치히와 부다페스트, 함부르크의 오케스트라를 이끌게 되었으며 마침내 1897년부터는 빈 국립오페라단에서 지휘하게 되었다. 성공한 것이다.

　그동안 말러는 가곡과 교향곡도 작곡했다. 말러가 드뷔시와 달랐던 점은 바로 이 두 가지 일을 한꺼번에, 그것도 훌륭하게 해냈다는 것이다. (뛰어난 피아니스트로서도 그는 명연주가가 될 수 있었다. 그러나 그는 지휘자와 연주자의 역할을 동시에 하는 쪽을 택했다.) 지휘대에 선 말러는 다른 지휘자와 다를 것이 없었다. 자신의 곡을 초연할 때도 마찬가지였다. 그러나 말러는 늘 두 가지 일에 똑같이 무게를 두었고 그 두 영역이 서로를 보완하도록 했다. 그 덕분에 평판에는 기복이 좀 있었지만 말이다. 많은 성악가들과 연주자들이 그를 존경했고, 그가 주의를 줄 때면 자극을 받았다. 그리고 브람스와 차이코프스키 같은 유명한 작곡가들은 말러를 극소수의 일급 지휘자 중 한 사람으로 인정해 주었고 자신의 곡을 맡기게 된 것을 행운으로 여겼다. 그러나 말러가 함께 작업하기 결코 쉽지 않은 사람인 것은 분명했다. 말러는 스스로 완벽하게 준비를 마친 뒤 성악가들과 연주가들에게 최고 수준의 음악가가 되라고 호되게 강요했고, 능력이 허락하는 한 최고의 연주를 하도록 혹사시켰다.

말러는 10년 동안 빈 국립오페라단을 맡으면서 수많은 개혁을 이뤄 냈고, 그 공로를 관객들도 기꺼이 인정했다. 말러는 모차르트와 베토벤만큼 바그너와 드뷔시를 고집스럽게 좋아했다. 초창기 지휘를 맡았던 지방 오페라단은 특히 그가 싫어했던 로시니나 베르디를 연주할 수준밖에 되지 않았다. 하지만 그는 단원들이 자기가 좋아하는 연주가들의 곡을 망쳐 놓지 않게 돼서 오히려 다행이라고 생각했다. 말러는 참을성 없는 천성을 엄격하게 다스렸고, 기획자, 연주자, 관객들의 오래된 관습을 서서히 바꿔 가면서 뛰어난 전술가의 면모를 보여 주었다.

그렇게 해서 말러는 바그너의 곡에서 이전 지휘자들이 생략했던 부분을 복원하여 원곡으로 되돌려 놓았다. 그는 특정한 가수들에게 환호나 야유를 보내도록 매수된 관객들을 줄였다. 너무 과한 바로크식 무대 장치도 없앴다. 늦게 온 관객들은 막간까지 기다리게 하였다. 이것들이 바로 그가 빈에서 한 일이었다. 그리고 관객들이 이전에 경험한 적 없는, 조화로운 극적인 합주곡들로 높은 평가를 받았다. 그의 악마같이 예리한 눈은 아주 사소한 부분도 놓치지 않았다. 그리고 말러에게는 빈의 문화 부흥 분위기가 아주 편했다. 에곤 실레와 구스타프 클림트 같은 화가들, 아돌프 로스와 오토 바그너 같은 건축가들, 극작가 겸 소설가 아르투르 슈니츨러, 개혁에 열광하는 문화 비평가 카를 크라우스, 정신분석의 창시자 지그문트 프로이트, 모두 그 도시의 현대적 지성이었다. 말러가 오페라의 질을 끌어올린 바로 그 도시 말이다.

말러가 최고 수준을 요구한 덕분에 빈은 세계 오페라의 수도로서 패권을 보장받을 수 있었지만, 말러의 그러한 요구는 모더니즘적 실험보다는 그 걸작들에 대한 충성심, 그리고 모더니스트 대부분이 진심으로 동의했던 진정성에 대한 존중에서 나온 것이었다. 반면 1880년대 말과 1910년 말러가 손꼽아 기다리던 소중한 여름 휴가 기간 동안에 작곡한 아홉 개의 교향곡은 완전히 참신한 작품이었다. 말러는 전통적인 조표를 유지하면서도 난해한 불협화음과 화음의 경계에 서 있었으며 교향악단의 규모와 교향곡의 길이를 보면 그는 새로운 음악 진영에 속해 있었다. 그는 자신이 그 교향곡들을 통해 무엇을 하려고 했는지를 설명할 때, 혹은 자신의 교향곡이 자신에게 어떤 영향을 주는지를 설명할 때, 항상 전작보다 더 낫다고 강조했다. 교향곡 3번은 교향곡 2번보다 훨씬 더 훌륭해서 다시 생각해 보면 2번이 거의 유치할 정도라고 했다.

이런 과대망상으로 말러를 판단하면 그가 음악에 대해 어떤 감정을 느끼고 있었는지를 제대로 알 수 없을 것이다. 1909년 죽기 얼마 전 뉴욕에서 교향곡 1번을 지휘한 뒤 친구인 지휘자 브루노 발터Bruno Walter에게 이렇게 썼다. 자신의 작품을 지휘할 때면 늘 "극심한 고통이 내 안에서 결정처럼 구체화되네. 이런 소리와 형상을 되던져 주는 세상은 도대체 어떤 것일까? 내 생각엔 장송행진곡과 갑자기 일어나는 폭풍 같은 것이 조물주에 대한 강한 비난 같아."[200] 드뷔시보다 더 형이상학적인 표현으로 나아갔고, 이것은 훨씬 더 큰 위험을 감수하는 것이었다.

말러의 과대망상은 자신에 대해서만이 아니었다. "자, 이제 엄청나게 거대한 작품을 상상해 봐. 작품 속에서 사실상 세상 전체가 드러나고 있는 작품 말이야."[201]라고 1896년 여름 연인이었던 소프라노 가수 안나 폰 밀덴부르크Anna von Mildenburg에게 썼다. 말러는 자신의 관현악곡을 교향곡이라고 부르는 것을 좋아하지 않았다. 3번 교향곡에 대해 언급했듯, "그 곡들이 전통적인 형식에 전혀 의존하고 있지 않기 때문이다. 나에게 '교향곡'이란 쓸 수 있는 기법을 모두 사용하여 세상을 구축한 것이다. 전혀 새롭게 바뀐 내용은 그 자체로 형식을 규정하는 것이다. 이런 의미에서 내 표현 수단을 새로 만드는 것부터 다시 착실하게 시작해야 한다."[202] 말러는 당시 인기 있던 교향시를 혐오하였다. 그래서 그의 곡은 특정한 이야기를 들려주지 않는, 아주 사적인 환상이며 새로운 소리의 세상을 구축하도록 돕는 역할을 했다.* 1906년 말러는 "가장 중요한 작품"으로 여기는 교향곡 8번에 대한 평에서 친구인 네덜란드 지휘자 빌렘 멩엘베르흐Willem

* 흥미롭게도 리하르트 슈트라우스의 긴 음악적 사색들은 사건들의 문학적 해석에 가까웠다. 그는 명백한 진실을 거부했다. 교향시 「틸오일렌슈피겔(Till Eulenspiegel)」에서 틸오일렌슈피겔의 교수형을 생각해 보라. "시적 계획은 구체적인 일상적 사실들의 단순한 음악적 묘사가 아니라 내 감정의 음악적 표현과 전개를 위한 구실이다."[203] 독자는 모더니스트들을 포함한 예술가들의 자전적 진술을 의심할 권리가 있다.

음악과 무용

Mengelberg에게 이렇게 말했다. "교향곡 8번은 내 작품 중 가장 중요한 것이네…… 우주가 소리를 내고 공명하기 시작했다고 상상해 보게. 인간의 목소리는 더 이상 존재하지 않고 행성과 항성들만 선회하고 있지."[204]

  말러는 실제로 이상을 실현했다. 자신의 웅장한 기획을 실현하기 위해서 기타, 만돌린, 마차 나팔과 같은 보기 드문 악기들을 가능한 한 많이 쓰고 그때까지 탐구된 적이 없는 영역에서 자신의 음악을 추구하려 했다. 이 새로운 악기들의 도움 없이는 그의 교향곡을 구성하는 생동감 넘치고 거창하게 다채로운 묘사는 가능하지 않았을 것이다. 그렇지만 허용 가능한 음표와 조합을 대중적으로 사용하여 관객들은 그 곡들이 평범한 화음, 평범한 화성, 평범한 선율로 이루어졌다고 느꼈다. 첫 번째 교향곡의 한 악장을, 비록 단조지만 돌림노래 「자크 수사님, 자크 수사님」에 대한 변주로 만든 것도 마찬가지였다. 교향곡 3번에서는 여러 차례 장조에서 단조로 조를 바꾸고 타악기부의 강렬함을 이용해 청중들이 소위 "한여름 낮의 꿈"을 경험할 수 있게 하기 위해 드럼과 팀파늄의 비율을 크게 늘렸다.

  말러는 기량을 연마하는 것이 지휘자의 고되지만 숭고한 임무라고 생각했고 스스로 자부심도 느꼈다. 하지만 다른 창조적 음악가들과 마찬가지로 자신이 더 숭고한 어떤 힘의 하수인에 지나지 않는다고 생각했다. 그의 언사는 병적일 만큼 자기중심적으로 보이기는 하지만 다른 모더니스트들과 달리 자신과 신을 혼동하지 않았다. 한 친구에게 쓴 편지에서 "말하자면 사람은 우주가 연주하는 악기에 지나지 않아."[205]라고 하였다. 자신이 교향곡 8번을 작곡하게 된 과정을 설명하면서 "창조주"가 "가

장 훌륭한 부분이 완성될 때까지 8주 동안 나를 뒤흔들고 채찍질하여"[206] 만들어진 곡이라고 했다. 그는 마치 자신의 작품들을 뱃속에 품고 있기라도 했다는 듯 자연스럽게 완성이라는 사다리를 오르는 놀라운 경험을 하였다. 그는 교향곡 3번에 대해 "그것은 실제보다 훨씬 더 크며 인간과 관련된 모든 것은 피그미족 왕국처럼 작아진다. 나는 이것이 인도하고 있는 것, 음악에 예정된 길, 이 거대한 작품을 낳는 엄청난 임무가 나에게 주어졌다는 것을 알고 그야말로 전율을 느꼈다."[207]

드뷔시처럼 말러도 자신이 창조하고 구성해 낸 소리들의 지배권을 확립하고 그 소리들이 자신과 관객들의 마음속에서 꽃피기를 바랐다. 1896년 음악 평론가 막스 마르샬크Max Marschalk에게 이렇게 썼다. "다른 세상으로 이어진 문 앞, 어두운 감정이 지배하는 곳에서만 내가 음악적으로, 교향곡의 형식으로 표현해야 할 필요성이 생긴다."[208] 무의식이 무의식에 말을 건네고 한 예술가의 주관성이 다른 예술가의 주관성을 자각시키는 것이다. 이 때문에 그의 음악은 전통주의자들의 의심을 샀고, 때로는 호의적인 관객들조차 당혹스러워했다. 간단히 말해 그는 자신이 "하나의 운명이 되도록" 선택받았다고 믿고 있었다. 그리고 이런 말은 그를 그리 심각하게 받아들이지 않던 영미 문화의 독자들에게는 그저 재미있을 뿐이었다.

말러의 음악은 보수적인 음악을 연상시키는 경우가 많았지만 아방가르드 작곡가로 낙인 찍힐 운명이었다. 그의 교향곡들의 규모와 길이가 그것들이 새롭다는 증거였다. 한 시간을 훌쩍 넘겨 연주되는 곡들도 많았다. 하지만 모든 면에서 혁신적이었던 것은 아니다. 아홉 곡 중 네 곡이 성악곡을 포함한 교향곡인데 이것들이 바로 베토벤에 대한 향수 어린 헌사가 아닌가 생각해 볼 수 있다. (그리고 대부분 그렇게 생각한다.) 마지막 악장이 합창으로 끝나는 베토벤의 교향곡 9번을 들어 보면 확실해질 것이다.

그러나 그가 작곡을 하고 있는 동안 이전 교향곡 작곡가들이 알지 못했던 새로운 것이 (그의 들뜬 표현을 빌리자면) 갑자기 봇물처럼 터졌다. 그 대규모 작품들이 시도된 적 없는 화성과 리듬, 조들 간의 관계를 다소 전통적인 껍데기로 감추고 있는 것처럼 보이지만 제대로 숨기지 못했다. 그의 모험적인 조성은 그때까지 작곡가들이 지켰던 전통적인 규칙을 위반하였기 때문에, 그 조성 진행을 따라가다 보면 관습을 중시하는 비평가들은 깜짝 놀랐고 관객들은 기뻐서든 고통스러워서든 당황했다. 그는 대중적 음악을 자신의 교향곡에 융합시킬 수 있었고, 그가 구축하려 했던 세계의 모든 구성 요소들, 즉 너무도 다양한 소리들과 늘 자신 안에 있다고 믿었던 재료들을 어우러지게 할 수 있었다.

당시 말러는 강력한 반대에 맞서 드뷔시보다 훨씬 더 힘들게 지도적 작곡가로서 자신의 평판을 굳혀야 했다. 그러나 나중에 보니 말러는 진정으로 전복적인 소수의 작곡가에 속해 있었다. 흥미롭게도 그런 지위는, 모더니스트 중 가장 비타협적인 아르놀트 쇤베르크가 그에게 부여한 것이었다. 쇤베르크도 처음에는 예상대로 말러에게 적대적이었다. 그러나 1904년 12월 빈에서 말러의 교향곡 3번의 리허설을 들은 뒤 곧바로 태도를 바꾸었다. 쇤베르크는 말러처럼 과장된 어조로 들뜬 편지를 썼다. 그 편지는 독일 음악가들이 자신들의 작품에 대해 설명할 때 공통적으로 사용하는 시적인, 사실상 형이상학적인 언어를 잘 보여 주고 있으며 아울러 20세기 초 작곡가들 사이의 혼란스러운 관계도 간접적으로나마 보여 준다. 쇤베르크는 말러에게 이렇게 썼다. "당신 음악의 전혀 생소한 느낌을 어느 정도라도 설명하려면 음악가 대 음악가로서가 아니라 인간 대 인간으로 이야기할 수밖에 없습

구스타프 말러 1862-1918 "다른 세상으로 이어진 문 앞, 어두운 감정이 지배하는 곳에서만 내가 음악적으로, 교향곡의 형식으로 표현해야 할 필요성이 생겨난다." 무의식이 무의식에 말을 건네고 한 예술가의 주관성이 다른 예술가의 주관성을 자각시키는 것이다. 이 때문에 말러의 음악은 전통주의자들의 의심을 샀고, 때로는 호의적인 관객들조차 당혹스러워했다.

니다. 왜냐하면 내가 당신의 영혼, 완전히 벌거벗은 영혼을 보았기 때문입니다. 당신의 영혼은 무서운 여울과 심연이 있고 옆에는 쉴 수 있는 쾌적한 목초지와 목가적인 장소가 아름다운 햇살을 받고 있는 신비로운 야생의 풍경을 내 앞에 펼쳐 놓았습니다." 이런 고백으로 시작한 편지는 이렇게 이어진다. "환상과의 싸움을 경험했고 미몽에서 깨어난 사람의 고통을 느꼈고 선과 악이 서로 드잡이를 벌이는 광경을 목격했습니다."[209] 이런 찬사를 보고도 음악의 거인들 중 말러의 자리가 어디인지 의심할 수 있겠는가?

아르놀트 쇤베르크

1

음악사가들은 대체로 드뷔시와 말러를 '과도기적' 인물로 다루고 있다. 그들이 고전 작곡가와 모더니스트 사이에 사실상 건널 수 없는 간극의 교량 역할을 했던 것으로 말이다. 이유는 분명하다. 이 작곡가들이 평범한 화성을 한계까지 확장하였으며 어떤 때는 그 한계를 뛰어넘기도 했기 때문이다. 그러나 드뷔시의 「바다」와 말러의 「교향곡 8번」의 숭배자들이라면 그들의 작품이 이쪽 끝에서 저쪽 끝으로 가는 단순한 도정이라는 일반적인 견해에 불만이 있을 것이다. 한편 위대한 모더니스트 쇤베르크와 스트라빈스키는 소재를 다양화하고, 오랫동안 잊힌 전통을 전형적인 고전 작품들과 경쟁시키고, 유서 깊은 규칙에 이의를 제기하고, 이 규칙들에 대한 단순한 반항이 아니라 전적으로 새로운 음악의 토대를 구축하려는 급진적인 시도를 통해 혁명을 일으켰다.

쇤베르크는 1874년 빈의 유대인 가문에서 태어났다. 집안은 비교적 가난했지만 재능이 특출한 아들에게 바이올린을 가르칠 정도는 됐다. 어린 시절에 작곡을 시작했고 돈 많고 안목 있는 친구들의 후원을 받아 음악을 독학했다. 그가 냉정하게 회고했듯 그의 부모는 음악에 대해 보통 오스트리아 부모들과 마찬가지로 적대적이지는 않았다. 독학으로 공부하는 사람들이 그렇듯 자주 심각하게 회의에 빠지긴 했지만 한 가지는 확신했다. 자신의 곡이 지배적인 내적 억압을 스스로 드러낸다는 사실이다. 1912년 이렇게 썼다. "나의 상상은 바로 나 자신이다. 나 자신이 이 상상력의 유일한 소산이기 때문이다."[210]

11년 뒤 한 흥행주가 쇤베르크에게 자신을 위해 작곡하는 데 '힘'을 써달라고 하자, 그는 이렇게 답장했다. 그런 요구도 가치가 있기는 하지만 "불행하게도 그 힘은 그 존재 자체가 토대여서 어딘가에 굴복하지 않습니다. 그 힘은 은혜를 베풀어 주려고 하지도 않고 나에게 휘둘리려고 하지도 않습니다. 그 힘은 어디에 있든 자기 뜻대로만 합니다."[211] 1911년 1월 24일 바실리 칸딘스키에게 처음 보낸 편지에서 말했듯 쇤베르크의 목적은 칸딘스키가 추구하는 것과 같았다. 순수한 주관성, 즉 "당신이 '비논리적인 것'이라고 부르고 내가 '예술에서 의식적 태도의 제거'라고 부르는 것"[212]이었다. 그가 만든 음악은, 결국 음악사에 깊이 뿌리 박고 있는 것이라고 해도, 모두 내부에서 나온 것이 틀림없다.

쇤베르크가 음악 이론에서만 주관에 의존한 것은 아니었다. 그의 고백을 통해 본 그의 인생은 긴박하고 우여곡절이 많았는데 그것이 자신이 확립하고자 했던 텍스트에 영향을 미쳤다. 그는 로마 가톨릭 신자로 성장하여 1898년 신교로 개종하였다. 로마에 신세를 진 나라의 국민으로서는 분명 독립심을 발휘한 선택이었다. 그러나 전후 오스트리아에서 유대인 배척론이 표명되고 1923년 친구 칸딘스키가 반유대주의 진술을 했다는 것을 우연히 듣게 되자 더 익숙한 곳이 생각났다. 제자리로 돌아간 것이다. 그는 편지를 보내 칸딘스키의 편협함을 꾸짖으며 자신이 유대인이라고 고백했다. 이제 그는 한때 자신을 방해했던 "유대인이라는 속박"[213]에 대해 걱정하지 않았다. 그는 유대인이었고 단호하게 유대인으로 남았다.*

쇤베르크 혼자만 싸운 것은 아니었다. 그의 열렬한 추종자였던 바실리 칸딘스키는 예술에서 대단히 흔히 일어나는 분야 간의 상호 영향이 모더니스트들 사이에서도 전혀 새로운 일이 아니었다는 것을 보여 준다. 흥미로운 이야기가 있다. 1911년 1월 2일, 로제Rosé 사중주단이 쇤베르크의 최신곡을 연주하기 위해 구색을 맞춘 연주자들과 함께 빈에서 뮌헨으로 가고 있었다. 그 곡 중에는 물의를 일으켰던 「현악사중주 2번」이 포함되어 있었다. 1908년 12월 빈 초연에서 소동이 일어났던 곡인지라 세간에 호기심을 불러일으켰다. 그리고 쇤베르크는 "조성을 폐기한" 작곡가로서 진보계에서 이미 유명인사였다.

기대에 들뜬 관객들 중에 칸딘스키가 있었다. 음악 교육을 잘 받았고 음악적 감수성이 뛰어났으며 상당한 첼로 연주 실력을 갖춘 칸딘스키는 쇤베르크의 부분적으로 무조인 낯선 음악에서 영감을 얻었다. 다음 날부터 몰두하여 나온 작품이 「인상 3(음악회)Impression III(Concert)」였다. 커다란 검은 얼룩은 무대 위의 그랜드피아노를 나타내는 것이 분명했고 대충 그려진 형태는 관객들을 나타냈으니, 어쨌든 실물과 관련이 있는 것이었다. 칸딘스키는 쇤베르크에게 편지를 썼고 그렇게 해서 두 사람은 친구가 되어 서신 교환을 하였다. 두 사람의 공통점은 단 하나의 영감의 원천에

---

* 이 야기는 확실치 않다. 그다지 믿음이 가지 않는 어떤 기록에 따르면 쇤베르크에게 칸딘스키 이야기를 알린 것은 알마 말러였다. 칸디스키는 쇤베르크의 비난에 충격을 받아 그것에 대해 늘 이야기했고 그 비난에 강하게 반발했다.

음악과 무용

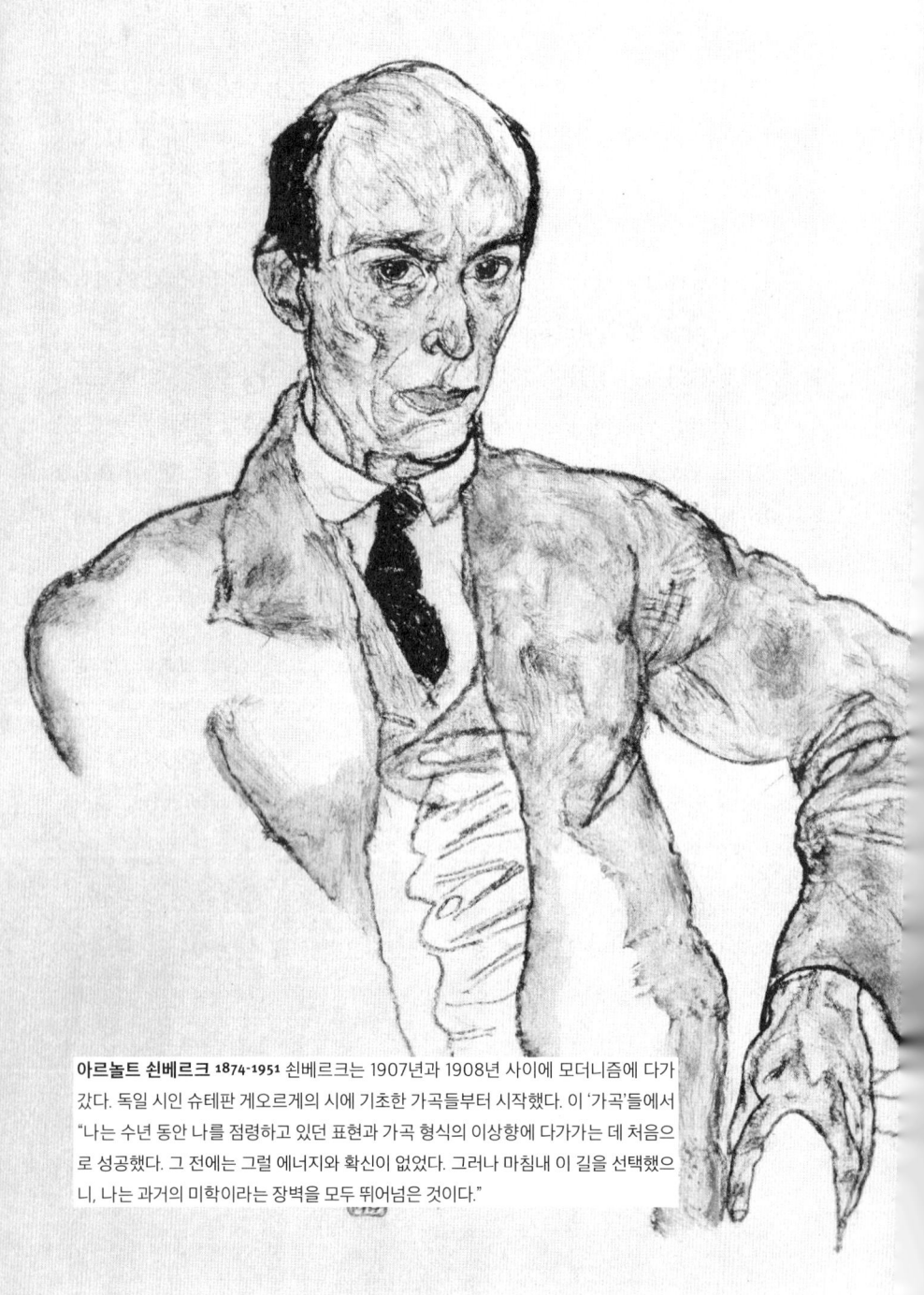

아르놀트 쇤베르크 1874-1951 쇤베르크는 1907년과 1908년 사이에 모더니즘에 다가갔다. 독일 시인 슈테판 게오르게의 시에 기초한 가곡들부터 시작했다. 이 '가곡'들에서 "나는 수년 동안 나를 점령하고 있던 표현과 가곡 형식의 이상향에 다가가는 데 처음으로 성공했다. 그 전에는 그럴 에너지와 확신이 없었다. 그러나 마침내 이 길을 선택했으니, 나는 과거의 미학이라는 장벽을 모두 뛰어넘은 것이다."

최대한 귀를 기울인다는 것이었다. 바로 자기 자신이었다.

이 운명적인 음악회가 있고 오래지 않아 두 사람은 뜻밖의, 역사적으로 중요한 작업을 함께하게 되었다. 문화계의 노련한 마당발 칸딘스키는 급진적인 반자연주의를 활발하게 전개하였지만, 당시 많은 뮌헨의 '진보적인' 예술가들조차 거의 동조하지 않았다. 그러나 아군 한 사람을 찾았다. 타고난 신비주의 화가 프란츠 마르크Franz Marc였다. 나중에 「푸른 말들의 기립」이라는 놀랍고 아름다운 그림으로 유명해진 사람이다. 1911년 말 칸딘스키와 마르크는 에세이, 사진, 악보, 삽화를 묶은 총서 『청기사 연감』을 출판하기로 했다. 그 책은 진정한 의미의 새로운 회화 작품과 다른 예술 분야 동조자들의 작품을 모은 것이었다. 칸딘스키는 자신의 최신 작품과 예술의 정신적 혁명을 주장하는 논쟁적인 에세이 여러 편을 실었다. 마르크는 현대 미술에 대한 기고문들과 여러 가지 색상의 말들이 등장하는 작품을 한 점 실었다. 그리고 쇤베르크는 칸딘스키에게 참여를 종용받아 두 점의 회화와 자기 악보, 자극적인 모더니스트 산문을 실어 눈길을 끌었다. 흔히 말하듯 책마다 제각각 운명이란 것이 있는데 그 운명에서 발행 시기는 아주 중요하다.『청기사 연감』은 문화사학자들 사이에서는 전쟁 직전 독일 표현주의의 기념비적 작품으로 중시되고 있지만, 1912년 초판이 발행될 당시만 해도 전혀 환대받지 못했다.

음악가들 중에도 쇤베르크의 지지자가 있었다. 총애하는 제자 안톤 베베른Anton Webern과 알반 베르크Alban Berg였다. 두 사람 모두 재능 있는 작곡가였으며 그의 지지자이자 믿을 만한 선전원이 되었다. 그리고 음악

회 기획자, 지휘자, 출판업자들 중에도 쇤베르크의 음악이 연주되어야 한다고 생각하는 사람들이 있었다. 오늘날에도 라이프치히, 런던, 암스테르담, 프라하, 코펜하겐에서 쇤베르크의 음악회가 열리고 있다. 하지만 쇤베르크는 그 문화 중개인들을 그다지 신뢰하지는 않았다. 쇤베르크는 취재 기자들이 자신에게 공손하지 않다며 분개했을 뿐만 아니라 필요한 리허설의 횟수, 가수의 자질, 초연에서 자신이 지휘해야만 하는 이유에 대해 그들에게 꼼꼼하게 지적했다. 그 모든 것이 그에게는 대단히 중요했다. 1914년 쇤베르크는 이렇게 썼다. "최근 나는 예술 작품에 대한 부적절한 설명이 중죄이며 부도덕한 것이라고 생각하게 되었다."[214] 이 말에는 자기 자신이 엄청나게 중대하다는 인식이 함축되어 있다. 쇤베르크가 일의 사업적 측면을 싫어했던 것도 그런 이유 때문이었다. "사업만큼 사람들에게 가까이 갈 수 있는 것은 없다. 하지만 나는 거리를 두는 것이 훨씬 좋다."[215]

그래서 쇤베르크는 평생 동안 벽을 쌓았고 그 때문에 매우 신랄하게 비판받았다. (그리고 그 비판은 종종 정당했다.) 그는 태도를 절대 바꾸지 않았으며 축하 자리에서도 마찬가지였다. 1949년 그의 일흔다섯 번째 생일을 진심으로 축하하려고 모인 수많은 사람들에게 이런 애처로운 말로 감사의 인사를 시작했다. "죽고 난 뒤에야 인정받기 위하여!" 그는 자신이 "전 세계적인 비판적 저항에도 불구하고" 지금까지 참아 온 이유를 반문했다. 창작에 있어 저항할 수 없는 내적 충동이 다른 모든 이유들을 무시하게 했고 복종을 강요했다는 예의 사고방식을 다시 보여 주었다. 이후 2년 뒤 죽을 때까지도 우울해했지만 도도하게 이런 생각을 바꾸지는 않았다. 계시를 받은 예언자들처럼 쇤베르크도 "인기는 없어지겠지만 해야 할 말을 했을 뿐이다."[216] 분명히 그랬다. 하지만 이 유명한 모더니스트 작곡가의 힘든 인생을 보자면 고급문화의 생산자와 소비자 사이의 불화는 어느 한

쪽만의 문제는 아니었다.

2

쇤베르크는 1907년과 1908년 사이에 모더니즘에 다가갔다. 그가 「현악사중주 2번」과 여러 피아노 곡을 구상한 때였다. 「정화된 밤Verklärte Nacht」 같은 후기 낭만주의적 작품을 작곡했던 그였지만, 자신도 거의 이해할 수 없는 충동에 사로잡혀 전인미답의 영역을 탐구하기 시작했다. 1910년 초 프로그램 책자에서 작곡에 몰두했던 어느 날 저녁에 대해 설명하면서 자신이 그 완고한 일탈에서 기대했던 것이 무엇인지 정리해 두었다. 독일 문화 엘리트인 컬트 시인 슈테판 게오르게Stefan George의 시에 기초한 가곡들부터 시작했다. 이 '가곡'들에서 "나는 수년 동안 나를 점령하고 있던 표현과 형식의 이상향에 다가가는 데 처음으로 성공했다. 그 전에는 그럴 에너지와 확신이 없었다. 그러나 마침내 이 길을 선택했으니, 나는 과거의 미학이라는 장벽을 모두 뛰어넘은 것이다."[217]

장벽 넘기. 진부한 비유이기는 하지만 독립을 향한 쇤베르크의 의지를 표현하는 데는 더없이 적절하다. 그것은 「현악사중주 2번」에 붙인 슈테판 게오르게의 시에 나오는 구절이다. 그는 "극복해야 할 저항"이 무엇인지 이미 너무도 잘 알고 있었다고 썼다. 그는 "아무리 평온한 상태에서도 자극할 만한 반항의 열기"를 느꼈다. "지금까지 나를 믿어 왔던" 사람들조차 "이렇게까지 할 필요성을 이해할 수 없을 것이다." 그러나 그 자신도 어쩔 수가 없었다. (그리고 앞서 보았듯 평생 그는 이렇게 한다.) 그는 "어떤 가르침보다 더 강렬한 내적 충동"[218]에 따르고 있었다.

쇤베르크는 1909년 자신의 혁신에 관심을 보인 작곡가이자 피아노의 대가 페루초 부조니Ferruccio Busoni에게 보낸 편지에서 그 충동들을 시처럼 나열하여 상세히 설명하고 그 중요성을 강조하였다.

> "나는 모든 형식으로부터의 완벽한 해방을 갈망하네
> 결속의 모든 상징으로부터
> 논리로부터의 해방
> 그리하여
> '동기 때문에 하는 작업'을 그만두는 것
> 건물의 시멘트나 벽돌 같은
> 화성을 없애버려
> 화성은 표현이지
> 표현일 뿐이야
> 그리고
> 파토스를 버려!
> 세워졌거나 쌓아 올려진 탑, 바위, 거대한 허풍에서 나온
> 긴 10톤짜리 악보를 없애 버려
> 내 음악은 '짧을' 수밖에 없어."[219]

이것은 초창기 자신의 신념에 대한 고백이었다. 이후 쇤베르크는 그 신념을 완전히 실현하였고 한 걸음 더 나아가 상당한 길이의 작품들을 작곡하기도 했다.

쇤베르크의 급진적인 기획에는 "불협화음의 해방"이라고 불렸던 것이 필요했다. 불협화음을 협화음의 적이 아니라 확장으로 보아야 그 해방이 가능했다. 이것이 바로 그가 숨막힐 정도로 혁신적인 「현악사중주

2번」에서 보여 주려고 했던 것이다. 그 곡은 관객들이 기대하고 있는, 음악의 기초가 되는 안정된 조표調標를 빼앗았다. 어떤 부분은 평범한 청자들이 느낄 수 있게 아름답게 표현되어 있지만 대부분은 심지어 잘 교육받은 사람들이 듣기에도 무질서 그 자체였다. 그런 느낌은 마지막 두 악장의 소프라노 때문에 훨씬 더 강렬해졌다. 음악과 시가 자매지간이라는 것을 강조한 혁신이었다. 그리고「현악사중주 2번」을 시작으로 이후 쇤베르크는 전복적 의도를 더 강렬하게 표현하면서 청중들을 한층 더 심한 충격에 빠뜨렸다. 사람들은 약간 억울해하면서도 그의 엄청난 성공을 인정할 수밖에 없었다.

3

이후 수년 동안 쇤베르크는 거의 곡을 쓰지 않았다. 1916년에서 1923년까지 자신이 해야 할 일에 대해 심각하게 생각했고 자신의 신념에 동조하지 못하는 자들과 싸우느라 바빴다.「달에 홀린 피에로 Pierrot Lunaire」 1912 같은 일부 초기작들은 애호가들을 확보하기도 했다. 하지만 교향악단들의 표준 연주곡 목록에는 들지 않았다. 그리고 바로「달에 홀린 피에로」가 그 이유를 보여 준다. 그것은 무시당하는 아웃사이더로서 예술가의 아방가르드적 자화상을 극적으로 표현한 것이었다. 그 곡은 프랑스 서정시인 알베르 지로 Albert Giraud의 일곱 편의 시로 이루어진 3부의 연가곡으로서, 늙은 어릿광대를 자기만족적인 부르주아 사회와 불화할 수밖에 없는 모더니스트를 상징하는 낙담한 주인공으로 선택한 것이다.

종교에서 완전히 벗어난 적이 한 번도 없는 쇤베르크는 이 시기에 점점 더 눈에 띄게 종교를 의식하게 되었다. 전쟁과 혁명의 소용돌이 속에서 연락이 끊어졌던 칸딘스키에게 1922년부터 다시 편지를 보내기 시작하여 자신에게 종교가 오랫동안 "유일한 버팀목"[220]이었다고 했다. 인정하건대 "유대인이라는 속박을 제외하고" 말이었다. 이 대목에서 쇤베르크와 스트라빈스키의 정신적 전개 과정의 유사성이 명백해지기 시작한다.

쇤베르크는 성 문제에 대한 대담성으로 유명했던 독일 시인 리하르트 데멜Richard Dehmel의 작품을 대단히 높이 평가했는데, 1912년 그에게 보낸 주목할 만한 편지에서 훗날 신에 대해 집착하게 될 징조를 보여 주었다. 쇤베르크는 "오래전부터 오라토리오를 쓰고 싶었습니다."라고 고백했다. "그 오라토리오에는 물질주의, 사회주의, 아나키즘을 경험하고 있는 현대인이 무신론자이면서도 (미신의 형태로) 과거 신앙의 작은 유물을 어떻게 간직하고 있는지를 표현해야 합니다. 이 현대인이 신과 반목하다가(스트린드베리의 「씨름하는 야곱」을 보십시오.) 어떻게 신을 발견하여 종교적이 되는지도 보여 줄 것입니다. 기도하는 법을 배워야 합니다!"[221]

이 야심 차고 거대한 기획의 오라토리오가 바로 「야곱의 사다리 Die Jakobsleiter」였다. 1917년까지 3부 중 2부를 완성한 뒤 중단과 재개를 반복했지만 결국 완성하지 못했다. 데멜이 작사를 정중히 거절하자 쇤베르크가 직접 썼다. 그렇게 그 곡에서 그의 장인다운 솜씨를 찾아볼 수 있게 되었다. 그 오라토리오의 주성부는 대천사 가브리엘이며, 자신들의 죄를 깨닫고도 참회하지 못한 구도자들이 가브리엘 천사를 둘러싸고 있다. 마지막에 대규모 합창단이 기도를 찬양하며 혼신의 힘을 다한다. 가브리엘이 인도하는 순례자들보다 더 높은 곳에 "선택받은 자", 쇤베르크처럼 생긴 한 인간이 다른 사람들보다 하느님과 더 가까이에 있다. 과연 쇤베르크는 (남의 말을 잘 믿는 여자들 앞에서는 물론이고) 다른 사람들 앞에서도 겸손이라고는 통 모르는 사람이었다. 억울하게도 대중이 자신을 알아보지 못한다면서 말이다. 그는 1910년에 자신의 이름이 "이미 음악사에 기록되어 있다."²²²고 떠벌렸던 사람이 아니던가? 겨우 서른여섯 살 때였다.

쇤베르크는 오랜 시간 음악을 통해 기도하는 법을 배우려고 노력했다. 성서에 관한 강렬한 오페라 「모세와 아론 Moses und Aron」은 1930년에서 1932년까지 작곡되었지만 「야곱의 사다리」와 마찬가지로 3막이 없는 미완성작이었으며, 그의 모든 작품 중에서, 정기적으로 연주되지는 않았더라도 가장 자주 연주된 작품이었다. 그러나 기도의 겸손함도 '대중'에 대한 오만함을 막지는 못했다. 그는 현실 개혁적인 모든 모더니스트들 중에서도 가장 호전적인 축에 들었고, 전쟁 이후 자신을 둘러싼 사회에 대한 거부는 더욱 두드러졌다.

쇤베르크의 음색은 훨씬 더 거칠어졌다. 그에게 회의주의자, 상대편, 반대자는 모조리 '적'이었다. 그리고 그의 문화적 태도는 더 배타적이 되었다. 스스로 생각하길 자신은 자기 편보다 적을 더 빨리 만드는 '우월한 사람'에 해당한다고 했다. 1924년 가을, 오스트리아 공주 에곤 퓌르스텐베르크 Egon Fürstenberg가 조직하고 후원한 도나우에싱겐의 음악제에서 쇤베르크는 자신의 「세레나데」 지휘자로 초청을 받았는데, 그 음악제를 두고 친구인 아돌프 로스에게 "최근에" 자신이 "민주주의와 그 비슷한 것에 대한 혐오를 확인했다."²²³라고 말했다. 그런 비난은 전혀 새로울 것이 없었다. 드뷔시가 이미 "떼거리들의 평범함"²²⁴에 대해 독설을 퍼부은 적이 있으니까.

쇤베르크는 음악계에서 광적 신앙을 표출하는 동시에, 그다지 공

공연하게는 아니었지만 현대 사회를 비판하려는 열망에 강하게 사로잡혀 있었다. 그가 생각하기에 현대 사회는 저속한 풍조를 띠고 있으며 영리를 궁극적인 목표로 삼고 있기 때문에 고상함에 대해서는 절망적일 만큼 무관심했다. 현대 사회의 특징을 단적으로 말하자면 속물근성이었다. 앞서 보았듯이 쇤베르크는 결코 대중에 영합하는 부류가 아니었다. 그는 1914년 젊은 지휘자 헤르만 쉐르헨에게 이런 편지를 썼다. "대부분의 사람들이 내적 본성, 고상함, 더 숭고한 형태의 감정을 부정하고 있는 것 같네."[225] 문화 귀족으로서 쇤베르크가 걱정한 것은 동료 귀족들이었다. 대중은 안중에도 없었고 일부 상류 교양층조차도 자신의 이상에 따르지 않는다고 폄하했다.

하지만 쇤베르크의 배경은 훌륭하지 않았다. 선조는 프레스부르크 현재 슬로바키아의 수도인 브라티슬라바에서 빈으로 이주하여 새로 가문을 꾸린 일가였으며 또한 그들은 평생 노동계급과 프티부르주아의 경계에서 살았다. 아마도 쇤베르크가 바이올린을 배울 수 있게 된 것은 그의 인생에서 최고의 순간이었을 것이다. (그의 말에 따르면) 거의 하루 종일 바이올린을 손에서 놓지 않았고 작곡도 했다. 비록 7년 남짓 동안은 닥치는 대로 모방만 했지만 말이다. 음악 양식 중 가장 독창적인 무조음악은 30대에 만들어 낸 것이었다.

4

무조음악이 혁신적이기는 했지만 작곡가이자 이론가로서 쇤베르크의 마지막 안식처는 아니었다. 전쟁 동안에는 자신의 불협화음의 해방을 안정시켜 줄 틀이 필요하다고 생각했다. 자유를 얻자 이제 규칙이 필요했다. 1908년부터 얻은 음악적 자유를 억제하지 않을 지배 구조가 필요했던 것이다. 그래서 극비리에 실험하여 '12음 기법'을 만들어 내었고, 그 이름은 제자 안톤 베베른이 붙였다. 베베른은 알반 베르크와 함께 즉시 그 기법을 받아들였다. 쇤베르크는 1921년 환희에 들떠 제자이자 신봉자인 요세프 루퍼Josef Rufer와 산책 중에 그 기법에 대해 처음 말했다. "나는 앞으로 백년 동안 독일 음악의 우월성을 보장해 줄 기법을 발견했네."[226]

쇤베르크가 문을 걸어 잠그고 외부 세계로부터 연구실을 지키려고 애썼지만 전쟁의 영향은 어쩔 수 없었다. 30여 년 전의 드뷔시와 다소 비슷하게 그는 특별히 민족주의적인 사람이 아니었지만, 패전, 연합국이 독일과 오스트리아에 강요한 잔혹한 평화 조약들, 계속적인 서방 측, 특히 프랑스의 경멸을 참을 수가 없었다. 프랑스와 러시아 경쟁자들은 말할 필요도 없었다. 그래서 유대계 오스트리아인인 쇤베르크가 걸출한 독일 음악을 쓰게 된다.

'음렬주의'라고 불리게 될 그의 기법적 발명품은 엄격해 보이지만 사실상 대단히 유연한 것이다. 그것은 반음계의 12음을 사용하며 처음에 그 음들을 늘어놓은 뒤 그 음계의 일부, 보통은 3음을 멜로디의 토대로 이용한다. 이 토대음들이 전치, 전도, 역행하여 연주될 수 있기 때문에 엄격한 틀, 즉 통제된 자율을 벗어나지 않고도 작곡가에게 더 큰 여지가 생긴다. 그의 경고대로 배우기 어려운 체계였지만 그 체계가 주는 질서를 보면 고생할 가치가 충분해 보였다.

쇤베르크는 1941년 이 새로운 체계에 대한 설교조의 긴 논문에서 또 한 번 자신이 작곡 방식을 결정하는 것이 아니라고 밝혔다. 그 방식이 자신에게 시켰다는 말이었다. "12음으로 작곡하는 방법은 필연성에서 생겨났다." 그리고 곁들여 모든 작곡가들이 굳은 자기 확신을 지켜야 한다고 일반화했다. "스스로 보수적이라고 생각하든 혁신적이라고 생각하든,

전통적인 방식으로 작곡을 하고 있든 진보적인 방식으로 하고 있든, 과거의 양식을 모방하려고 하든 새로운 개념을 탐구할 운명이든, 훌륭한 작곡가이든 아니든 모두가 자신의 생각에 대해 절대적 확신을 품어야 하며 자신의 영감을 믿어야 한다."[227] 모든 작곡가는 신비로운 인형 조종자의 손아귀에 붙들린 꼭두각시에 불과하다. 그 조종자를 신이라고 부르든, 뮤즈 혹은 무의식이라고 부르든.

5

쇤베르크는 1차 세계대전이 끝난 뒤 얼마 지나지 않아 새로운 질서를 발견하였고 그 영향으로 그가 독일 음악사에서 목소리를 내는 일도 늘었다. 쇤베르크는 자신의 첫 혁명에 대해 후회하지도 부인하지도 않았다. 그러나 과거로부터 받은 영향도 상당히 중시하기 시작했다. 그래서 그는 음악에서 무지렁이들이나 놀래키는 허수아비 같은 미심쩍은 공을 찬양하기는커녕 오히려 오래된 우수한 전통을 지키라고 주장했다. "오래된 우량한 전통"은 뒤에서 중년의 스트라빈스키와 함께 보게 될 것이다. 한편 쇤베르크가 12음계 기법의 발견에 대해 이야기하면서 루퍼에게 세상이 자신을 위대하고 뛰어난 독일이라는 사슬의 일부로 보아 주기를 바란다고 말했던 이유는 명백하다. 마침내 설 자리를 찾은 것이었다.

1930년대 초 언젠가 한 논문의 초고를 쓰면서 쇤베르크는 '스승들'의 목록을 작성했다. 첫머리에 바흐와 모차르트를 올려놓았고, 두 번째 줄에 베토벤과 브람스, 바그너를 썼다. 그 다음에 많은 사람을 들었는데 슈베르트, 말러, 리하르트 슈트라우스, 그리고 크게 주목받았던 막스 레거가 있었다. 베를리오즈나 드뷔시, 라벨은 없었다. 그 프랑스 모더니스트들이 빠진 것은 쇤베르크가 음악적 애국주의를 고수했기 때문이다. 그 아래에 자신의 창의력은 자신이 과거에 배운 훌륭한 것들을 직접 모방한 덕분이라고 겸손하게 덧붙였다. 자신의 독창적 체계를 명예로운 독일 음악 문화의 일부로 만들려고 했던 것이다.

이런 맥락에서 보면 1937년, 존경하는 브람스의 피아노사중주 G단조를 관현악곡으로 편곡한 것은 대단히 인상적인 일이었다. 쇤베르크는 자신이 가장 좋아했지만 잘 알려지지 않은 이 작품을 편곡 대상으로 골라 직접 주제의 아름다움을 풍부하게 표현하고 싶어 했다. 4년 전 히틀러의 독일에서 떠나기 직전 그는 "진보주의자 브람스"에 대한 놀라운 강연문을 썼다. (그리고 나중에 출간했다.) 쇤베르크는 브람스가 진보적인 취향의 관객들이 무시한 고압적이고 경직된 보수파이기는커녕, 특히 후기 작품에서 주제, 화성, 박자의 기법을 독창적이고 대담하게 실험하여 베토벤에도 뒤지지 않으며 오히려 쇤베르크 자신보다도 훨씬 앞섰다고 주장했다.

역시 역사가 그를 가만히 두지 않았다. 1933년 1월 아돌프 히틀러가 독일 총리에 임명되자 베를린에서 작곡을 가르치고 있던 쇤베르크에게 곧바로 영향이 미쳤다. 그는 공식적으로 다시 유대교로 개종하고 5월 황급히 나치 독일을 떠났다. 잠시 파리에 체류한 뒤 10월 미국으로 건너갔으며 1951년 죽을 때까지 미국에 살았다. 쇤베르크는 나치 독일과 나치 오스트리아로부터 망명한 소수의 유명 인사 중 한 사람이었다. 그들은 살아남았고 오래전부터, 문화가 없는 곳이라고 부당하게 폄하했던 나라를 변모시켜 놓았다.

그러나 모더니즘을 추구하면서도 위대한 독일 전통에 충성했던 그였기에 미국에서 지내기는 쉽지 않았다. 실제로 누군가 모욕을 주었는지 어떤지는 모르지만 그는 모욕감을 느꼈다. 쇤베르크는 충분히 연습되지 않은 공연, 자신의 악보를 함부로 고치거나 빼 버리는 주최자들에 대해 늘 극단적으로 반응하였으며, 어떤 일이 있어도 연주 수준에 대해서는 건드리지 말아야 한다고 꼬치꼬치 따지며 까다롭고 엄격하게 굴었다. 나이가 들어 가면서 유일한 오락거리인 테니스를 칠 때만 빼고는 고약한 성질은 점점 더 두드러졌다. 아무리 성질이 고약했더라도 그가 음악에서 이뤄 낸 대변혁의 역사적 중요성은 전혀 손상되지 않는다. 대단한 혁명을 이룩한 사람에게 유머 감각까지 요구하는 것은 너무 무리가 아닐까? 모더니스트가 되기란, 평생 안전한 전통주의자가 되기보다 더 어려웠다. 이유야 어쨌든 쇤베르크의 음악에서 웃음은 거의 없다.

이고르 스트라빈스키

1

너무 진지했던 쇤베르크와 대조적으로 스트라빈스키는 아주 유쾌했다. 그 차이와 무관하게 두 사람 모두 모더니즘 음악의 판테온에서 아무도 부정할 수 없는 확고한 자리를 차지하고 있다. 스트라빈스키는 1882년 상트페테르부르크 근방에서 태어났다. 아버지 표도르 스트라빈스키는 베이스 바리톤으로 러시아 오페라계에서 유명했고 열렬한 애서가이기도 해서 악보와 음악 서적들이 넘쳐났으니 스트라빈스키가 음악가가 되기에 더없이 좋은 환경이었다. 스트라빈스키가 회고록에서 자신이 뛰어난 음악가가 된 것이 부모의 은혜라고 밝힌 적은 없지만 어쨌든 그 부모가 그에게 피아노 레슨을 받게 해 주었고 끝까지 해내도록 격려했던 것은 사실이다. 부모는 아들이 피아노에 재능이 있으며 특히 초견 연주에 뛰어나다는 것도 발견했다. 그는 평생 피아노로 작곡했다.

작곡가로서 일찍부터 성공하지는 못했지만 운이 좋았다. 잘 준비된 자에게 따르는 운 같은 것이었다. 상트페테르부르크 대학교에서 법학을 공부하던 스트라빈스키는 블라디미르 림스키코르사코프, 즉 작곡가 니콜라이 림스키코르사코프의 막내아들과 친구가 되었고, 이 만남은 금세 아들에서 아버지로, 이후에 가문 전체로 확대되었다. 오래지 않아 그 유명한 림스키코르사코프가 직접 스트라빈스키에게 음악적 조언을 해 주게 되었다. 젊은 아들의 친구는 곧 림스키코르사코프에게 재능을 보여 주었다.

현대 러시아 음악계에서 가장 영향력 있는 인물 림스키코르사코프는 모호한 스승이었다. 두 방향을 동시에 가리키고 있는 것 같았기 때문이다. 오페라 작품들과 관현악곡 「세헤라자데 조곡」[1888]으로 유명한 그는 자신을 유명하게 만들어 준 곡들보다 기법적 성과에 더 자부심을 가졌다. 음악학교의 교수였지만 형식에 끼워 맞추기만 하면서 학생들 탓만 하는 창조력 없는 아카데미즘에 대해 분통을 터뜨렸다. 그러면서도 자기 전공 분야인 작곡과 화성학의 형식에 정통한 신참 작곡가들이 필요하다고 주장했다. 화가들이 드로잉 연습을 제대로 안 한다고 했던 피카소와 흡사하게 림스키코르사코프도 철저한 기초 학습을 강조했다. 젊은 스트라빈스키에게 이 모든 것이 꼭 필요한 조언이었고, 그는 기꺼이 받아들였다. 그래서 스트라빈스키의 곡이 도대체 사상이 없다고 싫어했던 완고한 소수파들조차도 그의 탁월한 관현악 편곡 실력은 인정할 수밖에 없었다.

림스키코르사코프 이후 스트라빈스키의 천재성의 싹을 본 사람은 저 유명한 러시아 대가 세르게이 댜길레프 Sergei Diaghilev였다. 그는 늘 발레 뤼스에서 쓸 만한 새 인재를 찾고 있었다. 그는 화려하고 허영심 강하

고 작품에 대해 아주 박식하며 극이나 음악의 세세한 부분까지 모두 이해하고 있다고 자신하는, 요즘으로 치면 마이크로매니저라고 할 흥미로우면서도 까다로운 관리자였다. 그는 완고했고, 자신의 문하생들의 독자적인 행동에 대해 심하게 질투한 나머지 미친 듯이 긴급 전보를 쳐 댔으며, 때로는 너무 집착해서 판단력이 흐려지기도 했다. 그러나 스트라빈스키는 그의 동성애 성향에 전혀 관심이 없거나 개의치 않았다. 그는 댜길레프를 좋아했고 그와 함께 일하게 되었다. 스트라빈스키는 자신의 자서전에서 댜길레프를 "너무도 훌륭한 인물"[228]이라고 부르기도 했다. 그리고 20년 동안 그의 음악적 산물은 '발레뤼스의 단장'과 밀접하게 관련돼 있었다. 댜길레프는 스트라빈스키보다 겨우 열 살이 많았지만 늘 그에게 완벽을 기하라고 호령하곤 했다.

    1909년 댜길레프는 노련한 작곡가들을 다 제쳐 놓고 스트라빈스키에게 자신이 단원들과 함께 민담을 개작해 쓴 대본을 주면서 "그 러시아 발레단"의 작곡을 맡겼다. 그 곡이 바로 「불새 L'Oiseau de feu」로 탄생한다. 스트라빈스키는 발레곡을 작곡해 본 경험도 없고 의뢰를 받아 본 적도 없었지만 그 제안을 받아들였다. 스트라빈스키의 회상에 따르면 오랫동안 귀족 후원자들과 늙은 호색한들의 분야였던 발레가 당시 러시아에서 부흥기를 맞고 있었으며, 그는 이례적인 속도로 「불새」를 작곡했다고 한다. 1910년 6월 25일 발레광들의 본거지인 파리의 조예 깊고 엄선된 관객은 「불새」의 초연을 관람하였다. 잘 훈련된 귀를 가진 관객들은 이전 작곡가들의 흔적을 추억하려고 했지만, 아직 스물여덟 살도 안 된 스트라빈스키는 이단의 쾌감을 선사했다. 그러나 관객들도 비평가들도 이단아를 혐오스럽게 여기지 않았다. 오히려 하룻밤 사이에 스트라빈스키는 그 세계의 일원이 되었다. 이제 누군가의 제자가 아니었다. 심지어 림스키코르사코

「**봄의 제전**」 1913 스트라빈스키의 발레곡 「봄의 제전」은 사실 도가 지나쳤다. 쾅쾅거리는 소리와 잡음이 신경을 거슬렀다. 전통적인 선율은 사실상 없었다. 그 대신 너무 많은 타악기들이 비약적이고 자주 반복되는 화음을 폭발하는 듯한 포르티시모로 관객들에게 선사했다. 이것은 가장 잔인한 반낭만주의였다.

프의 제자로 불리지도 않았다.

1년 뒤 스트라빈스키의 두 번째 발레곡 「페트루슈카 Pétruchka」가 역시 파리에서 러시아 발레단에 의해 초연되었다. 젊은 대가 댜길레프의 연인이었던 바츨라프 니진스키 Vaslav Nijinsky가 주인공을 맡았다. 그는 모호하고 충동적이었지만 일단 작업을 시작하면 놀라운 무대를 보여 주었다. 그 덕분에 이 발레극은 더욱 놀라운 반응을 불러일으켰다. 그러나 성공은 사실 스트라빈스키의 것이었다. 그 음악은 「불새」보다 더 가냘프고 억제되어 있었지만 드뷔시를 비롯한 박식한 관객들이 인정했듯 놀랄 만큼 화려하고 힘이 넘치고 독창적이었다. 스트라빈스키는 상트페테르부르크에 있는 친구에게 이렇게 답장했다. 「페트르슈카」의 성공은 겸손은 집어치우고 "어마어마한 것이야. 그리고 점점 더 대단해지고 있어." [229] 이 새로운 스타에 열광했던 많은 평론가들 중 프랑스 작곡가 알프레드 브루노는 파리의 일간지 《르 마탱 Le Matin》에서 스트라빈스키가 모더니즘에 기여하기 시작했다는 것을 예리하게 감지해 냈다. "오케스트라와 섞인 피아노 소리가 그 곡에 전적으로 새로움을 부여하였다. 악기 편성은 놀랍고 섬세하고 독특해서 특히 풍부한 소리를 들려준다. 형식은 완전한 자유를 획득했다." [230] 스트라빈스키가 처음부터 목표로 삼고 있던 것이 바로 그 자유였다.

그러나 1913년에 마찬가지로 파리에서 초연된 세 번째 발레곡 「봄의 제전 Le Sacre du printemps」은 사뭇 다른 경험을 선사했다. 스트라빈스키에 대해 잘 모르는 독자들은, 「봄의 제전」 초연 때 관객들 사이에서 야유와 휘파람소리가 터져 나왔고 관객들의 싸움으로 아수라장이 되었다고만 알고 있을 것이다. 마침내 아방가르드 작품에 속물다운 반응이 나왔다고.

그러나 이런 판에 박힌 인식은 너무 경솔하다. 관객들은, 사회적 엘리트들, 어떤 음악적 표현에든 기꺼이 박수를 보낼 준비가 된 스트라빈스키의 추종자 수십 명, 그리고 스트라빈스키의 작품에 이미 호의를 표명한 발레광들로 이전 곡들의 관객들과 대체로 같은 부류의 사람들이었다. 왜 그랬는지는 모르지만 댜길레프가, 사랑하는 파리 관객들에게 이렇게 반감이 드는 음악, 무용, 안무를 경험하게 하자는 데에 반대하지 않았던 것은 확실하다. 「봄의 제전」에 대한 최초의 아이디어는 스트라빈스키가 냈다. 「불새」를 작곡하던 중 갑자기 너무도 아름다운 환상이 떠올랐다. 원시 의식에서 간택된 처녀가 춤을 추다가 죽는 환상으로, 마치 직접 본 것처럼 생생했다. 그러나 그 음악은 사실 도가 지나쳤다. 쾅쾅거리는 소리와 잡음이 신경을 거슬렀다. 전통적인 선율은 사실상 없었다. 그 대신 너무 많은 타악기들이 비약적이고 자주 반복되는 화음을 폭발하는 듯한 포르티시모로 관객들에게 선사했다. 이것은 가장 잔인한 반낭만주의였다. 이후 「봄의 제전」 공연이, 재공연이든 음악회든, 늘 열광적인 박수 갈채를 받았다는 사실은 대단히 흥미롭다. 그렇게 빨리 불가촉천민에서 대가로 변한 모더니스트는 거의 없었다. 스트라빈스키는 예외적인 인물이었던 것이다. 그러니 다른 사람들은 쇤베르크처럼 "죽고 난 뒤에야 인정받자."며 자기 연민에 빠질 만도 했다.

2

「봄의 제전」이 모더니즘 작품이라는 것은 그 곡이 불안감을 불러일으키며 작곡가의 특이한 환상에서 탄생했다는 점에서 명백하다. 그렇다면 이전 작품들은 어떤가? 발레 음악은 제아무리 단 한 사람의 상상력의 흔적이 강하게 남아 있다고 해도, 그리고 아무리 스트라빈스키가 모든 작품의 제작에 깊이 관여했다고 해도 어쨌든 집단적 노력의 성과물이다. 스트라빈스키 자신도 지휘자, 안무가, 무용수, 디자이너 같은 사람들의 공을 인정해야 한다고 생각했다. 그래서 스트라빈스키는 자서전에서 파리에서 얻은 「불새」의 성공에 대해 이렇게 덧붙였다. "물론 이 성공이 곡 때문만이라고는 결코 생각지 않는다."[231]

그러나 이 초기 걸작들에도 스트라빈스키의 소중한 개성이 확연히, 그리고 지배적으로 남아 있다. 음악을 시작한 때부터 작곡가로서의 긴 생애 내내 그는 자신의 뜻을 고집했다. 그렇게 마지막까지 흥미로운 음악을 쓰다가 1971년 89세의 나이로 죽었다. 어느 날 흠잡을 데 없는 모더니스트 모리스 라벨Maurice Ravel과 장조와 단조의 변환 규칙에 대해 논쟁하던 중 스트라빈스키는 자신이 그런 법칙들을 따라야 할 이유가 없다고 말했다. "내가 하고자 하면 할 수 있습니다."[232] 만약 그가 문장紋章이 새겨진 옷을 입었더라면 거기에 이 간결하고 의미심장한 말을 새겨 넣었을 것이다.

이후 스트라빈스키의 국제적 평판이 굳어진 것은 발레곡 덕분이었는데, 그 작품들은 모두 서로 달랐다. 그 작품들은 스트라빈스키가 똑같은 일을 되풀이하기를 얼마나 싫어했는지 잘 보여 준다. 가장 물의를 일으킨 것은 「풀치넬라Pulcinella」1920로, 당시까지 출판되지 않은 페르골레시18세기 이탈리아 작곡가의 곡을 개작한 작품이다. 개작이었기 때문에 평론가들로서는 18세기 음악에 대한 모독이라는 곤란한 문제를 들고 나올 호기였지만, 기쁨으로 충만하며 상상력 넘치는 발레곡으로 재탄생한 「풀치넬라」는 스트라빈스키 특유의 것이 분명했다. 그는 자신이 비록 크진 않지만 다시 한번 작곡에 혁명을 일으켰다고 확신하며 「풀치넬라」는 "새로운 종류의 음악, 나의 여타 작품들과 다른 관현악적 상상력을 지닌 단순한 음악"[233]이라고 묘사했다. 이때 그는 자신의 독창력에 대해 이러쿵저러쿵 변호해야 한다는 생각에 화가 났는데, 이후에도 그런 일은 또 되풀이되었다.

한편 역사의 변덕 때문에 개인적으로도 스트라빈스키에게 작곡이 중요해지게 되었다. 1917년 러시아혁명, 제정 왕조의 폐위, 소비에트 연방의 수립, 적대적인 주요 국가들에 의한 고립으로, 그가 늘 의지하고 있던 개인 재산을 쓸 수 없게 됐다. 그는 이제 수많은 가족들을 먹여 살리기 위해 작곡을 해야 했고, 1920년대 초에는 먹여 살려야 할 애인도 생겼다. 베라 수데이키나Vera Sudeykina는 수차례 결혼한 적이 있는 '훌륭한' 가문 출신의 아름다운 여인으로 손이 크고 매력적이며 지적이고 자유분방했으니, 불륜을 무릅쓰고 스트라빈스키에게 추파를 던질 만했다. (그녀는 스트라빈스키의 첫 부인이 죽고 1년 뒤인 1940년 그와 정식으로 결혼하였다.)

다행히도 스트라빈스키는 빈틈없고 기민하며 건실한 가장이 되었다. 또 다행히도 작곡가들을 후원하는 박애주의자들, 주로 교양 있는 미국 거물들과 당시에도 여전히 부유했던 유럽 귀족들에게 기댈 수 있었다. 상당수의 아방가르드 예술가들처럼 스트라빈스키도 부르주아 시대에 이미 사라져 버린 것으로 알고 있는 전통적인 후원자들로부터 후원을 받았다. 어떤 백만장자는 말을 길렀지만 소수의 또 다른 백만장자는 화가나 작곡가들을 후원했다. 이런 사실은 역사적으로 시대를 딱 잘라 나누려는 사학자들이 자주 무시하는 일종의 불변성을 보여 준다.

1920년부터 스트라빈스키 부부는 주로 파리에서 살았다. 전쟁 전 수년 동안 서유럽, 주로 스위스에서 살았던 적이 있었지만, 이때에 이르러

이고르 스트라빈스키 1882-1971 스트라빈스키는 독창성을 버리지 않으면서 질서를 찾았다. 그는 작곡을 향한 열정에 대한 최선의 부응으로 여겼던 개인주의가 점점 거북해졌다. 급기야 피아노 위에 성상을 올려놓기 시작할 즈음 스트라빈스키는 이렇게 말했다. "예술, 철학, 종교에서의 개인주의는 신에 대한 반역 정신을 내포합니다."

파리 임시 체류는 어쩔 수 없는 망명으로 바뀌고 말았다. 스트라빈스키의 인생에서 극적인 변화는 이것만이 아니었다. 자신의 관현악곡을 분해하고 사고의 폭을 좁혀 갔고, 이후 '신고전주의기'로 불리게 될 시기를 위해 풍성한 '러시아' 시기를 저버렸다. 시인이나 화가들이 단호한 진술이나 화려한 채색에서 물러나게 되었듯 그도 광범위한 아방가르드의 후퇴에 동참하였다. 그 후퇴 운동에는 신즉물주의라는 이름이 붙어 있다. 그렇다고 이런 변화가 전통 조성으로의 회귀를 의미하는 것이 아니었다. 그의 작품은 여전히 혁신적이었고 실험적 모더니즘은 달라진 것처럼 보였지만, 대체로 그대로였다. 그러나 고백대로 페르골레시(아니면 다른 누구든)를 발견한 뒤부터 음악사의 마르지 않는 보고, 즉 18세기, 심지어 17세기의 피아노곡, 관현악곡, 오페라, 교향곡, 새로운 발레곡들 사이를 신나게 헤집고 다녔다. 초점을 넓힘으로써 자율성을 억제하고 있었던 것이다.

그런 곡들 가운데 하나인 1930년 작품 「시편 교향곡」으로 스트라빈스키는 더 심한 논란에 휩싸였다. 대체로 종교적 헌신에 대한 그의 해석이 혼란스러웠고 모순적이었던 탓이다. 사학자라면 작품의 동기에 대한 증인으로 예술가들을 불러다 놓고 화를 벌컥벌컥 내서는 안 되겠지만 그런 감정을 십분 이해할 수는 있다. 그들은 증언을 거부하지 않는다. 오히려 너무 유창하고 변덕스럽게 증언을 해서 문제이다. 우리가 아는 것은, 1920년대가 쇤베르크와 마찬가지로 스트라빈스키에게도 종교를 삶의 중심으로 강요했다는 정도이다.

───

러시아 청년 스트라빈스키는 독실한 신자라고 할 수는 없었지만 자신이 그리스정교 신자라는 것을 부인한 적은 없었다. 심지어 망명기에는 프랑스인으로 살았는데도 혁명 이전보다 그리스정교로부터 더 많은 정서적인 위안을 구했다. 그때 철학자 자크 마리탱 Jacques Maritain 같은 프랑스 가톨릭 지식인들이 로마가톨릭을 받아들이라고 재촉하여 스트라빈스키는 개종에 대해 망설이기도 했다. 그러나 결국 자신이 가장 잘 알고 있던 종교로 돌아갔다. 1927년부터 줄곧 그리스정교회 예배에 참석하고 성물로 몸을 휘감기 시작했다. 그런 물건들은 다시 가 볼 수 없는 조국 러시아와의 유대감을 회복하는 데 도움이 되었다. 모더니스트가 잃어버린 정서적 근원으로 회귀한 것은 모더니즘이 곧 무신론이라고 여기는 이들에게는 놀라웠을 것이다. 모더니스트들의 신앙과 불신앙의 스펙트럼은 더 이상 다양할 수 없을 정도로 폭넓으며, 그것은 작품의 보수성과는 관계가 없다.

그렇지만 스트라빈스키는 독창성을 버리지 않으면서 질서를 찾았다. 그는 작곡을 향한 열정에 대한 최선의 부응으로 여겼던 개인주의가 점점 거북해졌다. 급기야 피아노 위에 성상을 올려놓기 시작할 즈음 스트라빈스키는 한 저널리스트에게 이렇게 말했다. "예술, 철학, 종교에서의 개인주의는 신에 대한 반역 정신을 내포합니다." 그래서 그는 이 반역 정신을 거부하게 된 것이다. 그는, 개인주의가 무신론과 마찬가지로 "신 앞의 인간과 복종이라는 원리에 반하는 것"[234]이라고 믿게 되었다. 이렇듯 좀 과하게 일반화하기는 했지만, 음악이 종교적인 감정을 비롯해 인간의 감정을 표현할 수 없다는 제법 근사한 그의 기본 신념은 변하지 않았다. 바그너의 바이로이트를 떠올리며 신조로서의 예술이라는 개념을 혐오했다. 그러므로 새로이 굳건해진 그의 신앙심은, 너무도 변화무쌍한 신고전주의 중기라는 술에 새로 들어간 하나의 재료에 지나지 않았다. 그러니 설령 스트라빈스키의「시편 교향곡」에 종교적 의미가 있었다고 해도 그 곡을 쉽게 규정해서는 안 된다.「시편 교향곡」은 1930년 보스턴 심포니 오케스트라의 15주년 기념 공연을 위해 쓴 것으로『구약성서』를 인용하여 후원자들을 깜짝 놀라게 했다. 그는 이미 자기 영역에서 자율권을 확보하고 있었고 그때에도 잘 지키고 있었다.

그러나 곧 다른 안식처를 찾아야 했다. 1939년 9월 독일의 폴란드 침공과 함께 시작된 2차 세계대전으로 스트라빈스키 부부가 편안하게 머물던 프랑스가 나치라는 전쟁 기계의 지배를 목전에 둔 불안한 곳이 되고 말았다. 프랑스에 곧 위험이 닥칠 것을 너무도 잘 알고 있던 스트라빈스키는 로스앤젤레스에 가기로 결심한다. 로스앤젤레스는 문화적으로 낙후된 곳이기는 했지만 스트라빈스키가 1971년 89세의 나이로 죽을 때까지 그들의 삶의 터전이 되었다. 종전 후 부부는 마음과 지갑을 채우기 위해 정기적으로 유럽에 드나들었다. 스트라빈스키는 자신의 이전 곡과 새 곡들을 직접 지휘했고 강연을 하고 명예를 얻었다. 1951년 쇤베르크가 죽고 난 후 그는 모더니스트 음악의 유일한 거인이었다.

작은 거인들

1

　무조주의와 12음 음악은 쇤베르크의 모더니즘 증명서였으며, 베르크와 베베른 같은 후배 작곡가들은 그 새로운 질서가 얼마나 다채로워질 수 있는지를 보여 주었다. 그러나 쇤베르크의 발명품과 무관한 모더니즘의 진로도 있었다. 프랑스인 작곡가 에드가 바레즈Edgard Varése와 미국인 존 케이지John Cage는 참으로 유별난 생각에 열중하였고 순전히 새로운 음악을 만들기 위해 그 오스트리아인들과 경쟁하였다. 그들은 거장이라고 할 수는 없었지만 관객들과 추종자들을 거느렸다. 쇤베르크의 학술 논문들은 너무도 건조해 보였고 실제로도 그랬다. 하지만 대다수의 모더니스트 음악가들은 생기발랄했다.

　바레즈는 새로운 조성을 만들어 낼 새로운 악기를 찾아 헤맸다. 하지만 그 노력은 대부분 좌절로 끝났다. 공학과 수학을 공부한 과학자이기도 했던 바레즈는 모더니스트 작곡가 중 과학, 아니 기술과 예술을 가장 긴밀하게 제휴시킨 사람이었다. 그도 다른 유럽 실험가들과 마찬가지로 미국에서 자신의 미래를 발견했다. 1915년 막 풋내기 티를 벗은 서른두 살 때 미국에 갔다가 눌러앉은 것이다. 스스로도 예상치 못한 일이었다. 그는 미국 여성과 결혼하여 시민권을 획득했다. 뒤샹과 흡사하게 뉴욕에서 이단의 유혹을 느꼈고 그곳이 숨 막히는 관습에서 음악을 해방시킬 곳이라고 찬양하며 활동했다.

미국에 도착한 1915년, 바레즈는 한 인터뷰에서 자신의 계획을 이렇게 설명했다. "우리 음악의 알파벳이 풍부해져야 합니다. 또 새로운 악기가 아주 절실히 필요합니다." 그리고 음악가들이 부득이 "기계 전문가들"의 도움을 받아야 한다고 생각했다. 그에게는 "내 작품을 표현할 새로운 매체"가 필요했다. "나는 이미 들어 본 소리에 순종하지 않을 겁니다. 내가 찾고 있는 것은 모든 생각을 표현할 수 있고 그 생각을 따라잡을 수 있는 새로운 기술 매체입니다."[235] 무슨 말을 하고자 했는지 명백했다. 바레즈는 기계적 도움을 받아 다른 모더니스트들처럼 내적 경험을 표현하고자 했던 것이다. 모든 생각을 표현하고 가장 주관적인 충동으로서의 감정을 악보라는 객관적 상관물로 바꾸어 놓으려고 했다.

바레즈의 접목 실험이 낳은 가장 유명한 성과물은 관현악곡 「아메리크Amériques」다. 새로운 조국을 화려하게 찬양한 곡으로 1921년에 완성되어 5년 뒤 초연되었다. 이후 1920년대 내내 관현악곡을 많이 썼다. 거의 전부 타악기를 과도하게 강조하였으며 다른 떠들썩한 반주들 중 단연 드럼을 중요하게 부각했다. 가장 유명한 곡인 「이온화Ionisation」1931는 타악기만으로 편성됐다. 바레즈와 그의 열성적인 추종자들에게 2차 세계대전 종전 후 마침내 새로 만들어진 전자 악기들은 수십 년 묵은 문제에 대한 때늦은 해결처럼 보였다.

바레즈의 영향으로 음악가들 사이에서는 음색에 대한 견해, 심지어 소음에 대한 견해에도 동요가 일었다. 개혁론자들은 "음의 해방"을 주창하는 그의 유명한 슬로건에 자극받았다. 존 케이지는 자신의 음악이 바레즈의 영향을 받았다면서 그의 사상에 찬사를 보내며 아방가르드 음악가들의 일치된 의견을 대변했다. 그는 바레즈가 "상상력은 꼭 필요한 조건이라고 자주 주장하였는데, 그의 작품 대부분에 상상력이 확연히 드러나 있다."[236]라고 지적했다. 이러한 언급은 케이지가 할 수 있었던 창조적 음악가의 내적 삶을 가장 중시했던 모더니스트에 대한 최고의 찬사였다.

2

존 케이지는 진정한 미국 급진주의자였다. 작곡가, 시인, 강연자, 자칭 철학자로 1992년에 여든 살 나이로 죽었으며 가장 말 잘하는, 혹은 가장 말 많은 미국 모더니스트였다. 그는 미국의 전복적 작곡가 중 누구보다 유명했으며 2차 세계대전 이후 모더니즘에 큰 기여를 했다. 그는 극단적인 발언과 행동으로 일부 반역자들이 전통적인 음악에 대항하며 지향하는 곳이 어떤 곳인지 보여 주었다. 삼깐 케이지와 함께 공동 작업을 했던 쇤베르크가 그를 결코 작곡가로 부르지 않고 애매하게도 천재적 발명가라고 했던 점은 흥미롭다.

케이지의 모더니스트 작품 중 가장 기발한 곡이자 그의 유희적 작품 중 가장 유명한 곡은 「4분 33초」[1952]라는 궁금한 제목이 붙은 것이다. 당연히 케이지가 가장 아끼는 곡이기도 하다. 그리고 모더니즘적 반역을 모든 분야를 통틀어 가장 극단적으로 표현한 작품에 해당한다. 이 곡의 공연에서 피아니스트는 무대 위 대형 그랜드피아노(사실 악기의 종류는 전혀 상관없었다.) 앞에 앉아 그 곡을 "연주했다." 연주자는 완전한 침묵 속에서 스톱워치를 들고 세 악장의 시간, 4분 33초를 쟀다. 그런 뒤 시간이 되자 일어나서 나가 버렸다. 연주회가 끝난 뒤 기대 밖의 것을 기대하며 만반의 준비를 하고 왔던 관객들은 이 새로운 '곡'에 대해 열띤 논쟁을 펼쳤다.

다작이며 상상력이 풍부한 케이지는 놀랄 만한 일을 많이 벌였다. 그러나 그의 작곡 원리 중 '불확정성'이 가장 널리 인정받고 전수되었다. 그 원칙은 아주 단순했다. 작곡가는 필요한 악기나 음악의 내용을 정하지 않고 곡의 길이 같은 연주의 전제 조건만 정해 놓는다. 악기나 내용은 연주자가 결정한다. 「4분 33초」에서처럼 '세부 사항'은 전혀 미리 정해지지 않아야 했다.

당연히 케이지는 비전통성과 전통의 무시에, 그리고 덤으로 자신의 독창력 과시에 집착했다. 그에게 성공은 만족을 주는 것이라기보다는 경고이자 새로운 땅을 정복하라는 요구였다. 그의 말을 들어 보자면 이렇다. "내 작품을 청중이 받아들인다면, 나는 나를 반기지 않는 곳으로 옮겨 가야 한다." 그는 이 아방가르드의 의무를 평생 따르며 살았다. 그는 "나는 독창성이라는 원칙에 충실하다. 분명 해야 할 일은, 되어 있는 일이 아니라 되어 있지 않은 일이다."[237]라고 말했다. 그도 다른 미국 작곡가들처럼 어떻게 해서든 새로운 것을 만들어 내기 위해 늘 깨어 있고, 결코 멈추지 않으려는 개척자 정신을 지니고 있었다. 그러나 그는 다른 사람들보다 더 자주, 그리고 더 강력하게 그 정신을 표명하였다. 그래서 자동차의 소음에 주목하면서 "나는 그 소리가 음악보다 더 아름답다고 생각한다."[238]라고 했다. 간단히 말하자면 그는 모든 소리가 똑같은 권리를 가졌다고 생각했다. 아니, 다른 소리들이 보통의 악기 소리보다 더 특권을 지녔다고 생각했던 것 같다. 음악회 팸플릿을 떨어뜨리는 관객, 옆 사람에게 속삭이는 관객, 기침하는 관객, 음악회장 지붕에 비가 떨어지는 소리나 비행기가 날아가는 소리를 알아챈 관객이 바로 작곡의 필수 요소가 될 수 있었다.

음악 제작에 비음악적 요소의 침입을 환영하는 케이지의 견해는 1950년대 진보적인 작곡가들에게 일반적인 것이 되었다. 그들은 자신들의 새 작품 연주에 필요한 악기를 정해 주지 않거나 연주자에게 피아노를 '조작prepare'한 프리페어드피아노 prepared piano, 즉 현을 묶어 두거나 작은 나무 조각을 괴어 보통과 다른 소리가 나도록 한 피아노를 사용하도록 했다. 이 모든 것이 음악 작품이 유발하는 전통적인 정서적 효과를 감소시키거나 제거하려는 의도이며, 또한 악절과 음표 하나하나가 모두 관객의 즐거움에 호소할 수 있도록 고안하려는 것이었다.

케이지는 음악에서나 정치에서나 무정부주의자였다. 그는 대화, 인터뷰, 공개 좌담회에서 자신에 대해 설명하기를 아주 즐겼다. 그의 창조적 상상력은 대담하게 변화했고 어쩔 수 없어서가 아니라 일부러 위험을 감수했다. 아니, 오히려 위험하지 않은 일을 꺼렸다. 작곡가로서의 긴 이력 동안 그가 어떤 일을 벌일지는 아무도 예측할 수 없었으니, 그야말로 관객들에게 즐거움과 난처함을 숱하게 선사했다. 그는 저 가장 진보적인 19세기 작곡가들보다 훨씬 너 큰 위험을 무릅썼다. 그 때문에 관객들의 호기심보다는 화를 돋우는 경우가 훨씬 많았을 것이다.

3

요컨대, 20세기 초에 전통적인 조성에 대한 쇤베르크의 공격은 대단히 이례적이기는 했지만 유일한 것은 아니었다. 그 시대에 그 공격을 이해하는 사람들도 있었고 존경받는 선각자들도 있었다. 적어도 두 명의 선각자, 20세기의 이상주의자들인 이탈리아 태생의 독일 음악가 페루

치오 부조니Ferruccio Busoni와 러시아의 명연주자이자 작곡가인 알렉산드르 스크랴빈Alexander Scriabin이 완전히 새로운 조성을 실험하였다. 작곡가일 뿐만 아니라 피아노의 대가이자 이론가인 부조니는 화성의 전폭적인 수정을 통해 "장조와 단조의 폭압"[239]에서 벗어나고자 했다. 그리고 스크랴빈은 후기로 갈수록 신비주의에 점점 더 빠져들어 불가해한 화음 체계를 추구하며 우주적 행복을 증진시키려 했다. 부조니와 스크랴빈의 작품은 1918년 11월에 그 중요성이 알려졌다. 쇤베르크가 당시 음악 공연 기획 업계를 지배하고 있는 상업주의에 반항하기 위해 빈에 '사적음악공연협회'를 설립하면서였다. 그는 그 협회원 목록에 음악의 혁신에 현저한 기여를 했다고 판단한 작곡가들, 즉 말러, 부조니를 비롯한 개척가들을 포함시키려고 했다. 스트라빈스키도 이 소수의 혁신가에 포함되어 쇤베르크의 중요 모더니스트 목록에 끝까지 남았다.

4

1951년에서 1971년까지 마지막 20년 동안, 스트라빈스키에게는 프랑스인에서 미국 체류자가 된 것보다 더 중요하고 극적인 변화가 있었다. 하나는 12음 기법을 사용하기 시작한 것이고, 또 하나는 발레곡으로 돌아간 것이었다. 1951년 쇤베르크가 죽고 난 뒤, 스트라빈스키는 거의 30년 동안 자신을 지탱해 왔던 신고전주의에 등을 돌리고 12음 기법을 받아들였다. 간단히 말하면 2차 빈악파의 확실한 적이었던 스트라빈스키가 쇤베르크와 베베른, 특히 베베른의 늦깎이 제자가 된 것이다. 그것도 아주 충실한 제자 말이다.

대중의 반응은 두 가지였다. 우선 '평범한' 음악 애호가들은 무관심했다. 이들은 전문적인 것을 이해하지 못한 채 스트라빈스키의 최후의 모험이 그저 싫다 혹은 좋다는 반응만 보였다. 또 한편의 반응은 격한 분노였다. 모더니스트 음악을 잘 아는 사람들은 쇤베르크가 죽을 때까지 스트라빈스키가 12음계로의 개종을 미루었던 것을 비난했다. 어떤 이들은 12음 기법이 진보 진영에서 대유행이었을 때 스트라빈스키는 오히려 그것을 지루해했다고 한다. 또 다른 이들은 스트라빈스키가 그 오스트리아인들을 뛰어넘으려고 했으며(예리한 스트라빈스키는 쇤베르크를 "우리 시대 최초의 현대적인 건축 기술 학자architecnologist"[240]라고 찬양했다.), 70세가 다 돼 가는 노장임에도 불구하고 다른 작곡가들이 수십 년 동안 씨름해 만든 현대적 표현 형식을 손쉽게 이용할 수 있음을 증명해 보이고자 한 것이라고 했다.

변절자 스스로 공식적인 입장을 분명하게 밝히지는 않았지만 이 놀라운 변모는 그가 혁신적인 양식이라면 모두 섭렵할 능력이 있다는 것을 증명해 주는 것 같았다. 그 적응력은 과연 현대 음악의 피카소로 불릴 만했다. 피카소가 새로운 양식들을 하나하나 차례로 습격하여 걸작을 만들어 냈듯이 스트라빈스키도 작곡의 모든 영역에 손을 댔고 인상적이고 독특한 작품을 계속 생산해 냈다.

1950년대에 일으킨 두 번째 '혁신'은 스트라빈스키가 수십 년 전 처음 유명세를 떨쳤던 바로 그 분야에서였다. 발레 음악으로 돌아온 것이다. 이 회귀는 주로 그루지야 무용가이자 안무가인 조지 발란신George Balanchine 덕분이었다. 발란신은 1933년부터 미국에 살며 뮤지컬 코미디, 발레, 오페라 막간극, 텔레비전 특집 프로그램의 안무를 하다가 1948년 뉴욕시티발레단을 창단했으며, 세계에서 가장 유명한 발레단으로 성장시켰다. 이 뉴욕시티발레단은 20년 동안 스트라빈스키의 음악적 고향이 된다. 「불새」의 작곡가가 돌아온 것이다.

발란신 시대

1

스트라빈스키와 발란신의 첫 만남은 댜길레프의 후원을 받던 1925년으로 거슬러 올라간다. 스트라빈스키와 댜길레프는 「나이팅게일의 노래Le Chant du rossignol」의 개작 안무를 맡은 발란신과 친해졌다. 「나이팅게일의 노래」는 이보다 5년 전, 당시 댜길레프가 개인적으로나 업무적으로나 아주 좋아했던 레오니드 마신Léonide Massine의 안무로 초연된 작품이었다. 스트라빈스키와 발란신은 사적으로 더욱 친해졌는데 대체로 그 '마법사'의 독재 체제에서 예술가로서의 고결함을 희생시키지 않고 살아남기 위한 방책이었다. 그들은 1950년대 초부터 20년 동안 가장 가까운 관계로 발전했다. 놀랍게도 너무도 다른 두 예술가는 공동 작업을 통해 조화를 잘 이루었고 엄청나게 풍부하고 매혹적인 발레 작품을 만들어 냄으로써 결국 전통적 정전의 폭을 넓혔다. 입체파 시기에 피카소와 브라크가 그리 오래 지속되지는 않았지만 사실상 유사성을 보여 주었던 때를 제외하면 어떤 모더니스트들도 스트라빈스키와 발란신만큼 친밀한 협력 관계를 맺은 적이 없었다. 그 관계의 끝은 댜길레프와 함께가 아니었지만 시작은 그와 함께였다.

앞서 이미 댜길레프가 고집 세고 상상력이 풍부하며 독재적이고 예술 작품에 대해 상당히 아는 것이 많으며 때로는 돈 걱정 따위는 하지 않는 엄청난 존재라는 것을 잠깐 보여 주었다. 새로운 솔리스트나 작곡가, 새로운 장면과 스텝에 대한 계획을 세울 때면 신중을 기하기는커녕 어떤 무용수를 마음에 들어 하고 있었는가에 따라 계획을 뒤집기도 했다. 한마디 상의도 없이 스트라빈스키와 발란신의 발레「뮤즈를 인도하는 아폴로 Apollon Musagète」1928의 일부를 잘라내 버린 것만 봐도 댜길레프의 전형적인 스타일을 알 수 있다. 그러나 모더니즘에서 무용의 역할을 논하려는 사학자라면 댜길레프에게 눈에 잘 띄는 자리를 내줄 수밖에 없다. 그의 발레들은 러시아에서는 공연될 수 없었다. 제정 시대건 1917년 이후 공산주의 시대건 댜길레프의 작품들은 너무 현대적이었기 때문이다. 제정 시대에는 19세기 발레의 관습이 그대로 지켜지고 있었고, 혁명 이후에는 소비에트 정부가 점점 더 예술적 자율성에 간섭하였는데 그런 정부가 러시아 발레단이 모더니즘 안무를 고집하도록 내버려둘 리 없었다. 그러니 공연이 불가능했다는 사실만으로도 댜길레프가 이단의 유혹에 계속 빠져 있었다는 것이 증명된다. 그의 본거지는 상류층의 도시 몬테카를로와, 그에게 명성과 영향력을 확실히 보장해 준 파리였다.

기억하고 있겠지만 댜길레프는 1909년 이미 뛰어난 직관을 증명해 보였다. 러시아 발레단을 창단하고 그때까지 거의 무명이었던 스트라빈스키에게「불새」의 작곡을 의뢰한 해였다.「불새」의 대성공으로 스트라빈스키에게 다른 곡들도 맡겼다. 그리고 정확히 훈련받은 무용가이자 음악에도 전문가적 안목이 있는 발란신도 댜길레프가 발탁했다. 어린 나이에 이미 천재성을 드러낸 발란신은 이 첫 번째 거물 후원자의 손을 뿌리치지 않았다.

스무 살이나 연상인 스트라빈스키에게 늘 깍듯하면서도 비굴하지 않았던 게오르기안 발란치바드제Georgian Balanchivadze는 1924년 러시아 발레단에 입단하여 거의 소리 소문 없이 안무가 자리에 올랐다. '발란신'이라는 이름을 지어 준 것도, 그를 유럽 전역의 미술관에 끌고 다니면서 교양을 쌓게 해 준 것도 물론 댜길레프였다. 발란신의 어린 나이와 미숙함에 개의치 않았던 것도 댜길레프의 현명함 덕분이었다. 그리고 댜길레프로서는 어느 정도 절박한 상황이기도 했다. 당시 러시아 발레단은 맥이 빠져 있었다. 초창기의 뛰어난 무용수들은 은퇴했고 그가 데려올 수 있는 사람들로 파리의 발레광들이 원하는 혁신을 이루기란 거의 불가능했다. 그때 발란신이 등장했다.

댜길레프는 1929년 여름에 당뇨로 죽었다. 당분 섭취 습관을 고치지 못했던 것이다. 댜길레프가 죽기 전 5년 동안 발란신은 러시아 발레단에서 십여 곡을 안무했지만 스트라빈스키의 곡은 「뮤즈를 인도하는 아폴로」밖에 없었다. 역사적인 공연이었다. 발란신은 그러잖아도 간결한 그 곡을 더더욱 간결하게 만들려고 하였다. 알록달록한 장식과 의상처럼 불필요하다고 생각한 것을 없애 버리고 첫 장면을 과도할 만큼 극적으로 잘라 버렸다. 이것이 바로 모더니즘 발레의 뼈대가 되었다.

「뮤즈를 인도하는 아폴로」는 네 명의 무용수들 사이의 무언의 대화다. 조숙한 소년 아폴로와 세 명의 뮤즈, 즉 칼리오페, 폴리힘니아, 테르프시코레였다. 이중 아폴로는 파트너로 춤을 관장하는 테르프시코레를 선택한다. 그들의 파드되2인무는 현대 발레에서 잊을 수 없는 경험이 되었다. 「뮤즈를 인도하는 아폴로」는 수많은 인물이 등장하고 화려한 장관

「뮤즈를 인도하는 아폴로」 1928 "스트라빈스키의 곡이 계시였습니다." 안무가 조지 발란신은 알록달록한 장식과 의상을 없애고 고의적으로 생략하여 화려한 장관을 자랑하는 전통적인 발레와 확연히 다른 단순미를 보여 주었으니, 이 작품이 시간을 초월하여 유행의 변덕에 굴하지 않고 살아남은 것은 당연한 일이다.

을 자랑하는 전통적인 발레와 확연히 다르게 단순하고 조용했으니, 이 작품이 시간을 초월하여 유행의 변덕에 굴하지 않고 끝내 살아남은 것은 어쩌면 당연했다. 그 작품은 전쟁 전 스트라빈스키의 작품과 대단히 달랐다. 소위 신고전주의기인 이때, 스트라빈스키는 프랑스 문학의 고전주의 거장들인 장 바티스트 라신과 니콜라 부알로에게서 고전시의 운율인 알렉산드르격약강 6보격을 빌려 와 리듬을 맞추었다.

그러나 발란신 때문에 이 발레 작품에서만은 안무가와 작곡가의 관계가 역전되었다. 스트라빈스키는 이례적으로 겸손하게 「뮤즈를 인도하는 아폴로」의 대성공을 세르주 리파르 Serge Lifar의 무용과 발란신의 안무 덕으로 돌렸다. 반세기 뒤에 발란신은 유창하게(드문 일이었다.) 당시를 회고하면서, 「뮤즈를 인도하는 아폴로」를 "내 예술 인생의 전기轉機"라고 했다. "스트라빈스키의 곡이 계시였습니다." 그의 곡이 "내가 모든 것을 이용할 수는 없지만 모든 것을 없애 버릴 수는 있다고 말해 주는 것 같았습니다."[241] 발란신은 스트라빈스키의 신고전주의 음악을 적절히 보완하기 위해 고의적으로 생략을 이용한 것이다. "할 수 있는 수많은 것들을 꼭 필요한 한 가지로 줄이고 제한하여 명료화하는 법을 깨닫기 시작했습니다." 뉴욕시티발레단에서 발란신은 발레에서 오랫동안 지켜져 왔던 (그가 너무도 잘 알고 있는) 규칙들을 철저하게 위반하는 자세와 동작을 만들어 내었는데, 그것이 「뮤즈를 인도하는 아폴로」에서 이미 희미하게 조짐을 보이고 있었던 것이다.

스트라빈스키가 이 시기에 작곡한 작품들은 수많은 발레 애호가들이 그동안 사랑했던 전통적인 볼거리와는 대단히 달랐다. 겨우 20대에 불과한 공동 작업자 발란신은 그 작품들을 통해 '고전적 모더니즘'이라는 이름이 모순어법만은 아니라는 것을 잘 보여 주었다. 루드비히 미스 반 데어 로에가 만든 저 유명한 건축 슬로건 "적을수록 더 많다."가 발란신의 발레에 딱 들어맞았다. 「뮤즈를 인도하는 아폴로」는 댜길레프의 후기 성공작 중 하나였는데 그는 이 작품에 점점 심취했다. 그의 애인이었던 리파르가 아폴로 역을 너무도 잘 해냈기 때문만은 아니었다. 댜길레프는 한결같은 모더니스트였으니 그의 칼끝은 늘 혁명적인 작품에 맞추어져 있었다.

2

당대 최고 거장이었던 댜길레프는 발란신을 발굴하여 그에게 큰 권한을 주고 사실상 무모할 만큼 빨리 발레계에 진출시켰다. 그것은 사소한 일이 아니었다. 그러나 이런 댜길레프의 죽음이 오히려 모더니스트 발레가 더 광범위하게 전 세계로 뻗어 나가는 데 기폭제가 되었다. 그의 오래된 단원 중 두 사람, 탁월한 독무가인 세르주 리파르와 니네트 드 발루아Ninette de Valois는 각각 파리와 런던에서 자신의 발레단을 꾸려 안무가 겸 단장을 맡았다. 포킨과 마신 같은 단원들도 세계에 재능을 알렸다. 그러나 곧 댜길레프의 단원들 가운데서도 발란신은 누구도 넘볼 수 없는 존재가 되었다.

발란신이 경쟁이 극심한 발레 분야에서 정상에 등극하여 수십 년 동안 자리를 지킬 수 있었던 것은 결정적으로 뛰어난 음악적 안목 덕분이었다. 모더니스트 안무가가 되기란 쉽지 않았다. 그는 뛰어난 감수성으로 곡을 연구했으며, 그 음악을 무대에서 '보여 주었다.' 그의 말에 따르면 그저 무용수의 동작을 통해 음악을 설명하는 것이 아니며 음악을 억누르거나 모방하기보다는 눈에 보이게 만들었다. 발란신은 음악도 무용도 어느 한편에 부속되지 않기를 바랐다. 그는 관객들이 작곡가에게 귀를 기울이는 동시에 자신의 해석에 따르도록 유도하고자 했다. 그러니 그가 스트라빈스키를 가장 흥미롭게 해석한 안무가인 것은 당연했다.

댜길레프의 죽음으로 갑자기 의지할 곳을 잃은 발란신은 파리와 코펜하겐에서 잠깐씩 일하다가 잠시 동안 자신의 발레단을 꾸렸다. 1933년 부유한 가문 출신의 젊은 미국인 발레광 링컨 커스틴 Lincoln Kirstein이 발란신에게 미국 발레단 창단을 제안했다. 재력이 든든한 커스틴의 취향과 발레 거장 발란신의 탁월함이 어우러진 발레단이 될 터였다. 마침 어찌할 바를 모르고 있던 발란신은 곧바로 제안을 수락했다. 전문가답게 그는 미국 발레단에 장차 필요하게 될 인력을 양성하기 위해 교육부터 시작했다. 아메리칸발레 학교 School of American Ballet였고, 현명한 투자였다. (나중에 발란신의 네 번째 아내가 된) 타나킬 르 클레르 같은 뛰어난 무용수들이 1950년대에 국제적인 명성을 얻으며 최고의 발레리나가 되었다.

그러나 미국 대중은 몰려들지 않았다. 낙담과 우여곡절 끝에 1948년 4월에야 뉴욕시티발레단은 시티센터에서 처음으로 저녁 전회 공연을 했다. 그때까지 발란신은 15년 동안 미국에 살고 있었지만 미국에 현대 발레를 정착시키겠다는 커스틴의 야망을 아직 실현시키지 못하고 있었다. 또 10년이 더 지난 1957년에야 발란신은 열광적인 고정 관객들을 확보하게 되었다. 스트라빈스키에게 「아곤 Agon」을 맡긴 공연이었다. 그리고 그 명성을 1983년 죽는 순간까지 지켰다.

「아곤」의 내력은 부르주아 시대의 후원이 살아남은 또 하나의 예다. 열렬하고 끈질기며 손 큰 후원가 커스틴은 자주적으로 일을 추진하는 창조적 인물들을 만나게 됐다. 부유한 사람의 제안에 고분고분 따르기보다 새로운 발레를 시작할 적절한 순간, 적절한 이미지를 기다리는 사람들이었다. 장수한「뮤즈를 인도하는 아폴로」이후 스트라빈스키와 발란신의 작품「오르페우스Orpheus」1948를 후원한 뒤에 커스틴은 '3부'에 도시들의 건설자 아폴론을 등장시켜 마무리하자고 계속 부탁했다. 하지만 발란신과 스트라빈스키는 계속 미루다가 마침내 의지력을 겨루는 고대 그리스의 경연을 생각해 냈고, 마침내「아곤」이 탄생했다. 이 작품은 대체로 추상적이고 사실상 플롯이 없는 발란신다운 에너지, 속도감, 명확성이 필요한 발레였다. 여덟 명의 여성과 네 명의 남성이 연습복을 입고 눈부신 측면 조명을 받으며 연기했다.

「아곤」에 등장한 경연 중 가장 주목할 만한 것은 멋진 백인 발레리나 다이애너 애덤스와 마찬가지로 멋진 흑인 남자 무용수 아서 미첼이 함께 호흡한 그 유명한 파드되였다. 아서 미첼은 뉴욕시티발레단 최초의 흑인 주인공이었다. 발란신은 민권 운동가가 되고 싶었던 것이 아니라 순백색의 팔과 검정색 손을 가능한 한 강렬하게 대비시키고자 했다. 뉴욕시티발레단의 주역 발레리나였던 멀리사 헤이든Melissa Hayden은 그 순간을 "너무도 굉장했다."[242]라고 회상했다. 스트라빈스키의 이 모더니즘 곡은 앞서 언급했듯이 12음계로 개작하여 자신의 곡으로 만든 17세기 프랑스 발레곡에 일부 기반을 두고 있었다. 모더니즘 작품에서 종종 그랬듯 과거와 현재가 평화롭게 공존했던 것이다.

이 모든 것만으로도「아곤」은 충분히 놀라웠다. 그러나「아곤」의 대성공은 단연 더 놀라운 일이었으니, 그 작품의 운명은 보통의 아방가르드 작품과는 달랐다. 무용수, 평론가, 관객들이 모두 이 공연에 압도당하여 다시 보고 싶어 했다. 스트라빈스키는 대중이 이 고도로 응축된 어려운 작품을 이해할 수 없을 것이라고 생각해서 아예 초연을 올리는 뉴욕에 오지도 않았다. 그 대신 친구들을 통해 평과 소식을 전해 듣고 자신의 비관이 쓸데없었다는 것을 알게 되었다.

여러 소식들 중 하나가 눈에 띈다. 다이애너 애덤스는 스트라빈스키에게 이렇게 써 보냈다. "「아곤」 공연에서 우리가 느낀 기쁨과 흥분에 대해 알려 드림. 매번「아곤」을 하면 좋겠어요. (……) 관중들의 반응은 엄청났어요. 공연을 아주 좋아하는 것 같아요. 공연이 수차례 추가됐지요. 정말, 선생님께서 그 반응들을 보셨으면 좋았을 텐데요. 너무 놀라웠어요. 축하드려요. 그리고 아름다운, 너무도 아름다운 우리의 곡, 감사합니다."[243] 모더니즘 역사에서 이런 찬사는 흔치 않은데, '우리'라는 말도 의미심장하다. 발란신과 스트라빈스키가 뉴욕시티발레단에 속해 있듯 그 발레단은 발란신과 스트라빈스키에게 속해 있었던 것이다.

발란신이 엄청난 성공을 거둔 것은 사실이지만 그렇다고 그가 모더니즘 발레 시장을 독식하지는 않았다. 그는 전혀 급진적이지 않은 작품들도 꽤 많이 만들어 냈다. 유머러스하고 애국적이고 심지어 뻔뻔스러울 만큼 전통적인 작품들도 있었다. 차이코프스키의「호두까기 인형」을 안무한 작품은 처음부터 끝까지, 댜길레프 이전에 흔히 볼 수 있던 발레에 대한 찬사에 불과했다. 그러나 새로운 관객들이 그의 공연을 좋아했던 이유는 그가 이전과 달리 아이들을 무대에 올렸기 때문이다. 그 덕분에 뉴욕 시티발레단은 크리스마스 시즌이면 이 공연으로 단단히 한몫 잡을 수 있었다. 그리고 런던의 프레더릭 애슈턴, 뉴욕의 앤서니 튜더, 슈투트가르트의 존 크랭코 같은 모더니스트 안무가들은 발란신의 흥미로운 경쟁자들이었다. 그중 튜더는 안무가 중의 정신분석학자로 불렸다. 인물들의 내적 갈등에 천착하였으니 누구도 그에 대해 피상적이라고 비난할 수 없었다. 그러나 발란신은 그런 비판을 받았다.

모더니즘 역사가라면 이 미심쩍은 분석을 그냥 지나칠 수 없다. 발란신이, 내가 모더니즘을 정의할 때 든 두 가지 특성 중 첫 번째 것, 즉 전통에 대한 의도적인 공격에 성공한 것은 우연이 아니다. 발란신의 뛰어난 작품들은 획기적인 요소들로 가득했고 감동적이면서도 충격적이었다. 그러나 두 번째 특성, 즉 주관적 경험의 탐구에 대해서는 이론의 여지가 있다. 비평가들은 발란신의 안무가 연기자들의 내밀한 차원을 희생시킨 대가로 기교를 살렸다고 주장했다. 그러니까 다른 말로 하면 감정이 없다는 것이다. 발란신의 주요 작품, 특히 플롯 없이 발레 그 자체만을 추구한 작품들은 엄밀함이 그 목표였기 때문에 형상을 만드는 가장 유연한 도구로 무용수들의 몸을 최대한 이용하였다. 무용수의 몸을 자유롭게 쓰게 한 것이 그가 처음은 아니었다. 로이 풀러Loie Fuller, 이사도라 던컨Isadora Duncan, 독일의 마리 비그만Mary Wigman 같은 이전 세대 아방가르드 여성 거장들의 업적이 있었다. 그러나 발레의 긴 전통 안에서 보면 발란신의 안무만큼 무용수들에게 신체적으로 힘든 것은 없었다.

발란신은 자신의 획기적인 작품들이 편안해 보이도록, 적어도 신체적으로 과도하게 힘들어 보이지 않도록 발레리나들을 훈련시켰고, 발레에서 신체적으로 강인한 무용수 발굴이 중요해졌다. 그렇다고 그가 가학적인 사람은 아니었다. 연기자들의 체력에 따라 개별적으로 안무를 조절해 주고 유머와 매혹적인 장난기로 치장했다. 그러나 일부 관객들은 발란신의 발레적 상상력을 현실화하는 데 이용된 너무도 멋진 신체들이 오히려 무용수들의 내밀한 감정, 혹은 발란신의 정서적 주관성을 가렸다고 느꼈다. 발란신은 여느 추상화가들만큼 주관적으로 자신의 충동과 곡에 대한 너무도 개인적인 반응에만 귀를 기울였다. 그러나 (어쨌든 미심쩍어하는 사람들 보기에는) 그 결과물은 너무도 정교하고 마치 움직임의 패턴을 만들어 내는 체조와도 흡사했다. 어떻게 보면 프로이트의 사례 연구와도 비슷했다. 무의식적 욕망과 불안을 포함해 갈등하는 정신을 깊이 연구했지만 결국 주관적 상태에 대한 객관적 설명이 되고 말았으니까 말이다. 발란신을 헐뜯는 사람들은 그의 발레가 주는 쾌감이 기하학적 쾌감일 것이라고 비난했다. 미술 애호가가 그 유명한 몬드리안의 격자에서 얻는 것과 유사한 쾌감, 즉 애인을 향한 감정이 실린 피카소의 초상화에서 얻는 쾌감이라기보다 균형과 색상의 대비에 대한 초연한, 거의 과학적인 이해에서 오는 쾌감이다.

그러나 몬드리안의 작품에 대한 통상적 반응은 발레 거장 발란신의 작품에 대한 반응과 정반대였다. 앞에서 몬드리안은 심리적 곤경에 빠져 있었다고, 즉 자연에 대한 심한 공포, 결국은 성관계에 대한 공포를 느끼고 있었다고 했다. 모든 자연물 중 몬드리안이 가장 공포스러워한 것은 바로 여성이었다. 심지어 대각선조차 극구 거부하며 세심하게 측정된 직선, 억제되고 반복적이며 무늬 없는 단색의 직사각형을 고집한 것은 몬드리안이 느낀 억압이 얼마나 강했는지 증명해 준다. 대부분 사람들이 그의 작품에 숨겨진 공포, 냉정하고 과묵한 캔버스 이면에 있는 공포를 발견하지 못한 것은 그 작품들이 어찌된 일인지 너무도 아름답기 때문이었다.

이와 대조적으로 발란신의 작품들에서 여성에 대한 공포 같은 것은 없다. 그는 고분고분한 발레리나들을 냉정하게 거리를 두고 조종하는 사람이 아니었다. 사실 무용수들이나 자기 작품에 열광하는 대중에 대한 그의 따뜻한 반응을 본다면, 누구도 그에 대해 '냉정'하다는 표현을 쓸 수 없었을 것이다. 발란신의 방대한 작품들을 하나의 주제로 묶을 수는 없다. 그러나 결국 중심에는 하나의 주제가 있다. 여성에 대한 남성의 숭배가 바로 그것이며 그 주제는 그가 안무한 작품에서 여러 가지 형태로 표현되었다. 발레 작품 중 그가 가장 주목했던, 그리고 제일 좋아하는 것 하나만 들라면 「스트라빈스키 바이올린 협주곡」1972을 꼽을 수 있다. 《뉴욕 타임스》의 발레 비평가 애너 키셀고프Anna Kisselgoff는 1999년 1월 이렇게 썼다. "가장 지적인, 발란신의 스트라빈스키 발레곡에서 성性이 고개를 들고 있는 것은 이미 알고 있는 사실이다." 그는 "두 부분에서 남녀관계에 대해 가장 세밀히 탐구하였다."[244] 발란신에게 분석적 정신과 열정적 감정 사이의 벽은 온통 구멍투성이였던 것이 분명하다.

발란신의 인생에서 여성은 중요했다. 네 번 결혼했고 상대는 모두 발레리나였다. 만약 마지막 20년 동안 그의 뮤즈였던 "석고처럼 하얀 공주" 수잰 패럴이 결혼에 응했다면 다섯 번째 결혼도 했을 것이다. 우아하고 매력적인 무용수, 발란신으로부터 눈부시고 돋보이는 역할을 부여받은 그 순진한 유혹자는 그의 눈에 순수한 여성성과 재능의 완벽한 조합으로 보였다. 발란신이 그녀에게 반할 만도 했다. 수많은 관중들도 그녀를 숭배했으니까. 수잰 패럴을 사랑하는 것은 결코 발란신만의 특권이 아니었던 것이다. 그리고 사랑에 빠져도 안무에는 지장이 없었다. 오히려 사랑을 통해 대작들을 만들었다. 감정이 없는 사람, 혹은 감정을 표현할 수 없는 사람이라는 발란신의 이미지는 과장된 것에 불과했던 것이다.

3

발란신은 몹시도 아름다운 안무를 자주 보여 주지만, 어쨌든 고백적인 자기표현이 목표인 안무보다는 이성적인 안무에 더 능했던 것이 사실이다. 아무도 토를 달지 않는 미국 현대 무용의 여제 마사 그레이엄의 작품과 확연히 대조되는 것도 그런 까닭이었다. 모더니즘 무용은 전혀 다른 두 개의 원천이 있었다. 현대 발레와 현대 무용이다. 이 둘은 전통에서 급진적으로 탈피했다는 것 말고는 공통점이 거의 없다. 그레이엄의 경이로운 창조력의 핵심은 안무가이자 무용수로서 유일한 진짜 에너지원인 자신의 내밀한 열정을 포착하고 극화하는 것이었다. 발란신은 자신의 감정을 남성과 여성 주인공들의 대단히 만족스러운, 때로는 감동적이기까지 한 경쟁으로 승화함으로써 내가 '형식 창조의 쾌감'이라고 부르는 것에 골몰했다. 그의 관능적 흥분은, 비록 천박하게 폭발하거나 파토스를 불러일으키지 않은 채 대단한 기교 아래 숨겨져 있더라도, 그 아래에서 계속 꿈틀거렸다. 그래서 결과적으로 연기자들과 관객들이 모두 심오한 만족감을 느꼈다. 마사 그레이엄에 대해서도 비슷하게 느꼈지만 그녀의 방식은 더 직접적이고 관능적이었다.

마사 그레이엄은 외모가 대단히 개성적이었다. 날카로운 눈과 도드라진 광대뼈, 가느다랗고 유연한 몸이 인상적이었지만 거의 말라빠진 발란신의 무용수들보다는 부드러운 몸이었다. 그레이엄은 1894년 캘리포니아의 지식인 집안에서 태어났다. 아버지는 정신과 전문의였다. 그레이엄은 10대 후반에 미국 무용수 루스 세인트 데니스Ruth St. Denis의 공연을 보고 자신의 천직을 깨달았다. 약간의 망설임 끝에 그녀는 스물한 살이 되던 해 데니숀 무용학교1915-1931년 로스앤젤레스 위치에 입학하였다. 당시 미국의 유일한 정식 무용단 겸 학교로 세인트 데니스와 그녀의 남편 테드 숀

이 운영했다. 그레이엄은 배우는 것도 빨랐고 외국의 영향과 크리스천사이언스 교리가 마구 뒤섞인 감상적이면서 의사종교적인 학교 분위기에서 벗어나는 것도 빨랐다. 뉴욕 로체스터에 있는 이스트만 음악학교에서 얼마간 무용을 가르치며 개성적 스타일을 계발하더니, 1926년 자신의 첫 작품으로 대중 앞에 섰다. 당시 서른두 살의 나이는 다른 발레리나들이 은퇴를 생각하는 연령이었다.

그러나 마음속에 확신을 품고 있던 그레이엄은 결코 흔들리지 않았다. 서부 아메리카의 풍물, 종교, 삶과 죽음과 같은 대단히 야심 찬 주제로 수십 편의 독무를 안무했다. 매번 최소한의 무대 장치와 의상을 썼지만 솜씨는 뛰어났다. 엄숙하고 난해한 주제들을 모두 다루며 자신의 무대를 넓혔다. 1929년 소규모 발레단을 창단하였고 훌륭한 문하생들이 아주 많았다. 그러나 이곳에서도 모든 지휘는 직접 해야 했다. 이렇게 권력 독점을 즐기면서 가장 강렬한 감정들을 시각적 등가물로 바꾸는 작업을 착실히 해 나갔다. 그녀는 '자신의' 역할을 대리인들에게 맡기고 싶어 하지 않았기 때문에 늘 자기 역할을 중요하게 부각하곤 했다. 그레이엄의 춤은 마리 비그만의 표현주의 무용을 독자적으로 미국화하여 개발한 것이었다. 여기서 표현주의 무용이란 바이마르공화국에서 아방가르드 예술가들이 개발한 양식이다.

이교도들은 위험을 감수해야만 했다. 수년 동안 마사 그레이엄은 관객이 반도 차지 않은 극장에서 춤을 추었다. 그녀에게 사실상 따를 만한 모범이 없었기에 몇 안 되는 꿋꿋한 동지들과 함께하거나 아니면 대체로 혼자서 작업했다. 그러나 오랫동안 인정받지 못했지만 포기할 수 없는 신념이 있었고, 아무도 도와주지 않았더라도 그 신념은 굳건한 버팀목이 되었을 것이다. 실제로 그녀는 단호함과 돈과 유행에 대한 무관심 덕분에

1991년 아흔여섯 살로 사망할 때까지 평생을 가난 속에 살았다. 모더니스트의 전형인 셈이다. 초기 얼마간은 보드빌노래와 춤을 섞은 대중적 희가극에 출연하기도 했지만 끝내 상업극을 거부하여 오랫동안 가난에 허덕였다. 그러다가 2차 세계대전 이후 드디어 대중에게 인정받게 되었다. 공연이 매진되기 시작했고, 그녀는 전국적으로 유명인사가 되었다. 그러나 오래전부터 그녀는 문화에 대해 해야 할 중요한 말을 가슴에 품고 있었다. 충실한 모더니스트로서 시대성도 강조했다. "어떤 예술가도 자기 시대를 앞서 나갈 수 없습니다. 그 예술가가 바로 자신의 시대입니다."[245] 그 말로 모더니즘의 역사가 완벽하게 순환한 셈이다. 이 책의 초반에 등장한 보들레르가 백 년 전에 똑같은 말을 했으니까. 마사 그레이엄은 현대인이든 아니든, 작곡가든 무용가든 상관치 않고 모더니스트들과 조화를 이루며 자기 시대에 살기를 가장 간절히 원했던 것이다.

6

음악과 무용:
소리의 해방

5

산문과 시: 마음의 담속

건축과 디자인: 기계, 인간 생활의 새로운 조건

"건축보다 더 중요한 것은 없다."

1

초기 모더니즘 건축 작품들은 1차 세계대전이 발발하기 얼마 전에 출현했다. 그 작품들을 설계한 선구자들의 생각은 대부분 제각각이었지만 기존 아카데미 체제, 즉 에콜데보자르에 대한 반발에 있어서는 뜻을 같이했다. 에콜데보자르의 특권에 대해 불쾌해했고 그 취향을 경멸했다. 반관적인 살롱들은 믿을 수 있는 신고전주의적 파사드에 고분고분 의존하고 기계적 장식을 완강하게 고집하면서 고딕 양식에 대한 경외심이 담긴 집착을 품었다. 이러한 살롱들은 유서 깊은 원칙들을 내세우며 모더니스트들이 독자적인 길을 모색하도록 끊임없이 자극했다. 에콜데보자르의 교육에 흡족해하던 전통주의자들은 "은행은 은행처럼 보여야 한다."라고 말했으니, "고대 로마 건축물과 비슷해 보이거나 비슷한 느낌이라도 들어야 한다."라는 뜻이었다. 이와 대조적으로 혁신적인 건축가들은 19세기 중반부터 흔한 은행처럼 생긴 은행을 거부하고 새로운 형태, 시도된 적 없는 재료, 기분 좋은 평이한 색상으로 건축을 실험해야 한다고 주장했다.

프랭크 로이드 라이트가 설계한 다윈 D. 마틴 저택 1904 라이트가 실외에 대한 개방이라는 실험을 실현한 건물이다. 초기 모더니즘 건축물 중에는 이처럼 전통을 거스르는 획기적인 작품들이 눈에 띈다.

아돌프 로스가 설계한 슈타이너 저택 1910 로스는 단호하게 장식을 배제한 설계를 선보였다. 프란츠 요제프 황제는 이 집을 눈썹 없는 수치스러운 집이라며 비아냥거렸다.

발터 그로피우스의 파구스 구두 공장 1910 급진주의자들은 기존의 원칙들을 끊임없이 공격하고, 거의 알려지지 않고 평가도 되지 않은 재료들을 사용하는 데 앞장섰으며, 고대 그리스와 로마 때부터 존중되어 온 관습들을 아예 무시했다.

조지프 팩스턴이 설계한 수정궁 런던 만국박람회(1851)에 출품한 이 작품은 철과 유리 및 공장에서 만든 부재료에만 의존한, 당시 가장 현대적인 건축물이었다.

모더니스트들은 새로움을 모색하는 데 그토록 절박하게 천착하여 대단히 다양한 영감의 원천을 향유하였다. 그리하여 건축사에서 이렇게 짧은 기간 동안 대부분의 건축주들이 계속 선호하던 것, 즉 찬양자들은 '역사주의'라고 부르고 비판자들은 '절충주의'라고 부르는, 그다지 큰 노력이 필요없는 작품들로부터 획기적으로 이탈한 작품들이 이렇게 많았던 적은 없었다. 모더니즘의 전성기 동안에도 늘 다수를 차지했던 기성세대 건축주들은 아무리 지루하거나 어울리지 않는다고 해도 소중한 과거를 연상시키는 건축을 고집했다. 그들은 복고적 모형들을 잡다하게 그러모아 놓은 것을 원했다. 더 이상 모방할 가치도 없는 양식들을 모방한 것, 아름답기는커녕 어울리지도 않는 양식을 뒤섞어 놓은 것들 말이다.

초기 모더니즘 건축물 중에는 지배적인 취향을 거스르는, 눈에 띄게 획기적인 것들이 있었다. 실외에 대한 개방이라는 실험을 마침내 실현한 프랭크 로이드 라이트Frank Lloyd Wright의 버팔로 다윈 D. 마틴 저택1904, 최신 발명품인 강화 시멘트로 지은 오귀스트 페레Auguste Perret의 파리 아파트1905, 과시하듯 모서리 기둥을 없앤 햇빛이 잘 드는 발터 그로피우스의 파구스 구두 공장1910, (프란츠 요제프 황제의 비난을 그대로 인용하면) 눈썹 없는 수치스러운 집이라는 비웃음을 샀던, 단호하게 장식을 없앤 아돌프 로스Adolf Loos의 빈의 슈타이너 저택1910이다.

이런 도발이 전통적 건축가들과 그들의 잠재적 고객들 사이에서 불러일으켰던 불안감, 머지않아 분노로 변할 그 감정은 과소평가하기 십상이다. 급진주의자들은 기존의 원칙들을 끊임없이 공격하고, 거의 알려지지 않고 평가도 되지 않은 재료들을 사용하는 데 앞장섰으며, 고대 그리스와 로마 때부터 존중되어 온 관습들을 아예 무시했다. 고객들의 정신과 지갑을 놓고 벌어진 이런 경쟁에 경계가 확실한 두 편의 직접적인 투쟁만 있었던 것은 아니다. 이런 논쟁이 특히 격렬했던 프랑스에서 외젠 에마뉘엘 비올레르뒤크Eugene-Emmanuel Viollet-le-Duc가 이끄는 제3의 진영이 등장하여 싸움의 양상과 결과는 복잡해졌다. 유명한 건축 교육자(그의 인상적이고 유력한 책 『건축학 토론Entretiens sur l'architecture』은 프랭크 로이드 라이트가 가장 좋아하는 책 중 하나였다.)이자 19세기 중반 이후 교회와 성城의 복원으로 크게 물의를 일으킨 비올레르뒤크는 아카데미에 대한 적개심으로 보면 모더니스트의 시조로 불릴 만하다. 비올레르뒤크는 아카데미의 엄격한 규칙, 정기적인 자체 대회, 로마 대상 같은 대단히 유명한 아카데미의 상들, 이 모든 것이 과거를 향한 흔해 빠진 향수에 대한 보상에 불과하며, 그렇게 해서 유감스럽게도 그것들이 유지되는 것이라고 생각했다. 비올레르뒤크는 고딕 양식을 이상으로 삼았지만 대성당에 대한 맹목적 모방을 주창하지는 않았다. 당대의 문제에 대해 시대적 해결책이 필요하다며 고딕의 바탕 위에 현대 건축을 세워야 한다고 요구한 것을 보면 마치 진정한 모더니스트처럼 보인다.

　　　고전 작품을 찬양하면서도 과거와의 타협을 거부했던 모더니스트들에게, 그런 피상적 모더니티는 당연히 성에 차지 않았다. 젊은 이탈리아 건축가 안토니오 산텔리아Antonio Sant'Elia를 보자. 오싹할 만큼 새로운 것에만 몰두한 그는 1914년 열광적인 이탈리아 진보 선동가, 화가, 시인들로 구성된 미래파에 가담했다. 산텔리아의 동포이며 1913년 당시 학생 신분으로도 공산주의 지식인들 사이에서 유명해지고 있던 안토니오 그람시Antonio Gramsci가 "오늘날, 예술 작품의 끔찍할 정도의 빈곤함"[246]에

대해 푸념했던 것을 떠올려 보면 미래파의 의도를 이해할 수 있을 것이다. 자신들의 적들, 품위 있는 취향의 창조자이자 수호자에 대한 이런 냉소적인 평가는 사실상 모든 모더니스트들 사이에 일반적이었다. 산텔리아도 엘리엇이 당대 시를 불평할 때와 같은 언어로, 당시 건축을 비난했던 것이다.

산텔리아에게 건축은 태생이 실용적임에도 불구하고 틀림없는 예술이었다. 그는 현대적 기술의 발명품들이 미적 평가의 대상이어야 한다는 입장에서 유리, 콘크리트, 쇠가 "선과 양감 차원에서 내재적인 미가 풍부하다."고 했다. 다른 미래파들도 이런 하찮은 소재를 옹호하고 나섰다. 칼라브리아 이탈리아 남부의 주에서 북부로 이주한 움베르토 보초니 Umberto Boccioni는 화가이자 조각가이면서 논객으로서 건축이 본질적으로 현재의 일반적인 취향과 다르다는 입장을 강력하게 옹호했다. 그는 이렇게 경고했다. "과거가 건축주와 건축가의 정신을 짓누르고 있다." 그러므로 창조성은 전통을 깨뜨려야 한다. "건축은 처음부터 다시 시작되어야 한다."[247]

1916년 젊은 나이에 사고로 사망한 보초니는 다른 미래파들과 마찬가지로 혁신적 예술 운동들로부터 왕성하게 자극을 받아들이기는 했지만 안타깝게도 그 자극들을 새로운 양식으로 종합해 내지는 못했다. 예술사학자 조지 허드 해밀턴 George Heard Hamilton은 그 딜레마를 이렇게 요약했다. "미래파 회화는 신인상파의 붓놀림과 인상파의 현란한 색상, 입체파의 드로잉을 불안정하게 조합한 것에 지나지 않는다. 심지어 전성기의 보초니도 그렇다."[248] 그 새로운 화가들은 놀라운 활기와 흥미로운 변화, 즉 부단한 활동을 표현한, 간결하고 도발적인 슬로건에서 영감을 얻었을 뿐이었다. 간단히 말해, 적어도 미래파에게 비욜레르뒤크와 대조적으로 과거는 믿을 만한 길잡이가 아니었으며 현재도 마찬가지였다.

이탈리아 모더니스트 건축가들 중 미래주의가 내세운 야심 찬 과제를 가장 잘 해낼 것 같은 이가 바로 안토니오 산텔리아였다. 그러나 그의 인생은 슬프게 막을 내리고 말았다. 자신이 계획한 신도시가 세워지는 것을 보지 못하고 죽고 만 것이다. 그렇게 열렬하게 옹호하던 전쟁의 희생자로 말이다. 산텔리아는 방관만 하고 있는 이탈리아를 전쟁에 끌어들이려고 했던, 미래파 건축가로서만큼이나 적극적으로 활동한 전쟁 옹호론자였다. 마침내 1915년 이탈리아가 연합군에 합세하자 그는 자원 입대하였으나 이듬해 10월에 전사하였다. 한 세기 전 이미 괴테가 경고한 바 있지 않은가. 젊은 시절에 바랐던 일 때문에 나이 들어 낭패를 보게 될 수 있다고 말이다. 이렇게 해서 산텔리아의 유산은 훌륭한 잉크 드로잉 작품들밖에 없다. 하늘까지 닿은 아파트와 웅장한 발전소와 철도역, 운송 수단별로 분리되어 있는 차도들이 수채 물감으로 선명하게 채색되어 있다. 이 스케치들은 활기 차게 돌아가는 세상을 이상으로 찬양하고 있다, 그 이상은 바로 미래파들이 즐겨 썼던 단어 '역동성'이었다.

───

한 모더니스트가 당시 미의식에 대해 경멸을 표현하면서 건축에 대한 미래파들의 문제 제기가 확산되었다. 시인이자 편집자이며 미래파 운동의 창시자이자 명명자인 필리포 마리네티가 발표한 최초의 미래파 선언은 미적 평가와 당대의 사회적 상황들을 교묘하게 연관지었으므로 좀 길게 인용할 가치가 있다. 마리네티는 1911년 이렇게 썼다. "전 세계적으로 노마디즘, 민주주의 정신, 종교의 쇠퇴와 같은 현대의 현상들이, 한때 당당하게 권위와 신권, 신비주의를 표현했던 위대하고 장식적인 불멸의 건축물을 쓸모없는 것으로 만들어 버렸다." 모두가 법 앞에서 평등하게, 위생과 가정의 안락이라는 현대적 습관들을 유지할 권리가 있었으니 "크고 값싸고 환기가 잘되는 아파트 단지, 아주 편리한 기차, 터널, 철교, 크고 빠른 도선, 탁 트인 수평선이 보이는 언덕의 빌라들, 거대한 회의장과 매일 신속하게 몸을 씻을 수 있는 완벽한 욕실들"이 필요했다. 그리고 그는 자신이 '폭발적' 재능이라고 했던 것으로 이런 발언을 독자들에게 남겼다. "건축 중인 집의 철골보다 더 아름다운 것은 없다." 그것은 "존재하게 될 것들에 대한 우리의 타오르는 열정을 상징한다."[249]

마리네티는 그 포괄적인 선언문에 사적인 주거지와 공적인 기념물들을 아우르며 미래파 원칙을 설명했다. 즉 미의 의미를 전통적인 감식가들이 안타깝게도 간과했던 미적 측면까지 확장할 필요성을 주장했다. 빠른 이동, 성장하는 세속주의, 오늘날의 물질문화와 같은 현대적 현상들의 압도적인 힘, 상상력에 의해 변화하는 것의 우월성, 이 모든 것이 건축물에 표현되어야 한다는 것이다. 이렇게 보면 산텔리아의 미래파 합류는 사실상 이미 정해진 길이었을 것이다. 그의 새로운 도시 Città Nuova 설계 계획이 드로잉 300여 점에 나타나 있는데, 여기에 바로 마리네티가 찬양하는 새로운 요소들이 표현되어 있다. 산텔리아가 지적했듯 현대를 사는 "우리는 이제 더 이상 성당, 궁전에 있는 존재가 아니다."[250]

1888년 코모 이탈리아 북부 롬바르디아 주에서 태어난 산텔리아는 건축을 공부하려고 밀라노에 갔고 그곳에서 사무실을 열었다. '신경향 Nuove Tendenze'을 전파하는 조직의 창단을 돕게 된 것도 1912년 밀라노에서였다. 2년 뒤에 산텔리아는 신경향파의 첫 번째 전시회를 기획하였고 그룹의 강령을 밝히는 글도 작성하였다. 이탈리아의 지식인 대부분이 이탈리아의 문화가 주변국들보다 훨씬 앞섰으며 이탈리아에 보수주의 군주제에 대한 마르크스주의 좌파의 불평이 만연해 있다고 생각했다. 이런 분위기에서 새로운 원칙을 강구하는, 아니 받아들이려는 유혹은 억누를 수 없는 것이었다. 사실, 신경향파 그룹은 그렇게 순이론적이지도 않았고 미래파만큼 정치적이지도 않았지만 미래주의자들과 연관되어 자연스럽게 언론의 주목을 받았다.

2

건축에서 원대한 '신경향'의 역사는 150년 전 이미 시작되었다. 이것을 주도한 것은 건축가들이 아니라 기술자들이었다. 그들은 이론에 갇히지 않고 실용적인 문제를 해결하는 데 전념하여, 그때까지는 건널 수 없던 공간을 가로질러 멋진 교량을 건설하고 기발한 전시회장, 철도역 등을 만들어 냈다. 자신들도 모르게 미학적 걸작을 창조한 것이다. 19세기 혁신적인 건축가들 가운데 가장 특이한 사람은 아마추어 건축가 조지프 팩스턴 Joseph Paxton이다. 그는 유능한 기술자들의 도움을 받아 온실을 만들었고 1851년 런던만국박람회에 출품하기 위해 수정궁 Crystal Palace을 설계하였다. 그것은 철과 유리, 공장에서 만든 부재료에만 의존한, 당시 가장 현대적인 건축물이었다. 덧붙이자면 훌륭한 빅토리아인들이 이 전대미문의 설계를 내놓았고 훌륭한 빅토리아인들로 구성된 위원회가 그것을 인정하였다는 사실은, 빅토리아인들은 미적 관념이 부족하고 모험심이 없다는 흔한 비난을 반박하는 사례가 될 것이다.

1850년대에 이미 앞으로 모더니스트 건축과 설계의 지배적인 사고방식이 될 것이 두 단어로 표현됐다. 아방가르드 건축과 비평이 전통적 건축가들에게 포화를 퍼부을 때 사용한 단어, '정직성'과 '단순성'이었다.

두 가지 모두 당시에는 아직 드물게, 아니 소극적으로 적용되고 있기는 했지만 대체로 이상적인 것으로 여겨졌다. 정직성은, 이용 가능한 재료들을 "품위가 없다."고 해도 숨기지 않고 솔직하게 사용할 것을 요구했다. 어떤 재료를 채색하여 다른 재료처럼 보이게 하는 관습이 아직도 일반적이었지만 이에 반대하는 사람들은 목재와 철이 나름의 아름다움을 지니고 있으므로 솔직하게 본연의 모습을 드러내야 한다고 점점 목소리를 높이고 있었다. 단순성에 대해서는 많은 설계자들이 말로는 찬성했지만 화려한 장식을 요구하는 후원자들 앞에서는 어쩔 수가 없다(실제로 그런 측면도 있었다.)고 둘러대며 피해 갔다. 모더니즘 건축의 수사법이 잘 먹히려면 건축가뿐만 아니라 고객들도 가르쳐야 했던 것이다.

물론 19세기 후반에 이미 교육은 이루어지고 있었다. 영국 건축가 찰스 프랜시스 앤슬리 보이지Charles Francis Annesley Voysey는 1882년에 개업하여 개인 주택을 설계하고 멋진 날염 리넨, 벽지, 찻주전자, 가구 같은 장식품들을 디자인한 사람으로서, 자유로운 설계의 미래를 내다보는 과도기적 인물들 중 가장 전도유망해 보였다. 거칠 것이 없었던 빈의 건축가 아돌프 로스가 "장식은 죄악이다."라는 악명 높은 슬로건을 내놓기 몇 년 전, 보이지는 한 인터뷰에서 이렇게 말했다. "오늘날 우리가 처한 위기는 바로 과도한 장식입니다. 우리는 단순성이 부족하며 안정을 잊었습니다." 그리고 진정한 모더니스트로서 자신이 "현재에 살며 일한다."[251]라고 확실히 밝혔다. 그는 쾌적한 교외 주택들을 설계하며 정직성과 단순성이라는 혁신의 이상을 실현하였다. 그로피우스, 심지어 미스 반 데어 로에의 급진적인 미의식과도 그리 멀지 않았다.

점점 더 많은 건축가들이 같은 부류의 사람들, 그리고 선구적인 선배들과 조화를 이루며 당시대에 전념하려고 했다. 현재의 중요성을 주장했던 예술가들 중에 가장 견실하고 유력한 사람은 유명한 미국 모더니스트 프랭크 로이드 라이트였다. 라이트는 1867년 위스콘신 주 리치랜드 센터에서 태어났다. 아버지는 변호사이자 정치인이었다가 설교를 하러 끊임없이 돌아다니는 침례교 목사가 되었으며, 어머니는 유복한 가정에서 성장하여 교사라는 번듯한 직업을 가지고 있었다. 라이트가 음악을 좋아하고 공부를 즐겼던 것은 이런 지식인 부모님 덕분이었다. 그러나 새로운 것을 추구하려는 욕구는 누구의 영향도 아니었다. 그는 1921년 딸에게 "모든 일상이 중요하단다. 내일도 어제도 아닌 오늘의 일상 말이다. 네가 오늘의 일상을 어쩔 수 없어서 받아들인다고 해도 '지금 이 순간'보다 더 나은 때는 없을 것이다."[252]라고 그다운 글을 남겼다. 다른 사람들을 위해서도 말했다. 빅토리아 건축가들과 고객들이, 그리스나 베네치아 혹은 르네상스 중 어떤 역사적 양식이 더 우수한가 하는, 즉 어떤 것이 더 '정직한가' 하는 논쟁을 자주 하는 데 대해 라이트는 다른 모더니스트들과 마찬가지로 그 논쟁이 현재의 삶으로부터의 퇴행적 이탈, 자신들의 기술에 대한 배신이라고 생각했다.

  그런 논쟁, 즉 새로운 건축을 적절하게 자리매김하고자 하는 시도에는 다른 문제가 내포되어 있었다. 가장 의미심장하게는 건축에서 기계의 자리에 대한 문제를 대두시켰다. 19세기가 점차 기계의 시대가 되어가자 건축가들은 입장을 정하지 않을 수 없었다. 기계들이 점차 인간의 힘을 더 많이 대신하게 된 것이다. 더 이상 공장에서만 일어나는 일이 아니었다. 타자기, 대서양 횡단 케이블, 고속열차, 엘리베이터, 자동차, 진공청소기, 그리고 건축에서는 유리벽을 세울 수 있게 해 주는 콘크리트와 철 같은 재료들이 공장, 사무실, 가정 생활을 영원히 바꾸어 놓았다. 한때 공들여 만들었던 (그리고 값비싼) 재료들이 점차 훨씬 더 저렴한 가격에 대량으로 생산되었다. 이 혁명이 저주인가 축복인가 하는 질문이 남았다. 양편 모두 논거는 그럴싸했다.

기계 제작을 지지하는 사람들과 완고한 반대파들이 맞섰다. 19세기 중반에 시작된 런던, 시카고, 파리의 만국박람회에는 돈만 있으면 가질 수 있는 새로운 상품들이 당당하게 전시되었다. 반응은 미적 취향에 따라 제각각이었다. 반대도 많았다. 19세기 중반 이후 영국의 급진주의자 일파인 윌리엄 모리스William Morris가 가장 큰 호응을 얻었다. 재료 사용에 있어 보전과 조화를 주장하였고 공예품을 통해 제작자나 사용자가 모두 기쁨을 누릴 수 있었던 중세의 미적 관념과의 연결 고리를 회복해야 한다고 주장했다.

시인이자 화가 겸 디자이너요 까다로운 손님을 상대하는 상점 주인이었던 윌리엄 모리스는 자기 주장을 몸소 보여 주기 위해 자연을 충실하게 모방한 무늬로 고급 식탁용 리넨과 벽지를 디자인했다. 그의 시대에 고품질, 고가의 공예품에 전념하는 영국의 미술공예운동 Art and Craft, 기계에 의한 공업 생산품에 반대하여 수공업이 지니는 아름다움을 회복하려는 시도과 오스트리아의 빈공방 운동Wiener Werkstätte, 그리고 품위 없는 절충주의에 대한 단호한 비판이 일어났다. 질과 양 사이의 이러한 상충은, 모리스가 (특히 말년에 사회주의로 개종한 이념가로서) 결코 해결할 수 없는 골칫거리였다. 그리고 끝내 해결하지 못했다. 그러니 20세기 모더니스트 건축가들과 디자이너들은 기계에 반대하는 시끄러운 아우성 속에서 작업해야 했다.

뻔하기는 하지만 주목해야 할 점이 한 가지 더 있다. 건축이 다른 예술들보다 눈에 잘 띄고 오래 흔적을 남기는 대중적인 작업이라는 사실이다. 건축에는 상당한 투자가 필요했고 당파적 이해 관계의 유혹을 피할 수 없었다. 국가의 후원이나 무관심, 공유재산의 행사, 건축 허가의 승인과 보류를 좌지우지하며 미적 판단에 간섭하는 공무원들, 정책 결정에 있어서 부자들의 영향력 같은 것이 중요했다. 혁신적 건축가들이 스스로를 역사적으로 중요한 인물이라고 여겼던 것은 당연했다. 수십 년 동안 모더니즘의 국제주의 양식International Style을 단호하게 옹호했던 미국 건축가 필립 존슨Philip Johnson은 1960년대 초에 이렇게 정리했다. "기념비가 말보다 더 오래 남습니다. 문명은 건물들로 기억됩니다. 건축보다 더 중요한 것은 없습니다."[253] 많은 유명 건축가들이 상당히 자존심이 강하다는 점을 감안하면 이렇게 바꾸어 써도 무방할 것이다. "건축가보다 더 중요한 사람은 아무도 없다."

"집은 거주를 위한 기계다."

필립 존슨의 말대로라면 모더니스트들은 말이 아닌 건축물로 혁신을 더 효과적으로 옹호했을 것처럼 보이지만, 실제 그들이 자신의 권리를 주장하려고 쏟아낸 말의 홍수를 보자면 꼭 그렇지만도 않았다. 다른 예술가들도 자신들에 대해 설명하기를 좋아했지만 열성분자 건축가들에 비하자면 거의 입을 다물고 있었던 셈이다. 이념적으로 고무된 건축가들은 함축성과 모호성을 모두 배제한 단호한 선언과 한 문장짜리 강렬한 주장으로 독자들을 자기 편으로 끌어들일 수 있다고 생각했다.

1

한창 전성기에 오르고 있던 미국 건축가 프랭크 로이드 라이트는 1901년 비교적 젊은 나이인 서른네 살 때 「기계의 예술과 공예」라는 논설을 발표했다. 그는 자신의 관점을 설파하기 위해 평생 수많은 글을 쏟아냈는데 그중 이 논설이 가장 큰 영향력을 발휘했다. 라이트는 비록 간결하지는 않았지만 명료하게 자신이 건축에서 실현하고자 하는 이상들에 대해 상세히 설명했다. 그는 기계의 유익성에 대해 전혀 의심하지 않았다. 수많은 인터뷰와 논설에서도 전혀 그런 기미가 보이지 않았다. 그는 이렇게 썼다. "예술과 공예의 유일한 미래가 기계에 달려 있다."[254] 기계는 동시대 고유의 도구이자 그 시대에 알맞은 도구였다. 이것이 바로 우리가 모더니스트들에게 기대하는 현재 중심적 사고방식의 적절한 예이다.

라이트는 1901년에 자신이 쓴 기계에 대한 찬양이 논란을 불러일으킨 이유가, 동료들이 대체로 부적절한 과거를 모호하고 서투르게 모방한 건물들을 계속 설계하면서 새로이 발명된 기계 장치의 가능성을 시종일관 오독했기 때문이라고 단호하게 주장했다. 그는 건축가들이 "건축의 온갖 묘기를 강요받아"[255] 철제 구조물을, 집이 예술 작품이 되는 데 전혀 도움이 안 되는 대리석 장식으로 위장할 수밖에 없다고 생각했다. 그렇게 해서 자신들의 설계를 위조품으로 만들었다는 것이다. 라이트는 동료 건축가들을 비난할 때면 완곡하게 말하는 법이 없었다.

'정직성'을 요구하려면, 그가 즐겨 썼던 또 다른 개념 '단순성'도 필요했다. 기계에서 우리가 배울 수 있는 것은 "어떤 단순한 형태와 취급 방식은 나무의 아름다움을 끌어내는 데 적절하지만 또 어떤 형태는 그렇지 않다."는 것이다. 실제로 라이트가 질색을 했던 여러 종류의 기계 제작 상품이 있었다. "기둥, 굴대, 톱니 모양의 들보와 버팀목으로 이루어진 정교하고 세밀한 목공예 기술"[256]로 대량생산된 목각품 같은 것이었다. 그것들은 감상적이고 지나치게 공을 들인 것이었다. 함의는 명백했다. 기계를 생산적으로 사용하고 지배하려면 지성과 과단성이 필요하다는 것이다. 그렇게 해서 그 논설은 자화상으로 바뀌게 되었다.

라이트의 에세이는, 스위스에서 태어나 프랑스에 정착한 유명 건축가이자 화가인 르 코르뷔지에Le Corbusier가 20년 후에 취하게 될 극단적인 입장, "집은 거주를 위한 기계다."라는 주장까지는 이르지 못했다. 실은, 안토니오 산텔리아가 1차 세계대전 직전에 이 명제와 거의 똑같은 말을 했다. "현대의 집은 거대한 기계와 같다."[257]라고 말이다. 그러나 라이트는 정직성과 단순성에 대한 주장을 보완하기 위해 (그리고 더 복잡하게 만들기 위해) 다른 표어를 사용하였다. 생명과학, 생물학에서 빌려 온 '유기적'이라는 단어를 불명확하고 지나치게 융통성 있는 찬사의 용어로 썼다. 라이트에게 '유기적'이라는 단어는 완성된 디자인의 모든 요소가 통일된 상태를 의미했다. 즉 유기적 디자인에는 자연과의 친밀성을 비롯해 가구까지, 즉 의자, 탁자, 문 손잡이뿐만 아니라 잔디와 나무까지 모두 포함되었다.[258] * 라이트에게 디자인이란 모든 것을 포함하는 것이었다. 그러니 집이란 것에는 구석구석 철저한 작업이 필요한데, 동료 건축가들은 겉만 번지르르하게 만드는 데 골몰할 뿐 종합적인 부분까지 나아가지 못했다고 생각했다.

일리노이와 위스콘신의 부자 고객들을 위해 집을 설계하면서 라이트는 주택을 통해 가정에 대한 자신의 확고한 관점을 표현하였다. 가정생활에 대한 그의 신념은 (이해하기 쉽지 않지만) 아주 확고한 것이었다. 자주 자신의 가족사를 떠올렸다. 모범으로 삼아야 할 것이 무엇인지 알기 위해서가 아니라 피해야 할 것이 무엇인지 알기 위해서, 그리고 모두가 편안하게 함께 살 수 있는 집을 설계하기 위해서였다. 아버지 윌리엄 라이트

---

* 에이다 루이스 헉스터블은 이렇게 지적한다. "라이트의 '유기적 건축'의 철학적 바탕은 에머슨과 러스킨의 철학이다. 많은 사람들이 무의미한 신비주의라고 무시했던, 아니면 어떤 해석이든 가능한 채로 남겨진 것들이었다. 에머슨과 초월주의자들처럼 라이트도 물질적이고 정신적인 성취의 원천인 자연계의 존재를 믿었다."

는 항상 더 나은 곳을 찾아 아내와 아이들을 이리저리 끌고 다녔고 프랭크 로이드 라이트는 그런 아버지 때문에 불안감을 느끼며 성장했다. 게다가 아이가 아버지에게 기대하는 안정감을 얻지 못했고, 1885년 부모가 이혼하자 불안감은 증폭되었다.

그러니 라이트의 어린 시절은 기쁨으로 기억되는 시기가 아니었으며 공상 속에서 갈망하던 가족의 이상은 왜곡되기 쉬웠다. 그는 위스콘신 대학교에 잠깐 다닌 뒤 저명한 시카고 건축가이며 집안끼리 아는 사이인 실즈비$^{J. L. Silsbee}$의 사무실에서 제도가로서 건축 일을 시작했다. 운 좋게도 얼마 뒤에 애들러앤설리번$^{Adler \& Sullivan}$ 설계사무소로 자리를 옮겼다. 몇 안 되는 미국의 진보적 건축사였으며 고층건물 설계로 시카고 이외의 지역에서도 유명한 회사였다. 루이스 설리번$^{Louis Sullivan}$은 라이트의 "소중한 스승"이며, 라이트가 망설임 없이 찬사를 바치는 몇 안 되는 건축가들 가운데 한 사람으로 더할 나위 없이 좋은 고용주였고 상담역이자 훌륭한 선배였다. 배움에 대한 갈망이 큰 사람일수록 스승을 잘 고르는 법인데 과연 라이트도 스승 운이 좋았다. 그는 1893년 자기 회사를 차렸고 이후 몇 년 동안 개방형 평면 구조와 수평적 설계를 개발하여 중서부에서 이름을 알렸다. 그가 중상류 계층에 속해 살았고 아내와 친구들, 오락에 있어서도 중상류층 취향을 지닌 덕분에 일로서뿐만 아니라 사교적으로도 미래의 고객들에게서 환대를 받았다.

라이트의 개방형 구조는 침실을 제외한 가족 거주 공간을 폐쇄된 수용 공간에서 자유롭고 유동적인 실내 공간으로 바꾸어 놓았다. 벽을

일리노이에 있는 라이트의 저택 1889-1909 라이트의 개방형 구조는 벽을 없애 버리고 당시 전통적인 주택에서 분리되어 있던 식당과 거실을 포함한 공간들을 모두 하나로 만들었다. 그러나 이 급진적인 혁신 때문에 부모와 자녀 간의 상호 관계가 달라지지는 않았다.

없애 버리고 당시 전통적인 주택에서 분리되어 있던 식당과 거실을 포함한 공간들을 모두 하나로 만들었다. 그러나 이 급진적인 혁신 때문에 부모와 자녀 간의 상호 관계가 달라지지는 않았다. 엄격한 가정에서는 여전히 자녀가 해도 되는 일과 안 되는 일에 대한 부모의 명령이 자녀들의 행위를 규제하는 법처럼 작용했다. 그러나 라이트의 평면 구조가 일상적인 교감, 이후 세대들이 '연대감'이라고 부른 친밀감을 조장했다. 그는 그런 구조에서 자유가 생겨난다고 늘 주장했다. 라이트가 자주 말했듯이 "안팎으로"²⁵⁹ 완전히 통해 있다.

  라이트의 혁신은 이 평면 구조만이 아니었다. 많은 붙박이 가구들을 직접 디자인했다. 공용 공간에 '필수적인' 거대한 벽난로를 설치했고, 전통적인 오르내리창과 다른 좁고 긴 창이나 여닫이창을 관습에 구애받지 않고 배치했다. 라이트는 그 특별한 창이 "벽에 난 구멍"에 불과하지 않다고 하였다. 그리고 "'내부 공간'의 변화"를 통해 라이트 특유의 외부 공간이 만들어졌다. 수평적 형태와 땅과의 친밀함을 강조한 낮은 지붕은 넓은 처마가 돌출되게 달려 있어 극단적인 악천후에도 집을 보호할 수 있도록 지어졌고 위층에는 햇빛이 들도록 설계되었다. 결국 이 모든 것이 합쳐져서 '적응성'을 이루었다. 즉 "그 기계를 제대로 이용하는 데 없어서는 안 될 요소"²⁶⁰였다. 라이트의 선동적인 어법은 물론이고 1900년 이후 그가 지은 집은 너무도 매혹적이며 놀라웠다.

  한 세기가 지난 지금에 와서 보면 라이트의 방법이 얼마나 급진적인 것이었는지 정확하게 상상하기가 쉽지 않다. 그는 자서전에서 당시 사실상 모든 건축가가 설계한 집들은 그야말로 "모든 것에 대해 거짓말을 했다."라고 썼다. 자신이 설계한 집에 대해서는 "당시 이것들과 같은 설계는 존재하지 않았다."라고 주장했다. "하나의 복잡한 외부 상자 속에 모든 상자가 들어 있는 꼴이었다." 그는 "이런 억압 속에서는 아무것도 느낄 수 없었다." 그래서 "실험실 같은 주방을 없애고 1층 주방 바로 옆에 반쯤 분리되도록 하인들의 수면과 생활 공간을 두어 저층 전체를 하나의 공간으로 만들었다. 그리고 식사, 독서, 손님 접대처럼 목적에 따라 그 큰 방을 칸막이로 나누어 다양한 공간으로 만들었다."²⁶¹ 라이트가 20세기 초에 설계한 '프레리하우스'(라이트가 직접 붙인 이름이지만, 이 주택들이 모두 중서부 초원Prairie에 있는 것은 아니다.)는 대단히 유명했다. 그의 회사는 1년에 평균 열 채를 지었는데 이는 신생 건축 회사로서는 놀라운 실적이었다.

라이트가 전혀 거리낌없이 하인들의 공간이라고 언급한 것을 보면 그가 주로 부자들을 위해 집을 지었다는 것을 알 수 있다. 그의 초기 건축주들은 대부분 사업가나 전문직 종사자들로 어느 정도 교육을 받았고 보수적인 공화당원은 결코 아니었다. 또 우드로 윌슨보다 시어도어 루스벨트를 더 좋아하며 대체로 실용적인 자신들의 세련된 감각을 자랑스러워하는 사람들이었다. 라이트의 고객 중에는 여성 참정권을 지지했던 사람들도 있었으며 대체로 아내와 같은 취향을 가졌거나 아내들이 취향을 부추기기도 했다.[262] 아내들은 대부분 대학 졸업자로 정치적으로는 아니더라도 사회적으로는 의식이 있었고 자선 활동을 활발히 했다. 다른 모더니스트들이 반부르주아적이었던 것과 달리 라이트는 사업을 하는 사람들이 명민하고 적응성이 뛰어나며 그들의 아내는 개방적이라고 좋게 평가했다. 그들에게 기계는 위협이 아니었다. 간단히 말하면 그는 대부분의 동료 모더니스트들과 달리 주류파 인사들을 식견 있는 후원자로 여기고 그들에게서 후원을 받으려고 했고 실제로 후원을 받았다. 라이트는 수녀 동안, 자신이 악의적인 조롱에 시달렸고 부당하게 비판받았으며 완전히 무시당했다고 주장했지만, 그것은 전혀 실상과 달랐다. 오히려 라이트의 주장은 자신이 경멸당하고 무시당하는 아웃사이더가 되기를 열망했다는 것을 보여 준다. 많은 아방가르드 예술가들이 스스로가 혁명가라서 아웃사이더가 될 수밖에 없다고 생각했던 것처럼 말이다.

2

업계에서나 사회에서나 그의 명성으로 판단해 보면 프랭크 로이드 라이트는 계속 승승장구하며 이후 수십 년 동안 안락한 생활을 누릴 수 있었을 것이다. 고객들은 그의 프레리하우스을 가지고 싶어 안달했고 그는 수많은 강연에 초청받았고《레이디스 홈 저널》같은 도판이 풍부하고 유통량도 많은 잡지에 그의 작품이 소개되기도 했다. 1907년 시카고 미술관은 그에게 단독 전시회를 마련해 주었다. 지방에서 활동하는 건축가에게는 전례 없는 일이었다. 이듬해 라이트는 자신의 가장 훌륭한 설계 중 하나, 시카고에 위치한 로비 저택을 완성했다. 그런 뒤 그는 마치 일부러 자신의 경력을 전부 망쳐 놓기라도 하려는 듯 그 모든 것을 내던져 버리고는 극도로 괴팍한 행동을 저질렀다. 1909년 9월 아내와 여섯 아이들을 버리고 마마 체니 Mamah Borthwick Cheney와 함께 유럽으로 도망친 것이다. 친한 친구이자 이웃의 아내였다. 그들은 독일과 이탈리아에서 1년 동안 함께 살다가 돌아왔는데, 죄를 뉘우친 것은 아니었다. 마마 체니는 남편과 이혼을 했고, 라이트는 얼마간 예전 집에 살다가 마마 체니에게 영원한 사랑을 고백하고 함께 위스콘신 주 스프링그린 근처의 은신처 탤리신에 정착했다. 그가 몇 달 동안 설계하고 지은 집이었다.

    라이트가 점점 더 유명해지고 있던 터라 이 탈선은 지방 도시의 추문에 그치지 않았다. 건축계의 언론들은 그의 작품에 대해 공평하게 비평했으며 주로 호의적이었다. 몇몇 선견지명 있는 후원자들은 그에게 일을 맡기고 그의 경솔한 행동을 눈감아 주려고도 했다. 실제로 이미 완성한 설계를 1910년과 1911년 독일에서 두 권의 포트폴리오로 출판하여 유럽에서도 명성과 권위를 확보한 터였다. 그러나 미국에서는 사정이 달랐다. 1912년부터 1914년 3년 동안 겨우 여섯 개의 건물을 완성했을 뿐이었다.[263] 초창기에 1년 평균 열 건을 지었던 것에 비하면 급격한 감소였다. 그러나 역설적이게도, 이후 라이트에게 닥친 끔찍한 비극 덕분에 잃었던 호의를 다소 회복할 수 있었다. 1914년 8월, 그가 시카고로 떠나 집을 비운 사이 바베이도스 출신 이민자 요리사에게 끔찍한 정신병이 발병하여 텔리신에 머물던 마마 체니와 두 아이를 포함해 여섯 사람이 살해당했다. 라이트는 추도문에서 마마 체니가 태생적으로 고귀했다는 헌사로 그녀를 기렸다. 그러나 거기서 그치지 않고 자신들의 사랑이 오직 소수만이 당당하게 열망할 수 있는 고차원적인 사랑이라고 주장했다. 철저한 부르주아였던 라이트가 이제 상처받은 보헤미안처럼 굴고 있었다. 예전 사교계 친구들은 이제 그를 용서할 시기가 됐다고 생각하기 시작했다.

거의 공백에 가까운 막간이 20년 넘게 계속되었다. 고객들이 라이트에게 등을 돌리기는 했지만 그 공백기는 그의 악명 때문이라기보다는 튜더 양식 저택들과 신고전주의 은행 건물들을 통해, 놀랍게도 전통적인 양식이 부활하였기 때문이었다. 라이트가 의뢰받은 큰 건은 도쿄 임페리얼 호텔1913-1922밖에 없었는데 그 일 때문에 1916년 말부터 일본에 머물렀다. 라이트는 오래전부터 일본 미술계의 한 박식한 수집가의 관심을 끌고 있었다. 보수가 상당했고 미국을 오래 떠나 있게 된 것도 그에게 대체로 잘된 일이었다. 임페리얼 호텔은 1923년 대지진을 견뎌 내며 뛰어난 설계를 자랑했다. 일본 후원자 중 한 사람이 보낸 전보문이 잘 알려져 있다. "호텔이, 선생의 천재성의 기념비로, 무너지지 않고 그대로 서 있음." 라이트는 그 존경의 표시를 군말 없이 받아들였다.

그러나 라이트가 건축가로서 또 한 번 영향력을 발휘한 것은 60대 말에서 70대 초, 그러니까 1930년대였다. 라이트는 1959년 아흔두 살로

낙수장(카우프만 저택) 1936 낙수장은 20세기 주거 건물로서는 최고 중의 최고일 것이다. 가장 인상적인 것은 환경과 조화를 이루도록 세심하게 설계된 요소들이었다.

죽을 때까지 수많은 기념비적인 건물들을 설계했다. 그 걸작들에 포함되는 '유소니언Usonian' 주택들에는 중류층 고객들이 입주하여 특히 시선을 끌었다. 그리고 두 가지 업적으로 모더니스트로서 불후의 명성을 누리게 됐다. 펜실베이니아 주 베어런의 카우프만 저택Kaufmann House, 즉 '낙수장Fallingwater'1936과 라이트 최고의 걸작인 뉴욕의 구겐하임 미술관1945-1959이었다.

프랭크 로이드 라이트에 대한 글에서 낙수장에 대한 찬사는 결코 빠지는 법이 없다. 낙수장은 20세기 주거 건물로서는 최고 중의 최고일 것이다. 과거의 영향은 전혀 받지 않았지만 그가 그렇게 진저리를 치던 국제주의 양식의 영향은 조금 받았으며, 수평 공간의 강조, 넓고 쉽게 접근할 수 있는 거실에서 전작들의 흔적을 엿볼 수 있다. 가장 인상적인 것은 환경과 조화를 이루도록 세심하게 설계된 요소들이었다. 라이트 연구가인 닐 레빈의 말대로, 낙수장은 "돌, 물, 나무, 나뭇잎, 안개, 구름, 하늘이 함께 만든 결과물이다."[264] 그것은 중형 침실이 세 개 딸린 휴가용 별장으로 폭포가 세차게 쏟아지도록 설계되어 있으며 튼튼한 캔틸레버 발코니 한쪽 끝이 벽면에 매달리고 다른 쪽 끝은 돌출된 구조가 딸려 있어서 집을 환하고 넓게 보이게 만들면서 친밀감을 조성한다. 낙수장의 고도로 응축된 극적 효과는 경외심을 불러일으킬 정도다.

공적 건물의 낙수장이라고 할 수 있는 구겐하임 미술관은 라이트의 위풍당당한 유산으로 가장 자주 언급된다. 라이트는 그 미술관 건축을 맡게 된 뒤 그야말로 그다운 말을 했다. "그것은 제대로 된 최초의 미술관이 될 것이다." 구겐하임 미술관은 큼지막하게 살이 오른 굼처럼 5번가 주변 건물들을 제압하며 대단히 다양한 취향을 가진 미술 애호가들에게 감동을 주고 있다. 당연히 처음에는 비판이 쏟아졌다. 그 건물은 어떻게 보면 괴상하고 자기 과시적인 것도 같았다. (여러 사람들이 주장했듯) 그 건물에서는 경사로를 따라 걸어 내려가야 하므로 지친 상태에서 굽어진 벽에 걸린 그림들과 맞닥뜨리게 되며 전시품을 너무 가까이 서서 보아야 한다. 비판자들로서는 그 풍성한 소용돌이 모양의 외관, 5번가에 확고히 자리 잡은 견고한 사각형 건물들 사이에서 유일하게 일탈한 그 건물이 결코 좋게 보일 리 없었다. 그러나 구겐하임 미술관은 수십 년이 지난 지금도, 상설 전시는 물론이고 수십 회에 걸친 순회전시를 개최하며 온갖 난관에

뉴욕 구겐하임 미술관 1937 라이트는 "매혹적인 시대착오자였다. 21세기에 보기에도 여전히 흥미진진한 설계, 계획, 건축학적 발상을 낳은 재능 넘치는 몽상가이자 변치 않는 낭만주의자"였다.

도 불구하고 생존력을 입증하였다. 이것은 미술관 관람객들의 적응력 덕분이기도 하다. 아니 타협을 모르는 라이트의 모더니즘적 천재성 덕분이라는 말이 더 적합할 것이다. 라이트의 전기를 쓴 에이다 루이즈 헉스터블의 뛰어난 통찰에 의하면 라이트는 "매혹적인 시대착오자였다. 21세기에 보기에도 여전히 흥미진진한 설계, 계획, 건축학적 발상을 낳은 재능 넘치는 몽상가이자 변치 않는 낭만주의자"[265]였다. 라이트는 다른 모든 모더니스트들과 기꺼이 불화했던 최고의 모더니스트였다.

3

　루드비히 미스 반 데어 로에Ludwig Mies Van Der Rohe는 프랭크 로이드 라이트와 흡사하게 건축에서 기계의 중추적 역할을 입증했다. 그러나 장황한 주장이 특기였던 라이트와 달리, 미스 반 데어 로에는 간결한 말을 더 선호했다. "적을수록 더 많다."라는 짧은 명언으로 설계에서 어떤 점을 중시하는지 간단히 설명했다. 이 말은 건축술이란, 남아도는 장식과 지나치게 복잡한 세부 표현을 제거하는 것이라는 의미인 동시에 건축 과정에서 기계, 즉 말 그대로 노동력을 절감하는 장치들의 도움을 중시했다는 뜻이다. 그는 그 장치들이 미적으로나 경제적으로 바람직하다고 생각했던 것이다. 그는 "적을수록 더 많다."라는 원칙을 작품에 적용하였고 그 결과 누가 보아도 그의 작품임을 알 수 있는 간결한 외관의 건물이 설계되고 지어졌다.

　　미스 반 데어 로에를 찬양하는 사람들이건 비난하는 사람들이건 그 특유의 미니멀리즘을 설명하기 위해서는 사실상 모두가 플라톤의 유령을 불러냈다. 미스는 마음에 들지 않는 부분을 그대로 내버려 두지 않았다. "그 특유의 간소한 취향으로 이 속 빈 유리 껍데기들에 형태의 투명한 순수성을 부여했다. 그러나 그것들은 그의 상상 속에 있는 플라톤의 관념적 세계 속에서만 존재하며 그 집의 크기, 기후, 충전재, 기능, 내부에서 일어나는 활동과는 아무런 관련이 없다."[266]라고 1964년 저명한 미국 사학자이자 건축 비평가인 루이스 멈퍼드Lewis Mumford는 강하게 불만을 표했다. 그리고 미스의 설계가 사무실이든 학교 혹은 개인 주택이든 서로 비슷비슷해 보이는 것은 사실이다. 미스가 "형태는 기능을 따른다."라는 아방가르드적 개인주의의 표방으로 널리 인용되고 받아들여진 루이스 설리번의 말을 무시한 것은 확실하다. 미스가 설계한 것들이 가족 유사성을 띠는 것은 변치 않는 영원한 원칙, 보편적으로 적용 가능한 진리에 대한 플라톤적 이상을 실현하려는 그의 의도 때문이었다.

1886년에 출생한 미스는 열세 살까지 가톨릭 학교를 다니며 스콜라학파 같은 기질을 얻게 되었다. 그러나 그가 받은 건축 교육은 철저히 실용적인 것이었다. 아버지의 벽돌 공장에서 일을 도우며 재료들의 역할에 대해 배웠고, 10대 후반에는 고향인 아헨 노르트라인베스트팔렌 주의 광공업 도시에서 견습 설계사로 있으면서 제도에 대해 소중한 경험을 쌓았다. 스물두 살이 된 1908년에는 베를린으로 옮겨 가 동분서주하는 진보적 건축가 페터 베렌스의 회사에서 일하면서 베를린 중심부 도처에 있는 위대한 카를 프리드리히 싱켈이 지은 1세기 전 공공건물의 신고전주의 양식을 익혔다. 이 시기의 궁전, 미술관, 교회들은 겉보기에는 미스의 건축물과 전혀 달라 보이지만 미스는 이것들을 통해 투명성과 논리, 즉 건축적 질서를 추구하게 되었다.

1900년과 1차 세계대전 발발 사이의 역사적인 14년 동안은 알다시피 새로운 음악, 새로운 회화, 새로운 소설, 새로운 희곡이 넘쳐 났던 때인 동시에 미스 반 데어 로에와 (좀 있다가 설명할) 발터 그로피우스가 건축에 입문하게 된 때였다. 건축가들도 새로운 패러다임을 찾던 시절이었다. 물론 모든 건축가가 그랬던 것은 아니다. 대부분의 건축가들은 독창성이라곤 없는 고객들 취향에 맞춰 자신들과 고객들에게 가장 익숙한 고딕, 신고전주의, 신 퀸 앤 양식의 전통적인 건축물을 수없이 많이 설계했다. 그러나 일부 개성적인 사람들은 싸구려 취향이 득세하는 것에 불만을 품었는데 이런 불만은 의외로 상업계와 국제 시장에서 증명됐다. 커튼이든 도자기든 키치 디자인은 더 우수한 경쟁 상품과 맞붙어 패배했으며, 가구든 주택이든 외국에서 온 경쟁력 있는 디자인이 얼마든지 있었다.

모더니스트 건축의 대격변에 대한 열망이 전쟁 전 독일 고급문화에 영향력을 발휘했다. 독일의 일부 유명 디자이너들의 열정이 유서 깊은 전통이 아닌 검증되지 않은 취향을 부추기는 데 제 역할을 해냈다. 1903년 스무 살의 그로피우스가 베를린 공과대학에 다니기 시작했을 때 건축가 헤르만 무테지우스가 독일에 돌아왔다. 그는 독일 대사관 소속으로 런던에 머물며 영국의 건축에 대해 조사하는 임무를 수행했다. 영국 건축을 따라잡기 위해서였다. 무테지우스는 오랜 런던 생활을 통해 배운 영국 건축에 대해 알리고 싶어 애가 닳았고 마치 공직에 출마하는 정치가처럼 '합리적 객관성'을 슬로건으로 내세웠다.

그래서 귀국한 지 4년 뒤인 1907년 무테지우스는 독일공작연맹 Deutsche Werkbund을 창설하였다. "예술, 산업, 장인 정신의 제휴"를 희망하는 디자이너, 공예가, 교육자, 제조업자들의 연맹이었다. 무테지우스가 예리하게 예언한 대로 그것의 강령은 바로 "현재 상황에 대한 투쟁"[267]이었다. 연맹은 아름다움, 실용성, 기술이 서로 긴장을 유발하지 않고, 복잡하면서도 조화를 이루는 통일체를 형성하기를 바랐다. 독일 디자이너들은 바로 이 조직에서 기계 본연의 역할을 명확히 밝히는 작업을 했고, 형이상학적으로 무장했다. (단, 더 실용주의적인 외국인이 보기에는 형이상학 때문에 오히려 혼동을 일으켰다.) 독일 전체라고는 할 수 없지만 당시 철학에 관심 있는 사업가, 디자이너 중 대단히 상류에 속하는 일부 그룹이 모더니즘을 받아들이려고 했다. 이런 풍토였기에 미스가 성공할 수 있었다.

미스 반 데어 로에, 투겐타트 별장 1930 라이트의 이상적인 수평을 연상시키는 강렬한 수평선들이 그 주택을 경사진 대지에 단단히 정착시키고 있다. 길 쪽 입구는 2층에 있으며, 아래층 생활 공간은 거대한 접이식 유리벽을 통해 집의 정원 쪽을 그야말로 내려다보고 있다. 전체적으로 간결함이 특징이고, '금욕적 사치'에 아주 적합했다.

르 코르뷔지에, 푸아시에 있는 사보아 저택 모형 "집은 거주를 위한 기계다." 사부아 저택은 직사각형 긴물로, 미학과 기술이라는, 양립 불가능한 두 개의 기반을 결합하려는 시도였다.

미스 반 데어 로에가 1차 세계대전 직후 구상한 초기 작품인 두 동의 유리벽 마천루는 세워지지 않았다. 그러나 창에만 사용하던 유리를 주재료로 선택한 대담성 덕분에 미스는 마치 그 마천루들이 실제로 건설되기라도 한 듯 큰 명성을 얻을 수 있었다. 이후 설계에서는 신중하게 다른 재료들을 선택했다. 한 번은 벽돌을, 이후에 두 번은 콘크리트를 골랐다. 모든 건축의 기저에 있는 영속성을 명확히 표현하려는 의도였다. 1920년 말에 미스는 그 두 계획을 실현시켰다. 1929년 독일공작연맹은 미스에게 바르셀로나 국제박람회의 독일 전시관 설계를 맡겼고, 1930년에 미스는 체코슬로바키아 브르노의 투겐타트 별장을 설계했다. 두 건물 모두 카메라의 세례를 받았고 입에도 많이 오르내렸다. 그리고 두 건물 모두 미스의 궁극적 이상, "적을수록 더 많다."를 잘 표현해 주었다.

바르셀로나 전시관은 미스의 취향을 충분히 표현하였다. 그 전시관은 박람회가 끝나면 해체되는 임시 건축물로서, 질서와 정직함을 표현하며 외벽 없이 유리와 가느다란 강철 기둥만으로 평평한 지붕이 지탱되도록 지어졌다. 내부는 미스가 디자인한 가구를 제외하고는 텅 비어 있다. "건물 자체가 전시 대상이었다." 미스가 디자인한 화려하고 풍부한 색채에 거의 관능미까지 흐르는 가구 이외에 유일한 예술 작품은 게오르크 콜베Georg Kolbe의 실물 크기의 나체상밖에 없다. 이것은 작은 수영장의 근사한 녹색 대리석 벽을 배경으로 서 있다. 많은 사람들은 직각에 대한 미스의 찬미를 구경하다가 불현듯 이 나체의 여인상만이 그나마 곡선으로 이루어진 유일한 물체라는 것을 깨닫게 된다.

그에 비해, 2층으로 설계된 투겐타트 주택은 약간 덜 간소하다.

식당은 인도네시아 산 흑단의 반원형 벽으로 둘러싸여 있고, 1층과 2층을 연결하는 계단도 반원형 공간으로 연결되어 있으며, 2층의 침실은 편리하고 전통적이다. 그러나 나머지 공간은 완벽하게 미스 특유의 것이다. 라이트의 이상적인 수평을 연상시키는 강렬한 수평선들이 그 주택을 경사진 대지에 단단히 정착시키고 있다. 길 쪽 입구는 2층에 있으며, 아래층의 생활 공간은 거대한 접이식 유리벽을 통해 집의 정원 쪽을 그야말로 내려다보고 있다. 가구들은 모두 미스의 디자인으로 주택과 잘 어울렸다. 어떤 것은 바르셀로나에서 가져왔고 어떤 것은 투겐타트 별장을 위해 특별히 디자인된 것으로 전체적으로 간결함이 특징이고, 헉스터블의 표현인 '금욕적 사치'에 아주 적합했다. 헉스터블은 "사실상 벽이 없는 그 집은 내부의 번쩍거리는 크롬 도금 강철로만 지탱되고 있다. 안팎이 뒤바뀐 그 건물은 많은 점에서 자유롭다."[268]라고 썼다. 결국 투겐타트 별장은 건축계의 명사가 되는 보증수표이자, 모더니즘 건축의 대성공작이었다.

투겐타트 별장은 미스에게도 역시 대성공작이었지만, 이로써 권위주의적인 건축가라는 비난을 받게 되었다. 모더니즘 연구사가에게는 이 완벽한 설계를 놓고 고객들의 견해가 모순된 것을 보니 흥미롭다. 모순이 그토록 적나라하게 드러나기도 쉽지 않기 때문이다. 미스는 아방가르드 선구자와 부자 고객 사이의 긴장과 협력이 뒤섞인 관계에 대해 다소 악의적으로 상세하게 설명하였다. "투겐타트 씨가 찾아왔다. 대단히 신중한 사람이었다. 의사의 처방을 못 믿어서 세 명의 의사에게 진찰을 받는 사람이다." 혁신적인 건축가와 전통을 중시하는 고객의 만남은 이렇게 흥미진진하게 시작됐다.

미스가 투겐타트와 만났던 일들에 대해 설명하는 것을 들어 보면 미스가 고객의 의뢰를 받아들이면서 일부러 그 의뢰를 오해한 척했다는 것이 분명해진다. 투겐타트는 미스의 이전 주택들을 보고 잘 지어진 집이라고 생각했고 그런 아주 멋진 집을 의뢰하고 싶었을 터였다. 쉽게 말해 미스는 투겐타트 집안이 모더니즘을, 특히 타협이라곤 없는 미스의 모더니즘에 대한 열정을 이해하지 못할 것을 잘 알면서도 이 점을 혼자 비웃으면서 의뢰를 받아들인 것이다. "내 기억으론 그가 설계를 본 것이 크리스마스이브였다. 그는 거의 기절 직전이었다." 미스의 말에 따르면 투겐타트 부인이 남편을 설득했다. 그녀는 현대 미술에 관심이 있었고 미스의 기억으로는 반 고흐의 작품도 몇 점 소장하고 있는 사람이었다.

며칠 뒤 투겐타트 씨가 미스를 찾아와 작업을 계속 진행 하라고 말했다. "투겐타트 씨는 그 개방된 공간이 마음에 안 든다고 했소. 너무 방해를 많이 받을 거라고요. 그가 서재에서 심오한 사색에 빠져 있을 때 다른 사람들이 같이 있게 될 테니까. 내 생각에 그는 실리적인 사람이었소. 나중에 이렇게 말하더라고요. '그래, 내가 졌소. 하지만 가구는 절대 안 돼요.' 그래서 내가 말했소. '그것 참 속상하군요.'" 미스는 이 뜻밖의 소식을 듣고도 건설 현장 감독에게 창고에서 가구를 꺼내라고 지시하고는 점심 시간 바로 전에 "자네가 가구를 가지고 왔다고 하게. 투겐타트 씨가 몹시 화를 낼 거야. 각오해."라고 말했다. 과연 미스의 예상대로 투겐타트는 가구를 보지도 않고 치우라고 했지만 점심을 먹고 난 뒤 마음이 바뀌었다. 모든 것이 미스의 예상대로였다. "고객은 아이처럼 다루어야 한다."[269] 프랭크 로이드 라이트가 수십 년 동안 거드름깨나 피웠지만 이 정도는 아니었다.

미스 반 데어 로에는 투겐타트와 투겐타트가 속한 계급 전체를 노골적으로 경멸했다. 미스의 '심오한 사색'이라는 표현과 냉소적인 행동은 그가 '부르주아'와 '속물'을 동일시했다는 사실을 보여 준다. 미스가 건설

현장 감독이든 고객이든 누군가에게 말을 할 때면 약간 과장해서 깊은 인상을 주려 했던 것 같다. 그러니 정말 그냥 빼기기만 하려 했는지 모르지만 그 대화 내용은 모더니스트가 부유한 고객과 언쟁할 때 나올 만한 것들이었다. 모더니스트들은 본질적으로 문화적 주류의 적이었다. 사실 그들은 적이 필요했고 적이 없다면 적을 만들어 낼 수도 있었다. 나중에 알게 되겠지만 그들의 철천지원수는 사실 고급문화의 보수적 향유자들이 아니라 1920년대와 1930년대에 승승장구한 전체주의 정부였다. 어쨌든 투겐타트 별장은 완성되었다. 미스의 설계대로 말이다.[270]* 그 뒤 그는 1937년 히틀러가 집권해 있는 독일을 떠나 인생의 후반기를 망명자로서 미국에서 활약하였다. 물론 변함없이 자기 식대로였다. 불경기, 대공황, 전쟁까지 온통 골칫거리였지만 모더니스트 디자인은 모더니즘을 갈망하는 현명한 향유자들과 더불어 뚜렷한 생존력을 과시했다. 나치가 유럽에서 갖은 노력을 다해 없애 버리려고 했던 모더니즘은 어떻게든 살아남았다.

4

기계를 가장 열렬히 환영한 것은 건축의 거장 샤를 에두아르 잔네레Charles-Edouard Jeanneret였다. 르 코르뷔지에라는 이름으로 더 유명한, 상상력 넘치고 이론에도 철저한 스위스 건축가였다. 그는 1917년 서른 살에 프랑스에 정착하여 1차 세계대전 후에 그를 유명하게 만들어 준 건물

---

* 1960년대 말 나는 베를린 자유대학교에서 마침 투겐타트라는 철학자를 만났다. 그 유명한 빌라 건축주의 아들이었다. 그는 미스가 부모에게 거들먹거렸던 일을 상세히 이야기해 주면서 자신의 어머니가 예술에 깊은 조예가 있었으며 예술품 수집가였다고 강조했다. 그 말을 따로 확인해 본 적은 없지만 타협하지 않는 것으로 유명한 모더니스트에게 일을 맡길 정도였으니 거짓말은 아닐 것이다.

들을 설계했고 훌륭한 글들을 출판하였으며 야심만만한 도시 계획도 내놓았다. 13년 뒤에는 프랑스 시민권을 얻었다. 다른 모더니스트들과 비교하면 작품의 양이 많지는 않지만, 건축 분야에서 진보된 기술을 최대한 이용해야 한다고 강력하게 주장한 덕분에 현대 건축계의 유력한 인사로 손꼽힌다. 논문집『건축을 향하여 Vers une architecture』1923는 그의 책 중 가장 유명한 것으로 세계 각국의 언어로 번역되어 있다. "집은 거주를 위한 기계다."[271]라는 그 유명한 말이 실린 저작이다. 르 코르뷔지에는 "건축에서 대량생산은 이미 시작되었다. 새로운 경제적 요구에 직면하여 대규모이면서도 세밀하게 대량생산 체제가 만들어져 있다." 그는 "우리 시대의 양식이 탄생했다. 그리고 혁명은 이미 일어났다."[272]

혁명이 있었던가? 르 코르뷔지에는 대단히 확신에 찬 어조로 책의 여러 부분에서 이런 선언을 하였다. 수십 년 동안 수많은 글들을 통해 이런 주장을 하였고 널리 인용되기까지 했다. 그러나 그것은 당대 사회에서 증명된 사실이 아니라 희망 사항에 불과했던 것 같다. 그가 말하고자 했던 것은 모든 분야의 혁신가들이 기술 발전의 혜택을 받고 있다는 것이다. 하지만 건축은 예외였다. "오늘날 사회의 다양한 노동 계급들은 필요에 적합한 집을 가지고 있지 않다. 장인들도 지식인들도 마찬가지다."[273] 그러니 건축가들이 유감스러운 상황을 해결하기 위해 나설 것이었다.

그러나 르 코르뷔지에의 낙관주의는 자주 난관에 부딪혔다. 자신의 주장에 의문이 들 정도로 자가당착에 빠지는 경우가 많았다. 이런 주장을 보자. "인간 생활의 새로운 요소인 기계가 새로운 정신을 불러일으켰다." 또 "위대한 시대가 이미 시작됐다. 새로운 정신이 존재한다."[274] 그러면서도『건축을 향하여』의「보지 못하는 눈」이라는 흥미로운 장에서는 의도적으로 모른 척하는 동료 건축가들에게 양곡기, 증기선, 비행기, 자동차 등 현대적 목적에 훌륭하게 부합하는 현대의 물질로 이루어진 발명품들을 사진을 통해 수시로 보여 주었다. 건축가들은 그 현대적 재료들에 대해 배우려고 하지 않는다고 말이다. 그는 자신이 프랭크 로이드 라이트와 마찬가지로, 새로운 것에 대해 무관심하고 냉담하기까지 한 문명 속에서 힘센 자들과 투쟁하기 위해 선택받은 존재, 혹은 저주받은 존재라는 느낌, 비록 자기연민에 가깝기는 하지만 그 느낌을 결코 버리지 않았다. 그것은 잘 알다시피 모더니스트들의 공통된 자세였다. 그는 자신이 경험을 몹시 중시한다고 늘 주장했지만 몽상가였기에 그의 계획은 주로 (다행히도) 폐기되었고 실망감을 맛볼 수밖에 없었다.

경험을 중시하고 그것을 통해 성공했다는 주장은 어느 정도 일리는 있다. 대체로 자수성가한 건축가로서 그는 불후의 모범을 찾으러 돌아다니며 습작을 오래하였다. 고대 그리스와 로마 사원, 퇴색해 가는 오스만 제국의 성지 같은 곳을 돌아다니며 스케치를 반복했다. 이렇게 떠돌면서 파리에서는 모더니즘의 창시자들 축에 드는 오귀스트 페레, 베를린에서는 페터 베렌스, 빈에서는 요제프 호프만 같은 원조 모더니스트들과 함께 작업했다. 젊은 시절에 그는 진지한 화가로서 '순수파Purist'라는 화가 소모임에서 활동하며 투명성과 단순성이라는 현대적 미학을 추구하였다. 순수파들은 주전자나 컵 같은 가재 도구와 최첨단을 달리는 입체파의 소재, 즉 기타를 부드럽고 보기 좋게 그린 단조로운 정물화로, 모더니스트들이 으레 그랬듯, 당시대와의 관련성을 표현해 보였다. 르 코르뷔지에의 건축물들은 그가 화가로서 추구한 계획에서 없어서는 안 될 부분이었다.

늘 철저한 체계화를 좋아했던 그는 부유층의 빌라든 노동 계급을 위한 주택이든 간에 모든 주택의 필수 요소 목록을 완벽하게 작성하였다.

르 코르뷔지에, 인도 찬디가르의 국회의사당 1956 찬디가르는 르 코르뷔지에의 인생에서 최대 규모의 건축 계획이었다. 이 건물들의 위풍당당한 수평 형태는 고요하고 엄숙한 히말라야 산맥과도 잘 어울린다. 그 콘크리트로 만들어진 시들은 르 코르뷔지에다운 것들이 분명하지만, 기계로서의 집과는 꽤 거리가 있다.

르 코르뷔지에, 마르세유 위니테 다비타시옹 르 코르뷔지에의 도시계획 이상이 집약된 이 주거 단지에 대해 프랭크 로이드 라이트는 이렇게 말했다. "코르뷔지에 아파트는 항구도시 마르세유에 대한 대학살이다."

띠 모양 가로창, 파사드출입구가 있는 건물의 정면 없애기, 옥상 테라스, 1층 비우기, 큰 받침기둥필로티이었다. 이 필수 요소 중에는 1차 세계대전 이전부터 건축가들이 힘들여 만든 표현 형식도 포함되어 있었다. 그로피우스, 라이트, 미스 반 데어 로에가 1층을 비웠고 띠창을 이용했고 파사드를 없앴다. 그러니 르 코르뷔지에 특유의 것이면서 모더니스트 건축에 특별히 기여한 것은 건물을 지면에서 떠받치는 필로티와 옥상 테라스였다.

그렇게 해서 르 코르뷔지에는 특유의 양식으로 건물들을 완성했다. 그는 프랭크 로이드 라이트의 특기였던 강조된 원중심 건물에서 옆으로 늘인 부속 건물과 돌출된 처마보다는 입방체나 직사각형을 선호했다. 복잡한 도시에서 주로 볼 수 있는 평평한 빈 옥상에는 실내 정원과 일광욕장을 마련했다. 그리고 대부분 건물을 거대한 지지 기둥 위에 얹혀서 마치 기둥 위에 상자가 놓인 모양으로 만들었다. 이 양식 중 가장 성공적이고 매체를 통해 가장 널리 알려진 것은 파리 근교 푸아시의 사보아 저택1928-1929일 것이다. 이후 르 코르뷔지에는 그 유명한 저택이 "막힌 곳 없이 사방이 뚫린 공중에 뜬 상자"이며 규칙적인 간격으로 설치된 가느다란 기둥 위에 건물이 올려져 있어, 당시만 해도 시골이었던 그 동네에서 눈에 확 띄었다고 했다. 그에게 사보아 저택은 모더니즘을 찬양한 것으로, "빼앗은 자유"를 가장 잘 표현한 건축이다. "급속히 발전하고 있는 현대적 재료라는 원천으로부터 빼앗아 획득한 것이기 때문에" 빼앗은 자유인 것이다. "기술이 시와 서정성을 낳았다." 어쨌든 르 코르뷔지에 입장에서 근본적으로 양립 불가능한 두 개의 기반, 즉 미학과 기술이 그의 야심 찬 계획에서 순조롭게 결합한 것이었다.

기술에 대한 애착은 그의 설계뿐만 아니라 글에도 잘 나타나 있다. 선동적인 표어들이 계속해서 등장했다. 그는 자신에게 기회를 주지 않는, 판에 박힌 일들만 가득한 세상에 대해 현대적 개인 주택을 통해 의기양양하게 승리의 함성을 올린 것이다. 그 주택들은 그의 소중한 전리품이자 실리주의적 정신의 토대였다. 그러나 그가 명예가 될지 어떨지도 모르는 부유층 저택의 건설만 한 것은 아니다. 평생 지치지 않고 가난한 사람들과 중하류 계층을 위한 집을 설계했다. 그 계획들은 건설된 것도 있었지만 대체로 다른 모더니스트들의 경우와 비슷한 운명을 따랐다. 세 개 대륙의 포괄적 도시 계획을 수립했지만 번번이 거절당했다. 온갖 이유가 다 있었다. 감정적 보수주의, 이해관계의 상충, 수천 명에 달하는 도시 거주자들의 이주에 대한 정당한 반발 같은 것이었다. 그러나 르 코르뷔지에는 1922년에 모험적 도시 계획을 시작했을 때부터 1965년 죽을 때까지 자신이 처음 세운 대규모 도시 계획들을 결코 잊지 않았다. 그중 영국 저원 도시와 관련한 계획들이 마지막 패였다. 산만하고 소심한 기획이기는 했지만.

르 코르뷔지에의 관점에서 현대 도시는 개인 주택에 작별을 고하고, 더 큰 단지를 건설하고, 도보, 운전, 비행, 가정생활 등 기능별로 도시를 완벽하게 나누어야 했다. 그 결과물은 아파트 단지 '위니테 다비타시옹 L'Unité d'Habitation'으로, 이곳에서 한 지붕 아래 1600여 명의 주민, 350가구가 함께 살게 되며 운동장, 초등학교, 상업 시설이 마련될 예정이었다. 또 다른 결과물은 펀자브 주의 새 주도 찬디가르였다. 르 코르뷔지에가 중심이 되어 설계된 정부 건물들이 건설될 곳이었다. 유럽 정치가들이 주지 않았던 조직화된 대단위 설계권을 인도 총리 자와할랄 네루는 용감하게 내주었던 것이다.

1950년대에 프랑스 전역에서 여러 단지가 건설된 위니테 다비타시옹은 독창력의 기적이며 8층의 복층형 집단 거주지로 지면에서 떨어져 든든한 콘크리트 지지대 위에 얹혀 있다. 그 아파트들은 크기가 다양하며 각각 복층 거실이 있다. 그중에서 마르세유 단지1946-1952가 방문자가 가장 많고 논의도 가장 많이 되었으며 이견도 가장 많다. 라이트는 그답게 경쟁자 르 코르뷔지에를 이렇게 헐뜯어 주었다. "코르뷔지에의 아파트는 항구도시 마르세유에 대한 대학살이다."[275] 그러나 르 코르뷔지에 본인은 위니테 다비타시옹이 성공작이며, 자신이 자주 그려 보는 유토피아를 향해 중요한 발걸음을 내딛은 셈이라고 평가했다. 그 유토피아란 마천루가 사방에 늘어선 집단 주택 단지 계획으로 파리 재건축 사업 등에서 수차례 제안했지만 결국 실현되지는 못했다.

그러나 찬디가르는 르 코르뷔지에의 인생에서 최대 규모의 건축 계획이었다. 주로 1950년대 초에 시작되었다. 종합청사, 유스티츠 궁뮌헨의 법원과 행정 기관 건물의 축소판, 국회의사당을 비롯한 몇몇 건물들은 모두 당시 그의 마지막 양식을 당당하게 드러낸 것이었다. 재정 빈약으로 더 이상 지을 수 없어 3층이나 4층에 머무르고 말았지만 이 건물들의 위풍당당한 수평 형태는 고요하고 엄숙한 히말라야 산맥과도 잘 어울린다. 그 콘크리트로 만들어진 시詩들은 분명 르 코르뷔지에다운 것들이었지만, 기계로서의 집과는 꽤 거리가 있다. 말년의 르 코르뷔지에는 멋진 표어들로 무장한 채 오히려 인간 몸의 크기에 맞춘 설계에 대해 열렬히 설파했다.

5

찬디가르 계획은 중요한 건설 프로젝트를 실현하는 데 권력을 이용하는 것이 얼마나 중요한지 잘 보여 준다. 파키스탄의 수도 다카를 설계한 탁월한 미국 건축가 루이스 칸 Louis Kahn 역시 그런 식으로 성공한 훌륭한 예다. 르 코르뷔지에도, 비시 정권 아래에서 했던 이기적 행동을 보면 그 방면에서 그리 순진하지는 않았다. 1940년 6월에 독일은 패배한 프랑스의 대부분을 점령했다. 1944년부터 1945년 해방이 될 때까지는 비겁, 배신 행위, 전승자와의 비굴한 타협의 시대였다. 르 코르뷔지에에게 이 대재앙은 일종의 기회였다. 오래전부터 페탱 장군을 지지했던 그는 비시 정부가 자신과 같은 훌륭한 건축가의 재능을 알아볼 것이며, 권위적이므로 강제 명령을 내려서라도 자신을 후원해 줄 수 있을 것이라고 기대했다. 르 코르뷔지에는 정치에 관심이 없다고 주장했지만 그는 비시 정부가 프랑스 정신을 십분 활용할 수 있을 것이라고 생각했다. 이제 프랑스를 악명 높게 만든 부패 정치인들의 (그리고 르 코르뷔지에가 못 견뎌 했던) 싸움질이 끝나 버릴 것 같았다.

게다가 비시 정부는 르 코르뷔지에에게 공공 건축가라면 가장 만족스럽고 가장 든든해할 것을 약속해 주었다. 바로 '명령'이었다. 1941년 초에 그는 전쟁으로 파괴된 프랑스의 재건을 위한 임시 의원회 의원으로 임명되었다. 그리고 그 혼란한 시기에 알제알제리의수도를 위한 원대한 계획 속으로 당국을 끌어들이기 위한 술책을 썼다. 그는 프랑스 식민지령인 알제를 중앙집권적이고 강력한 수도로 바꾸는 일을 맡았다. 북아프리카의 프랑스 총독인 군사령관 베가에게 쓴 편지에는 권위주의에 대한 기대가 노골적으로 드러나 있다. "현재 행정부에서 최고의 권위자만이 반드시 필요한 혁신을 이루고 유익한 선례를 만들며 오래된 법규를 무시할 수 있는 허가를 내어주고 알제 계획의 실현을 가능케 할 수 있습니다." 그는 기존 계획들을 취소하고 새 계획, 즉 자신의 계획을 도입하도록 "위로부터의 명령"과 "권위의 행사"를 부탁한다고 노골적으로 밝혔다.

르 코르뷔지에의 전기 작가들은 일반적으로 이 정치적 사건들의 진상을 회피했다. 이유는 알 만하다. 비시 정부의 첫 2년 동안 르 코르뷔지에는 그 정부의 가장 헌신적인 지지자처럼 행동했다. 통제되지 않는 부도덕한 언론의 폐단을 통렬히 비판했고 프랑스 민족의 타고난 힘과 정직한 본성, 순수성의 대변자로 프랑스 농민을 내세웠으며, 식민 행정부의 문명적 활동을 찬양했다. 르 코르뷔지에는 원시적인 국수주의와 인종적 쇼비니즘과 함께 이런 '건전한', 그러니까 극우적 견해가 이데올로기적으로나 정략적으로나 매력적이라고 생각했다. 그런 견해를 통해 그는 현대 정세에 대해 대단히 무지한 척하였으며 그것이 페탱의 도움을 얻는 데 이로울 것이라고 생각하였다. 그러나 보수주의자들과 이념가들, 기술주의 국가 신봉자들 사이에 풀리지 않는 내적 갈등으로 곤경에 빠져 있던 비시 정부는, 일개 건축가의 원대한 계획에는 관심이 없었다. 프랑스 파시스트가 지배하던 1941년에서 1945년까지 르 코르뷔지에가 지은 건축물이 없었던 것은 그가 지으려고 하지 않았기 때문이 아니었다. 하지만 그 덕분에 전쟁 후 정계에서 일어난 복수심에 불타는 비시 정부 지지자 청산 운동에서 르 코르뷔지에는 소극적인 부역자로 용서받았으니, 운이 참 좋았다. 그런데 그가 권력에 의존하려 했다는 사실은, 비록 그가 기댔던 권력자가 보잘것없기는 했지만, 아방가르드의 정치적 견해가 거의 한계가 없을 만큼 다양했다는 것을 잘 보여 준다. 권력에의 의존은 너무도 강력한 최음제여서 아무리 모더니스트라고 해도 거기 빠져든 이가 적지 않았다.

"훌륭한 비례와 실용적 단순성"

1

1932년, 개관한 지 3년밖에 되지 않은 뉴욕현대미술관^{MoMA}이 현대 회화를 전시하던 일반적 추세에서 대담하게 벗어나 15개국 마흔여 명의 뛰어난 건축가의 작품을 전시했다. 모더니즘의 진정한 영웅이라고 할 만한 앨프리드 바 관장은 논쟁을 즐기는 달변가이자 손이 큰 후원자로서, 항상 유럽 미술의 경향에 대해 촉각을 곤두세우고 있었고 유럽 미술에 대한 미국인들의 관심을 불러일으키기 위해 왕성하게 활동하였다. 그 급진적인 새로운 건축 양식을 '국제주의'라고 명명한 것도 바로 그였다. 전시 큐레이터는 건축사학자 헨리 러셀 히치콕과 건축가 필립 존슨이 맡았다. 그 전시는 일종의 계시였다. 프랭크 로이드 라이트는 당시 오랫동안 침체기에 빠져 있었지만 동포들에게 모더니즘 특유의 개성적 측면을 잘 보여 주고 있었다. 그런데 직선과 직사각형의 미적 잠재력, 장식의 생략, "품위 없는" 재료의 부각과 같은 전시 작품들의 특징이 당시 미국에 잘 알려져 있지 않았기에 이 전시는 그런 요소를 살리려고 했다.

20년 전 그 유명한 아모리쇼가 모더니즘 회화에 영향을 미친 것만큼이나 당시 건축에 크나큰 영향을 미친 이 순간을, 그 두 큐레이터는 생생한 도판이 포함된 짧은 책자를 통해 포착해 두었다. 『국제주의 양식: 1922년 이후의 건축 The International Style: Architecture Since 1922』은 더 많은 대중에게 이 혁명의 이름을 알리게 된다. 그것이 바로 이후 수십 년 동안 미국 대도시 건축물을 지배하게 되고, 소수의 아버지에게서 무수히 많은 자손을 번성하게 한 양식이었다. 자손들 중 어떤 이는 근사했지만 대부분은 단조롭고 지루했다.

보수주의자들만 이 미적 나체 상태에 한탄한 것은 아니었다. 모더니스트 진영 내에서도 모더니즘 건축을 비난하는 사람들이 있었다. 헝가리 디자이너 모호이 노디 László Moholy-Nagy의 부인 시벌Sibyl이다. 죽은 남편의 뒤를 이어 바우하우스에서, 이후 시카고에서 일했던 그녀는 미스 반 데어 로에가 말년에 보인 자기 패러디 작품들을 신랄하게 비판했다. 모더니즘의 다른 지지자들도 줄 지어 늘어선 마천루들을 거북하게 여기게 되었고 그 건물들이 그곳에서 일하는 사람들에게는 관심없는 무정한 괴물이라고 생각하였다.[276]* 그런데 그 양식을 베끼기만 하는 사람들도 있었지만 발전에 기여하는 중요 인물들도 있었다. 1959년 필립 존슨은 코네티컷에 그 유명한 미스 스타일의 유리집을 자택으로 지었다. 내부에는 오직 욕실만 나뉘어 있는 완전한 직사각형 집이었다. 그 집은 국제주의 양식에 대한 열렬한, 실로 감동적인 오마주였다. 이후 존슨은 지하 미술품 소장실과 전통적인 손님용 숙소를 증축하였으니, 이는 유리벽의 태생적 한계에 대한 암

---

* 루이스 멈퍼드는 1954년에 이렇게 썼다. "지난 6년 동안 맨해튼에서 현대적 사무실용 건물들의 건설 붐이 일어났다. 레버하우스는 예외로 하고 이 건물들은 아름답지도 않으면서 뉴욕 중간 지구의 기업 구역에 밀집 현상만 심화시켰다."

시적인 비판이었다.

2

국제주의 양식의 창시자들 가운데 가장 인상적인 인물은 당연히 발터 그로피우스였다. 상상력, 장인 정신, 실용주의, 교육열과 이데올로기적 추진력을 함께 가진 덕분에 독일 모더니즘 최고의 대표자가 되었다. 특히 가르침에 대한 욕구가 중요했다. 젊은 시절 그는 실제 경험에서 배운 것을 중시했다. 1907년부터 1910년까지 베를린에 있는 페터 베렌스의 사무실에서 잘 적응하여 인정을 받았다. 작업실을 함께 쓰게 된 상사 베렌스는 당시 전통적인 장식이나 새롭고 화려한 아르누보에서 벗어나지 못했던 동료 건축가들과는 달리 한층 더 단순하고 명확한 표현 방법을 채택했다. 1907년에 베렌스는 독일 최대 가전제품 회사 아에게AEG의 예술 고문이 되었다. 이 기업의 의식 있는 기업주가 의식 있는 장인, 즉 그로피우스가 결코 잊지 못했던 믿음직하고 비정치적인 동지를 고용했던 것이다. 베렌스는 거대한 공장, 멋지고 유용한 램프, 유리병, 선풍기, 카탈로그의 활자체 등 아에게가 맡기는 모든 것을 디자인했다. 그로피우스에게는 디자인과 건축의 밀접한 상호 작용에 대해 직접 배울 수 있는 이상적인 기회였다.

그로피우스는 1910년 베를린에서 자기 사무실을 연 뒤에 건축의 공적 의미에 대해 많은 생각들을 했다. 일찍이 건축계의 선도적 인물들이 사회적으로 속물적 사고방식을 지니고 있으며(물론 늘 베렌스는 예외) 미적 감각에 있어 보수적이라는 것을 알아챘다. 그가 말한 이 "훌륭한 취향의 조정자"들은 대체로 "소수의 부자들"[277]에게만 관심이 있었기에 현대 산업과 현대 주택의 필요성에 대해서는 생각하지 못했다. 수년 뒤에 그는 이렇게 썼다. "심지어 1차 세계대전 전에도 나와 몇몇 건축가들은 건축가들이 자신의 자유를 스스로 점점 더 심하게 속박하고 있다는 사실 때문에 점점 불안해했다."[278] 이런 걱정은 모더니즘적 저항 운동의 형성에 아주 유용한 예습이 되었다.

1910년 그로피우스는 아에게의 사장 에밀 라테나우Emil Rathenau에게 메모 한 장을 보냈다. 역사학자들은 이 메모를 참고로 훗날 그의 회상록을 당시 맥락에 비추어 연구할 수 있다. 그는 기계와 사전 조립된 표준 부속품들을 지지하는 한편 이익에 눈이 먼 투기적 건축가들을 호되게 꾸짖기도 했다. 그는 당시 유행하는 디자인이 "과장과 그릇된 낭만주의"의 치명적인 결합으로 "아름다운 비례와 실용적인 단순성의 자리"를 빼앗았다고 엄중하게 지적했다. 훌륭한 모더니스트로 당시대를 살고 당시대에 영향을 주고자 했던 그로피우스는 최신 양식의 형성을 가로막은 독일 사회의 '내적 분열Zerrissenheil'을 비난하면서 백여 년 전부터 독일 문화의 '분열'에 절망하고 있던 사회 비평가들의 대열에 들어서기로 했다. 그러나 그것은 위험한 시각이었다. 자기 시대의 전문가들이 불행하게도 그들의 편협한 시각을 넘지 못한다고 보는 견해는 미래에 대해 호의적인 과거가 존재했었다는 믿기 어려운 환상과, 그 존재하지 않는 과거에 대한 향수를 초래하게 된다.

간단히 말하면 그로피우스는 독일의 나쁜 취향에 대해 독일인답게 비판했던 것이다. 그는 기계와 대량생산의 영향을 정당화하는 동시에, 현대라는 '대규모 문명'[279]의 질을 떨어뜨리는 '우둔한 물질주의'에 대해 신랄하게 비판했다. 너무도 많은 신중한 독일인들이 사로잡혔던 완전성에 대한 갈망에 그도 빠져 있었던 것이다. 가장 순수한 모더니즘 교육 기관인 바우하우스를 건립하고 나서야 이 상충하는 신념들을 융합할 방법을 찾게 된다.

3

"이것은 단순한 패전이 아니다." 그로피우스는 1918년 가을 이탈리아 전선을 떠나 조국에서 혁명을 목격하고 이렇게 썼다. 독일제국에 종말을 고할 혁명이었다. "한 시대가 끝나고 있다. 문제에 대한 근본적인 해결책을 찾아야 한다."[280] 그는 겨우 서른한 살이던 1914년부터 괴이쩍고 예측 불가인 작센-바이마르 대공의 은혜로 바이마르 미술공예학교 교장직의 물망에 올라 있었다. 혁명 기간 중에 그 공국이 사라지게 되자 그러잖아도 복잡했던 교장의 권한에 대한 협상이 정치적으로 점점 더 얽혀만 갔다. 전쟁의 참패라는 크나큰 상처, 아주 작아진 독일 공화국의 탄생, 독일을 파괴적 전쟁의 책임국으로 지목한 베르사유 조약의 치욕적 조항으로 독일인들은 절망과 헛된 희망만 품었다. 이제 바우하우스가 비참한 패배의 고통 속에 있는 나라에 가장 큰 승리감을 주게 될 것이었다.

바우하우스 건립 중 그로피우스는 늘 자금 부족에 시달렸다. 학생들은 거의 모두 정신적으로는 풍요로웠지만, 어쨌든 가난했다. 기금을 제공해야 하는 튀링겐의 우파 정치인들은 거의 도움이 되지 않았다. 바우하우스가 혁신적으로 집단적인 결정을 강조했고, 모든 유서 깊은 양식들을 거부하면서 전례 없이 현대적인 학교명을 지었으며, 그래픽과 도서 디자인 교육을 위해 대담하게도 라이오넬 파이닝거Lyonel Feininger 같은 표현주의자, 그것도 볼셰비키임이 분명한 인물을 임용했기 때문이다. 1919년 4월 말에 발표된 바우하우스의 설립 선언서는 종교와 무관하게 표현주의의 틀에 맞춰 대성당을 묘사한 파이닝거의 목판화로 표지를 장식하여 바우하우스의 도발적인 성향을 더욱 과시했다. 1933년 나치에 의해 스스로 문을 닫기까지 바우하우스가 살아남을 수 있었던 것은 주로 그로피우스의 협상술, 교사와 학생 모두의 높은 의욕, 나치와 그 정치적 일당들의 끊임없는 방해에도 불구하고 1925년 이후 데사우의 민주적 시장이었던 프리츠 헤세의 용감한 지지를 얻어 바우하우스를 데사우로 이전한 덕분일 것이다.

바우하우스는 거의 모든 아방가르드 교육 기관과 마찬가지로 포부는 드높았고 어조는 민주적이었으며 야심 찬 선언문과 함께 모습을 드러냈다. 그 목소리는 그로피우스의 것이었고, 내용은 계급 차별 철폐가 바우하우스 성공을 위한 가장 시급한 선행 조건이라는 것이었다. 모든 분야의 예술가들이 자신들의 근본 자질과 궁극적인 의무를 인식하여 옛날 방식으로 화합하며 작업해야 했다. "건축가, 조각가, 화가, 우리 모두 수공예로 돌아가야 한다." 동시에 모든 건축 예술 종사자는 산업이 본질적으로 건축과 혈족임을, 속물근성을 버리고 그 협력 관계를 인정해야 한다. "장인과 예술가 사이에 오만한 장벽을 세우는 계급 구분의 억측을 버리고 장인들의 새로운 길드를 만들자."[281]

그로피우스는 물론 건축가였으니, 선언의 단호한 첫 문장에서 바우하우스의 다양한 창작 활동의 '최종 목표'가 '건축'이라고 거침없이 표현했다. 그는 다른 개혁가들과 마찬가지로 빅토리아 절충주의와 역사주의 건축이 분에 넘치는 인기를 누리는 동안 다 사라져 버렸다고 생각했던 '건축의 정신'[282]을 회복하고자 했다. 가까스로 살아남은 공화국, 대외적으로 미래가 불안하고 정치적 극단주의자들과 억압적인 연합국에 대한 분노로 고통스러워하는 이 공화국에서, 바우하우스는 만족할 만한 길을 모색하고 있었다.

초기에 우유부단한 모습을 보였던 이유는 내부에 있었다. 바우하우스의 성원들 사이에는 강한 협력 관계가 있는 만큼 강한 긴장 관계도 존재했다. 괴팍하면서도 신비로운 분위기를 풍기는 요한네스 이텐Johannes Itten은 자칭 열성적인 교육 개혁가였는데, 그가 지도했던 반년짜리 필수 입문 과정은 그로피우스가 수년 동안 표현주의적 자기 표현을 실험한 끝에 얻은 현실적인 사실주의와는 정반대의 것이었다. 이텐이 떠나고 나서 1923년, 그로피우스와 함께 "예술과 기술, 새로운 통일체"를 확고히 신봉하는 모호이 노디가 오자 비로소 그 반유토피아주의자들에게 활동의 장이 생겼다. 그해에 그로피우스는 이렇게 말했다. "우리는 분명하고 유기적인 건축을 원한다. 내적 논리가 확실하고 진솔하며 외관과 속임수의 방해를 받지 않을 건축이다. 우리는 기계, 라디오, 빠른 자동차의 시대에 적응한 건축, 기능이 명확한 건축을 원한다."[283] 마르셀 브로이어Marcel Breuer, 헝가리 출신의 미국 건축가로 하버드대 교수를 지냈다의 세계적으로 유명한 의자 디자인과 그것 못지않게 유명한 헤르베르트 바이어Herbert Bayer의 활자체도 바로 이런 환경에서 태어날 수 있었다.

그로피우스는 10년 동안 바우하우스의 교장으로 활약하였지만 행정 업무에 지쳐서 1928년 마침내 본업으로 돌아가기로 결심했다. 그의 후계자 한네스 마이어Hannes Meyer는 바우하우스를 마르크스주의의 이상에

따라 개혁하려고 했다. 그러나 튀링겐의 정치 세력가들은 바우하우스의 미적 감각과 계획을 악마처럼 사악한 것으로 여겼다. 바이마르공화국 시기에는, 장식 없는 찻잔 디자인을 비롯한 모든 행위가 어찌된 일인지 정치적인 의미를 띠게 되었던 것이다. 독일이 강한 지배권을 회복하여 적들에게 복수하기를 꿈꾸는 완고한 몽상가들에게 바우하우스는 퇴폐의 상징이었다. 1925년에 그들은 마침내 바우하우스를 바이마르에서 그나마 우호적인 분위기의 데사우로 몰아냈다. 바우하우스가 실패했기 때문이 아니라 성공했기 때문이었다. 그리고 디자인에 대한 논쟁이 제아무리 격했다고 해도, 파울 클레와 바실리 칸딘스키의 그림, 라이오넬 파이닝거와 게르하르트 마르크스의 그래픽, 마르셀 브로이어와 루트비히 미스 반 데어 로에의 가구는 현대적 미술과 실용성을 결합시킨 훌륭한 본보기로서 국제적인 명성을 얻었다.

 발터 그로피우스가 가장 성공적인 건축물을 설계한 것도 바우하우스의 데사우 시절이었다. 바로 그 학교의 신축 건물이었다. 그로피우스만의 철저하게 차별화된 건물로 현대적 직사각형 네 개가 상호 의존적으로 배치되어 있다. 눈부신 햇살이 비쳐 드는 작업장의 유리벽과 마찬가지로 학생동의 평평한 표면을 뚫고 나온 작은 발코니대들도 엄숙한 집단성으로부터의 장난스러운 일탈을 보여 준다. 바우하우스에서는 돌맹이 하나도 구식인 것이 없었고 그냥 장식에 불과한 것은 손바닥만큼도 없었다.

 장식 없는 외관을 좋아하는 사람이라면, 그로피우스가 사임 후 설계한 주택 단지도 멋지다고 생각할 것이다. 외형이 보기 좋고 가격이 적당하며, 다른 노동 계급 거주지보다는 이루 말할 수 없을 만큼 더 우아했다. 사회적 동정심과 미적 기호가 결합하여 낳은 작품이다. 바우하우스 교사들은 어쩔 수 없는 운명을 받아들이고 학교를 폐쇄하기로 결정하였지만,

그로피우스는 이듬해인 1934년까지 그 새 건물을 독일적인 것으로 인정받아 살리고자 당국에 편지를 보냈다. 그러나 그의 설득은 그럴듯해 보이지도 않았고 성과도 없었다. 이후 그는 1차 세계대전 동안 독일군의 편에서 복무한 일과 반박의 여지 없는 "순수한 독일 혈통" 때문에 공적으로나 사적으로나 작업을 의뢰받지 못했다. 그로피우스는 1934년 가을 영국으로 떠났고, 1930년에서 1933년까지 폐교 직전의 바우하우스를 맡았던 미스 반 데어 로에는 1937년 히틀러의 제3제국을 떠나 미국으로 갔다. 국제주의 양식을 가지고 말이다.

발터 그로피우스, 베를린의 지멘스 주택단지 1930 외형이 보기 좋고 가격이 적당하며, 다른 노동 계급 거주지보다는 이루 말할 수 없을 만큼 더 우아했다. 사회적 동정심과 미적 기호가 결합하여 낳은 작품이다.

루트비히 미스 반 데어 로에, 일리노이 공과대학교 크라운홀 "적을 수록 더 많다." 크라운홀은 진지하고 명쾌하고 엄격하게 기하학적이며, 완벽한 미스의 스타일이었다.

발터 그로피우스, 자신의 집 앞에서(매사추세츠 링컨) 오른쪽 '비모더니스트적인' 원형 계단을 잘 보라. 1937년 가족을 위해 지은 집에는 원칙에 얽매이지 않은 부분들이 있다. 그 집은 직사각형이 강조된 2층짜리 건물로, 커다란 창이 상당히 많아 기복이 완만한 뉴잉글랜드의 풍경이 내다보이며, 그 유명한 마르셀 브로이어의 의자를 비롯한 바우하우스 가구들이 비치되어 있다.

"히틀러는 최고의 친구"

　　모더니즘은 초창기부터 범세계적인 운동이었다. 모더니즘 건축 양식에 대한 이름으로서 헨리-러셀 히치콕과 필립 존슨이 1932년 출간한 책 제목은 더할 나위 없이 적절하다. 뉴욕 현대미술관에서 열린 중요한 전시회와 함께 나온 책『국제주의 양식』말이다. 국제적이라는 말은 건축사에 한정되지 않고 광범위하게 사용되어도 무방하다. 보들레르에 대해 제대로 평가하려면 그가 한 에드거 앨런 포의 암울한 소설 번역도 논의해야 한다. 오스카 와일드는 "예술을 위한 예술"을 외치며 영국 동포들보다 프랑스 문학비평가들에게 더 많이 의지했다. 엘리엇의 충격적인『황무지』는 영어권 시인들보다 프랑스인 쥘 라포르그의 시에서 더 큰 영향을 받았다. 프랑스 인상주의자들의 인기 급등은 유럽과 미국 전역의 회화 시장 대부분을 변화시켜 놓았다. 20세기 위대한 작곡가 쇤베르크와 스트라빈스키는 모두 로스앤젤레스에서 죽었으니 이웃이었던 셈이다. 이들 못지않게 우리의 주목을 끄는 두 모더니스트 건축가들은 그리 길지 않게 느껴지는 망명 기간 동안 미국에서 성공을 거두었다. 그 유명한 그로피우스와 미스 반 데어 로에다.

1920년대 초부터 1940년대 중반 동안 모더니즘의 본거지는 파리, 런던, 베를린에서 뉴욕과 시카고로 옮겨 갔다. 미국의 수집가들은 오랫동안 유럽 대가들에 대한 탐욕과 통 큰 손으로 주목받아 왔다. 유럽에서 좌우파의 전체주의 정치가 득세하자 자리를 잃거나 생계에 위협을 느낀 모든 예술가와 지식인들은 이제 미국에서 안식처를 찾았다. 뉴욕의 미술협회Institute for Fine Arts 회장 월터 쿡Walter Cook은 눈치 없지만 적절하게도 이런 말을 하곤 했다. "히틀러는 최고의 친구입니다. 그가 나무를 흔들었고 나는 사과를 주웠지요."[284] 그 사과의 목록은 길고 유명했으며 미국 문화를 20세기의 선두로 몰아 갔다.

물론 유럽의 뛰어난 이민자들이 모두 모더니스트는 아니었다. 이민한 모더니스트들이 모두 나치나 공산 정권에서 도망한 것도 아니었다. 마르셀 뒤샹과 에드가 바레즈는 히틀러가 집권하기 전에 이미 미국에 정착하였다. 수많은 전통적인 학자, 영화감독, 심리학자, 음악가, 사회학자, 예술가들이 미국에 와서 그들의 새 조국을 풍요롭게 만들었다. 그들 중 상당수가 유대인이 아닌 순수한 정치적 망명자였다. 어쨌든 유대인이건 아니건 그들은 모두 자국의 주류 문화에서 환영받지 못한 아웃사이더들이었다. 미국은 이들에게 뜻밖의 기회를 주었다. (흔히 생각하기를) 전통이나 고급문화가 존재하지 않고 돈에만 열광하는 미국이 재능 있는 혁신적 예술가들을 구원해 주고 제대로 평가해 준 것은 놀라운 일이었다.

이런 미국의 자비심으로 수많은 중대한 결과물이 나왔지만, 1939년 2차 세계대전이 발발할 때까지 바우하우스가 미국에서 부활해 있을 수 있었다는 사실은 그냥 지나칠 수 없다. 예술과 기술의 융합과 기계를 옹호했던 그로피우스의 든든한 아군 라즐로 모호이 노디는 시카고에 와서 뉴바우하우스(실패)와 시카고 디자인 학교(성공)를 열어 너무도 다양한 연구생들, 즉 화가, 조각가, 사진작가들과 함께 실험하였다. 1923년부터 모호이 노디와 함께 바우하우스에서 필수 입문 과정을 가르쳤던 요제프 알베르스Josef Albers는 아방가르드적인 노스캐롤라이나의 블랙마운틴 칼리지에 정착하였고 이후 색채 이론으로 유명한 예일 대학교로 옮겼다. 미스 반 데어 로에는 1938년 미국 땅을 밟은 후에 일리노이 공과대학의 초빙을 받았는데, 이후 학교가 이전할 때 새 캠퍼스의 설계를 맡았다. 그것은 진지하고 명쾌하고 엄격하게 기하학적이며, 완벽한 미스의 스타일이었다. 역시 그가 시카고에 지은 눈에 띄는 아파트들도 "적을수록 더 많다."는 미학을 강조하여 본질적 요소인 재료와 구조로 그 미의식을 표현하는 데 제 몫을 하였다.

모더니즘이라는 무한한 가능성의 땅에 있던 바우하우스 인물 중 가장 중요한 혁명가는 바로 발터 그로피우스였다. 그는 영국에서 3년간 체류하는 동안 맥스웰 프라이Maxwell Fry와 함께 케임브리지셔에 임핑턴빌리지 대학교의 훌륭한 설계로 족적을 남겼다. 1937년에는 하버드대학교 건축학과 교수직을 맡았고 1년 뒤 건축학과장으로 임명되어 15년 동안 재임하면서 뚜렷한 업적을 남겼다. 가르치는 일을 매우 좋아했지만 건축을 계속 하고 싶어서 퇴직하기 전에 회사를 설립하였다. 자신의 작업 방식을 강조하는 '건축가들의 공동체TAC'라는 이름을 붙이고는 동료들과 함께 학교, 개인 주택, 사무실, 대사관을 지었다. 회사를 찾아오는 사람들에게 그는 TAC 직원들이 둘러앉아 서로 "자극적이고 도전적으로"[285] 비판하며 토론하는 둥근 탁자를 자랑하곤 했다. 그로피우스가 협동의 원칙을 강조하기는 했지만 고독한 예술가라는 낭만적인 이미지를 버린 건 아니었다. 그는 이렇게 강조했다. "창조의 불꽃은 늘 개인에게서 비롯된다."[286]

그러니 그는 개인주의와 협력이라는 모더니즘의 두 가지 이상을 함께 지닌 셈이었으며, 그것들은 종종 충돌을 일으켰다.

───────

건축 비평가들은 그로피우스의 후기 건축에 대해 엇갈리는 평을 내놓았다. 기념비적인 건축 혹은 재탕이라는 평가였다. 그가 자주 대표격으로 나섰던 국제주의 양식도 논란거리가 전혀 없지는 않았다. 그러나 1937년 매사추세츠 주 링컨에 자신과 가족들을 위해 지은 집에는 원칙에 얽매이지 않은 부분들이 있다.[287] 그 집은 직사각형이 강조된 2층짜리 건물로, 커다란 창이 상당히 많아 기복이 완만한 뉴잉글랜드의 풍경이 내다보이며, 그 유명한 마르셀 브로이어의 의자를 비롯한 바우하우스 가구들이 비치되어 있다. 지붕은 평평하며 "뉴잉글랜드의 전형적인 재료와 형식이 표현되었다. 즉 흰색 목재, 벽돌 굴뚝, 칸막이가 있는 포치, 돌바닥, 옹벽이 있다. 그리고 이 모든 설비와 건축 자재는 공장에서 제작된 것이다." 게다가 "미국적 재료와 특유의 형태에도 불구하고 그 집은 분명히 유럽 풍이다."[288] 이 구절들은 뉴잉글랜드 고전보존협회 간행물에서 뽑은 것이다.

아무래도 바우하우스의 전직 교장이 살고 싶어 할 집이었다. 그러나 한 가지 '비유기적인' 요소가 눈에 띈다. 바로, 건물 외벽에 척 붙어 1층과 2층을 이어 주는 원형 계단이다. 개인적인 설비에 불과하지만 바로 그렇기 때문에 더더욱 모더니스트 건축의 개인주의적인 성격을 잘 보여 준다. 수십 년 동안 그로피우스가 맹렬하게 비판했던 에콜데보자르의 역사주의자들이 지은 건물과 확연히 구분되는 성격 말이다. 그 생뚱맞은 계단은 2층 방을 쓰고 있던 고등학생인 딸이 친구들이 집에 놀러 올 때 거실을 거치지 않고 자기 방으로 직접 올 수 있게 하고 싶어 해서 만들어 준 것이 라고 한다. 사람 냄새 나는 모더니즘이었다.

"아름다움이 우리를 기다린다"

1
모더니즘 건축과 모더니즘 디자인은 무척 가깝다. 실제로, 그 거리는 손에 연필을 들고 있는 (요즘이라면 컴퓨터 앞에 앉아 있는) 수많은 재능 있는 장인들에게는 한 걸음도 채 되지 않을 것이다. 앞서 논의한 건축가들은 디자인에도 손을 댔다. 그리고 앞으로 논의할 디자이너들은 건축에 손을 댔다. 두 분야에서 모두 뛰어난 사람들도 드물지 않았다. 그러므로 이제 할 이야기는 상대적으로 짧을 수 있다. 아주 정확한 비교는 아니겠지만 말 한마디로 여러 가지를 설명한다고나 할까. 그로피우스는 의자와 책상도 만들었다. 그러나 지속적으로 판매되던 미스와 르 코르뷔지에의 가구들과는 비교가 되지 않았다. 그로피우스가 건축과 강의에 이례적인 관심을 쏟았다면 이런 해명이 가능하다. 그가 언젠가 말했듯 바우하우스의 교장으로서 자기 시간의 90퍼센트를 보수주의자들과 적대적 우파를 상대로 자기 작품을 변호하는 데 썼기 때문이다. 디자인에 투자할 시간이 동료 건축가들보다 적었을 것이다.

다른 모더니스트 대부분이 경계를 무너뜨리려 했다. 건축 업무도 나누지 말아야 한다고 했다. 프랭크 로이드 라이트는 늘 그렇듯이 그 문제에 대해 강하게 논지를 펼쳤다. "진정으로 가장 만족스러운 아파트들은 거의 모든 가구가 애초 설계 단계에서 장착된 아파트다. 전체는 항상 완전한 하나의 단위로 고려되어야 한다."[289] 별도의 가구는 건축가의 특징을 직간접적으로 표현한 것일 때만 용인할 수 있다는 말이기도 했다. 착상의 통일성은 가장 매혹적인 결과물과 성과물의 통일성에 필수적이었다. "한 공간에 있는 모든 것이 하나의 오케스트라에 있는 악기와 같아야 한다."[290]라며 모든 혁신적인 사조를 받아들인 오스트리아 작가이자 저널리스트 헤르만 바르는 비유적으로 표현하였다. "건축가는 지휘자이며 전체는 교향곡을 연주해야 한다." 이렇게 해서 빅토리아 시대와 그 이후 특히 중부 유럽의 부유한 부르주아들이, 리하르트 바그너의 종합예술작품, 즉 전체로서 발생하고 하나의 착상에서 시작된 상상력으로부터 모든 구성 요소가 생겨난 포괄적인 예술 작품이라는 이상을 받아들일 수 있게 됐다.

건축가들과 디자이너들이 그렇게 밀접하게 제휴했던 것은, 서로 불평거리가 같았기 때문이기도 했다. 이들은 모두 잠재적 고객들의 천박한 취향을 한탄스러워했다. 늘 그런 것은 아니지만 주로 값싼 외국 여행 기념품에 대한 감상적인 열망, 과거의 걸작을 어렴풋이 떠오르게 하는 개인 주택의 웅장한 파사드, 종이죽papier-mâché으로 만든 싸구려 '귀여운' 물건들의 어설픈 유머 같은 것이었다. 개혁가들의 복수는 너무도 단순했다. 이론의 도움 없이도 일부 19세기 디자이너들은 이미 빅토리아앤앨버트 미술관의 물건들, 즉 이후 많이 복제되고 많이 비판받은 보물들과 정반대로 장식 없는 물건들을 제작했던 것이다. 바우하우스 작업장에 잘 어울렸을 것들이었다. 70여 년이나 "시대를 앞서"서 말이다.* 1852년의 미국 조각가이자 선견지명이 있는 여행가 허레이쇼 그리노Horatio Greenough는 "남는 것은 반드시 잘라 내야 하며 불필요한 것은 없애야 하며 꼭 필요한 것도 가장 단순하게 표현해야 한다. 그렇게 하면 무엇을 만들든 아름다움이 우리를 기다린다."라고 썼다. 이 빅토리아인들은 '기능주의'라는 말은 몰랐지만 이미 그것을 실천했다.

19세기 말에 정직성과 단순성을 추구하는 디자이너들이 모여 대중이 키치에 등을 돌리게 할 목적으로 조직을 설립했다. 영국에서 윌리엄 모리스를 중심으로 일어난 미술공예운동이었다. 이들은 도예가, 가구 제작자, 은세공가들이 미적 감각이 부족하다고 호되게 비판했다. 그 운동은 전국의 소규모 단체들을 결집시켰다. 주로 민족주의자와 비국교도들로, 베를린과 빈에서 인기 있는 가구를 런던에서 생산하는 이들이었다. 예를 들면 아르누보 디자인으로 유명하며 글래스고의 건축가로 본국에서보다 유럽에서 더 인기 있었던 찰스 레니 매킨토시Charles Rennie Mackintosh처럼 혁신적인 사람들이었다.

그들이 취향을 정화하려고 했던 것은 사실이지만 더 진보된 모더니즘의 관점에서 보면 그들 역시 전통이라는 굴레에서 벗어나기 위해 어쩔 수 없이 그렇게 했을 뿐이지 반항을 넘어 풍부한 창조력을 발휘하지는 못했다. 전통성에 대한 그들의 비판은 대체로 좋은 의도에도 불구하고 앞에서 보았던 골치 아픈 문제, 즉 기계를 어떻게 할 것인가라는 문제에 대

* 허윈 섀퍼의 『19세기 현대: 빅토리아 디자인의 기능주의 전통(Nineteenth Century Modern: The Functional Tradition in Victorian Design)』(1970)은 상세하고 훌륭한 책이니 잘 알려지지 않았지만 참고하기 바란다. 이 책은 사진을 보여 주고는 이렇게 묻는다. "이 안락의자나 찻주전자가 언제 만들어진 것이라고 생각합니까?" 거의 빤한 대답은 "1992년경 바우하우스에서."일 것이다. 하지만 정답은 거기서 70년쯤 빼야 한다.

해 모호한 입장을 취하고 있었다. 윌리엄 모리스 풍의 중세 취향은 떨쳐 버리기 쉽지 않았으니 일부 전복주의자들이 20세기 산업 문화를 받아들이게 된 것은 한참 후에나 가능했다. 찰스 애슈비Charles Robert Ashbee는 미술공예운동에 깊이 관여하고 수공예협동조합을 설립한1881년 영국의 건축가이자 디자이너, 행동주의자이기도 했지만, 프랭크 로이드 라이트의 친구가 된 이후에 1911년이 되어서야 "현대 문명이 기계에 의존하고 있다."라고 인정했다. 그러고는 "이것을 인정하지 않는 예술 교육에 대한 기부 혹은 장려 조직은 멀쩡할 리가 없다."[291]라고 생각했다. 완벽한 모더니스트들인 그로피우스와 모호이 노디에 이르는 길이 서서히 만들어지고 있었다.

2

모더니스트 디자인에 대한 반대가 사방에서 터져 나왔다. 그것은 견실한 보수주의의 심리적인 지속성, 즉 보수주의이기 때문에 갖는 정서적 거부 반응을 증명해 준다. 보수주의는 노골적인 이기심과의 충돌에서 승리할 만큼 강력했다. 앞에서 보았듯 헤르만 무테지우스는 독일에서 현대적 기술과 취향을 선택하면 "현재 상황에 대한 투쟁"이 일어날 것이라고 예측하였다. 실제로 무테지우스는 영국 주택에 대한 강연과 자신의 책으로 논란을 일으켰는데 비판자들은 그것을 '무테지우스 사건'이라고 불렀다. 실용성 있고 장식적인 물건들을 만드는 장인들과 제작자들은 불안해하며 분개했고 그를 "독일 예술의 적"으로 거칠게 매도했으며, 또 다른 이들은 그가 전복적인 강연으로 디자인을 배우는 학생들을 오도하고 있다며 그것을 막아야 한다고 주장했다. 그러나 1933년 나치가 독일 문화

요제프 호프만, 스토클레 저택 벨기에의 억만장자 실업가를 위해 지은 대저택으로 독창적이고 웅장하다. 식당에는 구스타프 클림트가 제작한 멋진 모자이크가 벽 전체를 덮고 있다.

를 아주 속속들이 완전히 장악할 때까지는 줄곧 무테지우스와 그 일파들의 말에 귀를 기울이는 사람들도 있었다. 독일공작연맹은 1925년 창간된 도발적 기관지 《디 포름Die Form》에서 새로운 재료와 새로운 기술을 소개했고, 적어도 일부 생산자들이 그에 따랐다. 이 현대적 인물들 중 바우하우스 출신들은 그 존재만으로도 희망의 징조였다.

그러나 대량생산까지 가려면 큰 장애물이 도처에 남아 있었다. 대량생산은 신성한 규범을 어기는 저속한 행위로서, 전통적인 가구 제작자, 보수적인 장인, 안정을 추구하는 판매자, 문화 비평가들의 신경을 건드렸다. '표준화' 혹은 '합리화'를 뜻하는 독일어 'Typisierung'이 심리적으로 첨예한 대립의 구실이 됐다. 분야를 막론하고 논쟁자들의 어휘 자체가 논전을 철학적 심오함으로 장식하곤 했다. 예를 들어 독일 수공업 연맹은 자신들의 임무를 상용 물품의 '고품격화Veredelung'와 '철저한 정화Durchgeistigung'로 규정하였다. 다른 개혁적인 국가들, 즉 영국, 프랑스, 미국은 사실상 의미가 없는 이런 말들을 거북해했다. 하지만 물건으로 직접 보여 주겠다는 그들의 태도도 덜 수사적이기는 했지만 너무 포괄적이기는 마찬가지였다.

이 논쟁에서 미국 문명에 대한 유럽인들의 일반적인 경멸감이 드러날 수밖에 없었다. 1931년 독일 제조업자 로저 긴즈부르거Roger Ginsburger는 《디 포름》에 이야기를 하나 실었다. 그 이야기는 미국인들의 천박함에 대한 전반적이고 극심한 반감을 가볍게 극화했다. 긴즈브루거는 한 프랑스의 문 부속품 생산자와 이야기를 나누는 중에 300종의 손잡이 중 1년에 한 개밖에 팔리지 않을 것도 있을 테니 그것 전부를 계속 생산해서 쌓아 두지 말고 잘 팔릴 종류만 크기별로 생산하는 데 집중하라고 조언한다. 그렇게 하면 저장과 광고 비용, 인건비를 줄일 수 있으니 전보다 더 싼 값에 팔 수 있다고 말이다. 이 충고에 그 손잡이 생산자는 다소 안됐다는 듯 이렇게 대답했다. "당신도 프랑스를 미국화하려는 사람이군."[292] '미국화'라는 말은, 당시 아주 흔하고 심한 비난이었다.

전반적으로 미의식의 고양을 목적으로 한 조직들도 소비자라는

상업적 측면을 무시할 수는 없었다. 건축과 디자인은, 이를테면 시나 회화보다 일상생활과 사람들의 미적 선택에 훨씬 더 큰 영향을 받기 때문이다. 혁신적인 디자인을 하는 것과 그 디자인의 소비자를 찾는 것은 아주 별개의 문제였다. 그래서 빈 공방과 바우하우스는 디자이너들이 선택할 수 있는, 판매라는 냉정한 현실로 가는 서로 다른 길이었다. 빈 공방은 모더니즘의 현금화에 별로 관심이 없었지만, 바우하우스는 자본주의를 이용했다.

빈 공방의 정신적 아버지는 다작의 오스트리아 건축가이자 디자이너, 오스트리아 건축계의 구스타프 클림트라 할 수 있는 요제프 호프만이었다. 1897년에 클림트는 제체시온빈 분리파의 창단에 참여했으며, 6년 뒤에 빈 공방을 설립했다. 초창기에 같이 일했던 디자이너 콜로만 모제Koloman Moser, 그리고 현대적 취향에 빠진 부유한 직물 제조업자 프리츠 베른도퍼Fritz Wärndorfer와 함께였다. 프리츠 베른도퍼는 여행을 자주 다니고 열정이 넘치며 고집도 세고 통이 큰 사람으로, 들어오는 돈보다 나가는 돈이 더 많은 빈 공방에 꼭 필요한 부자였다.

처음에는 베른도퍼와 모제가 호프만을 보완했다. 1870년에 태어난 호프만은 당시 지방 변두리에 불과했던 빈의 예술 아카데미에서 공부했다. 몇 년 뒤 그는 이렇게 회상했다. "그곳 분위기는 너무도 지루했고 예술과는 한참 거리가 멀었다." 그 학교는 새로운 미술과 디자인의 위대한 선동자들인 찰스 레니 매킨토시, 존 러스킨, 윌리엄 모리스, 오브리 비어즐리 같은 이들은 언급조차 되지 않는 곳이었다. 수십 년 전 개혁적 디자이너들이 공립학교에 대해 했던 것과 똑같은 불평이었다. 당시 다른 나라는 기술 혁신을 잘 따라가고 있는 것 같았는데 이곳은 그렇지 않았다. 호프만은 이렇게 회상했다. "우리는 매일 보는 것과 다른 무언가를 해보

고 싶어서 미칠 지경이었다."²⁹³

호프만과 추종자들이 매일 보아야 했던 것은 빈의 중심, 완공된 지 얼마 안 된 기념비적이고 독창성 없는 링슈트라세제2제정 양식의 환상(環狀) 도로였다. 지루한 디자인의 건물들이 운치 없이 모여 있는 그곳은 모더니스트가 아니라도 벗어나고 싶을 정도로 지독한 풍경이었다. 그리고 그들은 엄청난 인기를 누리는 살롱 미술의 대표 화가 한스 마카르트Hans Makart의 특대형 역사화들을 보았다. "당시는 우리 젊은이들에게 아주 불리한 시기였다. 모두가 쓸모없는 장식품과 먼지투성이 부케가 등장하는 마카르트 풍에 완전히 사로잡혀 있었다."라고 콜로만 모제는 썼다. 이에 제체시온의 기관지 《베르 사크룸 Ver Sacrum》은 "독창성 없는 지루한 것, 경직된 비잔틴 풍, 모든 몰취향"²⁹⁴에 대해 투쟁할 것을 요구했다.

그러니까 당시에는 반대해야 할 것이 많았다. 그러니 호프만은 사실상 모든 영역에서 반대파를 이끌었다. 그의 작품 가운데 정말 독창적이어서 가장 광범위하게 논의되었던 것은 1차 세계대전 전에 지은 브뤼셀의 스토클레 저택2009년 세계문화 유산에 등재이다. 그것은 벨기에의 억만장자 실업가를 위해 지은 대저택으로 그 장식이 실로 웅장했다. 식당에는 구스타프 클림트가 제작한 멋진 모자이크가 벽 전체를 덮고 있다. 1905년에서 1911년까지 6년의 건축 기간 동안 건축가와 고객이 설계를 계속 수정하는 바람에 애초에도 천문학적이었던 건축 비용은 더 올라갔다.*²⁹⁵ 실업계 거물이

* 클림트 연구의 권위자인 제인 켈리어는 이렇게 썼다. "방이 마흔 개가 넘는 3층짜리 스토클레 저택에 최종적으로 비용이 얼마나 들었는지는 영영 밝혀지지 않을 것이다. 그러나 클림트가 식당 벽을 장식하는 데에만 10만 크로네가 들었다는 것은 알려져 있다. …… 집 전체에 가장 비싼 최고의 재료만 사용되었다. 진짜 금과 보석으로 클림트 작품의 인물들을 장식했고 귀한 채색 대리석을 방 외부와 내부에 정교하게 장식해 붙였고 상감세공에서부터 모자이크 작업에 이르기까지 세부 장식에 최고의 장인이 고용되었다. 빈 공방이 특수 은식기를 포함한 모든 세부 사항을 감독했을 뿐만 아니라 수많은 외

어야만 빈 공방의 고객이 되거나 그곳에서 내놓는 멋진 견본을 볼 수 있는 자격이 주어지는 것은 아니었지만 거물이라면 한결 더 쉬웠다.

호프만은 날카로운 연필을 마음껏 놀려 물건 만들기에 몰두했다. 디자인에 대한 그의 열정은 어디서나 볼 수 있었다. 소파, 침대, 책장, 식탁, 옷장, 램프, 조절 가능한 안락의자, 흔들의자, 거울, 대형 촛대 같은 것들과 벽지, 시계, 사모바르러시아식 찻주전자, 화병, 주전자, 유리잔, 컵, 접시, 잉크병, 러그, 쟁반, 책 표지, 심지어 핸드백에 이르기까지 주로 가정에서 쓰는 물건들을 만들었다. 보석, 메달, 모노그램, 머리빗, 장난감, 목걸이 같은 장식품도 만들었다. 그는 다방면에 걸쳐 심미안을 가졌고 솜씨도 놀라웠다. 약간 섬뜩할 정도였다. 그는 유희를 즐겼고 자신의 열정을 충족시키는 데만 집중하였기에 일반 소비자들의 용도는 거의 염두에 두지 않았다. 그가 자신을 소개하는 글에서는 현실성을 단호하게 주장했지만, 현실은 공방의 이상과는 전혀 달랐다. 백 명이 훨씬 넘는 직원들을 이끄는 운영자들은 상류 부르주아, 일류 소비자만을 염두에 두었다. 그렇다고 호프만과 추종자들이 기계를 경멸했다는 말은 아니다. 디자인에서 기계가 점점 더 중요해지고 있다는 것을 인정하였고 짐짓 겸손하게 대량생산 품목들을 이용하기도 했다. 그러나 그들의 작업에서 그런 모더니즘적 측면은 부수적인 것이었다.

게다가 스케치북을 보면 호프만은 자신의 디자인을 가만히 놔두려고 하지 않았다. 그는 자기 복제를 혐오했다. 1903년에는 은식기에 관심이 생겼다. 첫 번째 드로잉은 장식 없는 순전한 기하학적 형상이었다. 그러나 그것들의 형태는 기능을 따르지 않았다. 진정한 모더니스트 디자

부 예술가와 장인들을 고용했다."

인이라면 그렇지 않았을 텐데 나이프와 포크는 너무 길고 가늘어서 쥐기 불편했고, 숟가락은 너무 얕아서 쓸모가 없었다. 그 다음에는 그 식탁용 도구에 장식을 붙이기 시작했다. 끝머리에 나뭇잎과 열매, 추상적인 장식을 붙였다. 바로 이 '개량'에 대해 로스는 건축과 디자인에서 장식 반대 운동을 펼치며 크게 격분했다. 하지만 호프만은 결코 진정한 기능주의자였던 적이 없었다. 그의 작품에서는 상상력이 항상 실용성을 이겼다.

3

빈 공방은 1903년 설립에서부터 1932년 불황의 구렁텅이에서 와해되기까지, 늘 파멸의 씨앗이 보이는 가능성 없는 사업이었다. 바우하우스는 빈 공방보다 1년 더 살아남았다. 동시대에 활동했던 두 단체는 서로 너무도 달라서 비교할 필요가 없을 정도다. 바우하우스는 정부의 후원을 받은 학교였으며 실험과 삶의 혁신을 추구하는 곳이었던 반면, 빈 공방은 판매가 중요한 거대한 개인 상점이었다. 빈 공방이 내놓은 물품들은 품위 있고 질 좋은 수공예품이 대부분이었다. 주로 호프만에 의해 표현된 빈 공방의 입장은 명백히 모더니즘적인 것이었다. "우리의 도시, 집, 방, 가구, 소유물, 의상, 보석, 그리고 우리의 언어와 정서가 명료하고 단순하고 아름답게 우리 시대의 정신을 반영하지 못하는 한 우리는 선조들보다 훨씬 뒤처져 있게 될 것이다."[296] 그러나 빈 공방 대변인들이 "우리 시대의 정신을 반영"하고, "명료하고 단순하게" 충실한 모더니스트로서 행동하려고 애쓰기는 했지만 실제 작품들은 좀 더 순응적이었다. 그들에게는 우수한 품질이 매출액보다 항상 더 중요했다.

1905년에 발표된 빈 공방의 운영 계획은 그 창시자들이 진정으로 고수하고자 했던 것이 무엇인지 잘 드러내고 있다. "한편으로 끔찍한 대량생산과 다른 한편으로 오래된 양식에 대한 무분별한 모방이 예술품과 공예품에 불러일으킨 너무도 큰 해악이 전 세계에서 홍수처럼 넘쳐흐르고 있다. …… 기계가 손의 자리를 대부분 다 차지했고 상인이 장인의 자리를 차지했다." 그렇지만 "이런 물결을 거스르려고 하는 것은 미친 짓일 것이다." 그런데도(이런 변명에는 늘 '그런데도'가 따라붙게 마련이니) 그 계획 작성자들이 그 공방을 세운 이유는 "장인들에게 활기 찬 소음 속에서 평온함을 느낄 장소를 주기 위해서"였다. 그들은 빈 공방이 존 러스킨과 윌리엄 모리스를 지지하는 사람은 누구나 크게 환영할 것이라고 했다. "우리는 낮은 가격과 경쟁할 수 없고 그렇게 하지도 않을 것이다." 실제로 "유행을 따라 모방하는 사람들은 벼락 부자들을 즐겁게 해 줄 뿐이다."[297] 지극히 호전적이고 오만한 경멸감의 표현이었다. '발전' 때문에 위협받고 제대로 인정받지 못하지만 손이 기계보다 훨씬 더 우월하며 가격은 문제가 아니고 특히 최신 유행의 복제품은 벼락 부자들만 좋아할 것이라고 말이다.[298] 빈 공방이 수십 년 동안 흥미로운 디자인을 세상에 내놓는 동안, 자기 재산이 바닥 날 때까지 빈 공방을 열렬하게 후원했던 두 명의 백만장자가 끝내 파산한 것은 어쩌면 당연한 일이었다.

4

바우하우스 사람들은 남녀를 불문하고 교사나 제자나 모두 딴 세상에 살고 있었다. 요제프 호프만의 미학은 참신한 작품을 내놓는 것이 낙이기는 했지만 대단히 절충주의적이었으며 디자인의 심원한 이론보다는 그 순간 자신의 관심사에 의존했다. 빈 공방은 독창성을 중시하여 때로는 분별력을 희생시키기도 했다. 그러나 여하튼 가장 중요한 것은 고객의 저택과 아파트, 장식과 가구였다. 물론 그 집에 사는 유행에 민감한 부인들, 즉 다른 사람들의 경제 상황이 비참하든 말든 빈 공방의 옷을 입고 든든한 재력을 과시하는 여인들도 중요했다. 이렇게 해서 기계로 만든 상품과 장식품이 둘 다 중요하다는 사실은 빈 디자이너들에게 난문제로 남았다. 빈 공방은 우선 가격표 따위에 신경을 쓰지 않는 후원자들이 필요했고 그런 후원자들을 찾을 수 없을 때는 가격을 지불할 능력이 있는 사업가 고객을 찾았다. 그 다음엔 가게 문을 닫는 수밖에.

바우하우스는 자부심과 독창성으로 번득이는 가난의 휘장을 달고 있었다. 교사들, 특히 입문 과정을 가르치는 교사들은 원칙에 대한 간결한 금언들을 숱하게 모아 학생들에게 자주 들려주었다. "전통은 적이다." "대량생산품도 장인이 만든 유일무이한 작품만큼 보기 좋을 수 있다." "지금은 몹시 불운하게도 서로 구분되었지만 미술과 수공예는 서로 자극이 되기 위해 합쳐져서 전체를 이루어야 한다."는 주장들 말이다. 바우하우스에는 이념적 긴장 관계가 존재했다. 권위적인 명령보다 교묘한 절충을 선호했던 그로피우스로서는 그 긴장을 해결하고 싶지 않았거나 그저 주제 넘게 나서고 싶지 않았을 것이다. 실용성의 강조라는 입장은 처음부터 바우하우스에 널리 퍼져 있던 표현주의와 계속 마찰을 빚었다. 설립 선언서에 실린 리오넬 파이닝거의 유명한 대성당 목판화는 무의미한 것이 아니라 하나의 선동이었다. 그러나 학생들은 유토피아의 매혹에 빠지지 않고 입문 과정을 마친 후에 작업 연수 과정에서 전문성을 발전시켰다. 그림을 그렸고 가구를 제작했고 조명 기구를 만들었고 카펫을 짰고 서체와 찻주전자를 디자인했다. 그 모든 것에서 각 분야의 익숙한 유산을 무시하거나 거슬렀다. 그들은 자신들의 작업뿐만 아니라 자신들이 그 작업을 하는 이유도 이해하려고 했다. 바우하우스에 다녔던 사람들의 회고담을 보면, 그들은 누군가 모양도 좋고 쓰기도 좋은 책상이나 독특한 카펫을 만들어 내면 싸구려 와인 한두 잔으로 소박한 파티를 열었다고 한다.

축하할 이유들은 충분했다. 바이마르와 데사우 시절 재원의 대부분이 정부와 지방정부의 보조금에서 나왔는데, 그것은 학습 자료를 넉넉히 구입하거나 수업료를 내지 못하는 학생들에게 장학금을 주기에 결코 충분한 금액이 아니었다. 그래서 학생들은 자신들의 디자인을 채택한 제조사로부터 받는 디자인 저작권 사용료를 수업료나 재료비로 썼다.* 좌파 학생들은 창조적 디자인과 대규모 산업 사이의 이런 우호 관계를 마뜩찮게 여겼다. 하지만 바우하우스는 독일 사회의 급진적 개조에 전념하기는 했어도 원칙적으로 학생들이 만든 상품의 정치적 의미를 구체적으로 규정해 놓지는 않았다. 언뜻 이해하기 어려울 수 있지만, 앞서 언급했듯이 모더니스트의 상상력은 자신들을 인정해 준다면 어떤 정치 체제와도 손을 잡을 수 있었다.

그로피우스는 늘 바우하우스 양식이 유일무이한 것이라고 주장했다. 그가 늘 학생들의 창작의 자유를 강조한 것을 보면 이런 주장이 그에게 얼마나 중요했을지는 이해할 수 있을 것이다. 바우하우스에서 어떤 권위적 명령도 어떤 특정한 양식에 따르도록 강제할 수는 없었다. 그로피우스가 설계한 건물과 미스 반 데어 로에의 건물들은 절대 혼동되지 않을 만큼 서로 달랐다. 그러나 모더니스트 건축가나 디자이너들에게는 깨고

---

* (많은 사례 중 두 가지만 언급하자면) 1923년 바우하우스 학생 오토 린디그(Otto Lindig)가 커피 주전자를 하나 디자인했다. 튼튼하고 부피가 아주 큰 백색의 그 주전자를 베를린의 슈타트리헤(Staatliche Manufaktur)가 일반 판매 상품으로 생산하기로 했다. 2년 뒤 다작의 마르셀 브로이어가 강철관과 가죽을 사용한 의자를 디자인했는데 대량생산된 모더니스트 의자의 1세대로서 지금도 생산되고 있으며, 여전히 멋있다.

싶지 않은 공통의 금기가 있었다. 건물을 장식으로 휘감고 사용된 재료를 숨기거나 위장하고 물건의 기능을 무시하고 디자인하는 것이었다.

그러나 프랭크 로이드 라이트의 멋진 낭만주의적 방종이 잘 보여주듯, 이런 근본적 규칙조차도 건축가가 자신의 방식을 완고하게 고집하면 그 독창성에 굴복당할 수밖에 없었다. 그러나 몇몇 유별난 예들을 제외한다면 바우하우스의 예술가들과 국내외 많은 추종자들은 보들레르와 도미에 같은 선구자들이 모더니즘 초기부터 선언한 원칙들을 그대로 지켰다. 그들은 시대와 조화하고자 했다. 즉 당시대를 개조하면서도 모더니즘의 의무를 지키고자 했다. 그들은, 훌륭하면서 가격은 적당한 물건들을 카탈로그에 싣고 전시회에 내놓고자 했다. 부자들의 노리개가 아니라 일반 가정생활에서 꼭 필요한, 확실히 새로운 것들 말이다.

기계의 자리는 끝내 확정되지 않았다. 모더니스트들 사이에서도 마찬가지였다. 네덜란드의 거물 건축가 겸 기획자, 철저한 모더니스트인 아우트 J. J. P. Oud는 1925년까지도 그런 의심을 표명했다. "내가 기술의 기적 앞에 무릎을 꿇지만 증기선이 판테온과 맞먹는다고 생각하는 것은 결코 아니다." 오히려 "안락한 생활에 꼭 필요한 것들을 모두 충족시켜 주는 집을 동경하기는 하지만, 내게 집은 주거를 위한 기계 이상이다."[299] 모더니스트들은 수많은 깃발을 들고 행진했다. 그러는 동안 그 이상들이 서로 상충할 때도 있었다.

8

연극과 영화:
인간적 요소

"우리는 이 시대의 정신에 몰두한다"

19세기 중반 이후에 새로운 사고방식이 절실하게 필요한 문화 영역이 있었다면 그것은 연극이었다. 그렇다고 모든 관객들이 불만의 목소리를 높였던 것은 아니다. 예술의 취향에 따른 세 부류의 대중이 극에서도 등장할 수밖에 없다. 앞에서 이미 살펴본 구분법이다. 하층 계급과 프티부르주아 관객은 멜로드라마, 오페레타와 버라이어티쇼를 좋아했고, 좀 더 교육받은 관객들은 잘 만들어진 사회 풍자 코미디를 자주 보러 갔다. 하지만 이들 대부분이 노동 계급 대중이 보는 오락물들도 재미있다고 생각했다. 불만을 품은 그룹은 고급문화를 향유하는 교양 있는 소비자들 중에서도 소수의 엘리트, 아방가르드에 대한 목마름으로 가득 찬 사람들이었다. 대부분의 서양 사회에서 그들은 어쩌다 새롭고 혁신적인 연극을 수입하는 사설 무대를 찾는 동시에 자국의 고전들을 주로 상연하는 왕립 혹은 황실용 국영 극장을 이용했다. 그러나 모더니즘은 초창기였지만 수요가 공급을 여유 있게 앞질렀다.

그래서 이 까다로운 소수의 대중은 그리 심각할 정도는 아니었지만 낙심할 수밖에 없었다. 그들에게 호의적인 진보 언론들은 연극에서는 선택의 여지가 적어서 그럴 수밖에 없다며 개탄하였고, 비굴한 관료들이 고급 연극을 열정적으로 원하고 애호하기는커녕 완고한 지배자들을 기쁘게 해 주기 위해 순응적인 극을 무대에 올렸다며 한탄했다. 예를 들면, 특히 오지랖이 넓은 빌헬름 2세가 왕위에 오르고 난 이후의 독일제국에서 이런 기대와 낙담이 퍼져 있었다. 빌헬름 2세가 독일 황제이자 프러시아의 왕이 된 해인 1888년, 극작가 겸 극장주인 오스카 블루멘탈Oskar Blumenthal이 대담하게도 기존의 가치관에 저항하며 베를린의 레싱 극장 개관 축사로 혁신적인 미적 목표를 공표하였다.

> 극장은 현재의 권리를 위해
> 살아 있는 사람들을 기분 좋게 인정하기 위해 설립되었다.
> 우리는 신성한 석관 위의 오래된 화환 위에
> 화환을 더 보태고 싶지 않다.
> 더 이상 위대한 죽은 자들의 명성만 드높이고 싶지도 않다.
> **우리는 이 시대의 정신에 몰두한다.**[300]

이것은 단호하게 현재를 중시하며 현재와의 관련을 주장하는, 완벽한 모더니즘의 강령이다. 그러나 실현 가능성이 아주 적은 희망에 불과했다.

게다가 헨리크 입센과 같은 모더니즘의 선구자들이 새로운 극을 내놓자 충격 따위는 받지 않는다던 관객들조차도 충격을 받았다. 입센이 19세기 말 이후 연극계에서 엄청난 논란을 일으켰던 이유는 현대 사회를 괴롭히는 갈등, 쉽사리 해결책이 나오지 않는 갈등을 나름대로 분석해 내는 뛰어난 능력 때문이었다. 그는 멜로드라마의 기교를 싫어하고 혁신에 관심이 없었지만 보통 사람들의 인생을 비극의 수준으로 끌어올렸다. 자신을 지지하는 사람들의 주장을 반박하며 입센은 소위 자신의 '사회극'이 사실은 '내적 갈등'의 표현이라고 주장했다. 입센이 창조한 가장 유명한 인물, 『인형의 집 Et dukkehjem』1879의 주인공 노라는 당시대의 훌륭한 아내와 어머니에게 주어진 전통적인 역할을 무시하고 자신의 길을 가기로 결심함으로써 현대 여성의 문제를 대표하게 되었다. 그러나 입센은 직접 수차례 확인해 주었듯 페미니스트가 아니었다. 입센은 인간에 관한 드라마에 매혹되었을 뿐이었다. 입센이 극작가들에게 피상적인 것에 머무르지 마라고 가르쳤던 것은 전혀 의외의 일이 아니다. 프로이트가 입센을 좋아했던 것도 마찬가지다.*[301]

　　　　보조금을 받지 않는 사설 극장에서 관람권의 판매량은 극장 생존에 결정적이었으니, 극장들은 끈질기게, 어쩌면 필사적으로 흥행을 추구할 수밖에 없었다. 그러니 타협이 필요했다. 그리고 품위에 집착하거나 선동적인 정치적 여론을 두려워하는 공권력에도 타협할 수밖에 없었다. 이익에 집착하는 흥행주들과 보수주의 정부 사이에 놓인 교양 있는 연극 향유자들은 이제 평범한 작품들에서 전격적으로 벗어난 작품을 기꺼이 받아들일 준비가 되어 있었다. 하지만 대부분의 대중과 많은 비평가들은 충격적인 작품들에 박수갈채를 보내기는커녕 아예 받아들이려고도 하지 않았다. 혁신적인 연극들이 고정 레파토리로 자리를 잡게 된 것은 대체로 검

---

* 1909년 3월 1일, 프로이트는 빈 정신분석학회에서 연설할 때 입센을 당시 독일의 가장 유명한 극작가인 게하르트 하우프트만과 비교하며 호의적으로 평가하였다. 하우프트만은 "결코 문제 자체를 표현하지 않고 늘 자기 자신을 표현한다." 대조적으로 입센은 "일관성, 통일성을 지니고 있으며 문제를 단순화할 줄 알고 집중과 은폐의 기교를 아는 위대한 상상력을 품은 작가이다."

열과의 소모적인 싸움이 끝난 뒤였다.* 연극에서, 이후에는 영화에서, 모더니스트들은 가르칠 것이 아주 많았다.

** 그 확실한 실례는 낭만주의에 대한 열띤 논쟁을 불러일으킨 빅토르 위고의 『에르나니』로, 1830년 파리국립극장에서 초연되었다.

"똥 덩어리!"

1

사학자가 보기에 19세기 중반 이후 상연된 연극 작품 목록과 수십 년 뒤에 상영된 영화 작품 목록은 믿어서는 안 되는 증거물이다. 프랑스 알자스의 시인 이반 골 Yvan Goll은 성공한 표현주의자이자 다다이스트, 초현실주의자로서 20세기 초 아방가르드 독자들을 향해 쓴 글에서 연극이 '돋보기'[302]라고 했다. 그러나 취향을 지녔고 입장권을 살 돈이 있는 상당수의 점잖은 부르주아들은 사회적 현실보다는 작가의 편견이 충실하게 반영된 것, 즉 왜곡상을 보여 주는 돋보기에 구미가 당겼다. 연극과 영화의 기민한 상술에 넘어간 것이다. 모더니스트 연극을 통해 그 연극이 발생한 당시 문화를 유추하면, 예술 작품의 개인적이고 전문적인 요소, 주로 고도의 개인주의와 때로는 약간의 광기를 간과하게 된다.

광기라는 말은 그 시대의 반항적인 극작가들 중 가장 엉뚱한 프랑스 시인인 알프레드 자리 Alfred Jarry에게 적합하다. 그는 짧은 인생 내내 점점 더 괴짜가 되려고 노력했던 알코올 중독 예술가였다. 1896년 12월

11일, 23세 때 자리가 올린 연극은 충격적인 모더니즘의 예가 되었다. 그 날로 저 악명 높은 「위뷔 왕」은 첫 공연이자 마지막 공연이 되었다. 「위뷔 왕」은 고약한 교사를 비웃는 학생들을 위한 인형극으로 시작하는데, 결국 '주인공' 위비의 첫 대사 "똥 덩어리! Merdre!"로 인하여 대단한 추문을 일으켰다. 예이츠를 비롯해 말 많은 모더니스트 관객들이 전한 이야기에 따르면 관람객들 일부는 환호하고 일부는 경멸의 야유를 보내느라 연극이 다시 시작되는 데 15분이 걸렸다고 한다.

그 시대의 프랑스 연극을 대충 살펴보고 나면 그가 얼마나 무례하고 건방졌는지 잘 알 수 있을 것이다. 급속히 산업화하는 사회에 대해 가볍게 언급하는 '웰메이드플레이 well-made play'가 거의 모든 무대에서 천하무적이었다. 극작가들은 주식 투기와 벼락부자들의 낭만적인 모험담을 줄거리로 골랐다. 조르주 페도 Georges Feydeau와 외젠 라비슈 Eugene Labiche 같은 소수의 극작가들은 위선적 체면과 간통을 소극으로 폭로했다. 알렉상드르 뒤마 2세와 에밀 오지에 Emile Augier 같은 대부분의 극작가들이 그런 문제들을 훨씬 더 진지하게 다루었지만 심리적으로 깊게 통찰하지는 못했다. 진부하고 빤한 설교가 전부였고 복잡한 동기나 무의식적 충동은 있을 자리가 없었다. 늘 순수한 영웅이 사악한 악한에 맞섰다. 『위뷔 왕』도 마찬가지로 피상적이었지만 적나라한 뻔뻔스러움을 무기로 당시 대중극에 도전했다. 너무도 우스꽝스러워서 도저히 그냥 무시할 수가 없을 정도였다.

위비는 입이 거칠고 비열하고 노골적이고 가학적인 추악한 인물로, 초자아 슈퍼에고가 전혀 없다. 그는 폴란드 왕을 죽이고 왕위를 찬탈하였으며, 국내외에서 테러에 가담한 뒤 결국 뛰어난 영국 군대에 패배하여 프랑스를 떠난다. 위비는 공손한 예절과 점잖은 행동 규칙이라면 무조건 어기고 보는, 학생들이 좋아할 만한 인물이다. 알프레드 자리는 방탕한 생활과 압생트를 즐겼고 결핵에 걸려 1907년에 이른 죽음을 맞았다. 죽기 전 10년 동안 그는 스스로 자신의 유명한 주인공으로 분했다. 마치 위뷔 왕처럼 옷을 입고 말하고 행동했다. 곧 아폴리네르처럼 연극에 대해 정통하고 뛰어난 학생들의 부추김을 받아 우스꽝스러운 일들을 벌이며 유명 인사가 되었다. 어느 여름, 자리가 셋집 뒤뜰에서 사격을 연습하고 있었는데 이웃집 부인이 자기 아들이 총에 맞으면 어쩌느냐며 큰 소리로 걱정하는 것을 들었다. "만약 그런 일이 일어난다면 말이죠, 마담." 그는 부인을 안심시켰다. "우리는 새로운 것들을 얻는 기쁨을 누려야죠."[303] 마르셀 뒤샹의 창작 과정이 떠오르는 대사다.

자리의 「위뷔 왕」은 너무 짧고 괴상해서 아방가르드 연극의 출현에 이바지했다고 보기에는 무리가 있다. 심지어 나머지 업적들, 위비 왕 풍의 속편들과 가공의 해답에 대한 과학이라고 했던 우스꽝스러운 학문 '형이상학이상학pataphysics' 형이상학 이후의 것, 혹은 형이상학을 넘어선 것을 지어낸 것도 마찬가지다. 그러나 다른 모더니스트들과의 관계를 볼 때 기성 문화에 대한 그의 강한 적개심과 과격한 반항은 단순한 기행은 아니었다. 보나르, 뷔야르, 툴루즈 로트렉이 그를 도와 함께 활동했다.[304] 그리고 자리의 인생 자체가 하나의 연기였으니, 그의 연기는 이후 수십 년 동안 극작가들과 다른 모더니스트 문인들의 등대가 되었다. 초현실주의의 대장인 앙드레 브르통은 일찍이 자리를 발견하고 미간행 작품들까지 주의 깊게 연구하였으며 그를 랭보와 같은 천재라고 치켜세웠다. 도저히 인간이라고 봐 줄 수 없는 위뷔는 전혀 있을 법하지 않은 행동을 통해 어리석음과 잔인함에 대해 이야기하려고 한 것이다. 너무도 끔찍한 성격과 행동으로, 이전의 극작가들이 그저 암시만 주었던 인간 본성의 보편적 측면을 까발려 보여 주었던 것이다.

자리의 「위뷔 왕」은 최악의 인간성을 보여 주고, 우리 모두에게 어느 정도 내재하고 있는 인간성을 드러내어 위선적인 부르주아의 자기 검열과 사회적 선행의 이면을 확대한 것으로 해석할 수도 있다. 그의 소설 『초남성 Le Surmâle』에서 초인적 지구력을 지닌 사이클 챔피언 주인공은 그와 보조를 맞춰 달린 젊은 미국 선수의 도움으로 어느 날 여든두 번의 오르가슴을 느끼며 세계 최고 기록을 수립한다. 자리 자신은 심리학에 무관심했던 것 같지만, 그의 작품 덕분에 이후 극작가들은 인물의 내면 가장 깊은 곳을 탐구하기가 더 쉬워졌다. 그 무대의 막이 오르자마자 연극계가 완전히 바뀌었다고 말해도 지나치지 않을 것이다. "똥 덩어리!"와 함께 그는 점잖은 자기 억제와 철저한 솔직함 사이에 놓인 오래된 벽에 구멍을 뚫었다. 이후 모더니스트 극작가들이 그 구멍을 통해 모든 것을 폭로하여 홍수의 물길을 터 주게 된다.

2

「위뷔 왕」의 초연일 1896년 12월 11일은 모더니즘 연극사에서 잊을 수 없는 날이지만, 1916년 5월 2일도 그 못지않게 중대한 날이었다. 반전운동 다다가 취리히에서 시작된 날이기 때문이다. 그 사흘 전에 독일의 시인, 극작가, 소설가이자 평화주의자인 휴고 발 Hugo Ball이 카페를 열고 '카바레 볼테르'라는 선동적인 간판을 달았다. 17세기 말에 태어난 볼테르가 여전히 정의, 자유, 그리고 무엇보다 분별력에 대한 향수를 불러일으킬 수 있다는 사실은 그 설립자들의 절망이 얼마나 심각했는지 드러낸다. 만연해 있는 불합리를 혐오했던 그들은 이제 더 이상 합리주의를 옹호하지 않았다. 서부 전선과 동부 전선에서 날아온 끔찍한 소식들을 생각해 볼 때 다다이스트들도 허무주의가 될 수밖에 없었을 것이다.

허무주의에 빠질 수밖에 없었던 이유는 끔찍할 만큼 명백하다. 무엇보다 1년 반 동안 양편은 전선에서 맹목적으로 사상자들을 쌓아 올렸고 전쟁은 끝날 기미가 보이지 않았다. 게다가 전쟁 학살에 대해 아무도 진지하게 반대하지 않는 것처럼 보였다. 이런 절망의 문명 속에서 지도적 다다이스트들은 사전에서 프랑스 아기 말로 '목마'를 뜻하는 단어를 자신들의 이름으로 골랐다. 그 이름에 대해서는 여러 주장들이 상충하고 있어 이것이 '다다'의 진짜 기원인지는 확실치 않다. 그러나 오히려 그런 불확실함이 당시 세계에 합리성이 없다는 그들의 주장을 뒷받침해 준다. 다다이스트들이 생각하기에 이성에 호소하는 것은 바로 장군들과 정치인들의 광기를 지지하는 것이었으니까.

중립국 스위스의 대부분은 지루한 대량학살이 이어지는 서부 전선에 의해 둘러싸여 있었기 때문에 반전, 반예술 선언의 무대로서는 적합하지 않았다. 그러나 취리히의 고립성 덕분에 카바레 볼테르가 외국에서 온 반체제자들을 안전하게 지켜 줄 수 있었다. 평화주의자, 양심적 병역 거부자, 아방가르드 화가들, 동료들의 애국심 표현을 경멸하는 작가들이었다. 2월 어느 저녁 단단히 결집한 아마추어 공연자들이 일부러 엉망진창인 공연으로 젊은 관객들을 즐겁게 했다. 첫 공연이었다. 이후 저녁마다 그런 놀라운 공연이 이어졌다. 무의미시 낭송회가 있었고, 「위뷔 왕」 낭독, 이상한 의상을 입고 하는 연극, 노래, 춤 공연이 있었으며, 세 명의 다다이스트가 동시에 세 개의 서로 다른 시를 읽는 즉석 낭독회가 특히 놀라운 프로그램이었다. 불합리가 폭발하는 축제였다.

다다이스트들은 시위 운동으로서 카바레 볼테르를 폭발시키는 데 그치지 않고 당대 문화와 예술 전체에 비판을 퍼부었다.* 볼테르가 공연장인 것은 분명했지만 세상에 그런 공연장은 없었다. 그들이 해외, 특히 베를린, 뮌헨, 그리고 파리에 자신들의 생각을 알리자, 미쳐 버린 세상에서 한 가닥 의미를 갈망했던 추종자들이 생겼다. 비록 다다이스트들은 자신들에게 신조 따위는 없다고 진지하게 맹세했지만 그들에게도 공통된 신념이 있었으니 그것은 자기 파괴였다. 예를 들어 루마니아 극작가 트리스탕 차라가 남긴 유명한 말들 중 가장 멋진 말은 이런 것이다. "진정한 다다는 다다에 반대한다."[305] 다다이즘의 가장 눈에 띄는 유산은 초현실주의였다. 초현실주의는 앙드레 브르통이 주도한 엄격한 유파의 신조로서 내적 투쟁, 배제, 선언에 대한 선언으로 가득했다. 그것은 자동기술법과 1920년대 파리에서 주로 물의를 일으킨 무의식의 표현이 뒤섞이며 성숙해 갔다. 프로이트가 초현실주의자들에게 영감을 준 것으로 잘 알려져 있지만 그는 이에 별로 관심이 없었기에 브르통과 가끔 편지를 주고받았어도 아무런 일도 일어나지 않았다.

    마르셀 뒤샹이 다다에 참여하지 않았다고는 하지만 사학자들은 그를 다다이스트로 분류해 왔다. 뒤샹 자신도 인정했듯이 예술에 대한 그의 근본적인 관점은 사실상 다다이스트와 같았다. 예를 들어 뒤샹의 '레디메이드', 즉 콧수염 난 모나리자나 서명된 변기 같은 것을 진지하게 받아들이면 예술과 비예술 사이의 구분을 파괴하는 셈인데, 그야말로 무의미를 창조하여 특권 미학 담론을 파괴하려 했던 다다이즘 운동과 닮아 있

---

* 다다 창시자들 중에는 휴고 볼과 그의 아내 에미 헤닝스도 있었다. 에미는 「가곡」을 여러 나라 언어로 노래했다. 열렬한 낭만주의 극작가 트리스탕 차라는 훌륭한 선언문으로 다다를 프랑스에 전파하였다. 그리고 소설가 겸 의사인 리하르트 휠젠베크는 독일어로 선언문을 작성하였다. 알자스 사람 장(혹은 한스) 아르프는 중요한 모더니스트 화가가 되었고, 마르셀 얀코는 다다 그룹의 두 번째 화가였으니 차라 이후 두 번째 루마니아인이었다.

코클랭 카데의 삽화 1887《웃음》에 실린 이 삽화는 뒤샹의 '개선된' 모나리자보다 30년이나 먼저 나왔다. 예술에 대한 뒤샹의 근본적인 관점은 사실상 다다이스트와 같았다. 뒤샹의 콧수염 난 모나리자나 서명된 변기 같은 '레디메이드'를 진지하게 받아들이면 예술과 비예술 사이의 구분을 파괴하는 셈인데, 그야말로 무의미를 창조하여 특권 미학 담론을 파괴하려 했던 다다이즘 운동과 닮아 있다.

다. 다다이스트들이 자기 시대를 표현하고자 하는 다른 모더니스트의 소망에 역행한 것도 합리성에 대한 뿌리 깊은 반발 때문이었다. 그들의 이상은 탈출이었기에 정치 활동에 가담하자는 제안은 자신들의 비신조적 신조에 대해 근본적으로 이해하지 못한 것이라고 생각했다. 차라와 추종자들이 생각하는 가장 혁신적인 문화적 행위는 우둔함의 늪에서 탈출하는 것이었다.

다다는 흔히 '조직화된 광기'[306]로 불린다. 다다이스트들은, 세상이 어찌할 수 없을 정도로 미쳐 버렸으니 개혁이라는 가장 합리적인 제안은 인기를 끌기 위한 유치한 책략일 뿐이라고 했다. 그러나 다다의 책략은, 겉보기엔 유치해 보이지만 시대에 대한 비평으로서 다다이스트 자신들의 눈에는 너무도 적절해 보였다. 모든 모더니스트 운동, 새로운 회화, 새로운 시, 새로운 건축 등의 것들은 가장 존경받을 때 실패할 운명을 타고났다. 다다의 관점에서 예술과 문학의 모더니즘은 결국 가장 편협한 전통주의에 지나지 않았다. 다다이스트들은 심지어 다다 자체도 문명을 구할 수 없다고 주장했다. 질서, 체계, 또는 신조에 대해 적대적이었기에 그들은 자신들의 공연 프로그램조차 만들지 않았다. 세상이 참으로 가망 없는 장소라며 기운 차고 상상력 넘치게 선언하는 그들의 터무니없는 퍼포먼스들은 건전한 부르주아 윤리와 미학에 대한 공격이라는 점에서는 모더니즘적이었다. 그들은 한 가지 계획을 일관되게 전개하기를 거부하면서 이전의 모든 문화 비평보다 더 격렬한 부정 작업을 전개했다. 다다이스트들은 결국 악의적인 안티모던 모더니즘이었다. 트리스탕 차라가 "진정한 다다는 다다에 반대한다."라고 할 때 하고 싶었던 말이 바로 그것이었다.

자전적 작가들

1

알프레드 자리와 변화무쌍한 그의 후계자들, 다다이스트들이 능란한 말솜씨로 선동하고 긴장감을 불러일으키는 동안 연극에 대해 한탄한 모더니스트가 그들만은 아니었다. 연극에서의 혁명을 가장 극적으로 대표하는, 훨씬 더 배울 것 많고 영향력 큰 인물은 스웨덴의 소설가 겸 극작가였던 아우구스트 스트린드베리August Strindberg였다. 그는 혼자 힘으로 연극에 극심한 충격을 가했고 그것도 한 번에 그치지 않았다. 모더니즘의 지평을 확대할 수 있는 것은 소수의 선택받은 사람만이 할 수 있는 일이었는데, 스트린드베리는 그 일을 두 번이나 해냈다. 노벨상을 두 번 받는 것처럼, 불가능한 일이라고 할 수는 없지만 몹시 드문 일이다.

지칠 줄 모르는 활동가였던 스트린드베리는 1869년 스무 살 때 처음 희곡을 쓴 이후 1912년 죽을 때까지 엄청나게 많은 작품을 남겼다. 그는 희곡 수십 편은 물론이고 소설, 자서전, 과학적 산문(그다지 과학적이지 않은 연금술과 초보적 화학에 관한 글도 포함되어 있다.)을 쏟아냈다. 모더니즘 연구자라면, 스트린드베리가 여성해방운동에 강력히 반대한 사실, 초자연적 현상에 몰두했던 일, 그리고 그가 그린 그림들에 대해 순수하게 개인적으로 관심이 있더라도, 그가 위대한 문화 혁명기에 여러 입장들 사이에서 너무도 오락가락한 일을 알고 있을 것이다. 스트린드베리는 실제로 있을 법하지 않을 만큼 모순된 인물이었지만, 그의 연극이 수십 년 동안 모더니즘 연극을 윤택하게 만들었다는 사실에는 주목해야 한다. 그의 제자인 유진 오닐은 1924년에 이렇게 말했다. "스트린드베리는 오늘날 우리 연극에 존재하는 모든 모더니티의 선구자다." 즉 그는 "가장 모던한 사람"[307]이었다.

스트린드베리는 거의 20년에 걸쳐 천천히 신중하게, 가장 모던한 사람이 되어 갔다. 그동안의 습작들은 전문가들이나 관심을 가질 만한 것들이었다. 두 편의 비극 『아버지Fadren』1887와 이듬해 발표된 『율리에 아가씨Fröken Julie』로 전례 없는 사실주의를 대표하는 철저한 혁신가로 유명해졌고, 감상을 배제하는 표현법을 도입했다. 하지만 이 성공에 만족하지 못한 채, 종교적 개종에 버금가는 엄청난 고민에 시달린 뒤 1890년대 말 훨씬 더 당당한 새 작품을 내놓았다. 3부작 『다마스쿠스까지Till Damaskus』1898-1901에서부터 재기 넘치는 『꿈의 연극Ett drömspel』1902과 후기작 중 가장 많이 상연된 『유령 소나타Spöksonaten』로 이어지는 작품들이다. 그는 여기서 날카로운 심리학적 자연주의를 버리지 않은 채 불합리해 보이는 꿈과 무의식을 중점적으로 표현하였다. 후기 작품에 등장하는 대부분의 인물에는 이름이 없다. 그들은 그저 '딸'이나 '노인'이다. 이는 스트린드베리가 우선시 하는 탐색 대상이 내밀한 개인적 폭로에서 보편 타당성을 띠는 상징적 개인들의 내적 활동으로 바뀌었다는 증거였다. 이 희곡들에서 그는 낡은 플롯을 모두 버렸다. 아니, 현대 순례자들의 정신적(심리적) 궤적에

아우구스트 스트린드베리 1849-1912 스트린드베리는 거의 20년에 걸쳐 천천히 신중하게, 가장 모던한 사람이 되어 갔다. 그의 제자 유진 오닐은 1924년에 "스트린드베리는 오늘날 우리 연극에 존재하는 모든 모더니티의 선구자다."라고 말했다.

초점을 맞춰 플롯을 고쳤다.

　　1890년대 중반은 스트린드베리의 일생을 양분하게 된다. 큰 혼돈과 빈곤의 시기가 찾아왔다. 그는 그때를 "지옥편의 절정"이라고 부르며 상세히 기록해 두었으며 그답게 약간 과장하여 자신이 엄청난 쇠약을 겪었다고 전했다. 친구들은 피해망상이라고 단언했는데 어쨌든 수차례 정신 이상을 겪었고 결국 종교에 다시 귀의하게 되었다. 젊은 시절 무신론자를 자처했지만 결국 신앙으로 되돌아간 것이다. 하지만 그 신앙이란 것은 18세기 스웨덴의 몽상가 에마누엘 스베덴보리Emanuel Swedenborg의 교리에 바탕을 둔 대단히 개인적인 기독교였다. 그렇게 해서 스트린드베리는 신이 준 자연적 질서와 도덕적 목적을 깨닫게 되었다. 신비로운 힘들이 모든 생명체를 지배하여 죄지은 인간을 구원으로 이끈다고 믿게 된 것이다.

────────

　　『아버지』와 『율리에 아가씨』의 주제 선택과 기교는 대단히 독창적이었다. 여태 연극에서 그렇게 대담하고 저속한 성적 대화가 그렇게 선정적으로 등장했던 적이 없었으며, 빠르게 전개되는 행위와 대화의 경제성도 역시 기존의 극과는 색달랐다. 이 두 희곡에서 불필요한 대사는 전혀 찾아볼 수 없고 작가는 소위 품위 있는 사회라면 입 밖으로 내지 않는 것, 이해하려고 하지 않는 것을 노골적으로 다루었다. 사랑과 증오의 팽팽한 공존, 욕망과 사디즘의 힘, 복수의 쾌락, 이성에 대한 정욕의 우월성 같은 것이다. 이전에는 이렇게 모순된 감정이 공존한다는 것을 인정한 작품이 거의 없었다.

　　곧 고전의 반열에 오른 놀라운 작품 『율리에 아가씨』의 서문에 스트린드베리는 심리적 예민함을 너무도 잘 표현한 모더니스트의 강령을 써 넣었다. 그는 주관성의 우위를 강조했고, 인간의 본성이 청동상처럼 굳어진 것이 아니라 각각 서로 다른 압박을 받고 있다고 주장했다. 사회적 요구로부터 오는 압박도 있고 감지하기 어렵지만 내적 충동에서 비롯된 압박도 있다는 것이다. 욕망과 불안 역시 상충하는 충동이 일으키는 충돌의 영향을 받는다. 이성을 잃고 병적으로 흥분한 상황에서는 낡은 것과 새 것이 뒤섞인 혼란스러운 양상이 나타날 수밖에 없는데, 이런 혼란은 결국 동요를 일으키며 자가당착으로 몰고 가기 십상인데, 스트린드베리는 자국의 문화가 바로 그런 상황에 빠져 있다고 진단했다.

스트린드베리는 모더니즘적인 반항심을 잘 드러내며 이렇게 분석했다. "나는 내 희곡에서 그 어느 때보다 더 급박하고 병적으로 흥분된 변화의 시기에 던져진 현대적인 인물들을 더 분열적이고 우유부단하고, 옛것과 새것이 뒤섞인 인물들로 묘사하였다." 즉 "나의 화신들(인물들)은 누덕누덕 기워져 있는 인간의 정신과 똑같이, 신구 문화의 덩어리, 책과 신문 조각, 인류의 쓰레기, 한때 멀쩡했지만 이제 낡아 찢어져 걸레가 된 옷의 조각들이다." 그는 "정신의 가장 미묘한 작용"을 포착할 수 있는 "현대적 심리극"을 쓴 적이 있다고 했다. 그의 대담한 계획에는 "정신의 불멸성이라는 부르주아적 개념"[308]의 폐기가 포함되어 있었다. 부르주아가 너무도 오랫동안 연극을 지배해 왔으니 새롭고 철저히 반부르주아적인 연극을 요구한 것이다. 그리고 그런 연극은 전통적인 감수성에 충격을 줄 뿐만 아니라 인물들의 정신의 핵심을 관통하게 될 것이었다. 바로 이것이 진정한 모더니즘의 수사법이다.

그래서 스트린드베리는 극이 현대적 관객들을 위해 현대적 인물들을 철저히 분석해야 한다고 했으니, 『율리에 아가씨』는 과연 그가 표현하고자 했던 인간 동기의 복잡한 양상을 단 세 인물을 통해 확연히 보여 주었다. 그는 모더니스트 연극 이론가인 동시에 가장 혁신적인 실천가이 기도 했다. 그러나 자신에게 부과한 그 엄중한 의무를 항상 다 이행하지는 못했다. 하지만 스스로 '자연주의 비극'이라고 부른 『율리에 아가씨』와 같은 최고의 작품에서는 그것을 해냈다. 오늘날에도 잘 짜여진 공연이 관객들을 오싹하게 만들 수 있는 것처럼, 백여 년 전에도 마찬가지였다. 한 젊은 시종이 자기 주인의 딸인 율리에를 유혹해 놓고는 잔인하게도 자살하라고 꼬드긴다. 이처럼 심리학을 문학적으로 탐구한 것은 사실 이 작품이 처음은 아니었다. 여러 습작들을 거쳐 그 전해에 발표했던 작품, 냉혹하고 강한 아내가 남편을 무능하고 미친 사람으로 만드는 『아버지』에서도 심리적 탐구는 이미 완성되었다.

이처럼 스트린드베리가 사실주의보다 더 사실적으로 주관성을 탐색하면서 새로운 무기로 새로운 대상을 공격한 것은 맞지만 모더니즘 연극에 대해 그가 기여한 것은 따로 있다. 그는 1890년대 말부터 모든 인간의 운명인 고뇌를 짊어진 상징적인 인물을 표현하기 시작했다. 그리고 여기서 낡은 플롯을 모조리 버렸다. 스트린드베리의 주관주의는 인간의 복잡성을 찬양하는 것이다. 그는 『꿈의 연극』에서 「작가의 말」에 이렇게 썼다. "인물들은 분열되고 이중적이거나 다중적이다. 그들은 증발하고 결정화되고 분산되고 수렴한다. 그러나 단 하나의 의식이 모든 인물을 지배한다. 꿈꾸는 사람의 의식이다. 꿈꾸는 사람에게는 비밀도, 부조화도, 양심의 가책도, 법도 없다. 비난하지도 면죄해 주지도 않으며 오직 이야기

할 뿐이다. 그리고 꿈속에 대체로 기쁨보다 고통이 더 많으므로 그 모호한 이야기들에는 살아 있는 모든 것에 대한 연민과 우울의 분위기가 흐른다."[309] 몇 년 지나지 않아 안목 있는 독일 표현주의 극작가들은 현대인의 번민을 극화하기 위해 스트린드베리의 후기 극에 크게 의존하였다. 특히 『다마스쿠스까지』 같은 작품이었다. 그리고 그의 극에는 가장 파괴적이고 가장 강력한 존재, 즉 현대 여성이 반드시 등장했다.

스트린드베리의 희곡과 소설은 대단히 다양했지만 그가 늘 천착한 주제는 바로 여성해방 문제였다. 그는 여성해방에 반대했다. 그래서 1884년 독일을 방문했을 때 독일이 여성의 대학 입학을 금지하고 있는 것을 보고는 기뻐했다. 그리고 입법자들에게 "반은 원숭이라고 할 수 있는 열등한 생물에게 시민권을 주는" 오류를 범하지 말라고 강하게 경고했다. "병든 것, 1년에 열세 번씩이나 월경할 때마다 병들고 미치는, 임신 기간 동안에는 아예 완전히 제정신이 아닌, 평생 무책임한 존재, 자각 없는 범죄자들, 천성적으로 사악한 동물들, 자신들이 어떤 존재인지 알지도 못하는 동물들에게"[310] 말이다. 이런 선동적인 언사는 그가 가장 좋아하는 주제를 표현할 때 전형적으로 드러났다.

이런 반페미니즘적 태도는 주로 작가 스트린드베리 자신의 아내들 때문이었다. 그가 그런 입장을 공공연하게 밝혔기 때문에 독자들은 그가 창조한 가장 중요한 인물인 『아버지』의 로라를 다시 보게 된다. 그녀는 강인하고 사악하며 남편인 대위보다 이성異性과의 전쟁에서 살아남기 위해 훨씬 더 잘 무장하고 있다. 말 그대로 거의 목숨을 걸고 싸우는 그 전쟁에서 그녀의 가장 유력한 작전은 남편으로 하여금 자신이 딸의 생부가 아닐지도 모른다고 의심하게 만드는 것이다. 바로 그의 생식력, 그리고 정신 상태에 관한 문제다. 1895년 파리에서 발표한 「남성에 대한 여성의 열등성」이라는 악명 높은 논설에서 스트린드베리는 늘 하던 그 지겨운 주장을 되풀이했다. 그는 여성의 정당한 지위에 대한 광범위하고 소란스러운 국제적 논쟁에서 공격적인 주장으로 크게 대중의 주목을 받았다. 그는 세 번 결혼했는데, 그의 자유분방한 아내들은 남편을 위해 자신의 일을 희생하기를 거부하였다. 그 결과 뒤치다꺼리와 복종을 강요하는 그 결혼은 끝내 괴로운 이혼으로 끝을 맺게 되었다. 스트린드베리는 『아버지』의 대위와 흡사하게 자신의 남성성에 대한 의문에 시달렸고 결국 아내를 간통과 만족할 줄 모르는 정력에 대한 갈구라는 죄목으로 고소했다. 어떻게 창녀와 결혼했다고 오해할 수가 있을까! 한 예술가가 아방가르드에 영원한 업적을 남기면서도 보수파의 역할을 하게 하는 것, 이것이 모더니즘의 특징이라는 것을 기억하기 바란다.

2

스트린드베리는 자신의 작품이 자서전적이 아니라고 했다. 그러나 매순간 그를 따라다니는 삶의 소용돌이에 영향을 받았다는 점은 인정했다. 사실 그는 자신의 삶을 작품에 직접적으로 표현하거나, 덜 직접적인 방식으로 자서전적인 희곡으로 그려 냈다. 그는 딱 프랭크 로이드 라이트만큼만 믿을 만한데, 이것은 전혀 믿을 만하지 못하다는 뜻이다. 그의 작품들은 그의 파란만장한 경험에 깊이 뿌리 내리고 있다. 프로이트가 오이디푸스콤플렉스의 사례로 들지 않은 것이 유감스러울 만큼 전형적으로 억압된 부모에 대한 양가감정들, 초기 조국 스웨덴에서 추문만 남기고 명성을 얻지 못한 것, 베를린 혹은 파리를 전전하며 생활한 일, 세 번의 불행한 결혼, 음악이 그의 생각에 끼친 영향, 심리학과 신비주의에 대한 열정적인 몰두, 그림 그리는 재능 같은 것이다. 신념에서뿐만 아니라 실천에서도 모더니스트인 그는 대단한 성공만 아니라 끔찍한 실패도 충실히 기록하면서 부단한 실험으로서의 삶을 살았다. 그는 정치, 종교, 가정생활에서 철저하게 불안정했다. 두 번째 부인의 부모를 만나러 가는 길, 즐거운 만남이 될지 알 수 없는 그 길에서 그는 "평소처럼 작가의 관점에서, 비록 이 일이 제대로 안 되더라도, 내 소설에 쓸 새로운 내용은 생기게 될 것이다."[311] 스트린드베리는 살기 위해 썼지만 쓰기 위해 살기도 했다.*[312]

3

스트린드베리는 거의 자신도 의식하지 못하는 모더니스트라고 결론을 내릴 수밖에 없다. 그는 평생 가장 파괴적인 급진주의자로 자처했고 그것을 자랑으로 삼았다. 1898년 거의 쉰이 다 되어서도 자신이 "현재의 질서를 마비시키고 분쇄"[313]하겠다고 공언했다. 광범위한 문학적 실험, 끊임없는 불평, 자기 삶과 사회에 대한 솔직함 때문에 그는 인상파 화가들과 이후 입체파 화가들, 음조의 기본을 폐기한 작곡가들, 모든 역사주의자들의 신조를 거부한 건축가들과 함께 문화적 반역자가 되었다.

그러나 그 시대에 굳이 모더니즘의 일탈에 가담할 필요가 없었던 뛰어난 극작가들도 있었다. 그들은 다른 종교들과 대조적으로 개종자들이 계속 늘어나는 현대의 후기 기독교 정신과 사회적 문제에 관심을 두었

---

* 박식한 현대 연극 전문가인 로버트 브룬스타인(Robert Brustein)은 정신분석학적 관점에서 쓴 중요한 논문에서 스트린드베리의 삶과 작품 사이에 거리가 있었다는 사실을 명백히 부인했다. 브룬스타인은 그의 문학 작품이 "일종의 긴 자서전"[312]이라는 설득력 있는 주장을 펼치고, 그 둘의 밀접한 상호관련성을 증명하였다.

다. 그 불후의 단편소설가와 극작가들 중 한 사람인 안톤 체호프는 전통적인 극을 고수했다. 그러나 그의 희곡들은 관객들에게 계속 마법과 같은 힘을 발휘하여 웬일인지 새로웠고, 심지어 충격적이었으며, 딱 잘라 표현하기 어렵게 느껴졌다. 예를 들어 그의 후기 작품들은 초현실적 자연주의의 좋은 예로서, 그 작품들의 본질을 파악하려는 노력은 헛된 것이다. 그는 의사로서, 그리고 재기 넘치는 단편을 쓴 능란한 소설가로서 극을 대했다. 사회현실에 대한 날카로운 통찰력과 병의 원인을 파악해야 하는 의사의 의무를 결합시킨 것이다. 그리고 이것이 바로 1896년부터 1904년 죽을 때까지 채 10년이 안 되는 기간 동안 쓴 네 편의 완숙한 희곡들의 바탕이었다. 『갈매기Vishnyovy Sad』, 『바냐 아저씨Dyadya Vanya』, 『세 자매Tri Sestry』, 『벚꽃 동산Chaika』이다.

     이 걸작들은 숨겨진 절망에 관한 기록이며 황폐한 인생과 충족되지 않은 갈망, 체념할 수밖에 없는 운명 혹은 권총 한 발로 끝나 버리는 운명에 대한 기록이다. 그러나 그의 마지막 작품이며 아마도 가장 훌륭한 작품일 『벚꽃 동산』1904에서는 그런 멜로드라마 같은 자살이 필요치 않았다. 작품에 등장하는 인생은 너무도 우울하지만 체호프는 늘 유머러스한 거리감을 유지했다. 그래서 그는 모스크바 예술극장의 저명한 연출가 콘스탄틴 스타니슬라브스키가 자신의 슬픈 희곡들을 사실상 비극으로 왜곡했다며 격렬하게 항의하기도 했다. 간단히 말하면 그는 감상주의에 빠지지 않는 감상적인 시인이었다. 영웅이나 악한을 등장시키지 않고, 체호프 본인이 주저 없이 단언했듯 시종일관 야심 차게 진실과 정직을 환기시키는 분위기의 대가였다. 이것은 보수주의의 미덕이기도 했으니, 체호프를 모더니스트로 보아야 한다면, 그가 자기 재능에 매몰되지 않았다는 사실에 주목해야 한다. 이 점이야말로 그가 연극에 기여한 가장 큰 업적이기도 했

안톤 체호프 1860-1904 체호프의 작품에 등장하는 인생은 너무도 우울하지만 그는 늘 유머러스한 거리감을 유지했다. 그래서 체호프는 모스크바 예술극장의 저명한 연출가 스타니슬라브스키가 자신의 슬픈 희극들을 사실상 비극으로 왜곡했다며 격렬하게 항의하기도 했다. 간단히 말하면, 그는 감상주의에 빠지지 않는 감상적인 시인이었다. 영웅이나 악한을 등장시키지 않고, 시종일관 야심 차게 진실과 정직을 환기시키는 분위기의 대가였다.

다. 이렇게 말해도 좋겠다. 그는 모더니스트들 중에서 가장 전통적인 사람이었다고.

1950년 아흔네 살까지 살았던 조지 버나드 쇼도 불후의 반낭만주의자로서, 모더니스트 기법에는 기껏해야 어쩌다 한 번씩 관심을 가졌다. 그가 가장 즐겨 다룬 주제는 자본주의 사회의 병폐로 분명 현대적인 것이었다. 그러나 쇼는 상상력이 풍부하고 이단적인 인물이었음에도 불구하고 대체로 기법의 혁신에는 무관심했다. 그는 언어에 크게 의존한(비평가들은 수다스럽다고 했다.) 희곡을 쏟아냈으며, 또 희곡의 이해를 돕기 위해 희곡보다 더 길고 희곡만큼 감동적이며 논쟁적인 글들을 자주 발표했다. 소책자 『입센주의의 정수 The Quintessence of Ibsenism』1891가 잘 보여 주듯 입센 찬미자인 그는 인상적인 가정 희곡들을 썼다. 유명한 것으로 『캔디다 Candida』1894-1895가 있다. 게다가 역사적 순간의 재구성, 숭배에 빠지지 않는 영웅 창조도 즐겼다. 『성녀 잔 St. Joan』이 가장 유명하다. 흥미로운 꿈 장면이 등장하는 『인간과 초인 Man and Superman』1903, 무거운 과학적, 철학적 문제를 다룬 『메투셀라로 돌아가라 Back to Methuselah』1921와 같은 것들도 있다. 그는 늘 입버릇처럼 말해 왔듯 정치적, 문화적 불만을 표현하는 데에 재능을 바쳤다. 예를 들면 의사들의 광신적 행위, 지주들의 부패, 약자의 힘을 표현하였고 정말로 비통한 『비통한 집 Heartbreak House』1919에서는 서유럽 문명의 자멸을 표현하였다. 자주 인용되곤 하는 그의 자화자찬은 이렇다. "나의 양심은 충심 어린 설교문이다. 내 양심은, 내게 편안하지 않아야 하는데 편안한 사람들을 보게 만든다. 그러면 나는 그들로 하여금 생각하

게 만들어 죄를 자각시켜야겠다고 고집을 피우게 된다."³¹⁴

쇼의 의욕적인 지적 활동의 결과물들은 영리하고 자신감 넘치는 소논문 집필자의 작품답게 노골적으로 편향적이며 굉장히 진지하고 독창적이었는데 (결말은 그렇지 않았어도) 인물에 대한 접근 방법은 전통적이었다. 그는 모든 제도에서 반드시 개혁해야 할 것을 찾았고 모든 관객이 광범위한 교육에 목말라 있다고 생각했다. 그는 사회주의자이자 반다윈주의 진화론자로, 자신의 작품에 중대한 임무를 부여했다. 게다가 그가 "수치스러운 돈벌이용 작품"이라고 업신여겼던 것 중에 『바바라 소령 Major Barbara』1905과 『피그말리온』1912-1913과 같은 희곡들도 그렇게 조롱받을 작품은 아니다. 그것들은 재치와 훌륭한 유머 덕분에 살아남았다. 쇼도 체호프처럼 모더니즘의 변두리에서 활약했다. 그는 베르톨트 브레히트, 그리고 훨씬 더 수준 낮은 스탈린주의 작가들과 함께 예술을 위한 예술을 가장 경멸했던 극작가였다.

새로운 인간

1

어떤 모더니스트도 완전히 외딴 섬은 아니다. 당연히 그들 모두가 세상에 속해 살며 그 세상에 반응했으니까. 단지 그들은 운명에 의해, 진정한 급진주의자들처럼 세상의 지배적인 속성들을 비웃고 전통적인 미학적 관습에 대안을 제시하도록 내던져졌을 뿐이다. 연극에서도 가장 두드러진 작가들은 건축과 디자인에서처럼 독일 표현주의자들, 초기 바이마르공화국의 문화적 분위기를 지배했던, 더 나은 세상을 알리려고 했던 자들이었다. 1910년경부터 1920년대 중반을 거치는 그야말로 불안한 격동의 시기에 관객들은 이들 극작가들을 보며 그들과 뜻을 같이하는 시인들, 작곡가들, 건축가들, 화가들을 떠올렸다. 표현주의 기법으로 유명한 조각가 에른스트 바를라흐 Ernst Barlach는 좀처럼 해결되지 않는 세대 갈등과 같은 난처한 주제로 여러 편의 희곡을 써서 호평을 받았다. 예리하고 완고한 초상화로 삶에 대한 어두운 시각을 표현한 오스트리아 화가 오스카 코코슈카 Oskar Kokoschka는 억제되지 않은 성적 표현으로 악명이 높았던 단편 희곡『살인자, 여인들의 희망Mörder, Hoffnung der Frauen』1907으로 표현주의 희곡의 막을 여는 영예를 누렸다. 실제로 이 표현주의자들 모두가 지극히 진지했다. 희극에는 거의 손도 대지 않았다. 진지함이 다른 어떤 것보다 더 중요했던 것이다.

독일 표현주의 연극의 창시자를 한 사람만 꼽으라고 하면 샹송 가수 겸 극작가인 프랑크 베데킨트Frank Wedekind를 들어야 할 것이다. 1891년 그는 사춘기의 고뇌에 대한 악명 높은 희곡『깨어나는 봄Frühlings Erwachen』을 썼는데 이 작품은 검열 때문에 14년 뒤에야 무대에 올릴 수 있었다. 그런 뒤 1898년 새 풍자 주간지 《짐플리치시무스Simplicissimus》에 빌헬름 2세에 대한 무례한 시를 게재하여 황제의 요새에 얼마간 머물러야 했다. 당시 베데킨트 같은 사람들은, 언론의 자유를 보호하는 헌법수정 1항이 엄격하게 적용됐다면 대단히 기뻐했을 것이다.

표현주의 극작가들은 개성이 뚜렷했지만 그들의 취지와 기법은 단 하나였고 아주 명확했다. 다른 반역자들과 마찬가지로, 고매한 목적은 없고 현실적인 기대만 드물게 충족되는 문화에 새로운 인간이 반드시 필요하다고 선언하며 그 새로운 인간이 출현할 것이라고 예언하였다. 그리고 다른 모더니스트들이 건축하고 운율을 달고 화폭을 칠했던 것처럼, 자신들도 모든 현대인의 운명인 내적 갈등을 억제하는 오래된 규칙들을 짓밟기 위해 한껏 목소리를 높여야 한다고 생각했다. 어떤 문화적 갈등은 사회적 갈등에서 비롯된 것이 분명했지만 그들은 모든 희곡에서 위기에 빠진 문화의 대변자를 자처했다. 실제로 위기를 뜻하는 그 무거운 독일어 단어 'Krise'는 1918년 전쟁의 여파로 모두의 입에 자주 오르내리게 되었다. 국내의 정치적 소란은 계속되고 외국 정부들이 배상금을 요구하고 소련의 지령을 받은 공산당이 좌파의 분열을 조장하여 신생 바이마르공화국의 미래는 불투명해졌다. 그러니 편협한 회의주의자들이 표현주의자들의 조롱 투의 극적 분출물을 '비명희곡 schreidrama'이라고 불렀던 것도 적절한 표현이었다.

　　　독일 표현주의 희곡은 문학적인 성과보다는 역사적인 관점에서 훨씬 더 흥미롭다. 다양한 문학을 포용하는 향유자들을 비롯해 고급문화 애호가들은 그 희곡의 야만성, 과장, 대체로 세련되지 않은 조악함이 현대극의 고고학자에게는 인상적인 유물로 보이리라고 생각했다. 세련되지 않은 어조나 기법을 사용하는 이 아방가르드 극작가들은 극적 대립을 원초적인 충동의 충돌로 표현하였다. 그러나 막스 라인하르트 Max Reinhardt 처럼 과감하고 대단히 독창적인 연출가들이 무대에 올린 작품들에 대해 짧은 기간이지만 호의적인 반응이 있었다는 사실은 교육받은 연극 향유층도 전쟁 혹은 전후의 비참한 평화에 괴로워했다는 것을 보여 준다.
　　　프로이트는 동시대 표현주의 작품에 나타난 오이디푸스 콤플렉스적 징후를 그 콤플렉스의 위험성에 대한 증거로 이용할 수 있었음에도 특별히 언급하지 않았다. 19세기 중반 모더니즘 초창기부터 이익만 중시하는 속물 부르주아들은 아방가르드의 주적이었고, 독일 표현주의자들도 그 적을 잊지 않았다. 조지 그로스의 가차 없는 풍자, 전쟁으로 부당 이득을 누리며 자족감에 빠져 담배를 물고 있는 뚱뚱한 벼락 부자가 전쟁으로 불구의 몸이 된 퇴역 군인들을 비웃으며 젊은 여성들을 꼬드겨 착취를 일삼는 모습을 풍자한 캐리커쳐가 떠오를지도 모르겠다. 그러나 표현주의자들은 더 특수한 부르주아에 분노를 집중시켰다. 중류 계급의 아버지였다. 아버지는 모든 독재 권력, 빌헬름 2세, 혹은 더 개인적으로는 극작가 자신의 아버지까지 다양한 모습으로 등장하였다. 미래의 더 평등하고 올바른 세상을 위해 그 아버지에게 저항하고 그를 쳐부수고 파괴해야 했다.

　　표현주의 극작가들은 악한으로서의 아버지에 매료됐던 것이 확실하다. 에른스트 바를라흐는 첫 희곡『죽은 낫 Der Tote Tag』1912에서 부자 관계를 주제로 다루었는데 이후 여러 작품에서도 마찬가지였다. 극작가 발터 하젠클레버 Walter Hasenclever의 가장 유명한 작품『아들 Der Sohn』1913도 오이디푸스적 주제를 다루고 있으며 훨씬 더 노골적으로 표현했다. 전형적인 중산층 가정의 독재자인 아버지는 스무 살짜리 아들을 사실상 집안이라는 감옥에 가두고는 지루하고 평범하고 안전한 전형적인 부르주아의 삶에 편입시키고자 한다. 그러나 아들은 탈출하여 젊은 남성 관객들을 향해 신파조로 아버지들의 죄악을, 이런 희곡에서 으레 그렇듯 쓸데없이 장황하게 설명한다. 그는 모든 아들들이 아버지를 죽여야 한다고 주장한다. 그런데 이상하게도 동정을 지키고 있던 주인공이 매춘부와 하룻밤을 즐긴다. 그것이 인생을 배우는 데 꼭 필요한 일이라는 듯이 말이다. 경찰이 그를 집에 데려다준 후 그는 권총을 꺼내 들고 아버지를 단 한 발에 죽인다. 아들들의 쾌승이었다.

　　이런 종류의 가장 극단적인 예는 아르놀트 브로넨 Arnolt Bronnen의『친부 살해 Vatermord』1920일 것이다. 이 작품은 오이디푸스의 삼각형을 노골적으로 드러내 보여 준다. 흥미롭게도 이 작품을 연출한 사람은 뮌헨에서 베를린으로 온 지 얼마 안 된 젊은 극작가 베르톨트 브레히트였다. 브레히트는 브로넨의 추잡한 희곡에 당황하지 않았던 것 같다.『친부 살해』의 늙은 아버지는 집안의 가학적 악한이다. 부자간의 대립을 다룬『아들』로 문단의 주목을 받은 발터 하젠클레버가 주목할 만한 인물이다. 어머니는 근친상간을 서슴지 않고, 아들인 발터는 어머니의 성적 유혹을 받아들인다. 어머니가 나체로 아들을 유혹하려 할 때 아버지가 방해한다. 난투극이 벌어져 아들이 아버지를 찔러 죽이고 어머니는 피로 뒤범벅이 된 채 성적으로 흥분해 아들에게 자신을 폭행하라고 간청한다. 그러나 아들은 경멸하며 거절한다.

페슬 부인: 이리 와, 아아, 아, 아아, 이리 와.

발터: 엄마에게 넌더리가 나.

모든 것에 넌더리가 나.

엄마 남편이나 땅에 묻어.

엄마는 늙었지만 난 젊다고.

난 당신과 상관없어.

난 자유야.

내 앞에, 뒤에, 위에는 아무도 없어.

아버진 죽었어

내가 하늘로 날아 당신께 올라가리라.

억누르고 벌벌 떨고 신음하고 슬퍼하는 모든 것이 부풀어 위로 솟아올라 폭발하고 날아야 해.

더 높이

더 높이

난

난 활짝 피었어.

강하고 독립적이며, 누가 뭐라고 해도 아버지가 없는 발터가 새로운 인간이다. 아르놀트 브로넨이 나치의 '인종적 순수성', '피와 땅 Blut and Boden'이라는 비이성적 이데올로기에 감동한 나머지 거기에 동조했던 사실은 전혀 놀랍지도 않다.

이 극작가들은 재능이 아주 없지는 않았지만 자신의 취향을 잘 다스리지 못했다. 그러나 극소수는 희열에 들뜬 과장된 어법을 정제하고 억제되지 않은 이상주의를 조심스럽게 다룰 줄 알았다. 그중 가장 다작이며 가장 뛰어났던 게오르크 카이저 Georg Kaiser의 희곡은 선동적이면서 대중적이라고 할 만하다. 카이저의 연극적 상상력은 끝이 없었다. 1878년 태어나 1945년에 죽기까지 작가로서 그는 평생 동안 쉰아흔 편의 희곡, 일곱 편의 단막극, 두 편의 소설, 많은 시와 에세이를 완성하였다. 풍자극 『트리스탄과 이졸데 Tristan und Isolde』1913에서부터, 한 은행원이 횡령한 돈을 가지고 도주하였다가 결국 파멸에 이르는 과정을 심오하게 탐구한 『아침부터 자정까지 Von Morgens bis Mitternachts』1916에 이르기까지 그의 이야기는 사실상 무한했다. 카이저의 가장 유명한 희곡 『칼레의 시민 Die Bürger von Calais』1914은 로댕의 실물 크기 조각 작품의 바탕이 된 영국과 프랑스 간의 백년전쟁을 기록한 장 프루아사르 14세기 프랑스 시인의 『연대기』에서 자주 언급된 사건을 소재로 삼았다. 중세 말 이타주의적이고 의무감에 넘치는 일곱 명의 '새로운 인간'들은 동포 시민들을 위해 기꺼이 자신을 희생하려 한다. 1918년 카이저는 자신이 희곡을 쏟아내는 동기를 아주 완벽하게 표현했다. "시인의 목표가 뭐겠습니까?"라고 반문한 뒤 이렇게 대답했다. "단 하

나입니다. 인류의 개조입니다."[315]

대단히 여러 가지 측면에서 카이저는 흠잡을 데 없는 모더니스트였다. 카이저 정도면 카프카와 함께 문학이 인간에게 가치 있는 유일한 직업이라고 말해도 괜찮았을 것이다. 그러나 그는 카프카보다 더 멀리까지 그런 확신을 끌고 나갔다. 아무리 관대하고 진보적인 사회라고 해도 카이저의 기발한 행동들을 처벌하지 않고 허용할 수는 없었을 것이다. 그는 항상 썼다. 그래서 책상 앞에 있을 소중한 시간을 방해하는 일들, 예를 들면 생계를 꾸리는 것 따위에는 늘 인상을 쓰며 투덜거렸다. 그가 작업하는 데는 멋진 환경과 완벽한 정적이 필요했다. 그래야 "혐오스러운 현실"을 넘어설 수 있다고 했다. 새로운 인간으로서 자신의 모습에 꼭 필요한 자기희생은 체질에 맞지 않았다. 그래서 다른 사람을 희생시키는 쪽을 택했다. 아내였다. 아내는 그에게 꼭 필요한 환경을 제공하기 위해 재산을 몽땅 갖다 바쳤다. 아무도 방해하지 않게 하려면 고상한 저택을 빌려야 했던 것이다. 돈에 더 쪼들리게 되자 집주인의 가구를 저당 잡히거나 팔아먹었다.

카이저는 이렇게 모더니스트스다운 도둑질을 두 번 했다. 마침내 1921년 초 절도 혐의로 재판을 받게 되었을 때 그는 너무도 오만한 변론을 내놓았다. "난 안 미쳤소." 법관에게 말했다. "그러니 어쨌든 나는 옳소. 이런 시시한 일에 말려들지 않겠소. 그럴 수 없어. 아무도 하인리히 폰 클라이스트[1777-1811]나 게오르크 뷔히너[1813-1837]를 법정에 세우진 않잖소. 그건 불공평하니까. 아무도 그런 일을 하진 않소." 거기다 한술 더 떴다. "모두가 법 앞에서 평등하다는 건 말도 안 되는 소리요. 난 그냥 아무나가 아니오. 창조적인 사람들은 아주 소수요. 그러니 아무도 그들이 이뤄 놓은 것을 감히 부인해서는 안 되오."[316] 법관은 전혀 감동받지 않았고 카이저를 구류 6개월에 처했다. 감옥에서 넉 달이 지난 후에야 울화를 달래려고 희곡을 썼다.

2

독일 인상주의 극작가들은 하나같이 진지했다. 그러나 한 사람, 냉정한 희화화가 주 무기였던 카를 슈테른하임 Carl Sternheim은 예외였다. 실험적 연극 여러 편을 시도해 본 뒤 그는 "부르주아들의 영웅적 삶"을 다루는 연작 희극들을 쓰기 시작했다. 그의 어조는 사실상 유례를 찾을 수 없이 특이했고 표현주의 스타일을 일부 차용했다. 슈테른하임은 그런 어조가 '개인의 용기 Privatkurage'[317]를 표현한다고 생각했다. 슈테른하임 자신이 지니고 있던 자질이다. 그가 또 하나 남긴 유산은 그만의 대단히 압축적이고 부자연스러운 양식이었다.

부르주아들이 내적 현실과 외적 현실의 첨예한 대립 속에 살고 있다는 사실을 잘 알고 있던 슈테른하임은, 부르주아들이 그러한 상황에 적합하게 행동한다는 측면에서 그들 나름대로 영웅적일 수 있다고 평가했다. 그는 현대 세상이 플러시 천(사치스러움과 고급스러움을 상징한다)에 둘러싸여 있다고 썼다. '플러시 천'은 슈테른하임이 즐겨 썼던 위선과 이중성에 대한 은유이다. "플러시 천 같은 세상에 사는 하급 관리는 플러시를 두르고 있는 것처럼 보이기만 하면 무안한 일은 피할 수 있다는 것은 알고 있다. 그는 다른 일도 모두 그런 식으로 이해한다. 그런데 그가 스스로 굉장한 비밀을 알아챘다. 바깥세상에서 시민답게 그리고 정서적으로도 안정되게 행동하는 사람도 내적으로는 잔인하고 난폭하고 이기적인 짐승일 수 있으니 자신의 이익과 필요를 위해 삶을 얼마든지 바꿀 수 있다는 사실이다." 슈테른하임 자신도 이렇게 생각하는지는 관객들에게 직접 알려 주지 않았다.

부르주아 영웅주의 연작의 시작은 『속바지Die Most』였다. 이 작품의 테오발트 마스케는 하급 시공무원이다. 왕이 행차하는 공개 행사장에서 그의 아내 루이제 마스케의 속바지가 흘러내린다. 시인 스카론과 미용사 만델스탐이 그녀에게 음탕한 눈길을 보내고 이들은 그 매력적인 루이제에게 접근하려고 곧바로 마스케의 집에 방을 빌린다. 슈테른하임 특유의 전보문 문체Telegrammstyl로 복합적인 관점이 표현되어 있다. 정관사를 생략하고 독일어 문장을 전례 없이 특이하게 만든 문체다. 덕분에 프티부르주아를 비롯한 그의 인물들은 힘 있고 활기 차 보인다. 다른 모더니스트들이 거의 한목소리로 부르주아를 경멸했던 것과 달랐다.

결혼한 지 1년밖에 되지 않은 루이제 마스케였지만 낭만적이고 대단히 매력적인 스카론을 마다하지 않자 그는 주저 없이 그녀에게 달려든다. 그러나 스카론은 변덕스러운 사람이다. 전날 밤 만났던 창녀가 자신이 여태 만났던 여자 중 최고라는 생각이 들자 마스케의 집을 버리고 그 창녀와 지내기로 한다. 선불로 지급한 1년치 방세도 돌려받지 않은 채 말이다. 그렇게 해서 그 친절한 침입자는 슈테른하임이 치밀하게 부추겨 놓은, 비록 눈에 보이지는 않지만 사실상의 결투에서 볼취미한 테오발트 마스케에게 매력적인 루이제를 양보한다.

그러나 슈테른하임의 언어적 독창성은 너무 큰 대가를 치렀다. 1920년대 중반이 되자 관객들은 표현주의 연극을 너무 귀에 거슬려했고 흥미를 잃었다. 다른 나라들이 점차 바이마르공화국을 인정하고 치욕적인 독일 영토 침탈이 끝남과 동시에 독일 문화가 화려하게 부활하자 독일인들의 사기가 올랐다. '황금의 1920년대'1929년 월 스트리트 붕괴 이전에 유럽이 벼락 경기를 누리던 시기의 문화 소비자들은 꾸민 듯한 행위, 운명의 암시, 인류 전체를 개조한다는 약속을 점점 더 못 견뎌 했다. 슈테른하임의 언어는 너무도 인위적이고 버거웠다. 모더니즘적 일탈의 생존 법칙이 슈테른하임의 전보문 문체에도 적용되었다. 시험 기간을 거친 뒤 주류에 흡수되지 않으면 그저 역사학적 흥미의 대상이 되고 만다는 법칙 말이다.

전적으로 현대적인 유일한 예술

모든 모더니스트 예술가들이 과거가 자신들을 위압한다고 느꼈고, 과거를 부정하고 악으로 몰아 전복시키면서 자신들의 가장 멋진 작품들을 고전으로 만들고자 열심이었다. 여기서 단 하나의 예외가 있었으니, 바로 영화 제작자들이었다. 영화는 현대에 탄생했으므로 역사가 없었고 혁신가들의 새로운 발명품들을 특히 잘 수용하였다. 19세기 중반 이후 독창적인 사람들과 사업가들이 사진을 움직이게 할 가능성을 보고 몰려들었다. 1895년 3월 22일 오귀스트 뤼미에르와 루이 뤼미에르가 「뤼미에르 공장의 퇴근 La Sortie des usines Lumiere」이라는 영화를 소수의 파리 관객들에게 선보이면서 거인의 어깨 위에 선 거인이 되었다.

뤼미에르 형제는 그해 12월 28일 또 다른 행사를 열었다. 카퓌신 대로의 그랑카페에서 단편 영화들을 상영한 것이다. 그 다양한 작품들은 뤼미에르 형제가 발명한 카메라 '시네마토그라프'의 무한한 가능성을 암시해 주는 대단한 볼거리였다. 한 편당 1프랑씩 내고 이 굉장한 새로운 오락물을 본 관객들은 놀라움을 금치 못했다. 유머, 감상, 불안을 동시에 느끼게 해 주면서 성적 암시도 감칠나게 전하는 것이었다. 어쩌면 영화가 지금 보여 주고 있는 것도 이게 전부일 것이다. 사실 다른 건 중요하지 않다.*

영화라는 현대의 기적에 꼭 필요한 카메라와 감광물질의 실험을 가장 크게 자극했던 것은 물론 최신 발명품과 사진술의 급속한 발전이었다. 1839년경 루이쟈크 망데 다게르와 같은 사람들이 정확하면서 때로는 대단히 아름다운 상을 제작할 수 있게 되자, 열의 넘치는 아마추어 기술자에서부터 토머스 에디슨 같은 천재에 이르기까지 모든 발명가들이 정적인 사진을 넘어서는 단 한 걸음, 거인의 발걸음을 내딛으려고 경쟁하였다. 1850년에 막심 뒤 캉은 가까운 친구인 귀스타브 플로베르와 함께 이집트와 근동 지방의 화려한 고대 유적지를 여행하면서 중요한 사진들을 찍었다. 1860년대에는 매슈 브래디Mathew B. Brady와 동료들이 미국 남북전쟁의 참사를 냉정하게 카메라에 담았다. 1860년 말에 줄리아 마거릿 캐머런Julia Margaret Cameron은 저명한 영국인들 가운데 토머스 칼라일, 찰스 다윈, 앨프레드 테니슨처럼 순순히 포즈를 취해 준 지인들을 사진에 담았다. 캐머런은 내면에 대한 충실한 몰두와 열정에 있어서 그야말로 모더니스트였다. 그녀는 이렇게 회고했다. "[그 위대한 사람들의] 겉모습뿐만 아니라 내면의 훌륭함까지 충실하게 기록하기 위해 내 영혼 전체를 바쳐 몰두했

---

* 그 영화들을 모더니즘의 범위에 포함시키는 데에 대한 명백한 이론이 있다. 영화들이 점차 대중문화에 속하게 되었기 때문이다. 대체로 박스오피스 수입 혹은 돈벌이가 될지 안 될지에 대한 스튜디오 운영자들의 예상에 의존한 집단 사업이었다. 그리고 내 판단에는, 영화가 거의 초창기부터 시나리오 작가, 감독, 촬영기사, 심지어 배우들을 비롯한 창조적인 사람들과, 예술 작품 혹은 비슷한 것을 생산할 여력이 있는 경제적 지배자들 사이의 투쟁인 경우가 많았다.

줄리아 마거릿 캐머런이 카메라에 담은 찰스 다윈의 초상 1868 캐머런은 내면에 대한 충실한 몰두와 열정에 있어서 그야말로 모더니스트였다. "겉모습뿐만 아니라 내면의 훌륭함까지 충실하게 기록하기 위해 내 영혼 전체를 바쳐 몰두했다." 사진이 본질상 피상적일 수밖에 없다는 머뭇거림은 곧 사라졌다.

다."³¹⁸ 사진이 본질상 피상적일 수밖에 없다는 머뭇거림은 곧 사라졌다. 그 후 영화는 더 멀리 나아갈 수 있었다. 아니 더 깊이 들어갈 수 있었다는 말이 더 적절하겠다. 영화는 정신분석의 도움 없이도 일부 영화인들의 바람대로, 인간 본성이 작동하는 내밀한 곳에 이르는 열쇠를 찾아 주었다.

이미 오래전부터 영화와 정신분석이 손을 잡을 가능성에 대한 논의가 많이 있었다. 그 두 분야가 거의 같은 시기에 출생하였다는 연대기적 일치도 당연히 낙관적 전망의 기반이 됐던 것 같다. 1895년 뤼미에르 형제가 대약진한 후 바로 1년 뒤 프로이트가 '정신분석'이라는 이름으로 불릴 신선한 논란 덩어리를 발견하게 되었던 것이다. 모더니스트들 중에 초현실주의자들을 제외하고 영화 제작자들만큼 프로이트의 정신분석과 많은 영향을 주고받은 이들은 없었다. 상당수의 영화와 정신분석이 인간 본성과 그 비밀에 대한 혁신적인 탐구, 즉 모더니즘 연구에서 서로에게 큰 도움이 된다고 오랫동안 믿어 왔고, 시간이 흐를수록 그 믿음은 더욱 굳어졌다.

소재에 있어서 두 분야는 분명 공통점이 많다. 특히 영화 산업이 특유의 장치를 이용해 세상, 그리고 자기 자신과 투쟁하는 인간의 정신을 탐구하면서 더 공통점이 많아졌다. 그러나 영화와 정신분석의 제휴는 의도는 좋았지만 그리 건설적이지 않은 강제 결혼에 지나지 않았다. 그들의 관계는 대체로 한쪽에 치우쳐 있다. 시간이 흐르면서, 대사를 읊는 배우뿐만 아니라 감독이나 시나리오 작가도 인식하지 못한 숨겨진 충동이나 불안을 밝혀내기 위해 영화를 해석하는 정신분석가들이 드물게나마 생겨났다. 그러나 그 과정을 거꾸로 할 경우, 즉 정신분석학의 주요 개념을 영화로 상세히 표현할 때 더 큰 논란이 일었다.

1925년에 그 예가 될 사건이 있었다. 프로이트는 믿을 만한 정신분석학적 영화라는 것에 대해 강한 의구심을 표현하였다. 그러나 그가 가장 신뢰했던 정신분석학자 카를 아브라함 Karl Abraham과 한스 작스 Hanns Sachs는 공공연하게 그런 영화 제작 계획을 지지하였다. 프로이트가 아무리 획기적이고 모더니즘의 역사에 꼭 필요한 인물이라고 하더라도, 그의 혁신과 전복은 자신의 이론과 기법에 한정된 것이었다. 그는 일흔 살이 다 되어 갈 즈음에도 여전히 전화나 비행기 같은 새로운 도구를 불신했다. 프로이트는 자신이 "개인적으로 영화에는 전혀 관심이 없다."라고 잘라 말했다. 영화를 불필요한 발명품 목록에 올려놓은 이 사람이 바로, 마지못해 모더니스트가 된 20세기 정신의 창시자다.

2

이후 헤아릴 수 없이 많은 영화가 만들어졌지만 영화는 기법의 혁신을 거듭하며 늘 관객들을 전율시키거나 놀래키고 있다. 클로즈업, 몽타주, 애니메이션, 분할 스크린, 음향, 색상, 딥포커스, 특수 효과들로 말이다. 영화는 파리에서 화려하게 데뷔한 뒤 얼마 동안은 대체로 대중의 오락거리로 치부되어서 모더니즘의 실험으로 인정받지 못했다. 소위 "더 높은 계급들"은 마지못해 짐짓 생색을 내며 초기 영화 상영관에 들렀다. 모더니즘적 추진력이 실현되기 위해 꼭 필요한 부르주아의 열정이 불붙는 데는 시간이 걸렸다.*

영화 관객들에 대한 이런 경멸이 줄어든 것은 몇몇 진취적인 영

---

* 부르주아들이 영화 관람을 속물스럽게 망설이자 '활동사진(moving pictures)'보다 더 '고상하고' 세련된 영어 명칭이 필요했다. 왜 그런지는 몰라도 '시네마'나 '필름'이 더 세련돼 보였다. 대학 연구자들이 '활동사진'이라고 부르고 싶지 않아서 대안을 찾은 것이다. 나는 가치 판단이 들어가지 않게 하려고 그 용어들을 번갈아 가면서 사용하였고 대체로 '영화(movie)'라고 쓰는 데 만족한다.

조르주 멜리에스, 「달세계 여행」 1902 쥘 베른의 『지구에서 달까지』를 각색한 SF 영화의 효시

화 제작자들이 단지 움직이는 사진이나 슬랩스틱을 구경시켜 주는 데 그치지 않고 교양층 영화에 손을 대기 시작하면서부터였다. 엘리자베스 여왕의 애인들을 보여 주거나 당대 슬럼가를 적나라하게 폭로한 시대극을 각색한 것이다. 마술적 기량을 보인 프랑스인 조르주 멜리에스 Georges Méliès 같은 대담한 실험가들에게는 완벽한 환경이었다. 멜리에스는 1900년이 되자 뤼미에르 형제의 영화들보다 더 길고 훨씬 더 상상력이 뛰어난 짧은 서사 영화를 이미 제작한 상태였다. 게다가 관객들에게 엄청난 환상을 불러일으키는 찰리 채플린과 메리 픽퍼드 같은 전설적인 연기자들이 단순한 연예인이 아닌 대중의 우상으로 부상하였다.

영화는 대단히 빠른 속도로 현대의 오락 문화로 정착하였다. 1909년 《뉴욕 타임스》는 최초로 로버트 브라우닝 영국 빅토리아 시대를 대표하는 시인 의 『피파가 지나간다 Pippa Passes』를 각색한 영화에 대해 평을 실었다. 미국의 선구자 그리피스 D. W. Griffith가 당시 업계 최고인 바이오그라프 영화사에서 찍은 것이다. 7년 뒤 하버드대학교의 심리학자 휴고 뮌스터베르크 Hugo Münsterberg는 학술 논문 「극영화: 심리학적 연구 The Photoplay: A Psychological Study」를 떳떳하게 발표했다. 그러나 그런 진지한 연구는 적어도, 소리의 출현이 영화에서의 지각 변동을 예고하고 있던 1928년까지는 상대적으로 드물었다. 그 중대하고 매혹적인 변화를 두려워하는 것은 카메라 앞에서 대사를 잘 못하는 배우들밖에 없었다. 실제로 뚜렷하게 이론적이고 때로는 과도하게 거만한 영화 연구가 쇄도하여 1950년대 2차 세계대전 이후에는 거의 통제 불능의 상태가 되었다. 그때 영화와 모더니즘 사이에 어떤 관계가 있을 것이라는 가능성이 처음으로 진지하게 제기되었다.

소위 '작가주의 auteur theory'는 (비록 훨씬 이전부터 존재하기는 했지만) 1954년에 프랑스 영화감독 프랑수와 트뤼포 François Truffaut가 처음 사용한 말이며, 미국 비평가 앤드루 새리스Andrew Sarris 덕분에 세계 영화인들의 논쟁거리가 되면서 전쟁 이후 가장 많이 논의되었다. 열띤 논쟁을 불러일으킨 작가주의의 논점은 영화 제작에서 '작가', 즉 감독의 특별한 역할을 강조하는 것이다. 감독의 권위를 상식적으로 인정하는 동시에 고독한 창조자라는 낭만주의적이면서 모더니즘적인 이상으로의 회귀이기도 했다. 작가주의를 비판하는 사람들이 지적했듯이 모든 영화는 협동 작업이다. 스튜디오의 소망적 사고^{현실을 있는 그대로 보지 않고 자신이 원하는 대로 보는 태도를 이르는 심리학 용어}를 이득이 남는 현실로 바꾸어 놓기 위해 일하는 입심 좋은 홍보 담당자는 말할 것도 없고 감독, 배우, 시나리오 작가, 촬영 기사, 작곡가, 의상 및 무대 디자이너, 비중은 좀 적지만 미용사와 분장사들까지 모두 없어서는 안 될 구성원이다. 그러나 주로 프랑스 영화인들이 주도한 작가주의 옹호자들은, 미학적으로 훌륭한 영화는 그것을 만든 사람의 개성을 드러낼 수밖에 없으며 아무리 유명한 배우가 등장한다고 해도 영화를 만드는 것은 '감독'이라고 주장했다.

　　그러나 이런 이론적 숙고와 논의보다 기술자로서의 실천이 훨씬 더 먼저였다. 비평가들이 작가에게 아첨하게 되기 30여 년 전 각국은 적당한 오락물과, 드물게는 무시무시한 최신 전쟁을 보여 주는, 심미적으로는 만족스럽지만 소름 돋는 모험작에 대한 탐욕스러운 수요를 충족시키기 위해 대규모 조직을 꾸렸다.[319] 그런 뒤 스튜디오들은 상당한 양의 무성 영화를 쏟아냈고, 관객들은 대학살 기간 동안 감히 상상할 수 없을 정도로 많은 사상자를 낸 4년간의 대참사를 잊거나 대단히 이례적인 경우지만 간혹 다시 생각하게 만들었다. 1920년대 초 독일에서는 줄곧 위태로워 보이는 바이마르공화국 초창기에 공영이었다가 민영으로 전환된 배급사 UFA가 출현하여 「칼리가리 박사의 밀실The Cabinet of Dr. Caligari」1919과 같은 큰 논

로베르트 비네, 「칼리가리 박사의 밀실」 1919 독일 표현주의 영화의 걸작

란을 일으킨 표현주의 걸작에 자리를 마련해 주었다. 한편 프랑스 영화인들은 독립성과 장난기를 그대로 유지했다. 그러나 영화 배급과 수요 창출이라는 거의 독점에 가까운 산업 구조가 조직화된 곳은 주로 할리우드였다. 이곳에서 다섯 개의 대형 스튜디오와 여러 소형 스튜디오들이 개편을 되풀이한 후 각자 계약한 스타들을 육성하고 보호하게 되었다.

　　작가주의가 그렇게 흥미를 끌었던 이유 중 하나는 대단히 공교롭게도 바로 영화 제작의 복잡성 때문이었다. 그 덕분에 비평가는 대중적 갈채나 비난의 근거로 그 복잡한 제작 요소 중 딱 한 명만 들면 됐으니 훨씬 일하기 쉬워졌다. 사실 작가주의가 확산되었다는 것은 영화들이 일정 정도 수준에 이르렀고 지성인들의 논쟁에 적절한 소재가 되었다는 증거였다. 시간이 흐르면서 영화는 너무도 다양한 해석과 상충하는 이념을 만났다. 뛰어난 영화 이론가들이 현대 정치사상을 끌어 왔고, 1930년대 이후에는 당시 지배적이던 마르크스주의를 받아들였다. 그 이념은 영화가 화려하게 위장하고 자족하고 있지만 사실 속은 비었다는 것을 기꺼이 '폭로'했다. 마르크스주의자들은 영화가 자본주의 문화 산업의 유력한 요소, 즉 거대한 정치적 함의를 지닌 상부구조의 특수한 요소이며, 제대로 이용하면 반격의 도구로서 큰 힘을 발휘할 것이라고 생각했다. 세계적으로 명성이 자자한 러시아 영화감독이자 이론가인 세르게이 예이젠시테인이 1920년대 말 적절히 레닌을 인용하지 않았던가. "영화가 모든 예술 중에서 가장 중요하다."[320]

3
　　좌파 저술가들이 영화를 심도 있게 해석하는 데 혁명적인 원칙들을 수월하게 적응시킨 것과 대조적으로, 후기구조주의, 페미니즘, 포스트모더니즘 같은 이론들은 대체로 자기 진영의 비평가들과만 소통하는 폐쇄적인 담론을 양산함으로써 영화의 문화적인 함의를 밝히는 데 그다지 유용하지 않았다. 이제 영화가 예술인가라는 질문에 늘 긍정의 대답이 되풀이되었다. 영화가 특별히 현대적인 20세기 예술이라는 주장이 당당히 받아들여지고 있었던 것이다. 오랫동안 세계 최고의 영화감독 자리에 있었던 그리피스는 1차 세계대전 때부터 이미 '예술'이라는 용어를 자신 있게 썼다. 그리고 1919년에 선도적인 프랑스 영화 비평가, 편집자이자 감독인 루이 들뤼크Louis Delluc는 영화의 높은 지위와 숭고한 미래가 기계 시대의 소산이라고 하였다. "우리는 지금 특별한 예술의 탄생을 돕고 있다. 그 예술은 이미 혼자 서는 법을 배웠고 미래에는 자랑거리가 될 것이다. 그것은 유일한 현대적 예술이며 기계와 인간의 이상형 사이에서 태어난 자식이다."[321] 그는 영화 비평가들, 즉 영화 관객들의 취향 형성을 돕기 위해 생겨난 새로운 저널리스트를 대변하고 있었다. 이들은 영화가 극화된 연극이 아니며 개작된 소설도 아니고 사진을 모아 움직이게 만든 것도 아니기에 영화는 별개의 용어, 영화만의 용어와 영화만의 미학으로 평가되어야 한다는 데에 만장일치로 동의했다. 그리고 그 모던한 예술이 있는 곳에 모더니즘 예술도 숨어 있었다.

      그러나 모더니즘 영화가 어떤 것이냐고 물으면 답하기 쉽지 않다. (절대 그럴 리는 없지만) 만약 개별 작품의 특성에 대해 비평가들과 지적이고 의심 많은 관객들이 합의에 도달할 수 있다고 해도 그 역사적 의미는 거의 설명되지 않을 것이다. 가장 영향력 있는 영화로 꼽히는 그리피스의 대작 「국가의 탄생」[1915]은 관객들에게 양식 대 내용이라는 오래된 논쟁을 가혹하게 강요하였다. 그 영화는 남북전쟁과 재건을 인종차별주의적

데이비드 그리피스, 「국가의 탄생」 1915 마흔여 명의 클랜이 복장을 차려입고 위험에 처한 순결한 남부 여성들을 구하기 위해 달려가는 모습은 이 영화의 가장 자극적이고 불온한 장면이다. 이것이 바로 그리피스가 남부 역사를 해석하는 방식이었다.

인 시각으로 바라보며 흑인들은 흉악하게, 쿠클럭스클랜KKK을 고귀하게 등장시키고, 북부에서 남부로 한몫 잡으러 간 뜨내기 정치가들의 손아귀에 들어간 남부 지주들을 순수하고 교양 있게 표현했다. 그로써 장점만큼이나 결점도 두드러진 치명적인 결함이 있는 걸작이 되고 말았다. 모더니즘 역사에서 「국가의 탄생」이 특출한 지위를 확보한 것은 관객들이 기법과 내용을 철저히 분리해 볼 수 있게 된 후였다.

1875년 켄터키 주 라그랜지에서 태어난 그리피스는 아버지가 연합군 장교로 참전했던 남북전쟁에 대해 남부인의 시각에서 벗어난 적이 한 번도 없었고 남군을 이상화하였으며 자신의 가장 중요한 영화를 지금은 고약하게 여겨지는 그 남군에게 바쳤다. 마흔여 명의 클랜이 복장을 차려입고 위험에 처한 순결한 남부 여성들을 구하기 위해 달려가는 장면은 이 영화의 가장 자극적이고 불온한 장면이다. 「국가의 탄생」이 편협함에 빠졌다는 사실은 '모더니즘'이란 말이 항상 칭찬은 아니라는 사실을 또 한 번 상기시킨다. 그리피스의 가장 유명한 작품에 대한 이런 가혹한 평가는 정치적으로 온당한 후손들이 보이는 시대착오적 반응도 아니다. 동시대인들도 대부분 신랄한 반응을 보였다. 그럼에도 불구하고 그 영화는 여러 나라에서 유례없이 많은 관객을 불러모았다. 한 전문가의 추정으로는 전 세계 관객이 1억 5000만 명이었다고 한다. 그리고 소련을 비롯한 각국의 영화인들, 심지어 그리피스의 메시지가 형편없다고 생각하는 사람들도 자신들이 그 영화의 영향을 받았다고 기꺼이 인정했다.* 뛰어난 기법이 모두를 사로잡은 것이다.

「국가의 탄생」은 본질적으로 그리피스가 미국 역사를 열정적으로 해석한 것이었다. 당시로서는 그리피스의 예술적 상상력은 흠잡을 데가 없었지만 너무 억압적이어서 통찰력 있는 인물들을 내놓지 못했다. 그리피스는 필요할 때는 박진감을 확보하기 위해 노력했다. 전문 역사가들도 인정하는 링컨 암살 같은 뻔한 사건 말이다. 그러나 노예해방 뒤에 사우스캐롤라이나 주의회를 흑인이 차지하자 그것을 역겨운 속임수라며 풍자하려는 강박에 사로잡혔고 이때는 자신의 정치적 입장이 앞섰다. 초기

---

* 「국가의 탄생」의 영향은 영화 제작자들에게만 한정된 것이 아니었다. 사학자들은 남북전쟁에 대한 그리피스의 인종차별적 해석과 쿠클럭스클랜에 대한 정서적 미화가 수많은 주에서 클랜의 활동을 부추겼다고 기록했다.

데이비드 그리피스, 「인톨러런스」1916 「국가의 탄생」이 편협하다는 날카로운 비판에 자존심이 상한 그리피스는 자신이 인종적 편견의 가해자가 아니라 희생자라는 주장을 영화에 투사하였다. 상호 관련된 역사적 편견 네 가지를 표현한 복합적 영화 「인톨러런스」는 영화 역사상 제작자가 자기 정당화를 위해 돈을 가장 많이 들인 예일 것이다.

에 유색인지위향상협회NAACP의 격렬한 항의에 따라 일부를 삭제하지 않았더라면 그리피스의 인종차별주의 영화는 훨씬 더 크게 문제가 됐을 것이다. 저명한 미국 경제학자 겸 사회학자 소스타인 베블런Thorstein Veblen은 그리피스의 가장 유명한 영화가 개봉되자 냉정하게 비평하며 반드시 비판적인 사고가 필요하다고 주장하였다. "잘못된 내용이 그렇게 잘 집약돼 있는 것은 처음 봅니다."[322]

「국가의 탄생」은 그 전에 그리피스가 제작한 그야말로 수백 편의 무성영화를 비롯해 다른 어떤 영화보다 더 야심 차고 복잡하고 비용이 많이 든 볼거리였다. 비용은 예산액의 세 배인 11만 달러가 들었다. 하지만 전 세계적으로 호소력을 발휘하여 그 제작사에 수백만 달러를 벌어다 주었다.[323] 확립된 영화 제작 기법들이 몇 없었기 때문에 자신이 고안해 낸 것과 경쟁자들이 어설프게 만들어 놓은 것에 의존해야 했다. 무엇보다 영화 산업이 태어난 지 겨우 20년밖에 되지 않았기 때문이다. 거의 모든 일에서 자신밖에 믿을 것이 없었으니 자신감을 마음껏 발휘했다. 실무에서 말썽이 나기도 했지만 그때그때 해결했다. 한마디로 그리피스는 미국적 실용주의자였다. 어떤 기법이 효과가 좋은지를 중시했고 아주 대담한 실험도 꺼리지 않았다. 특히 카메라로 많은 실험을 했다.

그렇게 해서 그리피스는 수많은 제자들에게 교묘하게 편성된 대중 장면들, 상상력 넘치는 카메라 앵글, 이야기를 계속 끌어가는 예민한 편집, 주도면밀하게 세워진 (그리고 거의 파산에 이르게 할 만큼 비싼) 세트의 효과를 증명해 보였다. 그래서 균형감각 있는 영화사학자들은 그리피스에게 화면 분할과 플래시백을 도입하고, 유례없이 과감하게 카메라를 사용한 최고의 영화 혁신가라는 칭호를 부여했다. 그의 숭배자들, 즉 영화계의 진짜 유명 인사들에게 「국가의 탄생」은 장면마다 대단한 혁신을 보여주는 빛나는 모범이었다. 그 놀라운 영화의 내용은 한마디로 극우적이었지만, 기법상의 유연성과 완벽한 독창성만 고려한다면 그리피스는 범상치 않은 모더니스트로서 영화를 비길 데 없는 예술적 오락으로 영원히 바꿔 놓은 탁월한 기교가였다.

그리피스의 후기 영화들도 혁신가로서의 명성을 유지해 주었다. 그 유명한 「인톨러런스Intolerance」1916는 그의 가장 개인적인 영화다. 「국가의 탄생」이 편협하다는 날카로운 비판에 자존심이 상한 그리피스는 자신이 인종적 편견의 가해자가 아니라 희생자라며 자신의 신념을 영화에 투사했다. 상호 관련된 역사적 편견 네 가지를 표현한 복잡한 영화 「인톨러런스」는 영화 역사상 제작자가 자기 정당화를 위해 돈을 가장 많이 들인 예일 것이다. 페르시아인들의 바빌론 정복, 예수의 십자가형, 1572년 성 바르톨로뮤 축일의 프랑스 위그노파 학살과 현대 미국에서 파업 기간 동안 핀커튼의 호위병들이 열아홉 명의 노동자를 죽인 사건이었다. 거대하고 정교한 배경, 너무도 많은 배우와 엑스트라를 동원하여 전례가 없는 군중 장면을 선보임으로써 기법적으로 천재라는 그의 명성은 더욱 드높아졌다. 불행하게도 관객들은 영화가 너무도 복잡하고 지나치게 엄숙하다며, 그러니까 한마디로 실망스럽다고 생각했다. 이 영화로 인해 입은 손해 때문에 그리피스는 평생 빚에 시달렸다. 그러나 당대에 그의 작품의 영향력은 단순한 평가의 범위를 넘어서는 것이었다. 소련 영화인들에게 그리피스는 어떤 존재인가? 1944년 세르게이 예이젠시테인은 스스로 반문하고 이렇게 대답했다. "계시."[324]

혁신적인 영화라고 해서 모두 모더니스트 카탈로그에 오를 수 있는 것은 아니었다. 예를 들어 「재즈 싱어 The Jazz Singer」1927라는 최초의 '유성영화'가 있다. 앨 존슨이 얼굴을 검게 칠하고 나와 「얘야, 내 무릎에 앉아라」를 힘차게 부르며 눈물을 짜내는 신파조의 영화다. 얼마 안 되는 존슨의 대사가 그의 감상적 발라드보다 훨씬 더 효과가 좋았다. 그때까지 조잡하게 삽입된 자막에 의존할 수밖에 없었던 관객들에게 대사는 그 자체

앨런 크로스랜드, 「재즈싱어」 1927 워너브라더스 사가 만든 최초의 유성영화

로 너무 놀라웠다. 워너브러더스 사가 이 새로운 기술을 자신들 "최고의 업적"으로 광고했던 것도 당연했다. 하지만 「재즈 싱어」는 이단의 유혹이라는 모더니즘의 첫 번째 기준은 충족시켰지만, 내적 영역에 대한 깊은 탐구라는 두 번째 기준은 전혀 만족시키지 못했다. 새롭기는 했지만 피상적이었던 것이다. 모더니스트의 가족이 되려면 새로운 것 이상이 필요하다.

4

감독들이 혁신가들의 선례를 따르지 않았던, 아니 따를 수 없었던 경우가 많았다. 영화 제작은 다른 어떤 예술보다 더 실제적이고 자본화되어 있으며 불안하고 논란이 많은 사업이기도 했다. 처음부터 많았던 관객들은 급속도로 더 늘었다. 1910년이 되자 미국 관객들은 일주일에 2600만 명이나 되었다.[325] 알다시피 모든 예술은 어느 정도 상업성을 띠었다. 화가들에게는 화상들이 있었고, 소설가들에게는 출판업자들이, 작곡가들에게는 흥행주들이, 시인들에게는 작은 잡지들에 자금을 대는 천사들이 있었다. 더러 교양층의 영화 제작자들이 문화 중개인의 역할을 하는 일이 있었지만 대부분의 냉정한 이들은 경쟁 업계에서 늘 어려운 선택에 직면했고, 냉혹한 현실 때문에 대차대조표를 들여다보고 손익분기점을 넘게 하려고 발버둥을 칠 수밖에 없었다. 영화 업계에서 가장 두려운 말은 "예산 초과"였다.

알다시피 영화 한 편을 완성하려면 많은 전문 기술자들이 필요하기 때문에, 시장에 나오기 위해 그다지 많은 경제적 수단이 필요하지 않은 다른 예술 작품들과 비교하면 영화의 제작과 배급에 필요한 것들은 실로 엄청났다. 그리고 인색한 은행이나 전당포업자, 머리 회전이 빠른 제작사

세르게이 예이젠시테인, 「전함 포템킨」 1925 예이젠시테인은 마르크스 이데올로기를 영화적 전략으로 이용했다. '변증법적 몽타주' 기법은 첨예하게 대립되는 장면들을 인접시켜 각 인접한 장면들이 서로에 대한 설명이 되게 하여 관객들에게 강렬한 인상을 불러일으키는 것이다.

우두머리들은 늘 비용 초과를 문제삼으며 도덕적 방종에 반대하고 돈이 많이 드는 장면을 못 찍게 하고 배우를 지정하고 결말을 '개선'하여 최종 작품에 손해를 끼쳤고, 뻔한 영화로 전락시키는 경우가 비일비재했다. 제일 느린 배에 다른 배들의 속도를 모두 맞추는 것처럼 누구의 기분도 상하지 않게 하면서 관객을 지루해하지 않게 할 영화를 제작하려면 계속 타협할 수밖에 없었다. 간단히 말해 영화 산업에서 대담한 모더니즘적 실험의 여지는 대단히 제한적이었다. 그럼에도 집단성을 띨 수밖에 없는 제작 과정과 경영자가 자주 억압적으로 경제적 영향력을 행사하는 환경에서, 볼 만한 영화들이 그렇게 많이 나온 것은 매우 놀라운 일이다.

―――――

모더니즘 영화 제작의 정점에는 그리피스와 함께 적어도 세 명의 혁신가가 올라 있다. 세르게이 예이젠시테인, 찰리 채플린, 오손 웰스 Orson Welles다. 작가주의의 신봉자이든 아니든 간에 영화사 연구가들은 이런 감독들을 좋아한다. 에른스트 루비치 Ernst Lubitsch, 장 르누아르 Jean Renoir, 존 포드 John Ford, 알프레드 히치콕 Alfred Hitchcock, 루이스 부뉴엘 Luis Buñuel, 페데리코 펠리니 Federico Fellini, 미켈란젤로 안토니오니 Michelangelo Antonioni, 장 뤽 고다르 Jean-Luc Godard, 아키라 구로사와 Akira Kurosawa, 잉마르 베리만 Ingmar Bergman이다.* 그러나 내가 그리피스의 가장 탁월한 후계자로 든 세 사람은 획기적인 실험의 결과물을 놓고 볼 때 사실상 적수가 없다.

세르게이 예이젠시테인은 그리피스의 후계자로 창의력을 인정받았으며 배경, 인물, 이론적인 조예에 있어서는 오히려 그리피스보다 더 나은 감이 있을 정도지만, 둘에게는 중요한 공통점이 있다. 끝없는 창의력과 이념에 대한 천착이다. 1898년 부유한 도시 중산 러시아 가문의 건축가인 아버지 밑에서 출생한 예이젠시테인은 회화와 심리학의 아방가르드 개념을 스펀지처럼 빨아들이면서 상당히 개방적이고 흥분되어 있던 볼셰비키 정권 초기에 예술적으로 성공하였다. 그런데 모더니즘 사상만 받아들인 것은 아니었다. 찰스 디킨슨뿐만 아니라 톨스토이도 제대로 인용할 수 있었고, 보들레르뿐만 아니라 괴테나 단테, 제임스 조이스, 게다가 마르크스도 마찬가지였다. 1923년에 영화를 시작하면서 그는 자신이 알고 있는 것을 총동원했다. 특히 정신과학과 사회의 밀접한 관련을 잘 이용하였다. 그는 관객의 반응에 큰 관심을 가졌는데 그것은 미학적 관심이기도 했지만 관객을 조종하기 위한 것이기도 했다. *

예이젠시테인이 1920년대에 감독했던 여섯 편의 작품들 중「전함 포템킨」1925은 가장 주목할 만한 모험작이다. 1905년 러시아혁명, 즉 볼셰비키 선동자들이 1917년 혁명의 예행 연습으로 여겼던 불발의 혁명을 기념하여 제작되었다. 이 영화는 오데사 항에 정박한 포템킨 호로부터 불과 수백 미터 떨어진 곳에서 발생한 정부군의 끔찍한 민간인 학살을 보여 주면서 전함 수병들의 폭동을 상세히 다루었다. 프레임마다 교묘하게 계획

* 그러나 숨 막히는 파시스트적 '제안'에서 해방되어 급속도로 성장한 이탈리아 영화 산업이 더 영향력이 컸을 것이다. 신사실주의의 선도적 이론가인 마르크스주의 시나리오 작가 체자레 차비티니(Cesare Zavattini)는 1942년 일찍이 유명한 모더니스트의 금언을 빌려 이렇게 항변했다. 감독들은 "무조건 당대의 현실을 받아들여야 한다. 현재가 제일 중요하다." 그는 플롯과 배우가 모든 관객들이 꾸려 가는 평범한 일상의 경험을 왜곡하기 때문에 영화감독들은 플롯과 배우 없이 작업해야 한다고 주장했다. 이렇게 종종 과하게 솔직한 신사실주의는 소수의 유명한, 그렇다고 모두 마르크스주의자는 아닌, 감독들의 기도문이 되었다. 로베르토 로셀리니(「무방비 도시」, 1945), 비토리니 데 시카(「자전거 도둑」, 1948)와 그 뒤를 이은 페데리코 펠리니(「길」, 1954)와 미켈란젤로 안토니오니(「정사」, 1960)를 비롯해 영화 역사상 유명한 인물들이다. 모두가 그들의 절묘한 카메라워크, 탁월한 연출, 미묘하고 감동적인 주제에 대해 감상적이지 않은 처리로 유명했다. 독립적인 이탈리아 감독들이 유명해지면서 작가주의 지지자들에게 강력한 무기를 제공해 준 것이 바로 이 시기였다.

되고 면밀하게 연습된 그 영화는 곧 예이젠시테인의 상상력과 천재성을 증명하는 증거로 자리 잡았다. 예이젠시테인은 자신이 몰두하고 있던 이데올로기에 따라 마르크스주의, 혹은 소련에서 마르크스―레닌주의라고 불렸던 것을 자신의 영화적 전략으로 이용했다. 이를테면 그가 완성한 몽타주 기법(그는 플로베르의 『마담 보바리』에서 흥미로운 예를 찾았다.)은 첨예하게 대립되는 장면들을 인접시켜 각 인접한 장면들이 서로에 대한, 말하자면 설명이 되게 하여 관객들에게 강렬한 인상을 불러일으키는 것이다. 그는 그것을 '변증법적 몽타주'라고 불렀다. 「전함 포템킨」이 마치 마르크스와 레닌이 대본을 쓴 것이나 다름없다는 것을 알리려는 듯이 말이다.

「전함 포템킨」의 가장 인상적인 장면은 제정러시아 군인들이 평범한 시민들을 무차별적으로 학살하는 오데사 계단 장면이다.[*326] 촬영차 오데사에 온 예이젠시테인은 항구를 향해 나 있는 그 넓은 대리석 계단을 보고 강렬한 인상을 받았다. 바로 그 계단이 유모차를 밀던 아이 엄마와 살려달라고 아우성치는 노파가 무참히 쓰러지는 장면의 배경이다. 예이젠시테인은 그런 야만적인 행동에 대해 관객들이 분노할 것이라는 사실을 누구보다도 잘 알고 있었기에 영화의 대부분을 그런 극적인 장면들로 구성했다. 그중 「전함 포템킨」에서 가장 유명한 무차별 대량학살 장면은 관객들로 하여금 큰 분노를 불러일으키기 위해 일부러 계획된 것이었다. 심지어 포템킨 호 장교들이 수병들의 점심으로 주는 구더기가 들끓는 썩은 고기의 클로즈업 장면보다도 더 훌륭했다. 총에 맞아 쓰러지고 짓밟히는 희생자와

---

* 데이비드 쿡(David A. Cook)이 지적한 대로 "「전함 포템킨」은 촬영에 10주, 편집에 2주가 걸렸다. 알려진 신화와 대조적으로 그 영화의 몽타주 기법은 의도적인 재배열과 체계화된 계획에 의해 만들어진 것이 아니었다. 예이젠시테인은 이후 이론서에서 복잡한 구조화 분석을 통해 몽타주 기법을 잘 설명하였지만 실은 「포템킨」도, 「국가의 탄생」과 「시민 케인」처럼 신중한 계획이라기보다는 창조적 에너지의 강렬한 분출로 탄생한 것이었다."

세르게이 예이젠시테인, 「전함 포템킨」, 1925 가장 인상적인 장면은 제정러시아 군인들이 평범한 시민들을 무차별적으로 학살하는 오데사 계단 장면이다. 예이젠시테인은 그런 야만적인 행동에 대해 관객들이 분노할 것이라는 사실을 누구보다도 잘 알고 있었기에 영화의 대부분을 그런 극적인 장면들로 구성했다.

발 맞추어 진군하는 군화, 일그러지고 상처 입은 얼굴들의 클로즈업 장면들을 빠르게 전환시켰다. 그 강렬한 장면들은, 수병들의 식사가 아주 맛있을 거라고 떠드는 사악한 해군 장교의 모습, 무고한 러시아인들을 도살하는 살인 기계 같은 사악한 제정 러시아 군대의 모습과 함께, 정치적 의도로 삽입된 것이었다. 우리는 앞서 모더니스트들의 대단히 흥미진진한 혁신들이 때때로 훌륭하다고만 할 수 없는 가치관에 바탕을 두고 있는 경우를 이미 보았다.

　예이젠시테인의 이름과 함께 떠오르는 기법이자 「전함 포템킨」에서 최고의 효과를 발휘한 영화적 장치는 바로 '몽타주'다. 그 장치로 그는 영화 예술의 진정한 모더니스트로 자리 잡게 되었다. 그는 몽타주에 대해 많은 글을 발표하였는데 그중 하나는 이렇다. 예리한 편집을 통해 "몽타주는 자연물을 창조적으로 개조하는 가장 효과적인 방법이 되었다."[327] 예이젠시테인과 같은 거장이 사용했다니 좀 어려울 것 같지만 본질상 그 기법은 아주 단순하다. 어울리지 않는 사건들을 아주 근접시켜 효과를 극대화하는 것이며, 모든 이야기는 원래 몽타주적 요소를 가지고 있다. 하지만 극적인 효과를 일으키려면 예이젠시테인처럼 자연스럽게 편집해야 한다.

　예이젠시테인은 소비에트 체제의 수혜자라기보다는 희생자였다. 그는 다른 사람들보다 더 독창적이었기에 공상적 마르크스주의의 구속을 적게 받았고, 그렇기 때문에 그 특유의 기법적 혁신, 즉 개인주의의 결과물을 거북해했던 관료주의자들과 충돌했다. 소비에트 당국자들의 눈에 그의 모더니즘은 거슬릴 만큼 너무 진보적이었기에 그냥 넘어갈 수 없었다. 하지만 그는 운이 좋았다. 스탈린주의에 희생당한 지식인과 예술가의 수가 소름 끼칠 만큼 많았고, 특히 예이젠시테인 같은 유대계의 경우 더 많았는데 말이다. 당국은 그에게 작품을 속속들이 고치라고 하면서 '형식주의'라는 혐의로 기소했다. 그것은 스탈린에 충실한 당국자들이 공식적으로 용인한 '사회적 사실주의'와 너무 거리가 먼 음악, 드라마, 시, 소설, 영화에 무차별적으로 적용했던 죄목이었다. 결국 예이젠시테인에게 '부

찰리 채플린, 「골드 러시」 1925 채플린은 연기에서도, 연출에서도 용인된 규칙을 과감하게 어겼다. 모르는 척하면서 현대 자본주의 사회에 대해 점점 더 강도 높게 비판했고, 자기 표현 방식을 풍부화하였다. 그는 다른 영화 제작자들과 달랐다. 과연, 그와 같은 사람은 없었다.

르주아적 편향'이라는 죄를 씌웠다.

　예이젠시테인의 여러 작품들은 당국에 받아들여지지 않았다. 하지만 그의 가장 위대한 작품 「전함 포템킨」은 외국에서의 엄청난 인기 덕분에 계속 상영될 수 있었다. 그리고 그의 후기 영화 「알렉산드르 네프스키」1938와 「이반 뇌제」1부는 1945년, 2부는 1946년에서는 대체로 이데올로기보다는 미학이 강조됐다. 「알렉산드르 네프스키」는 13세기 러시아군과 게르만 침략자들(즉, 나치)의 무력 충돌에서 러시아 군대의 승리를 다룬 것으로 소련에 대한 나치의 침공이 임박했을 때 제작되었다. 느리게 움직이는 웅장한 배경을 두고 거대한 전장의 전경과 세르게이 프로코피예프의 훌륭한 음악을 부각시킨 「알렉산드르 네프스키」는 영화라기보다는 오페라에 가까운 새로운 장르 같았다. 프로코피예프는 신고전주의적 모방, 새로운 멜로디, 극과의 융화에 뛰어났고, 전기 작가들은 그를 '온건한 모더니스트'라고 즐겨 불렀으니, 예이젠시테인에게는 이상적인 파트너였다. 그러나 이후 예이젠시테인은 프로코피예프 없이도 「이반 뇌제」3부는 미완성를 통해 천재성을 증명하였다. 1948년 쉰 살이라는 이른 나이로 죽기 전에 남긴 후기 작품에서는 선전, 선동적 요소가 줄고 순수 예술적 요소가 두드러졌다. 권력자들과 달리 마르크스주의를 위험한 방식으로 해석하지 않았던 영화감독의 온건한 한풀이였다.

5

'찰리' 채플린(늘 찰스가 아닌 애칭 찰리로만 불렸다.)은 예이젠시테인과 같은 시대를 살았지만 그와는 근본적으로 다른 방향에서 영화를 이해했다. 내부로부터였다. 채플린의 작품에는 모더니즘의 본질적 요소인 이단의 유혹과 주관성의 고양이 깊게 자리하고 있다. 물론 그의 선배들도 내적 동기를 통찰한 경우가 있었으며 러브스토리에서는 감정을 무시하지도 않았다. 그러나 대부분의 감독들은 관객들의 흥미를 유발하고 감정이입이 가능하게 하려고 사건을 엇갈리게 배치하는 플롯에 주로 의존했다. 또한 꼬리를 물고 일어나는 사건들이 아무리 흥미로워도, 화면 전체를 배우의 얼굴로 채워서 감정 표현에 효과가 좋은 클로즈업을 빼놓지 않았다. 클로즈업은 1900년경 그리피스의 영화에서 처음 사용되어 배우보다는 감독의 감수성을 만족시켰다. 배우는 대체로 감독의 도구에 불과했으므로 그런

찰리 채플린, 「모던 타임즈」 1936 채플린의 작품에는 모더니즘의 본질적 요소인 이단의 유혹과 주관성의 고양이 깊게 자리하고 있다. 그는 변화무쌍한 표정 연기로 싸구려 감상성이 파고들 여지를 주지 않았으며, 대가답게 인간 정신의 대부분을 차지하는 모순적 감정을 잘 표현해 냈다.

책임 할당은 감독과 배우를 동시에 맡았던 채플린에게서도 마찬가지였다. 알다시피 채플린의 감정은 상대적으로 변화의 폭이 좁았다. 그의 슬랩스틱에는 페이소스가 숨겨져 있었기 때문에 늘 감상성으로 흐를 위험이 존재했다. 그도 그 위험을 잘 알고 있었으며 항상 완벽하게 감상성을 피하지는 못했다. 그러나 대체로 그는 변화무쌍한 표정 연기로 싸구려 감상성이 파고들 여지를 주지 않았으며, 대가답게 인간 정신의 대부분을 차지하는 모순적 감정을 잘 표현해 냈다. 자신의 연기 솜씨에 대해 딱히 언급한 적이 없던 그는 그런 감정 표현 능력에 대해서도 이렇다 할 말이 없

찰리 채플린, 「시티 라이트」 1931 「시티 라이트」의 멋진 마지막 장면은 그의 특기였던 뒤섞인 감정들을 미묘하게 표현하여 양가감정 표현법의 모범이 되었다. 그 순간을 위해 그는 몇 달 동안 생각했고 고쳐 쓰고 연습했다. 따라할 모범이 없었으니 단련된 상상력에만 의존했다.

었다. 그를 최고의 광대로 치켜세우며 사랑해 마지않던 영화 비평가들도 감정 표현 능력에 대해서만큼은 인정해 준 적이 없었다. 그러나 그는 시나리오 작가나 (물론 자신도 포함한) 감독들에게 감정 표현 면에서 큰 영향을 끼쳤으며, 그 자신은 가능한 한 음향을 쓰려고 하지 않았지만 유성영화가 생겨나고 난 이후 특히 더 폭넓게 영향을 끼쳤다.

6

찰리 채플린은 최초의 스타 배우였다. 미국 스튜디오들이 그에게 제안한 출연 계약서를 보면 그가 얼마나 많은 수익을 보장했는지 잘 알 수 있다. 이미 뛰어난 코미디언으로 유명했던 1910년 영국 연기자들과 함께 처음 미국을 방문했으며, 나중에는 미국에 살게 되었다. 그는 갓 태어난 영화 산업 때문에 변화했고, 뒤이어 그가 영화 산업을 변화시켰다. 1916년에 찰리는 할리우드에서 패권을 장악한 소수의 회사 중 하나였던 뮤추얼 영화사와 새 계약으로 1년에 67만 달러를 벌 수 있게 되었다. "채플린은 유럽에서 현대 역사상 전쟁 다음으로 돈이 많이 드는 품목이다."라고 뮤추얼 사의 홍보 담당자는 자랑 삼아 이야기했다. "채플린은 한 시간에 77.55달러씩 번다. 차비로 5센트가 필요하면 딱 2초 만에 벌 수 있다."[328] 하지만 그것이 최고 기록은 아니었다. 1917년이 되자 그는 1년에 100만 달러도 넘게 벌었다.

눈부신 인생 역전이었다. 1889년에 런던의 실패한 뮤직홀 연주자 집안에서 태어난 찰리는 늘 가난했지만 어린 시절부터 재능이 눈에 띄어 무대에 올랐다. 이때부터 아주 다양한 기분을 표현하는 우스꽝스러운 몸동작과 특이한 표정으로 인정받았다. 그런 재능은 단편 영화를 비롯해 모든 영화에 필요한 것이었다. 그렇게 해서 그는 단역에도 생명력을 불어넣을 수 있었다.

채플린은 언제 어떤 역할이든 기꺼이 맡으려고 했지만 뭐니 뭐니 해도 하찮은 뜨내기 노동자 역할 덕분에 기쁨과 고통이 복잡하게 뒤얽힌 감정을 표현하며 단기간에 유명해졌다. 찰리가 연기한 가난해 보이는 뜨내기 일꾼은 자세와 옷만 봐도 누구나 바로 알아볼 수 있다. 발을 끄는 걸음걸이, 초라한 콧수염, 작은 중산모, 두 치수 작은 양복, 헐렁거리는 신발, 구식 지팡이가 특징이었다. 단순하면서도 복합적인 이런 인물은 채플린이 모더니스트 영화 양식을 전개하는 데에 더할 나위 없이 적합한 준비 작업이었다. 그는 연기에서도, 연출에서도 용인된 규칙을 과감하게 어겼다. 아무것도 모르는 척하며 현대 자본주의 사회에 대해 점점 더 강도 높게 비판하는 연기로 자기가 맡은 역의 가치를 올렸다. 그래서 그를 단호하게 비판하는 사람들도 생겼다. 그는 다른 영화 제작자들과 달랐다. 과연 그와 같은 사람은 없었다.

채플린은 얼마 지나지 않아 남의 각본을 연기하는 일을 그만두고 직접 대본을 쓰고 감독을 하게 되었으며, 자기 작품에서는 어쩔 수 없이 주연도 맡게 됐다. 그는 초기 단편들과 후기 장편에서 모두가 지칠 정도로 여러 차례 재촬영을 강행함으로써 감독 자신과 배우들에게 그가 아주 꼼꼼한 장인이라는 사실을 확실히 보여 주었다. 영화 「서커스 The Circus」1928에는 채플린이 사자 두 마리와 함께 우리 속에 있는 장면이 있다. 단 한 장면뿐인데도 채플린은 아예 사자 우리에서 나오지를 않았다. 그 장면은 위험할 뿐만 아니라 비용(조련사를 포함해서 하루에 150달러)도 많이 들었다. 그런데도 총 200회 넘게 촬영하였다. 이 광적인 집착에 조연들은 따를 수밖에 없었다. 채플린은 이미 머릿속에 그려진 완벽한 상을 가지고 모든 장면이 그것과 똑같아질 때까지 계속 촬영했기 때문에 모두들 완전히 지쳐 버렸다. 그는 세트장에서 때때로 큰 싸움이 발생한 것이 대체로 자신 때문이라는 것을 알고 있었다. 이후 걸작 「시티 라이트」1931에 대한 글에서 본인이 "신경증적으로 완벽을 추구하는 상태"가 되었다고 썼다.

　　심리학적 원인이 무엇이든 간에 채플린은 완벽에 대한 갈망 때문에 무엇이든 불완전한 테이크라고 판단되면 그냥 넘어가지 못했다. 「시티 라이트」의 멋진 마지막 장면은 그의 특기였던 뒤섞인 감정들을 미묘하게 표현하여 양가감정 표현법의 모범이 되었다. 그 순간을 위해 그는 몇 달 동안 생각했고 고쳐 쓰고 연습했다. 따라할 모범이 없었으니 단련된 상상력에만 의존했다. 「시티 라이트」는 늘 나오는 그 초라한 뜨내기와 꽃을 파는 아름답고 가난한 맹인 소녀의 이야기다. 뜨내기는 소녀가 유명한 오스트리아 의사에게 수술받으면 시력을 되찾을 수 있다는 이야기를 듣고 돈을 모아 소녀를 빈에 보내기로 한다. 많은 일을 전전하는데, 거리 청소도 하고 권투도 하면서 우스꽝스럽고도 끔찍한 일을 겪는다.

　　사랑하는 소녀의 수술비를 마련하면서 겪는 가장 중요한 사건은 한 백만장자의 목숨을 구해 준 것이다. 그 백만장자는 술에 취했을 때는 떠돌이를 절친한 친구로 대하지만 술이 깨면 그를 알아보지도 못한다. 그 결과는 좋기도 하고 나쁘기도 하다. 찰리는 필요한 돈을 구했지만 부자의 돈을 훔친 누명을 쓰고 감옥에 갇힌다. 석방된 후 더 초라해진 모습으로 마을을 떠돌던 그는 소녀가 운영하는 아름다운 꽃집을 우연히 보게 된다. 이제 눈을 뜬 그녀는 자신을 도와준 잘생기고 부자인 익명의 자선가가 언젠가 나타나리라고 늘 기다린다. 대단원이 가까웠다.

　　문 앞에서 주춤거리고 있는 찰리를 본 소녀가 그의 손에 돈을 쥐어 주다가 시각 대신 촉각으로 모든 것을 인식하던 때 잡았던 손의 감촉을 기억해 낸다. 영화가 애끓는 클로즈업으로 끝날 때 그녀는 자신을 구해 준 천사에 대한 환상이 깨졌다는 명백한 사실을 부인하듯, 이렇게 묻는다. "당신인가요?" 그는 고개를 끄덕이며 반은 기대하는 듯 반은 당황한 듯 묻지 않아도 될 것을 묻는다. "이제 볼 수 있어요?" 물론 그녀가 볼 수 있다는 것을 이미 알고 있었다. 그리고 그녀는 너무도 명백한 그 사실을 확인해 주고 영화가 끝이 난다. 떠돌이와 소녀 사이의 사랑이 어떻게 될지는 관객의 상상에 맡겨 두었다. 서로 알아보는 이 장면은 키치의 경계에 맞닿아 있다고 볼 수도 있지만 어떤 관객도 감히 그것을 키치라고 부르지 못했다. 지금까지 「시티 라이트」를 본 엄청난 수의 관객과 영화 평론가에게 그 영화는 채플린의 걸작으로 남아 있다.

　　1920년대 중반부터 1930년대 중반까지 채 10년이 안 되는 기간 동안 채플린은 세 편의 장편을 제작했다. 모두 코미디 걸작인 「골드 러시」 1925, 「시티 라이트」 1931, 「모던 타임즈」 1936다. 채플린은 그 작품들을 직접 쓰고 제작하고 연출했으며, 주인공을 맡았고 음악까지 작곡했다. 미개지 알래스카의 운 없는 탐광꾼 찰리가 부츠와 신발 끈을 삶아 먹는 장면, 공장 노동자 찰리가 기계에 붙들려 벗어나지 못하는 장면은 관객의 기억에 오래 남았다. 그러나 다음 영화 「위대한 독재자 The Great Dictator」 1940는 당시 국제정치에 대한 모험작으로 그때까지 채플린을 세계적인 유명인으로 만들어 준 인물상과 코미디 공식에서 돌연 과감하게 벗어난 작품이다. 히틀러와 콧수염이 비슷하다는 사실을 이용해 한 가난한 유대인(찰리는 유대인도 아니고 독일인도 아니었다.)과 그 위대한 독재자의 인생에 대한 우화를 구

성해 냈다. 두 배역을 엇갈리게 등장시켜 채플린이 1인 2역을 했다. 여기서 보인 유머는 그 어느 때보다 더 으스스하다. 결말을 향해 가며 기발한 플롯에 얽혀 그 유대인은 현재의 이기주의와 냉소를 한탄하고("탐욕은 인간의 영혼을 더럽힙니다. 미움으로 세상에 바리케이트를 칩니다." 그리고 "우리는 너무 많이 생각하고 너무 적게 느낍니다.") 더 밝은 미래를 부르는("삶의 길은 자유롭고 아름다울 수 있습니다."[329]) 진심 어린 연설을 하게 된다. 뻔한 착한 소리들을 모아 놓은 연설이지만 찰리의 대사는 좌파와 우파 모두를 불쾌하게 만들었다. 어떤 이는 그것이 단순하고 정치적으로 무의미한 선을 주장했다고 비판한 반면 또 다른 이는 바로 공산주의적 가짜 평등주의의 산물이라고 해석하였다.

채플린은 아마도 무심코 히틀러 영화를 만들었겠지만 사실은 거의 예측된 행보였다. 이후 나치 독일 정치범 수용소에 대해 알게 된 뒤 그는 「위대한 독재자」의 제작을 후회하였다. 자신이 화려한 슬랩스틱으로 그 괴물을 평범하게 만들었다고 말이다. 그러나 그가 스스로를 평범한 민중의 대변자로 인식하고 있었던 것은 공공연한 좌파 성향, 그가 창조한 하찮은 떠돌이, 「모던 타임즈」의 기계 시대에 대한 비판을 보면 확실해진다. 스스로를 '아나키스트'로 칭했는데, 각각의 자화상에는 모든 종류의 조직화된 정치 체제에 대한 불만이 반영되어 있다. 그리고 그 불만의 대상에는 2차 세계대전 때까지 급진주의자들이 지지했던 소비에트연방도 포함되어 있었다. 당시 채플린과 친해진 부유한 캘리포니아 좌파 댄 제임스는 1938년에 이렇게 썼다. "정치관이 어땠는지는 모르지만 찰리는 부와 억압에 반대했다. ······ 그는 분명히 자유주의자였다. 그가 아주 초기부터 스탈린을 위험한 독재자로 여겼기 때문에 밥 멜처와 나는 「위대한 독재자」의 마지막 연설 장면에서 스탈린을 떠올리지 않을 수 없었다. 그는

1939년 9월 소비에트와 독일의 불가침협정에도 반감을 품었다. 그는 인간의 자유와 존엄성을 믿었다."[330] 그러나 결국 비판자들과 국회의원들은 미국 시민권도 획득하지 못한 그를 미국에서 추방하였다.

천재 영화인으로서 채플린의 업적을 설명하려면 카메라 뒤의 삶을 살펴보아야 한다. 영화사마다 홍보 담당자라는 직책이 새로 생겼고 이들은 스타들을 공인으로 만들기 위해 배우들에게 듣기 좋은 이름을 지어주고 스타들의 성 경험에 대한 소문을 퍼뜨렸다. (필요할 경우 지어내기도 했다.) 그 모든 것이 영화표를 팔기 위한 것이었다. 채플린은 당연히 그 목표물, 아니 희생양이었다. 10대 여배우들에 대한 관심을 억제하지 못하여 두 차례 떠들썩한 이혼 소송에 휘말렸고 심지어 재판도 받았다. 여성이 음탕한 목적으로 주 철도를 이용하지 못하도록 하는 규정이 포함된 만법 Mann Act 1910을 위반한 혐의였는데, 무죄로 석방되기는 했다. 하지만 그를 비난하던 사람들은 마음속으로 결코 그를 석방하지 않았다. 그의 팬들이 결코 그를 비난하지 않았던 것과 마찬가지였다. 채플린은 사생활과 숨김없이 밝힌 정치적 견해 때문에 찬양 혹은 비난의 상징적인 대상이 되었다.

그 모든 것이 채플린에게는 걸림돌이 되었다. 「위대한 독재자」 이후 영화를 더 만들었지만 그가 비공식적 시민으로 속해 있던 미국이라는 나라는 점점 더 그를 달갑지 않아 했다. 쉰세 살이던 1942년 10월 말 그는 유진 오닐의 열일곱 살 난 딸 우나 오닐 Oona O'Neill을 만났고 1년이 채 안 돼서 결혼했다. 그는 장편영화 「살인광 시대 Monsieur Verdoux」1947와 「라임라이트 Limelight」1952를 만든 뒤 마침내 위태로운 처지에 작별을 고하고 미국을 떠나 스위스 브베에 정착하였다. 그리고 1977년 그곳에서 죽음도 맞았다. 수많은 유명 영화상과 영국 기사 작위를 받았으며, 우나와의 사이에 여덟

오손 웰스, 「시민 케인」 1941 이 영화가 모더니즘이 요구하는 두 가지 기준을 충분히 충족시켜 준다는 사실이 특히 흥미롭다. 「시민 케인」은 기법적 혁신인 동시에 심리적 탐구였다.

명의 아이를 둔 아버지로서 그 사자 같은 아나키스트는 양같이 자족하는 부르주아로 생을 마감했다. 경이로운 인생의 놀라운 최후였다. 전형적인 모더니스트의 최후는 아니었다.

7

 아방가르드 영화 제작자 오손 웰스의 고생담은 자신과 어울리지 않는 문화 때문에 몰락한 불행한 모더니스트의 사연과 아주 흡사하다. 웰스의 인생은 자유로운 천재가 평범한 사람들에 의해 좌절당한다는 오래된 신화를 확인시켜 준다. 특히 말기에 그렇다. 웰스가 남긴 유산을 감사히 받아들이고 정당하게 대접한 것은 당대 사람들이 아니라 그들보다 더 통찰력 있는 후손들이었다.

 웰스의 가장 훌륭한 영화이자 첫 작품인 「시민 케인Citizen Kane」 1941의 명성은 확고하다. 판매 부수 확보를 위해 잡지 편집자들이 정기적으로 벌이는 세계 '최고' 영화 순위 경쟁에서 아주 자주, 아니 거의 늘 최고의 자리에 올랐다.* 그리고 「시민 케인」이 모더니즘이 요구하는 두 가지 기준을 충분히 충족시켜 준다는 사실이 특히 흥미롭다. 그 영화는 기법적 혁신인 동시에 심리적 탐구였다.

---

* 솔직히 개인의 취향에 관한 이런 조사는 너무 임의적이고 주관적이어서 그리 큰 의미가 없지만 오손 웰스의 「시민 케인」은 계속 높은 순위를 차지할 만했다. 나만 해도 그렇다. 내가 좋아하는 영화 목록이다. 「빵집 마누라(La Femme du Boulanger)」(1938)는 간통과 화해에 대한 슬프면서도 우스운 전원극으로 최고의 성격 배우 레뮈(Raimu)가 출연했다. 하워드 혹스의 「그의 연인 프라이데이(His Girl Friday)」(1949)는 현대 언론에 대한 멋진 코미디이다. 루이스 마일스톤의 1931년작 「특종 기사(The Front Page)」의 멋진 리메이크 작품이다. 세련된 배우 캐리 그랜트와 할리우드에서 가장 말 빠른 여배우로 유명한 로절린드 러셀이 현대 언론인들의 삶을 멋지게 표현했다. 캐럴 리드의 「제3의 사나이(The Third Man)」(1949)는 종전 후 빈의 무자비한 암거래상들의 이야기다. 그레이엄 그린이 대본을 썼으며, 오손 웰스의 첫 등장 장면부터 멋진 영화다. 험프리 보가트, 잉그리드 버그먼, 클로드 레인스의 「카사블랑카(Casablanca)」(1942), 다음은 당연히 「시민 케인」이 있다.

오손 웰스는 1915년 예이젠시테인처럼 유복한 가정에서 태어났다. 한마디로 요약하자면, 신동이었던 그는 또래 아이들이 모래판에서 뒹굴 때 이미 놀랄 만큼 조숙했다. 네 살 때 부모님의 친구가 선물한 인형극 놀이에서 작가, 감독, 연기, 모든 역할을 다 해내며 미래의 천직을 발견했다. 1939년에 웰스는, 심각한 재정 문제에 부딪혀 흥행작을 찾던 할리우드 영화사 RKO의 초대를 받아들였다. 그때 이미 그는 유명 배우 겸 감독이었다. 혁신적인 셰익스피어 영화들과 외젠 라비슈와 마르크 미셸의 오래된 프랑스 코미디 「이탈리아식 밀짚모자 The Italian Straw Hat」를 실험적으로 개작한 작품의 주연을 맡기도 했다.

오손 웰스와 존 하우스먼이 운영하던 극단 머큐리 시어터가 공연한 라디오 극을 통해 왕족처럼 위엄 있게 으르기도 하고 당돌한 아이처럼 매력적이기도 한 웰스의 목소리가 미국 전역에 울려퍼졌다. 매주 현대소설을 한 작품씩 극화하여 들려주는 프로그램이었는데 1938년 10월 30일 저녁 방송분에서 웰스는 H. G. 웰스의 「우주 전쟁 War of the Worlds」에 나오는 화성인이 뉴저지를 침략하는 내용을 어찌나 실감나게 연기했던지 미국 전역을(최소한 상당 부분을) 집단적 공포에 몰아넣었다. 방송을 통해 실제 상황이 아니라는 것을 공지하였으나 청취자들은 일기예보, 경찰의 공식 발표 등이 나오는 부분을 듣고 실제로 화성인의 침공이 있다고 착각한 것이다. 그 공포는 널리 확산되었다. 수많은 청취자가 불안에 떨며 경찰서나 신문사, 라디오 방송국에 전화를 걸어 도움을 청하거나 확인했고 교회나 공공건물로 피난하기도 했다. 그 결과 오손 웰스는 《뉴요커》에도 보도되었고, 급기야 《타임》의 표지를 장식했다.

이 스물네 살의 젊은 천재가 RKO의 구세주가 된다. 1년 정도 지난 뒤 그는 첫 영화로 화제를 일으켰다. 엄청나게 부유한 미국 신문 발행인 찰스 포스터 케인Charles Foster Kane의 일대기를 그린 영화였다. 케인은 젊은 몽상가에 불과했지만 권력을 얻어 타락했고 탐욕스럽고 약자를 괴롭히는 보수주의자가 되어 갔다. 맹목적으로 더 큰 권력을 추구하다가 사생활에서 상처를 입는다. 그는 노래에 재능도 없고 똑똑하지도 않은 가수인 두 번째 부인에게 오페라를 시킨다. 자기 신문을 동원해 조직적으로 밀어주었지만 그녀는 실패했고 그가 설득도 하고 협박도 했지만 결국 그를 떠난다. 그 큰 권력으로도 어쩔 수 없다는 자괴감을 느낄 수밖에 없다. 그 찰스 포스터 케인 역은 물론 오손 웰스 본인이 맡았다.

「시민 케인」은 죽음으로 시작한다. 케인은 엄청난 부와 수많은 수집품을 남긴 채 홀로 죽어 간다. 케인이 남긴 마지막 말은 알아듣기 어려운 작은 속삭임이었다. "로즈버드." 그 거물의 삶을 단편적으로 설명해 주는 평범한 뉴스릴이 나오고 난 뒤 오래전부터 케인을 알고 있던 다섯 사람의 인터뷰가 나온다. 그들의 플래시백을 통해 그 이상한 작별 인사의 의미를 설명한다. 케인이 닥치는 대로 모았던 잡동사니들이 불속에 던져진다. 이 과감한 정리에 희생된 것 중 하나가 썰매였다. 그 썰매의 이름이 바로 '로즈버드'인데, 어린 시절 케인이 좋아했던 것이다. 관객들은 아주 잠깐 그 썰매를 보게 되니 수수께끼가 풀린 것 같지만 어린 케인이 썰매에 어떤 의미를 두었는지는 알 수 없다. 왜 마지막으로 떠올린 것이 사람이 아니고 물건일까? 그것은 케인의 내면이 공허하다는 뜻일까, 아니면 권력을 도덕성보다 더 중시하는 문화가 공허하다는 뜻일까? 웰스는 한 거물 미국인의 인생을 심리적 미스터리로 멋지게 바꾸어 놓았으며, 그 미스터리의 해답은 플래시백 장면에서 관객들이 알아챌 수 있다.

오손 웰스는 자신이 평범한 영화로부터 멋지게 일탈한 것이 자신만의 공이 아니라고 처음으로 인정한 사람이었다. 예를 들어 그는 몇몇 대담한 감독들이 이미 영화의 최고 한계까지 올랐다는 것을 잘 알고 있었다. 미래의 그처럼. 그리고 그와 함께 「시민 케인」을 작업했던 사람들 중엔 대단히 뛰어난 사람들이 있었다. 특히 촬영기사 그레그 톨런드$^{Gregg\ Toland}$와 긴밀하게 협력하며 작업했다. 톨런드는 실험을 즐기는, 아니 실험을 갈망하는 전문가였다. 웰스와 톨런드는 새로운 카메라 앵글과 (톨런드의 특기인) 딥포커스 촬영을 시도했다. 딥포커스는 행위의 중심에 있는 다른 인물과 함께 원경에 있는 인물에게도 선명도를 부여하는 것이다. 완성된 「시민 케인」에 제작팀의 크레디트를 올릴 때 웰스는 톨런드의 이름을 자신의 이름과 같이 올렸다. 전례 없는 영예였다. 주임 각본가 허먼 맨키위츠$^{Herman\ J.\ Mankiewicz}$에게는 그렇게 하지 않았다. 맨키위츠는 자신의 이름이 단독 각본가로 오르기를 바랐다. 웰스가 그에게 기꺼이 제일 위쪽 줄을 내주기는 했지만 단독으로 올리지 않았던 것에는 나름의 원칙과 근거가 있었다. 사실 웰스 자신이 각본과 편집의 대부분을 다 했으니까 말이다. 여하튼 다른 영화인들이 이미 발견한 것과 자신만의 것들을 풍부한 상상력으로 융합해 놓은 것, 즉 기법에 대해 잘 모르는 관객들이 그 영화의 흡인력이라고 느꼈을 어떤 것 덕분에 「시민 케인」은 전대미문의 걸작이 되었다.

평론가들도 이례적으로 한목소리로 열광했다. 《뉴욕 타임스》는 「시민 케인」이 "할리우드에서 만들어진 가장 놀라운 영화라고 할 수 있다."고 한마디로 요약했다. 《뉴욕 월드 텔레그램》도 같은 생각이었다. "여기, 위대한 영화의 업적에 포함시켜야 할 극적 사건, 페이소스, 유머, 박력, 다양성, 용기와 독창성으로 가득한 경이롭고 위대한 작품이 있다." 어떤 평론가들은 그 영화의 혁신성을 제대로 짚었다. 《뉴욕 포스트》는 이렇게 썼다. "「시민 케인」은 기법적으로 새 시대를 열었다." 《뉴요커》도 마찬가지였다. "드디어 새로운 것이 영화계에 나타났다." 이 사람들에게 「시민 케인」이 가져다준 이단의 유혹은 그야말로 불가항력적이었다. 1907년 살롱도톤에서 세잔이 사후 첫 전시회를 열었을 때 다른 화가들이 느낀 것과 비슷한 충격이었다. 미술계를 영원히 바꾸어 놓은 새로운 것을 발견한 느낌 말이다.

하지만 영화를 가장 잘 아는 사람들의 이런 반응도 「시민 케인」을 금광으로 만들지는 못했다. 85만 달러도 못 벌었으니 거금은 결코 아니었다. 찰스 포스터 케인의 삶과 죽음에 관한 이야기는 나이 지긋한 신문사 거물 윌리엄 랜돌프 허스트 William Randolph Hearst의 분노를 샀다. 허스트는 「시민 케인」이 자기 이야기라는 것을 다들 쉽게 알아볼 것이라고 생각했다. (웰스가 극구 부인했지만 사실 허스트가 생트집을 잡은 것은 아니었다.) 모욕을 느낀 허스트는 앙심을 품고 감히 자신을 헐뜯은 애송이를 응징하기 위해 강력한 수단을 동원했다. 그는 웰스의 작품, 심지어 RKO에서 제작한 다른 영화들까지도 자기 신문에 싣지 않았으며 그 불쾌한 걸작을 상영 중인 영화관에 상영을 중지하라고 위협을 가했던 것이다. 그리고 어떤 영화도 일반 관객들 없이는 돈을 벌 수 없는데 그 영화에 대해 대중이 그다지 열광하지 않았다는 사실도 무시할 수 없다. 모더니스트라면 이렇게 말했을 것이다. 세속적인 대중에게 무엇을 기대한단 말인가? 하지만 전쟁 이후 덜 화려한 영화의 전당들, 즉 엄선된 영화, 주로 외국 영화를 상영하는 대도시 예술극장들이 「시민 케인」의 영원한 팬들과 입에 침이 마르게 칭찬하는 추종자들을 낳았다. 그것은 웰스의 첫 영화였고, 그가 적당한 재정적 지원을 누리며 작품에 대한 통제력을 가졌던 마지막 영화였다.*

웰스는 많은 영화를 만들었다. 이듬해에는 「훌륭한 앰버슨 가The Magnificent Ambersons」1942를 찍었다. 토마스 만의 『부덴부로크 가의 사람들』의 좀 질 떨어지는 미국 판인 부스 타킹턴의 동명 소설을 영화화한 것이었다. 기계화와 현대화에 직면한 한 지방 가문의 몰락을 사색적으로 회고한 그 영화는 웰스가 없는 자리에서 3분의 1가량이 뭉텅 잘려 나갔으며 이야기를 '명확하게' 하기 위해 장면들을 덧붙이는 바람에 더 엉망이 되고 말았다. 「시민 케인」에서 처음 시도된 기법들이 모두 동원된 것으로는 인정할 만하지만 박스오피스에서는 실패였다. 1943년 에릭 앰블러Eric Ambler의 크게 성공한 스파이 소설 『공포의 배경Journey into Fear』을 영화화한 작품도 마찬가지였다. RKO 중역들에게는 이제 구세주가 애물단지로 전락한 것이다.

이후 웰스의 삶은 영화 제작자, 비평가, 영화학도들의 찬사를 통해 일정 정도 보상은 받았지만 늘 돈과 창작의 자유를 구하느라 암울했다. 칭찬하는 기사, 명예학위, 심지어 영국의 기사 작위에 이르기까지 남부럽지 않을 만큼 크게 인정받았다. 물론 그런 인정들이 반가운 것이기는 했지만 그의 이름을 남길 계획을 뒷받침할 재원을 끌어다 주지는 못했다.

유럽에서건 미국에서건 웰스의 상황은 크게 나아지지 않았다. 오손 웰스는 자기다운 작품 제작에 지장을 주지 않을 자금을 구하고 있었기

* 정확히 말하자면 이 실망스러운 사실에 단 하나의 예외가 있다. 웰스가 개작한 카프카의 「판결」(1962)이다.

때문이다. 웰스는 필요한 자금을 모으기 위해 라스베이거스나 뉴욕 텔레비전 스튜디오에서 연예인으로 일했다. 텔레비전 시청자들은 그가 말년에 시시한 광고에 출연하여 뚱뚱하고 안 어울리는 캘리포니아 포도주상의 모습을 하고 그저 그런 상표의 대변자로 황금 같은 목소리를 낭비하는 애처로운 광경을 보게 되었다. 웰스는 새 영화 「리어 왕」을 직접 감독하던 중 1985년 일흔 살의 나이로 죽었다. (물론) 그 좌절한 왕 역은 웰스 자신이 맡았다.

오손 웰스의 인생에는 비극적인 측면이 있다. 쓸쓸한 모더니스트라는 신화에 잘 어울릴 만한 내용이다. 웰스의 조국이, 더 정확히 말하자면 조국의 영화 산업과 금융업자들이 가장 뛰어난 영화 천재를 키워 내지 못한 것이다. 함께 일했던 사람들의 증언에 따르면 웰스는 바닥에 가까운 이지적, 예술적 수준을 돈과 돈에 따라오는 권력으로 보충하던 난쟁이들 때문에 몰락한 거인이었다. 모더니스트들에 대한 익숙한 사연, 즉 속물들의 손아귀에서 실패한 모더니스트 이야기다. 미국 문화는 그를 품을 만한 자격이 없었지만, 모더니즘적 취향을 가진 진지한 관객들은 항상 「시민 케인」을 영원한 즐거움이자 쓰라린 질책으로 마음속에 간직할 것이다.

8

노련한 촬영기사들과 배우들의 도움을 받아 제작된 훌륭한 전후 영화들은 1951년 파리에서 창간된 《카이에 뒤 시네마》 같은 진지한 아방가르드 잡지의 이론화 대상이 되었다. 《카이에 뒤 시네마》의 비평가들은 대체로 모두 젊었고 전통이라는 부담에 짓눌리지 않았다. 유명한 몇 명만 들자면 프랑수아 트뤼포, 장 뤽 고다르, 클로드 샤브롤, 에리크 로메르 같은 이들이다. 이 비평가들은 곧 감독이 되어 누벨바그 nouvelle vague, 즉 새로운 물결이라는, 가난이 미덕으로 통하는 양식을 확립하였다. 그 가난한 제작자들은 기법과 가혹하게 제한된 재원을 훌륭하게 조화시켰다. 스튜디오 촬영 대신 야외 촬영으로 배경에 들이는 돈을 절약했고 장면을 어설프게 연결하려 하지 않고 장면 급전 기법을 이용했다. 하지만 덕분에 장면간 연속성이 깨지기는 했다. 미장센을 위해 근본적으로 예이젠시테인의 몽타주를 버렸기 때문이다. 미장센은 주로 영화가 "지적이거나 이성적인 경험인 동시에 정서적이고 심리적인 경험이" 되도록 "분위기와 환경을 만드는 것이라고 정의하면 가장 적절할 것"이다. 1950년대 프랑스 영화감독들의 자의식 강한 작품들은 비전통적이고 심리적인 탐구였으니 단연 모더니즘적인 영화였다.

더구나 영화 제작자들은 박식한 비평가들의 엄격한 비평을 받아야 했다. 예를 들면 1967년 《뉴요커》에 글을 쓰기 시작하면서 신랄한 비평과 열성적인 폭로로 충직한 추종자 군단을 거느렸던 평론가 폴린 카엘 Pauline Kael 같은 이들이었다. 그러나 1980년대에 영화 산업이 흥미를 불러일으키고 열렬한 욕망의 대상으로서 폭발적으로 발전하며 다른 경쟁자들을 따돌리게 된 것은 영화 제작에 컴퓨터를 많이 이용하게 되면서부터였다. 마치 영화 제작자들이 미래파의 기계에 대한 천착에 뒤늦게 동조하고 있는 것처럼 보였다.

이 급격한 변화의 가장 큰 동기는 자금 절약이었다. 컴퓨터 프로그램으로 맑은 날의 풍경에 비나 눈을 붙여 넣어 알맞은 날씨로 만들고, 태곳적 동물들 사이의 격렬한 싸움을 '보고'하고, 욕조만 한 '연못'에서 대규모 해전 장면을 만들어 내고, 무엇보다 엑스트라 몇 명만 있으면 디지털 작업을 통해 군대나 대규모 군중을 만들 수 있으니, 가만히 세워 놓기만 할 엑스트라 수백 명을 고용할 비용을 절약할 수 있었다. 영화 제작자들은 진보된 컴퓨터의 도움으로 날개 달린 기이한 존재들을 만들어 냈고 아주 공상적인 우화를 그럴싸해 보이게 만들 수 있었고 진짜 배우를 가짜 배경 속에 집어넣을 수도 있었다. 시간이 흐를수록 디지털 기술은 더 정교해졌고 새로운 기법의 효과는 더 좋아졌다. 그래서 매년 미국 영화예술아카데미가 오스카상을 선정할 때 최고의 특수효과상도 마련해 둔다. 오손 웰스라면 이런 발명품들로 무엇을 했을까? 그런 것들 없이도 그렇게 많은 일을 해낸 그였으니.

예측하기 힘들 것이다. 제작 과정에서 변화하는 디지털의 역할이 미래에 어떤 미학적 의미를 가지게 될지, 특히 영화를 심리적으로 지각하는 데 어떤 영향을 미치게 될지는 거의 예측이 불가능하다. 음악 비평가가 의상과 대본만으로 오페라를 평가하려는 것과 비슷한 경우다. 영화 제작에서 영향력이 몹시 크고 앞길이 창창해 보이는 그 기술들이 영화에 반드시 좋은 영향만 줄 것이라고 장담할 수 없다. 실제로 그런 기술들 때문에 영화 간의 차별성이 줄어들 수도 있다. 기술이라는 하인이 주인이 될지도 모른다. 어쩌면 모더니즘에 꼭 필요한 요소, 인간적인 요소가 없어질지도 모른다. 그 때문에 영화의 기계화는 모더니스트 운동의 쇠퇴, 어쩌면 죽음의 전조일 가능성이 대단히 높다.

3부 결말

7

건축과 디자인:
기계, 인간 생활의
새로운 조건

후안

9

괴짜와 야만인

8

영화:
요소

안티모던 모더니스트와 야만인

앞의 다섯 장에서 모더니즘이 강한 존재감을 드러낸 다양한 문화 영역을 들여다보았다. 이쯤이면 모더니스트 예술과 문학의 전개 과정이 그리 순탄하지 않았다는 것은 확실해졌다. 보수적인 취향을 가진 기득권은 모더니즘에 무관심하거나 적대적이었고, 힘 있는 제도권 기관은 모더니즘의 이념을 거부하여 미학적 혁명가들이 긍정적인 반응을 얻거나 뜻을 펼칠 수 있는 길을 제한하였다. 모더니즘의 두 가지 장애 요소는 이제까지 살펴본 것들보다 더 주목할 필요가 있다. 그 두 요소는 이 장의 제목대로 '괴짜'와 '야만인'으로 서로 전혀 다른데도 이상할 정도로 상호 작용을 일으켜 모더니즘에 영향을 끼쳤다.

첫 번째 요소는 모더니즘 진영 내부에 긴장감을 일으켰다. 완벽한 모더니스트인 그 괴짜들은 두말할 것 없이 미적 급진주의자였으므로 새로운 예술가들로부터 정전이라는 소중하고 억압적인 과거를 지키려는, 전통적인 아카데미의 이상에 반대하였다. 새로운 예술가들은 음악에서는 허용되지 않는 화성음계를 도입하고, 시에서는 변칙적인 운율을 사용하고, 소설에서는 용인할 수 없는 육체적 행위를 표현했다. 여기서 내가 안티모던 모더니스트라 부르는 그 괴짜들은 예술계의 신성한 진리에 가까운 주류 양식을 공격할 때는 동료 반역자들과 손을 잡았다. 그 괴짜들은 당시 문화를 전부는 아니더라도 대부분을 무시했다. 거기에는 동료 모더니스트들이 완벽하다고 여기는 것들도 포함되어 있었다. 간단히 말하면 그 괴짜들이 모더니즘적 일탈을 실천하고 완성하고자 했다. 더 나은, 새로운 사회에서 예술의 길을 찾으려 했던 것 같다.

　　반면에 그 괴짜들과 현격하게 대조를 이루는 야만인들, 즉 독일 나치와 소비에트연방 지도자들은 자기들의 이념에 순종하는 예술의 도움을 받아 모더니즘을 파괴하려고 하였다. 우선 자기 시대에 대해 철저히 적대적이었거나 적어도 양가적인 태도를 취했던, 그리고 역사 연구의 결과물로서가 아니라 작품 창작에 이용하기 위해 과거를 수용했던 모더니스트들을 소개하겠다. 그런 뒤 히틀러의 독일, 스탈린의 러시아, (간략하게) 무솔리니의 이탈리아에서의 전체주의 체제들을 살펴볼 것이다. 그 체제들은 극적이게도 처음에는 모더니스트들의 활동을 제한하다가 나중에는 완전히 금지해 버렸다.

　　이런 위기 상황에서 괴짜들의 사상적 행보는 예상하기 어려웠기에 더 흥미롭다. 그것으로 모더니즘이 얼마나 광범위한 것인지 잘 증명된다. 그들의 사상과 감정이 모순돼 보이기도 하지만 프랑스 인상파 중에서 가장 개인주의적이었던 에드가르 드가처럼 감정이 일관된 모더니스트들도 있었다. 1890년대 중반 유대인 장교 알프레드 드레퓌스가 프랑스 군을 배신하고 독일에 비밀을 누설했다는 혐의로 기소된 드레퓌스 사건이 발생하자 드가는 절친한 유대인 친구들과 다투기 시작했으며 자진해서 반드레퓌스 우파에 가담했다. 시간이 흐를수록 그에게는 드레퓌스 대령의 배신이 진실인가 아닌가가 중요한 것이 아니라 어떤 희생을 치르더라도 프랑스 군의 명예를 지켜야 한다는 생각이 점점 더 강해졌다. 한마디로 말해서 모더니스트들의 사상은 이해하기 힘들기는 하지만, 이념의 지도 어딘가에는 있었다. 어쩌면 그들은 자신들이 이념이라는 스펙트럼에서 어디에 서 있는지 정확하게 자각하지 못했는지도 모른다. 그러나 모더니스트들이 전체주의자들에 철저하게 반대하였기에, 실제로는 용서할 수 없는 적인 안티모던 모더니스트들도 이 책의 연구 주제인 그 위대한 모더니즘 운동의 범위를 확대하고 정교화했다.

이신을 찾아서: T. S. 엘리엇

1

안티모던 모더니스트 홍보 대사로 엘리엇만 한 적임자도 없을 것이다. 엘리엇의 친구와 독자들은 그를 이해할 수 없었다. 엘리엇의 전기 작가 피터 애크로이드는 이렇게 간파했다. "그는 보수주의자들에게는 너무도 급진적인 것처럼 보였고 급진주의자들에게는 너무 보수적으로 보였다."[331] 엘리엇은 모순되는 입장을 유지하면서 현대시에 이제껏 탐구된 적이 없는 어법, 운율, 주제를 도입하였으며, 자신의 스승을 프랑스 문단의 삐딱한 반부르주아 아웃사이더 중에서 골랐다. 동시에 이토록 급진주의적인 엘리엇은 서로 분리할 수 없이 얽혀 있는 종교와 정치에 있어서 전통적인 신념을 고수하였다.

간단히 말해 현대시의 관습에 대한 철저한 전복, 즉 대체로 모더니즘적이라고 하는 그의 비타협적인 태도는 그가 영국국교회에서 내적 평화를 구하는 데, 즉 그가 오랫동안 갈구했던 확실성에 대한 갈망을 충족시키는 데에 전혀 걸림돌이 되지 않았다. 『황무지』가 출판되고 5년 뒤인

1927년에 엘리엇은 오래된 격식을 그대로 따르는 영국국교도로 개종하였다. 교리를 배웠고 세례를 받고 규칙을 제대로 지켜 성사를 받았다. 점차 영국인처럼 입고 말했으며 그렇게 하려고 노력하였다. 1888년 미국 미주리 주에서 태어났지만 전통에 잔뜩 불만을 품고 보스턴 유니테리언파예수의 신성과 삼위일체를 부인하고 인간의 이성을 강조하는 종교 운동가 되었던 진정한 외톨이가 마침내 휴식처를 찾아 안착한 것이다.

마음속에서 한 번도 떨쳐 버린 적이 없던 종교가 이제 시에서도 큰 자리를 차지하게 되었으며, 현대적 개인주의를 버리자 신앙을 함께하는 사람들이 극히 중요해졌다. 1934년에 야외극 『바위 The Rock』에서 "당신에게 함께하는 삶이 없다면 도대체 무엇이 있는가?"라고 반문하고 이렇게 대답했다.

> 공동체에 속하지 않은 사람은 없다.
> 그리고 하느님을 찬양하며 살지 않는 공동체는 없다.

엘리엇은 결국 신앙인이 되었고 개종한 지 1년 뒤에 자신의 '관점'을 이렇게 간추렸다. "문학에서는 고전주의자, 정치에서는 왕정주의자, 종교에서는 영국국교회 고교파"[332]라고. 그가 영국국교회 교리를 받아들이는 것과 선동적인 시를 쓰는 것 사이에서 갈등을 느꼈던 흔적이 없다. 모더니스트라면 한 번쯤 고민했을 법한데 말이다.

엘리엇 자신의 관점 표명은 간결하고 자주 인용될 만했지만 본인에게는 도움이 되지 않았다. 자신의 관점을 너무 간단하게 분류하고 확정 지어서 마치 더 이상 지적 여유도 융통성도 필요 없다는 것처럼 보인다. 하지만 시에 있어서만큼은 비록 스스로 정한 한계를 벗어나지는 않았지만 다재다능한 개혁가이자 모험가였다. 엘리엇은 시극詩劇 『대성당의 살인 Murder in the Cathedral』 1935을 시작으로 희곡을 쓰기 시작했다. 이 작품의 표면적인 주제는 1170년에 왕이 보낸 자객들이 캔터베리 대성당에서 대주교 토마스 베킷을 암살한 사건이지만, 사실 세속의 유혹과 신앙심의 저항에 대한 이야기다. 그 공연이 크게 성공하여 마지못해 희곡을 계속 쓰게 되기는 했지만, 그는 결코 시를 떠나지 않았다. 후기 희곡들은 현대적인 주제를 다루고는 있지만 주제는 모두 『가족의 재회 The Family Reunion』에 등장하는 어느 영민한 인물의 언급처럼 '죄와 속죄'[333]와 관련되어 있다.

그러나 엘리엇의 가장 야심 찬 작품은 『네 개의 사중주 Four Quartets』였다. 네 편의 시를 합본 출판한 것으로 신 앞에서 죄인인 인간의 위태로운 지위, 시간과 이치에 대한 고찰을 시도했다. 그는 다소 과장되고 심지어 위협적으로 「타 버린 노튼 가 Burnt Norton」를 시작한다.

> 현재의 시간과 과거의 시간은
> 모두 미래의 시간에 존재할 것이며
> 미래의 시간은 과거의 시간에 포함되어 있을 것이다.
> 모든 시간이 영원히 현존한다면
> 모든 시간은 되찾을 수 없는 것이다.[334]

그러나 아직은 되찾을 수 있을지도 모른다. 그래서 엘리엇은 마지막 사중주 「리틀 기딩 Little Gidding」을 이렇게 마무리한다.

> 우리는 탐험을 멈추지 않을 것이다
> ……

모든 게 잘되리라

만사가 잘되리라

날름거리는 불길이 안쪽으로 말려

왕관 매듭처럼 얽힐 때

불과 장미는 하나가 된다.[335]

노력 덕분인지 나이가 든 덕분인지 엘리엇은 (그로서는 드물게) 변치 않는 조화와 구원의 가능성으로 끝을 맺었다.

2

T. S. 엘리엇이 유명해지자 강연과 서평 의뢰가 쇄도하였다. 그리하여 시의 당면 문제 같은 문학적인 문제뿐만 아니라 논란의 여지가 많은 현실 문제들에 대해서도 논평할 공간이 생겼다. 1933년 버지니아 대학교의 페이지바버 재단 강연록인 『이신異神을 찾아서 After Strange Gods』에는 방종한 현대인들을 향해 반감을 표현하였으니, 그 책에는 보수화되어 가는 엘리엇의 정치관을 비판하기에 유용한 문장들이 풍부하다. 안티모던 모더니즘에서 그가 어떤 결론을 끌어냈는지 가장 명백하게 드러나 있는 경우다. 엘리엇은 독자들이 "예를 들어 외국 인구의 유입으로 북부에서는 일부가 사라진, 서부에서는 아예 있었던 적도 없는 '전통'의 추억은 적어도" 향유하고 있다고 미화했다. 이민을 통해 건국한 초기 미국의 이상을 거부하며 이질적인 문화를 가진 외국인들의 유입에 대해 노골적으로 불평했다. "여러분은 뉴욕에서 아주 멀리 떨어져 있다. 그만큼 외국 인종들에 의해 덜 산업화되고 덜 침입받았다."

'침입'이라는 단어를 쓴 것을 보면 이민이 모국에 끼친 영향에 대해 엘리엇이 반감을 품고 있었음이 확실하다. 동유럽 유대인이 가장 많이, 그리고 가장 두각을 나타낸 대규모 이민에 대해 그는 문화적 재앙이라고 생각했던 것이다. 엘리엇이 절친한 에즈라 파운드에게 가혹하게 썼듯이 뉴욕이 "온통 유대화"[336]되었던 것은 사실이다. 엘리엇은 모든 사회의 바람직한 인구 구성에 대해 강한 확신을 가지고 장황하다시피 길게 설명했다. "인구는 동족으로 구성되어야 한다. 두 개 이상의 문화가 한 장소에 공존하게 되면 한쪽이 지나치게 소극적이 되거나 양쪽 모두 질이 저하되는 경향이 있다. 무엇보다 중요한 것은 종교적 배경의 단일성이므로, 종교적으로 자유사상을 품은 많은 유대인과 함께한다는 것은 인종과 종교가 섞인다는 점에서 바람직하지 못하다."『이신을 찾아서』의 미덕은 의도적인 것은 아닐지 몰라도 완곡어법을 쓰지 않았다는 점일 것이다.

그 강의들은 엘리엇의 민족학이 한마디로 초보 수준이라는 것을 보여 주었다. 당시 '인종race'이라는 단어를 부정확하고 무책임하게 사용하는 것이 흔한 일이었는데 엘리엇조차 그 단어를 남용했다. 거기에는 대가가 따랐다. 유대인을 하나의 인송으로 칭하면서 엘리엇은 유대인 특유의 인종적 특징, 그것도 전부 좋지 않은 특징들을 언급했고, 또한 그 나쁜 특징들은 하나같이 없앨 수 없는 것이라고 암시하였다. 그가 "자유사상을 품은"[337] 유대인들에 대해 반감을 품고 있다는 명백한 증거였다. 유대인은 인종적 특성을 교활하게 숨기려고 드는데 그들의 특성을 감안해 보면 제대로 숨길 수도 없다고 했다. 게다가 기독교에 대해 유대인들이 회의를 품고 있는 점도 엘리엇의 마음에 들지 않았다. 이렇게 사회의 통일성에 대한 엘리엇의 생각을 살펴보고 나면 그가 사용한 '동족으로'라는 단어가 그의 사회적 이상이었다는 것이 분명해진다. 향수에 젖은 엘리엇은 그야말로 한참을, 정확히 말하자면 4세기를 거슬러 올라간 것이다. 문화적 정체성과 종교적 신념의 단일성이 한 국가의 질서 유지를 위한 필수 선결 조건으로 여겨지던 때 말이다. 게다가 엘리엇은 여느 때와 다름없이 확신에 차 있었다. 그의 눈에 미국이 "자유주의에 의해 좀먹고 있다."[338]는 것은 진실이었다. 그것은 엘리엇이 퍼붓는 저주이기도 했다.

 그가 『이신을 찾아서』를 결코 고치지 않았던 것은 독자에 대한 일종의 경고였다. 그 강연록은 편협함으로 가득했으니 분명 그에게 곤란하게 작용했을 것이다. 그러나 그런 부분들을 수정할 기회가 얼마든지 있었는데도 엘리엇은 그렇게 하지 않았다. 그가 바랐던 세상, 바라는 대로 존재하지 않아서 너무도 안타까운 세상, 모더니스트가 바라기엔 너무도 철저히 반모던한, 문화와 종교가 단일한 세상이라는 이상은 늘 그의 이념의 중심에 자리했다. 엘리엇의 문학적 모더니즘은 그 자신에게, 그리고 모든 독자들에게 대단히 중요했다. 그것이 시인들이 시를 읽고 쓰는 방식을 철저하게 바꿔 놓았기 때문이다. 그렇지만 그 나무랄 데 없는 모더니즘과 너무도 대조적인 반모더니즘이 (적어도 그에게는) 평화롭게 공존했다. 안 그래도 복잡한 모더니스트의 정의에, 표면상의 자기모순이라는 난처한 성격을 포함시켜야겠다. 지독히도 복잡한 인간 본성에 대한 찬사로서 말이다. 흥미로운 점은 엘리엇이 결코 자신의 태도가 모순적이라고 생각지 않았다는 사실이다.

지방의 천재: 찰스 아이브스

1

　찰스 아이브스 Charles Ives가 처음 '음악의 천재'라는 소리를 들은 것은 1888년 열세 살 때였다. 조지 아이브스가 천재 아들이 처음 작곡한 상당히 조숙한 곡 「휴일 행진곡 Holiday Quickstep」을 자랑스럽게 지휘했던 때였다. 천재라는 찬사를 보낸 것은 그 재능 있는 아이를 보고 몹시 놀란 아이브스의 고향 마을 주간지 《댄베리 뉴스》의 기자였다.

　아이브스가 그런 과분한 별칭으로 불린 것은 그때가 처음이자 마지막이었다. 외톨이 중의 외톨이였던 모더니스트 작곡가 아이브스는 1954년 79세에 죽을 때까지 아주 소수의 열성 팬들에게만 알려진 인물이었으며, 그의 놀라운 음악적 재능에 대한 찬사는 대부분 예일대학교 동창생들이 반은 장난으로 보낸 것이었다. 아이브스는 거창한 칭찬에는 관심이 없었지만 자신이 엄숙한 음악의 혁신가라고 믿었다. 자신의 자랑스러운 보험회사를 통해 백만장자가 되고, 남는 시간에는 아무도 듣고 싶어 하지 않는 음악을 만드는 음악가였다.

아이브스는 부지런히 일했고, 병에 시달리면서도 대단히 많은 곡을 썼다. 작품 활동이 가장 왕성했던 1890년대에서 1920년대 초까지 네 개의 교향곡을 썼지만, 작품들은 1951년이 되어서야 제대로 연주되었다. 아이브스의 명작으로 가장 두각을 나타낸 작품은 네 번째 교향곡으로, 그중 한두 악장 정도지만 비교적 잘 알려져 있다. 1965년이 되어서야 레오폴드 스토코프스키 Leopold Stokowsky가 필라델피아오케스트라를 이끌고 대담하게 전곡을 연주하여 녹음까지 해냈다. 그렇게 해서 아이브스가 죽고 10년이 지난 뒤에야 관객들은 거의 반세기 만에, 그 '새로운' 걸작을 소개받게 되었다. 그 걸작에는 합창이 포함되어 있다. 그 합창은 아이브스가 직접 쓰거나 다른 사람이 쓴 작품을 인용하여 「야경꾼이여, 그날 밤에 대해 들려주오」와 「내 주를 가까이」 같은 성가를 연상시켰다. 또 충돌하는 음조를 사용했으며 특정 종파를 초월한 종교적 경험을 선사했다. 이런 것들은 모두 아이브스 특유의 비정통적인 태도를 보여 준다.

마찬가지로, 자연을 그대로 모방하려고 했던 베토벤의 「교향곡 6번 전원교향곡」과 리하르트 슈트라우스의 「틸오일렌슈피겔의 유쾌한 장난」을 따라 대규모 교향악단용으로 만든 아이브스의 '세트' 앨범들도 오랫동안 듣기 힘들었다. 다른 곡들도 별로 나은 대접을 받지 못했다. 1922년에 종합적인 『114 노래집 114 Songs』을 내놓았다. 이후 그 곡들이 더 짧은 선곡집으로 출판되기는 했지만 연주회에서 연주된 적은 거의 없었다. 그의 피아노곡 중 가장 훌륭한 「콩코드 소나타」는 1913년 즈음에 완성되었지만 1939년에야 전곡이 대중에게 알려졌고 심지어 찬사나 주목조차 받지 못했다. 이때 말년인 아이브스는 자신의 곡을 출판하느라, 그리고 관심이 있을 법한 사람들에게 자기 곡을 보내느라 돈과 시간을 많이 썼다. 그렇다고 아이브스의 음악이 교양층의 취향이었다는 뜻은 아니다. 애당초 너무 드물게 연주되어서 교양층이든 아니든 간에 취향이고 말고 할 것도 없었다.

지금까지 우리는 상당히 많은 괴짜들과 심지 굳은 아웃사이더들을 만났다. 그들은 신성한 불평에 사로잡혀 입센의 '오합지졸'이 아마추어들의 짓거리, 무능과 외고집, 혹은 명백한 광기의 징후라고 경멸하는 작품을 쓰거나 그리거나 디자인하거나 작곡하고 싶은 충동에 따랐다. 아웃사이더 우등생 명단에서 아이브스는 수위를 차지해야 할 것이다. 그는 무지, 기회주의 혹은 신경증이 아니라 훈련을 통해 최고의 은둔자가 되었다. 코네티컷 주 댄베리라는 지역은 두 가지 상충하는 방식으로 아이브스에게 영향을 끼쳤다. 그의 복잡한 입장들을 보면 그가 대단히 모순적인 사람처럼 보인다. 그의 고향은 한편으로 그를 소읍의 완고한 시민, 보수적인 미국인으로, 또 한편으론 자신의 길을 고집하는 자기 주도적인 예술가, 즉 모더니스트 예술가로 키워 냈다. 그가 태어났을 당시 1만 명 정도인 인구를 자랑 삼던 고향의 분위기는 결코 그에게서 지워지지 않았다.

아이브스에게 잊히지 않는 큰 영향을 준 사람은 아버지 조지 아이브스였다. 지방 교회의 코넷*놋쇠로 만든 금관악기* 및 오르간 연주자로 널리 알려진 사람이었다. 여러 개의 밴드를 꾸려 가끔 연주회를 열곤 했으며, 마을이 애국심에 넘쳐 기념하는 시끌벅적한 국경일이면 멋진 공연을 펼쳤다. 매년 가을의 댄베리 축제일은 아이브스에게도, 수천 명의 들뜬 구경꾼들에게도 빼놓을 수 없는 중요한 날이었다. 그는 불협화음, 불확실하거나 충돌하는 조성, 진지한 음악에 성가나 민요, 애국적 소곡을 삽입하거나 사실상 연주에 적합하지 않은 사분음 *서양 음악에서 보통 최소 음정은 반음인데 이것을 다시 2등분한 것*

을 즐겨 썼다. 전통적인 음악원에서 배운 학생들이라면 실수로 치부할 것들, 교사들이 고쳐 주려고 애썼던 정칙에 어긋나는 장치들이었다.

그러나 어린 시절부터 대담한 실험을 하곤 했던 예리한 찰스 아이브스는 아버지의 무모한 '실수들'을 받아들여 가장 위험한 것들까지 자신의 곡에 적용하였다. 그는 아버지를 이상적인 스승으로 여겼고 아내와 아버지가 유일한 스승이라고 했다. (최신 음악 잡지의 구독자이자 후원자였던 아이브스였던지라 사실 영향을 받은 사람은 얼마든지 있었을 테니 그 말은 과장이다.) 그러나 그는 고향의 분위기를 잘 알고 있었으니 아버지가 전업 음악가가 되기로 한 결정이 생계 유지에는 도움이 안 된다는 것도 잘 알았을 것이다. 사실, 아버지는 찰스 아이브스가 예일대학교 1학년인 1894년, 쉰다섯의 이른 나이에 죽기 전 친척이 운영하는 은행에서 일하기도 했다. 그들 부자를 가장 힘들게 했던 것은 돈이 아니라 평판이었다. 속물 미국인이라면 누구나, 전업 음악가가 되는 것이 적절치 못하다고 생각했고 댄베리의 사람들도 마찬가지였다. 당시 음악가란 엄숙함과 남성다움이 부족한 직업이어서 진짜 사내라면 결코 택하지 말아야 할 것이었다. 특히 사업을 할 형편이 될 때라면 더더욱 그랬다.

찰스 아이브스는 어린 시절부터 이런 분위기에 젖어 있었다. 다섯 살 때 아버지에게서 음악을 배우기 시작했으며 아버지의 생활 방식에 대해 이웃들이, 심지어 가족들까지 속으로 비난하고 있다는 것을 모르지 않았다. 그러면서도 재능이 특출한 아들에 대한 아버지의 따뜻하고 후한 후원에 감사했다. "아버지는 나에게 기술적인 측면을 비롯해 많은 것을 가르쳤을 뿐만 아니라 인품, 성격, 포용력 같은 부분에도 영향을 끼쳤다. 아버지는 아이의 감성과 지성을 놀랄 만큼 잘 이해했다."[339]라고 찰스 아이브스는 훗날 썼다. 이 포용력 덕분에 아버지는 아들의 장난기 어린 음악적 모험을 유난히 잘 받아 주고 끊임없는 혁신도 어느 정도 부추겼다. 조지 아이브스는 때때로 관객들에게 노래를 시킨 다음 자신이 다른 조調로 반주를 맞추곤 했다. 그는 아들에게 이렇게 말했다. "네가 무엇을 하고 있는지 아는 한 너의 독창성에 방해가 되는 규칙, 내가 꼼꼼하게 가르쳐 준 전통적 규칙과 제약은 얼마든지 위반해도 좋다." 이렇게 이단의 유혹에 호의적인 분위기에서 찰스 아이브스는 유럽, 주로 독일의 엄격한 규칙들에 대해 경멸감을 품고 성장했다.

그러니 언뜻 보기에도 1898년 예일대를 졸업할 때 그가 가장 좋아하는 음악을 전업으로 선택할지, 댄베리가 인정하는 더 '사나이다운' 직업을 가질지 결정하기가 어려웠을 것 같다. 하지만 진실은 전혀 그렇지 않으며 더 복잡하다. 오늘날 예술가들이 누리는 명성에 익숙한 독자들에게는 어려운 결정으로 보일 것이 분명하다. 하지만 아이브스는 처음부터 자신이 해야 할 일을 잘 알고 있었던 것 같다. 뉴욕의 한 생명보험회사에 견습 사원으로 취직했다. 몇 년 지나 자기 회사를 설립하여 돈을 엄청나게 벌었다.*[340] 20년 동안 그 선택은 더할 나위 없이 훌륭했다. 행복하게 일했고 보험업으로 돈을 많이 벌었고 그 덕분에 시간이 나면 제일 좋아하는 일, 작곡을 했으니까.

2

1930년대 초 50대 후반인 아이브스는 개인적인 기억과 일화들을 기록하면서 자기 직업을 대놓고 정당화했다. 그는 그 결단의 순간에 대해

* 프랭크 로시터는 아이브스의 전기에서 아이브스가 과연 "(사업계에 뛰어들면서) 조금이라도 진지하게 고민했는지 의심스럽다."라고 썼다.

언급하지 않았다. 어쩌면 애초에 그런 순간이란 것이 있지 않았는지도 모른다. 상업 문화에 편승하는 것과 낭만적인 고립을 택하는 것이 경쟁하면 상업 문화가 승리하는 것은 당연했다. 그는 음악에 대한 자신의 남다른 애정에 대해 이렇게 썼다. "어린 시절 그런 것이 좀 부끄러웠다. 옳지 않은 생각이었지만 그때는 그런 시절이었다. 지방에 사는 대부분의 아이들이 그렇게 느꼈을 것이다." 아주 평범한 미국 소년으로 살았던 찰스 아이브스는 학교에서는 운동에 뛰어났다. 야구를 잘했고 풋볼팀 주장을 맡기도 했다. 그러나 그게 전부는 아니었다. "다른 아이들이 방학이면 식품 수레를 끌고 나가거나 집안일을 하거나 공놀이를 하는데 내가 집에 틀어박혀서 피아노를 치면 그건 아주 잘못이라고 생각했다. 그리고 이런 생각도 했던 것 같다. 음악은 너무 나약한 예술이 아닌가? 모차르트 같은 이들이 그런 이미지를 만드는 데 일조했지."[341] 아니, 모차르트는 그의 생각만큼 나약하지 않았다.

아이브스는 이런 회고담을 통해 자신의 생각을 밝혔다. 그는 생명보험을 선택한 데에 충분한 이유가 있었다고 주장했다. 그 일을 하면 흥미롭고 다양한 사람들을 만나게 되는데, 그렇게 하면 "감수성이 줄어들기보다는 폭넓어진다." 게다가 이상만을 좇아 식구들의 말을 듣지 않고 그들을 굶기는 것은 용납할 수 없는 일이었다. "어떻게 불협화음 때문에 아이들을 굶길 수 있겠는가?"라고 반문하며 적절한 대목에서 자기 아버지의 태도를 예로 들었다. 조지 아이브스는 "음악에 생계가 달려 있지 않을 때 음악적 흥미가 더 강렬해지고 분명해지고 더 커지고 한층 더 자유롭게 유지될 수 있다고 생각했다." 특히 "훌륭한 아내와 착한 아이들"이 있을 때는 더더욱.[342]

생계는 상당히 강력한 동기처럼 보이지만, 어린 시절 사내다운 일을 충분히 하지 못한 데에서 느낀 수치심이 더 결정적이었다. 그는 남성성에 집착했다. 그래서 당연히, 전기 작가들은 대부분의 음악과 음악가들의 연약함에 대해 그의 격양된 언사를 특별히 인용했다. 그의 말들은 너무도 극단적이었고 그가 든 비유는 딱 하나였다. 여성화된 작곡가라는 것이다. 오랫동안 아이브스는 꽤 단순하고도 모욕적인 표현을 거리낌 없이 썼다. 마음에 안 드는 남자 음악 비평가들을 '아가씨' 혹은 '아줌마'라고 불렀고, 생명보험사 사장의 전문성을 발휘해 현대 음악의 "88과 3분의 2퍼센트"가 "나약한 예술"이라고 추산했다. 어떤 때는 『114 노래집』에 대해 보수적으로 평한 평론가들을 "계집애 음악가들"[343]이라고 묘사했다. 그는 젊은 시절 자신도 어느 정도 여성적인 작곡을 했었다고 인정했다. "내가 35-40년 전 듣기 좋아했고 연주하기 좋아했던 음악에 대해 지금 생각해보면, 그러니까 지금 그걸 듣는다면 이렇게 말하고 싶을 것이다. '롤로, 어떻게 저 약해빠져 '아장아장'거리며 개기름 질질 나는 곱슬머리에게 반할 수가 있었어?'라고."[344]

'롤로'는 여성화된 음악가, 즉 어리석고 모험심이라고는 찾아볼 수 없는, 권위자들의 말을 곧이곧대로 믿는 착한 아이의 이름으로 아이브스가 고른 것이었다. "여기에 바그너의 「마이스터징거」의 전주곡, 에설버트 네빈[19세기 미국 작곡가]의 「로저리Rosary」, 모차르트의 곡 상당수, 멘델스존, 초기 베토벤 곡 일부, 쉽게 쓰인 하이든과 쉴마스네[19세기 프랑스 작곡가], 시벨리우스, 차이코프스키 등의 곡 대부분(구노는 말할 것도 없고), 이탈리아 오페라 대부분(정확하게 각 오페라들의 대부분)을 포함시켜야 할 것이다. 그리고 쇼팽 곡 일부(어떤 이들은 그가 일부러 여성스럽게 쓴 곡이라고 생각해서 별로 역겨워하지 않지만 사실 그게 그의 참모습이었다.[345])도 있다." 이 장황한 목록에 아이브스가 초기에 존경했던 리하르트 바그너까지 연약함의 대표격으로 등장했다니! 그는 "기교를 향상시키기에 꽤 좋은 두뇌를 가졌"지만 "그것을 제대로 쓰지 못했다. 그는 사이비 숭고와 영웅주의에 들떠 빨간 실크 드레스를 차려입은 예쁜 아가씨처럼 의기양양했지만 물방아용 연못에조차 뛰어들 용기가 없어 영웅이 될 수 없었다. 그 대신 빨간 옷을 벗입고 영웅주의를 노래하는 것을 좋아했다. (남자인 척하는 여자다.[346])"

아이브스가 생각하기에 이 "응석받이" 음악적 "얼간이들"은 음악의 치명적인 적들이었다. 1934년 런던에서 열린 얀 시벨리우스의 연주회를 관람하며 "그 따분하고 축축 늘어지는 되새김질"을 듣고 있자니 진정한 음악, 그러니까 본인의 음악에 미래가 없으면 어쩌나 하는 걱정이 들었다. 시벨리우스의 「슬픈 왈츠 Valse Triste」에 대한 아이브스의 평은 그렇다. "(사실은 갈색 설탕 넣고 조린 것에 불과한) 그 교향곡들은 어젯밤에 들었던 음악보다 더 거창하기는 했다. 처음 먹으면 맛있는 막대사탕이지만 두 번 다시 시도하지 않을 음악. 서곡 등은 거창해 보이려고 일부러 과시했기 때문에 더 나쁘다. 악구, 음, 화성과 박자가 모두 예상대로 진행되었다." 그것들은 "케케묵고 싫증난 상투적 표현들의 차양이며 모두가 그리그, 바그너, 차이코프스키(그리고 다른 여자들)를 잘 섞어 놓은 것에 불과하다." 최악은 "젊은이들이 아래층에 서서 생각이라곤 들어 있지 않은 위장에서 나오는 그 노란 액체를 심각한 표정으로 먹는 것"을 보는 것이다. 그들은 집으로 돌아가서 "그 진절머리 나는 십팔번을" 베끼며 자신들이 "무엇인가를 창조하고 있다."고 착각한다. 사실은 "음악이 쇠퇴하도록, 점점 죽어 가도록, 그래서 결국 죽도록 기여하고"[347] 있는데 말이다.

대부분의 음악, 그러니까 음악 중 88과 3분의 2퍼센트에 대해 찰스 아이브스가 끊임없이 퍼붓는 부당한 분노는 다방면의 음악에 대한 막연한 우려보다 개인적인 취향을 더 노골적으로 드러낸다. 그가 잘근잘근

썹었던 작곡가들은 매우 폭넓었지만 그가 비판한 요소는 딱 하나였다. 남성다움이 결여되어 있다는 것. 우리로서는 추측해 볼 수밖에 없지만 아이브스가 뭐라고 했든 그가 성장한 작은 마을의 이데올로기를 받아들였다는 것은 부인할 수 없을 것이다. 실제로 스스로가 겸허하게 인정했던 젊은 날의 감상성이 모두 배제된 그의 곡들은 다른 이들이 과시하고 "돈을 위해 미국을 나약하게 만드는" 동성애의 기미가 전혀 없었다.(라고 그는 생각했다.) "미국은 응석받이 국가였다. 미국이 남성성을 잃은 것이다."[*348] 불협화음을 이용하고, 애국적이고 종교적인 곡에서 악구를 따오고, 서로 다른 음조를 동시에 진행시킨 것은 모두 음악의 남성성, 그가 음악에 절실히 필요하다고 너무도 확신했던 그 남성성을 유지시키려는 노력이었다. 아마도 그 자신에게 가장 필요했던 것이 아니었을까?[**]

그렇게 찰스 아이브스의 안티모던 모더니즘은 너무도 독특했고 자주 궁시에 놀렸지만 사라졌다가 다시 나타나는 악몽처럼 남아 있다. 엘리엇이나 크누트 함순과 달리 그는 정치적으로 보수주의자가 아니라 평

[*] 아이브스가 미국 음악가들의 남성다움에 대해 과도하고 일관되게 걱정했던 것이 자신의 남성다움에 대한 우려 때문이었을 법도 하다. 잰 스와포드는 전기에서 아이브스가 당뇨병을 앓아 발기부전이 생겼을 것이며, 그렇게 하여 그의 편향이 더 강화되었을 것이라고 하였다.

[**] 동성애에 대한 아이브스의 심한 반감이 제대로 발휘된 일이 있었다. 1936년 아이브스의 언론 홍보에 가장 큰 힘을 실어 주었던 작곡가 헨리 카우얼(Henry Cowel)이 남색으로 유죄를 선고받았다. 그는 아이브스에게 그 비극을 알려야 한다고 생각했지만 아이브스의 반감을 익히 알고 있던 터라 아이브스의 아내 하모니에게 아이브스가 자신을 용인해 줄 것 같을 때 그에게 알려달라고 부탁했다. 아이브스는 정말 크게 화풀이를 했다. 카우얼이 산쿠엔틴에 수감되어 있는 4년 동안, 헌신적이었던 그 친구에게 단 한 번도 연락하지 않았다. 카우얼이 석방되고 결혼한 뒤에야 용서했다.

등주의자이자 좌파적 자유주의자가 되었다. 그래서 알다시피 그는 시벨리우스만큼 하이든도 인정하지 않았다. 그러나 내적으로 자신이 인식했던 것보다 더 큰 갈등을 겪었다. 예술이 아닌 사업을 택한 것은 앞서 말했듯이 거의 자연스러운 일, 즉 불가피한 일이었다. 생명보험사 경영자로서의 경험 때문에 어린 시절 체득한 삶의 태도는 더 견고해졌고, 속물스럽다고 할 코네티컷 주 댄베리의 이상에서 결코 멀어지지 않았다. 당시대와 이전 시대의 음악 대부분을 경멸하게 된 것이 바로 그 고향 세계에 대한 존경 때문이었다. 그리고 그렇게 음악계를 경멸하였기 때문에 전복적인 기법을 고수할 수밖에 없었다.

  이게 전부는 아니다. 그는 자신에게 따라붙는 꼬리표를 혐오하였는데 모더니스트라는 이름도 마찬가지였다. 어쨌든 모더니스트로서 그는 유서 깊은 규칙들을 무시하며 작곡했다. 안티모던 모더니스트로서 그는 동시대인들이 숭배하는 음악을 혐오했으며 전통으로부터의 이탈을 원동력으로 삼아 그들의 음악을 뛰어넘을 수 있을 것이라 여겼다. 그리고 그 이탈의 내용은 대체로 미국적이었다. 그래서 그의 곡들은 근본적으로 새로우면서도 비위를 거스르지 않을 만큼 친근했다. 결국 그 훌륭한 「콩코드 소나타」와 「교향곡 4번」은 몇몇 뉴잉글랜드 초월주의자들을 안내자로 내세웠다. 에머슨과 소로, 그리고 호손과 올컷 집안 사람들(교육철학자 애머스 올컷 부부와 『작은 아씨들』의 저자인 딸 루이사 올컷)이었다. 그들이 자신과 자신의 음악 청자들을 당시 거의 모든 미국 작곡가들이 의존하고 있던 전통에서 해방시켜 주리라 믿었다. 아버지를 이상화했듯 에머슨을 이상화하였으니, 그는 현재뿐만 아니라 과거에도 살고 있었다. 그리고 그 과거와 현재란 모두 아이브스의 이상에 알맞게 개조된 것이었다.

북유럽의 심리학자 크누크 함순

1945년 4월 30일 아돌프 히틀러가 베를린의 진지에서 자살했다. 그의 영원한 퇴장에 전 세계는 환호했다. 그러나 일주일 뒤인 5월 7일, 오슬로의 일간지 《아프텐포스텐저녁 신문》은 짤막하지만 애절한 부고를 실었다. "나는 그의 이름을 공개적으로 입에 올릴 자격이 없습니다. 그의 인생과 행동에 대해서 감상적인 논의를 하는 것도 정당치 않습니다. 그는 인류를 위한 전사이자 전 세계를 향해 정의의 복음을 전파한 선지자였습니다. 그의 복음은 인류의 개조였으므로, 그는 유례없는 야만주의 시대를 전복할 운명이었으며, 그 시대가 마침내 그를 쓰러뜨렸습니다."[349] 이런 진심어린 찬양은 이것으로 마지막이었다. 이튿날 노르웨이 점령군을 비롯한 독일군이 모두 연합군에 항복했기 때문이다. 그 부고 작성자가 자신의 이름을 밝히지 않았지만 어느 정도 교육을 받은 노르웨이인이라면 모두 그가 누구인지 짐작할 수 있었다. 역사를 끔찍하게 왜곡한 것은 물론이고, 소심한 표현("나는…… 자격이 없습니다.")하며 감상성에 대한 단호한 거부, '인류를 위한' 남자다운 '전사'에 대한 경외감을 볼 때, 그 사람은 노르웨이의 가장 저명한 소설가이자 지도적 모더니스트 크누트 함순이 분명했다.

처단된 지도자를 향해 이렇게 놀랄 만한 존경을 표현한 것은 현대 문명에 대한 거부였다. 그것도 T. S. 엘리엇이 동시대 시에 경멸감을 표한 것이나 찰스 아이브스가 작곡가들이 약해 빠져 구제 불능이라고 비난한 것보다 훨씬 더 과격한 거부였다. 유례를 찾기 힘든 돌발적인 행동이었으며 크누트 함순은 그 행동을 통해 안티모던 모더니스트의 이상한 나라행 티켓을 가지게 되었다. 엘리엇이나 아이브스처럼 함순도 자기 분야, 즉 소설의 혁명가였지만 동료 모더니스트들이 자연스럽게 받아들였던 사회정치적 이상을 무시했다. 그가 선도적인 아방가르드 소설가였던 것은 분명하지만 정치적 충성심 때문에 작가들로부터 고립당했다.

그 부고문을 읽고 많은 독자들이 놀라기는 했지만 순전히 예상 밖의 일은 아니었다. 오랫동안 함순은 '대중'에 대해 가혹하고 공공연하게 경멸감을 표현해 왔다. 그는 대부분의 대중이 볼셰비즘에 선동당하고 있다고 믿었기 때문이다. 그리고 의회제도를 헐뜯었고, 독재가 민주주의보다 더 우월하다고 믿었다. 별안간 노망이 들어 고집을 부리는 것이 아니었다. 그는 1890년 서른한 살의 나이에 이미 첫 소설 『굶주림』으로 "독립적이고 귀족적이고 혼자 있기를 좋아하는 인물"을 찬미하며, 그 주인공과 자신을 사실상 동일시했다. 그 고독한 사람은 "민주주의, 대중의 선택, 대중에 의한 통치를 신뢰하지 않으며…… 군중을 역겨워하고 군중의 본질을 경멸한다."[350] 이런 정치적 관점은 그의 머릿속에 박혀 끝내 변치 않았다. 1895년 희곡 『왕국의 성문에서 At the Gates of the Kingdom』의 한 인물은 "선천적 선도자, 타고난 폭군, 위대한 지도자, 지상의 군중을 지배하도록 선택받은 이가 아니라 스스로 나선 자"에 대한 헌신을 표현하였고 그러한 신조를 반복해서 말하였다. "내가 믿고 바라는 것은 한 가지다. 바로 위대한 테러리스트, 위대한 생명력, 카이사르의 재림이다."[351] 함순에게는 무질서하게 자유주의적인 현재보다 그 머나먼 과거("카이사르의 재림")를 떠올리는 것이 훨씬 더 만족스러운 일이었다.

물론 크누트 함순만 파시즘에 혹했던 것은 아니었다. 프랑스나 영국을 비롯한 여러 나라의 일부 지식인과 예술가들이 부르주아적 평범함과 타락을 혐오하며 진저리를 치고 있었고, 이탈리아와 독일의 파시스트들이 남성다운 힘으로 당파 싸움을 척결할 것을 강력하고 매혹적인 대안으로 제시하고 있다며 크게 환영했다. 그러나 함순은 남달랐다. 히틀러를 받든 유일한 노벨상 수상자였으니 말이다. 또 가장 교묘한 심리 전문가였다. 그리고 과연 이성이란 것이 남아 있었는지 모르지만, 나치와 이탈리아 정권들을 볼 때면 눈먼 사랑의 열병으로 이성을 작동시키지 못했다.

1차 세계대전 이후 유럽을 덮친 정치의 소용돌이 속에서 새로운 카이사르가 절호의 기회를 맞자 함순은 아주 기뻐했다. 1932년 그는 "무솔리니를 높이 찬양하며 존경한다."라고 자신의 책 발행인에게 말했다. "이 혼란스러운 시기에 얼마나 훌륭한 사람인가!"[352] 오래가지는 않았지만 1933년부터 무솔리니와 손을 잡았던 독일인 동지를 가리켜 "2차 세계대전 중에 특히 내 마음을 움직인 것은 히틀러다."[353]라고 고백한 바 있다. 함순은 조국에 돌아와 공격적이고 독재주의적인 정치가, 노르웨이 나치당의 당수이자 매국노인 비드쿤 크비슬링을 찬양했다. 1936년 선거 전에는 이렇게 공언했다. "나에게 열 표가 있다면 전부 크비슬링을 찍겠다."[354]

여러분은 모두 함순이 히틀러를 찬양하는 부고를 쓴 뒤 쓰라린 고

초를 겪었을 것이라고 생각할 것이다. 하지만 1900년경 인구가 300만 명밖에 안 되는 작은 나라 노르웨이 국민으로서는 국제적으로 주목받는 동포라면 누구든 소중했다. 1905년 노르웨이가 네덜란드 군주제에서 벗어나 완전한 독립국가가 되면서 국제적으로 인정받고자 하는 욕망은 더 강렬해졌다. 헨리크 입센은 일생의 대부분을 외국에서 보냈는데도 그 국제적 우상들 중 가장 유명했다. 그러나 1906년 입센이 세상을 떴고 극작가 겸 소설가이자 시인인 비에른스티에르네 비에른손 같은 노르웨이 유명인들도 곧 그 뒤를 따랐다. 당시 마흔일곱의 함순은 베스트셀러 소설가라고 할 수는 없었지만 문학계에서는 상당히 높은 평판을 얻고 있었다. 그는 예측할 수 없고 특이한 행동으로 노르웨이의 유명인사이기도 했다. 1920년 노벨상을 수상하자 그의 위상은 더욱 공고해졌다. 바로 그러한 국제적 위상 때문에 노르웨이인들은, 히틀러의 부고로 절정에 이른 함순의 친나치 발언들을 보고도 다 늙은 불쌍한 노인네의 발언쯤으로 여기며 달리 책임을 묻지 않았다. 너무 속이 들여다보이고 말도 안 되는 변명이었지만 편리했다. 사실 그는 1952년 죽을 때까지 자신의 정치적 발언이 어떤 의미를 띠는지 잘 알고 있었다.

사학자라면 모더니스트이면서 나치인 이 이례적인 인물의 인생을 시작부터 살펴서 애당초 그런 불쾌한 결과의 조짐이 있었다는 것을 보여 주고 싶을 것이다. 그러나 그것은 함순이 선택할 수 있었지만 선택하지 않은 길을 보지 못하는 것이며, 모순된 것처럼 보이는 그의 정신이 얼마나 복잡하게 작동했는지 알지 못하는 것이다. 단편적인 사실로 인물을 판단하는 것은 심리적 복잡성을 인정하지 않는 것이니 인간 정신에 통달한 함순이 보았다면 아둔하다고 생각했을 것이다. 간단히 말해 함순이 꼭 파시스트가 되어야 할 이유는 없었다.

그러나 돌이켜 보면 그럴 만했다. 함순은 날카로운 통찰력이 있었지만 국가의 성격을 극도로 일반화하였다. 그가 젊은 시절부터 생각해 온 국제정치 질서는 독일과 영국의 대결 구도였다. 상상 속에서 독일은 포위당하고 배신당하는 영웅이고 영국은 냉혹한 악당이었다. 그러니 용감하고 강인한 독일 정신의 화신인 함순은 특히 나치와 나치의 카리스마 넘치는 지도자들에 끌렸다. 과연 독일인이 그의 소설을 가장 먼저 인정해 주었고 그를 중요한 작가로 여기며 연구하기 시작했다. 그러나 그가 독일인들을 자신과 동족으로 여기게 되었다는 점이 더 중요하다. 북유럽 게르만계의 형제지간으로 말이다. 이런 인종적 인식은 나치가 집권한 뒤 점점 더 확고해졌다.

또한 자신이 운이 좋아 독일인들의 호감을 사게 되었다고 생각지 않았다. 독일의 교육과 문화가 다른 나라들보다 더 진보되어 있기 때문이라고 믿었다. 그가 병적으로 혐오했던 영국에 비하면 특히 더 발달되어 있다고 믿었다. 젊었을 때 한 차례 영국에 기차 여행을 다녀온 경험과 영국 제국주의의 잔인함과 이기주의를 보여 준 역사적인 사건들만으로 영국에 대한 혐오가 적어도 의식적으로, 그렇게 강하게 형성되었다는 사실은 특히 놀랍다. (어떤 함순 연구자도 그냥 넘어갈 수 없는 부분이다.) 그는 끊임없이 솟아나는 분노와 혐오를 쏟아 부을 아주 확실한 대상이 필요한 듯 보였다. 그는 자신이 받은 인상이 모두 소중하다고 생각했으며 자신의 직관을 너무도 굳게 믿고 있었기에 그런 인상들을 떨쳐 버리기는커녕 바꿀 수도 없었다. 그러니 독일을 이상화했던 함순이 나치 추종자가 될 가능성이 컸던 것은 당연했다. 나치들은 독일의 남성다움을 되찾고 여성을 가사와 육아라는 본연의 임무로 돌려보낼 것을 주장했으며 1차 세계대전 이후에 연합국, 주로 영국의 손아귀에서 고통 받고 있는 조국을 치욕에서 뿌리 뽑고 인종의 순수성을 강화하는 데 전념했다. 나치의 계획과 함순의 계획은 그 핵심이 같았던 것이다."[355]

함순과 나치 전체주의의 연관성은 한층 더 뿌리가 깊다. 내 생각에 그것은 그의 정교한 심리학으로도 (앞서 말했듯) 설명하지 못한 근본적인 정신적 성향 때문이었던 것 같다. 그가 한순간의 인상과 기분 변화를 포착하는 데 아주 뛰어났고 그런 능력으로 위대한 모더니즘 문학 작품을 낳기는 했지만, 그리고 때로는 소수파가 되기를 절박하게 바랐지만 정치적 선택에서는 그렇지 않았다.**[356] 그는 농부 크누트 페데르손으로 태어났고 도시 생활을 경험하였지만 늘 농부였다. 땅이 생길 때마다 어린 시절에 배운 솜씨를 발휘해 농사를 지어 이웃들의 부러움을 샀다. 말년에 직업을 묻는 질문을 받으면 늘 짧게 대답했다. "농부 작가." 그리고 그는 방랑자이기도 했으니, 불안감에서 탄생한 소설 속에 아웃사이더들을 창조하여 끊임없이 집요하게 고독을 추구하였다. "예전에 나는 동료들과 비슷했다. 그런데 그들은 시대에 따랐지만 나는 그러지 않았다. 이제 나는 누구와도 비슷하지 않다. 유감스럽지만, 잘됐다!"[357]

함순은 도시에 대해, 그리고 도시가 그 거주자들에게 어떤 영향을

---

* 1930년대 말과 1940년대 초 함순은 반유대주의 선전 활동에 가담하기도 했다. 1942년 독일에서 발표된 악의적인 논설에서 그는 프랭클린 루스벨트가 "유대인으로서, 유대인을 위해 일하며, 신과 유대인을 위한 미국의 전쟁에서 유력한 인물"이라고 썼다.

** 함순은 저명한 덴마크 비평가 게오르그 브라네스에게 1898년 12월 24일 편지에 이렇게 썼다. "모든 것과 불화하는 작가가 된다는 건 좀 이상하게 느껴집니다."

주는지 알게 되었다. 방랑기 동안 노르웨이의 수도에 오래 머물면서 도시적 주제로 늘 돌아갔다. 처음으로 크게 주목받은 소설 『굶주림』 1890은 크리스티아니아(노르웨이의 수도 오슬로)가 배경이며 나머지 스물세 편의 소설 중에도 그러한 것들이 있다. 그러나 도시 생활은 천박함, 냉소주의, 물질주의에 물들어 (자유주의적 권력의 두드러진 징후로서 혐오스러운) 발전에 대한 갈망에만 빠져 있어 타락과 퇴폐의 온상이라고 함순은 생각했다. 그를 처음으로 주목받게 했던, 서정적인 스타일로 멋지게 표현한 황량한 시골의 전원 분위기와 그가 열렬하게 추구하고 즐기는 고독은 모두 도시라는 악과 극적인 대조를 이루었다. 보통의 종교는 그에게 아무런 의미가 없었지만 자연은 정서적으로 범신이었으며 그의 가장 내밀한 욕망에 호소했다. 아버지를 따라 전원의 순수성으로 돌아가려는 욕망이었다. 그는 현대 노르웨이를 철저히 거부하기로 하고 자신의 어린 시절을 "잃어버린 낙원"으로 미화하며 그곳에서 "아이들은 농장의 동물들과 친밀하게 조화를 이루며 늘 자연과 함께 산다."[358]고 하였다. 이 세련된 원시주의 덕분에 함순은 안티모더니스트들의 든든한 동지가 되었다. 그러나 작품 속 인물들의 심리학적 해석을 통해 이루어 낸 그의 모더니즘은 그대로 남아 있었다.

  이런 복합적인 욕망은 단순히 소설의 전략으로 이용되는 데 그치지 않았다. 함순은 장차 자신의 두 번째 부인이 될 스무 살쯤 연하인 배우 마리 안데르센에게 구애하면서 연극을 그만두고 노르웨이인들의 근원, 즉 그들에게 이로운 농촌을 되찾으라고 애원하고 간청하고 명령하기까지 했다. 또한 자신의 가장 유명한 소설 『땅의 혜택』에서는 매력적이고 신비로운 인물, 이삭을 창조해 냈다. 그는 진정 숭고한 농부로서 "땅, 몸과 영혼의 경작자, 쉴 새 없이 땅에서 일하는 노동자, 미래에 대해 알려 주려고 과거로부터 부활한 유령, 최초 경작기의 인간, 900년 된 황무지의 개척자인 동시에 현대인"[359]이다. 이런 묘사를 통해 함순은 자신이 창조해 낸 방랑자들이 고대인인 동시에 현대인이며 먼 과거의 유령인 동시에 현대의 믿을 만한 모델이라고 주장하여 당시 모더니스트들을 능가했다.

이제까지 말한 모든 것에도 불구하고 함순의 안티모던 모더니즘이나 나치에 대한 집착이 필연적 결과라고 할 수 없다. 당시 다른 사람들도 전원 생활의 순수성을 이상적으로 여겼고 도시 생활의 부패를 비난했지만 모두 함순과 같은 정치적 결론에 도달한 것은 아니었다. 함순이 정신의학적 진단을 받은 적이 있지만 그것도 그의 수수께끼를 푸는 데 도움이 되지 않는다. 1926년부터 1927년 사이에 함순이 잠시 노르웨이 최고의 정신분석가 요한네스 스트롬Johannes Irgens Strömme에게 정신분석 치료를 받은 덕에 특히 창작의 슬럼프를 극복한 것은 사실이지만 별다른 기록이 남아 있지 않으며, 그 후 그가 정신적으로 그다지 달라진 것 같지도 않다. 나치의 패배 이후 두 명의 노르웨이 정신과 의사가 심층 문답을 통해 그를 검사했으며 그의 소설, 출판물과 미출간 원고들을 조사하였다. 이 전문가들은 보고서에서 그 86세의 환자가 "완벽하게 정직"하다고 만족스러워하였으며 그 환자의 어려운 유년기("잃어버린 낙원")에 주목하였다. 그들의 결론은 이랬다. 함순은 강렬한 본능 때문에 죄책감을 느껴 열등감을 가지고 있다. 미치지는 않았지만 전쟁 중 겪은 두 번의 비교적 경미한 발작으로 판단력이 약화되었고 그의 "정신적 기능"이 "완전히 손상되었다."[360]

종전 이후 재건된 노르웨이 당국으로서는 이 판정이 기쁠 따름이었다. 국제적으로 가장 유명한 동포를 법정에 세우거나 1945년 10월에 총살한 크비슬링처럼 매국노로 처형하지 않아도 됐으니까 말이다. 그러나 그 정신과 의사들의 분석은 믿음이 가지 않는다. 설득력 없는 아들러 학파·인간의 행동을 결정하는 것은 열등감에 대한 보상 욕구라고 주장의 열등감에 대한 진단과 시민 법정에서 보여 준 함순의 확연한 자제력과 명확한 답변은 그의 정신적 기능이 "완전히 손상"되지 않았다는 것을 증명해 줄 뿐이다. 그의 정치적 견해에 대해서는 변명의 여지가 없다. 그러나 히틀러를 찬양했다고 해서 그의 초기 소설에 드러난 뛰어난 통찰력의 가치가 떨어지지는 않는다. 다른 모더니스트들이 함순은 결코 모더니스트가 아니라고 강력하게 반발하는 것도 당연했다. 집단학살자들에 지나치게 몰두했으니까. 그러나 대체로 도외시되어 왔던 정신적 양상들에 대해 거의 정신분석에 가까울 만큼 깊이 탐구한 『굶주림』은 여전히 초기 모더니즘 소설의 고전으로 남아 있으며 안티모더니스트인 동시에 모더니스트일 수도 있다는 증거가 된다.

히틀러의 독일

1

우파의 전체주의 정부를 찬양한 것은 함순과 같은 소수의 모더니스트들이었고, 그보다 훨씬 많은 이들이 좌파에 힘을 실어 주었지만 대다수의 작가와 예술가들은 전체주의에 희생되고 말았다. 그중 특히 모더니스트들이 많았다. 히틀러의 독일, 스탈린의 소련, 그리고 (덜 극단적인 결과를 낳은) 무솔리니의 이탈리아는 예술가와 지식인들을 희생양으로 삼았다. 노령의 지그문트 프로이트는 당대를 연구한 지식인으로서 1938년 초에 이 세 독재자를 하나의 부류로 묶었다.

진보가 야만주의와 손을 잡고 있다니 너무도 놀랍다. 소련에서 진보와 야만주의가 억압당해 있던 수백만 명의 생활 수준을 개선하기 시작했다. 사람들이 종교라는 '아편'을 끊게 할 만큼 무모했으며 그들에게 적절한 정도의 성적 자유를 줄 만큼 현명했다. 그러나 동시에 가장 무자비한 강제력으로 사람들을 복종시켰고 사상의 자유를 누릴 일말의 가능성조차 모두 앗아 버렸다. 이탈리아인들도 이런 폭력을 통해 질서와 의무감을 배우고 있다. 독일인들의 경우, 어떠한 진보적 사상에 의존하지 않고 거의 유사 이전 수준의 야만주의로 퇴보할 수 있다는 사실이 답답한 현실 중 그나마 다행스럽다.³⁶¹

이 세 독재자들이 실제적 혹은 가상의 적에 대해 똑같이 무자비하기는 했지만 그들의 목적과 대상은 달랐으니 퇴보의 양상에 따라 별개로 취급되어야 할 것이다.

이들 중 나치 독일은 그 카리스마 있는 지도자를 숭배하면서 그 외의 독립적인 권력의 원천, 혹은 취향의 원천까지 모두 가장 일관되게 억압하였다. 연극, 소설, 시, 회화, 건축에서 큰 기여를 하고 있던 독일 모더니스트 예술가들과 문인들에게 히틀러의 집권은 조종弔鐘이었다. 1933년 1월 30일 히틀러가 수상이 되자 그의 신임을 얻은 일파들이 신들린 듯 빠르고 무시무시할 만큼 효율적으로 새로운 권력을 구축해 갔다. 전국에서 정치적 반대파에 대한 물리적 공격이 횟수와 강도를 더해 갔다. 사회주의자 국회의원들이 난공불락일 것 같던 국회의사당까지 덮쳤고 국민들은 대체로 태연하게, 심지어는 기뻐하며 방관하였다. "독일을 휩쓴 변화의 속도는 동시대인이 보기에 놀라운 것이었고 지금 보아도 역시 놀랍다."라고 히틀러의 전기를 쓴 사려 깊은 작가 이언 커쇼옥스퍼드대학교 교수는 독일의 전반적 분위기와 정복자들의 역량을 정리하였다. "사이비 법령과 테러와 조작을 함께 이용했고 자발적인 협조도 있었다. 한 달이 채 되지 않아, 바이마르 헌법이 보호하던 시민적 자유는 사라졌다. 두 달이 채 되지 않아, 가장 활동적인 정치적 반란자들이 수감되거나 독일을 탈출하자 국민의회는 권력을 내놓고 히틀러에게 입법부 통제권을 넘겨 주었다. 넉 달이 채 되지 않아, 한때 강력했던 노동조합들이 해산했다. 여섯 달이 조금 지나자 모든 반대파들이 진압당하거나 자발적으로 해산하였다."[362] 1933년 3월이 되자 이미 새로운 집권자들이 뮌헨 근처 다카우에서 첫 강제수용소의 개소를 공표했다. 고급이든 저급이든 모든 문화, 사업가들과 볼링장, 편집자와 축구단에 이르기까지 총체적인 통제가 이루어져 미온적인 저항조차 막고 광범위한 승인을 얻어내려 했다. 눈 깜짝할 사이에 독일의 모더니즘과 그 대담한 혁신의 산물들은 비독일적이라는 딱지를 달고 계속 경멸과 비난의 구렁텅이에 내던져졌다.

그 국가사회주의 정부가 처음 모더니즘을 공격한 것은 반유대주의의 일환이었다. 국민의회를 무력화하고 독일 사회의 '정화'를 위한 입법권을 손에 넣은 나치는 오래전부터 공언해 온 반유대주의의 이상을 실현하기 위해 서둘렀다. 유대인들은 모조리 정화의 대상이었다. 유대인 공무원, 오케스트라 지휘자, 극장 흥행주, 그리 많은 수는 아니었지만 독일제국보다 바이마르공화국 시기에 더 많았던 유대인 교수들과 저널리스트, 공연 예술가, 화가, 작가들이 해고당하거나 일자리를 구할 수 없게 되었다.

물론, 생계 수단을 빼앗기고 때로는 고향마저 잃어버린 유대인들이 모두 모더니스트는 아니었다. 또 유대인들이 유난히 많이 모더니즘에 동조했던 것도 아니었다. 해고 잔치는 치밀하게 계획된 것이었으니 순수 독일 혈통의 재능 있는 사람들 사이에서 유대인들은 불청객이 되기에 충분했다. 문화 볼셰비키라는 당찮은 명성에도 불구하고 독일의 유대인들은 통상의 '문화 볼셰비키'와 거리가 있었다. 대부분의 독일 비유대인들과 마찬가지로 그들도 전통적 취향에 길들여져 있었다. 1937년 나치가 심혈을 기울여 소위 '퇴폐 미술' 순회 전시회를 개최했을 때 책임자들이 찾은, 그 타락한 112명의 예술가들 중 유대인은 딱 여섯 명밖에 없었다.[363] 하지만 문화적으로 전통파에 해당하던 유대인들도 정부의 인종차별주의에 걸려들고 말았다. 모차르트 오페라와 말러 교향곡으로 유명한 클래식 지휘자 부르노 발터는 독일에서 계속 활동하면 폭행을 당하게 될 것이라는 위협을 받아 1993년 봄에 오스트리아로 도피했다. 신칸트주의 철학자인 에른스트 카시러 Ernst Cassirer와 미술사학자 어윈 파노프스키 Erwin Panofsky 같은 탁월한 학자들도 모더니즘 예술이나 문학과 거리가 있었지만 유대인이라는 이유로 교단에서 쫓겨나 외국에서 새로운 강단을 찾아야 했고, 결국 다른 대다수 유대인들과 마찬가지로 미국에 자리를 잡았다.

하지만 어쩔 수 없이 망명한 사람들 중에 철저한 모더니스트도 있었다. 단지 유대인이라는 이유로 추방당했던 가장 유명한 예는 베를린 도이치 극장의 독창적이며 너무도 다재다능한 감독이었던 막스 라인하르트 Max Reinhardt였다. 이 세련된 흥행사는 오래된 것이기는 했지만 현대 관객들을 매혹시킬 연극들을 무대에 올렸다. 독일, 프랑스, 그리스 고전들을 부활시켰다. 현대 의상의「햄릿」과 회전 무대의「한여름밤의 꿈」을 볼거리로 만들었다. 하지만 그가 받은 보상은 미국으로 망명하라는 압력이었다. 미국으로 옮겨 간 후에도 라인하르트는 규모가 크게 줄기는 했지만 흥미진진하고 독창적인 기획들을 계속했다.

이민자라고 모두 유대인은 아니었다. 바이마르의 가장 흥미로운 극작가 베르톨트 브레히트는 이 무렵 초기 표현주의 시기에서 벗어나 마르크스적 계몽주의를 받아들였고, 1933년 2월 28일 나치 독일을 떠났다.

누군가 베를린의 국회의사당을 방화한* 다음 날이었으며, 그의 희곡이 격렬한 거부 반응을 불러일으키고 있던 때였다. 그런 위험한 분위기에서라면 체포되어 고문을 당하기에 충분했고, 결국 외국으로 도망한 것이다.

───────

독일 아방가르드에 퍼부었던 나치의 무차별적 공격은 얼마 지나지 않아 더 주도면밀하게 선별된 대상에 집중되었다. 1933년 5월 10일 그 악명 높은 분서焚書 사건이 있었다. 나치가 악랄함으로 악명 높음에도 불구하고 광범위한 지지를 얻고 있다는 것을 과시한 역겨운 사건이었다. 그 저주받은 책의 홀로코스트는 '르상티망 ressentiment'의 폭발, 정치화된 저속한 튜턴주의의 폭발로서 유대인 작가들뿐만 아니라 하인리히 만과 토마스 만 같은 '아리아인들'도 포함되었다. 호엔촐레른 왕국을 끝장낸 1918년의 11월 혁명 같은 '망신스러운' 사건과 입장에 반대하는 감정의 분출이며 만연해 있던 (엘리엇의 표현을 빌리면) "케케묵어 좀이 쓴" 자유주의에 종언을 고한 것이었다. 당시의 구호는 모더니즘의 죽음에 대해 기뻐 날뛰는 추도문이었다. 그때는 거의 아무도, 한 세기 전 위대한 독일 시인 하인리히 하이네가 책을 불태우는 나라에서는 사람도 불태울 것이라고 말했던 것을 기억하지 못했다. 훗날에야 많은 사람들이 그 말을 상기해냈다.

비독일적 정신에 반대한다는 명분 아래 각 도시에서 많은 책들이

───────

* 국회의사당에 누가 불을 질렀는가에 대해서는 오래도록 논란이 있었지만 최근의 학계는 나치 자신들이 독일의 입법권을 짓밟는 계획의 일환으로 저지른 일(당시 널리 퍼졌던 소문)이라는 견해에 대해 크게 의심을 표하고 있다. 네덜란드의 전 공산주의자 마리우스 반 데르 뤼버가 자백했던 대로 단독 범행이 거의 확실해 보였다. 누가 범인이든 나치는 기분 나쁠 정도로 재빠르게 그 사건을 이용해 먹었다.

미국전시정보국(OWI)의 1943년 포스터 "10년 전 나치는 이 책들을 불태웠으나 자유로운 미국인들은 이 책들을 지금도 읽을 수 있다."

소각됐고 베를린에서는 2만여 권에 이르는 책이 소각되었다. 4월부터 이 일을 주도면밀하게 준비한 것은 독일학생연합이었다. 그 단체는 대학을 포함한 독일 전역에 현수막으로 열두 개 테제를 알리며 나치 직속의 학생연맹을 앞지를 작정이었다. 테제 7번은 이랬다. "유대인이 독일어로 글을 쓰면 거짓말을 하는 것이다. 지금부터 유대인이 독일어로 책을 낼 때는 이렇게 표시해야 한다. '헤브라이어를 번역했음.'"[364] 이런 테제들이 억지에 불과하다는 것이 너무도 뻔했지만 분서가 시작되자 화재 예방을 위해 분서 현장에 파견된 소방대원은 물론이고 학계와 학생들도 분서에 대해 진심 어린 지지를 보냈다. '비독일적' 문헌들에 대한 이런 무자비한 대접을 환영한 것이 바이마르공화국과 불화했던 통명스러운 보수 사상가들뿐만은 아니었다. 고트프리트 벤 같은 비전통적인 서정시인과 마르틴 하이데거 같은 영향력 있는 철학자들이 그 정권을 지지했고 이견이 나올 만한 원천 자체가 작동하지 못하도록 협조했다. 그 정권이 허용하고 지지한 것은 남성다움, 애국심, 인종적 순수성, 민중과의 제휴, 범세계주의의 경멸과 폐기, 이성주의를 비롯한 계몽적인 이상들이었다. 새로운 영웅시대가 밝아 오고 있었으며 독일 교양층의 핵심은 그 시대에 속하고 싶어 했다.

2

이런 사건들이 안티모던 모더니즘의 징후였을까? 나치 정권이 미래를 바라보았던가, 과거를 바라보았던가? 히틀러의 천년 제국이 비참한 종말을 맞은 지 반세기가 넘었는데도 이 질문에 대해서는 아직 답이 없다. 나치 이데올로기와 나치 활동이 여러 방향을 가리키고 있었기에 대답이 쉽지 않을 것이다. 한편으로는 나치는 기술을 미천하지만 쓸모 있는 하인으로 받아들였다. 그래서 자동차와 비행기 같은 현대적 발명품들을 찬양했고 그것들을 과시하며 군사력 비축에 이용했다. 그들은 약삭빠르게 1933년부터 줄곧 독일의 신무기화를 시작했고 머지않아 일어날 전쟁에 이용할 수 있도록 독일 산업을 재편성했다.

나치가 현대적인 것에 심취해 있었다는 것을 보여 주는 또 하나의 예는 당시 신생 설비인 라디오를 선전에 기민하게 이용한 것이다. 나치 화가들은 시골에 사는 독일인 가족들이 소박한 라디오에 귀를 기울이는 모습을 곧잘 소재로 삼아 묘사하였다. "지도자께서 말씀하신다."라는 설명도 달아서 말이다. 이 실용적인 현대성을 선동한 것은 바로 새로운 인간이 지배하는 새로운 세상, 즉 유대인이 없는 아리아인들의 세상을 꿈꾸던 유토피아적 나치 이념가들이었다. 이들은 독일 문화의 보물들에 상당한 기여를 했던 유대인들을 기생충으로 만들면서 손톱만큼의 여지도 남기지 않고 근본적으로 혁신하려 했다. 국민성이라는 것이 있다고 믿는 사람들이 독일의 국민성이라고 하는 특성대로 철저하게 말이다. 1930년대 중반이 되자 베를린을 비롯한 여러 곳의 김나지움 학생들은 너무도 유명한 곡 「로렐라이」의 가사가 '작자 미상'으로 기록된 음악책으로 공부했다. 유대인 하이네가 백년 전에 쓴 명시를 말이다.[365]

그런데 또 한편으로 이 새로운 인간은 이상하게도 구식인 분위기를 자랑스러워했다. 머릿속의 자아상은 독일 여성들이 3K, 즉 부엌 Küche, 교회 Kirche, 아이 Kinder에 영웅적인 자기희생을 바치도록 규정되어 있었다. 사회는 게슈타포와 히틀러에 대한 충성심에 넘쳐 이웃을 고발하는 날카로운 감시의 눈길 때문에 감히 웃을 수 없는 분위기였다. 이런 분위기에서 새로운 인간을 '정의'한 나치의 꿈에 대한 농담이 퍼졌다. "새로운 인간이란 히틀러처럼 금발에, 괴벨스처럼 건강하고, 괴링처럼 마른 사람." 실제로 독일인들 중 자기 개조라는 그 급진적 과제의 가혹한 요구에 들어맞는 사람은 거의 없었지만, 늘 히틀러의 아우라에 의지하여 그가 다른 사람들을 위해 수고하고 고통받고, 미래를 전망하는 짐을 짊어진 총통 Führer, 현세의 예수 그리스도가 자신들을 이끌고 있다고 생각했다.

히틀러에 대한 숭배, 시대와 무관하게 간헐적으로 등장하는 그 비굴한 고백에는 시간의 아귀가 맞지 않는 부분이 있다. 나치 주역들이 인정했던 독일의 이상, 즉 새로운 인간은 민족의 집단 기억, 문학 작품들, 현대건 고대건 시기를 막론하여 확장 생산된 역사적 신화를 조잡하게 짜깁기한 것에 불과했다.*³⁶⁶ 이런 튜턴 족의 공상에서 역사적 진실은 중요치 않았다. 그러므로 나치 사상은 자기모순적인 요소들이 있기는 하지만 전체적으로 공식적인 이념에서는 과거가 미래보다 더 중요했다. 어쨌든 부분적으로는 현대적인 자수로 치장한 노스탤지어였다.

3

이 훌륭한 자수 솜씨는 독일 모더니즘을 피해 가지 않았다. 집권 첫해에 나치는 제국문화부 Reichskulturkammer를 창설하고 그 산하에 선전국을 두어 뛰어난 작가들, 언론, 극장, 라디오, 음악, 미술을 거느렸다. 그곳에서 요제프 괴벨스가 히틀러의 계획을 실행에 옮겼다. 일찍이 1933년 2월 히틀러는 "우리 민족에게 진정한 독일 문화, 독일 예술, 독일 건축, 독일 음악을 돌려주고자 한다. 그것들이 우리의 정신을 부흥시킬 것이다."라고 밝힌 바 있었다. 날씬한 금발의 사실적인 누드에 홀딱 반해 있으며 리하르트 바그너를 숭배하던 그였으니, 독일 표현주의 회화와 그래픽, 시는 참을 수가 없었을 것이다. 그런 도발적인 작품들 대부분이 비유대인 거장들의 업적이었는데도 마찬가지였다. 그러니 독일 모더니스트들은 망명하거나 침묵을 지킬 수밖에 없었다.

나치가 문화의 모더니즘을 혐오했다는 확실한 증거는 바로 1937년 7월 시작되어 세상을 떠들썩하게 했던 전시회였다. 뮌헨을 시작으로 독일의 열세 개 도시에서 열린 퇴폐미술 Entartete Kunst 전시회였다. 모

---

* 현대 독일의 저명한 사학자 헨리 투르너는 "국가사회주의자들은 과거에서 모델을 찾았다. 하지만 역사를 돌아본 것이 아니라 선택적으로 조작된 과거를 보았다. 그들이 의도한 것은 현대로부터의 탈출이었다."라고 지적했다.

더니스트 작품들은 교묘하게 정신병원 종신 수용자들의 그림과 함께 걸리거나 카탈로그에 실렸다. 그 회화와 그래픽들이 유치하고 퇴폐적이며 심지어 광기를 띠고 있어서 극단적으로 포용적이고 수동적인 독일 미술에 해를 끼쳤다는 것을 강조하기 위해서였다. 하지만 뮌헨에서만 200만 명, 다른 도시들에서 100만 명의 관람객이 들었다는 수치를 보면 대중이 나치의 그런 주장보다는 독일의 미술관들에서 쓸어 온 현대 미술 작품에 매료되었다는 것이 더 확실해진다. 작품들은 베를린의 소방서에서 소각되었고, 나머지는 소수 특권층의 소장품이 되거나 외국 경매에서 고가에 팔렸다.

    이렇게 조직적으로 모더니즘을 악마로 만드는 일에 내적 모순이 없지 않았다. 일부 유명한 나치주의자들은 공무원으로서 자신의 혈통에 대한 증명이 필요해 조사하던 중 자신이 순수 아리안 혈통이기는커녕 조부모가 유대인이라는 사실에 경악했던 것처럼, 일부 열렬한 나치주의 독일 예술가들도 자신들의 모더니스트적 성향 때문에 그때 막 형성되려던 순수 아리안족의 예술 세계에서 추방당하게 되자 경악하였다. 이런 우습기도 하고 슬프기도 한 몰락의 가장 확연한 예는 에밀 놀데Emil Nolde의 표현주의 작품일 것이다. 퇴폐 미술의 예로 전시된 회화 중에는 에밀 놀데 특유의 인상적 색채와 왜곡된 형태를 보여 주는 분방한 유화, 이국적인 목판, 훌륭한 수채화가 모두 스물여섯 점이 포함되어 있었다. 놀데는 여행하던 중 북부 독일의 한 오지 마을에 정착하여 거의 은둔하며 예술가로서의 인생 대부분을 보냈다. 작품의 소재는 꽃이나 이국적 풍경에서부터 절절한 성경 속 사건까지 다양했으며 모두 그가 밝힌 대로 그 모든 것이 "내밀한 정신, 신앙심, 애정"을 표현한 것이었다.

    오랫동안 놀데는 구식 아방가르드 화가처럼 스스로를 고립시켰다. 게다가 그는 일찍이 슐레스비히홀슈타인 지구 나치 당원이었으며 나치의 세계관을 열렬하게 받아들였다. 그런 그였기에 공개적으로 오명을 쓰자 너무도 고통스러웠다. 1937년까지 미술관에서 몰수되어 거의 대부분이 파손된 그의 회화, 드로잉, 판화의 수는 1052점에 달하며, '퇴폐' 독일 미술가로서는 최대 기록이었다. 1941년에 놀데도 카를 슈미트로틀루프 같은 표현주의자처럼 작업을 금지당했다. 그러나 외딴 마을에 숨어 그 명령을 어기기는 했다. 또 다른 모더니스트 화가 겸 조각가 오토 프로인틀리히는 양식 때문이 아니라 '인종' 때문에 1943년 3월 마이데나크의 나치 수용소에서 죽었다.

―――――

　　얼마 전부터 나치 문화 연구자들은 1933년부터 1945년까지 독일 통치자들이 예술을 정치화하는 동시에 정치를 미적으로 만들었다고 주장하고 있다. 외양이 본질만큼 중요한 시기였다. 제복을 입은 수천 명의 민간인들이 너무도 심각한 표정으로 차렷 자세를 한 채 질서정연하게 늘어서 하켄크로이츠(卍)가 그려진 깃발을 꼿꼿하게 쳐들고 있는 장관이 연출되었고, 히틀러가 두 시간짜리 연설을 하기 위해 어두운 뒷배경에서 나타나는 숨 막히는 순간에는 화려한 조명이 교묘하게 분위기를 조작했다. 또한 나치의 공공건물 설계(그리고 계획대로 지어졌을 경우는 그 건물 자체)는 기념비적 신고전주의 양식이었다. 그 민족의 신비감을 교묘하게 조장한 것이다. 지독히도 선동적인 1934년 뉘른베르크 전당대회와 1936년 베를린 올림픽 선전 영화는 모두 레니 리펜슈탈Leni Riefenstahl이 훌륭하게 촬영한 것이다. 이것들은 모두 대중이, 위대한 국가적 위업에 참여하고 있다는 기만적인 전율감에 열광하도록 만들기 위한 것이었다.
　히틀러 정권이 어떤 모더니즘 기법(리펜슈탈의 영화들이 가장 좋은 예다.)을 이용하려고 했든 간에 이제 모더니즘의 근본 원칙, 즉 충동과 창조성을 모더니즘에 반대하는 모든 권위로부터 해방시키려는 자유주의는 나치 혁명의 소용돌이 속에서 사라지고 말았다.

스탈린의 소비에트연방

1

　원칙적으로 소비에트 공산주의는, 나치가 만들고자 하는 세계와 정반대였지만 스탈린주의 이데올로기에 얽매인 사람이 아니라면 그 두 정권이 놀랄 만큼 서로 닮았다고 생각했을 것이다. 서방에서 친소비에트 지식인이 지속적인 영향력을 행사하고 있었음에도 불구하고 많은 사람들이 나치와 소비에트의 1939년 8월 불가침 협정이 너무도 자연스러운 일이라고 생각했다. 두 정권이 서로 적대감을 표현하고 있었지만 내심은 형제이며 서로 대단히 닮았다는 사실을, 1920년대 말에 정치학자들과 저널리스트들은 '전체주의'라는 용어로 간결하게 표현하였다. 두 정권 모두 아방가르드 예술가들을 정부 노선에 강제로 끼워 맞추고 억압적인 방법으로 미학적 반대파들의 입을 틀어막았던 것은 확실하다. 모더니스트들에게도 똑같이 요구했다. 복종과 협조, 아니면 침묵, 그러니까 죽음을 강요했다.

다른 나라의 모더니스트 회화, 음악, 소설과 마찬가지로 이 러시아의 문화적 급진주의도 19세기로 거슬러 올라간다. 서방으로부터 무엇이든 더디고 아주 절충적으로 받아들이는 러시아 최초의 아방가르드는 1860년대에 유력한 상트페테르부르크의 아카데미 이념에 반항하는 반체제 화가들과 함께 출현하였다. 그때부터 이 초기 모더니스트들은 다른 러시아 개혁 세력과 협동하여 그 나라의 착한 방관자들에게 닥친 최우선의 문제를 다루려고 하였다. 국민 대다수, 즉 가난에 찌들고 신앙심 깊고 대부분 문맹인 농민들을 위해 무엇을 할 것인가 하는 문제였다. 도스토예프스키가 "국민과 국민에 대한 우리의 관점이 가장 중요하다. 그 문제에 우리 모두의 미래가 달려 있다."[367]라며 지식인 대부분과 러시아 교양층을 대변하였다. 그러나 이 온건한 급진주의자들의 계획은 그리 원대하지 않았다. 전국을 돌며 전시회를 열어 도외시되어 온 대중에게 문화를 전파하고 싶다는 소망을 담아 자신들을 그저 '이동파'라고 불렀다. 하지만 이들의 후계자들은 그 정도에 만족하지 않았다.

이 고상한 아웃사이더들 중 기억에 남을 만한 업적을 남긴 사람은 소수에 불과하다. 나는 심리적 통찰력으로 널리 알려진 훌륭한 사실주의자 일리야 레핀Ilja Repin을 꼽겠다. 많은 이들이 업적을 남기지는 못했지만 그들이 품었던 사회적 불만은 더 오래 남았다. 1921년 볼셰비키들이 4년간의 내전과 외국의 개입, 폴란드와의 짧은 전쟁을 끝내고 거대한 러시아 땅을 확실히 손아귀에 넣자, 새로운 소비에트 정권을 열렬히 지지하는 예술가들은 자신들이 국민의 미적 무지를 해소해 주어야 한다고 생각하게 되었다. 서방에서라면 혁신적인 예술가들이 자율을 주장하며 예술

카지미르 말레비치, 「자화상」 1933 러시아 모더니즘의 역사에서 가장 중요한 화가 말레비치는 1910년경부터는 형태를 단순화하기 시작했다. 추상 작품에서 인체를 단조로운 원형으로 변형했고 화려한 색상을 사용하여 강렬한 대비를 이루게 했다. 1913년 즈음에는 이미 스스로 '절대주의'라고 이름을 붙인 것에 도달해 있었다.

을 위한 예술이라는 기치를 높였겠지만 러시아의 혁명론자들은 그런 주장을 반동의 방편으로 여기고는 그런 생각을 완전히 뒤집었다. 그들은 새로운 인간의 탄생과 곧 출현할 저 새로운 예술에 힘입어 모더니스트들이 신생 정권의 지지 아래 마음껏 작업하게 되리라 믿었다.

혁명 전에도 그들은 충분히 훌륭하게 잘 해내고 있었다. 상상력 풍부하고 다재다능한 조각가 블라디미르 타틀린 Vladimir Tatlin은 대단히 다채로운 재료를 사용하여 독창적이며 실험적인 작품을 선보여 러시아 관객들에게 이단의 전율을 느끼게 해 주었다. 그리고 러시아 모더니즘의 역사에서 가장 중요한 화가 카지미르 말레비치 Kazimir Malevich는 세잔 같은 프랑스 화가들뿐만 아니라 이탈리아 미래파의 영향도 받아들였으며 풍부한 색감에서는 젊은 마티스의 영향을 받아 그 특유의 구성 작품을 남겼다. 1910년경부터는 형태를 단순화하기 시작했다. 추상 작품에서 인체를 단조로운 원형으로 변형했고(팔과 다리는 대단히 투박하게 표현하였다.) 화려한 색상을 사용하여 강렬한 대비를 이루게 했다. 1913년 즈음에는 이미 스스로 '절대주의 Suprematism'라고 이름을 붙인 것에 도달해 있었다. 정사각형, 원, 십자모양, 직사각형을 직접적으로 표현하였고 이 기본 요소들을 서로 충돌시켜 화폭을 더 복잡하게 만들었다. 말레비치의 유명한 「검은 사각형」과 훨씬 더 유명한 「절대주의 회화: 흰색 위의 흰색」을 보고 미술 애호가들뿐만 아니라 화가들도 마르셀 뒤샹의 '레디메이드'를 접했을 때처럼 당황스러워했다. 과연 이런 것들이 대단히 단순한 형태를 띠도록 공들여 만든 극단적으로 현대적인 작품인가, 아니면 좌파 화가 겸 디자이너 알렉산드르 로드첸코 Alexander Rodchenko와 같은 구성주의자들의 주장대로 '예술의 종언'을 공표하는 것인가?

이런 문제들은, 정치가들뿐만 아니라 지식인들도 러시아 혁명에

발렌틴 세로프, 「이반 모로조프의 초상」 1910 러시아에서 모더니스트 회화를 처음으로 진지하게 수집한 사람들은 러시아 부르주아, 즉 서방을 여행하고 자신들의 수집품을 선시할 호화 저택을 지을 만큼 부유한 소수의 부르주아였다.

주목하게 되면서 뜨거운 논쟁을 불러일으킨 뒤 자연스럽게 모더니즘의 전망에 대한 질문까지 연결되었다. 모더니즘은, 통일성과 독립성을 고수하며 2000년 넘게 공연되고 있는 극의 종막인가? 아니면 미래를 구하기에 절박한 부르주아들의 기획인가? 이런 대격변의 시기가 중대한 논쟁들이 일어나기에 적절한 때였던 것 같지만, 한편으로는 너무 동요가 큰 시기여서 예술가들은 오히려 이런 형이상학적 난문제에 집중할 수 없었다. 그래서 아방가르드 예술가들도 결과를 예측하지 못한 채 다른 사람들처럼 당황 속에서 혁명 기간에 접어들었다.

2

모더니스트와 소비에트연방의 만남을 이야기하자면 길고 복잡하고 슬프고 때로는 수치스럽다. 둘은 결국 연애로 발전했지만 얼마 뒤에 애처롭게 이별했다. 소비에트연방이 붕괴한 뒤에야 완전히 정리될 수 있었다. 전 세계 진보적 예술가들과 작가들이 초기에 소비에트 정부를 열렬히 찬양했던 것은 아주 칭찬할 만한 일은 아니지만 이해의 소지는 있다. 러시아제정이 존경할 만한 것이 못 되었으니 그것을 전복한 혁명이 너무도 훌륭한 대안처럼 보였던 것은 자연스러웠다. 그렇다면 모더니스트는 반부르주아가 아니었다는 말인가? 그리고 소비에트의 지도자들도 적군이 아니었다는 말인가? 많은 사람들이 그렇다고 생각했고 그것이 반박할 수 없는 중요한 사실이었다는 데 견해를 같이했다.

그러나 1920년경 볼셰비키 군대의 승리가 확실해지자 곧바로 그 첫 번째 질문이 필요해졌다. 러시아에서 모더니스트 회화를 처음으로 진지하게 수집한 사람들은 러시아 부르주아, 즉 서방을 여행하고 자신들의 수집품을 전시할 호화 저택을 지을 만큼 부유한 소수의 부르주아였다. 수십 년 동안 모스크바 상인들이 서방의 새로운 회화를 열심히 사들였다. 엄청나게 부유한 철도 거물 사바 마몬토프와 교양 있는 아내 엘리자베스는 1870년대부터 주로 인상파와 후기인상파 회화들을 재미 삼아 구매하였을 뿐만 아니라 쾌적한 예술가 공동 단지를 설립하여 개방하였다.

러시아 화가들은 마몬토프와 같은 수집가들의 노획물을 통해 예술계의 최신 소식, 주로 파리의 소식을 접할 수 있었다. 아방가르드 예술의 충격을 직접 경험하고 싶었던 러시아 화가들에게는 세르게이 시추킨Sergei Shchukin의 호화롭고 대단히 선별된 수집품들이 훨씬 더 유익했다. 시추킨은 모스크바의 사업가로 인상파를 비롯해 광범위한 작품을 수집했다. 1906년 처음으로 마티스를 구입한 후에 마티스 전문가가 되더니 구매자에서 후원자로 변신하였다. 하지만 후원은 마티스에 한정된 것이었으며 피카소를 사들인 것은 나중의 일이었다. 1911년 마티스가 시추킨의 집에 갔을 때 자기 작품이 스물다섯 점(최종적으로 서른일곱 점이나 수집한 것을 보면 예상보다 더 집착했던 것 같다.)이나 있는 것을 보고 우쭐했고, 벽화「원무」와「음악」을 의뢰받고는 더 의기양양해졌다. 소비에트의 '실험'에 매진했던 사람들은 자신의 조국에 최첨단의 가장 급진적인 예술을 들여온 것이 상위 중산계급이라는 사실을 깨닫지 못했다. 한때 소비에트 권력자들이, 주로 외국 방문객들을 꾀기 위한 목적이었지만, 아방가르드 회화를 자랑삼을 만큼 똑똑했던 것은 사실이다. 시추킨과 그의 경쟁자인 모스크바의 부유한 공장주 이반 모로조프Ivan Morosov의 수집품들도 국유 미술관이 몰수해 갔다. 여기서 또 하나의 의문이 제기된다. 앞의 질문보다 더 난처하다. 국가 경제뿐만 아니라 인간 본성 자체를 개조하겠다는 야심 찬 열망을 품은 소비에트가 과연 그 새로운 예술을 환영할 수 있었을까? 그게 아니라면 원칙적으로나마 적어도 적대적이지 않을 수는 있었을까? 불과 몇 년 지나지 않아 우울한 부정의 대답이 나왔다.

시간이 흐르면서 소비에트와 외국의 모더니스트들은 소비에트의 문화가 따라야 할 본보기로 삼아도 좋은 것이라는 환상과 기대를 버려야 했다. 어떤 외국인들은 이 새 거인국의 미적 전망을 전혀 좋게 보지 않았다. 1919년 러시아에 있었던 버트런드 러셀은 자신이 목격한 그 소용돌이가 결국 나폴레옹처럼 독재로 끝나고 말 것이라는 예측을 내놨다. 다른 이들도 소비에트 생활에서 위기를 하나하나 겪은 뒤에 소비에트에 대한 열애를 그만두었다. 초기 볼셰비키에 대한 여론 조작용 재판의 칼날은 1936년과 1938년 사이 마침내 니콜라이 부하린과 카를 라데크의 경우처럼 고위직에까지 이르렀고 이들은 법정에서 믿기 어렵게도 대역죄를 자백하여 유죄를 선고받았다. 이후 미국 철학자 존 듀이가 지휘한 조사위원회는 1938년, 그 재판이 잔혹한 한바탕의 소극이었다고 냉정히 결론 내렸다.

뉴욕 지식인 대다수의 성경인《파르티잔 리뷰》가 스탈린에게 등을 돌리고 당시 망명 중이던 트로츠키를 옹호하자 한때 그 잡지의 유명한 기고가였던 문학 비평가 에드먼드 윌슨Edmund Wilson은 러시아 혁명과 공산 체제에 대한 동조를 철회하고 모스크바 법정에서 벌어진 그 구경거리를 문명화된 국가에는 어울리지 않는 믿기조차 힘든 신파극이라며 비판했다. 얼마 뒤인 1939년 8월 나치와 소비에트의 협정으로 동조자들이 더 줄었지만 아주 없어지지는 않았다. 1950년 미몽에서 깨어난 영국 좌파 저널리스트 R. H. S. 크로스먼이 『실패한 신 The God That Failed』이라는 충격적인 제목의 책을 방대한 주석을 달아 편집하여 이전 동조자들의 환대를 받았다. 그 책에서 앙드레 지드 같은 새로운 동조자들은 말할 것도 없고 미국 흑인 소설가 리처드 라이트, 자진 망명한 이탈리아 소설가 겸 정치 비평가 이그나치오 실로네Ignazio Silone와 세계주의자 아서 케스틀러Arthur Koestler 같은, 한때 신실했던 신자들의 흥미진진한 에세이가 눈에 띄었다.

그러나 심지어 그때에도 소비에트 추종자들은 자기 주장을 굽히지 않았고 영향력이 있었다. 프레더릭 슈먼Frederick Schuman이라는 정치학자

세르게이 프로코피예프 1891-1953 사회주의 리얼리즘 음악을 강요하는 소비에트 정부는 프로코피예프에게 나쁜 음악, '데카당파' 혹은 '형식주의', '부르주아적' 음악을 버리라고 강요했다. 결국 프로코피예프는 적당히 창의력을 억제하며 그의 말대로 "따분하고 가벼운" 음악들을 써야 했다.

는 소비에트연방에 대한 방대한 전후 연구서를 발표하여 강제수용소에 대한 각종 보도들을 아주 간단히 일축했다. 보도하는 사람에 따라 그 지상의 지옥이라는 곳의 수용자 추정 인원이 현저히 차이가 나기 때문에 그 기사들은 모두 반공산주의 광신자들이 꾸며냈다는 것이 가장 합리적인 결론이라는 것이었다. 일부 모더니스트들이 이렇게 소비에트의 상황을 미화하는 세력에 속해 있었지만, 대부분은 소비에트연방의 문화 상황이 굴욕적이며 때로는 위험하여 노예보다 더 나을 것이 없다고 생각하였다. 1932년 이후 러시아의 문화 지배자들은 소설, 시, 회화, 오페라, 건축, 물론 영화도 포함한 모든 예술에서 사회주의 리얼리즘, 그 단조로운 통속성에 흠뻑 젖은 이상만이 용인 가능하다고 공표했다. 이런 썰렁한 농담이 국제적으로 나돌았다. "소비에트 러브스토리에 이상적인 플롯은 무엇일까? 답: 소년이 트랙터를 만난다. 소년이 트랙터를 잃어버린다. 소년이 트랙터를 얻는다." 소련의 억압으로 무기력에 빠지거나 자신들의 재능을 팔아먹거나 자살한 희생자 모더니스트들이 듣기에는 재미없는 농담이었다.

처음에는 그 정도까지는 아니었다. 러시아 모더니스트들은 혁명을 기꺼이 받아들였고 혁명도 모더니스트들을 포용하려 들었다. 심하게 분열되어 있던(블라디미르 타틀린은 말레비치의 '비사회주의적' 추상화를 그야말로 못 봐주겠다고 생각했다.) 아방가르드들조차도 혁명을 자신들이 이룬 것이라고 주장하고 싶어 했다. 1920년에 말레비치는 "입체파와 미래파는 예술에서의 혁명적 양식으로서 1917년 정치와 경제 혁명의 전조였다."[368]라고 쓴 적이 있다. 새 정권의 문화를 담당했던 레닌의 계몽국장 아나토

드미트리 쇼스타코비치 1906-1975 1936년 공산당 기관지 《프라우다》는 쇼스타코비치의 오페라 「므첸스크의 맥베스 부인」을 '프티부르주아' 작품이라고 비난했다. "음악이 아닌 무질서"라는 제목의 그 충격적인 비평은 그저 한 작곡가에게 사회주의 리얼리즘을 강요하는 것 이상의 의미를 띠었다.

리 루나차르스키는 미학에 조예가 있는 극작가였다. 오랫동안 서유럽에서 살았으며 교양이 높았고 볼셰비키로는 비범한 재능을 지닌 공무원이었다. 또한 집권 초창기, 레닌에게는 시인과 화가의 동원보다 더 고민스러운 문제가 있었다. 1921년 극심한 가뭄 같은 문제였다. 예술에 대한 전체주의적인 통제가 노골화되는 것이 좀 미뤄진 것은 어느 정도 날씨 덕분이었다.

이런 정권에서 모더니스트들의 운명은 뻔했다. 1914년 독일에서 러시아로 돌아온 바실리 칸딘스키는 추상화만 그렸고 대중 교육 인민위원회에서 잠시 일하면서 예술학교의 개혁 계획을 세우고 정부가 지방 미술관에 배급할 회화 작품을 구매하는 일에 관여했다. 그러나 이내 예술의 자율성에 대한 자신의 맹세가 지켜지지 못할 것을 깨달았다. 1922년 소비에트연방을 떠나 바이마르 독일로 가서 그로피우스의 바우하우스에서 가르치는 일을 시작했다. 말레비치도 제한적이지만 권위를 누리며 계속 남아 있었다. 그는 1928년까지 새로 설립된 예술 문화 갤러리에서 교편을 잡았지만 윗선은 그에게 재현 미술로 돌아가라고 강요했다. 거의 평생 동안 기를 쓰고 거부했던 바로 그것 말이다.

작곡가들이라고 상황이 더 낫지는 않았다. 관료적 체계에서 윗사람들과 싸워야 했으며, 그런 싸움에선 으레 지게 마련이었다. 더구나 체면만 깎일 따름이었다. 조국은 프로코피예프에게 사회주의 리얼리즘이 말하는 나쁜 음악, '데카당파' 혹은 '형식주의', '부르주아적' 음악보다 더 나은 작품을 강요했다. 그 '나쁜 음악'이란 바로 프로코피예프가 뉴욕과 파리에서 근 20년을 지낸 후에 고국에 들여왔던 음악 아닌가. 프로코피예프가 전적으로 자의로 귀국했다는 점에 주목하자. 그런데 돌아온 그는 창의력을 억제하고 본인 말마따나 "따분하고 가벼운" 음악들을 썼다. "현대 소비에트 작곡가가 반드시 목표로 삼아야 하는 대중에게" 꼭 필요한 "주로 선율이 아름답고 곡조가 분명하고 단순한"[369] 음악이었다.

드미트리 쇼스타코비치는 다루기가 힘들었다. 정부로서는 프로코피예프 특유의 쾌활한 유머가 쇼스타코비치의 진지함보다는 받아들이기 더 쉬웠을 것이다. 쇼스타코비치는 초창기에 전통적인 음악을 했지만 이후 난해하고 실험적인 작곡가, 즉 모더니스트가 되었고, 새로운 체제의 수호자들은 그를 가차 없이 비난했다. 1936년 1월 공산당 공식 기관지 《프라우다》는 그에게 전혀 예상 밖의 정치적 공습을 감행했다. 표적은 쇼스타코비치의 오페라 「므첸스크의 맥베스 부인」이었다. 1932년 초연된 이후 외국은 물론이고 모스크바(97회 공연), 레닌그라드 등 각지에서 비평적으로나 대중적으로나 엄청난 성공을 거둔 작품이었다. "음악이 아닌 무질서"라는 제목의 그 충격적인 비평은 그저 한 작곡가에게 사회주의 리얼리즘을 강요하는 것 이상의 의미를 띠었다. "프티부르주아 작품"이며 "고의적인 불협화음, 혼란스러운 소리의 흐름"[370]이라고 쇼스타코비치를 비난하고 있었지만, 그 비평은 사실상 당이 알고 있는 모든 작곡가들에 대한 경고였다. 그 결과는 판단하기 어렵다. (전부는 아니지만) 쇼스타코비치의 이후 교향곡은 이해하기 쉬운 경향이 있지만 실내악곡, 특히 사중주곡은 더 분방해 보이니까 말이다. 여하튼 《프라우다》의 노골적인 권력 행사는 끝내 잊을 수 없는 언짢은 기억으로 남았다.

소비에트 문학이나 영화, 음악, 회화의 모더니즘을 평가하려니 앞서 언급한 '전체주의'라는 용어가 아주 적절해 보인다. 아무리 소비에트가 반체제 고급문화에 반대한 이념적 근거가 나치와 다르다고 해도 결국 그 두 체제는 거의 같아지고 말았다. 이 정권은 1952년 8월 12일, 스탈린의 피해망상이 절정에 이르렀을 때 이디시어를 쓰는 대단히 촉망받던 다섯 명의 선도적인 작가들을 처형하였다. 보리스 파스테르나크에게 1958년 혁신적인 소설『닥터 지바고』에 대해 수여된 노벨상을 거부하게 만든 것도 바로 그 정권이었다. 거부라는 극단적인 선택만이 서유럽에서 그 오래된 로맨스를 스탈린주의와 공존시킬 수 있었다. 1936년 쇼스타코비치의「므첸스크의 맥베스 부인」을 갑자기 공격한 것을 보면 잘 알 수 있듯 소련 공산당은 더욱 야만스럽고 천박하게 문화에 개입하였고, 그 때문에 모더니즘 운동은 사실상 불가능해졌다. 말레비치의 추상화와 타틀린의 유토피아적 디자인 같은 초기의 찬란한 업적들은 결국 단명했다. 그들의 서글픈 역사는 내가 처음에 말했던 것을 강조해 줄 뿐이다. 모더니즘이 꽃을 피우기 위해서는 정치적 자유가 가장 중요한 전제 조건이라는 것 말이다.

무솔리니의 이탈리아

1

    이탈리아 파시즘은 나름의 방식으로 미술과 문학에 맞섰다. 그 이념과 관리 방식, 그리고 20년간의 통치에 있어서는 나치 정권과 놀랄 만큼 비슷했고, 전체주의 통치 방식과 엘리트주의를 가미한 대중 정치에서는 히틀러의 독일과 유사했다. 이탈리아 파시스트들도 나치처럼 합법적으로 권력을 획득하였다. 그들은 말 많고 잘난 척하는 교활한 정치인 베니토 무솔리니를 전지전능한 초인으로 끌어올려 놓았다. 정치적으로 거치적거리는 적들에게는 가차 없이 물리적 힘을 썼고 현대적 페미니즘과 노동조합 운동을 말살하려고 애쓰면서 자신들의 계획에 더 고차원적이고 새로운 인간의 육성을 포함시켰다. 또한 스포츠나 음악 교습, 공연이나 미술 전시회 등 모든 영역에서 평범한 시민들의 사생활을 침해하고 점차 더 가혹한 요구를 하였고 국가와 함께 당 찬가「조비네차」'젊음'이라는 뜻가 연주되고 불리게 했다. 젊음을 집권당의 지도 원리로 찬양하는 노래였다.

    이탈리아의 화가와 건축가들은 이미 파시스트 통치를 받아들일 준비가 충분히 되어 있었다. 1차 세계대전이 터지기 몇 년 전에 이탈리아 화가, 시인, 디자이너들이 단단히 뭉쳐 이룬 미래파는 떠들썩한 선언문과 속도와 역동성 같은 현대적 현상을 찬양하는 작품들로 국내외 대중을 깜짝 놀라게 했다. 미래파의 대중 연설은 맹렬하고 반전통적이며 거칠 것 없는 어조로 유명했고 남성다움이 필요하다고 주장하며 호전성을 과시했다. 이것들은 주로 미래파의 수장이자 대변인을 자처한 필리포 마리네티가 작성한 것으로, 타협적인 대외 정책에 대한 불만과 많은 이들이 남성적 자신감 결핍이라고 부르는 현상에 대한 우려를 확실히 드러냈다. 이런 이념 때문에 그들은 파시스트의 모호하지만 야심만만한 의제의 이상적인 선구자가 되었다. 이렇게 해서 모더니즘의 여러 요소들이 변형을 거치지 않고 그대로 파시스트 문화에 유입되었다.

미래파가 흥미를 불러일으키게 된 것은 부분적으로 이탈리아 입헌군주국의 위태로운 상황 때문이기도 했다. 1914년 이후 미래파와 그 추종자들이 연합국 대 반동 독일, 오스트리아 제국과의 전쟁에서 이탈리아가 연합국 편에 서야 한다고 그토록 강하게 주장했던 것은 이탈리아가 참전하면 국내에 어떤 변화가 일어날 것이라고 기대했기 때문이다. 수많은 이탈리아 지식인들이 조국의 정치가 너무 오랫동안 변치 않았고 부패하고 분열되어 거의 내전 직전이라며 경멸하고 있었다. 미래파의 반전통적인 열망에 동조하지 않은 우파 중재자들은 법질서의 회복을 기대했다. 하지만 이들의 임시 좌파 동맹자들은 이탈리아의 국제적 행동주의에 뒤이어 반드시 혁명이 일어날 것이라고 기대했다.

1915년 이탈리아가 연합군에 합류함으로써 열성적인 전쟁 지지자들은 소원을 이루었다. 하지만 전쟁의 양상과 그 결과에 대부분의 이탈리아인들은 심각한 환멸을 느꼈다. 대부분이 승전 후 1919년 이탈리아가 배분받은 전리품이 너무 적다고 생각하여 큰 모욕감을 느낀 것이다. 패전국인 독일인들과 마찬가지로 이탈리아인들도 아주 극적인 변화를 기대하고 있었던 것 같다. 이후 몇 년 동안 국내 사정이 불안정하여 정치화된 노동자들이 공장을 차지했고 폭력적이고 악랄한 우파들이 거리에서 공산주의자들을 공격하고 모든 시의 자치권을 강탈하였다. 1922년 10월 파시스트들의 '로마 진군'은 선전가들에 의해 곧 신화적인 사건이 되었고 파시스트들은 권력을 획득할 수 있었다. 실상 무솔리니는 힘 안 들이고 그 기차에 올라탔으니, 저명한 이탈리아 사학자 가에타노 살베미니Gaetano Salvemini는 그 극적인 권력 획득을 "웃기는 오페라"라고 경멸했다. 하지만 어찌 됐건 그 일은 명백히 파시스트의 승리였다.

앞서 말했듯 이 새 정권은 고급문화의 여러 문제에 대해 특유의 해법을 가지고 있었다. 하지만 처음에 특별했던 그 정권도 시간이 흐르면서 점차 히틀러의 독일을 닮아 갔다. 1936년 10월 이탈리아 파시스트들은 나치 독일과 동맹을 맺고 '주축국'이 되더니 2년 뒤에는 약한 척 그 북쪽 동맹국에 알랑거리며 유대인법을 공포했다. 하지만 이탈리아 파시즘이 이렇게 부화뇌동하면서 창조적 지성들을 점점 더 억압하기는 했지만 나치처럼 체계적으로 아방가르드를 짓밟지는 않았다. 그러니 이탈리아의 예술 정책은 전체주의 국가 중에서도 특이했다. 장수한 형이상학적 화가 조르조 데 키리코Giorgio de Chirico는 그 파시즘의 희비극 속에서 살아남아 훗날 자서전에서 이처럼 솔직하게 밝혔다. "진실을 밝히자면 파시스트들은 화가들이 뜻대로 그림 그리는 것을 금지한 적이 없다. 사실 대부분의 파시

스트들은 파리에 반한 모더니스트였다." 무솔리니는, 독립적인 태도를 전혀 허용하지 않았던 나치라면 결코 이해할 수 없었을 화가들을 거의 그대로 내버려 두었다.

무솔리니가 선언한 것이 있기는 했는데 다소 불명확했다. 그 총통은 1926년 12세기 이탈리아 회화전 개막과 함께 "새로운 예술, 우리 시대의 예술, 즉 파시스트 예술"을 요구한 바 있었다. 그러나 2년 뒤 훌륭한 파시스트가 되는 것이 곧 예술적 성공을 보장한다는 극단주의자들의 호언장담을 완전히 뒤엎었다. "당원증이 재능 없는 사람에게 재능을 주지는 않는다."[371]라고 말이다. 모더니즘 연구자들은 이런 진술이 모순된 것이라고 생각했다. 당대를 위한 예술의 필요성을 선언한 것은 보들레르나 마네 같은 19세기 모더니스트들과 같았지만 그 예술을 파시스트 예술로 규정하는 것은 예술을 정치적 의제에 복종시킨다는 뜻이었다. 즉 파시즘은 자율성을 주장하는 모더니즘과 결코 양립할 수 없다는 것이다. 또한 예술적 재능과 정치적 충성심을 분리하게 되면 예술을 위한 예술이라는 정치적으로 중립적인 논제를 옹호하게 되기 때문에 더 문제가 되었다. 이탈리아 화가들이 어느 정도의 독립성을 유지할 수 있었던 데에는 이런 내막이 있었던 것이다.

파시스트의 21년 집권기 동안 아르투로 토스카니니Arturo Toscanini의 이력을 보면 파시스트와 나치의 차이점이 확연히 드러난다.* '로마 진군'이 있기 한참 전에, 그러니까 무솔리니의 정치 기획이 좌파가 될지 우파가 될지 명확해지기 전에, 당시 열정적 국수주의자였던 토스카니니는

---

* 물론 토스카니니는 모더니스트가 아니었지만 예술가로서의 자율성을 단호하게 지키려는 그의 태도는 정치적 검열로부터 자유를 암암리에(때로는 노골적으로) 요구했던 모더니스트들의 태도와 똑같은 것이다. 이 점은 이탈리아 전체주의와 독일 전체주의의 큰 차이를 보여 준다.

그때 막 창당된 파시스트당에 자기 이름을 올렸다. 그러나 그 당이 깡패들의 폭력을 전술로 이용하는 것을 보고는 거리를 두었다. "만약 내가 사람을 죽일 수 있었다면 무솔리니를 죽였을 것이오."[372] 토스카니니는 상당한 위험을 무릅쓰면서도 변하지 않았고 협조하지도 않았다. 밀라노 라스칼라 극장의 지휘자로서「조비네차」연주를 계속 거부했던 것이다. 정부의 명령을 경멸하고 무시하면서 자신이 반파시스트라고 공언했다. 폭력배의 기습을 당했지만 뜻을 굽히지 않았다. 오히려 그 '고집' 덕분에 국제적으로 언론의 주목을 받았다.

 토스카니니는 다른 전체주의자들에 대해서도 일관되게 반대했다. 1933년 히틀러가 독일에서 집권한 뒤에는 바이로이트 바그너 축제의 지휘를 거절했다. 외국인 최초의 지휘자라는 대단한 영예를 얻을 수 있었을 텐데도 말이다. 토스카니니는 오스트리아의 수상 쿠르트 폰 슈슈니크가 독일에 항복해야 할 것 같은 압박감을 느끼던 위험한 시기, 그러니까 오스트리아 합병 한 달 전, 잘츠부르크에서도 그랬다. 하지만 토스카니니는 살아남았다. 그것도 화려하게 살았다. 여기저기서 창단된 미국 주요 오케스트라들을 지휘하면서 말이다. 무솔리니는 처형당하기 얼마 전에 토스카니니가 잘못된 행동을 많이 했지만 지휘자로서는 가장 훌륭했다며 최고의 찬사를 보냈다. 빌헬름 푸르트벵글러 나치 정권을 옹호한 베를린 국립오페라극장의 지휘자가 그렇게 반항했다면 과연 히틀러가 살려 두었을까?

2

 새로운 로마의 통치자들은 원칙에 얽매이지 않았다. 아니, 필요할 때는 어떤 원칙이든 열렬히 따랐다. 그들은 각 상황의 요구에 따라 (그들의 말대로라면) 실용적으로 대처했다. 그리고 그들의 무기 중에는 살인도 있었다. 1924년 정부가 사회주의 국회의원 자코모 마테오티를 암살하여 몹시 크게 물의를 일으킨 적이 있었다. 그러니 무솔리니 정부를 곤혹스러운 상황에서 구해 낼 수 있는 것은 반파시스트 진영의 지독한 분열밖에 없었다. 냉혹한 방법들이 점차 늘어나는 가운데 정부는 감금 confino에만 의존하여, 1만 5000여 명에게 국내 추방형을 선고한 뒤 먼 남부에 있는 연금 주택에 감금하여 그들을 직접 죽이지 않고 정치 활동에서만 몰아냈다. 카를로 레비 Carlo Levi는 문학을 위해 의사가 되기를 포기한 화가이자 작가로, 그 감금의 희생자 중 가장 유명한 인물이다. 파시즘의 악몽이 끝난 후에 레비는 자신이 루카니아라는 남부 오지로 추방당했던 이야기를 『그리스도는 에볼리에 머물렀다 Christ Stopped at Eboli』 1945라는 훌륭한 책으로 만들어 냈다. (그리스도는 에볼리에 들렸지만 레비가 유배당했던 곳까지 오지는 않았다.) 그 책은 대부분의 이탈리아인들이 깨닫지 못했던, 파시즘의 가장 악랄한 측면에 대해 고아하면서 감상적이지 않고 대단히 감동적으로 기술한 에세이다. 다른 사람들은 감금을 피해 외국으로 떠났다. 정치이론가이자 소설가인 이그나치오 실로네는 스위스에서 반파시스트 책을 냈고, 사학자 가에타노 살베미니는 마침내 하버드대학교에서 강의하게 되었다. 나치 독일을 피해 떠난 수많은 망명자들이 미국과 영국의 문화를 대단히 풍요롭게 만들었던 것처럼, 이탈리아 망명자들도 수는 그리 많지 않았지만 강요된 문화적 이동에 한몫 하였다. 이런 이주는 모더니스트들에게 해로울 것이 전혀 없었다.

  파시스트의 통치기인 20년 동안 달갑잖은 정치적 저술은 당연히 억압받았다. 나치는 집권하자마자 유대인이건 아니건 막무가내로, 민주적 혹은 '퇴폐적인' 작가들과 저널리스트들을 억압했지만, 이탈리아 파시스트 정권은 그들과 달리 정치적 조치를 취하는 데 뜸을 들였다. 그러나 1925년이 되자 결국 엄격한 법들이 언론의 자유를 파괴하려고 했다. 1920년대 말에는 비교적 진보적인 정기간행물들이 대부분 발행을 중지할 수밖에 없었다. 편집자의 문학적 취향과 정치적 관점을 직접적으로 드러내고 있던 것들이었다. 그리고 1930년대 초가 되자 모더니스트 성향이 있는 이탈리아 작곡가들은 정치적 통제에서 벗어나기 힘들어졌다.

갈수록 더 큰 불안을 낳는 이런 분위기에서 파시스트 정권은 적어도 1938년 반유대인법이 통과되기 전까지는 예술 작품의 내용을 규제하지 않고 그것들을 이용하였다. 마리네티 같은 모더니즘의 사촌들은 무솔리니가 새로움을 강조하는 한 그 총통의 새로운 로마를 지지했다. 한편 파시스트 정부는 서유럽 자본국의 대규모 전시회에 작품을 보내려는 대외 정책에 따라 훌륭한 작품들, 주로 이탈리아 르네상스 고전 작품들을 그러모았다. 모더니즘에 무관심한 영리한 문화 제국주의의 좋은 예였다. 이탈리아는 더 제국주의적이 되어 갔고 1935년 아비시니아에 대한 공습을 계기로 국제 무대에서 침략성을 노골적으로 드러냈으며, 모더니스트든 아니든 모든 예술가에게 정치적 명령에 복종할 것을 강요하게 되었다. 그러나 이탈리아는 나치 독일과 소비에트연방처럼 전적으로 비굴한 작품만을 요구하지는 않았다. 파시즘은 생산하면 안 되는 작품에 중점을 두고 억압했지, 작품의 생산 자체에는 그다지 큰 영향을 끼치지 않았기에 예술에 대한 파시즘의 영향은 대체로 소극적이었다. 그러나 양차 세계대전 발발 사이의 4반세기 동안은 문화적으로 덜 훼손된 다른 나라들에서도 불후의 명작들의 수가 아주 눈에 띌 정도로 줄었다. W. H. 오든이 말한 '불안의 시대', 분노와 재무장, 고칠 수도 가라앉힐 수도 없는 사회적 긴장의 시대, 국제적 파시즘과 공산주의라는 쉽게 폭력에 의지했던 시대, 전 세계적인 공황의 시대였던 것이다.

───────

　나는 시종일관 정치적 관점과 예술적 재능 사이에는 기계적 연관관계가 없다는 것을 강조해 왔다. 그것은 앞서 보았듯 무솔리니조차 알고 있던 사실이다. 그러나 우리는 모더니즘이라고 부르는 창조적 모험에 나치 독일이 참여하지 않았다는 사실과 파스테르나크와 프로코피예프 같은 소수의 재능 있는 (그리고 운도 좋은) 예술가들만 살아남은 소비에트연방 문화가 완전히 몰락한 것, 또 '이탈리아 모더니즘'이라는 구호가 반복적으로 등장했지만 소용이 없었다는 점을 통해 앞서 언급한 가설이 비약이 아님을 확인할 수 있었다. 우선 정치를 포함한 문화적 기반들이 서로 상호작용하여 모더니즘의 출현 혹은 생존을 가능케 할 사회적 조건들을 마련해야 한다. 고급 및 저급 문화에 대한 전체주의적 통제와 그 반대편 극단에 있는 반현대적 모더니스트 괴짜들 사이에는 공통점이 하나 있다. 모더니즘이 숨을 쉬려면 어느 정도의 공간이 필요한지를 각자 나름의 방식으로 보여 주었다는 것이다.

10

모더니즘의 부활

9

괴짜와 아만인

모더니즘은 죽었는가?

　　2차 세계대전이 끝난 후에 모더니스트 예술가들은 자신들이 전체주의, 박해, 전쟁의 시련 속에서 겨우 살아남았다는 것을 소설, 그림, 건축 작품으로 증명해 보였다. 그들이 심하게 얻어맞은 상태이기는 했지만 여전히 에너지는 넘쳤다.*[373] 그러나 그들의 전복적 신념들은 여전히 심각한 위기를 쉬고 있었고, 새로 대두된 것이든 예전부터 있던 것이든 그 위기는 1945년 이후 특히 더 심각해졌다. 한 예로 불가피하게 고급문화에서 평등화가 진행되자 안목 있는 모더니스트들 중에 희생자가 생겨났다. 이 문제에 대해서는 앞으로 더 다루겠다. 10장에서는 모더니즘의 오랜 생존에 대해 의문을 제기하고, 어딘가에서 어떻게든 그 모더니즘이 이미 죽었다는 암시를 확실히 해 두겠다.

　　실제로 살아남은 거인들은 모두 거침없는 독창력을 겨루었지만 전쟁이 끝난 그 시기에 과연 기다릴 미래가 있는가 하는 의구심을 품게

---

* 스탈린은 물론 1953년에 죽었지만, 그 이후에도 억압적인 문화 정책은 수년간 계속되었다.

되었다. 여하튼 오랫동안 미술과 문학의 보물창고에 활기를 불어넣거나 혁혁하게 기여했던 그 소중한 호위병은 늙어 가고 있거나 죽어 버렸다. 마티스는 1954년에 죽었다. 피카소는 1979년까지 살았지만 마지막 열정을 쏟아 부은 작품들, 즉 들라크루아의「알제의 여인」, 벨라스케스의「시녀들」, 마네의「풀밭 위의 점심식사」같은 고전들을 모더니즘적으로 해석한 것들은, 열광자들이 있기는 했지만 눈에 띄게 새로운 일탈을 이루어 내기에는 짜임새가 너무 약했다. 시를 통해 여러 세대의 문학 풍토를 완전히 바꾸어 놓았던 엘리엇도 1965년에 죽었고, 그보다 10년 먼저 월리스 스티븐스¹⁵⁹⁴年 퓰리처상을 수상한 미국 시인가 죽었으며, 이들은 제대로 된 후계자를 남기지 못했다. 국제주의 건축은 이제 너무 낡았고 내세울 만한 이론을 남기지 못했다는 이유로 비난받고 있었다. 물론 에우제네 이오네스코, 사뮈엘 베케트, 해럴드 핀터 같은 소수의 유망한 극작가들이 있었고 앞으로 불후의 모더니즘 걸작이 등장할 수 있을지도 모른다는 희망을 불러일으킨 것은 사실이었다. 하지만 그들의 작품은 모더니즘을 구해 줄 뗏목이라기보다는 눈에 띄는 예외에 불과했다. 재능은 뛰어났지만 천재성은 거의 없었다. 스트라빈스키가 발란신을 위해 작곡했던 후기 발레곡들에는 슬픈 작별의 분위기가 물씬 풍긴다. 그리고 착한 사람들은 물론이고 많은 이들에게 과거의 짐, 즉 충성스러운 동포들이 정부의 명령에 따라 저지른 범죄라는 짐은 감당하기 버거웠다.

과거 청산

1

1918년의 선조들보다 1945년의 예술가들이 더 힘들었다. 이 시기는 완전히 세계대전이 끝난 해로서, 이후 독일은 침략자로 낙인 찍혔고 승전국들의 응징을 받았다. 그런데 1918년과 1919년의 평화협정 이후에는 고급문화에 놀랄 만한 변화가 거의 일어나지 않았다. 대조적으로 2차 세계대전의 종전은 독일을 제외한 유럽 국가들의 지도에는 별다른 변화를 일으키지 않았지만, 해명해야 하고 근절하고 피해야 하는, 도덕적으로 크게 타락하여 참기 힘들 만큼 참혹한 고급문화를 놓고 성토하는 이들의 출현을 야기했다. 1949년 독일 철학자 겸 문화비평가이자 마르크스주의 프랑크푸르트 학파의 수장인 테오도르 아도르노Theodor Adorno는 "아우슈비츠 이후" 시를 쓰는 것은 "야만적인 일"이 될 것이라고 예언하였다. 아도르노의 절망적 예언에 동조한 사람들은 많지 않았지만, 그는 모든 국가에 대량살상이라는 이데올로기적 무기를 휘두른 "시인들과 사상가들의 땅(독일)"의 문명에 과연 아름다움과 인간성이 어울리느냐는 근본적인 의구심을 제기하였다.

2

그러니 1945년 독일 작가들과 예술가들은 너무도 무거운 짐을 짊어지게 되었다. 물론 당연히 감당해야 할 몫이었다. 너무도 많은 교육받은 사람들이 나치 정권을 환영하고 기꺼이 그 정권에 협조하였고, 적어도 순응하였으니까 말이다. 수많은 교수, 학계 인사, 미술관과 출판사, 극장, 오케스트라 운영자들, 그리고 1933년 대학과 예술, 출판, 저널리즘 분야의 유대인 종사자들과 정치적으로 바람직하지 못한 사람들의 숙청에 전혀 반대하지 않았거나 묵인했던 사람들은 정말이지 어마어마하게 많다. 진득한 독일 모더니스트들인 막스 베크만과 같은 아방가르드 화가, 발터 그로피우스(분명히 밝혀 두는데, 이 인물은 나치 정권의 환심을 사려고 애쓰다 실패한 뒤에야 그 새로운 독일에 자기 자리가 없다는 것을 깨달았다.) 같은 현대 건축가들은 어떤 의미에서는 운이 좋았다. 히틀러가 그들에게 활개 칠 기회를 안 주었기 때문이다.

삐딱하게 보자면 독일의 오천만 유대인 대부분도 마찬가지로 운이 좋았다. 과거에 그들은 완전한 독일인이 될 수 있을 것이라고 믿으며 자신들의 출신을 (부드럽게 말하자면) 필사적으로 속였다. 유대인들은 점점 더 강한 낙인이 찍히자 그제야 배은망덕한 조국을 떠나야겠다는 생각을 하기 시작했다. 그리고 그야말로 목숨이 위험한 사람들도 있었다. 노골적인 반나치 극작가 카를 추크마이어 같은 이들이었다. 그의 희곡은 1933년부터 줄곧 공연을 금지당하였으니 그도 남들처럼 미국 망명을 선택했다. 그러나 이 망명자들은, 결국 체포되기는 했지만 한때 폭력배들과 사이 좋

토마스 만 1875-1955 "1933년에서 1945년 사이 독일에서 출판된 책들은 쓰레기만도 못하니 그것을 처리할 일도 고민이다. 피와 치욕의 악취가 배어 있다. 갈아서 펄프로 만들어야 한다." 토마스 만은 독일 작가들이 1945년에 직면한 곤경의 핵심을 건드린 것이다. 그들의 언어는 나치의 생각과 용어로 철저하게 오염되어 있었으며 다시 사용하려면 정화해야 했다.

게 동업했던 영향력 있는 독일인들이나 외국에서 벌이도 좋고 명예도 높은 일자리를 구할 수 있었던 소프라노 가수 엘리자베트 슈바르츠코프, 칭송받는 시인 고트프리트 벤, (지금은 너무도 유명해서 진부할 정도지만 또다시 꼽을 수밖에 없는 사례) 철학자 마르틴 하이데거 같은 독일 문화의 별들만큼은 대단하지 않았다.

그 영향력 있는 이들이 문명에 행사한 배신 행위에 대해 망명자들은 호통을 쳤고, 그것은 정당한 행동이었다. 나치 집권기에 외국에 있다가 종전 후 스위스에 정착한 토마스 만은 1945년 남부 독일 신문 《아우구스버거 안차이거》에서 이런 충격적인 말을 했다. "근거 없는 말처럼 들릴 수도 있겠지만, 어쨌든 내가 보기에 1933년에서 1945년 사이 독일에서 출판된 책들은 쓰레기만도 못하니 그것을 처리할 일도 고민이다. 피와 치욕의 악취가 배어 있다. 갈아서 펄프로 만들어야 한다."[374] 자신의 미학 원칙들을 버리거나 유대인 친구들을 저버리지 않았던 소수의 영웅들 말고는 이런 말이 너무 가혹하게 들렸을 것이다. 그러나 토마스 만은 독일 작가들이 1945년에 직면한 곤경의 핵심을 건드린 것이다. 그들의 언어는 나치의 생각과 용어로 철저하게 오염되어 있었으며 다시 사용하려면 정화해야 했다. 만은 오랫동안 모더니즘의 형성과 진보에 활발하게 관여했던 독일을 나치 이전의 상태로 복구하기가 얼마나 힘든가를 엄숙하게 경고하고 있었다.

너무나 어렵고도 절박했다. 독일의 해방기부터, 이를테면 아도르노의 말을 안 듣고 계속 소설과 시를 썼던 젊은 작가들은 자신들이 독이 묻은 도구를 다루고 있다는 것을 잘 알고 있었다. 그들은 독일 구세대 작가들의 영향을 거의 받지 않았다. 다작의 소설가이자 세계적으로 유명한 아동 문학 작가인 에리히 캐스트너 Erich Kaestner 같은 반나치주의자들에게

서조차 큰 영향을 받지 않았다. 히틀러 시대 작가들이 '내적인 이민'을 했다는 말은 아무리 솔직한 현실 고백일지라도 많은 신세대 작가들에게는 진부한 변명으로 들렸다. 국내에 남아 지배자에게 가능한 한 적게 협조했다는 것은 괜찮은 일이기는 했지만 결코 충분한 면죄부가 되지는 않았다. 여하튼 나치 항복 이후의 독일 작가들은 곧 의존할 작가들을 찾아 나섰다. 나치가 금지하고 불태웠던 국내외 작가들이다.

그렇게 해서 독일 소설가들과 시인들은 역사에 휘말려 자신들도 모르게 모더니즘에 다가가게 되었다. 조국이 연합군에 무조건 항복을 선언한 지 2년 뒤, 소수의 핵심 인사들은 '47그룹 Gruppe47'을 결성하였다. 47그룹은 문학을 토론하고 집필 중인 작품을 검토하는 비공식적인 작가 모임이었는데, 더 순수하고 새로운 문학의 추구를 목표로 매년 모임을 열고 상을 제정하여 20년 동안 지속하였다. 독일 문학에 대해 변치 않는 애정을 유지하며 20년간 독일에서 가장 유력한 도서 비평가로 군림하며 문학계의 '황제'로 불렸던 동유럽 유대인 마르셀 라이히 라니츠키 Marcel Reich-Ranicki도 그 그룹에 정기적으로 참여하였다. 그는 자서전에서 47그룹에 대해 이렇게 말한다. "규칙도 없고 지도자도 없었으며 협회도 집회도 아니며 클럽도 학회도 아니었다. 회원 명부도 없었다."[375] 질서에 대한 열망이 자주 풍자의 대상이 된 이 나라에서 조직에 대한 이러한 반감은 대단히 반독일적인 것처럼 보였겠지만 나치가 남긴 독이 가득한 수렁을 생각해 보면 꼭 필요한 것이었다. 그리고 그 그룹은 1959년 귄터 그라스 Günter Grass의 주목할 만한 소설 『양철북 Die Blechtrommel』을 등에 업고 바로 국제적인 인정을 얻었다.

그라스의 『양철북』은 플로베르의 『마담 보바리』 이후 가장 떠들썩하게 데뷔한 소설일 것이다. 작가는 당시 서른두 살의 젊은이로 그다지 유명하지 않았다. 단치히그단스크에서 독일계 폴란드인 부모 아래서 태어난 그는 미술을 공부했으며 파리에서 몇 년을 지낸 뒤 초현실주의 시와 다소 기괴한 희곡들을 쏟아냈다. 그 작품들은 문명화되었다고 불릴 만한 글쓰기로 되돌아가는 유일한 방법이 전복적인 미학 이데올로기, 이를테면 모더니즘에 기여하는 것이라는 걸 보여 주었다. 하지만 독자들은, 아마 그라스 자신도 『양철북』을 맞을 준비가 되어 있지 않았다. 그 작품은 상당한 분량에, 냉정한 르포르타주와 이후 '마술적 사실주의'라고 불리게 될 것들을 절충적으로 결합한 것이었다. 성애를 노골적으로 묘사한 『양철북』은 예전에 중요했던 '문학의 품위' 따위에는 관심도 없었다. 하지만 방대한 어휘들을 훌륭하게 다룬 덕분에 가장 세련된 문학의 수준에 올랐다.

『양철북』의 화자이자 '주인공'인 오스카 마체라트는 서른을 앞두고 있다. 난쟁이이며 꼽추인 그는 세 살 때부터 성장을 멈추기로 작정했다. 오스카는 냉정하고 무자비한 시선으로 주변의 나치 정권을 관찰하지만, 그의 유일한 진짜 관심은 자신의 생존이다. 충동을 억제시켜 주는 초자아가 없는 것이나 다름없었던 오스카는 여러 명의 죽음을 유발하지만 늘 죄를 면한다. 그라스가 창조한 (대체로) 평범한 남자와 여자들로 이루어진 끔찍한 세상에서 벌어지는 모든 불안정한 일들에는 냉정한 자기 억제가 필요한데, 그는 이미 억제력을 충분히 갖고 있었다. 비평가 페터 데메츠의 지적은 적절했다. 그라스는 "타고난 열정과 믿을 수 없을 만큼 풍부한 어휘"로 "소설이 죽었다거나 독일어의 빈약함이 치명적이라는 진부한 문구를 웃음거리로 만들었다."[376]

그라스는 거기서 그치지 않았다. 두 번째 작품은 첫 번째 작품만 하지 못하다는 흔한 통념을 깼다. 이후 두 편의 소설을 더 내며 단치히 3부작을 마무리하였다. 다소 분량이 적은 『고양이와 쥐』1961와 2년 뒤에 나온『개의 나이』는『양철북』만큼 유려하고 상상력 넘치며 관능적이고 환상으로 가득 찬 작품으로 첫 작품에 버금가는 성공을 거두었다. 그러나 그 3부작 중 유독 첫 번째 작품이 그라스의 걸작으로 역사에 남았다. 먼저 나왔기 때문이기도 하지만, 그라스 자신을 포함하여 그 누구도『양철북』의 에너지를 능가하거나 극적 통일성과 에피소드의 추진력을 더 적절하게 융합할 수 없었다.『양철북』은 모더니스트의 옷을 입은 17세기 식 피카레스크 소설이었다.

    단 하나의 소설 혹은 단 한 명의 소설가가 십여 년에 걸쳐 독일 문화를 파괴한 정권의 야만성을 없애는 일을 시작했다고 말한다면 어리석은 것이다. 패전 독일에서 1950년대와 1960년대는 극도의 부인의 시기였다. 아들딸들은 이렇게 질문해 댔다. "아빠는 전쟁 때 뭘 하셨어요?" 솔직한 대답은 좀처럼 들을 수 없었다. 게다가 1990년이 돼서야 통일된 1950년대 스탈린주의 동독과 자본주의 서독의 분단은 너무도 난처한 문제를 야기했다. 점점 더 많은 작가들이 동독의 스탈린주의 낙원에서 달아나 고도의 자본주의, (비판자들이 미국화라고 부르는) 자유기업 국가의 믿을 수 없는 자비심에 몸을 맡긴 것이다.

    바로 이런 암울하고 무거운 분위기를『양철북』이 깨뜨렸다. 물론 귄터 그라스 혼자 한 일은 아니었다. 미국에서는 제대로 평가받지 못하고 있던 볼프강 쾨펜 Wolfgang Koeppen 같은 여러 소설가들과 함께였고, 어떤 때는 이들이 약간 더 앞서기도 했다. 쾨펜은 1950년대에 전후 독일의 번영을 풍자하는 세 권의 소설을 내놓았다. 급속히 복구되어 가는 조국이 천박한 물질주의를 지향하고 있으며 나치 독일의 끔찍한 경험을 감추기 위해 안달이라며 역겨워했다. 그는 모더니스트들의 양식적 장치들을 이용하였다. 『풀밭 위의 비둘기』1951는 쾌락을 추구하는 다양한 인물들을 단 하루에 집약하여 보여 주었다. 『핫하우스』1953에서는 주인공이 본에서 나치 이전의 권력을 받아들이지 못해 자살하려고 하며, 회의와 모임 속의 바람직하지 못한 독일 정치인들의 모습을 포착하고, 상당히 긴 내적 독백으로 인물들을 가차 없이 파헤쳤다. 『로마의 죽음』1954에서도 역시 내적 독백 기법으로 나치 아버지와 반나치 아들들 사이의 건널 수 없는 세대 갈등을 세세히 폭로하며 분개했다. 나치 이후 독일에도 오이디푸스가 있었고 잘 지내지 못했던 것이다. 이렇게 쾨펜처럼 독일에 대해 노골적으로 환멸과 분노를 드러냈던 일은, 그라스가 온건한 사회주의적 사회민주당에서 정치 활동을 했던 것만큼 드문 일이었다. 일반적으로 독일 아방가르드 소설가들은 실제적 정치 운동의 늪에 빠지지 않았다. 그라스는 다른 많은 독일 전통을 깨뜨렸던 것처럼 그 전통도 깨뜨렸던 것이다.

소수의 독일 아방가르드 화가들은 조국이 남긴 치욕스러운 유산을 작가 동포들보다 더 흔쾌히 직시하였다. 간접적인 경우가 많았지만 때로는 직접적으로 나치 집권기를 무서울 만큼 집요하게 상기시켰다. 이들 중 씩씩대며 동베를린에서 서베를린으로 이주한 사람들이 가장 눈에 띄었다. 그중 첫 번째는 게오르크 바젤리츠 독일 신표현주의 미술의 선구자로 1957년 열아홉의 나이에 이주했고, 4년 뒤에는 서른한 살의 게르하르트 리히터 사진과 회화, 추상과 구상의 경계를 허문 현대 미술의 거장가 이주하였다. 이들, 그리고 이들과 비

숫한 모더니스트들은 두 적과 싸워야 했다. 그들이 기꺼이 버리고 온 사회주의 리얼리즘, 그리고 서독 화가들이 대량으로 생산하고 있는 서로 비슷비슷한 불쾌한 추상화였다. 바젤리츠와 추종자들은 이를 무시하고 구상화를 고집했지만 비례를 무시하고 정교한 붓놀림을 쓰지 않아 마치 소질 없는 아마추어의 그림처럼 보일 뿐이었다. 바젤리츠의 「하수구 밑의 굉장한 밤Grosse Nacht im Eimer」1962-1963은 심하게 왜곡된 나신이 거대한 페니스를 붙잡고 있는 그림으로 얼굴과 몸이 물감으로 얼룩덜룩하게 문질러 발라져 있다. 바젤리츠는 ("자극하고자 하는 의도는 없다. 추상화와 거리를 두는 것이 내 목표다."[377]라고) 부인했지만, 그 그림은 그가 고급 취향의 정전과 숙련된 화법에 반항함으로써 독일 선조들은 물론이고 서독과 동독의 부르주아 전체, 즉 모두를 얼마나 경멸하고 있는지 보여 준다.

3

승전국의 국민이 된 프랑스인들에게도 양심에 걸리는 문제들이 있었다. 물론 독일인만큼 심각하지는 않았다. 프랑스 문인들의 반대를 부시하고 파시스트 소설가들과 비평가 로베르 브라지야크Robert Brasillach를 역적으로 몰아 처형하는 것은 간단한 일이었다. 젊은 프랑스 여성들이 성적으로 외로워서든 돈 때문이든 그저 비싼 실크 스타킹 한 켤레를 얻기 위해서든 점령군들에게 성적으로 원조하였다며 그들을 조롱하고 굴욕을 주며 그들의 머리를 밀어 버림으로써 독선적인 복수심을 충족시키기는 훨씬 더 간단했다. 프랑스 전역에서 숙청의 장관이 이어지면서 사람들이 모여들었다. 이때(1944년 8월) 마침내 여성들이 투표권을 얻게 되었지만 대중은 이런 소란을 통해 여성들에게 굴욕을 주면서 내면에 잠재된 여성에 대한 복수심을 공공연하게 즐겼다. (드물게 스트린드베리와 함순 같은 예외가 있지만) 모더니스트들이 과제로 삼았던 여성들의 오래된 불만 해소 때문에 새로운 체제에 대한 프랑스인들의 저항이 야기되기라도 했다는 듯이 말이다.

  능수능란한 소수의 장사꾼들은 독일 점령기와 독일에 굽실거리는 비시 정권 집권기 동안 안락을 누리다가 연합군이 파리에 도착하자마자 갑자기 애국심을 깨달았다는 듯이 굴었다. 하지만 이들은 평범하기 때문에 제대로 밝혀내기가 오히려 더 어려웠다. 코믹 소설가 장 뒤투르Jean Dutourd는 가벼운 소설이면서도 엄청나게 성공한 『좋은 버터 Au Bon Beurre』 1952에서 그 분란의 시기 동안 프랑스 프티부르주아들에게 만연해 있던 기회주의를 신랄하게 풍자했다. 이들이 바로 아주 적절한 순간에 "드골 만세!"를 외친 배신자들이었다. 1940년 6월부터 4년 동안 드골 장군은 반비시 세력의 변함없는 대변자로 런던에서 자유프랑스위원회를 조직한 인물이다. 그런 뒤 파리가 해방된 1944년 8월부터 단 한 번의 좌절을 제외하고 1970년 죽을 때까지, 키가 훤칠하고 검소하며 세련되고 거의 왕족에 가까운 드골은 평생 프랑스의 매혹적인 우상으로 남았다.

  드골의 새로운 추종자들 대부분은 레지스탕스 운동 때 주로 있지도 않았던 자신의 영웅적인 업적을 과도하게 자랑하며(자신들의 조상 중에 유대인 조부모를 찾아냈던 독일인 예술가들과 비슷하게) 자신들의 무심함, 비굴함, 혹은 외국인혐오에 대해 사실상 의식적으로 죄책감을 드러냈다. 혹은 절박하게 변명거리를 찾았다. 그러나 프랑스로서는 다행스럽게도, 프랑스 문화는 그 모든 것으로 문학을 만들어 냈다. (볼테르의 말을 바꾸어 써 보자면) 만약 장 폴 사르트르가 존재하지 않았다면 프랑스는 그를 만들어 냈을 것이다.

장 폴 사르트르 1905-1980 사르트르에게 문학과 철학은 역동적이면서 깊이 숙고해야 하는 지적 태도의 서로 다른 양상이다. 철학을 설명할 때면 유려한 문장으로 논문을 썼고, 희곡이나 소설을 쓸 때면 그나마 조금 있는 플롯도 실존주의 원칙에 입각하여 짰다. 이런 태도는 소설이든 철학이든 명백하게 모더니즘적이었다.

사르트르 연구자들 사이에서는 무엇보다 먼저 그의 정체성에 관한 문제가 논란이 되었다. 그가 장난 삼아 문학을 하는 철학자인가 철학을 가지고 노는 문학가인가 하는 것이다. 사르트르에게 그것은 문제가 아니었다. 사르트르에게 문학과 철학은 역동적이면서 깊이 숙고해야 하는 지적 태도의 서로 다른 양상이기 때문이다. 철학을 설명할 때면 유려한 문장으로 논문을 썼고, 희곡이나 소설을 쓸 때면 조금이나마 있는 플롯을 실존주의 원칙에 입각하여 짰다. 이런 태도는 소설이든 철학이든 명백하게 모더니즘적이었다. 격렬하고 인습에 얽매이지 않은 실존주의는 놀랄 만큼 독창적이었고 주관성을 지향했다. 실존주의가 덴마크 신학자 쇠렌 키에르케고르의 백년 전 글에 기댄 것을 보면 그 조상들이 많기는커녕 빈약하다는 것을 짐작할 수 있다. 그러나 수년 동안 실존주의자들은 늘 반복되어 온 질문들에 이단적인 대답을 내놓고 엄숙함과 용기를 요구하며 국제적으로 명성을 누렸다. 그리고 모더니스트들은 사르트르의 철학과 문학을 이용할 수도 있었다. 만약 모더니스트들에게 철학이 필요했다면 1930년대 말 윤곽을 드러낸 그의 실존주의가 확실한 후보였을 것이다.

사르트르가 인류를 사상의 전면에 내세웠어야 했다는 의견도 많이 있었다. 수도 없이 인용된 1946년 강연록에서 그는 실존주의가 '휴머니즘'이라고 주장했다. 그러나 휴머니즘은 여러 가지 해석이 가능한 모호한 용어다. 그러니 대부분의 독자는 사르트르가 형이상학자들의 난해한 범주보다 훨씬 강력하게 인간적인 문제의 중요성을 주장하고 있다고 생각했다. 그의 작품에서는 널리 인용되는 대사가 많은데, 그중 1944년 초연된 「닫힌 방Huis clos」에서 인물의 입을 빌려 이렇게 말했다. "타자他者는 지옥이다." 하지만 이 짧은 말이 사르트르의 사상을 대표하지는 않는다. 그는 인간혐오주의자가 아니었다. 부르주아 인간에 대해서만은 예외였지만.

사르트르의 판단에서 개인은 자유롭도록 선고받은 존재다. 자유롭기에 인간은 스스로 자신의 창조주가 되며, 자유롭도록 선고받았기에 이 자유에는 가장 무거운 책임이 수반된다. 게다가 인간을 이끌어 주고 인간의 행동을 자제시켜 줄 신이 존재하지 않기에 그 책임은 더더욱 무겁다. 여러 신학자들이 사르트르에 맞서 기독교적 실존주의를 전개했지만 사르트르의 신념, 아니 무신념에 없어서는 안 될 핵심은 바로 무신론이었다. 인간은 자기 뜻대로 살도록 세상에 내던져졌다. 신이 없는 삶, 신이 준 권위 있는 도덕적 질서가 없는 삶은 부조리와 본질적인 무의미를 드러낸다. 아버지의 죽음과 함께 오이디푸스콤플렉스가 해소된 뒤 인간의 상황과 유사하다. 아버지의 죽음으로 새로운 자유를 얻지만 동시에 새로운 책임도 져야 한다. 간단히 말해 실존주의는 철학 중 요구하는 게 가장 많았다.

1940년 프랑스가 전쟁에서 패하고 적군에 점령당한 상황에서 실존주의적 의무는 자연히 정치적 의무로 해석되었기에 사르트르는 동료 자유사상가들의 모범이었다. 그는 프랑스 군에 복무했고 포로가 되었다가 1941년 탈출하여 레지스탕스 활동을 했고 철학 연구를 이어 나갔다. 뛰어난 논객으로서 논문, 에세이, 소설, 희곡에서 자신의 사상을 전개하였다. 훗날 사르트르는 자신이 윤리적으로 실제적인 지향점을 가지게 되고 그래서 정치 운동을 하게 된 것이 2차 세계대전 덕분이라고 했다. 건축가 발터 그로피우스가 1차 세계대전 덕분에 좌파 정치 운동의 현실적인 대의를 채택하게 된 것과 마찬가지였다.

그러나 1950년대에 이르자 사르트르의 정치 참여는 궁지에 몰렸다. 독립에 안간힘을 쓰고 있는 프랑스 식민지 알제리를 둘러싼 충돌로 더 힘들어졌다. 8년 동안 양편이 유례없이 격렬하게 싸워 1962년 마침내 알제리의 승리로 끝이 났는데, 이후 사르트르는 고문을 허용한 정부 정책을 강하게 비난하며 정부와 첨예하게 대립했다.

이 "프랑스 대 프랑스" 전쟁에 비하자면 소비에트연방에 대한 그의 느낌은 아주 단순했다. 완고한 아방가르드 비평가인 사르트르는 아니나 다를까 좌파가 되었고 모든 프랑스 지식인들과 수백만 명의 평범한 유권자들과 마찬가지로 소비에트의 국내외 정책에 촉각을 곤두세우게 됐다. 다른 정당들이 크게 오류를 저지른 덕분에 공산주의 후보자들은 사르트르를 포함한 유권자들의 선택을 받았다. 이후 6년 남짓 동안 그는 중산계급에 대한 혐오 때문에 프랑스와 소비에트의 현실에 대해 더 현명하게 직시하지 못했다. 그는 당시 미국은 상원의원 조지프 맥카시$^{Joseph\ McCarthy}$의 '반공산주의' 숙청 운동으로 새로운 파시즘을 일으키고 있으며 반면 소비에트연방은 (그가 한때 거리낌 없이 비난했던) 결점이 뻔히 보이는데도 세계 평화라는 대의를 지지하고 있다고 굳게 믿었다. 이런 믿음은 1956년 10월에 소련연방의 군대가 헝가리 민중 폭동을 진압하면서 산산조각이 났다. 사르트르는 이 진압 작전을 "소비에트의 침략"이라고 딱 잘라 말했다. 그러나 "위대한 볼셰비키 실험"에 대한 그의 견해가 변했다고 해서 현대 문화에 대한 그의 사상적 영향력이 줄지는 않았다.

4

다행스럽게도 대중은 전혀 칭찬받지 못할 사르트르의 변덕스러운 정치적 행보보다는 그의 소설과 희곡을 더 중시했다. 그의 작품들은 직접적으로든 간접적으로든 전후 영향력 큰 문학적 모험을 두 차례에 걸쳐 이끌었다. 바로 부조리극과 누보로망이었다. 1950년대에 극작가들은 무의미와 잘못된 의사소통, 끝없는 절망으로 이루어진 세상으로 실험했다.

부조리극의 배우들은 생각을 말하지 않고 예로 보여 준다. 에우제네 이오네스코의 부조리극 『코뿔소 Rhinocéros』 1960년 초연에서는 한 무고한 시민이 자신의 예쁜 비서를 포함해 주변 사람들이 모두 순응을 갈망하며 코뿔소로 변하자 극도의 혐오감을 느끼며 경계한다. 사뮈엘 베케트의 『고도를 기다리며 Waiting for Godot』 1948에서는 두 인물이 메마른 나무 아래에서 차례로 이야기하며 '고도'란 것을 기다린다. 간단히 말해 부조리극 작가들의 공통점은 수세기 동안 극이 맹목적으로 따랐던 유서 깊은 전통을 깡그리 무시한 것이다.

가장 유망한 아방가르드 부조리극 작가는 다른 작가들의 스승이라 불리는 아일랜드인 사뮈엘 베케트였다. 극작가 겸 유명한 소설가로 주로 프랑스에서 작업하였다. 가장 유명하고 또 널리 공연된 『고도를 기다리며』에서 베케트는 변덕스러운 변민과 즐거운 유머, 재미있는 말장난을 실험했다. 베케트가 사르트르에게서라기보다 쇼펜하우어에게서, 그리고 경험을 통해 알게 된 것은 인생이란 태어날 때부터 재앙이며 인간의 조건에서 고립은 필수적이며 구원이란 설사 약속되어 있다고 해도 절대 오지 않는다는 것이다. 마찬가지로 자기 인식도 결코 오지 않는다. 베케트의 명언에는 이렇게 표현돼 있다. 인간은 무슨 일을 하든 반드시 실패할 수밖에 없으므로 인간이 의지할 수 있는 것은, 설사 다음 번에는 좀 더 나아진다고 해도, 다시 실패하는 것뿐이라고 말이다.

이것은 까다로운 원칙이었다. 《뉴욕 타임스》 비평가 브룩스 앳킨슨 Brooks Atkinson은 1956년 『고도를 기다리며』의 뉴욕 초연을 평하며 "이 칼럼이" 그 연극을 "설명해 줄 것이라고 기대하지 마시오."라며 발을 뺐지만, 결국 "수상한 힘"을 지닌 이 "수수께끼에 싸인 미스터리"가 "인간의 절망적인 운명에 대한 울적한 진실"을 전달했다고 결론 내렸다. 베케트의 열혈 연구자들이 주장하듯 그 칼럼이 그의 작품을 완벽하게 설명하지는 못했지만 독자와 관객이 그 작품에서 느낀 것 대부분을 잘 설명해 주었다.

『고도를 기다리며』에 대해 설명하지 않겠다고 했던 사람들 중에는 베케트 자신도 있었다. 베케트의 친구이자 그의 연극을 연출한 미국인 앨런 슈나이더가 베케트에게 이 연극적이지 않은 연극의 의미를 묻자 베케트는 이렇게 대답했다. "내가 그걸 알면 연극에서 왜 말 안 했겠어?"[378] 앨런을 놀리거나 괴롭히려고 그런 대답을 한 것이 아니었다. 베케트에게 유일한 진실은 대답을 알 수 없을 뿐만 아니라 출생에 대한, 특히나 죽음에 대한 가장 근본적인 질문은 명쾌하게 해명할 수 없다는 것이었다. 베케트가 인간 존재에 대한 데카르트의 그 유명한 증명을 우울하게 고쳐 놓은 것은 확실하다. 나는 고통받는다, 고로 존재한다.

베케트의 소설 3부작(1951-1953)의 마지막 작품『이름 붙일 수 없는 것 L'Innommable』은 괴로운 무지와 계속해야 할 의무를 인정하며 끝맺는다. "나는 몰라, 절대 모를 거야, 침묵하고 있는 당신도 모르잖아, 당신은 계속 해야 해, 나는 계속할 수 없어, 나는 계속할 거야." 짧고 모호하지만 이 진술은 정상적인 일관성에 대한 가장 과격한 거부이며 타협을 모르는 극단적인 모더니스트의 철학이다.『몰로이 Molloy』와『말론이 죽다 Malone meurt』가 이 작품에 앞서 길을 닦아 놓았다. 세 작품 모두 간결한 1인칭 소설로, 긴 독백이 주를 이루며 갑작스럽게 화제를 전환하고 마음대로 시간의 순서를 뒤섞고 중요하지도 않은 하찮은 일에 대해 (마찬가지로 마음대로) 우울하게 오랜 시간을 할애한다.『몰로이』의 첫 문장에서 주인공 몰로이는 이미 어

머니의 방에 와 있는데 애타게 어머니를 찾는다. 말론은 필사적으로 진정한 자아를 찾으려고 하지만 늘 그 자아가 어딘가에 숨겨져 있다는 것만 발견하게 된다.『이름 붙일 수 없는 것』에서는 바로 이러한 탐색이 절정에 이른다. 결론은 탐색을 그만두는 것만큼 계속 탐색하는 것도 부조리하다는 것이다.

베케트에 대해 진심 어린 찬사가 쏟아졌는데 그중 해럴드 핀터Harold Pinter의 글이 가장 자주 인용된다. 영국의 뛰어난 부조리극 작가인 핀터는 베케트의 영향을 받았다. 핀터는 자신의 스승에 대해 이렇게 썼다. "베케트가 성공할수록 나에게 더 큰 도움이 된다. 나는 철학, 논문, 신조, 해결책, 진리, 해답, 지하 특가 매장에서 나온 것을 원하지 않는다. 그는 현재 활동 중인 가장 대담하고 냉혹한 작가이며, 그가 내 코를 똥 속에 처박아 줄수록 더욱더 고맙다." 이토록 이상하게 칭찬하고서 결국 이렇게 덧붙인다. "그의 작품은 아름답다."[379] 1969년 아웃사이더가 확실한 베케트가 인사이더들의 최고의 영예인 노벨 문학상을 받았다는 것은 심사위원회들이 "그의 작품은 아름답다."는 핀터의 찬사에 공감했다는 뜻이다. 베케트의 제자 중 가장 유명했던 핀터는 중산계급의 사고방식에 대해 정치적으로 훨씬 더 광적인 적대자였으며, 2005년 노벨 문학상을 수상하면서 스승과 어깨를 나란히 하게 됐다.

베케트의 영향을 많이 받은 다른 부조리극 작가들의 작품은 덜 거창했다. 베케트가 파괴된 황야에 인물들을 모아놓았다고 하면, 해럴드 핀터는 잘 꾸며진 거실이 충분히 위협적이라고 생각했다. 베케트에게는 인생 자체가 적이었지만 다른 극작가들은 자신들이 혐오하는 정치와 사회 체계에 집중했다. 다작의 극작가이기 이전에 시인이자 배우였던 핀터는 독특한 대화법을 개발하여 인물들의 재미없는 대화를 엄청난 적의가 숨겨진 대결 상황으로 바꿔 놓았다. 뭐라 불러야 할지 모르는 이런 핀터 식 극의 상황은 '핀터레스크Pinteresque'라는 이름으로 명예를 확보했다. 그의 언어적 폭력은 물리적 폭력만큼이나 난폭하다.

5

모더니스트 부조리극은 에우제네 이오네스코의 괴상한, 어떤 때는 유쾌한 작품을 통해 19세기에 대한 몰두로 되돌아갔고 전통적 질서에 대한 아방가르드의 분노로 완벽하게 복귀했다. 이오네스코는 누구보다도 훌륭하게, 그리고 플로베르나 보들레르만큼 맹렬하게 항상 '부르주아'를 겨냥했다. 이오네스코의 비극적 소극(직접 붙인 이름)의 선구자들이 전통성과 속물주의의 징후를 전부 '부르주아적인' 것으로 여긴 것과 마찬가지로 이오네스코도 불안한 질서와 의례적인 자기부정, 새로운 것에 대한 크나큰 공포로 괴로워하는 인물들에게 그 조롱의 표식을 달아 주었다. 1960년에는, 이미 노련한 극작가가 되어 "부르주아 근성과 정치적 압제에 대항한 10년간의 투쟁"[380]에 대해 회상할 수 있었다.

그 전에 첫 대성공작인 『대머리 여가수La Cantatrice chauve』1950에서 이미 "전 세계적 프티부르주아 계급"에 속하는 특징 없는 사람들을 "흔한 사건, 순응주의와 그 슬로건의 화신"으로 표현하였다. 영어 학습 교재에서 바보스러운 대화들을 뽑아 와 "감정의 중요성을 깡그리 잊은"[381], 그리고 "존재하는 방법을 잊은" 인물들을 보여 준다. 그의 지칠 줄 모르는 상상력은 모든 계급의 인물들을 너무도 기민하게 변화시켰다. 그는 그 과정을 이렇게 설명했다.

일을 시작했다. 외우기 위해 교본에서 문장을 모두 공들여 베꼈다. 그 문장들을 주의 깊게 읽자 영어가 아니라 놀라운 진리를 배울 수 있었다. 예를 들면 일주일이 이레라는 것, 바닥은 아래고 천장은 위라는 것, 이미 알고 있는 것이지만 진지하게 생각해 본 적이 없거나 잊고 있던 것, 명백한 진실이라는 사실이 별안간 너무도 놀랍게 느껴졌다.[382]

이오네스코에게 두 가지가 중요했다. 상투어의 힘과 존재/비존재, 죽음의 공포였다. 그리고 그 둘은 그의 희곡에서 동일한 것이었다. 진정한 언어도 기껏해야 감정을 전달할 수 있을 뿐이니, 최악의 경우에는(그러니까 우리 시대) 일상 언어에서 감정의 퇴화가 일어나며 감정의 존재 자체를 비하하거나 거부한다. 그러므로 변화는 가능할 뿐만 아니라 필수적이었다. 1950년대 중반이 되자 이오네스코는 국제적 추종자들을 거느리며 서늘하고 재치 넘치는 변화를 주도했다.

부조리극 작가들만 모더니즘적 실험을 한 것은 아니었다. 그들과 마찬가지로 파리를 중심으로 한 동지들이 많았다. 이른바 누보로망을 쓰는 이들이었다. 나탈리 사로트 Nathalie Sarraute, 클로드 시몽 Claude Simon, 로베르 팽제 Robert Pinget, 알랭 로브그리예 Alain Robbe-Grillet, 미셸 뷔토르 Michel Butor 였다. 이들은 비록 사르트르의 미완성 4부작인 『자유의 길 Les Chemins de la liberté』 중 첫 두 권인 『철들 무렵 L'Age de raison』과 『유예 Le Sursis』 두 권 모두 1945년를 통해 기법을 익혔지만 사르트르를 맹목적으로 추종하지는 않았다. 오히려 그들은 사르트르의 혁신으로부터 벗어났다고 생각했고, 문학적 장치

들을 가지고 대담한 유희를 벌였다. 그들의 소설에서는 거의 아무 일도 일어나지 않는 대신 인물들의 정신적 고뇌가 세밀하게 다루어졌다.

그들은 1950년대에 누보로망의 깃발 아래 재빨리 뭉친 문학 잡지들에서 활약하였고 문학에 혁신이 필요하다고 생각하며, 대단히 비판적이면서 또한 진지하게 문학에 접근했다. 이 점은 사르트르와 같았다. 그들은 지식인이지 예능인이 아니었다. 또한 통일성 있는 시나리오와 전통적인 동기 기술 방식을 혐오했다는 점에서 19세기 사실주의를 넙죽 받아들인 후손도 아니었다. 그들은 자신들이 선택한 각자의 길, 즉 대단히 개인주의적인 집단성을 추구하는 전형적인 모더니스트였다.

나탈리 사로트는 새로운 소설가로서 이론적 탐구의 첫 결과물로 『의혹의 시대 L'Ere du soupçon』1956를 내놓았다. 그 책에서 사토르는 소설가란 아무리 정확하게 관찰해도 항상 해석할 수 없는 것이 남는 미소, 손짓, 어깻짓 같은 사적인 몸짓을 표현하여 그럴듯한 인간을 창조하는 일을 목표로 삼아야 한다고 주장했다. 사로트는 특히 외국 문학계에서 널리 읽혔다. 그리고 그녀의 주장은 크누트 함순이 부과한 과제의 최신 수정판이라고 볼 수도 있다. 그러나 누보로망 작가들은 누군가의 추종자로 불리기를 꺼렸다. 도스토예프스키 정도 된다면 모르겠지만. 사로트는 프루스트를 좋아했지만 피상적이라고 비판했고, 버지니아 울프에 대해서는 울프 자신의 비판을 적절히 인용하면서 심리적으로 단순하다고 비꼬았다.[383]

사실 그 새로운 소설가들은 전쟁 전에 모더니스트들이 했던 문학 비판을 재탕하고 있을 따름이었다. 그들은 결국 모더니스트 선조들이 전통주의적인 동료들에게 했던 비판을 그대로 따라 하는 소수의 아방가르드들이 되고 말았다. 스트린드베리가 1880년대 소설가들을 공공연히 비난했던 것이나 버지니아 울프가 40년 후에 더 세련된 어투이기는 했지만

사무엘 베케트 1906-1989 "베케트는 현재 활동하고 있는 가장 대담하고 냉혹한 작가이며…… 그의 작품은 아름답다." —해럴드 핀터

약간 부당하게 아널드 베닛의 작품을 모욕했던 것을 생각해 보면 된다.[384] 전쟁 이후 새로운 소설가들은 이전 세대의 혁신적 작가 대부분이 인물의 정신적 변화를 제대로 포착하지 못했다고 판단했다. 이런 판단은 그들의 뛰어난 독립심을 잘 보여 주는 것이기는 하지만 그들이 문학적으로 뛰어난 분별력을 가졌다는 뜻은 아니다.

―――

1902년에 태어난 나탈리 사로트는 누보로망 작가들 중 가장 나이가 많았다. 소설가로서 긴 이력 내내 사로트가 가장 중요하게 관심을 두었던 것은 그녀가 '굴성屈性'이라고 불렀던 개념이다. 사로트는 식물이 빛이나 열과 같은 강한 외적 존재를 향하게 만드는 그 생리적 반응 앞에서 작가가 반드시 지녀야 할 성격을 생각해 내게 되었다. 그러므로 극적인 갈등보다는 하찮은 것, 평범한 것, 진부한 것이 정신세계를 구성하는 "수많은 사소한 움직임"을 드러낸다고 생각하였다. 그녀의 작품 중 가장 흥미진진하고 맹렬하다고 할 『황금 열매 Les Fruits d'or』1963의 각 장들은 번호도 제목도 붙어 있지 않다. 여기서 누군지도 모르는 화자들이 갑작스럽게 등장하여 앞 다투어 수다를 떤다. 그 소설의 주인공은 (소설이 발표되자마자 평론가들이 이미 불평하였듯) 사람이 아니라 소설이었다. 좋지도 나쁘지도 않은 평범한 소설, 제목은 (물론!) 『황금 열매』.

이 상상 속의 책, 즉 이 작품의 주인공은 사로트의 풍자가 작품 전체에서 마음껏 펼쳐지도록 해 준다. 누구의 말인지 모르는 대화, 조각나고 끝맺어지지 않은 대사, 어떤 때는 일부러 속물스럽게 표현된 말과 엇갈리는 대화들이 나온다. 어떤 화자는 이렇게 말한다. 그 소설이 "재미

알랭 레네, 「지난해, 마리앙바드에서」 1961 로브그리예는 평범한 대화와 전혀 다른 부자연스러운 대화로 '사건'를 모호하게 내버려두거나, 대부분 암시만 남겨 이 영화가 전통에 고분고분하지 않다는 것을 강조하였다.

있어…… 나는 웃었다."(말줄임표는 모두 사로트의 것.) "그가 기차를 놓치고…… 이 인물이, 기억하겠지만, 우산을 찾고 있고…… 장면이 있다…… 그러나 그 장면들은 너무도 매혹적이다…… 진짜 샬롯(즉 찰리 채플린)이야."385 사로트는 이렇게 썼다. "양식…… 힘…… 샬롯보다 낫다."386 새로운 소설이 "온갖 뉘앙스와 복잡한 일들, 심지어 어쩌다 있는 경우에는 그 심연까지, 대상 전체를 눈 깜짝할 사이에 이해할 수 있게 하는 신비롭고

모더니즘의 부활

효과적인 감정의 소용돌이를 불러일으킨다. 게다가 그런 소설은 잃을 것이 없으니 얻을 것만 있는 것 같다." 그러나 그 새로운 소설가들에 대한 이런 격려는 아무리 잘 봐준다고 해도 문제가 많았다. 독자들이 너무도 완고한 모더니스트 텍스트와 씨름했으니 말이다. 내가 사르트르의 실존주의가 까다로운 철학이라고 했는데, 프랑스의 새로운 소설가들도 그에 못지않게 까다로웠다.

그러니 새로운 소설가들의 최고 관심사는 전형적인 모더니스트들의 것과 같았다. 즉 당대 소설의 경향에 반대하고 전통적인 법칙들, 예를 들면 무질서한 세상에 강제로 질서를 부여하여 결국 오독하게 하는 사건의 논리적 연쇄 같은 것들을 모두 무시하는 것이었다. 그들은 서스펜스와 인물의 변화 같은 것들을 명확성과 피상성을 갈라 주는 이정표로 삼았다. 간단히 말해 새로운 소설가들은 독자들에게 단서를 주지 않고 허구의 인물들을 파악하라는 버거운 임무를 부과하였다. 클로드 시몽의 『역사Histoire』1967에서 단락들이 거의 항상 문장 중간에서 끝나고 단락 간에도 전혀 관계가 없다. 그 결과, 이 소설들은 파리 서점가보다 훨씬 더 충성스럽고 수도 더 많은 미국 대학의 프랑스 문학과 수강자들에게 더 의존해야 했다. 새로운 소설가들이 낸 수수께끼는 그 학구적 분위기에서 프랑스 독자 대부분이 놀랄 만큼 아주 열정적으로 분석되었다.

새 소설가들 중 인기가 가장 많았던 것은 알랭 로브그리예였다. 그의 명성 대부분은 소설이 아닌 분야의 도움을 받아 확보한 것이었다. 바로 영화였다. 로브그리예가 영화로 외유한 것 중 제일 유명한 것은 「지난해, 마리앙바드에서 L'Année derniére Marienbad」였다. 1961년 그가 직접 각본을 쓰고, 알랭 레네Alain Resnais가 감독을 맡아 베네치아영화제 황금사자상을 수상한 모더니즘 영화였다. 로브그리예는 평범한 대화와 전혀 다른 부자연스러운 대화로 '사건'를 모호하게 내버려두거나, 대부분 암시만 남겨 이 영화가 전통에 고분고분하지 않는다는 것을 강조하였다. 역설적이게도 작품은 가장 평범한 플롯인 삼각관계를 중심으로 전개되었다. 신원 미상의 미혼으로 보이는 남자(X)가 이야기가 시작되기 1년 전 마리앙바드에서 여자(A)를 만나 사랑에 빠져, 그녀에게 (애인 혹은 남편인) 남자(M)와 헤어지라고 설득한다. 그러나 여자는 X에게 1년을 기다리라고 했고 이제 그 1년이 끝났다. 관객이 듣게 되는 대사는 사실상 전부 X가 A에게 하는 말이며 X는 1년 전 자신들이 길을 잘못 찾은 덕분에 가게 된 고급 온천의 구석구석을 강박적으로 기억하고 있다. 여자는 이전 관계를 회복하려는 남자의 유혹에 저항하지만 소용이 없고, 결국 둘이 함께 마리앙바드를 떠날 것이 거의 확실해 보인다.

　　이 영화의 지배적인 분위기는, 전부 암시하기만 하고 전혀 설명하지 않으려는 작가의 의도를 강화해 준다. 인물들은 같은 신에서 다른 의상을 입고 나타나며 그 성을 둘러싸고 있는 공원을 비롯한 배경은 특수 촬영되어 나무의 그림자가 인물에 드리우지 않는다. 극적인 행동은 강간 장면이 유일한데 그것도 환상인지 아닌지 정확히 알 수가 없다. 관객들은 어리둥절한 채 극장을 나오면서 자신들이 방금 무엇을 보았는지 조각들을 맞혀 보려고 고심했을 것이다. 모더니스트 소설이나 영화가 누구를 대상으로 삼았는가 하는 질문은 수십 년 동안 대답하기 힘들었다. 누보로망 작가들 때문에 그런 상황은 더 악화되었을 뿐. 그러나 그들이 가장 정열적인 반부르주아 예술가 장 뒤뷔페 같은 모더니스트 화가들의 간접적인 지지를 받고 있었으니, 프랑스인들은 그들의 존재 자체만으로도 프랑스가 또 한 번 고급문화라는 체스판에서 중요한 말이 되었다는 사실을 확인할 수 있었다.

독창성의 시대

1

전쟁 이후 모더니즘의 생존 위기는 단순히 재능이 탁월한 예술가들이 부족해서가 아니었다. 또다시 뒤샹으로 거슬러 올라가 근본적인 철학적 반론에 직면하게 되었다. 당시 사람들은 그 위대한 영감의 원천을 인용하지 않고도, 아니 심지어 그 프랑스인을 모른다고 해도 반론을 공식화해 주었다.*[387] 예술이란 무엇인가? 더 정확하게는 예술이 아닌 것은 무엇인가? 컬러 영화, 텔레비전, 제트기의 개선을 비롯한 기술 시대의 은총 같은 진보가 필연적으로 이러한 질문들을 낳을 수밖에 없었다. 기술의 진보는 고급문화의 평등화를 가속화했고, 그렇게 해서 모더니즘이라는, 예술에 대한 그 배타적인 태도가 전후 문화 속에 자리매김할 수 있는지에 대한 기본 문제들이 그 어느 때보다 맹렬하게 제기되었다.

미국인들이 그 전투에 가담하면서 모더니스트의 구성원에 중대

---

* 예술사학자 바바라 로즈는 이런 반론을 제기했다. "재스퍼 존스는 뒤샹의 추종자로 불렸다. 그의 작품 중 어떤 것도 그가 1960년 이전에 뒤샹을 알았다는 것을 암시하지 않는데도 말이다."

한 변화가 일어났다. 그들은 전후 새로운 세상에서 전 세계적인 모더니즘에 적극 가담하기 시작했다. 그들은 대서양 건너편에서 추종자를 거느리며 추상표현주의 회화를 내놓거나 맹렬하게 자율성을 추구하였다. 그 회화에 프랑스어로 이름이 두 개나 붙어 있다. '타시슴tachisme'과 '앵포르멜art informel'이다. 이렇게 해서 예술계는 새로운 국면에 들어서게 되었다. 그 분야에서 가장 두드러진 화가 잭슨 폴록Jackson Pollock은 곧 유럽에서도 제 나라인 미국에서만큼 유명해졌다.

다른 유파의 이름과 마찬가지로 추상표현주의도 매우 다양한 것들을 포함하고 있다. 그러나 여성 혐오적이라는 것을 금방 눈치 챌 수 있는, 빌렘 데 쿠닝의 극적으로 왜곡되고 충격적인 연작「여인Woman」을 제외하면 추상표현주의자들의 회화는 명백하게 비구상적이었다. 잭슨 폴록이 많은 작품을 쏟아내었고 평론가들이 그 작품에서 인간의 형상과 같은 재현적 요소들을 찾아냈지만 일반 대중은 그 작품들을 자신들이 상상할 수 있는 가장 순수한 그림이라고 생각하였다. 인상주의 회화의 관객들과는 달리 폴록의 관객들은 작품을 처음 볼 때보다 두 번째 볼 때 더 많은 것을 보게 되는 경향이 있었다.

모더니즘 판테온에서 잭슨 폴록의 위치는 확고하다. 폴록은 모더니즘의 특징적 요소들, 즉 비전통성과 주관주의를 아우르며 사실상 최고의 모더니스트로 꼽힌다. 1947년과 1950년 사이에 주로 제작된 그의 거대한 '드립페인팅drip painting'들은 충격적이었다. 관객들은 그 작품들이 괴상하고 당혹스러운, 한마디로 이단적이라고 생각했고, 개중에는 어쩐지 장

엄하다고 느끼는 사람들도 있었다. 폴록은 자기 작품의 뿌리가 완전히 개인적인 것이라고 주장했다. 자신의 진짜 영감의 원천은 무의식이라고 말이다. 그러나 폴록이 융의 정신분석을 받은 경험이 있었고 프로이트보다는 융이 더 마음에 든다고 한 적이 있기는 하지만, 폴록 연구가들은 그의 작품이 무의식적 충동에서 얼마나 유래했는지, 계획적이고 의식적인 연습에서 얼마나 유래했는지에 대해서는 합의에 도달하지 못했다. 폴록은 자신이 그 답을 알고 있다고 믿었다. "내 그림은 이젤에서 나오는 게 아닙니다. 바닥이 더 편합니다. 그래야 그림 주변과 사방을 돌아다녀 볼 수도 있고, 말 그대로 그림 '안에' 있을 수도 있기 때문에 더 가깝게, 더 많이 그림을 느낄 수 있습니다."라고 했다. 그런 뒤 의미심장하게 이렇게 덧붙였다. "그림 '안에' 있을 때 저는 제가 뭘 그리는지 모릅니다. 그걸 알게 되는 것은 일종의 '인식 과정' 이후입니다."[388]

  당시 가장 영향력 있는 모더니스트 미술비평가이자 추상표현주의의 열성 당원인 클레멘트 그린버그Clement Greenberg는 폴록을 가장 훌륭하고 특별한 화가로 치켜세우면서 폴록이 유럽 최고의 강적들보다 훨씬 앞서 달리고 있다고 평했다. 그린버그는 마치 예술가들이 경마라도 하고 있다는 듯 자주 비교하여 평가했다. 폴록은 1943년 서른한 살 때 페기 구겐하임의 아방가르드 화랑인 금세기미술 화랑Art of This Century에서 첫 단독 전시회를 가졌다. 그러나 제대로 명성을 얻은 것은 4년 뒤 드립페인팅을 보여 주고 나서였다. 그 기법은 결과물만큼 과정도 유명했다.

  잭슨 폴록이 이런 작품들을 만들어 가는 과정들은 사진으로 잘 남아 있다. 그는 캔버스를 고정하지 않고 작업실 바닥에 펼쳐 놓은 뒤 그 위에 서서 물감을 쏟아 붓거나 큰 붓을 휘둘러서 물감 방울들이 하나의 패턴을 만드는 동시에 얼룩투성이의 불규칙성을 띠는 작품을 만들어 낸다.

잭슨 폴록 1912-1956 1947년과 1950년 사이에 주로 제작된 거대한 '드립페인팅'들은 충격적이었다. 관객들은 그 작품들이 괴상하고 당혹스러운, 한마디로 이단적이라고 생각했고, 개중에는 어쩐지 장엄하다고 느끼는 사람들도 있었다. 폴록은 자기 작품의 뿌리가 완전히 개인적인 것이라고 주장했다. 자신의 진짜 영감의 원천은 무의식이라고 말이다.

그 전형적인 예로 1949년에 제작된 「2번 Number 2」은 너비 사오 미터가 넘는 초대형 가로 그림으로, 단조로운 갈색 바탕 위에 어지러울 만큼 다양한 색상, 다양한 두께의 선들이 검정색 선과 뒤섞여 복잡한 패턴을 이루고 있다. 모더니스트 미술의 주관주의가 이 그림에서만큼 공격적으로 표현된 예는 없다.

폴록의 말대로라면, 그의 작품이 자기 마음속에 줄곧 품고 있었다는 것을 조금씩 드러내고 있었으니, 폴록 자신은 자기 작품의 특혜 받은 관객이었다. 골치 아픈 폴록의 작품들은 관객들에게 아주 부담스러웠다. 무엇보다 캔버스를 돌아다니며 물감을 떨어뜨리는 행위는 캔버스 위에 색을 입히는 전통적인 기법과 너무도 거리가 멀었다. 그럼에도 불구하고 현대 미술 애호가들 중에 그의 창작 방법에 대해 혼란스러워하면서도 깊은 인상을 받아 높이 평가하는 이들이 있었다.

폴록에게 불후의 명성을 안겨 준 혁신적인 방법에 익숙지 못한 관객들은 자신들의 느낌을 명확하게 설명하기 힘들어했다. 그러나 그린버그는 무질서처럼 보이는 것에서 하나의 양식을 발견하여 시장을 이끌었다. "폴록은 우연성의 관점에서 미적 질서와 싸운다. 하지만 그 관점에서뿐만은 아니다." 1969년 그린버그가 쓴 바에 따르면, 그 중요한 사실을 처음에는 알아내기 힘들다. "어지럽게 물감을 흘리는 폴록의 제작 방법에서 얻어진 우연성"은 "물감 떨어뜨리기, 휘두르기, 얼룩 만들기, 오염시키기"가 질서의 모든 요소를 삼켜 버리고 제압하는 것처럼 보이도록 했다. "그러나 이것은 실제적 효과라기보다는 함축의 문제다. 작품의 힘은 우연성이 함축하고 있는 의미와 지각되는 실제 미적 질서 사이의 긴장에서 나오며, 작품 활동의 모든 요소들이 그 긴장을 불러일으킨다."[389] 1930년 뉴욕에 자리 잡은 폴록은 아방가르드 회화의 가능성을 폭넓게 탐구하여 거기에 자신의 유명하고 말 많은 드립페인팅을 훌륭하게 접목했다. 폴록이 미적 실험의 정점에서 이런 작품들로 어떤 성과를 거두었든 간에 그 모험 자체는 극단적인 모더니즘적 반항이었다. 그의 드립페인팅 작품들은 예술적 자유를 얻으려는 노력이 아니라 그 자유의 실현이었다.

추상표현주의는 살아 있는 모더니즘의 과거, 전통적 사실주의에 대한 혐오, 대체로 초현실주의가 채택한 모범들, 그리고 마지막으로 그림 그리는 행위 자체에 대해 노골적으로 도전장을 던지는 것이었다. 그린버그는 예술이란 우리가 이미 느끼고 있는 것을 표현해 주는데, 그 자신과 그가 좋아하는 화가들은 이런 의사소통 행위를 이성적인 과정이라고 생각지 않는다고 주장했다. 미국이든 유럽이든 출신을 막론하고 재능 있는 화가들은 이런 새로운 주장 중에서 정확한 모방의 의무가 없어졌다는 사실을 십분 활용하였다. 그들에게 빈 캔버스는 기법에 의해서만 통제되고 작품의 내적 요구에만 복종하는 자유로운 미적 유희, 즉 완전히 모더니스트적인 작업으로의 유혹이었다.

이 예술적 유희가 단일한 양식에 머무르지 않은 것은 당연했다. 바넷 뉴먼Barnett Newman은 몬드리안보다 한 술 더 떠서 단색의 초대형 캔버스에 좁은 수직선 하나만을 그은 작품을 내놓았다. 미국 현대 미술 비평계의 제왕 클레멘트 그린버그의 유일한 호적수인 해럴드 로젠버그는 《뉴요커》에 이렇게 썼다. 뉴먼은 "관객의 망막을 자극하는 것 이상의 기법을 추구했다. 그의 의도는 공空이 비밀을 큰소리로 누설하도록 만드는 것이었다."[390] 그의 목표는 박식하고 세련된 로버트 머더웰Robert Motherwell 같은 동료 추상표현주의자들이 지향했던 방식으로 설명하기는 좀 어렵지만 야심찬 것이었다. 머더웰의 삭막한 추상화들은 에로스에 대한 찬사였고, 「스페인 공화국에 바치는 비가Elegies to the Spanish Republic」는 파시스트의 무력에 전복당한 정권에 대한 찬양이었다. 그러므로 추상표현주의자들의 "망막 미술"에 대한 혐오는 마르셀 뒤샹이 눈에만 호소하는 미술을 평생 헐뜯었던 것과 똑같다.

뒤샹의 영향은 없는 데가 없었다. 미술의 비참한 미래에 대한 예언 중 그의 것이 가장 많이 인용되었다. 1910년대에 이미 나온 뒤샹의 지나치게 포괄적인 주장, 즉 무엇이든 예술 작품이 될 수 있으며 어떤 연구도 지식도 필요치 않다는 주장 말이다. 그 악명 높은 눈 치우는 삽과 레오나르도 다빈치의 「모나리자」를 복제한 약간 낡은 엽서 크기의 작품은 예술의 운명에 대한 어두운 예언을 시각적으로 표현한 것이었다.

2

1960년대 이후 팝아트가 이 급진적인 주장들을 화려하게 부활시켰다. 팝아트의 출현과 성공은 모더니즘 역사에서 결정적인 순간이었다. 이 새로운 화가들은 고급 예술과 저급 예술을 하나의 범주로 단순화하려고 하였다. 앞으로 보게 되겠지만 그것은 강제 결혼이었으니 결혼 생활의 행복이라곤 거의 없었다. 팝은 혁신적인 회화와 평범한 회화, 원본과 복제품, '사회 참여적 예술'과 '예술을 위한 예술'과 같은, 일반적으로 범주화되어 있는 영역들을 마구 뒤섞었다. 그래서 예술의 본성을 정의하고 예술의 운명을 예측해 보려는 오랜 노력을 대체로 허사로 만들어 놓았다.

팝아티스트들은 운 좋게도 훌륭한 스승들을 모셨다. 예를 들면 한스 호프만 Hans Hofmann이 있다. 그는 독일 출신으로 유럽에서 교육받은 화가이자 존경받는 교사로 1932년 50대 초반에 미국에 정착하여 프로빈스타운과 뉴욕에 미술학교를 설립하고 후학을 양성했을 뿐만 아니라 몸소 모범까지 보였다. 강렬한 색상 대비를 이루는 직사각형들을 교차시켜 역동성을 주는 그의 후기 스타일은 주관주의가 최고의 예술적 원천이라는 신념을 표현한 것이다. 그는 제자들에게 "창조적인 표현"은 "내적 발상을 형상으로 바꾸어 놓는 정신적 작업"이라고 가르치고 "객관적 실체의 모방은, 그러므로 창조가 아니라 아마추어 예술이거나 기술만 좋고 메마른, 단순히 지적인 활동에 불과하다."[391]라고 경고했다. 이 말은 20세기 모더니즘 회화를 간결하게 정리한 것이라고 해도 좋겠다.

그 후 미국인들은 국제 무대에서 몇 년간 예술적 재능을 마음껏 발휘하더니 1960년 즈음 모더니즘을 위기로 치닫게 했다. 모든 예술 분야 중 회화가 그런 양상을 가장 생생하게 보여 주었다. 회화에서 새로운 유파들이 현기증 나는 속도로 서로 경쟁하고 연달아 등장하며 쇄도, 아니 눈사태처럼 몰아쳤다. "아상블라주, 팝아트, 옵아트가 있다."라고 그린버그는 1869년에 썼다. 당연히 자기 목록에 대해 확신이 없었다. 그래서 "하드에지 선명한 순색과 명쾌한 기하학적 형태를 위주로 한 새로운 추상회화, 색면추상 강렬하고 단순한 색상을 사용한 추상회화, 변형 캔버스 캔버스의 모양을 표현하고자 하는 것에 따라 바꾼 회화가 있다. 신비유주의 新比喩主義, 펑키 Funky, 환경예술이 있고, 미니멀아트, 키네틱 Kinetic 아트, 루미너스 Luminous 아트가 있다. 또 컴퓨터아트, 사이버네틱아트, 시스템아트, 참여미술 등이 있다."[392]고도 했다. 실상 그 모든 유파가 모더니즘의 일족이라고 자처했다는 사실도 덧붙여야 한다.

그들 중에는 진짜 극단주의자들도 있었다. 《뉴욕 타임스 북 리뷰》 편집자인 배리 기언 Barry Gewen은 2005년 행위예술에 대한 긴 조망에서 "뭐든 상관없다는 태도의 문제"라는 것을 제기했다. 그가 말한 대로 이 딜레마는 거의 100년 전 뒤샹 때 제기된 것이지만 그가 열거한 특정 유파들로 인해 새롭게 부각되게 된다. 기언의 평론 「예술의 양상 State of the Art」은 널리 인용되고 있다.

> 1975년에 크리스 버든은 폭스바겐 지붕에서 자신의 손에 못을 박았다. 그는 예술 작품을 창조하고 있었다. 10년 뒤 헤르만 니치는 사흘짜리 공연을 무대에 올렸는데, 거기서 참여자들은 황소와 양의 내장을 빼내 큰 통 안에 피와 포도와 함께 넣고 마구 밟았다. 그것도 예술 작품이었다. 라파엘 오티즈는 닭 대가리를 자르고 그 몸통으로 기타를 내려쳤다. 작년 휘트니 미술관에서 회고전을 열었던 애너 멘디에타도 닭 목을 잘라 그 피가 자신의 벗은 몸 위로 뿜어 나오게 했다. 한 비평가가 말했듯 "예술계에선 동물들이 무사하지 못하다." 예술가들 자신도 마찬가지였다. 면도칼로 자신을 저미고 바늘을 두피에 꽂고 나체로 유리 조각 위를 굴렀다. 고기용 갈고리에 매달려 외과적 "공연 수술"을 받기도 했는데, 수술하는 동안 관객들은 그 예술가-환자와 계속 이야기를 나누었다. 1989년 밥 플래너건은 자기 음경을 나무판에 못 박았다.

기언은 고통스럽고 혐오스럽고 가학적이면서 피학적인 자기표현 예술을 열거하면서 그 지면에 부적합한 내용도 있다고 했다. "빈 예술가 귄터 브루스Günther Brus는 무대에서 대소변을 보고 오스트리아 국가를 부르면서 수음을 하는 공연으로 유명하다. 아니, 악명 높다. (그 작품의 나머지 장면은 이 지면에서 묘사할 수가 없다.)"[393] 마침내 그 의기양양한 속물은 선량한 부르주아가 혁명가를 못 박아 버렸다고 말할 것이다. 거의 말 그대로.

그러나 기언이 언급한 가짜 모더니즘적 미학 모험 중 하나는 오랫동안 명성을 누리고 있다. "1960년 프랑스 예술가 이브 클랭Yves Klein은 여성의 나신을 붓으로 이용한 '인체 측정' 연작을 제작하면서" 날씬하고 아름다운 나체 모델을, 물감 대신 사용될 진흙 속에 넣어 질질 끄는 사진을 후손들에게 남겼다. 아름다움은 역시 거부할 수 없었던 모양이다. 이것이 결국 부조리가 되고 만 모더니스트의 자유다.

전쟁 이후 혁신가들이라면 으레 선언문을 발표했다. 미니멀리스트들, 주로 '3차원' 작품을 만드는 조각가들이 어떤 이데올로기적 색채도 없는 예술의 본질이라고 여기는 것에 집중하며, 미술관 바닥을 사각 타일로 덮거나 채색 판자를 벽에 기대어 놓았다. 한편 1961년 미국의 리투아니아 이민자였던 조지 마키우나스George Maciunas가 이름 붙인 '플럭서스Fluxus' 변화, 흐름, 움직임을 뜻하는 라틴어에서 유래한 말 그룹은 다시 한 번 다다이스트와 뒤샹의 유쾌한 유희로 회귀하는 범세계적 패거리를 꾸리면서, 영감 넘치는 아마추어를 포함하여 대단히 넓은 의미의 예술가들이 필요하다고 주장했다. 마키우나스는 "화가는 무엇이든 예술이 될 수 있고 누구나 예술을 할 수 있다는 것을 증명해 보여야 한다."[394]고 말했다. 5년 뒤인 1967년에 이탈리아 미술비평가 제르마노 첼란트Germano Celant는 이런 종류의 반미국적이고 반기술적인, 사진술을 혐오하며 구식 수공예를 기리는 미술을 '아르테 포베라Arte povera' 가난한 미술이라는 이탈리아어라 칭했고 그 용어를 성공적으로 수출했다. 간단히 말해 1960년대는 실험으로 가득 찬 보고였지만 그중 어떤 것도 충분한 미적 에너지를 발산하지 못하고 그것을 지속시킬 만한 미적 호소력도 지니지 못했다.

이 광란의 시대에는 '해프닝'이 넘쳐났다. 해프닝이라는 말에 약간 오해의 소지가 있기는 하다. 단어에서 연상되는 것처럼 그저 우발적으로 벌어진 일들은 아니었기 때문이다. 그 해프닝들은 꼼꼼하게 계획되고 연습되었고 대단히 연극적이었다. 짐 다인Jim Dine 같은 팝아티스트들이 기꺼이 해프닝에 가담했다. 실내 관현악단이 반주하는 가운데 무의미한 장면들을 연출했다. 초기의 한 퍼포먼스에서 짐 다인은 자동차를 재빨리 스케치한 뒤 마찬가지로 재빨리 지워 버리고 또다시 그렸다. 이후 그는 캔버스에 넥타이 같은 3차원 물체를 붙여 유명해졌다. 이 장르를 존속시켜 준 퍼포먼스가 행해지기에 가장 그럴싸한 장소는 대중의 눈에 가장 현대적으로 보이는 화랑이었다.

여기서는 또 다른 유파들인 어스아트earth art나 설치미술 등등에 대해서는 상세히 검토하지 않겠다. 그들이 확신에 넘치는 태도를 취하고 있고 미술관 관객들도 환호하고 있지만, 그들이 말하는 다양한 해방운동을 통해 과연 관객들에게 감동을 줬는지 더 실망시켰는지는 확실히 말할 수가 없다. 주로 설치자의 취향에 따라 달라지는 것이기 때문이다. 예술에도 개신교의 다원주의처럼 다양성을 찬양하는 문화 비평가들이 소수 존재하는 것은 사실이나 통찰력이 뛰어난 비평가들은 대부분 그것을 모더니즘 때문에 곤경에 처한 아방가르드 문화의 징후로 여겼다. 필자를 포함한 회의론자들은 기언이 예로 든 현대 미술의 충격적 예들이 곧 다가올 죽음의 징후로 냄새를 풍긴 것이 아니었는지 의심하고 있다.

3

그런 죽음을 예고하는 신호들 가운데 하나가 팝아트였다. 당시에는 그렇게 해석되지 않았지만 사실 가장 급박한 경고였다. 팝아트의 그 대단한 유쾌함 때문에 파괴적인 함의를 해석해 내기란 쉽지 않았다. 팝아트와 관계가 없는 사람들뿐만 아니라 초창기부터 팝아트에 가담한 이들도 마찬가지였다. 선구자 재스퍼 존스와 로버트 라우셴버그도 자신들의 작품, 그리고 가장 가까운 동맹자들의 작품이 미술사에서 얼마나 의미가 있을지 알아채지 못했다. 1950년대 말 그 두 사람은 작업실을 같이 쓰고 잘 된 작품들을 골라 교환하는 막역한 사이였으며, 특히 존스는 정밀한 필치로 클레멘트 그린버그조차 자기 편으로 만든 팝아티스트들 중 가장 뛰어난 실력의 소유자였다. 그는 지도, 깃발, 과녁, 숫자와 같이 모두에게 익숙한 대상을 실물과 똑같이 그려서, 인공물과 예술 작품의 관계에 대한 의혹을 다시 한 번 불러일으켰다.

재스퍼 존스의 설명을 들으면 오히려 작품에 대한 수수께끼만 더해질 뿐이었다. 미국 팝아트의 팬이던 영국 비평가 로렌스 알로웨이Lawrence Alloway는 1958년에 존스가 당시 이미 악명이 나 있던 세 장의 미국 국기를 크기 순으로 하나하나 겹쳐 놓은 작품에 대해 '설명'하는 것을 들었다. 존스는 이렇게 말했다. "누군가 '그건 국기가 아닙니다, 그림이죠.'라고 말했죠. 하지만 그게 아니죠. 그건 그림이 아닙니다, 국기죠."[395] 너무 간단히 단어의 자리만 바꾸면 다시 반대말로 만들 수 있으니 그런 설명은 결국 아무런 의미도 없는 셈이다. 그러나 존스는 자신의 그림을 이해시키는 데에는 그다지 관심이 없어 보였다. 일단 예술적 대상이 되어 품위를 얻게 된 평범한 물건에 대해서 새롭게 볼 가능성을 열어 두는 것에도 마찬가지였다.

어떤 팝아티스트들은 일부러 도발을 꾀하였다. 괴상한 작품으로 억지 미소를 끌어내려고 애썼던 것 같다. 클래스 올덴버그는 엄청나게 다양한 해석이 가능한, 아니 대부분 해석이란 게 아예 불가능한 조각품 제작이 전문이었다. 그는 식품을 부자연스러울 만큼 크게 만드는 일을 무척 좋아해서 「피클과 토마토가 든 햄버거」1963를 제작했다. 상상력이 전혀 필요 없는 작품이었다. 사실 상상력을 아예 거부했다. 같은 해에 나온 「푹신한 공중전화기」는 케이폭케이폭수 열매에서 나온 솜을 비닐로 싸서 만든 공중전화를 나무판에 올린 것으로 실물과 같은 크기의 푹신한 진짜(?) 공중 전화기처럼 보인다. 이후의 「거대한 초콜릿」1966은 그냥 큰 초콜릿이다. 그의 구조물이 현실을 비꼬아 비판한다고 평가받았던 적도 있었다. 그 유명한 작품, 장갑차 바퀴 벨트 위에 수직으로 딱 세워 놓은 거대한 빨간 립스틱1969은 현대의 군대 또는 성애 콤플렉스에 대한 비판일 수도 있다. 그럴 수도 있고, 아닐 수도 있고.

팝아티스트들은 즐거운 충격을 불러일으켜서 미술사에서 특수한 위치를 점하게 됐다. 특유의 개성적인 양식을 전개했던 가장 유명한 아티스트조차도 단 한 가지 중요한 특성에 있어서는 다른 아티스트들과 같았다. 팝아트 작품의 중요한 주제는, 모두가 알고 있듯 대중문화에서 빌려온 것이었다. 머리빗처럼 늘 사용하는 평범한 물건, 미국 국기처럼 친숙한 물건, 만화책의 한 장면을 살짝 고친 것, 감정이 배제된 정면 누드, 청동으로 만들어진 맥주캔 같은 것들이다. 말도 안 될 것 같은 이런 작품들은 선배인 추상표현주의자들이 미술 관람객들에게 난해한 해석을 요구했던 것

과는 달리 이해하기 너무 쉽다. 그러나 뻔뻔스럽게 물건을 그냥 가져다 쓰는 팝아티스트들도 사람들이 언뜻 생각하는 것보다 훨씬 더 큰 예술적 노력을 기울여 작품을 생산했다. 그래서 이들은 비평가들이 자신들의 작품을 대중예술이라는 쓰레기통에 처박자 입에 거품을 물고 항의했다. 그것이 고급 예술이라는 것이었다.

그러나 그런 항의는 전혀 설득력이 없었다. 해결되지 않은 문제가 너무도 많이 남아 있었기 때문이다. 제임스 로젠퀴스트James Rosenquist의 거대한 이종혼합적 작품이 주는 메시지가 과연 미국 자본주의에 대한 비판이었을까, 아니면 미국 자본주의의 기술적 우월성에 띄우는 연애편지였을까?* 모든 예술 작품이 동등하다는, 언뜻 보면 사회학적인 것으로 보이는 그 원칙이, 그저 유행에 따라 작품을 줄세우는 질적 구별에 대한 거부였을까, 아니면 현대 사회에 대한 깊은 통찰이었을까? 팝페인팅의 그 많은 '저급한' 주제는 키치에 대한 폄하였을까, 아니면 키치와 동화하려는 시도였을까? 그린버그에게, 팝아트는 (늘 재스퍼 존스는 빼고) 단순히 "색다른 예술", 확실한 "기분 전환거리"였지, 신선한 예술, 해결한 것보다 일으킨 문제가 더 많은 예술은 아니었다. 단순한 재주를 과시할 뿐이어서 본질적으로 피상적이며 그저 재미있기만 하다고 했다. 영향력 있는 예술가들이 진지하게 생각해 보지 않은 채 그저 재미있고 모든 사람이 즐길 수 있기만 하면 된다고 생각하고 모든 작품들을 한데 몰아 놓았기 때문이다. 그러나 바로 그러한 방식이 팝아트가 타협할 수 없는 것과 타협하고, 모더니스트들이 대단히 중시했던 본질적 두 영역인 고급 대 저급의 구별을 무화시킴으로써 모더니즘적 이상을 급진적으로 전복하고 있다는 것을 잘 보

---

* 로젠퀴스트는 그의 작품과 무관하게 군산복합체와 대중문화 대부분의 선정적이고 시시한 통속성에 대해 열렬한 비판자였다는 증거가 있다.

여 주었다.

처음에는 팝아트에 대해 수집가들 사이에서 다양한 반응이 나왔지만 이 작품들은 얼마 지나지 않아 진보적 화랑, 대담하고 돈 많은 수집가들, 그리고 현대 회화를 특화할 미술관들에 대단히 중요한 상품이 되었다. 전통적인 비평가들은 그 놀라울 만큼 새로운 작품들의 범람에 거북해했다. 팝아티스들이 너무도 돌연하고 충격적으로 유서 깊은 정전들을 버렸으니 그 정도 거부감은 피할 수 없는 일이었다. 그러나 팝아트가 재미있다는 사실, 재미는 없더라도 최소한 흥미는 불러일으킨다는 점은 부인할 수 없었다. 모더니스트들에게서는 찾기 힘든 유머와 괴벽스러움에 대한 귀여운 애착은 잭슨 폴록과 바넷 뉴먼의 작품처럼 어려운 예술을 선호하는 팬들에게 반가운 위안이 되었다.

이렇게 시끌벅적한 시장에서 주목받기 위해 경쟁하는 팝아티스트들 중 (잠시 뒤 설명할) 앤디 워홀을 제외하면 가장 강력한 주자는 로이 릭턴스타인 Roy Lichtenstein 이었다. 관객들은 만화를 정교하게 다시 그린 릭턴스타인의 그림들은 단번에 알아볼 수 있었다. 그리하여 유명한 도용 작품들로 명성을 날렸다. 피카소의 왜곡된 여인 초상을 코믹하고 정확하게 '복제'한 작품과 붓자국을 소재로 한 1965년 연작들은 다양한 해석을 유발하였다. 연구자들은 릭턴스타인이 가장 유쾌한 모더니스트로서 양립 불가능한 것을 양립 가능하게 만든 데에 주목하였다. 사실 주목하지 않을 수 없었다. 물론 모든 팝아트 작품들이 진지한 예술과 유희적 예술 사이의 유서 깊은 경계를 넘은 것은 사실이다. 그러나 릭턴스타인의 팝아트만이 그렇게 매혹적인 것은, 그의 '저급한' 원본 때문이다. 즉 그의 가장 유명한 그림의 원본이 저급한 예술이며, 그저 숫자나 햄버거 정도가 아니라 대체로 무명 기술자의 작품이라는 사실이었다.

저급 예술과 고급 예술이 상호 작용하게 만드는 것, 즉 저급 예술을 고급 예술로 만드는 것이 릭턴스타인에게서 가장 극적으로 이루어졌다. 그의 가장 유명한 차용 작품들은 성욕과 공격성을 단호하게 드러내고 있어서 인간의 본성에 대한 프로이트적 관점을 설명해 주는 것처럼 보인다. 그 작품들은 후회하며 울고 있는 젊은 미녀와 난데없이 적군의 비행기를 폭파하는 미국 비행사들을 다루고 있다. 「절망Hopeless」1963은 예쁜 소녀가 눈에 눈물이 그렁그렁한 채 생각에 잠겨 있다. 소녀는 자신에 대해 이렇게 생각한다. "맞아, 그래야 했어. 처음부터 그랬어야 했는데! 이제 절망이야." 그리고 같은 해 릭턴스타인은 미국 전투기 조종사의 혼잣말을 등장시킨 「쾅!Wham」을 제작했다. "내가 발사 장치를 눌렀어⋯⋯ 눈 앞에 로켓들이 창공에서 불타오르고 있어." 그의 목표물은 시뻘겋고 샛노란 불꽃에 휩싸여 가망이 없다. 첫 번째 작품의 뻔한 키치와 두 번째 작품의 가학성에 대한 암시 덕분에 이런 종류의 회화가 팝아트의 특징이 되었다.

4

팝아트 화가들과 조각가들의 조장으로 점점 더 많은 물건들이 예술에 전용되었는데, 이런 현상은 1964년 뉴욕 스테이블 화랑New York Stable Gallery에 전시된 앤디 워홀의 「브릴로 상자Brillo Box」에서 최고조에 달했다. 존 케이지의 '곡' 「4분 30초」만큼 결정적이었다. 정확하게 4분 30초 동안 아무런 소리도 내지 않는 음악 아닌 음악 말이다. 괴상할수록 더 훌륭한 최신 예술에 특히 동조했던 미국 철학자 아서 단토Arthur Danto는 「브릴로 상자」가 바로 예술의 죽음을 알리는 계시라고 하였다. 반세기 전에 똑같이 파괴적인 목적으로 작업했던 뒤샹이 그 목적을 이루지 못했었나 보다.

그냥 상자도, 그림도, 그렇다고 조각품도 아닌 앤디 워홀의 상자는 도매상들이 브릴로 수세미를 열두 개 단위로 포장해 소매점에 넘길 때 쓰는 3차원 용기와 아주 비슷한(그러니까 아주 똑같지는 않은) 두 개의 상자였다. 워홀의 「브릴로 상자」가 제기한 질문은 아주 익숙한 것이긴 했지만 큰 골칫거리였다. 예술 작품이란 무엇인가? 예술 작품들과 다른 물건들을 어떻게 구별할 수 있는가?

몇몇은 예술의 죽음을 선언하고 지지하고 확신했지만, 그렇다고 예술 작품의 생산과 판매가 중지되고 화가들은 주문을 못 받고 중개상들 화랑에 모두 파리만 날릴 것이라는 뜻은 아니었다. 부자들은 벽에 걸 장식품을 사고 싶어 했고 앞으로도 계속 그럴 것이다. 예술로 생계를 잇는 상업적으로 기민한 사람들이 확실한 구분법을 찾아낼 것이 분명하다. 게다가 재능이 충분한 예술가들이 20세기 중반 이후 현대 예술과 문학을 주도하고 있다. 분명 팝아티스트늘은 방금 잡은 닭 피를 자신의 벌거벗은 맨몸에 바르는 광적인 퍼포먼스를 따라하지 않고, 구매자들이 좋아하든 아니든 간에 이전 세대의 가장 상상력 풍부한 선조들조차 당황하고 좌절할 만한 작품을 생각해 내고 발표하는 데 제 몫을 다했다. 그러니 누군가에게는 예술의 죽음에 대한 질문이 전혀 다른 문제가 될 수도 있었다. 바로 그 부고 작성자들이 새로운, 살아 있는 예술로 가는 길을 열지 않았는가?

그러한 논의에 활기를 불어넣고 광범위한 대중에게 그 문제를 익숙하게 만드는 것이야말로 앤디 워홀이 해야 할 일이었다. 그는 현란한 활동 이력으로 유명인사로 자리 잡았고 어떤 때는 자기 자신도 놀랄 만한 기발한 실험을 통해 화려한 명성을 이어 갔다. 그가 예술 작품으로만 명성을 얻었다고 할 수는 없다. 다양하고 폭넓은 사교 생활과 워싱턴, 파리, 런던, 테헤란에서 권투선수와 영화배우, 경제계 거물, 심지어 왕과 함께 찍은 과시용 사진들을 예술 작품이라고 하지 않는 한 말이다. 그러나 설령 화려한 사교술이 없었다고 해도 워홀은 일간지의 가십란에 오르내릴 만했다.

앤디 워홀은 1928년 피츠버그에서 비잔틴 가톨릭 신자인 끈끈하고 엄격한 체코 이민자 가정에서 태어났다. 원래 성은 워홀라Warhola였는데 10대 후반에 마지막 모음 'a'를 떼어 버리기로 결심하였다. '워홀'이라는 짧은 성이 원래의 성보다 듣기가 더 좋고 관심 끌기에도 좋다는 계산에서였다. 그가 평생 명성을 뒤쫓게 될 조짐을 이미 보여 준 셈이다. 어린 시절부터 그림에 소질이 있었고 손에 잡히는 종이란 종이에는 모두 그림을 그려 놓을 만큼 열심히 그렸으니, 미술로 먹고 살게 되리란 것은 전혀 의심할 여지가 없었다. 25세가 되기 전에는 벌이가 좋은 상업미술을 했다. 월간지에 최신 유행 신발 광고나 이야기의 삽화를 그렸다. 5대 고소득자 중에 들 정도로 수입이 좋았다. 그러나 이런 축복은 저주이기도 했다. 다른 예술가들은 그가 잡지 《글래머》와 《마드모아젤》에서 일한 경력을 예술에 대한 배신으로 여겼고, 그 결과 워홀은 '자본주의의 창녀'라는 혐오스러운 꼬리표를 떨쳐 버리는 데 꽤 오래 걸렸다.

불리한 점은 그뿐이 아니었다. (몇몇 동창생들의 말대로) 소심하고 매사에 주저하여 놀림감이 되었다. 전형적인 마마보이였다. 병치레가 잦은 어린 시절 두 형은 학교에 가고 없는 동안 어머니와 단둘이 있는 경우가 많았기 때문에 어머니에 대한 애착은 점점 더 강해졌다. 어머니 워홀라 부인이야말로 그가 사랑했던 유일한 여성이었던 것 같다. 1949년 카네기 공과대학에서 산업디자인을 공부하고 나서 피츠버그를 떠나 뉴욕으로 이사하고 나서도 어머니와 함께 살았다. 예술적 모험이 넘치는 뉴욕은 젊은 예술가에게 흥미진진했다. 잭슨 폴록이 자신의 가장 과격한 작품에 몰두하고 있던 것도 그즈음이었다. 성인이 된 워홀은 어머니에게 자신의 사생활을 그다지 많이 알려 주지는 않았지만 친한 친구들은 늘 인사시켰다.

워홀이 유명해진 것은 대체로 본인의 필사적인 노력 덕분이었다. 일거수일투족이 신문 사교계 소식에 실리는 근사하고 멋진 사람들이 넘쳐나는 배타적인 사회에서 그가 쉽게 자리 잡을 수 있었던 것은, 명언을 만들어 내고 자기 폭로로 충격을 주면서 소문을 퍼트리는 능력 덕분이었다. 실제로 뉴욕 양키스의 유명 포수 요기 베라의 명언 중 재미있고 간결한 역설들은 다른 사람이 만들었다고 하는데, 이와 달리 워홀의 명언은 모두 그가 직접 한 말이었다. 워홀은 자신이 외부의 영향을 받는다고 거리낌 없이 인정했다. 예를 들면 《아트 뉴스》에서 "모두가 비슷하게 생각하면 좋겠습니다."라고 했고, "누군가 나를 위해 내 작품 전부를 그릴 수 있을 것이라고 생각합니다."라고도 했다. 때로는 적절하게 뒤로 빠질 때도 있었다. "말해야 할 것이 적을수록 더 완벽해지는 것 같아요. 누가 진실을 원하겠어요?"라고 말이다. 한 인간으로서의 삶은 엄청난 긴장의 연속이었던 모양이다. 그래서 《타임》 기자에게 "난 기계가 되고 싶소. 당신은 안 그런가요?"라고 물은 적도 있었다. 또 다른 인터뷰에서는 "난 그림에서 감동 받아 본 적이 없습니다."[397]라고 밝혔다. 1975년 똑똑한 조수의 도움을 받아 수많은 자기 명언들을 차례대로 편집하고 예리한 비평과 외설스러운 일화들을 뻔한 이야기들과 뒤섞어 『앤디 워홀의 철학The Philosophy of Andy Warhol』이라는 멋진 잡록을 출판했다. 워홀은 미래에는 누구나 15분 안에 유명해질 수 있다는 명언을 남긴 장본인이기도 했지만, 그런 명성의 공허한 운명을 피하려고 발버둥 쳤던 사람이기도 했다. 과장된 자아상을 좇았기에 늘 영원히 유명하기를 갈망했다.

  워홀의 모더니즘은 그가 돈에 집착해 작품을 상품과 연관시켰는데도 살아남았다. 1960년대 초, 예술에 대해서라면 전혀 언급하지 않던 워홀이 추상표현주의를 '혐오한다'면서 팝아트 혁명에 뛰어들었다. 한 친구의 추천으로 시작된 그의 첫 번째 대성공은 캠벨 수프캔이 가져다주었다. 그 작품은 실크스크린으로 제작되어 한 개씩 혹은 전체로 판매되었다. 이어서 마릴린 먼로가 자살하고 며칠 뒤에는 먼로의 초상을 제작하여 일약 팝아트 일족의 우두머리로 우뚝 섰다. 무엇보다도 캠벨 수프캔의 정확한 모사와 먼로의 잊을 수 없는 표정이 회화의 모든 정전에 정면으로 도전했고, 팝아트가 전통을 공격하는 데 비장의 무기가 되었다.

  워홀은 상당한 돈을 거머쥐게 되었지만 계속 그림만 그리지는 않았다. 1860년대 중반에는 영화에 참여해 미술을 그만둔다는 발표까지 했다. 대부분 직접 감독을 맡아 세세하게 다 지휘하였다. 대체로 즉흥적으로 만들어진 워홀의 영화들은 주로 추잡한 농담이나 성적 장면을 자세히 보여 주어서 어떤 때는 관객들의 인내심을 가혹하게 시험할 정도였다. 극이라는 개념 자체를 단호하게 공격한 여섯 시간짜리 「잠Sleep」1963은 워홀의 한 친구가 자는 모습을 보여 준다. 그것이 전부다. 그러나 그의 전위적인 작품들 중 가장 높게 인정받은 「구강성교Blow Job」1964는 내가 '독창성의 시대'라고 부르는 시기의 정점에 있다. 그 낯 뜨거운 33분 동안 카메라는 계속 한 배우의 얼굴만 응시한다. 관객들이 볼 수 있는 것은 배우가 점점 흥분하다가 결국 누그러지는 것이다.

워홀의 영화는 간단히 말하면 말 그대로 상스러웠다. 되돌아보면 그런 것이 1960년대에 어울렸던 것 같다. 국제적 불안의 시기, 학생들의 반전 폭동, 성 혁명, 심심한 드와이트 아이젠하워 집권기를 8년이나 겪은 뒤였으니까 말이다. 그러나 1970년대 초가 되자 워홀은 자신이 제일 잘하는 일로 다시 돌아갔다. 이미 국제적인 유명인사가 되어 있었고 영화감독보다 화가로 활동하는 편이 훨씬 더 많은 돈을 벌 수 있겠다는 결론에 도달해 있었다. 돈은 워홀의 모든 계획, 단 하나도 빼지 않고 모든 계획에서 아주 중대한 문제였다. 이번에도 변함없이 한 장의 사진을 바탕으로 제작한 워홀의 초상화는 특별 할인으로 처음에 2만 5000달러였는데 1987년 그가 죽자 거의 두 배가 되었다.

워홀은 그래픽 감독 겸 사실상의 도매업자가 되면서 가까이서 도와줄 사람들이 필요해졌다. '팩토리Factory'라고 알려진 이 패거리들은 성적인 매력 혹은 일하는 능력 때문에 뽑혔다. 남자 이성애자와 여자들도 몇몇 있었는데 그의 영화들에 '수퍼스타'로 출연할 이들이었다. 워홀은 말수가 적고 무심하다고 소문이 자자했지만, 어쩔 수 없이 드러난 성격을 보면 오히려 친해지기 쉬운 사람이었다. 워홀이 돈과 명예를 좇았고 사랑을 느낀 남자들에게 거리를 두었던 것은 거의 분명했다. 워홀이 선택한 주제가 말해 주듯, 그는 (헨리 제임스의 표현을 빌리면) 재난의 상상력을 지녔으며 자동차 충돌과 전기의자, 불쌍한 마릴린 먼로에 애착을 가졌던 것도 거의 확실했다.

워홀은 예술과 비예술의 구별이 불가능하다고 생각한 점에서는 뒤샹과 비슷했지만 반모더니스트적 입장에 있어서는 달랐다. 대체로 사심 없이 즐기는 뒤샹보다는 확신이 훨씬 적었고 돈에 더 비중을 두었다. 다른 이에게는 절망의 넋두리로 그칠 것도 워홀의 입을 통하면 너무도 대담한 선언이 되곤 했다. 1960년대 중반《뉴스위크》와의 인터뷰에서 이렇게 말했다. "모든 것이 예술입니다. 사람들이 미술관에 가면 이게 예술이라고 합니다. 벽에 걸려 있는 작은 사각형들 말입니다. 하지만 모든 것이 예술이니, 아무것도 예술이 아니지요. 모든 게 다 아름다우니까요. 내 말이 맞다면."[398] 여기서 특별히 주목할 만한 것은 그가 자신의 작품을 포함해 예술에 대해 너무 지루해했다는 사실이다.

5
팝아트는 고급 예술과 저급 예술을 억지로 결혼시킴으로써 모더니즘 탄생의 기반이 된 것들을 격하게 공격하였다. 우수성을 기준으로 한 고급 예술과 저급 예술의 엄정한 구분, 즉 혁신적인 화가들과 작가들을 나쁜 취향으로부터 구해 낸 구분을 공격한 것이다. 20년이 지난 지금 보니, 팝아티스트들이 열심히 추구했던 유쾌함이 (이미 암시했듯) 보들레르와 플로베르까지 거슬러 올라가 모더니즘을 탄생시킨 철저한 반전통적인 신념에서 돌이킬 수 없이 후퇴했다는 징후인 동시에 그 동인이었던 것 같다. 1960년대 혁신가들 중 예술의 판테온에서 시간을 초월하는 불후의 명작을 생산하려는 환상을 품은 이는 아주 적었다. 더 소수지만 심지어 일부러 위대한 전통의 종말을 가속화하는 데 힘을 보태려는 이들도 있었다.

클래스 올덴버그의 남근을 상징하는 립스틱과 릭턴스타인의 만화 속 상심에 빠진 여인이 잘 보여 주듯, 팝아티스트들은 상상력이 풍부했고 유쾌했으며 거의 지칠 줄 모르고 새로운 것들을 만들어 냈다. 하지만 그들은 모더니즘의 필수 요소인 내면에 대한 관심을 일부러 거부하였다. 외면에 대해서만 생각했고 그것을 과시라도 하려는 듯 심리학을 멀리했다. 그들의 예술은 신속한 소비를 유발하지만 결국에는 평범하고 진부해지는, 그리고 돈벌이가 되는, 주간지의 재치 넘치는 만화 같은 효과를 발휘했다.

이단에 대한 동경은 남았다. 프랑스의 세련된 사이비 원초주의 화가 장 뒤뷔페는 이런 흥미로운 말을 했다. "모든 예술 작품이 최대한 맥락과 분리되어 놀라움과 충격을 불러일으키게 해야 한다고 생각한다." 독자는 이것을 모더니즘적 사고방식으로 여기겠지만, 특이성이 모더니즘에 필수라고 생각되던 당시 맥락에서 보면 이제 상황이 바뀐 것이었다. 확실히 팝아티스트들은 충격을 주었다. 하지만 모더니스트들에게 만화나 숫자를 고급 예술 작품으로 바꾸어 놓은 그들의 노력은 예술의 범주를 용납할 수 없을 만큼 모호하게 만드는 행위이며 자신들의 혁신에 대한 공격이었다. 독창성의 시대는 이쯤 해 두자.

아방가르드의 성공

1

1960년대 이후 예술에서 특히 모더니즘에 문제를 일으킨 또 한 가지 요인이 있었다. 그것은 바로 '성공'이었다. 19세기 중반 애초에 제기되었던 사항이다. 부르주아 소비 대중에 대해 도덕적으로 적의를 품고 있던 전형적인 아방가르드들의 머릿속에서 '판매'라는 것은 신념의 파기나 다름없었던 것이다. 소비 계급 중에서 신념이 확고하고 부유한 데다 열정적이기까지 한 모더니즘 작품 애호가를 만나는 것은 물론 좋은 일이었다. 사실 미래를 보장해 주는 주류 살롱 전시회에 작품을 걸 수 없는 아웃사이더들에게 꼭 필요한 것이었다. 그러나 어떤 측면에서 보자면 성공은 아방가르드의 진정한 사회적 역할에 대한 배신이었다. 뭐니 뭐니 해도 아방가르드의 목표는 미술이든 문학이든 자족하고 있는 주류에 충격을 가하는 것이었으니까 말이다. 마침내 팝아트 회화가 성공을 거두자 이 오래된 딜레마가 다시 고개를 들었다.

앤디 워홀의 「브릴로 상자」가 나온 1984년 1월 《라이프》의 예술

담당 기자 도로시 사이벌링은 그 인기 주간지에 로이 릭턴스타인에 대해 「그는 미국 최악의 예술가인가?」라는 자극적인 제목의 단평을 실었다. 이 제목은 15년 전 바로 그가 같은 잡지에 실었던 단평 제목 때문에 아주 인상적이었다. 「잭슨 폴록, 그는 미국 현존 최고의 화가인가?」였다. 사이벌링은 그 두 예술가에 대해 논란의 여지가 있다고만 주장하고는 그 질문에 답을 주지 않았고 독자들에게 그 작품을 어떻게 해석해야 하는지도 가르쳐 주지 않았다. 왜 잭슨 폴록의 「9번 Number Nine」이 정확하게 가로가 18피트인가? 그는 이렇게 설명했다. "작업실은 길이가 22피트밖에 안 됐기 때문이다." 호가가 1800달러이니 피트당 100달러였다고 주장했다. 독자들에게 그런 괴상한 작품을 진지하게 볼 필요가 없다는 것을 넌지시, 그러나 확실하게 알려 준 셈이었다.

《뉴욕 타임스》의 팝아트 비평가들은 처음엔 반신반의하다가 굴복하고 말았다. 1962년 10월 말 시드니 재니스 화랑 Sidney Janis Gallery에서 열린 '신사실주의'('팝'을 말한다.) 개막 전시회에서 브라이언 오도허티는 난감한 척 장난을 쳤던 것 같다. "그것은 말도 안 된다. 완전히 말도 안 된다. (때에 따라서는) 기쁘기도 하고 고약하기도 하고 슬프기도 하니 유행 같은 것일지도 모른다." 그는 그것이 "대중문화에 대한, 즉 개인들을 가장 수준 낮은 예술로 던져 넣는 대중문화에 대한 그 전위부대의 승산 없는 공격"인 것 같다고 했다. 그는 출품자들이 '대중'에 대해 "대놓고 경멸감을 표하며 공격한" 것을 환영하면서 그들이 "재치, 풍자, 아이러니, 패러디, 온갖 유머"를 사용했다고 언급했다. 물론 그 전시회의 신조는 현재의 대중문화가 '나쁘다'는 것을 증명하는 것이었다. 어쨌든 "이 전시회를 통해 '팝' 예술이 공식적으로 출현했다."[399] 오도허티는 며칠 뒤 칭찬 반 의심 반 심정으로, 과격하게 혁신적인 이 전시회를 다시 찾아와 그 팝아트의 전형들이 대부분 "아주 단명할" 가능성이 있다고 강조했다. 그것은 "뚜렷한 경향, 가능한 동향"일 수 있었다. 그러나 "바로 지금, 그것의 대부분이 교묘하고 겉만 번드르르한, 저널리즘 밑에 들어가 있다."[400]

전문 비평가들은 이런 합의에 도달했다. 팝이 재미난 외도이기는 하지만 지속할 힘은 없는 것이 확실하다고. 그해 12월 말 오도허티는 한 해를 이렇게 정리했다. "팝이 팔렸다." 그러나 "대부분의 사람들은 그것이 반짝 성공에 지나지 않을 것이라고 예측했다." 이 대목에서 과거 세잔 같은 모더니스트 화가들이 점차로 받아들여졌던 일이 떠오를 것이다. 메리 커셋처럼 급진적인 예술에 대해 현명한 감식안을 지녔다던 평자들이 그저 일시적인 유행에 불과한 것으로 치부했던 예술가들 말이다. 오도허티는 어땠는가 하면 전혀 확신이 없었다. 그는 두드러진 동향이 금방 출현하지는 않을 것이라고 하면서도 재빨리 발뺌하며 이렇게 덧붙였다. "아마도 팝을 제외하고 말이다." 1964년 1월 존 캐너데이는 오도허티가 새로운 것에 대한 열망보다 회의가 더 컸다고 평가하며 그의 바통을 넘겨 받았다. 실물 모델로 실물 크기의 매혹적인 순백색 석고상을 제작하는 조지 시걸George Segal 같은 재능 있는 조각가가 있는데도 팝아트는 이미 "자멸의 징조"를 보이고 있었다. 팝아트는 "우리 눈에 보이는 무궁무진하고 악취 나는, 자랑스러운 것들로 가득한 지옥의 변방에서 모티프를 고른다. 최악의 연재 만화, 쓰레기 같은 광고, 외설 잡지, 조악한 디자인의 실용품들, 텔레비전처럼 어디에나 널려 있는 물건들과 라디에이터, 증기관처럼 유기적이고 없어서는 안 되는 제작자 불명의 일용품들을 비롯해 모든 것에서." 존 캐너데이의 목록은 오싹하고 정확했지만 실제로 그것들을 만든 사람들이 자멸을 향하고 있다는 증거는 없었다.

캐너데이는 이 팝의 폭발이 풍자를 의도했지만 결국 조잡한 풍자에 그쳤다고 덧붙였다. 팝 생산자들은 "무의미하고 괴팍한 행위들을 표현 수단으로 차용하여 즐긴다. 즉 놓쳐 버린 무언가를 대신하여 혐오스러운 것을 내놓는 것을 즐기는 것 같다." 그의 결론은 이랬다. 간단히 말하자면 "본질적으로 중요한 팝아트라는 것은 없다. …… 그 운동에 전제라는 것이 있다고 해도 그것은 있다는 것이 증명되기 전에 팔아먹어 버렸을 것이다."[401]

그렇게 강경하게 말했지만 캐너데이는 1964년 말에 그 말들을 일부 철회했다. 팝의 현대 비평을 읽어 보면 재미있다. 거의 모두가 팝이 천박하다고 역겨워하면서 단호하게 입장을 밝히고서는 대중성에 당황해, 자신들의 확신을 뒤엎기 일쑤였다. 캐너데이는 팝아트가 이상하게도 돈을 잘 쓰는 수집가들을 찾았고 모든 면에서 적어도 얼마간은 버틸 징조가 보인다고 평했다. 그는 전문 미술사학자들을 겨냥하여 "학계는 학생들에게 팝을 가르치고 팝을 정통으로 인정하며 대체로 유행을 따르고 있다. 한편 팝아트는 그런 학계에 자신들의 방식을 강요하고 있다."[402]고 주장했다. 그렇게 해서 팝이 살아남았다. 1966년 3월 저명한 비평가 힐턴 크레이머는 팝아트가 예술적으로나 사회적으로도 놀랄 만한 성공을 거두었으며 "이용해 먹기 위해 재빨리 팝을 택한" 가십 칼럼니스트, 패션지 기자, 심지어 정치 평론가들의 지지를 받게 되었다고 하였다. 이유는 뻔했다. "심각한 예술, 그러니까 과거에 어렵고 신비롭고 비밀스럽다고 여겨졌던 예술이 팝의 확산과 함께 재미있고 쉬운 것, 눈물보다는 웃음에 관한 것이라는 사실이 알려졌다."[403] 물론 핵심은 바로 이것이었다. 심각하다고 주장하는 예술을 이해하고 즐기기 쉬워졌다는 것. 잭슨 폴록 같은 이들의 작품을 설명하지 않아도 된다는 것.

2

1960년대 말부터 줄곧 비평가들은 팝아트가 대중의 용인을 얻어내고 점점 더 광범위하게 인정을 받게 되자, 팝아트가 그렇게 놀라운 장수를 누리고 있는 이유에 대해 설명하려고 애썼다. 1971년 9월 당시 예일대학교 연극학부 학장이었던 로버트 브루스타인은 미국이 "문화적 정신분열증"에 걸려 고급 예술과 저급 예술 중에서 어느 하나를 선택할 수 없으며 심지어 그 둘을 구별도 못한다고 비판했다. 팝의 민주적인 충동이 로버트 브루스타인이 내린 진단의 핵심은 아니었지만 그의 논지들 가운데 하나였다. 브루스타인이 문화적 정신분열증의 증상으로 자주 드는 대상은 고대 로마극 전공자인 고전주의자 에릭 시걸Erich Segal이었다. 그는 두 하버드 대학생의 감상적인 사랑을 그린 베스트셀러 소설 『러브스토리』와 원작 못지않게 감상적인 영화로 유명해졌다. 브루스타인은 시걸이 "초대받은 어떤 자리에서 「러브스토리」의 테마 음악을 피아노로 연주하곤 했다. 그저 비웃음을 당하는 데 그치는 것이 아니라 비웃음을 자초한 것이었다. 기자들에게 시걸은 봉이었다. 대중 앞에 지속적으로 노출시켜 주면 기꺼이 바보 역할을 할 사람이었다."404라고 썼다. 한마디로 팝아트는 문화적 가치들을 비하하는 역할을 제대로 하고 있었다. 모더니즘에 팝이 끼친 영향은, 50년이 흐른 지금에는 분명해졌지만 당시에는 쉽게 간파되지 않았고 팝의 물결에 저항하려는 비평의 실패 사례만 점점 더 두드러졌다.

이듬해, 열성 모더니즘 당원인 힐턴 크레이머가 1962년 제니스 화랑에서 열려 세상을 떠들썩하게 했던 '신사실주의' 전시회 10주년을 기념하며 《뉴욕 타임스》에서 이렇게 회상했다. 크레이머는 침울하게 그 전시회가 "엄청난 성공"이었다고 말하더니 곧바로 이렇게 덧붙였다. "그것의 성공은, 또한 오늘날의 수많은 성공과 마찬가지로 대단한 재앙이기도 했다."⁴⁰⁵ 그런 뒤 100여 년 전까지 거슬러 올라가 비교를 했다. "빅토리아 시대 런던에서 라파엘전파가 피루스 왕처럼 너무 큰 희생을 치르고 승리를 거둔 이후, 예술계의 취향과 기준이 이렇게 급진적으로 저하된 적은 없었다. 상당수의 예술 대중에게 예술적 진지함이라는 개념이 완전히 바뀌었다. 나쁘게." 크레이머의 말은 맞았지만 역시 팝을 억누를 수는 없을 것 같았다.

그리 오래 지나지 않아 모더니스트들은 재정적인 보상을 받았다. 1978년 랠프 타일러가 그 민감한 문제에 대해 조사하여 놀라운 결과를 발표했다. 「백만장자 예술가」라는 눈에 띄는 제목의 글에서, 구체적인 수치들을 입수하기는 어려웠지만 주의 깊게 봐야 할 놀라운 수치들을 확보했다고 했다. 위대한 현대 무용가 루돌프 누레예프가 1961년 소비에트연방으로부터 망명한 뒤 수입은 공연당 1만 달러 이상으로 올랐다. 이후 미하일 바리시니코프 정도가 벌어들일 만한 엄청난 수입이었다. 거의 같은 시기, 시카고 심포니오케스트라를 지휘한 게오르그 솔티 헝가리 출신의 영국 지휘자는 주로 객원 지휘로 연간 50만 달러 이상을 벌어들일 수 있었다. 문화계의 성공에 돈이 따라왔으니, 모더니스트 예술가와 공연자들도 마찬가지로 보상을 받았다.

그렇다고 늘 엄청난 거금이 혁신적인 예술가의 주머니로 직접 들어온 것은 아니었다. 지금까지는 그야말로 믿을 수 없을 만한 거액은 대부분 경매에서 나온 것이었으니, 딜러들도 수수료를 두둑하게 챙겼다. 빌럼 데 쿠닝의 작품들은 약 18만 달러였고, 라우센버그가 약 15만 달러로 그와 비슷했다. 겨우 25년 뒤에는 그 값들이 그야말로 헐값에 지나지 않았지만. 1970년대 초 경매에서 그 탐욕스러운 워홀조차 만족할 만큼 작품 가격이 13만 5000달러까지 올랐다. 하지만 10년 뒤에 워홀은 다시 그 값이 너무 보잘것없는 액수였다고 냉소할 수 있었다.

팝 화가들 중 돈을 가장 많이 번 사람은 재스퍼 존스이다. 1970년에 존스의 대형 작품들은 이미 24만 달러였다. 그리고 곧 더 비싸졌다. 그것도 훨씬 더. 부유한 코네티컷 수집가 버턴 트레메인과 에밀리 트레메인 부부가 리오카스텔리 화랑Leo Castelli Gallery에서 900달러에 구입한 존스의 작품을 휘트니 미술관에 100만 달러에 팔았다. 1990년대가 되자 이 정도는 아무것도 아니었다. 1994년 릭턴스타인의 만화 속 금발 미녀가 후회의 눈물을 떨어뜨리는 그림 중 하나「미⋯⋯ 미안해 I⋯⋯ I'm Sorry」는 뉴욕 소더비 경매에서 247만 7500달러였다. 1년 뒤 크리스티 경매는 릭턴스타인의 만화로 그려진 잘생긴 젊은 커플이 뜨겁게 포옹하는「입맞춤 II Kiss II」을 소더비보다 약간 더 비싼 253만 2500달러에 낙찰했다. 이때 워홀은 더 비싸지는 않다고 해도 대충 200만 달러 선이었다. 19세기 신고전주의 화가장 레옹 제롬이나 에르네스트 메소니에 같은 살롱 화가들이 비교적 놀라운 값을 받은 경우가 있기는 했지만, 그것은 아주 드문 예외일 뿐이었다. 그러나 20세기 후반이 되자 그런 고가는 이제 흔한 일이 됐다!

고가 경생은 운명이었나. 할리우드 제작사, 특허 약품 생산사, 운 좋은 투기꾼, 부동산 거물 혹은 뉴욕의 택시 군단 같은 세계적 기업의 주인들이 긁어모은 부가 '진취적인' 중개상들, 기민한 경매인들 사이에서 재분배되고 있었다. 1980년대 이런 번영 속에서 일본의 억만장자들이 갑작스레 반 고흐를 비롯한 후기 인상파에 사로잡혀 서양 미술 시장에 몰려들기 시작했다. 중개상들이 재빨리 수집가들과 큐레이터들을 부추겼고, 이들은 경쟁적으로 가격 고공행진을 부추겨 자본주의 고급문화를 형성하는 데 돈의 힘을 증명해 보였다. 놀라운 액수였다. 1988년에 언론은 재스퍼 존스의 1959년 작「잘못된 시작 False Start」이 처음 2500달러에 팔렸고, 곧 1700만 달러에 다시 팔렸다고 보도했다. 살아 있는 화가로서는 최고 기록이었으며 대부분의 렘브란트 작품보다 더 비싼 것이었다, 심지어 모사품조차. 그러나 얼마 후에 이 가격들마저 무색해졌다. 2006년 피카소 작품 중 별로 유명하지 않은 1905년 작품이 1억 달러의 장벽을 깨뜨렸다. 같은 해 소더비 경매인 터바이어스 메이어는 "예술 작품이 1000만 혹은 2000만 달러 이상이라도 상관하지 않는" 이들이 얼마든지 있다고 말했다. 이 호언장담에 아무도 군말이 없을 것이다.

 예술 작품의 이례적인 가격 폭등은 점잖은 작품과 전복적인 작품 사이의 오래되고도 확실한 구분, 알다시피 모더니즘의 운명에서 대단히 중요한 구분이 어떻게 사라져 갔는지 보여 주는 또 하나의 예다. 과거에도 일부 특별히 부유한 개인 혹은 단체가 예술 작품을 얻으려고 자신이 가진 것, 아니 그 이상까지 바치려던 때가 있기는 했다. 그러나 1960년대 이후 예술 시장에서 그러한 행태는 국제적인 유행이 되었고, 모더니즘도 그 유행에 휘말렸다. 19세기 말과 21세기 초에 예술품 수집가들이 모더니즘에 대해 모호한 태도를 취하고 있었기 때문이다. 갑부 미술 애호가가 칸딘스키의 추상화를 사들일지 모자 관계를 이상화한 윌리앙 아돌프 부그로[19세기 프랑스 신고전주의 화가]의 작품들을 사들일지 아무도 예측할 수 없었던 것이다. 시장에 대해서도 마찬가지였다.

 그러나 백년 전 처음 분석된 취향의 세 계급이 완전히 없어졌다는 말은 결코 아니다. 혼자 힘으로 모더니즘을 살찌우고 있는 교양 있는 엘리트, 그 운동을 이해하는 척하는 속물 부르주아, 모더니즘에 전혀 소용이

되지 않는 몽매한 대중은 여전히 존재했다. 그러나 이들 간의 경계는 흐려졌다. 현대적 기술로 여가 시간이 계속해서 증가하고 여가의 도구가 꾸준히 발전하면서 중산계급의 취향에 흠뻑 젖은 일반 대중의 예술적 선택은 점차 사전 시험과 조작을 거치게 되면서 더 단호해졌다. 그러나 더 위협적인 것은 드와이트 맥도널드가 '중류 문화'라고 부른 것의 확대였다. 클래식 음악의 감상적인 오독(레오폴드 스토코프스키 아메리칸교향악단 설립의 바흐), 경솔한 현대적 건축물의 모방(파크애비뉴의 고층 상업 건물), 약아빠진 계산의 모든 결과물들 말이다. 이 오락거리를 만든 사람들은 모더니스트 문화에 큰 기여를 했다고 공언하지만, 사실은 확실히 구분되던 것의 경계를 뒤섞고 왜곡했을 뿐이다. 이 큰 혼란을 야기한 데 있어서, 늘 저급 문화를 영감의 원천으로 썼던 (소위) 고급문화, 즉 팝아트의 기여가 상당했다는 것은 부인할 수 없다. 힐튼 크레이머가 1972년에 썼듯이 팝의 "터무니없이 큰 성공"은 모더니즘에는 사실상 "대단히 큰 재앙"이었다.

  몇 가지 일화만 들어 봐도 취향의 질적 차이는 쉽게 설명될 수 있다. 하지만 양적인 차이도 있었다. 1927년 5월 울프 부부의 호가스 출판사가 간행한 『등대로』는 초판 3000부를 찍었는데 6월에 1000부를 더 찍어야 했다. 버지니아 울프에게는 대단히 인상적인 일이었다. 1965년에 레너드 울프는 『등대로』가 계속 베스트셀러로서 미국과 영국에서 25만 3000부가 팔렸다고 기록했다. 그러나 (미국 대학 교재로 채택되기도 전에) 많이 팔렸다고 하는 양도 20세기의 마지막 25년 동안 팔린 싸구려 로맨스 소설 수백만 부에 비하면 눈에 거의 띄지도 않는 양이었다. 2005년 10월 미국 로맨스작가협회는 2004년 로맨스물의 총 판매고가 12억 달러라고 공시했다. 전체 페이퍼백의 54.9퍼센트가 로맨스물이었고, 그해 판매된 전체 소설의 39.3퍼센트가 로맨스였다.[406]

생존 신호들

1

 '르네상스'나 '매너리즘' 같은 큼직한 시대 구분 용어가 이정표로서 아무리 도움이 된다고 해도 특정한 시기들을 확실하게 묶을 수는 없다. 너무 이르거나 너무 늦게 나타나 '잘못된' 시대에 속한 연극이나 악곡, 회화나 소설들이 늘 그런 시대 구분에서 문제를 일으키고 있다. 팝아트를 모더니즘의 조종弔鐘으로 받아들이더라도 모더니즘의 기대 수명을 뛰어넘어 살아남은 예술 문학 작품이 눈에 띈다고 해서 놀랄 필요는 없다. 그리고 20세기 후반에 모더니즘의 생존에 대한 흥미로운 암시가 있었다.

 사소한 것부터 거창한 것에 이르기까지 어디서나 그런 징후들이 있었다. 2001년 10월 나는 《뉴욕 타임스》를 읽다가 나중에 참고하려고 기사 하나를 오려 두었다. 그 기사의 주인공은 화가이자 설치미술가인 데미언 허스트Damien Hirst였다. 개념미술가들 집단인 '젊은 영국 예술가들yBa'에서 가장 독창적인 작가로서 "부르주아에게 충격 주기épater la bourgeoisie" (19세기 말 보들레르와 랭보를 포함한 프랑스 데카당파 시인들의 슬로건)를 목적으로 포름알데히드를 채운 용기에 동물의 시체를 담아 전시하여 악명이 자자했다. 2001년 10월 19일 그의 작품 중개상인 런던의 아이스톰Eyestorm 화랑은 허스트의 단독 전시회 개최를 축하하는 파티를 열었다. 이 파티에는 화가의 작업 도구들을 마구 쌓아 올린 그의 작품이 전시되었다. 《뉴욕 타임스》의 워렌 호지 기자는 그 작품이 "반쯤 찬 커피잔, 담배꽁초가 들어 있는 재떨이, 빈 맥주병, 물감으로 더러워진 팔레트, 이젤, 사다리, 붓, 사탕 포장지, 신문지들이 바닥에 널린 것"이라고 보도했다. 다음 날이면 수십만 달러에 팔릴 것이 분명한 아상블라주였다.

그러나 파티가 끝나고 손님들이 돌아간 후 청소부가 허스트의 작품에 다가왔다. "쓰레기가 너무 많아서 한숨을 쉬었지요. 제가 보기엔 전혀 작품 같아 보이지 않았어요. 그래서 전부 쓰레기봉투에 쓸어 넣고 내다버린 거예요." 허스트는 그 일이 "배꼽을 쥘 만큼 재미있다."[407]면서 스냅 사진과 기억을 이용하여 그 유명한 '조형 작품'을 다시 설치하여 또 한 번 유명해졌다. 이 불행한 사건이 주는 교훈은 명백하다. 청소부가 내다버린 '쓰레기'가 그것을 만든 사람과 잠재적 소비자들에게는 흠잡을 데 없는 모더니스트 작품, 즉 전통적인 3차원 작품에 대한 공격이었다. 간단히 말해 취향의 전통적인 위계는 21세기에도 살아남아 있었다. 그 예술가에게는 아니더라도 그것을 치워 버린 사람에게는 말이다. 모더니즘은 살아 있었을까? 1960년경 모더니즘의 부고는 마크 트웨인의 경우처럼(마크 트웨인은 자신의 사망설이 보도되자 그 보도가 과장이라며 유머감각을 발휘했다.) 과장이었을까? 이후 몇몇 중요한 아방가르드 인물의 출현을 보면 그랬던 것 같다.

이 즈음 모더니즘의 번성에 꼭 필요한 전제 조건이 갖추어졌을 가능성은 낮았다. 데미언 허스트의 설치 작품이 예술품처럼 안 보인다는 이유로 내다버린 청소부는 모더니스트의 일탈이 당황스럽다고 여기거나 그것에 전혀 관심이 없는 교육받지 않은 대다수를 더할 나위 없이 잘 대표한다. 그 청소부는 문화적으로 보수적 중산계급, 즉 속물까지는 되지 못했다. 예술에 대해서 아무것도 모르지만 자신들이 좋아하는 것이 무엇인지는 잘 알고 있는 부유하고 자기 주장을 내세우는 시민으로 구성된 이들 말이다.

그렇다고 해서 모더니즘의 생존 가능성이 전적으로 말살된 건 아니다. 모더니즘 소설이나 건축, 회화를 살아남게 만든 것은 항상 소수의 힘이었으니 기껏해야 소수가 남을 수밖에 없다. 고급문화의 서민화는 이 분리를 무화하기는커녕 오히려 모더니즘이 목숨을 의존하고 있는 엘리트 소비자의 수를 약간 변화시켰다. 다소 증가시켰던 것 같다. 어린이들 대상의 엄격한 고전음악 교육 과정, 청소년들이 자신들의 유치한 미술 작품에 대해 자신감을 가질 수 있게 하는 미술관 복지 활동, 학생들이 하는 학교 연극, 이 모든 것이 이 아이들이 나중에 남아도는 현금을 가진 시민으로 자라날 때 좋은 취향과 박애심으로 싹이 틀 씨를 뿌렸다.

이 모든 불확실성, 이 모든 본질적 부정확함이 내가 임시로 모더니즘에 할당한 그 120년에 대해 의심을 불러일으킬 것이나. 역사란 사학자들의 바람만큼 질서정연하지 않다. 설사 1960년대 초 분명 모더니즘의 죽음을 경험했다고 해도 가브리엘 가르시아 마르케스 같은 작가 혹은 앞으로 보게 될 프랭크 게리 같은 건축가의 출현은 그 부고장을 무효로 만들었다. 현재 활동 중이거나 성장하고 있는 소설가들 중 누군가가 또 한 명의 마르셀 프루스트, 또 한 명의 버지니아 울프가 될지도 모른다. 현재 활동 중이거나 성장하고 있는 작곡가들 중 누군가가 또 다른 스트라빈스키, 또 다른 찰스 아이브스가 될지도 모른다. 이것이 내가 결론에서 '모더니즘의 부활'라는 어정쩡한 제목을 붙인 이유다. 모더니즘의 부활은 불가능하지도, 확실하지도 않다.

2

물론 에피소드들은 충분한 설명이 되지 못한다. 하지만 그것들이 더 중요한 일들을 가리키고 있을 수도 있다. 예를 들면 1960년대 말이 되자 대부분의 부조리극 작가들에게는 에드워드 올비『누가 버지니아 울프를 두려워하라』의 저자 같은 소수의 제자들밖에 남지 않았다. 그러나 모더니즘 문학의 부활에 대한 더 의미심장한 증거가 있다. 생기 넘치는 라틴아메리카 문학의 빛나는 대표자 가르시아 마르케스의 소설이다. 그의 단편과 장편 소설은 끈질기게 해석을 방해하는 동시에 끈질기게 해석을 요구한다. 마르케스의 작품들은 있을 법하지 않은 우여곡절로 가득 차 있으며, 자명한 것과는 거리가 멀다. 모든 페이지마다 유능한 분석자의 해석이 필요할 것 같다. 하지만 그의 작품에 자와 현미경을 들이대고 자세히 조사한다면 그 감동적인 서사의 흐름을 경시하고 그의 풍부한 상상력을 간과하거나 인물들의 유쾌하고 대단히 재미있고 간결한 대사의 유머를 놓칠 위험이 있다. 즉 기억에 남는 사건들과 인물들로 넘쳐나는 새로운 세계를 창조한 그의 재능을 못 보고 놓칠 위험이 있다. 가장 효과적인 해결책은 그의 소설을 재차 읽는 것이다. 기쁨을 만끽하는 독자로서 한 번, 세밀하게 맛을 음미하는 비평가로서 또 한 번!

1928년 카리브해 연안 북부 콜롬비아의 작은 마을 아라카타가에

서 태어난 가브리엘 가르시아 마르케스는 초년을 작가가 되기 위해 준비하며 보냈던 것 같다. 문학을 향한 크나큰 열정 때문에 아버지와 불화하게 되었다. 아버지는 아들이 법학 공부를 마치기를 바랐다. 아버지의 권위에 대한 도전은 모더니스트들에게 흔한 일이긴 했지만 그 나라 문화에서는 결코 쉬운 일이 아니었다. 그러나 마르케스에게 문학은 각오를 하고서라도 도전할 만한 모험이었다. 그의 가족과, 고지식한 로마가톨릭과 조잡한 미신이 뒤섞인 오래된 가족 신앙은 온통 쓰는 일에만 관심이 있는 아이가 훌륭한 작가가 되기 위해서라면 꼭 필요한 능력, 즉 상상력 계발을 위한 최상의 환경을 제공했다. 마르케스는 불가사의하면서도 생생한 세상을 만들고 싶어 했다. 그는 인물들의 신념, 미신과 전통적 종교를 기술하면서 인물들의 내적 세계, 욕구와 공포를 중점적으로 표현하게 됐다.

문학사학자들은 가르시아 마르케스가 평범한 일상생활과 초자연적인 현상이 서로 영향을 끼치며 공존하는 '마술적 사실주의'로 폭넓은 실험을 하면서 그런 양식을 성숙시켰다고 설명한다. 문학사가들은 멀리는 니콜라이 고골과 헨리 제임스, 넓게는 라이너 마리아 릴케와 D. H. 로렌스까지 살펴보고, 1920년대에 그 용어가 생겨나기 수십 년 전 이런 기법을 구사한 작가를 찾아보았다. 그런 뒤 가르시아 마르케스에게 가장 탁월한 마술적 사실주의 소설가라는 영예를 선사했다. 그 양식은 모순적인 두 관점을 간결하고 깔끔하게 집약하며 감상적이지 않은 서술로 평범한 환경에서 평범한 일상을 꾸려 가는, 전혀 비현실적이지 않은 인물들이 이야기를 이끈다. 하지만 이 인물들은 우리가 가능하다고 생각하는 것과 반대로 행동하거나 있을 법하지 않은 일을 경험하기도 한다. 어떤 소설에서는 기절할 만큼 놀라운 미모의 여인이 어느 날 승천한다. 또 다른 소설에서는 200년 정도 권력을 잡고 있는 독재자가 날씨를 자신의 의지대로 바꿀 수 있다. 또 가르시아 마르케스의 불행한 콜롬비아 사람들은 집단 불면증이라는 오래된 저주로 고통을 당한다. 이런 경이로운 일들에 비하면 열일곱 명의 애인에게서 열일곱 명의 아들을 낳고 그 아들들 모두에게 자신의 이름을 붙이는 군인은 평범한 축에 든다.

마르케스는 문학사가들의 평가를 거부하며 '마술적 사실주의'라는 꼬리표를 걷어차더니 자신은 그저 '사실주의자'라고 주장했다. 왜 그랬는지 이유를 알 듯도 하다. 마르케스는 자신의 글이 어린 시절에 남의 말을 잘 믿는 무지하지만 사랑스러운 조부모와 함께 "귀신이 득실거리는" 집에 살며 그들에게 끊임없이 들었던 말 그대로 놀라운 이야기들을 그냥 옮겨 놓은 것이라고 했다. 또 그의 형들이 들려준 비합리적이고 두려움으로 가득한 꿈같은 이야기들이 그의 작품에 그대로 나타나기도 했다. 사촌간의 근친상간 결혼으로 생겨난 부엔디아 가문은 그 불쾌한 행위의 징표로 장차 태어날 자손에게 돼지 꼬리가 달릴지도 모른다는 두려움에 떨며 정상적인 출산을 기다린다. 그러던 어느 날 정말로 한 아이가 그 수치스러운 표시를 달고 태어난다. 그러나 너무도 환상적인 사건을 일으키는 사람들도, 그 사건에 희생되는 사람들도 모두 평범한 사람들로서, 다른 이들의 삶과 마찬가지로 물리화학적 보편 법칙의 지배를 받는다. 아마도 단 하나의 법칙은 제외겠지만.

가르시아 마르케스의 특별한 사실주의는 이보다 더 복잡하다. 그리고 그가 모더니즘 문학에 특별히 기여할 수 있었던 것은 대단히 독창적인 상상력 덕분이다. 그가 창조한 콜롬비아 시골 마을은 이를테면 환상의 경계에 있다. 그곳에서는 다른 곳에서라면 일어나지 않을, 그리고 일어날 수도 없는 일들이 일어난다. 그는 이런 생각을 원칙 삼아 그 특유의 공간이 될 새로운 카리브해 연안을 차근차근 축조해 간다. 1950년대부터

1960년대 중반까지 마르케스는 엄청난 수의 소설을 발표했고, 널리 인정받았고, 많은 상들을 탔다. 지금 와서 보면 그가 너무도 많은 습작을 한 것 같은 느낌이다. 이후 1967년에 마르케스는 『백년의 고독』을 탈고하고 부에노스아이레스에서 처음 출간했다. 그의 나이 서른아홉 살 때였다.

가르시아 마르케스를 세계적으로 유명하게 만든 그 대걸작은 마콘도 마을의 역사를 풀어 놓는다. 주민들은 "현실의 경계가 어디인지 아무도 모를 만큼 너무 극단적으로" 흥분과 환멸을 계속해서 번갈아 경험한다. "그것은 진실과 신기루가 뒤섞인 스튜였다."[408] 작가에게는 진실만큼 꼭 필요한 신기루였다. 그러므로 있는 그대로의 사실과 상상적인 이야기 사이의 경계는 아예 구분이 불가능하다. 한 쌍의 연인이 하루에 여덟 번 성교를 즐기고는 낮잠 시간 동안 세 번을 더한다. 엄청난 비가 7년 동안 계속 내린다. 젊고 아름다운 여인의 얼굴이 너무도 매혹적이어서 슬쩍이라도 한 번 본 남자들은 영원히 헤어나올 수가 없다. 마콘도를 자주 방문하는 집시 멜키아데스는 죽었다가 여러 번 다시 살아나며 부엔디아 가문과 그 마을의 생성과 몰락을 소름 끼칠 만큼 상세하게 예언할 수 있다. 사실주의자 가르시아 마르케스는 이것이 자신이 창조한 세계에서 사물과 사람이 존재하는 방식이라고 한다.

간단히 말해 그의 기법은 상상력이 부족한 사실주의자들의 공통 무기인 판에 박힌 일상 묘사에 대한 유쾌한 모더니즘적 변이다. 마르케스가 어린 시절에 읽은 카프카는 그에게 흔적을 남겼다. 『성』과 『판결』의 냉정한 어조를 받아들여서 카프카처럼 사무적인 산문 속 인물들에게 실제라면 결코 일어날 수 없는 '변신'에서처럼 괴이한 경험을 하게 했고, 어딘지 알 수 없는 카프카의 중부 유럽보다 더 강렬하지만 운명의 압박을 덜 받는 카리브해를 배경으로 그 경험을 변형했다. 그렇게 마콘도의 가공의 역사가 탄생했다. 또한 마르케스는 카프카처럼 심리학을 들먹이지 않으면서 심리학적 소설을 썼다. 냉정하게 보면 그의 작품에서만큼 모더니즘 소설의 실험이 다양했던 적은 없다.

가르시아 마르케스의 소설들에서는 명확한 것이 없어서 해석이 절실히 필요했다. 그래서 비평가들은 최첨단 문학 도구로 그의 작품을 분석했다. 그의 구문을 분석하고 자주 등장한 단어를 헤아리고 정치적 상당물을 찾아냈다. 특히 첫 문장들*에 대해서는 감탄했다. 2003년 가르시아 마르케스가 일흔여섯의 나이에 세 권으로 기획한 자서전의 첫 권 『이야기하기 위해 살다 Vivir Para Contarla』를 미국에서 출판하는 등 인터뷰와 회고록 간행에 기꺼이 응하였기에, 그의 문학적 조상들은 잘 밝혀져 있다. 보고타의 법학대학원에 다니던 몇 년간, 아니 결석만 많이 한 몇 년간 카프카 외에 중요한 영향을 끼친 인물은 윌리엄 포크너였다. 마르케스는 자신이 작가로서의 열망을 품게 된 것이 포크너 덕분이라고 하였다. 이렇게 해서 두 명의 모더니스트 선구자가 그의 인생을 이끌게 된 것이다. 카프카와 포크너, 그러니까 모더니즘의 최고 거장이라는 것만 빼고 공통점이라고는 찾아볼 수 없는 두 사람을 문학의 아버지로 둔 것이다.

어린 시절과 젊은 시절을 다루고 있는 『이야기하기 위해 살다』에서 마르케스는 억누를 수 없는 환상 때문에 집에서 얼마나 힘들었는지 상술하였다. 굳은 결심으로 법학대학원을 그만두고 신문사에 취직했다. 이

---

* 예를 들어 『백년의 고독』의 매혹적인 문장들을 보자. "몇 년이 지나서 총살을 당하게 된 순간에 아우렐리아노 부엔디아 대령은 오래전 어느 오후에 아버지를 따라 얼음을 찾아 나섰던 일이 생각났다."

후 몇 년 신문기자 일을 하면서 긴 습작 기간을 가지며 모더니즘 기법을 연마했다. 신뢰성 없는 화자, 설명 없는 관점의 전환, 초자연적 순간의 삽입, 거의 한계가 없는 상상의 비약 같은 것들이다.

몇몇 초기작에서 이미 자신이 마콘도라고 이름 붙인 가공의 콜롬비아 마을을 가지고 유희를 즐기고 난 뒤 『백년의 고독』에서는 그 마을의 설립에서부터 수치스러운 붕괴에 이르기까지의 역사를 상세하게 기록하였다.[409] 마콘도라는 마을은 복잡하고 다양하지만 이해하기 쉬운 콜롬비아인의 생활을 대표한다. 소설 속에서 마을이 급성장을 이루고 지루한 내전이 이어지는 동안 부엔디아라는 가문이 여러 세대를 관통하는 역사적 중추 역할을 한다. 그것은 허구인데도 카프카의 전매특허 문체를 가져와 전지적 화자가 사건의 연쇄를 차분하게 보도한다. 그 결과 문학 엘리트들을 매료시키는 데 그치지 않고 대단한 대중성을 얻었다. 그보다 백년 전 사람인 찰스 디킨슨처럼 별개의 여러 취향을 한꺼번에 만족시켰다. 그의 정교한 장치들에 반응할 수 없는 독자들조차도 그의 소설에서 열광할 거리를 찾아냈다. 『백년의 고독』은 아방가르드가 성공한 예로 확실히 자리매김했다.

이제 과연 이 소설이 무엇에 대한 것인가 하는 질문이 남는다. 가르시아 마르케스가 모든 것을 포괄한 이 파노라마를 통해 무엇을 말하려고 했는가에 대해 대단히 다양한 답들이 나왔다. 그것은 한 가문의 연대기이지만 그 이상을 의미한다. 토마스 만의 고전 『부덴브로크 가의 사람들』이 상인 부르주아 부덴부로크 가문의 몰락을 (20세기 초에 대단히 인기 있었던) 독일 사회사의 일부로 보여 줌으로써 가문 연대기의 한계를 무너뜨린 것과 흡사하게, 가르시아 마르케스도 마콘도에서 역사가 생겨나게 했다. 철로가 생기고, 미국의 엄청난 바나나 수요를 충족시키기 위해 마콘도에 미국의 '발전'을 가져다 주는 큰 과일 회사도 들어온다. 그러던 중 정부군이 셀 수 없을 만큼 많은 파업 참가자를 학살한다. 지금쯤이면 알아챘겠지만 마르케스의 사실주의에는 가혹한 현실이 있었다. 그래서 현대 라틴아메리카 문학에서 호되게 비난 받는 대상, 즉 미제국주의도 등장한다. 그러나 여전히 그 중심에는 마법이 있다.

게다가 『백년의 고독』에는 의당 더 주목받아야 할 숨겨진 메시지가 간간히 끼어들어 있다. 고독의 비애감이다. 가르시아 마르케스가 풍부한 유머로 전 세계에 수많은 독자를 확보하고 주목을 받았지만, 간헐적으로 등장하는 그의 침울한 측면이야말로 그의 유머보다 더 주목할 만한 요소다. 『백년의 고독』에는 "고독한 연인들"이 나온다. 그 소설의 주인공 중 한 사람인 아우렐리아노 부엔디아 대령의 많은 사생아들은 모두 "고독의 외모"를 타고났다. 분량 면에서도 충분히 할애된 애처로운 인생사는 레베카의 것이다. 레베카는 "고독에게 자신이 선택받은 것으로 기억하고 있다." 그녀는 "고독이라는 특권을 얻기 위해 오랫동안의 고통과 불행"을 겪었다. 실제로 고독이 『백년의 고독』에서처럼 특권으로 나타난 적은 거의 없었다. 인물들은 너무 자주 "고독한 슬픔" 때문에 고통스러워하며 똑똑한 집시 멜키아데스는 "고독을 견딜 수 없기" 때문에 죽음에서 돌아온다. 마르케스는 한 조연 인물인 "깡마르고 황달 걸린 사내"가 "세상의 시작부터 고독이라는 병에 영원히 걸려 있을 운명이 지워져" 있다고 썼다. 독자가 이 소설의 제목에서 '고독'이라는 단어를 맞닥뜨려야 한다는 사실은 작가가 그 단어에 주의를 환기하고자 했다는 확실한 증거다. 사건에 대해서만 건조하게 기술하곤 하는 마르케스는 그 효과를 강화하기 위해, 마지막 문장에서 이런 단언을 통해 다시 고독으로 돌아온다. "백년 동안의 고독이라는 저주를 받은 인간들은 지구상에 두 번째 살 기회가 없었다." 멜키아데스가 여러 명에게 선사한 기적이 마콘도 주민들에게는 효과가 없게 되는 것이었다.

『백년의 고독』에서 '고독'이라는 주제는 이해하기보다는 그냥 알아채는 편이 훨씬 더 많다. 가르시아 마르케스는 항상 명확하지는 않지만 사랑과 성교 사이에 근본적인 구분을 이끌어 낸다. 작품 속에는 수많은 성교가 등장하지만 사랑은 그보다 적게 나온다. 남자 인물 대부분과 여자 인물 몇몇은 성욕이 아주 강하고 성행위의 내용보다는 횟수가 놀랍다. 하지만 침대에서(꼭 침대에서만도 아니다.) 벌이는 그들의 행위가 항상 생물학적 욕구의 맹목적 충족만은 아니다. 그 많은 성교들 중 가장 두드러지는 것은 소설의 말미에 등장한다. 부엔디아 가문의 한 부부가 서로에 대한 사랑을 재발견하여 사실상 깨어 있는 시간 내내 엄청나게 격렬하고 아주 비전통적인, 일부는 아내가 새로 개발한 체위로 성교를 한다. 그러나 거의 광적으로 되풀이되는 그 행위들은 단순히 동물적 행위를 넘어선 그 무엇인가를 보여 준다. 이 인물들의 창조자는 이렇게 주장한다. "그들 모두가 텅 빈 우주에 떠 있었다. 그곳에서 매일 일어나는 영원한 현실은 사랑밖에 없었다."[410]

사랑과 성교의 이런 행복한 결합의 반대편은 쓸쓸한 단절이다. 『백년의 고독』만큼 유명하지는 않지만 마르케스의 또 하나의 걸작인 『족장의 가을』1975에서 주인공은 늙은 독재자로, 성적으로 방종했고 하찮은 친구들을 사귀었는데 거의 죽을 때가 가까워서야 "사랑에 대한 자신의 무능을 깨닫게 된다."[411] 작가는 감상에 빠져 "필요한 것은 사랑뿐"을 외치지 않는다. 그는 그 이상을 알고 있다. 인물들의 늦은 깨달음은 작가가 이상화하는 관계와 본질적으로 짝을 이룬다. 고독은, 사랑이 없을 때, 인간의 음울한 동반자다.

　　『백년의 고독』이 엄청난 인기를 얻고 비평계에서 크게 호평을 받은 후 가르시아 마르케스는 자신의 가족사와 조국의 역사를 탐구하며 계속 작품을 썼다. 그중 하나인『콜레라 시대의 사랑 El Amor en los Tiempos del Colera』1985은 왜곡되어 대단히 일그러진 전통적인 삼각관계를 다룬, 사랑의 예측할 수 없는 변화에 대한 화려한 보고서다. 소심하고 너무도 점잖은 두 명의 10대 플로렌티노와 페르미나는 순결을 지키며 주로 편지를 통해서만 사랑을 확인하는 연인이다. 그런데 별안간 페르미나는 남자가 자신에게 걸맞지 않다고 판단하며 헤어지게 된다. 그 대신 자신에게 가장 적격이라고 판단한 그 지방의 총각 의사와 결혼하여 오랫동안 꽤 행복한 결혼 생활을 한다. 한편 플로렌티노는 페르미나에 대한 사랑을 한순간도 잊지 않고 간직한 채, 처음에는 주저했지만 나중에는 정열적으로 성교의 기쁨을 누린다. 수치를 아주 좋아하는 마르케스는 그의 성교 횟수를 622회라고 정확하게 쓰고 있다. 페르미나의 남편이 죽은 뒤 둘 다 70대가 된 어느 날 변치 않은 사랑을 간직한 플로렌티노는 그녀에게 다시 구애를 한다. 그리고 결말은 해피엔딩이다. 두 노인은 마침내 침대에서 간신히 행복하게 일을 치른다. 가르시아 마르케스의 다른 소설 속 인물들과 마찬가지로 그들의 성관계는 진정한 애정에서 비롯된 것이므로 두 사람 모두에게 죄책감을 일으키지 않는다. 그의 작품에서 사랑이 전부는 아니지만 사랑이 없

다면 상대방을 얻을 가치가 없다.

3

가르시아 마르케스의 소설은 삶의 경험에 의해 구체화되었다. 마르케스는 자신의 70대 부모가 여전히 성교를 나누고 그를 통해 기쁨을 얻는다는 것을 알고 진심으로 기뻐하였고『콜레라 시대의 사랑』에서 그런 부모의 부부 생활을 십분 활용한 것이다. 그러나 라틴아메리카 작가로서 냉혹한 현실을 외면할 수 없었다. 자신의 조국을 비롯한 라틴아메리카 여러 국가에 만연한 독재 정권에 대해서였다. 마르케스가 그 문제에 뛰어들기 전 이미 50여 년 동안 여러 소설가들이 군사 독재자(카우디요)를 묘사하는 데 뛰어난 재능을 발휘했다. 그들은 실제 주인공들을 혐오한 만큼이나 소설 속 인물들에 심혈을 기울였다. 그러니 마르케스가『족장의 가을』에 나오는 나라에 이름을 붙이지 않은 것은 의미심장했다. 저자가 밝힌 대로 그 나라는 "라틴아메리카 독재자들, 특히 카리브해 국가들의 독재자들의 종합체"[412]다. 이들은 작가가 연구한 고대 로마 독재자들과 비슷했으며 그들의 특징이 뒤섞여 작품에 나타나 있다.

그 이야기('이야기'라는 너무도 흔한 단어를 써도 된다면)는 오랫동안 독재자의 완벽한 대역을 맡았던 인물이 대통령 궁에서 죽음을 맞는 것으로 시작한다. 국민이 즉시 축제를 벌이자 진짜 독재자는 자신의 죽음에 기뻐했던 사람들에게 복수를 하고 자신의 죽음을 애도했던 사람들을 찾아 보상을 하고자 한다.『족장의 가을』의 독재자인 '장군님'은 라틴아메리카의 독재자 전부를 합친 모습이었다. 그는 사디스트적이면서 애정을 갈구하고 집념이 강하며 무식해서 미신에 사로잡혀 있으면서도 빈틈 없고, 자아도취적이면서 과대망상(결코 근거 없는 평가가 아니다.)에 빠져 있다. 가르시아 마르케스는 스톡홀름에서 1982년 노벨상 수상 연설을 하면서 카리브해 독재자들에 대한 진짜 무시무시한 이야기들로 청중들을 즐겁게 해 주었다.

그가 스스로에게 부과한 과제, 즉 독재자의 삶과 죽음을 각색하는 일에 비평가들이 '마술적 사실주의'라고 불렀던 양식적 장치들이 총동원되었다. 가르시아 마르케스는 상당히 짧은 소설을 번호도 제목도 없는 여섯 개의 장으로 나누었으며 각각의 장에는 별개의 단편처럼 확고한 통일성을 부여했다. 독자들이 보고 있는 세계는 전부 독재자와 그의 변덕의 노예가 되어 있다. 그런 느낌을 강화하기 위해 각 장들을 하나의 문단으로 구성하였고, 마지막 장은 단 하나의 문장으로만 구성했다. 쉼표만이 그 구문들을 무자비하게 연결하고 나누는 절대 권력을 휘두른다.

가르시아 마르케스는 이 언어적 불합리로 갖가지 일화들을 멋지게 기술하며 한 문장 안에서도 화자를 교체하거나 새로 등장시키면서 항상 변화하는 서사적 목소리를 보여 주고자 했다. 장군님의 말년을 다루는 부분에 신원을 알 수 없는 누군가의 목소리가 끼어든다. 이 정체불명의 목소리는 자신의 어머니에게 이야기하다가 갑자기 길거리 창녀가 되기도 하고 이야기를 듣던 어머니 자신이 된다. 그들은 모두 정치 이론가들이 독재에 대해 오래전부터 지적해 왔던 것들을 극화하고 있다. 그 장군이, 사방에 깔린 자신의 패거리와 마찬가지로 병적이고 독단적이고 예측할 수 없는, 이성과는 철천지원수라는 사실 말이다.

정치의 심리 작용에 관해서는 『족장의 가을』과 『백년의 고독』의 숨겨진 메시지가 상통한다. 가르시아 마르케스는 자신의 독재자 소설이 "권력의 고독에 대한 시"[413]라고 했다. 독자들이라면 권력이라는 단어가 강조되어 들리겠지만 이 소설은 권력 못지않게 고독에 대해 이야기하고 있다. 독자는 장군이 "고독한 독재자"라고 느끼게 된다. 그에게는 "침실의 고독"도 두렵다. 가정부를 강간하려던 서툰 시도가 미수에 그치자 "고독한 눈물"을 흘리며 적들을 대량학살한 뒤에는 "이전보다 더 외롭게" 잠자리에 든다. 그는 "혼자만의 힘으로 하는, 권력의 범죄"[414]를 저지르는데, 그것은 자위 행위처럼 들린다. 앞에서 내가 지적했듯이 사랑이 없기 때문에 장군은 살 가치가 없는 생활을 하였다. 이것이 '마술적 사실주의'라고 한다면 그 '마술'이라는 것은 하나의 세계를 마술처럼 불러내는 작가의 능력에 있다. 극히 예외적이라고 할 수 있는 인간의 악명 높은 내면 세계까지도 하나도 빠짐없이 낱낱이 상상해 불러내는 능력이다.

4

가르시아 마르케스가 전 세계적으로 명성을 얻은 이유는 여러 가지이지만 그중 하나는 문학의 정상에 그의 경쟁자가 거의 없다는 것이다. 카를 마르크스는 언젠가 존 스튜어트 밀이 탁월해 보이는 것이 주변이 평범한 덕분이라고 비아냥거린 적이 있었다. 가르시아 마르케스도 그렇다고 한다면 너무도 부당한 평가다. 그러나 오늘날 새로운 소설로 고급문학 애호가들을 서점으로 몰려가게 만드는 소설가가 없는 것은 사실이다. 생존한 사람들 중에서 귄터 그라스와 V. S. 나이폴만이 문학의 판테온에서 유력한 경쟁자들이다. 그 둘이 내놓는 성과물이 아주 충분치는 않지만 그 둘을 빼면 또 누가 있겠는가?

그렇다고 우리 시대에 재능 있는 소설가가 없다는 말도 아니다. 이미 수십 년 전에 나온 능란하고 놀랍기까지 한 소설들은 과거에 필적할 만한 수준에 이르렀다. 그러나 모더니즘의 전성기와 비교한다면 실망스러울 따름이다. 예전에는 프루스트나 제임스 조이스, 포크너나 버지니아 울프의 신간이 나온다는 소식은 떠들썩한 문화적 사건을 예고하는 것이었다. 이제 더 이상 그런 일은 없다. 앞서 언급한 전형적인 모더니즘 소설들은 충격을 받은 독자들과 점잖은 정부 관료들의 반발을 불러일으키거나 너무 난해해서 독자들이 이해하려고 해도 이해할 수 없었다. 조이스의 구문 해체와 재구성은 극단에 도달하였다. 그것을 능가하려면 모순에 빠질 수밖에 없을 것이다.

이 낯선 소설이 이후 전복적인 작가들의 모델이 될 수 없겠지만 조이스가 늘 그랬듯 지배적인 문학의 경건함을 모욕한, 대담하고 박식하고 흉내 낼 수 없는 모험으로는 길이 남을 것이다. 한편 『피니건의 경야』는 모더니즘이 최전성기에 충분히 소화할 수 있었던 많은 작품들과 마찬가지였다. 그것은 모더니즘적 실험에 불멸성을 부여하였지만 모더니즘의 미래에 대해서는 전혀 말하지 않는다. 알다시피 마르케스 이후에도 아방가르드 소설가들이 있었고 앞으로도 더 있을 수 있다.

모더니즘의 다른 분야에서도 마찬가지로 가능성이 있다. 오손 웰스는 「시민 케인」으로 세계적으로 유명한 감독이 되었으며 이탈리아 사실주의자들과 프랑스 누벨바그와 같은 훌륭한 후계자들이 그 뒤를 이었다. 그리고 건축의 국제주의 양식도 마침내 프랭크 게리의 상상력 넘치는 설계에서 후계자를 찾았다. 음악이나 회화도 여전히 또 다른 스트라빈스키나 피카소를 기다린다. 이것이 지금 우리의 현주소다.

코다: 빌바오의 프랭크 게리

1

이 책의 시작처럼 끝도 사적인 이야기로 마무리하고자 한다. 프랭크 게리의 가장 짜릿한 건축물, 구겐하임 빌바오 미술관에 얽힌 이야기를 간단히 소개하겠다. 이런 구체적인 예가 더 적절할 것 같아서다. (인상파, 표현주의, 작가주의 같은) 일반적 개념은 꼭 필요하지만 시든 교향곡이든 실제 업적은 늘 한 사람의 재능 있는 개인의 것이니까 말이다. 심지어 앞서 검토한 모더니즘의 이념적 원칙도 전통을 수용하거나 거부하고 새로운 것을 만드는 외로운 창조적 예술가에게서 나온 것이다. 그러므로 이 장이 이 책의 저자인 나와 이 책의 주제인 모더니즘을 연결해 줄 것이다.

내 관심을 끈 장소는 바로 빌바오다. 스페인 북서쪽 바스크 지방의 우중충한 무역항으로, 십여 년 전까지만 해도 외국 관광객의 관심을 끌 일이 없던 곳이었지만 이제 프랭크 게리의 모더니즘 걸작 덕분에 국제 관광업계에서 특별한 위치를 점하고 있다. 수천 명이 방문하여 구겐하임미술관을 보고 경탄을 금치 못한다. 나도 기드 미슐랭이 던진 최고의 찬사

"Vaux le voyage."(가 볼 가치가 있다.)를 실감하였다.

1991년 구겐하임 관장 토머스 크렌스가 프랭크 게리에게 구겐하임 빌바오 미술관의 설계를 의뢰하였다. 프랭크 게리는 예순두 살이었고 다양한 건축물에 대한 독창적인 설계로 유명했다. 2년 전에는 유명한 '프리츠커상'도 수상하였다. 매년 박식하고 성실한 심사위원들이 위대한 건축가에게 수여하는 상이다. 당시 크렌스로서는 큰 걱정이 없었다. 프랭크 로이드 라이트가 1950년대 말 이미 구겐하임 뉴욕 본사를 둥근 모양으로 건축하면서 익숙한 미술관의 외관에서 과격하게 벗어나 세상을 놀라게 했으니 빌바오의 구겐하임이라고 그 뒤를 잇지 말라는 법이 없었다. 꼭 원형일 필요는 없었지만 다른 모양으로도 얼마든지 경이로움을 던질 수 있었다.

프랭크 게리는 그 어느 때보다 더 혁신적인 모험을 준비하고 있었다. 당시 컴퓨터가 사무실에 막 들어와서 지겨운 평각 작도를 편하게 만들어 주었다. 그는 그 기계를 전적으로 믿지는 않았지만 컴퓨터가 인간에게 본질적으로 복종할 수밖에 없는 존재임은 확신했다. "컴퓨터는 동료가 아니라 도구입니다. 곡선을 창조하는 게 아니라 찾아내기 위한 도구지요."[415] 컴퓨터 덕분에 게리는 미술관 안팎의 복잡한 형태를 시각화하고 대담하게 실험할 수 있었다.

내가 프랭크 게리의 구겐하임을 처음 본 것은 2000년 여름이었는데 그때 나는 한마디로 압도당해 버렸다. 당시 느낌을 어떻게 표현해야 할지 잘 모르겠지만, 말문이 막혔고 내 앞에 서 있는 형태의 풍부함과 아름

다음에 첫눈에 반했다. 나는 나이를 먹을 만큼 먹은 터라 어떤 것에 쉽게 열광하는 편이 아니었는데, 이 미술관을 처음 둘러보았을 때 느낌을 가장 잘 표현하려면 '열광'이라는 단어를 쓸 수밖에 없겠다. 게리는 그로피우스나 미스 반 데어 로에 같은, 내가 제일 좋아하던 모더니스트들과는 아주 달랐지만, 이렇게 가장 짜릿한 감동을 준 사람이었다.

게리는 1980년대부터, 아니면 그 직전부터 모더니스트 일족이 되었고 유서 깊은 현대적 직선에 대한 과격한 저항으로 특히 유명한 일련의 건물들을 설계했다. 즉 뜻밖의 곡면을 적용한 건물들과 허리가 잘록한 아파트 단지, 불규칙한 각도로 맞붙은 들쭉날쭉한 건물 단지, 구불구불한 지붕을 설계했다. 1990년에는, 언뜻 보면 무질서해 보이는 혁신적인 지붕 윤곽으로 한층 더 모험을 진전시켰다. 그는 건축물을 예술 작품으로 보고 현란할 만큼의 장난기를 발휘하는 동시에 건축가로서 분별력을 지켰다. 그 때문에 게리의 건물은 자연스러움, 거의 당연히 그 자리에 있어야 한다는 느낌을 준다. 그의 건축물이, 좋아할 만하다는 데에 반대하는 비평가들은 거의 없다.

게리는 시간이 흐름에 따라 점차 발전했다. 1929년 토론토에서 출생하여 1947년 가족을 따라 로스앤젤레스로 이주한 그는 포스트모더니스트 디자이너들의 특이한 색상과 불필요한 발코니에 경솔하게 빠지지 않으면서 국제주의 양식의 완벽한 직사각형에서 서서히 벗어났다. 그의 설계도가 놀랍다고 할 때는 건축학적 의미에서 경이롭다는 말이다. "나는 대칭광이자 격자광이었다."라고 고백하듯 말했다. "나는 격자를 추종했었는데 이후 그것이 속박이라는 생각이 들었다. 30-60도 격자(단순한 사각형 패턴에서 벗어나 육각형, 삼각형 등을 다양하게 결합한 평면 설계)에 매여 있었던 프랭크 로이드 라이트에게 자유가 없다는 것을 깨닫기 시작했다."[416]

게리가 원하던 것은 바로 '자유'였다. 이렇게 게리는 크렌스를 위해 일할 준비가 되어 있었고, 크렌스는 미술관이 완성되자 게리의 실험을 이렇게 평가했다. "빌바오는 놀라움 그 자체다."[417]

내가 그것을 처음 보았을 때의 느낌이 바로 '놀라움'이었다. 구겐하임 빌바오 미술관은 건축학적 전율의 연속이었다. 크렌스는 프랭크 로이드 라이트가 설계한 뉴욕 구겐하임 미술관의 아트리움^{건물 중앙의 넓은 공간에} 크게 감동받았다. 그 아트리움은 두툼한 띠로 둘러싸여 있었고 관객들은 그 띠를 따라 위로 올라가면서 상당히 가까이에서 미술품을 관람할 수 있었다. 크렌스는 스페인에서도 그런 감동을 원했다. 뉴욕 구겐하임 미술관은 1950년대 말의 큰 화젯거리였고 1990년대 당시에도 그 매력을 잃지 않고 있었다. 뭐니 뭐니 해도 다른 미술관들과 판이하게 다르고 기이했다. 크렌스는 빌바오도 그렇게 되지 말란 법이 없다고 생각했다. 게리도 인상 깊은 아트리움을 만들려고 했다. 하지만 라이트의 것을 베낄 생각은 없었다. 게리는 크렌스에게 5번 가의 작품은 "예술에 맞서는 것이었습니다."[418]라고 말했다.

이렇게 해서 게리는 바닥에서 천장까지 150피트가 넘는 높은 중앙 홀을 설계했다. 관람객들이 올려다보면 복잡한 지붕이나 2층과 3층으로 운행하는 멋진 유리 엘리베이터를 볼 수 있다. 적소에 배치된 벽창과 지붕창을 통해 어디서나 햇빛이 쏟아져 들어오고 상쾌한 공기가 통한다. 옆쪽으로 최대, 최장의 갤러리를 볼 수 있다. 내가 방문했을 때는 뉴욕 구겐하임 소장 작품전이 열리고 있었는데, 미학적이기는 하지만 좀 어색한, 오토바이에 대한 역사적 조망을 주제로 한 작품들을 센스 있게 전시하고 있었다. 전시실 관객 대부분은 마치 그 매혹적인 전시를 보려고 좀 마뜩잖아하는 여자 친구를 끌고 온 스페인 청년들처럼 보였다.

발걸음을 뗄 때마다 곡선들, 무게를 지탱하는 약간 뒤틀린 기둥들, 곡선인 내부 교량, 매혹적인 발코니들이 각양각색의 조합을 이룬 것을 보게 되었다. 그곳을 돌아다니는 관객들이 그 모든 것에 생동감을 부여했다. 게리는 세 개의 방으로 구성된 단순한 직사각형 갤러리 두 세트를 설계했는데 이것들은 현대 회화 상설 전시실로서 그곳에 전시된 유명한 모더니즘 작품에 걸맞게 고풍스럽게 지어졌다. 그러나 열한 개 전시실은 한시적 전시회를 위해 설계된 것으로서 각각 매우 달랐다. 앞서 말했듯 빌바오에는 놀라운 것들이 많다. 게다가 거의 모두가 아주 유쾌하다.

외관은 또 다른 놀라움을 선사한다. 미술관 뒤로는 네르비온 강이 흐르고 있어서 창문으로 그 풍경을 볼 수 있다. 강변 마을, 지방 미술관, 그리고 대학이 있다. 그리고 도로 어딘가에서 보면 구겐하임 빌바오 미술관은 아주 특이한데도 뒤의 언덕과 조화를 이루어 단순한 경치처럼 보인다. 극도로 다양하고 무질서한 외양은 보는 사람들의 상상력을 일깨운다. 예를 들어 어느 쪽에서 보면 거대한 비행기가 큰 건물을 들이받은 채 멈춘 것처럼 보이기도 한다. 또 다른 쪽에서 보면 거인이 손으로 아무렇게나 주물러 놓은 아주 구불구불한 건물들처럼 보인다. 특히 처음 보면 미술관 전체가 마치 퍼즐 같아서 계속 돌아다니면서 보고 또 보게 된다. 이 괴상한 조소 작품은 어떤 의미일까?

나는 이 미술관을 '조소 작품'이라고 부른다. 게리는 자신의 신작을 묘사하면서 '표현주의 건축'이라는 알쏭달쏭한 단어를 쓴 적이 있는데 그의 작품이 그 묘사를 충분히 설명해 준다. "건축과 조소 사이의 선을 넘는 것이 어려운 일이었다."[419] 선을 넘는 것, 그러니까 경계를 허무는 것은 또 한 번 모더니스트적 태도를 증명하는 것이다. 흥미롭게도 게리는 그 둘을 별개의 영역으로 규정했던 적이 한 번도 없었고 비로소 자신의 건축 작품을 통해 그 둘을 확실하게 함께 묶었다.

그렇다고 해서 게리가 건축가로서의 업무를 등한시했다는 뜻은 아니다. 게리는 건축주의 의도를 파악하고 건축가와 건축주 사이에 의견 교환을 활성화하고 건축주와 친밀한 관계를 잘 유지하는 것으로 업계에서 유명하다. 1997년 구겐하임 빌바오 미술관을 완성하고 나서 애정을 담아 이렇게 말했다. "다시 빌바오로 돌아가고 싶어요. 이제 그곳은 내 고향이나 마찬가지랍니다." 미스 반 데어 로에가 1920년대 말에 투겐타트 주택을 설계할 때 투겐타트 집안 사람들에게 거들먹거리고 심지어 그들을 업신여기기까지 했던 것을 생각해 보면, 게리의 말이 갖는 의미는 너무도 명백하다. 게리의 대조적인 태도는 모더니즘의 거장이라고 해서 꼭 고객과 그렇게 거리를 두어야 할 필요는 없다는 것을 증명해 준다.

게리는 늘 협동 작업을 위해 예술가들에게 도움을 구하고 아이디어를 얻고 자극을 받기 위해 예술 작품들을 참고했다. 게리가 좋아하던 고객인 광고 경영인 제이 샤이엇의 별장에 대해 "우리는 뒤샹의 작품에서 영감을 얻었다."[420]라고 썼다. 뉴욕 아모리쇼에서 전시됐던 그 유명한 「계단을 내려가는 나부 2」였다. 이렇듯 유럽의 미적 반란을 널리 알린 너무도 결정적인 1913년 전시회를 다시 상기한 것은, 그 미국 최초의 모더니즘 예술 경험이 아직 시들지 않았음을 증명해 보인다. 그리고 게리는 팝 조각가 클래스 올덴버그와 그의 아내 코샤 밴 브루겐과도 친분을 쌓아 여러 작품에서 함께 작업하였다. 한마디로 말하면 그는 건축을 버리지 않고 조소 작가가 될 준비를 한 것이다. 내가 빌바오를 잊지 못하고 이 연구를 준비하게 된 것이 바로 이렇게 자신의 전문 분야에 대한 충성심을 버리지 않은 예술가 때문이었다.

2

빌바오가 과연 모더니즘과 모더니즘이 부활할 가능성을 위해 무엇을 할 수 있을까? 나로선 확실하게 예측할 수 없다. 나는 사학자이지 예언가는 아니니까 미래는 그저 미래에 맡겨 두어야겠다. 하지만 모더니즘 활동들이 결국 번영과 붕괴, 자기 확신과 자기 부정의 시기를 거쳐 하나의 역사적 시대를 이루고 있음을 암시하는 증거들이 앞에서 충분히 나왔다. 대략 1840년대 초부터 1960년대 초까지, 보들레르와 플로베르에서 베케트와 그 이후 팝아트를 비롯해 위험한 작품들까지 아우르는 시대다. 두 번의 세계대전을 견디었고 전체주의의 혹독한 적개심을 이겨냈고 조각에서든 소설에서든 몇 번이고 새로운 혁신적인 거장이 나타나 충격 받을 만한 사람들에게 충격을 주었으며 거점을 파리에서 뉴욕으로 옮겼다. 다른 모든 시대 구분과 마찬가지로 더 정확한 것을 바란다면 경계가 불명확한 것은 감수해야 한다.*[421] 우리는 아직 쓰이지 않은 시나 아직 지어지지 않은 미술관을 감상할 수 없다. 하지만 가르시아 마르케스가 계속 창작을 하고 (안타깝게도 마르케스는 2014년에 눈을 감았다.) 프랭크 게리가 컴퓨터에 숙달된다면 축하할 일이며, 모더니즘의 미래를 계속 바랄 수 있을 것이다.

이런 조심스러운 관점에서 보면, 모든 모더니스트들의 창조적 열정과 예술계의 보수적 기성세대에 대항하여 열정적으로 전쟁을 벌인 그 무모함에도 불구하고, 그리고 글이든 그림이든 설계든 음악이든 그들의 대담한 작품에도 불구하고 그들이 일으킨 운동이 완전히 부활할 가능성은 없어 보인다. 대신 모더니즘이 과거 다른 문화적 시대만큼 흥미로운 시

---

* 그래서 예술사학자 T. J. 클락은 자신의 『이데아여 안녕(Farewell to an Idea)』이 "베를린 장벽 붕괴 이후 쓰였다."라고 말했다. "즉 세계 대부분의 대중과 엘리트들이 사회주의라고 불리던 기획이 끝났다는 데 대해 대체적으로 동의한 때였다. 대충 보자면 모더니즘이라고 불리던 기획이 끝난 때였다."

대로서 우리 역사의 확실한 일부로 완전히 인정받기를 바랄 수는 있다. 우리는 그 시대의 관점을 인정하고 그 성취를 높게 평가하고 있다. 그것들 중 가장 인상 깊은 작품들은 학교에서 우리의 유산으로 교육되고 있다. 버지니아 울프의 『등대로』, 제임스 조이스의 『율리시스』, 에드바르 뭉크의 「절규」, 폴 세잔의 「생트 빅투아르 산」 연작, 발터 그로피우스의 데사우 바우하우스, 사뮈엘 베케트의 『고도를 기다리며』, 엘리엇의 『황무지』, 오손 웰스의 「시민 케인」을 비롯해 당시처럼 소름 끼칠 만큼은 아니라고 해도 계속해서 큰 기쁨을 선사하는 고전들 말이다.

이렇게 모더니즘 전망에 대해 머뭇거리는 큰 이유는 프랑스혁명 뒤에 시작되어 서유럽 문명에 만연한 문화의 평등화 때문이다. 우리는 이미 모더니즘이 평등주의적 이념이 아니라는 것을 보았다. 하지만 그렇다고 해서 반드시 평등화된 정치와 조화를 이루지 못할 이유는 없다. 언론의 자유, 확대된 참정권, 관용의 문화가 아방가르드 문학과 미술에 필수적인 엘리트의 우월성, 즉 난해한 작곡가들의 음악회, 난해한 화가들의 전시회, 난해한 시인과 소설가의 작품 발간, 난해한 건축물의 건축주, 난해한 영화의 관객들을 부추기는 상당수의 개인과 단체들을 훼방 놓고 폄하하는 것은 아니다.*

평등화에서 가장 두드러지는 요소, 즉 문화 향유자의 확연한 구분이 여전히 존재한다는 사실은 모더니즘의 미래를 위태롭게 만들었을 뿐이다. 녹음, 라디오, 천연색 일러스트레이션, 유성영화, 텔레비전, 컴퓨터와 같은 오락 산업 기술의 급속한 발전과 더불어 문화의 상업적 생산도

---

* 드와이트 맥도널드는 대중문화 연구자로 부르주아의 문화에 대한 공격으로 유명하다. 이를테면 중요한 단서를 잊지 않으려 했다. "『톰 존스』에서 찰리 채플린의 영화까지 훌륭한 것들은 모두 대중적이었다."[422]

점차 더 영향력 있는 활동이 되었다. 보수적 문화 비평가들의 주장대로 문화가 상품화되고 있는 것은 아니다. 사실 문화는 고대 그리스와 로마 시대에도 상업적인 측면을 늘 가지고 있었다. 그러나 문화 산업의 발전, 특히 중산 계급이 관심을 갖는 쉽고 빠른 커뮤니케이션은 타협을 조장하였고 이는 미래의 아방가르드를 사회의 주류에서 배제하는 데 도움이 될 뿐이다. 우리는 뮤지컬 코미디의 시대에 살고 있다.

모더니즘이 경제적, 정치적, 문화적 조건의 뒷받침이 있을 때에만 영향력 있는 문화적 현상으로 자리 잡을 수 있었다는 것은 처음부터 명백했다. 이 조건들이 19세기 중반부터 계속해서 모더니즘에 도움이 되는 방향으로 발전했던 것을 역사를 통해 보았다. 구체적으로 말하면 모더니즘은 모험에 의지해서 살아남았고, 이 조건들이 여러 번의 전쟁과 복고, 파시즘과 공산주의로 인해 파괴가 되었음에도 거의 백년 이상 적절하게 유지되어 모더니즘의 승리를 도왔다. 하지만 아무 것이나 예술이 될 수 있다는 뒤샹의 그 오래된 주장, 즉 팝아트가 실현한 그 꿈이 모더니즘에 대한 다른 명백한 도전들보다 더 파괴적인 영향을 끼쳤다.

언젠가 엄청난 모더니즘의 부활이 있을지도 모른다. 가르시아 마르케스의 소설과 프랭크 게리의 건축물을 보면, 아직 알려지지 않거나 어쩌면 아직 태어나지 않은 예술가들, 부활을 불러올 예술가들이 있을지도 모른다는 생각이 든다. 모더니즘의 역사를 보면 대단히 멋진 순간들이 있었고 미래에도 그런 순간들이 있을 것이라고 기대하게 된다. 플로베르의 『보바리 부인』과 보들레르의 『악의 꽃』이 출간된 1857년, 살롱도톤의 떠들썩한 회고전으로 세잔을 하룻밤 사이에 유명인사로 만든 1907년, 취리히의 카바레 볼테르에서 다다가 폭발적인 공연을 했던 1916년 2월 5일과 같은 순간. 이런 일들이 또 일어날지도 모른다는 환상이 실현될지 예측하는 것은 내 능력 밖의 일이다. 하지만 적어도 모더니즘이 너무도 아름답고 늘 참신한 작품들을 120년 동안 문화 시장에 내놓고 있으며 혼란과 놀라움, 기쁨을 선사하고 있는 것은 확실하다. 이것은 대단한 장기 공연이다.

감사의 말

　　　　　이 책은 내가 시작한 것이 아니다. 물론 잘못이 있을 때는 내 책임이지만 어떻게 시작하게 됐는지에 대해서는 제대로 알려야 할 것 같다. 2001년 초가을 노튼 사의 편집자 밥 베일이 계획이 있다며 전화로 알려 왔다. 당시 노튼과 계약 중인 건이 있었는데 자유주의에 대한 정신분석학적 역사서다. 그때 막 구상 단계로 『자유의 기질: 정치학에서 인간의 본성』으로 제목을 정한 참이었다. 그 기획의 바탕은, 반년마다 열리는 미국 정신분석학자들의 비공개 모임에서 발표했던 "자유주의와 퇴행"이었는데 정치학과 정신분석학 사이의 긴밀한 관련에 대해 처음 내 생각을 내놓은 것이었다. 밥 베일은 그 계획을 미루고 대신 모더니즘을 연구하는 것이 어떻겠냐고 제안했다. 나는 이렇게 물었다. "그림 말인가요, 문학 말인가요?" 그는 딱 잘라 이렇게 답했다. "전부요." 나는 전부에 대해 알지도 못하고 앞으로 알 수도 없을 것이라며 반대했다. 그렇게 합리적으로 거절했지만 그는 절박한 부탁을 거두지 않았다. 머지않아 나는 호기심이 발동했고 그 결과가 바로 독자가 손에 들고 있는 이 책이다.

이렇게 두꺼운 책은 많은 사람들의 도움에 의지하지 않을 수 없다. (이 책을 쓰는 처음 5년 동안 전문가들에게 내 글을 보여 주고 많은 조언을 얻었다.) 아직 글을 보여드리지 못한 분께는 사죄해야겠다. 변명하자면, 사려 깊게 도움을 주신 전문가들이 너무 많아서 정신이 없었다.

우선 밥 베일이 있다. 그는 꼼꼼하고 상상력 넘치는 편집자로서 내가 작업에 집중하는 데 이루 헤아릴 수 없을 만큼 큰 도움을 주었다. 그는 결코 이 기획을 후회하지 않을 것이다. 밥을 도와 함께 일했던 톰 메이어에게도 너무 감사한다. 그는 늘 어려운 문제들을 해결해 주었다. 또 교정교열을 맡아 완벽하게 원고를 검토하고 늘 절묘하고 중요한 조언들을 주었던 앤 에이들먼도 빼놓을 수 없겠다.

46년간의 결혼 생활 동안 아내 루스는 내 글들을 모두 읽고 아주 훌륭하게 손질해 주었다. 그러나 이 책에서는 그러지 못했다. 아내는 건강이 나빠져 2006년 5월 9일 결국 세상을 떠나고 말았다. 그래서 이 책은 늘 거의 공저자에 가깝게 나를 도와주던 아내 없이 나 혼자 작업해야 했다.

더딘 작업 내내 나를 도와준 소중한 사람들이 있다. 어떻게 보면 인생에 별로 상관없을 것 같은 것들도 다 갖추려는 내 별난 성향에 그들이 도움이 됐다. 내 오랜 친구들(거의 해리 트루먼이 대통령일 때부터 친구였다.)인데 빌과 설리 칸 부부, 앨 버스타인과 루스 부부, 글래디스 톱키스는 오랫동안 나한테 아주 친절했고 필요할 때 곁에 있어 주었다. 이 책이 완성되어 가는 동안 나의 세 수양딸 사라 글레이저 케도우리, 소피 글레이저, 일리저버스 글레이저는 아내에게뿐만 아니라 나에게도 무척 고마운 존재였다. 내가, 아니 우리가 좋아하는 정신분석학자이며 능란한 이야기꾼인 베를린의 가비 카트반의 흔적도 이 책에 남아 있다. (그리고 카트반은 나와 함께 프랭크 게리의 구겐하임 빌바오 미술관을 흥분하며 구경하기도 했다.) 밥 웹(현대 유럽 역사에 대한 책을 공동 집필하면서도 우리의 우정은 변치 않았다.)과 딕 쿤즈와 페기 쿤즈는 거의 50년이 넘게 깊은 대화를 나누는 사이다. 제리 버슨과 벨라 버슨, 그리고 예일대학교 동창인 헨리 터너와 존 베리먼과도 마찬가지다. 또 대담하고 총명한 스타일리스트 재닛 맬컴에게도 신세를 많이 졌다. 이 책이 만들어지는 동안 기적처럼 생명력을 불어넣은 제이니에게 대단히 감사한다. 어떨 때는 의사처럼 나타난 이들, 특히 일리저버스 제이콥슨 박사의 관심과 친절에도 감사해야겠다.

  로즈메리 램지는 무질서한 내 책에 질서를 부여하고 찾기 힘든 자료들을 찾아 주었다. 또한 내 제자이자 오랜 친구인 메이케 위어러와 헬무트 스미스, 마크 미케일과 로버트 디틀에게도 감사한다. 또한 제러미 아이흘러, 캐롤라인 케이, 로버트 홀도 기꺼이 도움을 주었다. 머렉 로이스 사는 똑똑한 의사(정신과 의사일까?)처럼, 마구 날뛰는 내 컴퓨터를 잘 봐주었다.

  내 유럽 파견단도 역시 고생했다. 케임브리지대학교 사학과 교수 퀸틴 스키너와 스테판 콜리니는 마튼 브랜즈와 푸루크 위린거처럼 소중한 오랜 친구들로, 내가 암스테르담에 갈 때면 반갑게 맞아 주었으니, 이 책의 발간에 큰 공이 있다고 할 만하다. 가비 카트반은 당연히 이 소중한 이들에 속한다.

  나는 학자와 작가를 위한 뉴욕공립도서관 루이스앤도로시 쿨먼연구소의 설립소장으로서 1999년부터 많은 자문을 구하고 매년 열다섯 명의 다양한 동료들을 만났다. 그들의 도움을 아주 고맙게 받았다. 특히 유능한 사학자 메리언 캐플런과 더글러스 모리스의 도움을 많이 받았다. 그들은 지식적으로나 사교적으로 나에게 대단히 중요했다. 신세를 많이 진 사람들 중에는 특히 스테이시 쉬프, 캐럴 암스트롱, 하비 삭스, 콤 토

빈, 앤디 델반코, 크리스토퍼 플렉의 이름을 들고 싶다. (부디 억울한 사람이 없기를.) 파멜라 리오는 보잘것없는 내 일을 4년 임기 내내 너무도 훌륭하게 도와주었고 지금도 마찬가지다. 도서관 직원들 중 특히 앤 스킬리언에게 감사하고 싶다. 말은 편집자지만 사실 대단한 지식인으로서 내가 주제를 마음껏 탐구할 수 있게 해 주었다.

연구소 회원들은 여러 가지 문제를 함께 토론하여 힘이 되어 주었을 뿐만 아니라 이 책의 내용에도 도움을 주었다. 건축에 대해서는 에이더 루이스 헉스터블, T. S. 엘리엇에 대해서는 헤르베르트 라이보비츠, 무용에 대해서는 클라우디아 피어폰트, 음악에 대해서는 월터 프리시, 시에 대해서는 레이철 헤이다스, 토스카니니에 대해서는 하비 삭스가 도와주었다. 이들은 내가 아는 한 가장 박식하고 지속적인 도움을 주는 전문가들이다. 물론 다시 한 번 말하지만 그들은 내가 이 책에 슬쩍 끼워 넣은 괴이쩍은 견해들에는 전혀 책임이 없다.

그들 중 내 원고를 계속해서 검토해 준 체력과 끈기가 대단한 두 사람이 있었다. 미술사학자 에밀리 ('미미') 브라운과 미국 사학자 도론 벤아타이다. 도론은 내가 나의 노선을 지킬 수 있도록 칭찬하고 비판하고 개선안을 제시해 주었다. 그리고 미미는 내 글이 더 명확해지도록 요령 있게 지도해 주었을 뿐만 아니라 함께 미술 전시회를 보고 가르쳐 주면서 모더니즘과 현대 미술로 훌륭하게 안내해 주었다. 깊은 감사와 함께 이 책을 이 두 사람에게 헌사한다. 그들이 없었다면 이 연구는, 마치기는 했겠지만 훨씬 더 오래 걸렸을 것이며 그다지 즐겁지도 않았을 것 같다.

주 註

1. Henri Matisse to Pierre Bonnard, in Elizabeth Cowling et al., *Matisse/Picasso* (MOMA, 2003), 292.
2. Gustave Flaubert to Louis Bouilhet, December 26, 1852, in *Correspondance*, ed. Jean Bruneau, 5 vols. (1973-), II, 217.
3. Emily Braun, *Mario Sironi and Italian Modernism: Art and Politics Under Fascism* (2000), 50.
4. Oldenburg in Dore Ashton, "Monuments for Nowhere and Anywhere," *L'Art vivant* (July 1970), repr. *in Idea Art*, ed. Gregory Battcock (1973), 12.
5. G. Bernard Shaw, *The Quintessence of Ibsenism* (1891; ed. 1912), 3-4에 인용되고 요약되었다.
6. T. S. Eliot, Introduction, *Literary Essays of Ezra Pound* (1954), xiii.
7. See Werner Hofmann, *Turning Points in Twentieth-Century Art* 1890-1917, trans. Charles Kessler (1969), 18.
8. Camille Pissarro to Lucien Pissarro, in Theodore Reff, "Copyists in the Louvre, 1850-1870," *Art Bulletin*, XIVI (December 1964), 553n.
9. Paul Gauguin to Emil Schuffenecker, October 8, 1888, in Paul Gauguin, *The Writings of a Savage*, ed. Daniel Guérin, trans. Eleanor Levieux (1996), 24.
10. F. T. Marinetti, *Manifeste initiale du Futurisme*, *Le Figaro*, February 20, 1909, in Jean-Pierre de Villiers, ed., *Le premier manifeste du futurisme* (1986), 51.
11. Robert Louis Stevenson, "Walking Tours," *Essays by Robert Louis Stevenson*, ed. William Lyon Phelps(1918), 32.
12. Piet Mondrian, "Toward the True Vision of Reality" (1941) in *Plastic Art and Pure Plastic Art and Other Essays*, ed. Robert Motherwell (1951), 10.
13. Salvador Dali, *The Secret Life of Salvador Dali*, in Francine Prose, "Gala Dali," *The Lives of the Muses: Nine Women and the Artists They Inspired* (2002), 198.
14. Charles Baudelaire, "Salon de 1846," *Oeuvres complètes*, ed. Y.-G. Le Dantec, rev. Claude Pichois (1961), 874-75.
15. Guillaume Apollinaire, "La Jolie Rousse," *Calligrammes, poèmes de la paix et de la guerre* (1913-916) (1966), 184.

16 Friedrich Nietzsche, *Ecce Homo* (1908), Werke, ed. Karl Schlechta, 3 vols, in 5 (6th rev. ed. 1969), II, 1090.
17 Memoir of Sir Charles Eastlake, in Charles Locke Eastlake, *Contributions to the Literature of the Fine Arts*, 2nd ser. (1870), 147.
18 Alfred Lichtwark, "Publikum," *Erziehung des Auges: ausgewählte Schriften*, ed. Eckhard Schaar (1991), 25.
19 Ibid., 26.
20 Holbrook Jackson, *The Eighteen Nineties* (1913), 22.
21 Charles Baudelaire, "Salon de 1859," *Oeuvres complètes*, ed. Y.-G. Le Dantec, rev. Claude Pichois (1961), 1099.
22 Ibid., 1076.
23 Ibid., *Les Fleurs du mal* (1857), 140.
24 Ibid., 6.
25 Charles Baudelaire, "The Painter of Modern Life," ibid., 1155.
26 Edna St. Vincent Millay, Preface to *Baudelaire, Flowers of Evil*, trans. and ed. Millay and George Dillon (1936; ed. 1962), xxx.
27 Flaubert to Baudelaire, July 13 (1857), in Flaubert, *Correspondance*, ed. Jean Bruneau, 5 vols. (1973-), II, 744.
28 Gustave Bourdin, *Le Figaro*, July 5, 1857, in Enid Starkie, *Baudelaire* (1957; ed. 1971), 364-65.
29 Flaubert to Baudelaire, July 13 (1857), in Flaubert, *Correspondance*, II, 74.
30 Baudelaire, "M. Gustave Flaubert, Madame Bovary-La Tentation de Saint Antoine" (1857), *Oeuvres complètes*, 652.
31 C. K. Stead, *The New Poetry: Yeats to Eliot* (1964; ed. 1967), 145.
32 T. S. Eliot, "Baudelaire" (1930), Eliot in *Selected Prose*, ed. John Hayward (1953), 187.
33 *I Promise to Be Good: The Letters of Arthur Rimbaud;* trans. and ed. Wyatt Mason (2003), 33.
34 Wilde, quoted in Richard Ellmann, *Oscar Wilde* (1988), 169.
35 Thèophile Gautier, *Mademoiselle de Maupin* (1835-36), ed. Genèvieve van den Bogaert (1966), 45.
36 "Spiritual Contents in Painting," Die Grenzboten.
37 Walter Pater, "The School of Gior-gione," *Studies in the History of the Renaissance* (1873), 111.
38 A. C. Swinburne, *Notes on Poems and Ballads* (1866; with *Atalanta in Calydon*, ed. Morse Peckham, 1970), 338.
39 Eduard Hanslick, *Aus meinem Leben*, 2 vols. (1894; 4th ed. 1911), 265-66.

40 From the last speech of Louis Dubedat, George Bernard Shaw, *The Doctor's Dilemma: A Tragedy* (1906), Act 4.
41 See Emily Braun, *Mario Sironi and Italian Modernism: Art and Politics Under Fascism* (2000), 92.
42 William Butler Yeats, *The Trembling of the Veil* (1922), in *Autobiography* (1965), 93.
43 Ellmann, *Oscar Wilde* (1987), 581.
44 Ada Leverson's recollection of Wilde's best known bon mot, endlessly recited in the literature-ibid., 469.
45 Wilde, "The Decay of Living," in *Intentions* (1891) quoted in *The Artist as Critic: Critical Writings of Oscar Wilde*, ed. Richard Ellman (1969), 294.
46 Wilde to H. C. Marillier (December 12, 1885), in *The Complete Letters of Oscar Wilde*, ed. Merlin Holland and Rupert HartDavis(1962; ed. 2000), 272.
47 Wilde, "Note" (New York Public Library, Berg Collection), in Ellmann, *Oscar Wilde*, 310.
48 Yeats, *Trembling of the Veil*, 90.
49 Ernest Newman, "Oscar Wilde: A Literary Appreciation," *Free Review*, June 1, 1895, in *Oscar Wilde: The Critical Heritage*, ed. Karl Hockson, (1970), 90.
50 Ellmann, *Oscar Wilde*, 431.
51 *St. James's Gazette*, editorial, May 27, 1895.
52 Wilde, *The Picture of Dorian Gray* (1891), vii.
53 Yeats, *Trembling of the Veil*, 192.
54 Claude Debussy, *Monsieur Croche the Dilettante Hater* (1927), trans. B. N. Langdon Davies (1928), 66.
55 Camille Pissarro to Lucien Pissarro (April 21, 1900), in Camille Pissarro, *Letters to His Son Lucien*, ed. John Rewald (1944; 3rd rev. ed. 1972), 340.
56 Jean-Leon Gerome in Kirk Varnedoe, *Gustave Caillebotte* (1987), 198, 201.
57 Hervey de Saisy in ibid., 209.
58 Eugene Boudin, in Francois Mathey, *The Impressionists* (1961), trans. Jean Steinberg (1961), 237.
59 Renato Poggioli, *The Theory of the Avant-Garde* (1962), 132.
60 Stephen F. Eisenman, "The Intransigent Artist or How the Impressionists Got Their Name," in Charles S. Moffett with Ruth Berson et al., eds., *The New Painting: Impressionism 1874-1886* (1986), 53.
61 Phoebe Pool, *Impressionism* (1967), 52.
62 Monet to Frederic Bazille, in Kermit Swiler Champa, *Studies in Early Impressionism* (1973), 23.

63   John Ruskin, *Modern Painters*, 5 vols. (ed. 1897), III, 59.
64   Sir John Everett Millais, Bart., in *The Life and Letters of Sir John Everett Millais* by his son John Guille Millais, 2 vols. (1899), I, 380.
65   Charles W. Furse (1892), in Robert Jensen, *Marketing Modernism in Fin-de-Siècle Europe* (1944), 140.
66   *Alfred Sisley*, ed. Mary Anne Stevens (1992), 272.
67   See Paul Hayes Tucker, *Claude Monet: Life and Art* (1995), 103, 134, 158.
68   See Viola Hopkins Winner, *Henry James and the Visual Arts* (1970), 50.
69   Paul Durand-Ruel, letter in *L'Evenement*, November 5, 1885, in Anne Distel, *Impressionism: The First Collectors*, trans. Barbara Perroud-Benson (1990), 23.
70   "The Ethics of Art," *Musical Times and Singing Class Circular*, XXX, May 1, 1889, 265.
71   Henry James, "Criticism" (1891), *Selected Literary Criticism*, ed. Morris Shapira (1963), 167-68.
72   Gustav Pauli, Introduction to Alfred Lichtwark, *Briefe an die Kommission für die Verwaltung der Kunsthalle*, 2 vols. (1924), I, 13.
73   Alfred Lichtwark, "Museen als Bildungsstatte" (1903), *Erzihung des Auges*, 47.
74   Lichtwark, *Briefe an die Kommission*, June 24, 1897 (from Brussels), I, 271.
75   Ibid., June 26, 1892 (from Paris), I, 97.
76   Ibid., June 16, 1898 (from Paris), I, 322-23.
77   Ibid., 323.
78   Ibid., April 24, 1897 (from Paris), I, 250-52.
79   Giorgio de Chirico, Valori Plastici (April-May 1919), in *Metaphysical Art*, ed. Carlo Carra et al. (1971), 91.
80   In John C. G. Rohl, *Wilhelm II. Der Aufbau der Persönlichen Monarchic* (2001), 1025.
81   ary Cassatt to Louisine Havemeyer, September 6 and October 2, 1912, and March 1913, in Frances Weitzenhoffer, *The Havemeyers: Impressionism Comes to America* (1986), 207, 208, 210.
82   Arthur Schnitzler, Tagebücher, ed. Peter Michael Braunwarth et al., 10 vols. (1987-2000), *Tagebüch*, V, 17 (February 8, 1913); *Tagebuch*, III, 375 (December 21, 1908); *Tagebüch IV*, 321 (April 4, 1912).
83   Gauguin, *Intimate Journals*, in Robert Goldwater, Gauguin (n.d.), 92.
84   Van Gogh, *Dear Theo: The Autobiography of Vincent van Gogh*, ed. Irving Stone with Jean Stone (1937; ed. 1995), 383-84.
85   Van Gogh to his sister Wilhelmina J. van Gogh, in *Complete Letters of Vincent van Gogh*, 3 vols. (1958; ed. 1978), III, 437.

86	See Debora Silverman, *Van Gogh and Gauguin: The Search for Sacred Art* (2000), 5, and chap. 12.
87	Gauguin to Emile Schuffenecker, in ibid., 262.
88	Ensor to Jules Du Jardin (October 6, 1899), *Lettres*, ed. Xavier Tricot (1999), 272.
89	J. P. Hodin, *Edvard Munch* (1972), 11.
90	See Gerd Woll, "Angst findet man bei ihm iiberall," *TnMunch, Liehe, Angst, Tod*, ed. Ulrich Weisner (1980), 315.
91	Munch to Eberhard Griesebach (1932), Richard Heller, "Edvard Munch, Die Liebe und die Kunst," ibid., 297.
92	Stanislaw Przybyszewski quoted in Wolfdietrich Rasch, "Edvard Munch und das literarische Berlin der neunziger Jahre," in *Edvard Munch: Probleme, Forschungen, Thesen*, ed. Henning Bock and Giin-ter Busch (1973), 200.
93	Elie Faure, Preface to exhibition catalog, in James D. Herbert, *Fauve Painting: The Making of Cultural Politics* (1992), 9.
94	Louis de Marsalle [pseud, for E. L. Kirchner], "Uber die Schweizer Arbciten von E. L. Kirchner" (1921), in *E. L. Kirchners Davoser Tagebuch*, ed. Lothar Griesebach (1968), 196, 195.
95	See Gotthard Jedlicka, "Max Beckmann in seinen Selbstbildnissen," in *Blick auf Beckmann: Dokumente und Vorträge*, ed. Hans Martin Frhr. von Erffa and Erhard Göpel (1962), 112.
96	Vasili Kandinsky, *Sturm Album* (1913), xv.
97	Wilhelm Worringer, *Abstraction and Empathy* (1908), trans. Michael Bullock (3rd ed. 1910), 13.
98	Hans K. Roethel, with Jean K. Benjamin, *Kandinsky* (1977; cd. 1979), 138.
99	Kandinsky to Will Grohmann, November 21, 1925, in ibid., 116.
100	Kandinsky, *On the Spiritual in Art* (1912), trans. Michael T.Sadler (1913), 2.
101	Roethel, *Kandinsky*, 82.
102	Vladimir Malevich, *Die gegendstandlose Welt* (1927), passim.
103	Motherwell's verbal communication to the author, December 1968.
104	Piet Mondrian, "Toward the True Vision of Reality" (1941), in *The New Art-The New Life: The Collected Writings of Piet Mondrian*, ed. and trans. Harry Holtzman and Martin S. James (1986), 338.
105	Piet Mondrian, "Plastic Art and Pure Plastic Art" (1936), in *Plastic Art and Pure Plastic Art and Other Essays*, ed. Robert Motherwell (1951), 42.
106	Tristan Tzara in William S. Rubin, *Dada, Surrealism, and Their Heritage* (1968), 12. 143
107	Richard Huelsenbeck in ibid., 15.

108 Francis Picabia, in Hans Richter, *Dada: Art and Ami-Art* (1965), 76.
109 Tzara, ibid.,67.
110 Harold Rosenberg, "Pro-Art Dada: Jean Arp," *The De-Definition of Art: Action Art to Pop to Earthworks* (1972), 80.
111 Andre Breton, *Surrealism and Painting* (1965), ed. and trans. Simon Watson Taylor (1972), 6.
112 Breton, *Surrealist Manifesto* (1924), in William S. Rubin, *Dada, Surrealism, and Their Heritage* (1968), 64.
113 James Thrall Soby, *René Magritte* (1965), 9.
114 Breton, "René Magritte," *Surrealism and Painting*, 270.
115 See Fundacio Joan Miró, *Guidebook*, ed. Rosa Maria Malet (1999), 55.
116 Orwell in Hilton Kramer, "Dali" (1970), in *The Age of the Avant-garde: An Art Chronicle of 1956-1972* (1973), 251.
117 Breton, "Salvator Dali: The Dali Case," *Surrealism and Painting*, 133-34.
118 See *Picasso for Vollard*, intro. Hans Bollinger, trans. Norbert Guterman (1957), xi.
119 Brassai [pseud. Gyula Halsz], *Picasso and Company* (1964), trans. Francis Price (1966), 100.
120 Pierre Daix, *Picasso* (1965), 250.
121 Richard Penrose, "Beauty and the Monster," in Daniel Kahnweiler et al., *Picasso 1881-1973* (1973), 181.
122 Duchamp in Pierre Cabanne, *Dialogues with Pierre Cabanne* (1964), trans. Ron Padgett (1971), 31.
123 Calvin Tomkins, *Duchamp: A Biography* (1996), 267.
124 Robert Motherwell, Introduction to *Dialogues with Pierre Cabanne*, 12.
125 Matisse quoting Rodin, in Matisse, "Notes of a Painter, 1908," *Matisse on Art*, ed. Jack D. Flam (1973), 39.
126 Raymond Escholier, *Matisse from Life* (1956), trans. Geraldine and H. M. Colville (l960), 138.
127 David Smith, in a symposium on "The New Sculpture" (1952), quoted in *David Smith*, ed. Garrett McCoy (1973), 82.
128 Smith, "The Artist and Nature" (1955) in ibid., 119.
129 Valentiner quoted in Andrew Causey, *Sculpture Since 1945* (1998), 27.
130 Smith, "The Artist and Nature," in *David Smith*, ed. McCoy, 118.
131 Sir Herbert Read, *Modern Sculpture: A Concise History* (1964), 187.
132 Thomas Hardy, "The Science of Fiction," *New Review* (April 1891), 318.
133 Arthur Symons, Introduction, *The Symbolist Movement in Literature* (1899), 10.

134	May Sinclair, "The Novels of Dorothy Richardson," a review of Dorothy Richardson's Pilgrimage (1915-38), *The Egoist* (April 1918), 58.
135	Woolf, "Mr. Bennett and Mrs. Brown," 1924 lecture repr. in *The Captain's Death Bed and Other Essays* (1950), 91.
136	Ibid., 97.
137	Ibid., 106.
138	Ibid., 106-07.
139	Henry Fielding, *Tom Jones* (1749), Bk I, chap. 1.
140	From the title of Hamsun's essay, *From the Unconscious Life of the Mind* (1890).
141	Arthur Schnitzler, "Leutnant Gustl" (1900), *Die ezählenden Schriften*, 2 vols. (1961), I, 357.
142	Eliot, "Ulysses, Order and Myth," *The Dial* (November 1923), 480.
143	Ernest Hemingway to Sherwood Anderson, March 9, 1922, in Richard Ellmann, *James Joyce* (1959; rev. ed. 1982), 529.
144	Eliot, "Ulysses, Order and Myth," 480.
145	Richard Aldington, "Mr. James Joyce's Ulysses" *Literary Studies and Reviews* (1924), 201.
146	Woolf, "Mr. Bennett and Mrs. Brown," *The Captain's Death Bed*, 109.
147	W. B. Yeats in Ellmann, *James Joyce*, 531.
148	James Joyce to Frank Hudgen, March 20, 1920, in *Selected Letters*, ed. Richard Ellmann (1975), 250.
149	Middleton Murry in Ellmann, *James Joyce*, 531-32.
150	Molly Bloom's soliloquy in Joyce, *Ulysses* (1922), corrected text, ed. Hans Walter Gabler et al. (1986).
151	Ibid., 643-44.
152	Eliot, "Ulysses, Order and Myth," 483.
153	Joyce to Budgen, see Ellmann, *James Joyce*, 436.
154	Woolf to Lytton Strachey, April 23, 1918, in *The Letters of Virginia Woolf* 6 vols. (1975-80). Vol. II {1912-1922}, ed. Nigel Nicolson and Joanne Trautman (1976), 234.
155	Virginia Woolf, *To the Lighthouse* (1927; ed. 1937), 273-74.
156	Virginia Woolf, *Between the Acts* (1941), ed. Stella McNicol, intra Gillian Beer (1992), 129. 207
157	Woolf, July 26, 1922, *The Diary of Virginia Woolf*, ed. Anne Olivier Bell and Andrew MacNeillie, 5 vols. (1977-84), II, 186.
158	Virginia Woolf to Roger Fry, May 6, 1922, in *Letters*, II, 525.
159	Marcel Proust, *A la recherche du temps perdu* (1913-27; 3 vols. Pléîade ed. 1966),

	"Le Temps retrouvé," III, 895.
160	Ibid., "Sodome et Gomorrhe," II, 756.
161	Woolf, *To the Lighthouse*, 268-69.
162	Kafka, *Hochzeitsvorbereitungen auf dem Lande und andere Prosa aus dem Nachlass* (1953), 3rd Octavheft, 72.
163	Ibid.
164	Ibid., 8th Octavheft, 153.
165	Kafka, "Brief an den Vater," ibid., 169.
166	See Thomas Mann, "Homage," in Kafka, *The Castle*, trans. Edwin and Willa Muir (2nd ed. 1941), xi.
167	Kafka, "Fragmente." *Hochzeitsvorbereitungen*, 232.
168	Kafka, August 6, 1914, Tage-biicher, 1910-23 (1951), 261.
169	카프카의 작품은 1924년 그가 죽었을 때 거의 전혀 출간되지 않고 있었다. 하지만 이 책에 등장한 다른 소설가들도 아주 유력한 후보자로 거론되어야 했다. 여하튼 제임스는 1916년, 프루스트는 1922년, 조이스와 울프는 1941년에 죽었다.
170	See Peter Ackroyd, *T. S. Eliot: A Life* (1984), 24.
171	T. S. Eliot, "Yeats," *On Poetry and Poets* (1957), 252.
172	Jules Laforgue, *Oeuvres complètes*, 8 vols., Ill: Melanges posthumes, in Selected Poems, ed. Graham Dunstan Martin (1998), Introduction, xxiii.
173	Laforgue, "Sundays" [dernier vers], ibid., 229.
174	Laforgue to his sister, May 1883, in ibid., V, 21.
175	"Nous nous aimions comme deux foux / On s'est quitté sans en parler. / Un spleen me tenait exile / Et ce spleen venait de tout. Bon"- Laforgue, *Selected Poems*, 240.
176	T. S. Eliot, "Conversation Galante," *Prufrock and Other Observations* (1917), in *The Complete Poems and Plays of T. S. Eliot* (1952), 19.
177	Eliot, "Burbank with a Baedeker: Bleistein with a Cigar," *Poems* (1920), in ibid., 24.
178	엘리엇의 "정치적" 반현대적 모더니즘은 pp. 397-401을 보라.
179	영국 독자들은 "서두르세요, 때가 됐어요.Hurry up, please, it's time"라는 말에 특별히 당혹스러워 하지 않을 것이다. 술집 주인이 문 닫을 시간이 됐을 때 손님들에게 하는 말이라는 것을 알고 있기 때문이다. 하지만 미국인들은 어떤 긴박한 일이 일어났다는 뜻으로 듣는다.
180	Ackroyd, *T. S. Eliot*, 127.
181	Lawrence Rainey, *Revisiting the Waste Land* (2005), 110.
182	Northrop Frye, *T. S. Eliot* (1983; rev. ed. 1968), 72.
183	T. S. Eliot, "Tradition and the Individual Talent," *The Sacred Wood: Essays on Poetry and Criticism* (1920; 7th ed. 1950), 52.

184 Eliot, "Philip Massinger," ibid., 125.
185 Eliot, "Tradition and the Individual Talent," ibid., 59.
186 Milton Babbitt, "Who Cares If You Listen," Strunk's Source Readings in Music History, *The Twentieth Century*, ed. Robert P. Morgan (1950; rev. ed. 1998), 36.
187 Debussy, *Monsieur Croche the Dilettante Hater* (1927), trans. B. N. Langdon Davies (1928), 17.
188 Varèse in Robert P. Morgan, *Twentieth-Century Music* (1991), 312.
189 Edward Lockspeiser, *Debussy: His Life and Mind*, 2 vols. (1962; 2nd ed. 1966), I, 198.
190 Debussy, *Monsieur Croche*, 19.
191 Lèeon Vallas, *Claude Debussy: His Life and Works*, trans. Maire and Grave O'Brien (1933), 34.
192 Ibid., 37.
193 Ibid., 35.
194 Academy on Debussy, ibid., 41. 236
195 Ibid., 178.
196 Ibid., 131.
197 Lockspeiser, *Debussy*, 91.
198 Ibid., 84.
199 Gustav Mahler to Friedrich Lohr (1882), in Jens Make Fischer, *Gustav Mahler: Der fremde Vertraute* (2005), 149.
200 Ibid., 200.
201 Mahler to Anna von Mildenburg, summer 1896, in ibid., 340.
202 Ibid., 339
203 Strauss to Rolland, July 1905, in *Richard Strauss and Romain Rolland: Correspondence*, ed. Rollo Myers (1968), 29.
204 Mahler to Willem Mengelberg, August 1906, in Fischer, *Gustav Mahler*, 635.
205 Mahler to Anna von Mildenburg, summer 1896, in ibid., 340.
206 Mahler to his wife Alma, summer 1906, in ibid., 636-37.
207 Mahler to Natalie Bauer-Lechner, in ibid., 341.
208 Mahler to Max Marschalk (1896), in ibid., 637.
209 Arnold Schoenberg to Mahler, December 1904, in ibid., 586.
210 Schoenberg to Ferruccio Busoni, July 28, 1912, in *Arnold Schoenberg, Briefe*, selec. and ed. Erwin Stein (1956), 29.
211 Schoenberg to Fritz Windisch, August 30, 1923, in ibid., 105.
212 Schoenberg to Vasili Kandinsky, January 24, 1911, in Fred Wasserman, "Schoenberg and Kandinsky in Concert," *Schoenberg, Kandinsky, and the Blue*

Rider, ed. Esther da Costa-Meyer and Fred Wasserman (2002), 25.
213   Schoenberg to Kandinsky, July 20, 1922, in *Briefe*, 70.
214   Schoenberg to Hermann Scherchen, February 1, 1914, in *Briefe*, 45.
215   Schoenberg to Josef Stransky, September 9, 1922, in ibid., 77.
216   Schoenberg's response to congratulations on his seventy-fifth birthday, September 16, 1949, in ibid., 301.
217   Schoenberg, program note, early 1910, in Willi Reich, *Arnold Schoenberg, oder Der konservative Revolutionär* (1968; ed. 1974), 58.
218   See ibid.
219   Schoenberg to Busoni, August 1, 1909, in *Ferruccio Busoni, Selected Letters*, ed. Antony Beaumont (1987), 389.
220   Schoenberg to Kandinsky, July 20, 1922, in *Briefe*, 70.
221   Schoenberg to Richard Dehmel, December 13, 1912, in ibid., 30.
222   Schoenberg to Emil Hertzka, March 7, 1910, in ibid., 18.
223   Schoenberg to Adolf Loos, August 5, 1924, in ibid., 126.
224   Debussy, *Monsieur Croche*, 32. 252
225   Schoenberg to Hermann Scherchen, February 1, 1914, in *Briefe*, 44.
226   See Reich, Arnold Schoenberg, 139.
227   Schoenberg, "Composition with Twelve Tones," *Style and Idea: Selected Writings of Arnold Schoenberg*, ed. Leonard Stein (1950; 2nd ed. 1975), 218.
228   Igor Stravinsky, An Autobiography (1936), 28; though largely ghostwritten, this book remains a useful source for Stravinsky's views.
229   Stravinsky to Vladimir Rimsky-Korsakov, June 16/29, 1911, in Stephen Walsh, *Stravinsky. A Creative Spring: Russia and France*, 1882-1934 (1999), 163.
230   Alfred Bruneau in ibid.
231   Stravinsky, *Autobiography*, 29.
232   Walsh, *Stravinsky*, 198.
233   Ibid., 312
234   Ibid., 504.
235   Varese in Morgan, *Twentieth-Century Music*, 306-07.
236   John Cage, "Edgard Varèse" (1958), in *Cage, Silence, Lectures and Writings* (1961), 85.
237   David Revill, *The Roaring Silence: John Cage, a Life* (1992), 13.
238   Ibid., 123.
239   Busoni in Morgan, *Twentieth-Century Music*, 36.
240   Stravinsky on Schoenberg in Charles M. Joseph, *Stravinsky Inside Out* (2001), 248.

241   See Charles M. Joseph, *Stravinsky and Balanchine: A Journey of Invention* (2002), 74.
242   Ibid., 257.
243   Ibid., 256.
244   Anna Kisselgoff, New York Times, January 7, 1999, in Joseph, *Stravinsky and Balanchine*, 337.
245   Agnes De Mille, Martha: *The Life and Work of Martha Graham: A Biography* (1956; ed. 1991), 126.
246   Gramsci in *Antonio Sant'Elia*, ed. Dore Ashton and Guido Ballo (1986), 13.
247   Boccioni in ibid., 28.
248   George Heard Hamilton, *Painting and Sculpture in Europe*, 1880-1940 (1964), 184.
249   Marinetti (1911), in *Antonio Sant'Elia*, 17.
250   Sant'Elia in ibid., 23.
251   C. E. Annesley Voysey, *Studio*, I (1894), 234.
252   Frank Lloyd Wright to Catherine and Kenneth Baxter, February 7, 1921, in Robert C. Twombly, *Frank Lloyd Wright: An Interpretive Biography* (1973), 236.
253   Johnson in Charles Jencks, *Modern Movements in Architecture* (1973), 50.
254   Wright, "The Art and Craft of the Machine" (1901), in Twombly, *Frank Lloyd Wright*, 46.
255   Ibid.
256   Wright, *An Autobiography* (1932; 2nd ed. 1943), 150.
257   *Antonio Sant'Elia*, 27.
258   Ada Louise Huxtable, *Frank Lloyd Wright: A Penguin Life* (2004), 27.
259   Twombly, *Frank Lloyd Wright*, 66.
260   Wright, *Autobiography*, 142.
261   Ibid.
262   See Leonard K. Eaton, *Two Chicago Architects and Their Clients: Frank Lloyd Wright and Howard Van Doren Shaw* (1969), 38, and 81, 85.
263   See Twombly, *Frank Lloyd Wright*, 113.
264   Huxtable, *Frank Lloyd Wright*, 209.
265   Ibid., 244.
266   Mumford in Jencks, *Modern Movements*, 96.
267   Hermann Muthesius, "*Die Bedeutung des Kunstgewerbes*" (1907), in Peter Gay, *Art and Act: On Causes in History: Manet, Gropius, Mondrian* (1976), 114.
268   Huxtable, letter to the author, March 12, 2001.
269   Mies van der Rohe in Gay, *Art and Act*, 142.

270 Tugendhat (son of the owners of the house and a professor of philosophy at the Freie Universität Berlin) in conversation with the author, mid-1960s.
271 Le Corbusier, *Towards a New Architecture* (1923), trans. Frederick Etchells (1927), 10.
272 Ibid., 13.
273 Ibid., 14.
274 Ibid., 84, 12
275 Twombly, Wright, 276.
276 Lewis Mumford, "Skin Treatment and New Wrinkles" (1954), in *From the Ground Up: Observations on Contemporary Architecture, Housing, Highway Building, and Civic Design* (1956), 96.
277 Walter Gropius, "Tradition und Kontinuität in der Architektur," *Apollo in der Demokratie* (1967), in Gay, Art and Act, 115.
278 Ibid., 52.
279 Gropius, "Der stilbildende Wert industrieller Bauformen," *Der Verkehr, Jahrbuch des Deutschen Werkbundes* (1914), 29-32.
280 Gropius to James Marston Fitch, in conversation. See Peter Gay, *Weimar Culture* (1968), 9.
281 Gropius, Manifesto for opening of the Bauhaus, April 1919, in Hans Wingler, *Das Bauhaus 1919-1933: Weimar, Dessau, Berlin* (1962), 39.
282 Ibid.
283 Ibid.
284 Quoted in Erwin Panofsky, "Three Decades of Art History in the United States: Impressions of a Transplanted European," *College Art Journal*, 14 (Autumn 1954), 16.
285 Gropius interview with the author, July 1968.
286 Walter Gropius, *Four Great Makers of Modern Architecture: Gropius, Le Corbusier, Mies, Wright* (1961), 227.
287 마르셀 브로이어가 설계를 같이 했다. 역시 미국에서 크게 성공하게 된 바우하우스 동료이다.
288 Nancy Curtis, *Gropius House, in Reginald Isaacs, Gropius: An Illustrated Biography of the Creator of the Bauhaus* (1983; ed. 1986), 232.
289 Quoted in Edward Lucie-Smith, Furniture: *A Concise History* (1979), 162.
290 Bahr in Eduard F. Sekler, *Josef Hoffmann. The Architectural Work* (1985), 33.
291 Nikolaus Pevsner, *Pioneers of Modern Design: From William Morris to Walter Gropius* (1936; rev. ed. 1960), 26.
292 Roger Ginsburgcr, "Was ist Modern?" (1931), in *Die Form: Stimmen des Deutschen Werkbundes 1925-1934*, ed. Ulrich Conrads et al. (1969), 70.

293 Hoffmann, lecture on February 22, 1911, in *Josef Hoffmann Designs*, ed. Peter Noever (1992), 231.
294 "dem thatenlosen Schlendrian, dem starren Byzantinismus, and allem Ungeschmack"-the not so vivid phrase in the text is as close a rendition as it is possible to give. Koloman Moser, "Mein Werdegang," *Vielhagen und Klasings Monatshefte*, X (1916), 255.
295 Jane Kallir, *Viennese Design and the Wiener Werkstätte* (1985), 54.
296 Ibid., 29.
297 Josef Hoffmann and Koloman Moser, *Arbeits programm der Wiener Werkstätte von 1903-1932*, Ausstellung des Bundesministeriums fur Unterricht (1967), 21-22.
298 See ibid.
299 J. J. P. Oud, "Ja und Nein: Bekenntnisse eines Architekten," *Europa Almanack* 1925 (1925; ed. 1993), 18.
300 Barbel Reissmann, "Das Lessing-Theater," in Ruth Freydank et al., *Theater als Geschäft, Berlin und seine Privattheater um die Jahrhundertwende* (1985), 127.
301 Freud, "Mit seiner Geschlossenheit, Einheit, Vereinfachung der Probleme, mit seiner Kunst der Konzentration, und des Verdeckens ..." *Protokolle der Wiener Psychoanalytischen Vereinigung*, 4 vols., II, 1908-1910, ed. Herman Nunberg and Ernst Federn (1967; ed. 1977), 174.
302 Goll in Martin Esslin, *The Theatre of the Absurd* (1961), 268.
303 Jarry in Roger Shattuck, *The Banquet Years* (1958), 167.
304 See Esslin, *Theatre of the Absurd*, 261.
305 Tzara in Tomkins, *Duchamp*, 191.
306 Ibid.,. 190.
307 O'Neill in James McFarlane, "Intimate Theatre: Maeterlinck to Strindberg," in *Modernism: A Guide to European Literature*, 1890-1930, ed. Malcolm Bradbury and James McFarlane (1976; ed. 1991), 326.
308 Strindberg, Preface, Miss Julie (1888), *Miss Julie and Other Plays*, trans, and ed. Michael Robinson (1998), 59-60.
309 Author's note to *A Dream Play* (1901), ibid., 176.
310 Olof Lagercrantz, *August Strindberg*, trans. Anselm Hollo (1979), 160, 169. 349 "I'll always get another chapter for my novel.1": Ibid., 247.
311 Ibid., 247.
312 Robert Brustein, "August Strindberg," *The Theatre of Revolt: An Approach to the Modern Drama* (1964), 88.
313 Ibid., 91.

314 George Bernard Shaw, "Epistle Dedicatory," *Man and Superman* (1903).
315 Georg Kaiser, "Vision und Figur," *Das neue Deutschland*, vol. I, no. 10 (1918).
316 B. J. Kenworthy, Georg Kaiser (1957),xix.
317 Carl Sternheim, "Privatcourage" (1924), in *Gesamtausgabe*, ed. Wilhelm Emrich, 10 vols. (1963-76), VI, 309.
318 Julia Margaret Cameron, "Annals of My Glass House" (a fragment of autobiography), in Mike Weaver, *Julia Margaret Cameron*, 1815-1819 (1984), 157.
319 작가에 대한 이런 숭배는 처음에 이름 없는 산업이었던 것을 위한 눈부신 출발이었다.
320 David A. Cook, *A History of Narrative Film* (1981; 4th ed. 2004), 115.
321 Liam O'Leary, *The Silent Cinema* (1965), epigraph.
322 Thorstein Veblen in Cook, *History of Narrative Film*, 66.
323 See ibid., 64.
324 Sergei Eisenstein, "Dickens, Griffith, and the Film Today," *Film Form* (1956), trans. Jay Leyda (1957), 201.
325 Cook, *History of Narrative Film*, 32.
326 Ibid., 128.
327 Eisenstein, *Film Form*, 5.
328 Publicist for Mutual Film Company, in David Robinson, *Chaplin: His Life and Art* (1983), 157.
329 Chaplin's famous concluding speech in *The Great Dictator*; in ibid., 504.
330 Dan James in ibid., 489.
331 Peter Ackroyd, *T. S. Eliot: A Life* (1984), 157.
332 Eliot, *For Lancelot Andrewes* (1928; ed. 1970), 7.
333 Agatha in *The Family Reunion* (1939), Part II, Scene II, in *The Complete Poems and Plays of T. S. Eliot* (1952), 275.
334 Eliot, "Burnt Norton," *Four Quartets*, ibid., 117.
335 "Little Gidding," *Four Quartets*, ibid., 145.
336 Pound in Anthony Julius, *T. S. Eliot, Anti-Semitism, and Literary Form* (1995), 155.
337 Eliot, *After Strange Gods: A Primer of Modern Heresy* (1933), 15.
338 Ibid., 13.
339 Charles Ives, "*Memories*," Memos, ed. John Kirkpatrick (1972), 113-15.
340 Rossiter, *Charles Ives and His America* (1975), 84.
341 Ives, *Memos*, 131.
342 Ibid., 130-31.
343 Ibid., 131.
344 Ibid., 134.
345 Ibid., 134-35.

346 Ibid., 134.
347 Ibid., 136.
348 Jan Swafford, *Charles Ives: A Life with Music* (1996), 406-07.
349 Knut Hamsun, obituary for Hitler, May 7, 1945, *Aftenposten*, in Robert Ferguson, *Enigma: The Life of Knut Hamsun* (1987), 386.
350 Ibid., 347.
351 Hamsun, *At the Gates of the Kingdom* (1895), in ibid., 391.
352 Hamsun to Harald Grieg, November 5, 1932, in ibid., 331.
353 Ibid., 362.
354 Hamsun, open letter to *Fritt Folk*, October 17, 1936, in ibid., 333.
355 Ferguson, *Enigma*, 365
356 Hamsun, *Selected Letters*. Vol. II, 1898-1952, ed. Harald Naess and James McFarland (1998), 23.
357 Hamsun, quoted as epigraph to ibid.
358 Ferguson, *Enigma*, 9.
359 Hamsun, *The Growth of the Soil* (1917), trans. W. W. Worster(1971), 434.
360 See Ferguson, *Enigma*, 338-410.
361 Sigmund Freud, *Moses and Monotheism:Three Essays* (1939), *The Standard Edition of the Complete Psychological Writings of Sigmund Freud*, ed. and trans. James Strachey et al., 24 vols. (1953-75), XXIII, 43. For my take on Freud, see *Freud: A Life for Our Time* (1988).
362 Ian Kershaw, *Hitler, 1889?936: Hubris* (1998), 435.
363 See Hal Foster, Rosalind Krauss, Yves-Alain Bois, and H. S. Buchloh, *Art Since 1900: Modernism, antimodernism, postmodernism* (2004), 281.
364 Saul Friedlander, *Nazi Germany and the Jews*, 2 vols. Vol. I: The Years of Persecution, 1933-1939 (1997), 59.
365 Author's personal experience in the Goethe Reform Gymnasium in Berlin, 1935-36.
366 Henry A. Turner, Jr., "Fascism and Modernization," in Turner, ed., *Reappraisals of Fascism* (1975), 120.
367 Dostoevsky, *A Writer's Diary*, 1873-1876, trans. Kenneth Lanz (1997), 349.
368 Malevich in Daniel Bell, *The Cultural Contradictions of Capitalism* (1976; ed. 1996), 18.
369 Prokofiev in S. Shlifstein, *Sergei Prokofiev: Autobiography, Articles, Reminiscences* (2000), 100.
370 *Pravda* in Orlando Figes, *Natasha s Dance: A Cultural History of Russia* (2003), 479.

371 Emily Braun, "The Visual Arts: Modernism and Fascism," in *Liberal and Fascist Italy*, 1900-1945, ed. Adrian Lyttelton (2002), 203.
372 Harvey Sachs, *Toscanini* (1978), 154.
373 스탈린은 확실히 1953년까지 살아있었고 죽은 뒤 소비에트 정권이 오랫동안 억압적 문화 정책을 계속 유지했다.
374 Quoted in Peter Demetz, *Postwar German Literature: A Critical Introduction* (1970), 48. I have slightly amended this quotation by substituting the word "pulped" for "destroyed" (eingestampt).
375 Marcel Reich-Ranicki, Mein Leben (1999), 404-05.
376 Demetz, *Postwar German Literature*, 214.
377 Beate Stark, *Contemporary Painting in Germany* (1994), 7.
378 Richard Coe, *Samuel Beckett* (1964), 2.
379 Pinter text from www.google.com (no source given).
380 Richard N. Goe, *Eugéne Ionesco* (1961), 12-14.
381 Ionesco, "La tragédie du langage: Comment un manuel pour apprendre l'anglais est devenu ma première piece," *Spectacles*, 2 (1958), 5.
382 Ibid., 3.
383 Nathalie Sar-raute, *L'Ere du soupcon: Essais sur le roman* (1956), 97-99.
384 Note the title of Sarraute's first book, *Tropismes* (1939).
385 Sarraute, *Les Fruits d'or* (1963), 126-27.
386 Sarraute, *L'Ere du soupçon*, 21-22.
387 Barbara Rose, *American Art Since* 1900: *A Critical History* (1967), 217.
388 Jackson Pollock, "My Painting," *Possibilities* (sole issue, Winter 1947-48).
389 Clement Greenberg, "Jackson Pollock: Inspiration, Vision, Intuitive Decision," *The Collected Essays and Criticism: Modernism with a Vengeance*, 1957-1969, ed. John O'Brian (1993), 246.
390 Harold Rosenberg, *The De-Definition of Art: Action Art to Pop to Earthworks* (1972), 91.
391 Hofmann in Rose, *American Art Since* 1900, 152-53.
392 Greenberg, "Avant-Garde Attitudes, New Art in the Sixties" (1969), *Collected Essays and Criticism*, 294.
393 Barry Gewen, "State of the Art," *New York Times Book Review*, February 10, 2005.
394 Maciunas in Hal Foster, Rosalind Krauss, Yve-Alain Bois, and Benjamin H. D. Buchloh, *art since* 1900 (2004), 468.
395 Lawrence Alloway, *American Pop Art* (1974), 69.
396 Greenberg, "Post-Painterly Abstraction" (1964), *Collected Essays and Criticism*,

	197.
397	Victor Bockris, *Warhol, the Biography* (1989; ed. 1993), 180, 179, 163, 145.
398	Ibid., 210.
399	Brian O'Doherty, "Art: Avant-Garde Revolt," *New York Times*, October 31, 1962.
400	Brian O'Doherty, "'Pop' Goes the New Art," *New York Times*, November 4, 1962.
401	John Canaday, "Hello, Goodbye," New York Times, January 12, 1964.
402	John Canaday, "Pop Art Sells On and On-Why?" *New York Times*, March 31, 1964.
403	Hilton Kramer, "Look! All Over! It's Esthetic …… It's Business …… It's Suporsuccess!" *New York Times*, March 29, 1966.
404	Robert Brustein, "If an Artist Wants to be Serious and Respected and Rich, Famous and Popular, He Is Suffering from Cultural Schizophrenia," *New York Times*, September 26, 1971. 482
405	Hilton Kramer, "And Now …… Pop Art: Phase II," *New York Times*, January 16, 1972.
406	See Julia Briggs, *Virginia Woolf: An Inner Life* (2005), 186. The advertisement on romances was in the *New York Times Book Review*, October 16, 2005.
407	Warren Hoge, *New York Times*, October 20, 2001.
408	Gabriel García Márquez, *One Hundred Years of Solitude* (1967; trans. Gregory Rabassa, 1970), 230.
409	See ibid., 416, 154-55, 224, 419, 50, 400, 422.
410	Ibid., 412.
411	Gabriel Garcia Marquez, *The Autumn of the Patriarch*, trans. Gregory Rabassa (1975), 255.
412	Raymond L. Williams, *Gabriel Garcia Márquez* (1984), 111.
413	Ibid., 121.
414	García Marquez, *The Autumn of the Patriarch*, 4, 6, 47,31.
415	Quoted on back cover of *Gehry Talks*, ed. Mildred Friedman, with Michael Sorkin (2002); see also Sorkin, "Frozen Light," in ibid., 32.
416	"Commentaries by Frank Gehry," in ibid., 140.
417	Quoted in Friedman, "The Reluctant Master," in ibid., 22.
418	Gehry, "Commentaries," in ibid., 140.
419	Ibid., 208.
420	Ibid., 183.
421	T. J. Clark, *Farewell to an Idea: Episodes from a History of Modernism* (1999), 8.
422	"Masscult and Midcult" (1960), in Dwight MacDonald, *Against the American Grain: Essays on the Effects of Mass Culture* (1962), 7.

이 책에 수록된 이미지들은 일부 국내외
에이전시를 통해 구매하였습니다.
저작권법에 의하여 한국 내에서
보호를 받는 저작물이므로 무단 전재 및
복제를 금합니다.

— 103쪽
© Bridgeman-Giraudon/ Art Resource, NY.
— 118쪽
©Time And Life Pictures, Courtesy Of Getty Images
— 130쪽
© Private Collection/ The Bridgeman Art Library.
— 131쪽
© Musee Marmottan, Paris, France/ Giraudon/ The Bridgeman Art Library.
— 167쪽
© Musee Marmottan, Paris, France/ Giraudon/ The Bridgeman Art Library.
— 168쪽
© Fogg Art Museum, Harvard University Art Museums, USA/ Bequest from the Collection of Maurice Wertheim, Class 1906/ The Bridgeman Art Library.
— 172쪽
Photo © The Art Institute of Chicago.
— 173쪽
© Scala / Art Resource, NY.
— 184쪽
© Metropolitan Museum of Art, New York, USA/ The Bridgeman Art Library.
— 261쪽
© 2007 Estate of Pablo Picasso / Artists Rights Society(ARS), New York, © Pushkin Nusevm, Moscow, Russia / Giraudon / the Bridgeman Art
— 267쪽
© 2007 Estate of Pablo Picasso / Artists Rights Society (ARS), New York, Paris, Bibliotheque nationale de France, department des Estampes et de la Photographie. Paris, collection particuliere. Barcelone, Museu Picasso, MPB reprinted from Picasso Erotique, the catalog to the museum show, Reunion des Musees Nationaux.
— 278쪽
© 1963 Julian Wasser All Rights Reserved.
— 284쪽
© 1912, The Museum of Modern Art / Scala, Florence
— 286쪽
Digital Image © The Museum of Modern Art/Licensed by SCALA / Art Resource, NY.
— 293쪽
© Philadelphia Museum of Art / Corbis.
— 297쪽
© 2007 The Munch Museum / The Munch-Ellingsen Group / Artist Rights Society (ARS), NY. © Erich Lessing / Art Resource, NY.
— 309쪽
© Tate Gallery London / Art Resource, NY ›New York, USA/ The Bridgeman Art Library.

—313쪽
© 2007 C. Herscovivi, Brusells/ Artists Rights Society (ARS), New York. © Banque d'Images, ADAGP / Art Resource, NY.
—314쪽
© 2007 Salvador Dali, Gala-Salvador Dali Foundation / Artists Rights Society (ARS), New York. © Museo Nacional Centro de Arte Reina Sofia, Madrid, Spain/ Index/ The Bridgeman Art Library.
—316쪽
© 2007 Estate of Pablo Picasso / Artists Rights Society (ARS), New York. © Albright Knox Art Gallery, Buffalo, New York, USA/ Giraudon/ The Bridgeman Art Library.
—388쪽
© 2007 Artists Rights Society (ARS), New York/ ADAGP, Paris/ Succession Marcel Duchamp. © The Phildelphia Museum of Art / Art Resource NY.
—389쪽
© 2007 Artists Rights Society (ARS), New York/ ADAGP, Paris/ Succession Marcel Duchamp, L.H.O.O.Q., 1919 (colour litho) by Duchamp, Marcel (1887-1968). © Private Collection./ Photo © Boltin Picture Library/ The Bridgeman Art Library.
—390쪽
© Estate of Roy Lichtenstein.
—391쪽

© Estate of Roy Lichtenstein.
—422쪽
© Erich Lessing / Art Resource NY. © The Museum of Modern Art / Licensed by SCALA / Art Resource, NY.
—458쪽
© Hulton-Devtsch Collection
—498쪽
© 2007 Frank Lloyd Wright Foundation, Scottsdale, AZ / Artists Rights Society (ARS), NY. © Corbis.
—504쪽
© 2007 Artists Rights Society (ARS), New York/ VG Bild-Kunst, Bonn.
—505쪽
© 2007 Artists Rights Society (ARS), New York/ ADAGP, Paris/ FLC. © Bettman / Corbis.
—512쪽
© 2007 Artists Rights Society(ARS), New York / ADAGP, Paris / FLC. © Art Resource / NY.
—528쪽
© 2007 Artists Rights Society(ARS), New York
—725쪽
© Lipnitzki, from Collecion Roger Viollet, courtesy of Getty Images.

모더니즘
새롭게 하라, 놀라게 하라, 그리고 자유롭게

1판 1쇄 펴냄 2015년 8월 25일
1판 4쇄 펴냄 2023년 6월 19일

지은이 피터 게이
옮긴이 정주연
발행인 박근섭, 박상준
편집인 양희정
펴낸곳 (주)민음사

출판등록 1966. 5. 19 (제16-490호)
서울특별시 강남구 도산대로1길 62(신사동) 강남출판문화센터 5층 (우편번호 06027)
대표전화 02-515-2000
팩시밀리 02-515-2007, www.minumsa.com

한국어 판 ⓒ (주)민음사, 2015. Printed in Seoul Korea
ISBN 978-89-374-8700-2 93600

*잘못 만들어진 책은 구입처에서 교환해 드립니다.